아리스토파네스 희극론

아리스토파네스
희극론

초판 1쇄 발행 2023년 2월 6일
초판 2쇄 발행 2023년 11월 10일

—

지은이 류재국
펴낸이 이방원
책임편집 박은창　　**책임디자인** 손경화
마케팅 최성수·김 준　**경영지원** 이병은

—

펴낸곳 세창출판사
신고번호 제1990-000013호　주소 03736 서울시 서대문구 경기대로 58 경기빌딩 602호
전화 02-723-8660　팩스 02-720-4579　이메일 edit@sechangpub.co.kr　홈페이지 http://www.sechangpub.co.kr
블로그 blog.naver.com/scpc1992　페이스북 fb.me/Sechangofficial　인스타그램 @sechang_official

—

ISBN 979-11-6684-158-3　93680

아리스토파네스
희극론

ARISTOPHANES
COMIC THEORY

류재국 지음

세창출판사

플라톤은 『법률*Laws*』에서 비극은 신들의 놀이play이고 희극은 인간의 놀이라고 규정했다. 고대 그리스 비극에서 아이스킬로스의 「페르시아인들 Persians」은 페르시아인들의 오만에 대한 신들의 징벌을, 소포클레스의 오이디푸스 3부작은 라이오스, 오이디푸스, 에테오클레스, 폴리네이스, 클레온에 대한 심판 과정을 보여 준다. 비극은 디오니소스 축제 연극 경연 대회에서 가장 중요한 제전 형식으로 자리매김하였고, 당시의 3대 비극작가 아이스킬로스, 소포클레스, 에우리피데스의 비극작품들이 오늘날까지 전해진다. 그에 비해 희극은 비극과 대립적 혹은 상보적 측면으로 규정되면서 비극에 비해 정형적 체계를 갖추지 못한 문학 장르로 평가되어 왔다.

희극이 비극보다 열등하다는 편견과 차별로 인해 연극의 역사에서 학문의 탐구 대상으로 크게 주목받지 못했다. 희극 무대는 늘 실험적이고 모험적이어야만 했다. 하지만 그 덕분에 희극 장르는 시대와 작가의 희극 미학에 따라 많은 변화와 다양성을 가지게 된다. 마치 '희극'이라는 용어 자체로는 희극을 정의하는 것이 부족한 것처럼 말이다. 그나마 개별적 특수성을 가진 희극의 변이들은 고대 그리스의 구희극과 신희극, 로마의 희극과 소극, 이탈리아식 즉흥 희극 코메디아 델라르테, 계략과 음모를 주된 구조로 사용하는 스페인식 계략 희극, 우스꽝스러운 결과로 승부를 거는 프랑스의 상황 희극과 성격 희극, 상류사회의 유희적 생활을 묘사하는 영국의 풍속 희극, 셰익스피어가 주조했던 낭만 희극과 교훈 희극 등 다양한 이름으로 불렸다. 이들 희극의 공통적 기능은 웃음을 주된 사조로 하여 인간과 사회의 문제점을 경쾌하고 흥미있게, 풍자적으로 다룬다는 데 있다. 즉 희극은 인간 생활의 모순이나 사회의 불합리성을 골계적, 해학적, 풍자적으로 표현하는 예술 양식이다.

　기원전 5세기부터 기원전 4세기까지 융성했던 인류 최초의 희극이었던 고대 그리스 희극의 주제는 아테네의 위급한 현실을 고발하기 위하여 사회적, 정치적 풍자를 담당하는 언론의 기능을 수반하고 있었다. 당시 아테네의 희극작가로 256명이 활동하였는데 그중에서도 최고의 기량을 발휘한 작가가 있었으니, 그가 바로 아리스토파네스^{Aristophanes}이다. 기록에 의하면 당시의 희극 경연 대회에서 우승하거나 좋은 성적으로 수상한 그의 희극작품은 44편에 이르지만, 현재까지 11편만 온전하게 전해진다. 그의 11개 희극에서 희극적 풍자와 비판의 대상이 되는 역사적 인물들을 조사한 문헌에 따르면 그 수는 224명이다. 정치적, 군사적, 사법적, 종교적 유명인들과 더불어 당시 연극 경연 대회에서 경쟁 관계에 있는 드라마 작가들, 공적인 영역에 참여한 기득권 인사들을 총망라한다.

　그가 작품을 통해 비판하고자 했던 대상은 아테네의 급박하고 조야한 현실 가운데 정상적이고 본질적인 것에 위배되는 비정상적인 권력이었다. 그는 도착적^{倒錯的} 풍자와 단도직입적인 언행, 외설적인 표현과 욕설을 과감하게 노출했다. 이처럼 과감한 시도를 통해 무해한 수단으로서 희극을 제공하고, 그것이 연극적 비판으로서 사회에 여과 없이 받아들여지게 하였으며 사회의 정치적 삶에 대한 성찰을 이끌어 내고자 하였다.

필자는 지난 2011년부터 「아리스토파네스 희극에 나타난 현실 비판의 철학적 연구」를 철학박사 학위논문으로 준비하면서 8년 동안 주로 고대 그리스 희극의 풍자적 양식에 관심을 가지고 아리스토파네스의 희극 텍스트를 읽어 왔다. 이후 4년 동안 아리스토파네스의 현존 희극 11편 모두를 나름대로 토의하고 의미를 부여하였다. 아울러 그동안 모색했던 아리스토파네스 희극의 현실 비판적 논의에 관한 자료들을 모아 그간 학술논문으로 발표했던 10여 편의 논문들을 수정하고 교열하여 한 권의 책으로 펴내려고 한다.

이 책은 연극이론 중 희극 분야에서 연구를 수행해 온 필자가 희극에 관한 논문과 저서들을 검토하고 선정하여 정리한 결과물이다. 구성은 총 9장으로 되어 있다. 1장-4장까지는 고대 그리스 희극의 탄생과 성격 그리고 소명을 서술하였다. 그러면서 아리스토파네스 희극이 가지고 있는 현실 비판의 저항적 미학과 논쟁 양식을 거론하였다. 5장-8장까지는 아리스토파네스의 현존 11개의 작품을 4단계의 주제로 나누어 분석하고 해석하였다. 1단계(5장)는 평화 의지, 2단계(6장)는 지식과 삶, 3단계(7장)는 정치와 권력, 4단계(8장)는 이상적 사회에 대한 상상과 공상으로 나누었다. 다양하게 해석될 수 있는 작품의 주제들과 더불어 당시의 정치적 상황과 신화적, 철학적 지식을 바탕으로 하는 까다로운 문체는 심도 있는 논의를 위하여 기존 연구의 문헌 인용을 더함에 따라 드러나는 필연적인 문제였음을 밝혀 두고자 한다. 9장은 결말 부분으로 아리스토파네스 희극의 본질적 토의 부분이다. 그의 희극 텍스트에서 삶과 마주하며 도출된 지금까지의 논의를 정리하였다. 아리스토파네스 희극은 당시 아테네 시민들의 고단한 삶으로부터 잠시 벗어나는 휴식과 여가를 제공해 주었고, 시민사회의 민주적 교육공간으로의 역할 수행을 밝히고 있다. 아울러 부패한 사회제도의 문제점을 희화화하여 드러냄으로써 문학의 건전한 정치 참여를 소개하였고, 지나친 인간 행동의 결점을 반성하고 성찰하는 모습을 포착하고 있다.

아리스토파네스의 희극을 그가 살았던 기원전 5세기의 시대적 상황을 관련지어 가면서 한 편씩 논의하다 보면 그는 마치 희극의 모든 유형을 시험하고 있는 듯하다. 그는 고대에서 현대까지 이르는 인간들의 정치, 사회의 온갖 일상을 작품 활동을 한 40여 년 동안 경험하였거나 예언하듯이 풍자하고 폭로하였다. 그의 희극들은 27년간의 펠로폰네소스 전쟁(기원전 431-기원전 404) 시기와 맞물려 겪으면서 경험했던 전쟁과 평화, 희망과 좌절, 가정과 국가, 정치와 민생, 소통과 화합 등을 상상과 공상을 동원하여 관객들에게 호소하고 있다. 이런 의미에서 아리스토파네스 희극은 그의 정신적 자서전으로 보인다.

아리스토파네스 희극의 상상력은 진부한 일상의 틀을 깨뜨리고 새로운 것을 향해 나아가게 한다는 점에서 현실 참여적 연극이라 할 수 있다. 그가 시도했던 실험적 풍자 무대는 사회통합을 일깨우는 길목에서 아테네 공동체의 시민의식을 일깨우기 위한 연극운동의 화두였다. 그는 고대 아테네의 민주정의 물화物化되고 부패한 현실을 관객들로 하여금 깨우치도록 하는 것을 그가 설정한 시인의 임무이자 과제로 여겼다. 그에게 희극은 현실에서의 본질적인 문제를 놓고 연극이라는 대화적 언어를 도구로 관객과 자유롭게 소통하는 언론적 플랫폼이었다. 즉 당시의 시민들이 일반적 방법으로는 도달할 수 없는 현실비판의 문제를 극적으로 만나게 해 주었을 것이다.

원고를 마치면서 많은 생각들이 뇌리를 스친다. 장장 12년에 걸친 희극론 작업이 과거 살아왔던, 그리고 살아가고 있는 사회의 현실적 문제들이기에 정리하는 데 조심스러웠다. 그 이유는 두 가지에 있었다. 그 첫 번째는 자료의 한계였는데, 대부분 연극이론서 또는 연구논문이 비극에 한정되어 있고, 그나마 고대 그리스 희극의 논의도 몇몇 작품에 한정되어 있다. 고대로부터 이어져 온 희극의 역사를 되돌아볼 때 희극은 비극의 반대편에 서 있으면서 박대나 핍박을 받아 왔음이 증명되는 부분이다. 두 번째는 아리스토파네스 희극 11편을 철학적으로 분석하는 일이었다. 한동안 필자가 철학박사라는 굴레에서 벗어나지 못하고 문학적·예술적 논의를 간과하고 방황했던 기억이 떠오른다. 철학적 논의를 특수한 용어에서 출발해야 한다는 고정관념이 필자의 발목을 오랫동안 잡고 있었다. 그 때문에 문학적·예술적 논의 자체가 인문학적 사고이며 철학이라는 것을 깨닫는 데에 오랜 시간이 걸린 것이다. 그리고 그 좁은 굴레를 벗어나자 조금 더 자유로운 희극론을 광역화할 수 있었다.

더불어 아리스토파네스의 희극분석을 통해 희극론을 정리하며 느낀 것은 희극이 비극에 비해 평가절하되는 환경에서 어떻게 그런 기상천외한 작품들이 상연되었을까 하는 것이다. 당대 최고의 권력자들을 조롱하면서도 조금도 물러서지 않는 용기가 그의 희극에 담겨 있다. 필자는 그것을 희극만이 갖는 독특한 매력과 철학적 견인에 따른 것으로 본다. 이제 아리스토파네스가 희극 텍스트를 창작하면서 그의 자서전 같은 희극작품을 통해 말하고자 했던 희극론을 언급할 때가 되었다. 물론 아리스토파네스가 '희극론'이라는 이론서를 직접 쓰지는 않았지만, 그가 희극에 나오는 인물들을 통해 보편적 존재로서의 인간보다는 사회적 존재로서 인간의 모습을 묘사하는 희극을 추구했음을 알게 된다. 전술한 대로 희극이 인간의 놀이임을 다시 한번 느끼면서 말이다.

아리스토파네스 희극론은 관객의 깨어 있는 인식을 요구하고 있다. 그가 말하는 희극적 인식은 인간 능력의 범위 안에 있는, 삶의 세계에서 생명력의 자유로운 발산을 전제로 하고 있다. 그것은 인간을 옥죄는 온갖 종류의 인위적 규범과 제도, 타성적 관습들을 거부하고 뛰어넘으려는 생명력의 반란이라고 말할 수 있다. 희극은 다른 장르의 연극과 달리 수동적이 아닌 능동적인 생명력을 가지고 있다. 희극은 개체로서 생존하기 위해 끊임없이 도전하고 실험하면서 환경에 적응하기보다는 더 높은 단계로 대응하며 진화하여 왔다. 진화하는 과정은 풍자와 해학, 익살과 조소를 반복하면서 대립하고 갈등하는 것이다. 이렇게 볼 때 필자는 『아리스토파네스 희극론』을 인간이 살아 있다는 사실을 스스로 확인하는 동시에 억압받고 있는 생명력을 회복하기 위한 '삶의 시학詩學'이라 말하고 싶다.

이 책의 독자로는 우선 연극학을 공부하는 연극학도와 연극기획 및 제작에 관심이 있는 학생들과 전공자, 실무자들을 고려했다. 나아가 고대 연극과 신화 그리고 인문학 연구자들까지도 대상으로 삼았다. 솔직히 더 욕심을 부리면 한국에서 희극인으로 종사하면서 열악한 현장에서 치열하게 고민하고 도전하고 땀 흘리고 있는 희극배우, 기획자, 제작자들이 그 대상이다. 그들이 희극의 역사와 깨어 있는 생명력을 통해 직업적 자부심을 갖는 데 도움이 되기를 바라는 마음이 간절하다.

어떻게 보면 21세기는 이론이 실천을 압도하는 양상을 보인다. 바야흐로 연극이론이 그 대상인 현장의 연극보다 더 많이 생산되고 있다. 학술적 경쟁 속에 양산되는 연극이론들은 공급과잉 상태를 빚으며 연극의 생태계를 위협한다. 그러나 이론의 독단은 언제나 연극적 실천을 왜곡시킬 우려가 있다. 이러한 염려는 우리에게 연극이론을 공부하는 특별한 자세를 요구한다. 그것은 이 책이 '이론을 위한 희극론'에서 벗어나 연극적 실천이나 행동의 타당성을 목표로 해야 한다는 것이다. 비록 이 책이 아리스토파네스 희극 텍스트의 장문에 관한 논의와 해석 과정 등 부족한 부분이 많지만, 희극 본질의 중요한 단면들을 이해하게 하려는 소망을 가지고 있다. 그 이해의 과정에서 희극의 역할과 관객들이 생각하는 '이상적인 희극'을 가설적으로 설정하여 희극 분야에서의 새로운 연구와 논의의 토대가 된다면, 이 책으로서는 큰 영광이 될 것이다.

　끝으로 인문학에 대한 각별한 애정으로 『아리스토파네스 희극론』 출판을 기꺼이 맡아 주시고 결실을 맺도록 도와주신 세창출판사의 임직원과 편집부의 큰 노고에 감사를 드린다.

2023년 1월

류재국

차 례

일러두기

— 해당 작품에 "행"을 표기한 것은 다음의 자료의 행수를 요약한 것이다.

아리스토파네스, 『아리스토파네스 희극전집 1, 2』, 천병희 역, 파주: 숲, 2010.

— 본문에 등장하는 작품의 용어 표기는 해당 작품 저자의 국적을 따라 음가 표기하였다.

— 직접 인용의 경우, 수월한 읽기를 위하여 부분적으로 어투 및 문체를 수정하였다.

— 저자는 국내 아리스토파네스 희극론의 권위자로서, 한국학술지인용색인KCI에 등재된 다수의 논문을 저술하였으며 주요 논문의 목록은 아래와 같다.

■ 「아리스토파네스 희극의 지향성에 관하여: 사회 비판의 기능을 중심으로」, 『연극교육연구』 30, 한국연극교육학회, 2017, pp. 66-96.

■ 「아리스토파네스 3대 평화극에 나타난 평화관: 〈아카르나이의 사람들〉, 〈평화〉, 〈뤼시스트라테〉를 중심으로」, 『브레히트와 현대연극』 39, 한국브레히트학회, 2018, pp. 29-57.

■ 「아리스토파네스의 희극, 〈개구리〉로 본 신화의 정치학: 개혁을 위한 신화의 변용과 연극적 행동」, 『신화와 문학』, 세계신화연구소, 2018, pp. 25-34.

■ 「신들의 희극적 변용으로 나타난 연극적 행동: 아리스토파네스의 〈개구리〉를 중심으로」, 『드라마연구』 57, 한국드라마학회, 2019, pp. 5-32.

■ 「고대 그리스 희극의 두 여주인공이 추구한 연극적 행동과 정치적 시가로서의 의미: 〈뤼시스트라테〉와 〈여인들의 민회〉를 중심으로」, 『브레히트와 현대연극』 40, 한국브레히트학회, 2019, pp. 125-146.

■ 「중희극 〈부의 신〉 415-612의 논쟁에 나타난 부의 본질에 대한 의미 고찰」, 『브레히트와 현대연극』 43, 한국브레히트학회, 2020, pp. 45-95.

■ 「〈구름〉 949-1112의 논쟁에 나타난 고대 아테네 교육의 양상 고찰」, 『교육연극학』 12(2), 한국교육연극학회, 2020, pp. 43-61.

■ 「희극드라마에 묘사된 성 역할의 전도에 담긴 함의: 조일제의 〈병자삼인〉과 아리스토파네스의 〈여인들의 민회〉를 중심으로」, 『인문언어』 22(2), 국제언어인문학회, 2020, pp. 45-72.

■ 「아리스토파네스의 희극 〈말벌〉에 나타난 풍자와 폭로의 연극적 행동」, 『인문언어』 23(1), 국제언어인문학회, 2021, pp. 83-102.

■ 「아리스토텔레스 《시학》에 근거한 모방론의 전형 고찰」, 『문화와 융합』 44(4), 한국문화융합학회, 2022, pp. 1293-1310.

제1장

현실을 관통하는 희극적 소명

고대 그리스 극시劇詩의 한 장르인 희극喜劇, comedy은 기원전 5세기의 부패한 정치사회의 권력을 비판하는 수단이었다. 당시의 희극은 동시대의 사회적, 정치적 상황을 우스꽝스럽게 표현하였는데, 그것은 풍자적인 동시에 공격적이었다. 아테네의 젊은 희극시인들은 뛰어난 창작력으로 정치에 관한 풍자를 통해 조롱을 멈추지 않았다. 당시 젊은 희극시인들은 정치적 수단으로서 연극을 이용하는 것이 아니라, 연극을 통해 현실을 직시하게 하고 소통하게 하는 예술적 소명 자체를 묻고 추구했다.[1] 특히, 그들은 부패를 거듭하며 인간의 생존권마저 훼손하고 있는 아테네 사회polis 현실에 대해 날카로운 비판의 목소리를 높였다.

이처럼, 현실 비판의 목소리를 담은 고대 그리스 희극 중 유일하게 현존하는 텍스트가 바로 아리스토파네스Aristophanes(기원전 446-기원전 386)의 작품이다.[2] 그의 작품은 전쟁의 중단과 정치적 개혁을 목표로 삼아 아테네 시

---

1 G. M. Sifakis, "The Structure of Aristophanic Comedy", *The Journal of Hellenic Studies* 112, 1992, p. 139.
2 고대 그리스 희극은 기원전 486년에서 기원전 120년 사이에 256명 이상의 작가가 활동했고, 2,300편 이상의 작품이 공연될 만큼 성황이었다. 그렇지만 아쉽게도 그중에서 230편의 서로 다른 필사본으로 전해지는 아리스토파네스의 11개 희극과 작품 흔적의 일부, 신(新)희극으로 분류되는 메난드로스(Menandros)의 희극 1편과 내용을 충분히 알 수 있는 5편

민들의 사고에 많은 영향을 미치게 된다. 일각에서는 이를 두고 아리스토파네스 희극을 풍자적 정치극[3]으로 평가하기도 하지만, 궁극적으로는 예술미를 바탕으로 동시대 상황[4]에 저항한 문학으로 보는 것이 더 적절한 평가로 보인다. 아리스토파네스가 자신의 희곡에서 제시한 '현실에 대한 폭로'와 '날카로운 비판'이라는 저항적 행동은 당시 정치사회의 부패한 권력을 향하고 있다. 아리스토파네스 희극은 당면한 상황을 아테네 시민들에게 인식시키기 위해 현실 비판의 방법을 총동원하게 된다.

의 작품밖에 전해지는 것이 없다. 그 밖에 다른 희극작가들의 작품 일부도 전해지지만, 그 양이 원래의 작품 내용을 이해하기 힘들 정도로 단편적이어서 독립된 작품으로 취급되지 않는다. 이정린, 『아리스토파네스와 고대 그리스 희극 공연』, 파주: 한국학술정보, 2006, p. 11.

3 연극을 정치적인 목적으로 사용한 예를 보면, 아리스토파네스는 그의 희극으로 당시 아테네 정부의 정치적 노선을 공공연히 비판하였던 반면, 셰익스피어는 그의 역사극을 통해 노골적으로 영국인들의 애국적인 정신을 고취시키려 했다. 레싱(Gotthold Ephraim Lessing, 1729-1781)은 봉건 독재 군주에 반대하는 「에밀리아 갈로티(Emilia Golotti)」 그리고 개인적인 자유와 인권을 다룬 「군도(Die Rauber)」 등을 통해 정치적 문제에 깊은 관심을 표명했고, 독일의 뷔히너(Carl Georg Buchner, 1813-1837)는 「당통의 죽음(Danton's Death)」에서 혁명가 로베스피에르와 당통의 갈등을 극화한다. 김문환, 『사회주의와 연극』, 서울: 느티나무, 1991, p. 57; 특히 브레히트에 따르면, 올바른 연극은 사회적, 정치적 목적성이 강한 연극이 되어야 한다고 주장하였다. 이 중에서도 단연 아리스토파네스를 정치극의 선구자로 인정하고 있다. 김용수, 『연극이론의 탐구: 대립적인 시각들의 대화』, 서울: 서강대학교출판부, 2002, p. 64.

4 기원전 479년 이후, 페르시아와 아테네의 항쟁은 지중해 동부에서 계속되었고, 아테네와 스파르타의 관계는 더욱 악화되어 기원전 450년대에 교전이 시작되었다. 기원전 446년에는 스파르타와 아테네의 30년 화약이 성립되어 참된 평화의 시기를 맞이하였으나 15년 만에 파기되고 펠로폰네소스 전쟁이 일어났다. 아테네를 중심으로 하는 델로스 동맹과 스파르타를 중심으로 하는 펠로폰네소스 동맹이 27년간 벌인 싸움이 일어났다. 여기에 아테네 공동체를 위협하는 선동정치가와 정치제도 등이 부패와 부정을 통하여 민주주의를 무너뜨릴 위기에 이르러 농민들과 시민들의 삶의 기본 생존권까지 담보하고 있는 긴박한 상황이었다.

거국적인 디오니소스 축제에서 권력자를 조롱하고 풍자하는 것으로 시작했던 고대 그리스 희극은 아리스토파네스에 이르러 절정에 도달한다. 그의 희극은 관객과 소통하며 정치적 주제를 설정하는 역사적 자료로 전해진다. 아리스토파네스의 희극은 현실에 대한 진솔한 비판이고, 풍자satire를 통한 아테네 공동체 시민의 알 권리에 대한 소통의 창구이다. 아리스토파네스의 희극적 소통은 경직되어 있는 불통의 사회를 해체하기 위한 삶의 궁극적 본질을 관통하는 연극적 행동dramatic action[5]이자 용기 있는 대항으로 볼 수 있다. 아리스토파네스가 희극시인으로서 아테네 시민의 눈앞에 보여 주는 대항이나 저항적 퍼포먼스는 현실 사건에 내재한 보편적 가치를 극적으로 표현하기 위한 것이다. 따라서 그의 작품에 나타나는 당시 아테네 사회에 대한 풍자와 폭로disclosure, 그리고 비유metaphor[6]는 이상적 사회로의 진단과 개혁의 모색으로 볼 수 있다.

풍자는 기본적으로 어리석음의 폭로와 조롱, 사악함에 대한 징벌을 골자로 한다. 풍자는 기지, 조롱, 반어, 비꼼, 냉소, 욕설 등의 어조를 포괄하며, 풍자라는 형식 속에 감추어진 시대 혹은 세대에 대한 날카로운 비난의

---

5 연극적 행동(dramatic action)은 목적을 동반하고 있다. 목적이 있는 행위만을 연극적 행동이라고 할 수 있다. 연극은 목적이 없는 행동을 요구하지 않는다. 연극의 의미는 갈등을 통해 드러나고, 갈등은 서로 다른 목적을 가진 행동에 의해 발생한다. 행동은 의지가 있어야 한다. 목적이 있는 행동이라고 곧 연극적 행동이 되는 것은 아니다. 목적이란 소망이 아니라, 반드시 이루어져야 할 그 무엇이다. 그래서 행동하는 것이며, 행동에는 목적을 이루고자 하는 의지가 뒷받침된다. 앙리 구이에, 『연극의 본질(L'Essence du theatre)』, 박미리 역, 서울: 집문당, 1996, pp. 199-200 참조.

6 아리스토파네스는 정치를 폭로와 풍자를 통해 은유적으로 표현한다. 폴리스 시민들의 가정(oikos)과 공동체(polis)와 아테네 민주적인 정치의 모순을 연극적으로 보여 주기 위한 비유적 언어를 많이 사용하였다. G. O. Hutchinson, "House Politics and City Politics in Aristophanes", *The Classical Quarterly New Series* 61(1), 2011, p. 48.

메시지를 웃음과 함께 수용한다.[7] 일반적으로 풍자는 사회적 관계에서 회자되는 대상들의 부적절한 행동을 매우 흥미롭게 표현하기 위해 웃음을 동반한다. 그것은 아마도 불안정한 상태에 있는 사회체계 내의 실수와 결점까지도 유쾌하게 진단하는 우회적 서사로 보아야 할 것이다.

벤 아모스Den Ben Amos는 『민속학의 새로운 관점을 향하여Toward New Perspectives in Folklore』에서 전통예술에서 발견한 풍자를 예술적 형태와 관련하여 언급한다.

풍자는 사회의 크고 작은 그룹들 내에서 이루어지는 '예술적 의사소통artistic communication'의 한 형태이다. 풍자는 사람들에게 무언가 특별한 메시지를 전달하는 개념으로 볼 수 있다. 아울러 풍자는 정치적 현실과 세상 풍조, 기타 인간 생활의 결함, 악폐, 불합리, 허위 등에 가해지는 기지 넘치는 비판적 또는 조소적 발언이다.[8]

이러한 주장은 비단 벤 아모스만의 견해가 아니다. 문학이나 연극에서 사용되는 풍자와 폭로는 일반적으로 연구자들이 예술적 형태를 넘어 비판적 행위와 관련하여 설명한다. 그 행위는 드러나지 않은 나쁜 일이나 음

---

7 Dan Ben Amos, *Toward New Perspectives in Folklore*, Austin: University of Texas Press for the American Folklore Society, 1972.
8 벤 아모스는 풍자가 '예술적 의사소통'과 관련하여 크게 세 가지 방식으로 이행된다고 설명한다. 그것은 풍자나 익살로 '구술하는 것(things people say)', 춤과 행위로 '행동하는 것(things people do)', 물질 등의 창작으로 '만들어 가는 것(things people make)'을 말한다. 아울러 풍자의 예술적 의사소통은 형태 및 스타일이 매우 정교하며, 기교적인 의미를 함축하고 있다고 주장한다. 홍석우, 「정치적 풍자와 농담: 우크라이나 사회문화현상의 메타포」, 『동유럽발칸연구』 20(1), 한국외국어대학교 외국학종합연구센터 동유럽·발칸연구소, 2008, p. 170.

모 따위가 널리 알려지거나 수면 위로 드러나는 것으로서, 관객에게 일종의 경종 체험을 유발시킨다. 그것은 악마적이며, 파괴적인 특성으로 설명된다.[9] 일반적으로 폭로는 습관의 거짓으로 인해 그동안 우리가 정당하다고 생각했던 믿음이 허상에 불과하다는 것을 깨달았을 때 던지는 행동이다. 특히 폭로는 평소 안전하다고 믿고 있는 단단한 지반이 내려앉을 때 밖으로 튀어나오는 현상이다. 여기에 폭로의 파괴적인 성격을 설명하기 위해 분노하거나 고발한다는 내용을 희극에서 우회적으로 사용한다. 우리는 분노와 고발이 발견되는 곳에서 사회 현실의 문제를 직시하게 되는데, 그곳에서 풍자와 폭로를 필수 요건으로 하는 아리스토파네스의 희극을 발견하게 된다.

서구 지성사의 관점에서 보면, 기원전 5세기경 고대 그리스의 아리스토파네스 희극이 차지하는 위상과 영향력은 혁명적이고 지대하다고 할 수 있다. 아리스토파네스에 대하여 남아 있는 기록은, 그가 기원전 446년경에 태어났고 당시 10여 개의 부족 중 판디온Pandion 왕의 이름을 딴 판디오니스Pandionis 부족에 속하는 아테네 시민이었다는 것이 전부이며, 정확한 출생지에 대한 기록은 없다. 다만 그에 대해 알려진 사실은 자신의 희극작품에 대해 언급했다는 것뿐이다. 그는 기원전 427년의 「잔치 손님들Daitaleis」[10]이라는 작품으로 극작 생활을 시작했고, 기원전 426년에 「바빌로니아인Babylonian」[11]을 발표하였지만, 두 작품 모두 단편으로만 남아 있다. 아리스토파네스는 그의 전 생애에서 총 44개 작품을 쓴 것으로 여겨지는데

---

9 노춘기, 「폭로와 은폐의 변주」, 『어문논집』 58, 민족어문학회, 2008, pp. 336-337 참조.
10 동시대인들의 교육론과 도덕론을 풍자한 희극이다.
11 이 작품에서 당시 아테네의 실권자였던 데마고그 클레온을 부패한 정치인으로 묘사하여 공격하였고, 그에 따라 고발당하여 가벼운 처벌을 받고 풀려난 것으로 알려져 있다.

오늘날까지 온전하게 남아 있는 작품은 11개이다. 그중 9개 작품이 펠로폰네소스 전쟁 중에 쓰이고 상연되었다. 따라서 그의 전성기(기원전 425-기원전 388)는 27년 동안 지속된 전쟁 기간과 겹친다. 이 시기에 그는 개혁적인 보수주의자[12]로서 자신의 희극작품을 통해 대중들로부터 인기를 얻었고, 전쟁 때문에 피폐해진 아테네 농민과 대중들 편에서 평화를 제창하게 된다.

아리스토파네스의 11개 현존 작품을 소개하면, 펠로폰네소스 전쟁 시기와 겹치는 9개의 전기작품 「아카르나이의 사람들Acharnians」(기원전 425), 「평화Peace」(기원전 421), 「리시스트라테Lysistrate」(기원전 411), 「구름Clouds」(기원전 423), 「테스모포리아 축제의 여인들Women at the Thesmophoria」(기원전 411), 「개구리Frogs」(기원전 405), 「기사들Knights」(기원전 424), 「말벌Wasps」(기원전 422), 「새들Birds」(기원전 414)과 2개의 후기 작품 「여인들의 민회Assemblywomen」(기원전 392), 「부富의 신Wealth」(기원전 388)이다.[13]

상술한 작품들에서 아리스토파네스가 사회를 변혁시키려는 생각으로 추진했던 연극적 행동은 희극 텍스트의 주제 선택에서 그 입장이 드러난다. 그 입장이란 사회의식과 시대정신의 표현으로서의 연극, 예술가와 사회의 상호작용으로서의 연극, 연극을 통해 사회나 사회집단에 미치는 영

---

12 국내에서 논의되는 다수의 연구에서 아리스토파네스를 '개혁적인 보수주의자로 표현하고 있지만, 작품을 통해 현실 정치를 강도 높게 폭로하고 비판하는 면에서는 진보 성향의 지식인으로 볼 수도 있다.

13 아리스토파네스의 현존 작품에 대한 국내 연구자들의 표기는 「아카르나이의 사람들」(Acharnenses), 「평화(Pax)」, 「리시스트라테(Lysistrata)」, 「구름(Nubes)」, 「테스모포리아 축제의 여인들(Thesmophoriazusae)」, 「개구리(Ranae)」, 「기사들(Equites)」, 「말벌(Vespae)」, 「새들(Aves)」, 「여인들의 민회(Ecclesiazusae)」, 「부(富)의 신(Plutos)」 등의 라틴어 표기를 주로 하였지만, 본서에서는 많은 사람들이 이해하기 용이한 제프리 헨더슨(Jeffrey Henderson)의 영역본 표기를 사용하였다.

향력, 사회집단을 통해 연극 공연 선택에 미치는 영향력, 연극을 통해 행동 양식과 사회조직 행태에 미치는 영향력, 연극에 의해 전파된 내용의 변화 추세에 대한 것들이다.[14]

본서를 집필하기 위한 연구자료는 아리스토파네스 희극의 작품 분석을 연구의 중심에 두고 11개 작품의 원전 번역본을 1차 자료로 활용하여 검토하였다.[15] 이후 아리스토파네스 작품의 원전을 해석한 국내외의 분석자료를 2차 자료로 검토하여 보충하였다. 2차 자료에 해당하는 드라마나 희극의 일반론들과 서양 문학에서 거론되는 그리스인들의 사고와 관련한 논의들이 주류를 이룬다. 그나마도 아리스토파네스 작품에서 분석을 수행한 작품의 수가 3-4개로 한정되어 있지만, 극소수 연구자의 주장과 해

---

14 이남복, 『연극 사회학: 사회에서 본 무대, 무대에서 본 사회』, 서울: 현대미학사, 1996, p.34; 김문환은 연극 사회학 입장에서 연극적 행동에 대하여 연극과 사회적 현실의 관계를 세 가지 관점으로 접근시키고 있다. 첫째는 반영이론으로, 연극은 경제적 또는 가족적 관계들, 정치적인 사건들, 사회적 생활의 종교적·도덕적 측면들을 반영한다고 보는 것이다. 둘째는 사회통제수단으로, 연극 경험을 통해 특정한 이상과 가치와 이데올로기들이 촉진되고 생기를 얻게 된다는 것이다. 셋째는 영향 이론으로, 연극 경험의 사회 형성적 계기를 주목한다. 여기서 연극은 개인적인 표현이 아닌 사회적, 역사적 표현 방식으로 이해되어야 하고, 그 표현은 한 시대의 집단의식과 한 문화의 근본적인 현실반영의 조건으로 설명되고 있다. 김용수, 앞의 책, 2002, pp. 565-566 참조.

15 본서는 아리스토파네스의 작품이 실린 그리스 원전의 연구가 아니라 F. W. Hall & W. M. Geldert, 2vols., Oxford 1907년 판과 N. G. Wilson, 2vols., Oxford 2007년 판을 완역한 천병희의 『아리스토파네스 희극전집 1』, (2010)를 원전에 가장 충실한 번역서로 보아, 작품 분석에 활용하였음을 밝힌다. 자료에 대한 의미의 상이한 부분이나 보충, 대조, 확인이 필요한 부분의 검토는 Jeffrey Henderson의 영역본 텍스트 *Aristophanes I: Acharnians, Knights*, Harvard University Press, 1998; *Aristophanes II: Clouds, Wasps, Peace*, Harvard University Press, 1998; *Aristophanes III: Birds, Lysistrata, Women at the Thesmophoria*, Harvard University Press, 2000; *Aristophanes IV: Frogs, Assemblywomen, Wealth*, Harvard University Press, 2002. Whitney J. Oates & Eugene O'neill, Jr의 *The Complete Greek Drama*, New York: Random House, 1938, Volume Three와 Volume Four를 검토하여 본서의 작품 분석에 활용하였다.

석이므로 기존연구로 작품 분석에 필요한 객관성을 담보하기에는 부족한 실정이다. 이런 단점을 보완하기 위해 본고의 중심을 이루는 아리스토파네스 희극의 현실 비판 논거의 분석에 필요한 자료는 신화, 문학, 전쟁, 평화, 정치, 국가, 정의, 노동 등의 개념을 폭넓게 수용하면서 삶의 가치와 철학적 의미에 귀결되는 모든 담론을 논의에 첨가하였다.

아리스토파네스에 관한 논의는 주로 연극사와 문학戲曲 분야에서 일부 다루어지고 있으며, 서양철학 분야에서는 대부분 플라톤과 아리스토텔레스를 중심으로 부분적으로 언급되고 있다. 특히, 국내의 연구는 주로 작품의 주제와 관련한 내러티브에 한정하는 문학적 논의 위주로 이루어져 왔으며, 예술적 형식에 기원한 고대 그리스의 비극과 차별되는 양식으로 언급하는 연구가 대부분이다.[16] 이를 보완하기 위해 필자가 2017년부터 2021년까지 집필하여 한국연구재단에 등재한 아리스토파네스 학술논문 9편을 본 작품 분석에 활용[17]하였음을 밝힌다.

아리스토파네스의 극적 관심은 당시 아테네 민중에게 절박한 이슈였던

---

16 국내에서는 고대 그리스 비극 연구에 집중되어 있고, 희극 연구가 불모지나 다름없는 현실이다. 그나마 개론서에 가까운 종합 전문서로 캘리포니아 대학(University of California)에서 발행한 K. J. Dover의 『아리스토파네스 희극(Aristophanes Comedy)』(1972)을 많이 활용하였다. 이 책이 특히 구희극의 구조 편에서 비극과의 차이점, 아곤과 파라바시스의 적용 등에 대해 비교적 자세하게 기술된 점을 고려한다면, 고대 희극과 공동체의 상호관계에 주목한 유일한 텍스트로 볼 수 있다. 지금까지 나온 아리스토파네스 희극의 정치적·사회적 현실에 대한 논의와 접근은 연구자들 각각 특정한 목적의 성취에 편중되어 있다. 그리고 국내 학술지의 아리스토파네스 관련 논문은 1990년부터 2000년까지는 1-2편이 전부이고, 2003년부터 2021년까지 매년 2-3편씩 발표하고 있다. 그 연구들마저도 고대 그리스연극과 문학 분야에서 아리스토텔레스 『시학』, 연구에 부차적으로 거론되고 있지만, 개별 연구자들이 조금씩 관심을 나타내고 있는 실정이다.
17 아리스토파네스 11개 작품 중 필자가 한국연구재단(KCI) 등재 학술지를 통해 분석을 시도한 작품은 「기사들」, 「테스모포리아 축제의 여인들」, 「새들」을 제외한 8개 작품, 8개 논문이다. 이에 대한 구체적 제목은 참고문헌 목록에 나오는 필자의 논문명을 참조.

전쟁과 평화, 소피스트들Sophist의 상대주의적 사고방식 등에 관한 주제였다. 그는 이 주제를 파헤치기 위해 당대에 유행했던 새로운 교육방식을 주창했던 소피스트 그리고, 전쟁을 선동하는 정치가들을 풍자하며 문제의식을 드러낸다. 그의 현존하는 11개 작품에서 거론되는 정치풍자의 연극적 행동은 심각한 대립을 요구하는 이데올로기의 뜻보다는 '공동체 생활 일반community life general'의 화합과 통합을 위한 비판적 어조를 많이 담고 있다.[18]

　본서에서는 아리스토파네스 희극의 연극적 행동 유형을 분석하기 위하여 11개의 작품을 네 가지[19] 주제로 나누어 진행하고자 한다. 그것은 첫째, 평화운동의 실현을 위한 일탈과 변신, 둘째, 삶의 가치 기준에 대한 동시대의 해석, 셋째 부패한 사회제도와 폐습에 대한 저항, 넷째, 불완전한 이상과 공상에 대한 인간의 본색을 말하고 있다. 이 작품들의 주제는 각각

18　아리스토파네스 작품 중 초기의 「구름」과 후기의 「부의 신」을 제외하면 대부분 현실 정치의 부당함에 대한 직설적 비판을 서슴지 않기 때문에 '정치 희극'이라는 명칭이 자연스럽게 붙은 것 같다.

19　김기영은 아리스토파네스 11개 작품을 주제 3분류와 플롯 4단계로 나누어 설명하고 있다. 주제로 나누는 세 분류를 살펴보면, 「아카르나이의 사람들」, 「평화」, 「리시스트라테」는 전쟁과 평화를, 「기사」, 「말벌들」, 「새들」, 「여성들의 민회」, 「부의 신」은 국내정치를, 「구름」, 「테스모포리아 축제의 여인들」, 「개구리」는 학문·문화·교양을 주제로 분류하였다. 작품 플롯의 4단계 중 발단 단계에서 주인공은 정치, 경제, 문화에 관련된 곤경에 처하게 된다. 다음 단계는 투쟁단계로 주인공은 여러 형태의 저항과 부딪쳐 이러한 어려움을 극복하기 위해서 계획을 세운다. 세 번째 단계가 계획의 실현인데, 이 단계에서 문제가 해결된다. 마지막 단계는 문제가 해결되어 나타나는 결과들을 보여 준다. 그 결과들은 주인공은 물론 사회를 위해서도 좋은 일들이다. 이러한 일들에서 '다시 젊어짐'이라는 희극장르의 핵심 구성요소를 발견할 수 있다"고 주장하면서 그의 작품에 대한 번뜩이는 재치와 재미있는 환상, 아테네 전성기 정치와 지성 세계에 대한 눈부신 풍자를 극찬하였다. 한국연극교육학회, 『세계연극 239선: 그리스·로마 편』, 파주: 연극과 인간, 2008, p. 223의 김기영 해설 참조.

평화의 염원, 삶의 가치 기준, 정치체제의 개혁, 사회문제의 변화로 나누어 구분하였다.

3대 평화극으로 불리는 「아카르나이의 사람들」, 「평화」, 「리시스트라테」는 '평화'라는 내러티브에 기발한 상상과 공상이 동원된다. 「아카르나이의 사람들」과 「평화」는 평화운동의 실현을 위해 일탈과 변신이라는 판타지 기법을 사용하였고, 「리시스트라테」는 여성의 성 파업이라는 기상천외한 방법으로 평화를 쟁취하는 과정을 그렸다. 그리스에서는 동맹을 형성해 평화를 구축하려고 했지만, 헤게모니를 노리던 아테네와 스파르타 사이의 대결 구도는 동맹회원국들의 다양한 이해관계를 조정하기가 어려웠고, 잠정적이던 아테네의 평화는 은폐되기에 이른다. 여기서 아리스토파네스는 첨예하게 대립한 동시대의 전쟁과 평화의 문제를 극적으로 쟁점화시키고 있다.

삶의 가치 기준에 대한 논쟁과 더불어 구세대와 신세대 간의 적대감을 그린 세 작품은 「구름」, 「테스모포리아 축제의 여인들」, 「개구리」이다. 「구름」은 신교육을 공격하면서 철학자 소크라테스를 야유하게 되고, 소피스트들에 의해 소개된 새로운 교육에 대한 반발과 아테네 공동체 문화의 일부인 시인들과 그들의 문학작품이 지속적으로 패러디된다. 이는 나중에 하나의 폐단이 되어 정치적으로 악용하는 구체적인 사회악의 상징이 되기도 한다.[20] 「테스모포리아 축제의 여인들」과 「개구리」는 당대의 비극시

---

20 주지하듯이 「구름」은 소크라테스를 아주 교활한 소피스트로 비꼬고 있다. 그 내용은 소크라테스가 아테네의 청년들을 미궁의 구름 속으로 빠지게 한다는 것이다. 이는 훗날 아테네 법정에서 멜레토스의 고소장 내용이 「구름」에서 보여 주는 소크라테스 풍자 내용과 거의 일치하게 된다. 실제로 소크라테스는 플라톤의 『소크라테스의 변론(Apology of Socrates)』에서 멜레토스의 고소장 내용을 언급하는데, 자신에 대한 중상모략이 어디서 생겨났는지를 말하며, 자신이 연극에 등장하는 아리스토파네스 희극을 언급하고 있다. 멜레토스가 법정

인 에우리피데스에 대한 풍자와 익살이 섞인 문학비평을 남겼다.[21]

아리스토파네스 희극은 부패한 사회제도와 폐습에 대한 구체적인 사안을 패러디하여 직접 고발하거나 극장 밖으로 확산시켜 사회적 이슈로 만든다. 「기사들」, 「말벌」, 「새들」에서 아테네의 막강한 권력자들을 자유분방하게 공격한다. 「기사들」은 당시 정치권력의 중심에서 전쟁론을 주장하는 클레온을 척결하는 내용이고, 「말벌」은 데마고그demagogue들의 손에 조종을 당하면서 보잘것없는 권력에 취해 있는 배심원들을 조롱하였으며, 「새들」은 세상에서 정이 떨어진 아테네인들이 새들의 나라를 건국하여 떠나는 환상을 묘사한다. 세 작품의 주안점은 민주주의 자부심인 재판 제도의 속임수, 신들의 부적절한 탐욕에 대한 항거, 화려한 언변과 정치 속임수를 가진 선동가 클레온의 등장 등을 소재로 한 부패한 사회제도와 폐습에 대한 고발이다.

후기의 2개 작품 「여인들의 민회」, 「부의 신」은 전기의 9개 작품에서 나타난 정치적, 사회적 공격에서 물러나 극 속에서의 이상사회에 나타나는

에서 선서한 내용을 보면, "소크라테스는 하늘에 있는 것과 지하에 있는 것을 탐구하는 괴상망측한 사람이다. 악행을 일삼으며 악을 선처럼 보이게 하고 또한 남에게도 그런 터무니없는 것을 가르친다"라고 되어 있다. 플라톤, 『소크라테스의 변명』, 강윤철 역, 서울: 스타북스, 2020, p. 19; 소크라테스는 멜레토스가 자신을 중상모략한 연극을 보고 고소장을 쓴 것이라고 반박한다. 그래서 소크라테스는 그 고소장의 내용을 법정에서 읽어 주고, 그 고소장의 출처가 된 아리스토파네스의 「구름」에 대해서도 언급한다. 그런데 아리스토파네스가 소크라테스를 공격한 것처럼 니체도 『비극의 탄생』에서 소크라테스를 "예술의 살해자"라든가 "디오니소스적 세계관의 파괴자"라고 몰아붙였다. 여기서 더 나아가 니체는 지나치게 소크라테스와 에우리피데스를 공격한 아리스토파네스를 추종하였다. 윤병렬, 「아리스토파네스의 소크라테스 풍자는 정당한가?: 그의 〈구름〉에서의 소크라테스 혹평에 대한 반론」, 『철학탐구』 32, 중앙대학교 중앙철학연구소, 2012, pp. 134-137. 이런 점으로 미루어 〈구름〉에서 소크라테스에 대한 신랄한 공격은 멜레토스와 같은 악인에 의해 정치적으로 나쁘게 이용되는 사회악의 폐단으로 보는 것이다.

21 김정옥 외 2명, 『희랍희극: 아리스토파네스·메난드로스 편』, 서울: 현암사, 1969, p. 16 참조.

사회문제들을 상기시킨다. 여기서 논의되는 사회문제는 여성의 국정 참여, 재산 공유제를 기초한 공동사회제도 도입, 가난과 노력, 부의 공평한 분배 등이다. 전형적 전기 9개 작품에서 나타나는 정치인들에 대한 외설적 표현과 과격한 인신공격은 사라지고, 훗날 메난드로스^{Menandros}(기원전 342-기원전 292)의 신희극에서 볼 수 있는 재치 있는 대화가 그 자리를 메우고 있다. 그것은 상상과 공상에서 착안한 유토피아의 허망함과 생활 속 부패 척결을 묘사하고 있다. 이러한 그의 작품을 전체적으로 놓고 보았을 때, 아리스토파네스 희극은 아테네를 중심으로 하는 고대 그리스 희극의 대표작으로서 일반적 비극시인들이 사용하는 신화나 역사적 소재를 탈피하여 특수한 현실적 상황을 그 배경으로 설정하고 있음을 알 수 있다.

전술한 아리스토파네스 작품의 줄거리는 현실적으로 불가능한 사건들로 가득차 있지만, 이는 관객의 관심을 유도하기 위해 고안한 독창적인 극작술로부터 비롯된 연극적 행동이다. 아리스토파네스 희극의 연극적 행동은 당시 사회적 현실과 연극적 현실의 사이에서 연극이 발하는 것으로서 사회적 현상의 다양성과 삶의 측면의 다양성으로 해석될 수 있다.[22] 이러한 사회적 현상의 현전 가능성에 대한 연극적 행동은 부패하고 험난한 사회문제를 극복하는 데 어떤 지침을 제공해 주는 것으로 볼 수 있다. 결론적으로 지금까지 거론된 사회문제를 공동체의 문제의식으로 주지시키려는 작가의 연극적 행동에 대한 논의를 통해 다음과 같은 기대 효과를 바라 볼 수 있겠다.

---

22 이남복은 그의 『연극 사회학』에서 연극의 기능이 관객에게서 내적 체험을 환기시켜 현실 세계의 이상을 정화시키고 정서 운동을 일으켜 이 사회를 통합시키는 것이라고 말한다. 또 다른 시각은 도덕적·정치적·유희적·위로적·매력적·계몽적·조형적·해방적·교육적 패턴을 불러일으켜 의식을 변화시키고 민주화시키며 의사소통하는 것으로 규명하고 있다. 이남복, 앞의 책, 1996, p. 39, 52 참조.

첫째, 희극을 통해 현실 세계를 비판하고 공동체 화합과 사회통합 방안을 제시하고자 했던 작가의 희극적 소명을 밝힐 수 있을 것이다. 둘째, 고대 그리스 희극의 핵심 요소인 아곤agon과 파라바시스parabasis라는 희극적 도구를 중심으로 아리스토파네스 희극 11편 전체를 분석함으로써 고대 그리스의 희극적 논쟁 양식을 살펴볼 수 있는 토대가 마련될 것이다. 셋째, 당시 공동체 사회의 사고와 시민의식 연구에 기여하고, 물리적 현실의 제약을 과감하게 넘어서는 작가의 창의성 연구에도 도움이 될 것이다. 아울러 아리스토파네스 희극에 영향을 받은 서양희극 연구에도 유용한 정보를 제공할 수 있을 것이다.

본서에서 가장 커다란 오해를 불러일으킬 수 있는 용어는 무엇보다도 '풍자'와 '해학humor'이다. 풍자와 해학은 조롱에 가까우며, 조롱은 외설적 표현으로 격하된다. 그렇지만 풍자와 해학은 웃음과 즐거움으로 화합한다. 풍자와 해학은 힘겨운 삶의 고단함을 웃음으로 극복하는 긍정적인 발견을 전제한다. 상상과 공상은 일상의 틀을 깨고 고통과 두려움 그리고 삶의 모순으로부터 해방시키는 역할을 한다. 풍자와 해학, 상상과 공상은 아리스토파네스 희극의 전형적인 규범이며, 비판적 물음에 접근할 수 있는 희극적 장치로 보아야 할 것이다.

아리스토파네스가 그의 텍스트에서 다루었던 정치적·사회적 주제를 관통하는 희극적 장치들은 윤리적 규범이나 상식에서 벗어난 행동들로 논란의 중심에 놓이지만, 대중을 불안하게 하거나 긴장하게 하지 않고 오히려 즐거움을 선사한다. 그 즐거움은 삶에 대한 무게와 부담에서 대중을 해방시키고 존재의 궁극적 본질을 깨닫게 한다. 웃음으로 해방되고 화합으로 하나되는 이러한 정신활동은 아리스토파네스로 대표되는 고대 그리스 희극의 역사로 보면 폴리스 공동체에서의 가치 있는 삶을 추구한 작가의 연극적 행동에서 비롯된 것이다. 그의 희극을 통한 현실 비판은 연극적 현실과 사회적 현실의 유사성 및 차이점에서 경험적 본질을 추론할 수 있다. 즉 연극적 현실과 사회적 현실이 부딪치는 곳에 집단이 첨예하게 대립하는 사회적 갈등의 메시지가 남아 있는 것이다. 나아가, 연극적 행동에 의해 자극된 아리스토파네스 희극은 풍자와 해석을 통해 사회적 상황 속의 갈등을 여과 없이 노출시킴으로써 현상의 이면에 감춰진 문제점을 환기시킨다.

제2장

고대 그리스 희극의 성격과 특징

1. 고대 그리스 희극 이론

1) 희극의 본질과 드라마의 형태

기원전 5세기의 그리스는 디오니소스 축제인 연극 경연 대회를 통한 비극이 전성기를 누리고 있다. 비극과 희극 모두 놀이에서 유래되었다. 고대 그리스에서 비극은 무대에서 공연하기 위한 문학작품이라기보다는 인간의 불안을 해소하고 집단의 결속력을 강화시키는 폴리스 공동체 의식의 신성한 연극 혹은 극화된 의례였다. 놀이적 요소가 풍부한 의례는 드라마의 일종인 것이다. 이 시기에 비극 이상의 사회, 문화, 정치의 핵심적 논의의 장으로 그리스 희극을 들 수가 있다.

연극의 장르 개념으로 볼 때 비극은 숭고하고 위대한 인물을, 희극은 보통 이하의 악인을 모방模倣하는 것으로 규정하는 것처럼 고전 미학classical esthetics에서 희극적인 것은 숭고하고 비극적인 것에 비해 늘 상대적으로 하찮은 것, 볼품없고 저급한 것으로 여겨졌다. 전통적으로 희극은 규범과 대조되는 행동, 특히 윤리적 규범에서 일탈하는 행동을 보이는 사람을 모방하는 것으로 정의된다.[1] 이러한 견해에 따라 고대 희극은 주로 남의 결함

---

[1] 정현경, 「웃음에 관한 미학적 성찰」, 한국외국어대학교 박사학위논문, 2009, p. 5.

을 보고 무시하거나 조롱하는 부도덕한 장르로 평가되어 왔다.

희극의 본질에 대해서는 드라마(희곡)의 생태부터 논해야 한다. 기원전 5세기의 그리스는 드라마의 눈부신 발전을 거듭했으며 특히 많은 비극과 희극작품이 창작되어 공연된 시기였다. 입으로만 전승되던 많은 신화들이 비극과 희극의 주제와 소재로 탈바꿈하기 시작했다. 드라마는 문학의 장르 중 인간 행위와 가장 밀착되어 있다. 그래서 드라마는 가장 인간적인 문학 장르로 인식되며, 일어날 수 있는 사실의 수동적 기술이 아니라 행동하는 인간의 능동적 태도 그 자체라 할 수 있다.[2] 드라마에 대한 해박한 해석과 희극적 견해를 논리적으로 펼친 베르그송Henri Louis Bergson의 『웃음Le Rire』을 통해 드라마의 개념을 살펴보자.

일반적으로 드라마가 우리에게 주는 것은 쾌락快樂이다. 드라마는 사회와 이성이 우리를 위해 만들어 준 평온하고 평범한 생활 아래서 다행히 폭발은 하지 않으나 그 내적 긴장을 느끼게 하는 무언가를 뒤흔들어 놓는다. 때로 드라마는 일직선으로 이 목표에 돌진하며, 자연을 대신해서 사회에 복수를 해 준다. 무엇이건 날려 보내는 정념情念을 속에서 표면으로 불러내는 것이다. 즉, 궤변으로 보이는 교묘함으로 사회의 모순을 우리에게 보여 주는 것이다. 그것은 사회법칙 속에 있을지도 모를 인위적인 것을 과장하고, 그로써 우회적인 수단으로 이번에는 겉껍데기를 찢으면서 우리를 속마음에 접하게 하는 것이다. 하지만 사회나 자연을 뒤흔드는 그 어느 경우에도 비극 또는 희극드라마가 추구하는 목적은 한 가지다. 그것은 우리 삶의 내부에 숨겨져 있는 악

---

2   드라마 어원은 그리스어의 고어 dramenon(=things done & thing acted out)에서 연유하며 '행동하는 것', '행위'를 뜻하고 있다. 정일권, 「한국 전통극의 희극성 연구」, 조선대학교 박사학위논문, 2003, p. 13.

의적 요소라고 할 수 있는 모순과 비정상적인 것을 폭로하는 것이다.[3]

고대 그리스에서 규정하는 시는 서사시敍事詩, 서정시抒情詩, 극시劇詩의 본질들을 포괄하면서 모든 문학의 본질과 예술 자체의 모습을 최상으로 드러내 주는 드라마다.[4] 드라마는 언어예술 중에서도 인간의 감정을 소통疏通시키는 하나의 수단이자, 인류가 완성을 위해서 전진하는 수단이다.[5] 이러한 드라마의 최상의 본질 중 웃음과 해학을 바탕으로 만들어진 것을 희극 드라마 또는 희극이라고 한다.[6]

---

3 앙리 베르그송, 『웃음(Le Rire)』, 이희영 역, 서울: 동서문화사, 2016, pp. 92-93 참조.

4 프리드리히 셸링, 『예술철학(Philophie der Kunst)』, 김혜숙 역, 서울: 지만지, 2011, p. 134. 조동일은 고대 그리스 문학작품의 분류에 대하여 서사시, 서정시, 교술(敎述), 희곡(戲曲)의 넷으로 구분하였다. 그 갈래의 성격은 크게 이야기, 노래, 말, 놀이로 규정하였다. 여기서 이야기를 다룬 호메로스(Homeros)의 『일리아드(Iliad)』와 『오디세이(Odyssey)』는 대표적인 서사문학이고, 헤시오도스(Hesiodos)의 『일과 날(Work and days)』 서구 최초의 교훈시(didactic poem)이라는 평가가 보여 주듯 서사적 교술문학 장르에 해당한다. 아르킬로코스(Archilochus)와 삽포(Sappho)의 단편은 자신의 감정을 자유롭게 노래하고 있다는 점에서 서정문학에 해당한다. 장지원, 「고대 아테네 시민교육 연구: 아리스토파네스의 희극을 중심으로」, 『교육철학연구』 42(4), 한국교육철학학회, 2020, p. 172에서 재인용.

5 레프 톨스토이, 『예술이란 무엇인가』, 이철 역, 파주: 범우, 2019, p. 202.

6 희극의 정의를 『옥스포드 영어대사전(Oxford English Dictionary)』(1989)에 의하면, 희극(comedy)이란 단어의 정의는 고대 그리스어에 기원을 두는 코메디아(comedia)에서 끌어온다. 이 단어의 의미는 '주안(酒案) 또는 잔치 놀이'에 '촌락과 음유시인'이 첨가되어 이루어진, 즉 '잔치 놀이 때 노래를 합창하는 것' 또는 '동네 음유시인'이라고 설명하고 있다. 몰원 머천트, 『희극(Comedy)』, 석경정 역, 서울: 서울대학교출판부, 1981, p. 6; 일반적인 『국어사전』에서의 기본 의미로는, 사회 병폐나 인간 생활 등을 웃음거리를 섞어서 풍자적으로 다룬 극 형식으로서 사람을 웃기는 행동이나 모습, 실없이 익살을 부려 관객을 웃기는 장면이 많은 연극을 일컫는다. 희극의 기원에 대해서는 여러 설이 있는데 소외받은 계층이 울분을 분출하는 통로로 시작되었다는 것이 공통점이었다. 이후 두 갈래로 발전했다. 하나는 정밀한 연극 형식인 희극이고 다른 하나는 축제 때의 행진, 가무, 음주 등 각종 놀이였다. 연극 형식으로서의 희극은 출발점이 달랐던 것만큼 비극과 비교된다. 임석재, 『극장의 역사: 건

플라톤은『법률』에서 살아 있는 모든 생명체는 저마다 신들의 꼭두각시라고 그의 소신을 밝혔다. 더불어 인간은 신의 장난감으로 만들어졌다는게 그의 생각이다. 그러니 모든 남자와 여자는 이런 역할에 맞게 아름다운 연극놀이를 하면서 살아가야 한다는 것이다.[7] 플라톤의 이 같은 주장에 비추어 본다면, 연극놀이 중에서 비극의 소재는 신화로 한정되어 있어'신들의 놀이'로 명명할 수 있고, 희극에는 그러한 제한이 없으므로 옛날이아니라 현재를 대상으로 한 어떤 문제든지 자유롭게 선택하고 어떤 인물이든지 거리낌 없이 무대에 등장시킬 수 있다는 데에서 '인간의 놀이'로 규정할 수 있다. 따라서 희극은 당시의 언론 역할을 했는데, 작가들은 놀랍게도 언론의 자유를 넘어선 언론의 횡포를 마음껏 향유할 수 있었다. 그러나 희극은 무엇보다도 우선 관객을 웃기는 기술인데, 게다가 그는 날카로운 비판 정신과 작가로서의 사명감을 갖추고 있어서 희극을 고차원의 예술로 승화시킬 수 있었다.[8]

일반적으로 희극이란 사회의 병폐나 인간의 근원적인 모순성을 풍자적으로 표현함으로써 웃음을 통해 마주하는 관객의 지성에 호소하며 그 본질을 교정하고자 하는 연극의 한 형태라 할 수 있다.[9] 희극은 그 본질상웃음에 의해 사회를 교정social correction한다는 사회풍자 혹은 사회 비판social criticism의 목적을 가진다. 그런 의미에서 풍자가 신랄할수록, 공격이 날카

축과 연극의 사회문화사』, 서울: 이화여자대학교출판문화원, 2018, p. 58.

7 앙리 베르그송, 앞의 책, pp. 92-93 참조.

8 아테네의 3대 비극작가와 희극작가 아리스토파네스의 작품은 무대라는 공간에서 이루어지는 연극놀이에 해당한다. 여기서 놀이라는 표현에 대한 플라톤의 주장을 보충하자면,비극은 신들의 놀이, 희극은 인간의 놀이라는 속성으로 볼 수 있다. 플라톤, 『법률』, 천병희역, 파주: 숲, 2016, p. 64, 344 참조.

9 정일권, 앞의 논문, 2003, p. 14.

로울수록 희극의 목표달성이 더 잘 이루어질 수도 있다. 이들의 공격이나 풍자의 대상은 죄악, 어리석음, 탐욕, 위선 등 인간성의 문제일 수도 있고 사회제도 등 그 범위는 작가의 관심이 미치는 한 얼마든지 가능하다. 마음껏 공격해서 때로는 쓰디쓴 웃음을 자아내는 이런 소위 사회 비판적 희극도 구조 면에 있어서 한결같이 결말은 행복하게 끝난다.[10] 그래서 희극은 삶의 현장과 마주하고 있다는 것이다. 삶에 대한 순수한 인식은 희극이 가진 인간의 기본 감정을 말한다. 인간의 활기에 찬 감정의 유형은 인간의 실재인 상징적 구조들이 깊은 정서와 맺는 관계를 반영하며, 본질적으로 두려운 환경에 직면한 사람은 그때마다 거의 모든 방법으로 수정된 인간의 본능적 삶을 반영한다. 인간의 이런 생명감이 희극의 본질이다. 그것은 종교적이면서 동시에 천하고, 약삭빠르면서 반항적이고, 사회적이면서도 이례적으로 개인적이다. 희극시인이 창조하는 삶의 환상은 위험과 기회들로 가득 찬, 즉 우연히 발생하여 개개인이 자신들의 견해에 따라 대처하는 우연의 일치를 형성하는 물리적·사회적 사건으로 위트 있게 다가오는 미래로 보아야 한다.[11]

희극의 본질을 논의의 주제로 전개하기 위해서는 아리스토텔레스의 『시학』을 빼놓을 수 없다. 『시학』은 그 내용에 있어서 고대 그리스 비극론이라고 할 수 있다. 일반적으로 알고 있는 『시학』은 문학비평서라기보다는 오히려 자연과학이라고 할 만한 입장에서 고대 그리스 비극이라는 한정된 대상을 분석하고 있다.[12] 그런데 그 분석의 치밀함과 고대 그리스 비

---

10 홍기영, 「Shakespeare 낭만희극의 연구: 낭만희극을 중심으로」, 단국대학교 박사학위논문, 1991, p. 29.

11 송옥 외, 『비극과 희극 그 의미와 형식』, 서울: 고려대학교출판부, 1995, pp. 143-144.

12 아리스토텔레스의 『시학』에서 제시하는 비극의 구성요소들은 소포클레스의 「오이디푸스왕(Oidipous Tyrannos)」(기원전 430-기원전 425)이 가장 적절하게 충족한 작품이라고 부처

극의 위대함 때문에, 서구의 모든 비극론은 아리스토텔레스의 『시학』을
어떻게 해석하느냐 하는 문제에서 크게 벗어나지 못했다고 해도 과언이
아닐 것이다.[13]

아리스토텔레스는 『시학』 제9장에서 드라마와 관련된 시의 본질과 시인
의 창작에 대한 중요성에 관해 언급한다. "시는 역사보다 더 철학적이고
중요하다. 왜냐하면 시는 보편적인 것을 말하는 경향이 더 강하고, 역사는
개별적인 것을 말하기 때문이다."[14] 여기서 아리스토텔레스가 말하는 시

(Samuel Henry Bucher)의 『창작예술론(Aristophane's theory of poetry and fine art)』에 소개된다. 「오이디
푸스왕」은 비극이 갖추어야 할 요소들을 잘 충족하면서 '연민'과 '공포'라는 두 감정을 유발
하기에 적절한 플롯을 갖추고 있다. 이러한 아리스토텔레스의 비극론은 도덕이나 정치와
같은 예술 밖의 기준으로 예술을 평가하지 않고 순수 예술적 가치의 독립성을 인정하는 관
점에서 기초해 있다. 19세기 초 헤겔에 이르러 비극에 있어서 논의의 핵심을 플롯에서 갈
등으로 돌려놓는다. 헤겔은 『미학강의』에서 소포클레스의 「오이디푸스왕」보다는 「안티
고네(Antigone)」(기원전 414)를 최고의 작품이라고 평가한다. 그 이유는 헤겔이 비극의 핵심
을 인륜적 위력 간의 충돌로 보고, 「안티고네」에서 국가와 가족이라는 두 인륜 사이의 충
돌이 가장 잘 표현되고 있다고 보기 때문이다. 더 나아가 헤겔은 「안티고네」에 대한 해석
을 통해 인륜적 위력들이 각기 자신의 일면성 만을 주장할 때 파멸에 이를 수밖에 없다는
것을 보여 줌으로써, 비극적 충돌을 해소하고 화해라는 긍정적 요소를 도출하는 데 비극의
최종 목적이 있다고 주장한다. 이 관점에서 헤겔은 「오이디푸스왕」도 「콜로누스의 오이디
푸스(Oidipous epi Kolonoi)」(기원전 401년 공연)까지 포함하여 해석함으로써 화해라는 측면을
강조하려 한다. 그리고 헤겔은 「오이디푸스왕」에서 등장하는 충돌을 행위하는 자의 의식
과 그 배후에 있는 무의식적 요소 사이의 갈등으로 보면서, 아리스토텔레스는 강조하지 않
는 '스핑크스의 수수께끼' 이야기를 부각시킨다. 그리고 비극에서 결과되는 '공포'와 '연민'
이라는 감정보다는 비판을 받을 수는 있으나, 오히려 그렇기 때문에 '참으로 비극적인 것'
에 천착한 헤겔의 비극론은 그의 철학과의 관련하에서 여전히 유의미하게 논의될 수 있
다. 서정혁, 「아리스토텔레스와 헤겔의 비극론 비교」, 『헤겔연구』 30, 한국헤겔학회, 2011,
pp. 229-231.
13 이덕수, 『희극적 갈등 양식과 셰익스피어 희극』, 경산: 영남대학교출판부, 2004, p.9.
14 아리스토텔레스가 『시학』 서문에서 철학적 가치를 주장한 것은 시는 보편적인 것을 이야
기하는 경향이 더 많은 데 비하여 역사는 개별적인 것을 이야기하기 때문이라고 했다. 시
인의 모방은 그 자체로 하나의 유기적인 통일을 이루고 있는 사건을 필연적인 인과 관계의

는 극시劇詩이며, 시의 보편적인 것이 인간이 개연적 또는 필연적으로 말하거나 행하는 데 있어서 역사처럼 기존 인명에 집착하지 않는다는 것이다. 비록 극시가 등장인물들에게 고유한 이름을 붙인다 하더라도 시가 추구하는 것은 그 자체가 보편적이라는 말이다.

기원전 5세기의 그리스 시대부터 '비극적인 것'과 '희극적인 것'은 대립적인 동시에 상보적인 삶의 두 측면으로 간주되었고, 이 두 측면이 연극에서 비극과 희극으로의 장르 탄생의 기반이 된다. 그런데 비극은 그리스 연극 제전 이후부터 가장 중요한 연극 형식으로 자리매김하였고, 아리스토텔레스가 『시학』에서 비극의 이론을 제시한 이후에 수많은 비극론이 그 뒤를 이었고 로마와 중세를 거쳐 르네상스까지 다양한 비극작품들이 나왔다. 그에 비해 희극은 비극보다 뒤늦게 용어 정리가 이루어지고 그것도 비극과 대립되는 개념으로 규정되었다. 비극과 희극에 사용되는 장르별 구조의 특징과 차이점을 모호한 잣대로 규정한 일부 고전 시학 이론가들은 비극을 희극보다 더 우월한 장르로 평가하고 희극을 더 열등한 장르[15]로 폄하하기에 이른다.

테두리 내에서 재현하여 하나의 보편적 진리를 말하는 데 있다고 주장한다. 이는 사진사처럼 복사하는 행위라고 주장하는 플라톤의 견해를 간접적으로 공박하는 것이다. 이은정, 「문학과 정치: 아리스토텔레스의 《시학(De Poetica)》의 비판적 재구성」, 『세계문학비교연구』 48, 한국세계문학비교학회, 2014, p. 97.

[15] 고대 그리스 이후의 희극에 대한 정의는 늘 실험적이고 모험적이었다. 비극에 비해 정형적인 체계를 갖추지 못한 희극은 차별과 편견에 시달리게 된다. 그 덕분에 오히려 희극장르는 시대와 작가의 희극 미학에 따라 많은 변화와 다양성을 가져왔다. 마치 '희극'이라는 용어 자체로 희극을 정의하는 것이 불충분한 것처럼 용어들이 생겨난다. 이는 개별적 특수성을 지닌 희극의 변이들이라고 할 수 있는 이탈리아식 희극, 스페인식 계략희극, 로마네스크 희극, 상황희극, 풍속희극, 성격희극, 교훈희극, 착오희극 등의 다양한 수식어들이 희극에 부착되었다. 피에르 볼츠, 『희극: 프랑스 희극의 역사(La Comédie)』, 희극연구회 역, 서울: 연극과 인간, 2018, pp. 1-2 서문 참조; 이덕수, 앞의 책, 2004, p. 125.

아리스토텔레스의『시학』에서 희극론에 대한 언급이 전혀 없는 것은 아니다. 하지만 총 26장의『시학』이 비극을 논하는 과정 중에 제5장과 제9장에서 희극을 부수적으로 언급된 것일 뿐 희극론이라고 정의하기에는 뭔가 부족하다. 그래서 비극론에 대응하기 위하여 희극에 대한 체계화된 고전적 이론을 전개해 나갈 수 있는 탐색으로『시학』제2권에 대한 추론이 가능하다.[16] 비극론을 다루고 있는 현존하는『시학』이 제1권이라면 에코Umberto Eco(1932-2016)의 장편소설『장미의 이름*The Name of the Rose*』(1980)에서 14세기 베네딕트 수도원에서 유실된『시학』은 제2권에 해당할 것으로 보인다. 아리스토텔레스의『시학』에서 유실된 제2권이 나타나지 않는 한 희극에 대한 언급은 사실상 미미한 수준에 불과하다.『장미의 이름』에는 14세기 유럽의 암울한 역사를 흥미진진하게 펼쳐 보인다. 이 소설은 에코가 52세 때 발표한 첫 장편소설로서 중세 이탈리아의 한 수도원에서 일어난 의문의 살인사건을 서사로 다루고 있다. 이 소설의 처음 제목은 '수도원의 범죄사건'이었는데, 유럽의 '장미전쟁'이나 '장미십자회' 등에서 보여지는 예처럼 역사적 상징성을 염두에 두고 '장미의 이름'으로 바꾸었다고 한다.

---

16 『시학』제2권에 대한 추론은『시학』제1권의 비극을 시작하는 부분에서 서사시와 희극은 나중에 다루도록 한다는 구절이 명시적으로 나온다. 이 약속에 따라『시학』제1권의 23-26장에서 서사시를 다루었다. 그렇다면 아리스토텔레스가 다룬다고 한 희극을 다루지 않았으리라 생각하는 것보다는 제2권에서 따로 다루었다고 보는 것이 합리적일 것이다. 특히 비극의 발생을 이야기하면서 아리스토텔레스는 그것이 호메로스의 서사시로부터 자라 나온 것이라며, 재현의 대상이라는 기준에 따라 비극과 서사시를 유사한 장르로 묶어주었다. 반면, 희극은 경박한 대상을 재현하는 가벼운 장르로 따로 구분해 두었다. 이런 점을 고려하면 아리스토텔레스가 희극을 별도의 책으로 다루었을 가능성을 배제할 수가 없다. 김헌, 「아리스토텔레스《시학》제2권의 실재 가능성에 관한 문헌학적 연구」,『한국서양고전학회』41, 서양고전학연구, 2010b, p. 105.

1327년 겨울, 수도원에서 의문의 죽음으로 사라진 수도사는 6명이다. 이들은 아델모, 베난티오, 베렝가리오, 세베리노, 말라키아 등으로서 장서관의 필사본을 몰래 읽어 보다가 늙은 수도사 호르헤에게 독살당한다. 호르헤는 40년 동안 베네딕트 수도원의 주인 행세를 하며 이단으로 금지된 서책에 수도사들이 접근하지 못하도록 막는다. 호르헤는 모든 사건의 정황을 추론하여 살인사건을 조사하러 온 윌리엄에게 독약이 묻은 서책을 건네 준다. 윌리엄이 장갑을 끼고 문제의 그 서책을 받아 들고 읽기 시작하자, 호르헤는 등잔을 넘어뜨리고 『시학』, 서책을 빼앗아 밀실을 빠져나간다. 그리고 호르헤는 그 책을 씹으면서 불길에 휩싸인다.

이렇게 해서 『장미의 이름』에서는 아리스토텔레스가 희극론을 다룬 『시학』 제2권의 존재는 세상에서 사라지게 된 것으로 추론한다. 이 책에서 호르헤는 수도사들에게 이단으로 막아 온 『시학』 제2권은 "웃음은 예술이며, 식자識者들의 마음이 열리는 세상의 문이다"라는 내용을 다루고 있음을 숨기고 있다. 우리는 아리스토텔레스가 비극을 논하기 위해서 『시학』을 쓴 것으로 알고 있지만, 희극에 관한 그의 견해도 충분히 엿볼 수 있다. 아리스토텔레스는 비극에 대하여 연민과 공포를 통해서 적절한 '감정의 정화 catharsis'를 가져다주는 것이라고 말한다. 반면, 희극은 적절한 방법으로 웃음을 불러일으키고, 그렇게 함으로써 분별 있는 사람들에게 즐거움을 주는 것을 목적으로 삼고 있다는 것이다.[17]

하지만 지금 우리가 가지고 있는 『시학』에는 카타르시스에 대한 분명한 설명은 없으며, 이 개념 자체도 비극을 규정하는 쓰임새로나 의미로는 단 한 번밖에는 찾아볼 수가 없다. 이런 까닭에 사라져 버린 『시학』 제2권에

---

17 앙리 베르그송, 앞의 책, 2016, p. 110 참조.

서 이 개념이 자세하게 다루어졌을 것이라고 추측하는 학자들도 있다. 이 가정이 맞는다면 카타르시스라는 개념은 비극에 한정된 개념이 아니라, 서사시는 물론 희극에까지 적용되는 개념이라고 생각할 수 있다. 더 나아가 『시학』 제1권에서 이 개념을 다루지 않고, 희극 부분인 『시학』 제2권에서 카타르시스를 상세하게 다루었다면, 이 개념은 비극보다는 희극과 관련시킬 때 더 잘 해명될 것이라고 생각할 수도 있다. 그런데 도대체 '카타르시스'란 정확하게 무엇인가? 시학과 시 짓는 기술, 시 짓기, 시가, 그리고 비극이 도대체 무엇을 깨끗하게 한다는 말인가? 이 질문에 대한 답이 『시학』 2권의 존재를 총체적으로 풀어내는 데에 가장 중요한 열쇠라고 생각된다. 따라서 아마도 아리스토텔레스는 이 개념에 관한 포괄적이며 보다 자세한 설명을 위하여 희극까지 모두 다룬 후에 카타르시스에 관한 결론을 끌어냈을 것이라는 가능성을 생각해 볼 수 있을 것이다.[18] 어쨌든 『시학』에서 쓰고 있는 감정의 정화는 그 개념이 구체적으로 설명되어 있지 않기 때문에 후대에서 비극을 논할 때 다양하게 해석되면서 많은 논란의 대상이 되었다. 그런데 희극의 경우에는 '감정의 정화'보다는 '교훈적 효과'에 더 많은 관심이 집중되어 있다. 여기서 아리스토텔레스 자신이 비극과 희극을 거론하면서 둘 다 '인간의 행위를 모방하는 것'이라고 하더라도 그것들이 모방의 대상으로 삼고 있는 행위의 질은 각각 다르게 적용되기 때문이다. 다시 말해서 비극은 '진지한 행위'[19]를 모방의 대상으로 삼고

---

18 김헌, 앞의 책, 2010b, p. 112-113.

19 아리스토텔레스가 말한 비극의 진지함이라고 하는 것은 인간의 의지로는 어떻게 할 수 없는 것, 인간적 질서의 영역이 아니라 신이나 운명의 영역에 속하는 것, 인간이 비록 불굴의 의지로 거기에 대항한다고 해도 승리가 보장되어 있지 않고 오히려 패배할 수밖에 없다는 사실을 알고 있는 것, 따라서 공포와 연민의 감정이 뒤따르지 않을 수 없는 것을 의미한다. 이러한 방식의 비극론은 아이스킬로스, 소포클레스, 에우리피데스 같은 3대 비극시인의

있는데 반해 희극은 '보다 저급한 인간의 행위'나 '우스꽝스러운 인간의 행위'를 모방의 대상으로 하고 있다.[20]

우스꽝스러운 웃음은 모든 시대와 모든 나라에 존재하던 오랜 민속에 뿌리를 내리고 있다. 아리스토파네스 이전 시대부터 그리스의 도리스 지방(스파르타와 메가라) 같은 곳에는 대중적인 즉흥 익살이 있었는데 이는 단지 어리석은 자들을 흉내 내고 희화하는 데에서 즐거움을 얻는 소극이었다. 현대에 사는 우리는 무시무시하거나 익살스러운 가면을 쓰고 진행하는 스파르타 마임의 이 빠진 노파, 과일 혹은 고기 도둑, 유식한 척하는 학자 등을 재현한다는 것 정도까지만 파악하고 있다. 그리스에서는 희극적인 가면과 관련하여 전형적인 유형이 여럿 탄생했다. 이 전형적인 인물들은 고전극이건 현대극이건 모든 대중 희극에 어김없이 등장한다. 이탈리아의 코메디아 델라르테나, 프랑스의 몰리에르, 영국의 셰익스피어까지 라틴 계통의 어릿광대나 아리스토파네스 또는 메난드로스의 희극에 등장하는 인물들과 매우 닮은 인물들이 출연한다는 점은 신기하기 짝이 없다.

작품에서 그 서사의 근원을 이루고 있다.

[20] 아리스토텔레스의 『시학』에 따르면, 희극의 어원은 '시골'을 뜻하는 '코메(kome)'와 '노래'를 뜻하는 '오이데(oide)'의 복합적 의미인 '시골의 노래'에서 유래한 것으로 보이는 관점이 있다. 희극의 유래를 가져오는 고대 그리스인들의 고유 행사인 풍요의 신 디오니소스를 기리는 풍요제가 시골에서 행해졌기 때문이다. 그들이 희극의 'Komoide'라는 말이 'komos'에서 유래한 것이 아니라 'kome(시골)'라는 말에서 유래했다는 도리스인들의 주장이다. 'komos'는 '야단법석을 떠는 술잔치'를 말하는 것으로, 이러한 술잔치는 여러 가지 종류가 있었는데, 주로 디오니소스 축제 때 벌어졌다. komos의 특징은 komos 참가자들이 동물로 분장한 가장행렬에서 찾을 수 있다. komos의 가장행렬은 문헌이나 그림을 통하여 잘 알려져 있는데 아리스토파네스의 희극에서 볼 수 있는 새, 개구리, 벌의 코로스는 이 가장행렬에서 유래한 것으로 보인다. 희극이 보통 잔치로 끝나는 것도 komos가 잔치로 끝나는 데서 유래한 듯하다. 아리스토텔레스, 『시학』, 천병희 역, 서울: 문예출판사, 2014, p. 42.

도덕적으로 혹은 신체적으로 우스꽝스러운 특징을 지닌 인물들은 여러 세기를 지나오면서도 시공간을 넘어 관객들에게 인간만이 지닌 고유한 특성이라는 웃음을 선사하고 있다. 웃음의 목적은 무엇보다도 교정이다. 굴욕을 주기 위한 웃음은 표적이 되는 사람에게 반드시 쓰라린 상처를 안겨 준다. 사회는 웃음으로써 특정 사람이 사회에 대해서 행한 자유행동에 복수하는 것이다. 웃음에 만일 공감과 호의가 새겨져 있었다면 그 목적을 이루는 일은 없을 것이다. 적어도 웃음의 의도만은 좋은 것일 수도 있고, 우리는 종종 누군가를 사랑하기 때문에 벌하는 것이다. 그래서 우리의 최대 선을 위해 어느 결점이 밖으로 나타나는 것을 미연에 막음으로써, 그러한 결점 자체를 교정하고, 우리를 내면적으로 개선시키려고 노력하는 것이다. 그렇다고 해서 희극의 웃음이 언제나 정곡을 찌른다거나 공평함에 대한 생각에서 나왔다는 말은 아니다. 언제나 정곡을 찌르기 위해서는 그것이 반성하는 행위에서 나오는 것이어야만 한다.[21]

아리스토텔레스의 『시학』 제5장에 따르면, "희극은 보통 이하 악인의 모방이다. 이 악은 우스꽝스러운[22] 것과 관련해서 추악醜惡의 일종이다. 우스꽝스러운 것은 남에게 고통이나 해를 끼치지 않는 일종의 실수 또는 기형이다. 비근한 예를 들면 우스꽝스러운 가면은 추악하고 비뚤어졌지만, 고통을 주지는 않는다"[23]라고 되어 있다. 이는 희극이 비극에 비하여 열등한

21 앙리 베르그송, 앞의 책, 2016, p. 110. 참조.
22 희극의 발생과 발전에 관하여 역사적으로 간략하게 논의하는 『시학』 제5장에서 우스꽝스러움에 대해 제시한다: 우스꽝스러움은 망측함의 한 부분이다. 왜냐하면 우스꽝스러움이란 일종의 실수며 망측한 것이지만, 고통스럽게 하지도 않고 또 파괴적이지도 않는 것이기 때문이다. 예를 들면 우스꽝스러운 가면은 일종의 망측한 것이지만, 고통을 주지 않으면서 뒤틀어져 있는 것이다. 김헌, 앞의 논문, 2010b, p. 107.
23 아리스토텔레스, 앞의 책, 2014, p. 45.

서사를 가지고 있지만, 인간의 본능과 충동을 통제하는 사회적 억압으로부터 해방시킨다는 긍정적 측면을 암시하고 있다. 여기서 희극 등장인물들의 '저급함'이라든가 '우스꽝스러움'이라는 것은 바꾸어 말하면 인간의 의지에 따라서 다루고 극복할 수 있는 것, 인간적 질서의 영역에 속하는 것, 그래서 가르치기도 하고 시정할 수도 있는 것을 의미한다. 따라서 아리스토텔레스가 주장하는 희극의 방향은 그 행위 자체가 공포와 연민의 대상이 아니라 극복하고 교화해야 할 대상인 것이다.[24] 희극에서 이 같은 행위 방식은 흔히 인간적 결점이나 제도적 모순에 대한 가혹한 공격에서 나타난다. 그것은 명료한 결론에 도달할 수 있다거나 아니면 승리를 쟁취할 수 있다고 하는 데 대한 확신을 바탕으로 하고 있다.

희극은 다양한 대체 세계를 제안한다. 희극은 시간의 구속력을 던져 버리는 데서 오는 기쁨과 사회적 구속과 기존의 가치체계를 넘어서는 데서 오는 즐거움을 외면하지 않는다.[25] 희극은 봄의 축제, 축하행사, 생일, 결혼식, 또는 입문식 등 사람들이 삶을 축하하기 위해 모이는 곳 어디에서나 자연적으로 발생하는 예술형태이다. 왜냐하면 희극은 생기 있는 자연의 기본적인 긴장과 결의를, 즉 심지어 인간 본질에서도 잔존하는 동물적 충동, 그리고 인간을 만물의 영장으로 만드는 인간의 특별한 정신적 재능에서 취할 수 있는 즐거움을 표현하기 때문이다. 희극을 공연하는 가장 분명

---

24 희극의 정의와 관련되어 있는 아리스토텔레스의 견해를 정리해 보면, '인간의 행위를 모방의 대상으로 삼고 있고, 그 행위는 우스꽝스럽고 유기적으로 완결된 것이며, 그 행위의 주인공은 윤리적으로 열등한 자질을 가지고 있지만, 그의 결점이라는 것은 다만 우스꽝스럽다는 한계 내에서의 결점으로서, 우스꽝스럽다는 것은 다만 보기에 흉한 유형에 불과하니, 남에게 고통이나 해를 주지 않는 그런 유형의 결점'이라고 할 수 있다. 이덕수, 앞의 책, 2004, pp. 16-19 참조.

25 이노경, 「셰익스피어의 장르의식 연구: 희극이 비극에 미치는 극적 효과」, 연세대학교 박사학위논문, 2003, p. 35.

한 이유는 행운에 대한 감사이거나 도전이다. 그것은 코모스komos가 풍요의 의식이었으며, 그것이 축복하는 신은 영원한 재생과 영원한 생명의 상징인 풍요의 신이었기 때문이다.[26]

아리스토텔레스의 희극에 대한 견해를 종합하면, "희극은 인간에게 있는 결점의 표현이다. 희극은 결점 있는 모든 사람에게 관계가 있는 것이 아니라 오직 웃기는 사람만 관계가 있는 것이다. 우스운 것은 어떤 실책 혹은 명예롭지 못한 것이지만 그러면서도 고통을 주지도 않고 해도 끼치지 않는다"는 것이다.[27] 웃음의 결정체인 유머는 비극과 희극이 만나는 지점이다. 그리고 『향연Symposion』에서 소크라테스가 한 말, 즉 비극의 재능과 희극의 재능은 같다는 말은 최대한으로 정당화되어 왔다.[28] 희극은 비극보다 긍정적이다. 그것은 웃음을 통해 세상의 고통을 우회할 수 있기 때문이다. 희극은 진보적이다. 그것은 현실의 모순에 괴로워하며 이를 그대로 받아들이기보다 현실의 한계를 비판하기 때문이다. 그것은 우리의 정신을 획일적으로 만들려는 지배 제도에 대항하여 비판적 무기로 기능할 수 있다.[29]

한편 희극은 공식적인 세상 앞에 거울을 들이밀어 가면 쓴 사회의 진짜 모습을 보여 준다. 이를 통해 위선적인 사회의 근엄한 모습 뒤에 숨어 있는 삶의 실체가 적나라하게 드러난다. 희극이 표방하는 폭로도 위대한 인간의 보잘것없는, 유치하기 그지없다는 사실을 드러내는 것이다. 한편으로 희극은 바보가 바라보는 세상을 표현한다. 바보는 자기가 본 것을 여과

---

26 송옥 외, 앞의 책, 1995, pp. 144-145.

27 김주완, 「웃음과 희극」, 『철학연구』 56, 대한철학회, 1996, p. 132.

28 사무엘 헨리 부처, 『아리스토텔레스의 창작예술론(Aristotle's theory of poetry and fine art)』, 김진성 역, 서울: 세창출판사, 2014, p. 313.

29 정현경, 앞의 논문, 2009a, p. 184.

없이 드러내지만, 그것을 드러낼 때는 우회해서 어리석은 것처럼 재미있게 말한다. 그래서 희극을 우화寓話라고 한다. 우화는 우리가 그동안 비판 없이 받아들였던 것을 부정하고 모순이나 어리석음 같은 부정적인 것으로 치부했던 것을 긍정의 시각으로 바라보게 하는 희극의 미학적 표현방식이다. 따라서 희극은 또한 서로 모순 관계에 있는 다양한 가치와 세계관이 공존하는 가상적인 삶의 본질에 적합한 것이다. 희극에서 보여 주는 드라마의 형태는 비록 일시적이긴 하지만 현실을 지배하는 모든 원칙으로부터 자유롭게 해 주는 유희를 통해 우리를 가상의 공간으로 인도한다. 이 공간은 현실의 두꺼운 층을 뚫고 나가 해방의 즐거움을 만끽하게 하고, 희극의 본질과 밀접하게 연결시킴으로써 새로운 현실을 창조할 수 있도록 한다.

2) 웃음을 통한 해체의 형이상학

잘 알려져 있듯이 희극[30]은 웃음과 폭로를 무기로 삼는다. 희극적인 것

---

30 희극이 남근 찬가로부터 나온 것으로 주장하고 있는데 반해, 희극이 남근 찬가의 선창자에게서 유래했다는 설은 역사적 근거가 약한 것으로 보는 경우도 있다. 여기서 남근 찬가의 가장행렬 기원에 대한 주장은 아리스토파네스 작품에서 나타나는 새, 개구리, 벌의 코로스인데, 참가자들이 동물로 분장한 가장행렬에서 그 근거를 추론하고 있다. 아리스토텔레스, 앞의 책, 2014, pp. 41-42 참조; 또 다른 근거로 고대 그리스어 'Komoidia'에서 유래하는데, 일반적으로 이 말은 '행렬'이란 'Komos'와 노래'라는 'Oide'가 합쳐진 것으로 디오니소스 축제 때 음악적 행렬이나 춤의 행렬 때 낭송되던 시에서 그 유래를 찾는다. 베르그송의 희극성에 대한 의미를 빌어, 희극은 비극과 달리 큰 덕이 없는 인간의 모방으로 정의한다. 희극은 비극과 달리 비영웅적 인물을 등장시켜 이 인물의 모순된 행동이 유발해 내는 상황과 사건을 통하여 웃음을 유발시키는 극이다. 하지만 연극사의 관점에서 볼 때, 희극은 정확하고 유일한 정의에 갇혀 있지는 않는 장르이다. 웃음의 정체가 모호하듯이 희극의 근본적인 정의를 내리는 것은 곤혹스런 일로 규명한다. 이영석, 「베르그송의《웃음, 희극성의 의미작용에 대한 시론》에 나타난 웃음과 희극성 분석」, 『프랑스문화예술연구』 17, 프랑스문화예술학회, 2006, p. 8; 아리스토텔레스의 『시학』, 제3장에서 희극의 유래에 대하여 언

이란, 삶 속에서 어떤 현상이나 그것에 대한 예술적 묘사를 지각할 때 그 현상과 더불어 추함, 비속함, 하찮음 등 이상과의 모순성을 동시에 감지해 내어 웃음이나 폭로를 통하여 대상을 무력화하는 것을 뜻한다. 웃음은 심리적·생리적 현상으로, 희극적인 것은 미적 현상으로 표현될 수 있다. 그러나 웃음과 미소가 희극적인 것의 수반 현상이 된다는 것은 오직 인간의 이상에 모순되고 적대되는 것에 대한 인간의 승리와, 그것을 통해 환기되는 만족감으로 표현될 때만 가능하다. 희극적인 것에서 모순되는 것을 폭로하고 인식하는 것은 이미 그것의 극복과 그로부터의 해방을 의미한다. 바로 모순에서의 해방이 '희극적인 것'을 통해 환기되는 웃음이 지닌 미학적 힘의 본질인 것이다. 희극적인 것의 미적 본질은 실재와 이상의 충돌 속에서 이상적인 것으로부터 실재적인 것이 부정되거나 조롱받거나 그것을 폭로하거나 비판하는[31] 데에서 웃음의 형이상학과 연관 짓는다.

급하고 있다. 여기서는 찬성의 뜻도 반대의 뜻도 표명하지 않고 있으나 남근 찬가 유래설에 대해서는 대부분의 학자들이 의견을 같이하고 있다. 아울러 『시학』 제4장에서는 기원전 5세기에는 에피카르모스의 코로스 없는 희극과 코로스가 중요한 역할을 하는 아테네의 희극의 두 가지 종류가 있었는데 전자는 에피카르모스 이후 차차 쇠퇴하여 소극으로 변질되었고, 후자는 기원전 486년 아테네에서 국가의 공인을 받게 되었다고 기록된다. 아리스토파네스, 『아리스토파네스 희극전집 2』, 천병희 역, 파주: 숲, 2010, p. 11 참조.

31 까간(M.S. Kagan)은 『미학강의(Aesthetic lecture)』에서 "삶의 특정한 힘들 간의 충돌과 대립을 형상화하여 실재와 인간의 이상 간의 모순을 통해 희극과 비극의 본질을 규정짓는다. 실제 세계 속에서 이상적인 것이 몰락하고 패배하는 경우에는 비극적이고, 이상적인 것과 실재의 충돌에서 실재적인 것이 패배할 경우에는 희극적이다"라고 밝힌다. 여기서 희극적, 비극적이라는 개념은 대상이 아니라 과정의 가치특질을 규정하는 것으로 주, 객관적 이중성을 가지고 있음을 시사한다. 송민숙, 『연극과 수사학』, 서울: 연극과 인간, 2007, p. 38; 흔히 희극과 비극은 동일한 형식을 갖고 있다고 생각되나, 액션에 대해 시인과 해석자들이 취하는 태도, 그리고 관객들에게 요구되는 태도 등 견해에 있어서 차이가 있다. 비극은 대개 도덕적 투쟁을 나타내는 한편, 희극은 아주 일반적으로 약점과 악을 응징한다는 사실이다. 송옥 외, 앞의 책, 1995, pp. 137-138.

극적 형이상학은 비극과 희극이 각각 다르게 나타난다. 케임브리지 학파는 비극과 희극이 인간의 욕망과 사회의 관계를 각각 다르게 보고 있음을 지적한다. 비극이 개인의 욕망과 사회의 관계를 본질적으로 융화되기 어려운 대립으로 본다면, 희극은 사랑 같은 욕망이 사회와 조화되는 것으로 이해한다는 것이다. 또한, 비극은 새로운 사회의 탄생을 위한 영웅의 희생적인 파멸을 강조한 반면, 희극은 풍요와 번식을 가져오는 결합(조화)의 기쁨에 중점을 두었다.[32] 기존의 연극에서는 대립과 갈등이 빚어내는 비극의 무대를 보고 눈물을 흘렸다면, 희극적인 웃음의 형이상학은 영원히 지속될 것처럼 보였던 고귀한 가치가 허물어지는 것을 보고 웃음을 터뜨린다. 희극 공연장은 수직적인 위계 구조와 지배 관계를 무너뜨리고, 통일되고 고정된 존재를 해체한다. 기존의 형이상학이 신과 피안의 초월적 세계를 중시하고 저 높은 하늘만 바라본 채 죄악에 가득 찬 현세와 감각적인 삶을 완전히 경시한 반면, 새로운 웃음의 형이상학은 이성적 인간을 억압했던 사슬을 풀어 주고 해방의 기쁨을 선물한다.[33] 이처럼 희극적 공간은 인간을 포함하여 모든 대상을 구속하는 조건으로부터 자유롭게 해 주기 때문에 '해방의 형이상학'이라 부를 수 있다.

'희극적 웃음'을 형이상학적 의미에서 보면, 그 자체가 삶에 대한 긍정의 힘을 소생시킨다. 그것은 우리의 삶이 '웃음거리'라는 사실을 인식하면서도 그러한 삶을 웃으면서 명랑하게 받아들이려는 삶을 긍정하는 태도를 보인다.[34] 웃음과 삶의 태도에 대해 김용수는 『퍼포먼스로서의 연극연구』

---

32 김용수, 앞의 책, 2002, p. 551.
33 정현경, 앞의 논문, 2009, pp. 75-76 재인용.
34 희극은 비판과 교정의 기능에 머물지 않는다. 희극의 본질은 보다 숭고한 형이상학적 특질을 갖고 있다. 희극정신은 악행과 어리석음을 희극적으로 풍자하고 비난하는 것에만 있는 것이 아니다. 그것은 못난 우리의 삶을 기꺼이 긍정하려는 웃음이다. 몰윈 머천트, 앞

(2017)에서 웃음의 용어를 규명한다. 그는 웃음의 전형을 '굶주림의 웃음', '폭력의 웃음', '신명의 웃음', '상전 조롱의 웃음', '그로테스크grotesque의 웃음', '부조화의 웃음'으로 구분하였다.[35] 상술한 웃음들은 삶에 대한 관점으로 희극에서 다양하게 표현되고 있다. 그것은 자신들의 빈한한 삶이나 불행한 삶을 익살로 극복하는 것, 부정적 세상과 화합하거나 그러한 사회적 질곡에서 벗어나 세상을 밝게 받아들이는 것, 비판의 대상을 조소하면서도 익살스런 존재로 받아들이며 호의적인 정감을 표시하는 것 등으로 여기에 나타난 웃음의 핵심적인 정신은 '세속주의secularism'로서 삶의 밝은 측면을 즐거이 받아들이고 이해하는 태도를 지향하고 있다. 결국 희극적인 웃음의 형이상학적 의미는 불합리한 삶의 부조리한 조건을 가장 긍정적으로 받아들이는 행동으로 보아야 할 것이다. 따라서 웃음에 내재 된 부조리란 그 자체가 희극적인 것이기에 부조리를 부조리하게 이끄는 논리적 귀결은 '웃음-부조리-희극'으로 볼 수 있는 것이다.

이상의 부조리한 웃음과 행동은 모순과 억압으로부터의 해방이라고 볼 수 있다. 그 억압은 인간이 그의 자연적인 주위 세계에서 발견하여 우리를 질식하게 만드는 모든 논리, 이성, 규칙, 법칙성을 포함한다. 희극을 웃음의 형이상학이라는 전제하에 아리스토파네스 희극의 의미를 규명하고

의 책, 1981, p. 5; 아리스토텔레스 『시학』에서 희극은 대체로 결점을 지닌 채 삶을 영위하는 보통 이하의 인간들을 묘사한다고 되어 있다. 희극의 인물은 자신의 결점으로 사소한 고난을 겪으나 좌절하지 않고 끈질기게 그리고 명랑하게 삶을 영위하는 것이다. 따라서 비극이 정의로운 목적을 위해 고통을 감내하는 인간 정신의 숭고함을 묘사한다면, 희극은 실수와 낭패에 아랑곳하지 않고 삶의 유쾌함을 보존함으로써 생존에 대한 끈질긴 신념을 보여 준다. 김용수, 『연극연구: 드라마 속의 삶, 삶 속의 드라마』, 서울: 연극과 인간, 2008, pp. 86-88.

35 김용수, 『퍼포먼스로서의 연극연구: 새로운 연구방법과 연구 분야의 모색』, 서울: 서강대학교출판부, 2017, pp. 282-286 참조.

자 하는 것은 희극의 철학적 논의로 귀결된다. 웃음이 철학적이라는 점은 희극의 행위가 웃음의 본질에 접근하여 의지하기 때문이다.[36] 웃음이 해방의 형이상학이 되기 위해서는 먼저 위와 아래, 위엄 있는 존재와 열등한 존재를 뒤섞어 희극적인 '폐허'를 만들어야 한다. 자기 자신을 구속하던 것과 고정된 가치 속에 자신을 얽어매어 노예 상태로 만든 제반 조건을 모두 해체해야 새로운 가치가 들어갈 수 있는 텅 빈 공간이 열리고, 그다음에 비로소 새로운 진리를 깨달을 수 있기 때문이다.[37]

니체Friedrich Willhelm Nietzshe(1844-1900)는 인간이 논리와 이성의 구속으로부터 늘 즉흥적인, 자유로운, 반항적인 것이 필요하다고 하면서 희극적인 것을 언급한다. 희극적인 것은 인간이 역동적이고 충동적이며 즉흥적인 존재로서 자유롭게 행할 수 있는 수단이 된다.[38] 니체는 인간은 때때로 이성적이고 점잖은 사람을 무해하게 격하시키는 것도 필요하다고 주장하며 희극을 통한 형이상학적 논리와 이성의 구속에 대한 치유책을 설명한다.

인간은 질서 욕구에 따라 무질서한 세상을 항상 논리적으로 파악하고 체계화하려고 한다. 이런 노력은 때때로 우리를 피로하게 하고 부담을 준다. 따라서 우리는 가끔 이성과 논리로부터 벗어난 웃음을 즐길 필요가 있다. 그때 우리는 이성적이고 논리적인 사고의 강박관념에서 해방되어 무의미하고 무목적적인 것에서 기쁨을 느낀다. 이와 같은 설명은 논리적이고 이성적인 사람들이 왜 실없는 농담을 즐기는지를 이해하게 된다.[39]

---

36 이영석, 앞의 논문, 2006, p. 8.

37 정현경, 앞의 논문, 2009a, p. 77.

38 류종영, 『웃음의 미학: 고대 그리스 로마 시대부터 20세기까지의 서양의 웃음이론』, 서울: 유로서적, 2013, p. 317.

39 김용수, 앞의 책, 2008, p. 90.

니체는 논리적인 사고에 시달리는 억압으로부터 인간의 생활을 해방시키기 위한 방편으로 비논리적인 웃음을 가진 희극을 추천한다. 희극적 웃음은 '희극적 카타르시스comic catharsis'[40]라는 개념과 함께 억압과 강박관념으로부터 해방되고 싶은 마음의 충동으로 현실의 비판적 의식과 깊은 연관을 맺는다. 결국, 희극적인 것은 우리를 속박하는 사고방식을 벗어나게 하는 계기를 마련하며, 이를 통해 삶의 강박으로부터 해방되는 즐거움을 선사하는 것이다.

웃음은 오직 인간만이 구사할 수 있는 '표현에서 나온 것a form of expression'으로서 인간존재를 규명하는 중요한 열쇠가 된다. 웃음을 학문적 대상으로 삼은 또 다른 분야는 윤리학이다. 그러나 여기서 웃음은 주로 남의 결함을 보고 무시하는 비웃음으로 정의되면서 부도덕한 것으로 평가된다. 플라톤은 그의 저서 『필레보스Philebos』에서 웃음을 나보다 못나고 약한 친구의 무기력함을 보고 조소하는 것으로 간주한다. 대부분 웃음은 몰인정하고 잔인함을 포함하고 있다고 그는 지적한다. 이런 웃음은 자기가 쓰러뜨린 적의 시체 앞에서 승리자가 느끼는 기쁨의 웃음과도 연관된다.[41] 대부분 서양의 웃음이론들은 고대 그리스 시대의 웃음이론들을 그 토대로 삼고, 우스꽝스러운 것에 대한 이론들이며, 수사학적修辭學的인 관점에

---

40 프로이트는 희극적 웃음을 스트레스나 근심, 걱정으로부터 해방되고 싶은 정신을 내포한 것으로 보고, '희극적 카타르시스'라는 개념 아래 희극을 본격적으로 논의하였다. 희극적 카타르시스란 관객의 억제되어 있는 욕구가 웃음을 통해 해소되는 것을 뜻한다. 사람은 성적인 충동 같은 억제된 욕구를 근심과 죄의식으로 처리하고 있는데, 웃음은 근심과 죄의식을 벗어날 수 있는 보편적이고도 자연스러운 수법이다. 즉, 억압된 욕구가 행동으로 분출되기 전에 웃음을 통해 해소됨으로써 충족되는 것이다. 이렇게 해서 억제된 욕구에 따른 근심 걱정과 죄의식도 웃음과 함께 발산되면서 우리의 정신은 균형을 회복할 것이다. 프로이트는 희극의 웃음을 정신건강을 돕는 관점으로 설명하였다. 같은 책, p. 89.

41 정현경, 앞의 논문, 2009, p. 2.

서 연구되었다. 플라톤의 무지無知의 우스꽝스러움, 아리스토텔레스의 무해한 실수와 결점의 웃음이론, 키케로의 기대감에 어긋난 무해한 저속함으로서의 '무해한 규범의 일탈'로 요약될 수 있다. 이러한 고대 그리스 시대의 웃음이론들은 16-17세기 유럽의 전 지역에서 고대 그리스 로마 시대의 학문과 문화 전반을 갱신하거나 부활하는 운동과 함께 나타났다. 영국의 홉스Thomas Hobbes(1588-1679)는 『인간천성Human nature』(1650)과 『리바이어던Leviathan』(1651)에서 이른바 '웃음의 우월 이론'을 주장한다.[42]

웃음의 열정은 갑작스런 영광에 다름 아니다. 이는 다른 사람들의 결함이나 우리 자신의 이전의 결함과 비교하여 우리 자신 내에서 그 어떤 우월함에 대한 갑작스런 착상에 의해서 일어난다.

이 이론은 다른 사람의 불행을 보고 기뻐하는 마음에서 유래하고 약점이나 결점과 관련된 비웃음을 의미한다. 플라톤의 '무지의 우스꽝스러움'이나 아리스토텔레스의 '무해한 실수나 결점'과 연계되어 있다. 웃는 사람의 우월함은 웃음거리가 된 사람의 입장에서 보아 비하되거나 격하되는 것을 의미한다. 따라서 웃음의 우월 이론과 격하 이론은 시점의 차이일 뿐이며, 내용적으로는 동일하다. 데카르트는 웃음을 생리학적인 관점에서 밝힌 최초의 철학자였다. 그는 『정념론』에서 웃음을 혈액순환과 호흡운동, 근육운동으로서 설명하고 있다. 정념들이 위치하고 있는 자리는 심장도 아니고, 뇌도 아니며, "뇌의 가장 안쪽에 있는", "송과선松科腺"이라는 그의 주장은 많은 비판을 받았다. 데카르트가 웃음의 원인들을 생명체로서의 인간의 신체로써 설명한 것은 바로 플라톤과 아리스토텔레스의 정신

---

[42] 류종영, 앞의 책, 2013, p. 443.

을 이어받은 것이라고 볼 수 있다. 16-17세기까지 영국에서 고대 그리스 로마시대의 웃음이론이 수용될 때, 무엇보다 윤리적인 측면이 크게 부각되었다. 이성이 지배하던 계몽주의 시대의 웃음은 "이성의 위기"로 생각되었다. 웃음과 우스꽝스러움은 윤리적이고 교육적인 목적에 비추어 보아 아주 제한적인 의미에서 수용되었고, 희극 무대에서 어릿광대 하를레킨Harlekin이 추방되기도 하였다. 18세기 독일에서 희극적인 것의 개념은 희극에서 미학으로 전달된 우스꽝스러운 것을 뜻했다. 이로써 당시까지 사회적으로 별로 달갑지 않게 여겨져 온 웃음의 영역에 속한 것들이 나름대로 합법화되고, 이러한 우스꽝스러운 것은 삶의 세계에서도 적용되어야 한다고 생각되었다.[43] 이와 같이 웃음은 우리가 정상이라고 보았던 것을 무시하게 만들고 자명한 것으로 여겨지는 가치의 서열을 적어도 한순간 뒤흔들면서 모든 절대적 가치를 상대화한다.

프로이트Sigmund Freud(1856-1939)는 그의 에세이 『유머Humor』(1927)에서 웃음과 희극성에 대한 논의를 유머로 한정하였고, 유머를 지극히 심적인 능력들 가운데 하나로 이해했다.

유머는 고통스러운 정동에도 불구하고 절제된 정동의 소모에서 생겨나는

---

43 이외에도 프랑스의 몽테스키외는 웃음을 이성적인 행위로 보는 데는 어려움이 있다는 견해를 밝히며, 합리적인 사고에 반대가 된다고 하였다. 칸트 역시 웃음에는 무언가 불합리한 것이 존재한다고 믿고 있다. "웃음은 긴장된 기대가 무(無)로 갑작스럽게 변하는 것에서 유래한 격렬한 흥분이다"라는 칸트의 웃음에 대한 정의는 웃음의 미학적인 관점보다는 오히려 웃음의 생리적인 관점이라고 할 수 있다. 반면에 키케로의 웃음의 원칙은 수사학적인 관련에서 나왔다. 그러나 그 근본적인 원칙은 거의 동일하다. 칸트는 웃음에 무언가 불합리한 것이 존재한다고 보기 때문에, 그의 웃음에 대한 견해는 부정적이었다. 그러나 후기 저서인 『인류학』에서 웃음과 울음이 "건강을 촉진시킨다"고 주장하며, 웃음과 울음을 긍정적으로 설명하고 있다. 같은 책, pp. 444-448 참조.

쾌락을 얻게 해 준다는 것이다. 감정의 소모는 예컨대 동정심이나 분노, 고통, 잔인함이나 혐오감 같은 여러 가지 감정 자극으로부터 생겨날 수 있다. 유머는 의식된 채 남아 있던 고통스러운 표상 내용들에 의해 정제되고 유머스러운 쾌락으로 변화되는 정동의 전의식적인 또는 자동적인 전치 속에서 수행된다.[44]

프로이트는 일상적 언어 개념인 유머는 일반적으로 웃음 및 좋은 기분과 관련된 모든 것을 포괄한다고 규명한다. 유머스러한 행동에는 우호적인 자아 이상의 몫뿐만 아니라 처벌적인 자아의 몫이 들어있다고 언급한다. 이를 좀 더 자세히 들여다보면, 쾌활한 유머의 구성적 특징을 가진 유머 속에는 냉소적이고 신랄한 파괴적 특징이 존재한다는 것을 말해 주고 있다.

한편, 니체는 웃음의 희극성에 대하여 명랑성을 드러낼 수 있는 용감함을 가상과 관련한 사유의 전면에 내세우면서, 명랑성을 다시 웃음과 밀접하게 관련시킨다. 니체는 웃음을 '진지한 예술'이라고 칭하며 자기 극복과 연관시킨다.

인간은 삶의 디오니소스적 긍정 안에서 명랑성을 바라보면서 소크라테스적 문화로부터 디오니소스적 세계 관찰로 옮겨 가기 위해서는 웃음의 특권을 가져야 한다. 웃음은 특권을 아는 사람들에게만 어울리는 것이다. 진지한 예술인 웃음을 통해서 결국 전통 형이상학의 극복 및 자기 극복을 이룰 수 있다.[45]

---

44 한스 마르틴 로만 & 요하임 파이퍼, 『프로이트 연구 I(*Freud-Handbuch. Leben-Werk-Wirkung*)』, 원당희 역, 서울: 세창출판사, 2016, pp. 570-571.

45 심재민, 『니체, 철학 예술 연극』, 파주: 푸른사상, 2018, pp. 112-113.

니체는 웃음이 표피적이고 경솔한 것으로 느껴질 수도 있다고 한다. 하지만 웃음은 진지한 것이다. 희극작가가 웃음과 희극성을 만들어 내기 위해서 예술작품에서 형상화하는 수단을 힘입듯 독자는 웃음의 참 의미를 깨닫고 고뇌를 넘어서는 것을 배우게 된다. 독자는 웃음을 통해서 잔혹성을 부인하는 데에 이르는 것이 아니라, 오히려 잔혹성이 '사물들의 본질'로서 드러나는 그 진행 과정을 경험한다. 그리고 그것을 위한 전제로서 생산적 변환의 힘을 고양시킬 준비가 되어 있다. 그러므로 희극에서는 선악 이분법[46]에 근거한 도덕적 판단이 처음부터 배제된다. 여기서 웃음은 이러한 판단의 극복에 추진력을 부여한다. 니체는 바로 희극, 웃음의 진정한 의미를 발견하면서 더욱 철저한 웃음의 철학을 개진한다.[47]

고대로부터 이어져 온 희극의 등장인물은 보통사람들보다 등급이 낮았다. 계급이 낮기에 생활 수준이 떨어지거나 신체적 혹은 지적 기능이 떨어지는 사람들이었다. 따라서 비극과 같은 이상적이고 정신적인 행동을 할 수 없었다. 극의 주제와 내용은 두 방향이었다. 단순히 웃음을 주기 위해서는 기대에 못 미치나 예상을 깨는 말과 행동을 하는 등 주로 실수에 의존하거나 혹은 좀 더 수준 높은 사회 비판 내용도 있었다. 중요한 정치적 사건이나 사회제도가 시민들에게 고통을 줄 경우, 이를 풍자하고 비판하

---

46 베르그송에 따르면, "희극적 캐릭터가 되기 위해서는 선하냐 악하냐는 중요하지 않다. 선한 것이라 하더라도 그것이 비사회적인 것이라면 희극적이 될 수 있다. 신분의 높고 낮음이 중요한 것이 아니다. 사람들은 흔히 다른 사람의 가벼운 결점이 웃음을 유발한다고 말하지만, 모든 결점이 웃음을 유발하는 것이 아니다. 때로는 장점도 웃음을 유발한다." 여기서 베르그송이 말하는 것은 인물에서 희극성의 원천은 경직성이지 그 외의 다른 것이 아님을 강조이다. 그가 말한 경직성에 들어 있는 인물의 요소는 전형성, 완고함, 비사회성 등으로 나타난다고 덧붙인다. 김효, 「베르그송의 웃음 이론의 재조명: 신경생리학적 접근과의 비교를 통해」, 『외국문학연구』 61, 외국문학연구소, 2016, p. 91.

47 심재민, 앞의 책, 2018, pp. 112-118 참조.

는 것이었다. 희극작가는 희극의 등장인물을 통해 정치인, 고위 공직자, 종교인 등 사회 지배계층이나 특정 인물을 해학으로 조롱하며, 상식에 어긋난 권력자로 내세우기도 했다.[48]

한편 플라톤은 이웃의 불행을 보고 고소하게 웃는 것을 부도덕함의 소산이라고 보았다. 그는 『국가*Republic*』에서 문학, 특히 호메로스의 서사시에서 나타난 웃음의 부도덕함을 지적하며 도덕의 잣대로 웃음을 억압하려고 시도한다. 그에게 정의는 각자 자기 계급에 맞는 미덕을 실현함으로써 이루어진다. 예컨대 군인들이 갖추어야 할 덕목은 용감함과 지혜에 대한 사랑, 신에 대한 경외감이다. 플라톤에 따르면 문학은 이들에게 도덕의식을 고취시켜야 하고, 이를 위해서는 신이나 영웅들의 미덕과 위대한 도덕적 행동을 묘사해야 한다는 것이다. 그런데 호메로스의 작품에서는 이들이 웃음의 지배를 받고 있거나 정욕과 쾌락에 빠진 결함 있고 불완전한 존재로 그려진다. 이런 문학은 사람들의 자제력을 기르지 못하게 하고 이성을 파괴하므로 나라를 수호할 지배계급인 군인을 교육시키는 데 방해만 될 뿐[49]이라는 것이 플라톤의 생각이다.

이처럼 희극에서의 웃음은 미의 범주에서도 조금 차별을 받고 있었다. 전통적으로 미는 하나로 완결된 조화로운 자연의 모습을 모방한 것, 혹은 절대적인 이념을 감각적 현상으로 구체화시킨 것으로 정의되었다. 눈에 보이지 않는 신처럼 보편적이며 절대적인 존재를 구체적 형상으로 만들어 낼 때 중요한 것은 조화와 균형미로, 플라톤과 아리스토텔레스의 시학에서는 이렇게 균형과 절제를 미적 기준으로 보고 여기서 벗어나는 것은 추한 것으로 간주했다. 중용의 미덕을 저버리고 자신의 쾌감을 과도하게

---

48 임석재, 앞의 책, 2018, p. 59.
49 정현경, 앞의 논문, 2009a, p. 11.

드러내는 웃음, 인상을 찌푸리며 얼굴의 조화를 깨는 웃음은 추한 것의 일부로 평가절하되었다. 장르 개념으로 볼 때도 비극은 숭고하고 위대한 인물을, 희극은 악인이 아닌 보통 이하의 사람들을 모방[50]한 것으로 규정하여 비극보다 볼품없고 저급한 것으로 여겨졌다. 비극이 불변의 가치와 지고한 존재를 중시하는 기존의 형이상학이 대립과 갈등을 빚어내는 무대였다면, 희극은 영원히 지속될 것처럼 보였던 고귀한 가치가 허물어지는 것을 보고 웃음을 터뜨린다. 그것은 수직적인 위계 구조와 지배 관계를 무너뜨리고, 통일되고 고정된 존재를 해체하는 것이다.[51] 따라서 인간을 포함하여 모든 대상을 구속하는 조건으로부터 자유롭게 해 주는 웃음을 '해방의 형이상학eine metaphysik der befreiung'이라 부른다.

한편 웃음거리를 소재로 하는 희극에는 개인의 인격이 아니라 사회성의 모습이 담겨 있다. 거기에는 경직성, 자동주의, 방심, 비사회성이 뒤섞여 있다. 웃음거리는 이 사회적 모습의 고집스러운 틀 또는 습관적 삶의 틀에서 생산된다. 웃음을 기본 구조로 하여 만든 희극은 삶과 예술의 경계에

---

50 여기서 모방에 대한 두 철학자의 다른 시각을 살펴보면, 아리스토텔레스는 예술의 본질을 미메시스(mimesis), 즉 모방으로 정의하지만, 플라톤에게서 미메시스는 이데아에 대한 재현이므로 모방으로 번역해서는 곤란하다는 것이 일반적인 견해이다. 윤병렬, 『한국해학의 예술과 철학』, 서울: 아카넷, 2013, p. 55 참조.

51 이 논문에서는 웃음을 현실을 특수하게 진단하는 해체의 형이상학으로 정의하였다. 그것은 기존의 형이상학이 신과 피안의 초월적 세계를 중시하고 저 높은 하늘만 바라본 채 죄악에 가득 찬 현세와 감각적인 삶을 완전히 경시했다면, 새로운 형이상학은 웃음을 통해 이성적 인간을 억압했던 사슬을 풀어 주고 해방의 기쁨을 선물한다. 그것은 다양하게 해석될 수 있는 현실을 하나의 도식 안에 집어넣는 체계적 철학을 비웃는다. 인간의 합리적이고, 논리적인 범주는 세계의 핵심을 설명하기에는 너무 조악하다. 체계적이며 이성적이고 고매한 정신의 소유자인 철학자들은 이 세상에서 보고 싶은 것만을 쳐다보며 나머지 절반의 진실에 대해서는 눈을 감는다. 진지함만을 갈구하는 철학자들은 자유로운 영혼의 목소리를 듣지 못한다. 사고가 유연하지 못해 그들은 정신의 자유에서 나오는 웃음도 아름다움도 모른다. 정현경, 앞의 논문, 2009a, pp. 75-76 재인용.

위치하고, 사회의 표면에 위치해야 큰 효과를 발휘한다. 즉 희극에서는 사회 내에서의 어떤 성격, 직업의 성격에 따른 과장, 허영, 부조리 등을 드러내는 것이다. 그래서 사회 없는 개인에게는 웃음이 없다. 이 점에서 웃음은 지성의 효과이다. 금욕주의자에게 웃음이 없는 것은 그 자신이 고립된 영혼이기 때문이다.[52]

이러한 사회성과 관련하여 플라톤의 웃음에 대한 견해는 유별나게 부정적이다. 그것은 그가 구상한 이상국가理想國家에 언급된다. 그는 시인들에 대해서도 혐오감[53]을 갖고 있었는데, 이는 그의 『국가』 제2, 제3, 제10권에

---

52 류종열, 「웃음거리: 웃음의 미학-웃음거리(Le comique)의 발생과 의미」, 『시대와 철학』 17, 한국철학사상연구회, 2006, p. 57-58. .
53 플라톤은 미래의 이상국가에서 예술가를 추방했는데, 그 이유는 예술가는 경험적 현실의 세계나 현상계의 감각적 인상, 즉 완전한 가상(假象) 내지 부분적인 진리에 집착하며, 모든 것을 가시적인 표현수단으로 잡으려고 하여 순수한 정신적 당위의 세계인 순수 이데아를 저속하게 만들고 왜곡시키기 때문이라고 하였다. 사상 최초의 '우상파괴' 작업, 예술이 끼칠지 모르는 영향에 관해 사상 최초로 이런 의혹이 등장한 시대는 예술에 그 고유의 지위를 약속하는 것만으로는 이미 만족하지 않고 다른 문화영역을 희생해 가면서 예술의 세력범위를 넓히고 다른 영역을 위축시키기까지 하는 예술 지상주의적 세계관의 맹아가 최초로 나타난 시대이기도 했다. 이들 두 현상은 서로 밀접하게 관련되어 있다. 예술이 어떤 목적에도 사용될 수 있는 본질적으로 중립적인 선전수단이며, 자기 영역 내에만 머무르는 표현형식인 한 이를 두려워할 아무런 이유도 없다. 예술문화의 발전과 더불어 형식 그 자체에 대한 흥미가 내용에 대한 철저한 무관심을 뜻하게 되면, 예술은 곧 남모르게 작용하는 독(毒)이요, 내부의 적(敵)이라는 의식도 나오게 되는 것이다. 풍부한 구매력을 지닌 사회계층이 대두하여 그 소득의 일부를 예술작품에 투자하며 예술작품을 소유하는 일이 점차 하나의 허영이 된 시대였던 기원전 4세기에 이르러 사람들은 예술을 과대평가하여 미적 가치에 의거하여 삶의 방향을 정립하고, 미적 기준으로 삶의 문제에 대처하기 시작하였다. 플라톤의 반예술적 태도는 이러한 예술지상주의에 대한 반동으로서 비로소 설명할 수 있다. 예술의 표현수단이 감각적인 형식에 매여 있다는 순수한 이론적 인식만이 문제였다면 플라톤이 그처럼 예술에 대해 적대적인 태도를 보이지는 않았을 것이다. 플라톤이 옹호했던 미적개념은 정신주의적이고 이상주의적이었던 그 자신의 철학적 신념에서 유래한 것이었다. 아놀드 하우저, 『백문학과 예술의 사회사 I』, 백낙청 역, 파주: 창작과 비평사,

서 발견된다. 그도 그럴 것이 시인들이 묘사한 대상이나 내용들이 그의 이상국가의 젊은이들을 위한 교육 원칙들에 반대되기 때문이다.[54] 시인들에 대한 플라톤의 혐오감은 문학작품들이 이성과 거리가 있고, 미덕을 얻으려고 노력하는 사람들을 윤리적으로 타락시킨다는 것이다. 이는 구속받지 않는 희극예술의 유희성과 가상현실이 진실을 추구함에 있어서 위험하다고 판단했을 것이다. 플라톤은 재산, 아름다움, 현명함과 관련하여 자신을 알지 못하는 것을 무지와 우스꽝스러움으로 폄하한다. 이 무지의 우스꽝스러움은 다시 바보들의 우스꽝스러움이 된다. 아리스토텔레스는 우스꽝스러움의 정의에서 '무해성無害性'에 대하여 말한다. 이는 우리가 무언가에 대해 웃고 있는 대상이나 실수로 인해 웃음의 대상이 된 사람이 전혀 손상을 입어서는 안 된다는 뜻이다.

웃음에 대하여 아리스토텔레스의 정의는 플라톤보다 유연하다. 아리스토텔레스는 "비극은 '심각하고 진지한 고민serious concerns'에 대한 완결된 행위의 모방인 반면, 희극은 '즐기고 웃을 것들the amusing, the laughable, to geloion'로 채워져 있어야 한다. 그리고 '웃을 거리the laughable'는 고통이 수반되지 않는 치명적이지 않은 과오나 변형의 한 종류"로 정의했다.[55] 이처럼 웃음은 우

2013, pp. 141-142.

54 아리스토텔레스는 웃을 수 있는 인간의 특징을 나이와 관련이 있다고 보았다. 젊은이들은 모든 것을 격렬하게 행동한다. 이들은 지나치게 사랑하고, 지나치게 미워하고, 그 외의 것들도 그러하다. 그리고 이들은 웃는 것도 좋아하기 때문에 위트가 있다. 왜냐하면 위트는 길들여진 방자함이기 때문이다. 그러나 노인에 대한 묘사는 이와는 전혀 다르다. 노인들은 미래가 거의 없으며 대단히 쉽게 슬퍼한다. 그래서 노인들은 위트가 없고, 웃을 마음도 없다. 그것은 슬픔이 웃음의 즐거움과 화합하지 못하기 때문이다. 류종영, 「고대 그리스와 로마 시대의 웃음이론」, 『독일어문학』 23, 한국독일어문학회, p. 115, 124.

55 김해룡, 「아리스토파네스의 심각한 희극: 〈기사들〉과 〈개구리〉를 중심으로」, 『고전르네상스영문학』, 13, 한국중세근세영문학회, 2004, p. 211.

리 몸 안에 이성의 타자가 분명히 존재함을 보여 준다. 웃음의 형이상학은 존재인 나와 열등한 존재인 타자를 구분했을 뿐 아니라, '나'에게서도 우월한 정신으로부터 하찮은 몸을 분리하여 그것을 타자로 만들어 준다. 보통 우리는 이성을 통해 육체적 본능이나 감정을 통제하고 합리적으로 생각하고 행동하는 사람을 정상적인 인간이라고 부른다. 그래서 발작을 일으키는 사람처럼 정신이 몸을 통제하지 못하는 사람이나 아무 이유 없이 히죽히죽 웃는 사람을 비정상인으로 취급한다.[56]

웃음과 희극의 본성에 대하여는 희극적[57]인 것 안에는 두 유형이 존재한다는 주장이 나타나고 있다. 희극성의 한 유형은 아름다움에 대한 학문으로 여기고 있던 미학의 영역에 속해 있으며, 이러한 희극성은 미적 개념에 포함된다. 그리고 희극성의 또 다른 유형은 미학과 아름다움의 영역 밖에 있으면서 아주 저급한 것을 나타낸다.[58] 희극의 본질은 인간Homo Ludens에

---

56 정현경, 「웃음에 관한 몇 가지 성찰: 해체와 새로운 인식」, 『카프카연구』 21, 한국카프카학회, 2009, p. 224.

57 '희극적(comic)'이란 형용사는 '희극적 위안(comic relief)'과 연관되어 '웃음을 주는', '재미있는', '우스꽝스러운'이란 단어와 호환되어 쓰이는 것에 익숙하다. 그러나 단순히 심각하고 고통스러운 비극의 짐을 잠시 내려놓게 하는, 혹은 관객에게 긴장과 두려움의 나사를 잠시 풀어놓을 시간과 감정적 여유를 제공하기 위해 희극적인 장면이나, 대사, 인물이 개입한다는 것은 희극을 지나치게 기계적으로 해석하거나 희극의 장르 개입 효과를 무시해 버린 것과 다름없다 할 수 있다. 이노경, 앞의 논문, 2003, p. 4.

58 블라지미르 쁘로쁘(Vladmir Propp)는 "웃기 위해서는 우스운 것을 볼 줄 알아야 하며 때로는 특정한 행동에 대하여 특정한 도덕적 평가를 내려야 한다"고 언급하였다. 이처럼 웃음은 희극적 웃음의 대상이 보여 주는 예상치 못한 모순된 행동이 비윤리적이거나 모순될 때 비롯된다. 이는 웃음이 희극에서 보여 주는 질적인 보편성에 위배되는 행위에 대한 비판으로 현실이 지닌 허상을 들춰내는 중요한 장치임을 암시한다. 블라지미르 쁘로쁘, 『희극성과 웃음(Problemy Komizma I smeha)』, 정막래 역, 파주: 나남, 2010, 21, p. 53; 또한 웃음은 개체성과 보편성, 부분과 전체의 동적인 균형과 관련하여, 주인공들에게 새로운 인식적 지평을 열어갈 수 있게 하는 계기이다. 그것은 지금까지 믿고 있었던 진리와 가치체계가 지닌 모

의해서 만들어진 웃음이며, 사회적 비판과 풍자적 지혜가 많이 담겨 있다. 헤겔은 "희극을 우월한 주관성을 바탕으로 자기 해소를 가능하게 하는 숭고의 일종"으로 보았고, 베르그송은 인간적인 것이 희극의 조건이라고 말하며, "희극은 인간과 관련된 웃음으로 규정하고 교차, 전도顚倒, 반복의 특징이 있다"고 보았다. 이처럼 희극은 웃음과 관계가 있지만 웃음을 자아내는 방식에서 아이러니Irony나 풍자와 다르게 나타나고 있다.

웃음에 관한 주요 이론을 밝힌 김세일은 웃음에 대해 기본 틀을 이루는 몇 가지 견해를 자신의 논문에서 소개한다. 첫째, '우월 이론'이다. 우월 이론은 말 그대로 상대방보다 자신이 우월하다는 인식을 통해 타인에게 고통이나 해악을 끼치지 않는 일종의 과오나 추악함을 자신도 모르는 사이에 저지르는 인물에 대해 심적 우위를 점함으로써 웃게 된다는 것이다. 둘째, '대조이론'이다. 이 이론은 예상과 결과의 불합리한 대조에 의해 웃음이 유발된다는 것으로 '긴장해소 이론'이라고도 볼 수 있다. 예를 들어 몸집이 아주 큰 남자가 아기 같은 목소리를 내는 것을 보고 웃게 되는 경우가 해당된다. 셋째, '자리바꿈 이론'이다. 이것은 방향전환이나 사고 오류적인 논리, 자동주의적 전개, 간접서술 등을 보여 주는 것으로 모순됨, 허튼소리, 어리석음 등과 연결된다. 넷째, '압축이론'이다. 단어의 압축, 혼합 단어의 사용 및 동일한 단어의 반복적 사용, 이중적 의미 등 언어의 압축적 사용을 통해 웃음을 불러일으키는 것이다. 압축이론은 사건의 구성에

순을 인식하는 것에서 출발하여 편협했던 자신의 인식 체계와 지배적인 담론체계를 부정하고 절대적인 진리로 다가서려는 것과 밀접하게 연관된다. 즉 희극적 웃음은 주인공들에게 개별적으로 경험한 사건의 의미를 하나의 전체로 인식할 수 있는 직관적 깨달음을 제공하여 그들이 의식적으로나 윤리적으로 새로운 단계로 성장할 수 있는 계기가 되는 것이다. 최인선, 「전쟁과 평화의 웃음의 시학」, 『슬라브연구』 36(2), 한국외국어대학교(글로벌캠퍼스) 러시아연구소, 2020, p. 82.

의해서 발생하는 웃음뿐만 아니라 언어 자체에 의해 형성된 웃음의 논리적 맥락을 살펴볼 수 있게 해 준다.[59]

베르그송은 『웃음』에서 그의 이론을 앞선 우월 이론과 대조이론의 한계를 인식하는 것으로 출발한다. 웃음이 웃는 사람의 심리적 상태나 웃음을 유발시키는 대상이 보여 주는 일면만으로 설명될 수 없다는 입장을 보인 베르그송은 "생명적인 것에 덧붙여진 기계적인 것"이라는 라이트모티브를 희극적인 것 속에 찾아내어 이론을 전개한다. 또한 그는 웃음의 주요한 기능으로 사회생활을 방해하는 어떤 결점에 대한 징벌을 언급한다.[60] 베르그송은 특히 물질문명으로 인해 사회집단의 표면에 기계적 경직으로 머물러 있을 듯한 모든 것을 유연하게 하는 것을 웃음의 기능으로 파악하며 웃음의 사회적 교화성에 주목하였다.[61] 이처럼 웃음은 사회적·집단적·민중적인 판단과 상상 작용에 의해 개인과 집단 간에 밀접한 연관 관계를 맺고 있다. 그리고 실제의 삶에서 나온 희극적 삶에 대해서 우리에게 호소하는 바가 크다고 하며, 웃음을 담고 있는 희극에 대한 정의를 담대하게 서술하였다.

플라톤의 희극에 대한 유별난 견해는 그의 저서 『국가』, 속에서 이미 언급되었다. 플라톤이 강조하는 것은 연극과 같은 예술은 과학적 지식이나 이성에 기초한 지식보다 비이성적 영감에 의존하기에 참된 지식이 결여되어 있다는 점이다. 플라톤에게 예술은 진정한 지식의 원천을 예술에 두는 그리스의 전통적인 사고방식을 반박하는 것이기도 하다. 그가 보기에

---

59 김세일, 「희극과 웃음에 대한 소론」, 『외국학연구』 3, 중앙대학교 외국어문학연구소, 1999, p. 300.

60 정선옥, 「웃음의 미학: 20세기 초 스페인 소극(笑劇) 연구」, 『스페인어문학』 26, 한국서어서문학학회, 2003, p. 366.

61 최인선, 앞의 논문, 2020, pp. 122-123.

진정한 진리에 이르는 길은 예술이 아닌 철학이다. 따라서 플라톤은 시민들의 올바른 교육을 위해 예술가를 이상국가에서 추방해야 하거나 국가의 엄격한 검열제도에 의한 작품만을 권장하라고 주장한다.[62] 플라톤이 행한 예술에 대한 유명한 공격은 부분적으로는 아마도 아리스토파네스의 「구름」 속에서 표현된 바 있는 두 타입의 관심사들이 발전된 것으로 볼 수 있을 것이다. 시인은 인간에 관해서도 신에 관해서도 부도덕한 거짓말을 한다는 플라톤의 불평은 아리스토파네스의 에우리피데스 비평과 아주 유사하다. 플라톤은 시가 열정을 약화시키는 것이 아니라 오히려 고무시킨다고 비난하면서, 그의 철학 체계가 함축하고 있는 그 시의 특별한 결점을 다음과 같이 설명한다. 우리의 감지 대상들 그 자체는 리얼리티를 구성하고 있는 이상적 형식 곧 이데아의 모방일 뿐이다. 예술가는 그렇게 자연이나 인간 장인들에 의해 만들어진 그 이차적인 형식인 감지의 대상들을 복사한다. 예술가의 작품은 진리로부터 한 걸음 더 멀리 벗어나게 된다. 진정한 예술가란 모방된 것들에 관심을 기울이는 것이 아니라 진실한 것들에 관심을 기울일 것이며, 모방적인 창조를 전적으로 비난할 것이다. 이것은 바로 비평의 또 다른 하나의 중요한 주제 즉 예술과 인생의 관계라는 주제이며, 플라톤의 이 언어 용법은 지금까지 살아남아 있는 것들 중에서

---

62 관객 또는 시민을 철학적·교육적으로 변혁시키려는 플라톤의 생각은 브레히트(Bertolt Brecht, 1898-1956)를 상기시킨다. 브레히트도 이성적 판단에 근거한 학습극, 교육극(lehrstucke)이나 서사극을 통해 관객이 모든 것을 당연시하지 않고 옳고 그름을 비판적으로 생각할 수 있는 교육적 효과를 의도한 것이다. 이런 점에서 플라톤과 브레히트 두 사람 모두는 사회적 유용성의 입장에서 연극을 판단하는 접근을 취했다고 볼 수 있다. 연극을 비롯한 예술은 무지한 대중의 천박한 본능에 호소하고 있었으며, 그것은 플라톤이 보기에 국가의 안녕을 해치는 것이었다. 플라톤의 주된 관심사는 부패해 가는 시민과 사회의 건강을 회복하는 것이어서, 주로 사회 안녕이나 윤리 문제와 관련지어 연극과 같은 예술을 언급하였다. 김용수, 앞의 책, 2002, pp. 34-37.

예술과 인생의 관계를 위해 미메시스[63]라는 용어를 사용한 최초의 사례인 것이다.[64]

예술을 철학의 수단으로 격하시켰던 플라톤과는 대조적으로 아리스토텔레스는 예술을 현존하는 세계의 한 부분으로 간주하였고, 정신활동의 산물로 예술의 고유한 영역을 인정하였다. 아리스토텔레스는 "웃음을 유발하는 성질은 일정한 추함, 결점, 흉함으로써 일차적으로 신체적인 추함, 불균형, 비대칭에 적용될 수 있는 그 말들은 인간 본성의 약점, 어리석음, 허약성을 포함하고 있으며, 그보다 더 심각한 악덕이나 범죄와의 구별"을 언급하였다. 더 나아가 아리스토텔레스의 미 개념에 포함되는 요소들

---

63 미메시스는 플라톤의 『국가』와 아리스토텔레스의 『시학』에서 언급된 이래, 루카치(D.W. Lukacs), 벤야민(W. Benjamin), 아도르노(Th.W. Adorno), 가다머(H.G. Gadamer), 리쾨르(P. Ricoeur) 등 문화, 미학, 철학 분야의 학자들에 의해 다양한 의미로 해석되어 왔다. 미메시스(mimesis) 개념은 모방, 재현, 표현을 나타내는 그리스어로 고디오니소스 숭배의식을 말하는 미모스(mimos)에서 유래되었다고 한다. 오늘날 미메시스는 복사와 같은 의미로 의미로 해석할 수 있으나, 기원전 5세기 그리스에서의 의미는 지금의 해석과 매우 다르다. 당시의 미메시스는 모방이라는 용어보다는 예술가의 이해에 따른 재현이나 표현으로 해석할 수 있다. 당시의 미메시스는 숭배의식을 나타내는 용어에서 철학적인 단어로 쓰이기 시작했고, 외면세계의 재생을 의미하기 시작하였으며, 모방이 회화, 조각 등 예술들의 기본적 기능이라는 모방이론으로 정립되었다. 주지하듯이 플라톤과 아리스토텔레스는 모방에 서로 다른 의미를 부여하였다. 플라톤은 예술을 사물의 외면세계를 충실하게 복사하는 것으로 보았고, 아리스토텔레스는 플라톤의 모방 개념을 변형시켰다. 다시 정리하면, 플라톤에게 있어 미메시스가 외면을 따라하는 복제나 모방의 뜻이었다면, 아리스토텔레스에게 있어 미메시스는 사물의 외면을 현재의 상태보다 더 아름답거나 덜 아름답게 나타낼 수 있는 현실의 모습에 대한 자유로운 재현이라는 의미를 더하였다. 김태경·정기섭, 「미메시스로서의 놀이와 연극의 교육적 의미 고찰」, 『교육혁신연구』 83, 부산대학교 교육발전연구소, 2017, p. 269 재인용.

64 마빈 칼슨, 『연극의 이론: 역사적·비평적 조망, 그리스 시대에서 현재까지(Theories of the Theatre: A Historical and Critical Survey, from the Greeks to the Present)』, 김익두 외 3인 역, 서울: 한국문화사, 2004, p. 2.

을 고려해 볼 때, 삶의 부조화, 불합리, 엇갈린 의도, 실책, 불화, 불완전한 소통과 조정을 포함하도록 그 표현의 의미를 확대하더라도 우리는 그것의 의미를 부당하게 왜곡하지 않는다는 것이다.[65] 그러나 앞서 거론한 바와 같이 희극을 본격적으로 다룬 『시학』, 제2권이 사라진 지금 이 부분에 대한 논의가 몇 단계 비어 있지만 추론하다 보니 우스꽝스러움과 경박함으로 설명할 수가 있다. 일단 희극이 경박한 인물을 재현한다고 하지만 그 경박함은 모든 종류의 모자람을 기준으로 나오는 것이 아니라 어떤 특정한 종류의 모자람을 기준으로 경박한 것이다. 다시 말해서 비겁함, 올바르지 못함, 방탕함, 째째함, 인색함, 아첨과 아부, 나약함, 야비함, 비천함, 허풍 등과 같은 모자람에서 비롯된다고 한다. 그런데 모자람은 남에게 직접적으로 해를 끼칠 수 있는 파괴적이고 악의적인 요소가 있는 도덕적인 성격의 모자람이다. 희극에서의 실수와 망측함은 사람들에게는 해롭지 않으며, 오히려 사람을 웃게 만들고, 행복하고 유쾌하게 만드는 모자람에서 비롯된 것이다. 그러나 인물의 실수가 비극의 영역에서 나타날 때에는 공포와 연민이라는 전혀 다른 효과를 낸다.[66] 아리스토텔레스는 또한 『시학』에서 "희극은 우스꽝스러운 인물들과 크나큰 재앙을 불러일으키지 않는 실수와 추함과 관련된 일들을 나타낸다"라고 서술하였다. 희극을 만들어 내는 수단은 공상이며, 아리스토파네스는 공상으로 살아간다. 반면에 비극은 인위적인 주제로 창작하기에는 그 소재가 드물기에 공상이 없다. 여기서 비극과 희극의 차이가 생기는 것이다. 아리스토파네스의 희극은 과거의 역사도 아닌 현실사회의 모순을 우스꽝스럽게 풍자하는 해학과 비

---

65 사무엘 헨리 부처, 앞의 책, 2014, p. 302.

66 김헌, 「희극 주인공의 성격 연구: 아리스토텔레스의 《시학》과 Tractatus Coislinianus 120을 중심으로」, 『서양고전학연구』 45, 한국서양고전학회, 2011, pp. 163-167 참조.

판적 맥락을 같이 한다.

이쯤에서 희극에서 웃음의 필수 요건인 해학에 대하여 알아보자. 해학[67]은 근본적으로 희극성을 동반하고, 희극성은 풍자와 함께한다. 풍자적 현실 인식은 시대 상황이나 현실의 모순적인 국면에 대한 작가의 현실 대응 방법의 하나로 일종의 우회적인 저항의 한 형태이다. 풍자는 본질적으로 직설적인 저항보다는 우회적인 현실 인식의 방법 중 하나로 상황을 극복하고 현실의 모순에 대한 작가의식이 희극성으로 형상화된 것이다. 김형식은 자신의 논문에서 에코의 『장미의 이름』에 나오는 늙은 수도사 호르헤가 인간의 웃음을 기록한 아리스토텔레스의 서책에 대하여 저주를 퍼붓는다고 밝힌다. 그 내용을 인용하면 다음과 같다.

"웃음은 사악한 인간을 악마의 두려움에서 해방시킵니다. 왜? 바보의 잔치에서는 악마 또한 하찮은 바보로 나타날 것이기 때문입니다. … 이 서책은 악마에 대한 두려움으로부터 스스로를 해방시키는 것을 지혜라고 부르고 있어요. … 그런데 이 책을 읽다 보면, 그대같이 타락한 인간들로 하여금 극단적인 삼단논법으로 비약시키게 함으로써 웃음을 인간의 목적인 양 오인하게 합니다. 율법이라는 것은 우리에게는 두려운 점입니다. 이 두려움을 우리는 하느님에 대한 두려움이라고 하지요. 헌데 이 서책은 악마를 두들겨 불똥이 튀게

---

67 국립국어원의 『표준국어대사전』에서 규정한 해학(諧謔)의 낱말 뜻은 "익살스럽고 품위가 있는 말이나 행동"으로 되어 있고, 『엣센스국어사전』(이희승 감수, 민중서관)과 『신한새국어사전』(양주동 책임 감수, 신한출판사)에는 "익살스럽고 품위 있는 농담"으로 풀이되어 있으며, 이희승 교수의 『국어대사전민중서림』(2010)에는 "익살스럽고 멋이 있는 농담"으로 규정하고 있는데, 여기서 '멋이 있는'이라는 의미를 품위 있는 말과 관련지으면 결국 유사하다고 할 수 있다. 해학의 해(諧)는 다름 아닌 '어울릴 해'이고 '화합할 해'이며, '조화할 해'이고 '고르게 할 해'이다. 윤병렬, 앞의 책, 2013, p. 29.

하고 이 불똥으로 온 세상을 태우려 하는가 하면 프로메테우스도 알지 못하던 이 웃음을 두려움을 물리치게 하는 대단히 요란한 희한한 예술로 정의하고 있어요. 웃는 순간 사악한 인간에게는 죽음 같은 것은 문제가 되지 않습니다. … 두려움으로부터의 해방을 통해, 죽음을 쳐부술 수 있는 새로운 파괴적 겨냥이 가능해지게 됩니다. 우리 죄 많은 인생이 두려움에서 해방되고, 그래서 선경자가 되고 천상적 은혜의 총아가 되어서 어쩌자는 것이오?"[68]

위의 인용 글에서 웃음과 광대극을 불경스러운 자들의 죄악이라고 규정하는 호르헤 글에서 더 이상 웃음과 해학에 대한 논쟁은 불가능하다. 이 논쟁의 중심이 되고, 세계연극사의 획을 그을 수 있는 아리스토텔레스의 『시학』 제2권이 사라진 지금 더 이상 논쟁이 불가능한 수도사 호르헤에게 "악마는 웃음이 아니라 그렇게 생각하는 늙은 그자가 바로 악마"라고 외친다. 이를 해석하면, 웃음과 해학이 들어 있는 희극은 정상인에 미치지 못하는 인물의 행위에서 비롯되는 것이고, 이것을 바라보는 이들로 하여금 우월감을 느끼게 해 줌으로써 무언가를 인식하게 해 준다는 것이다.

2. 구희극과 아리스토파네스

1) 구희극의 지향점

일반적으로 고대 그리스 연극에서 아리스토파네스 희극을 아테네 '구희극Old Comedy'[69]이라 부른다. 기원전 5세기 후반 고대 아테네에 뛰어난 코미

---

68 김형식, 「희극성의 이론적 근거」, 『인간과 문화연구』 9, 동의대학교, 인문사회연구소, 2004, pp. 153-154.
69 아리스토텔레스가 구분한 희극의 분류를 살펴보면, "희극에는 세 가지 종류가 있다. 구희

디 극작가들의 활동이 있었다. 당시의 희극작가는 크라티노스^{Cratinos}(기원전 490-기원전 422)와 에우폴리스^{Eupolis}(기원전 445-기원전 410), 마그네스^{Magnes} 등이 있었는데 이들은 시재에 뛰어나 아리스토파네스와는 호적수였고, 남아 있는 작품은 단편뿐이다. 그들의 작품은 상실되어 인용문이나 파피루스에 보존된 빈약한 파편과 작품에 대한 다양한 간접 증거에 의존해야 한다. 파피루스 단편으로 약 450년경 디오니소스 연극 경연 대회에서 수상한 것으로 여겨지는 크라티노스의 것으로 보이는 수백 개의 단편 조각들이 우리에게 알려져 있다. 구희극은 초기 아테네의 희극으로 기원전 486년부터 400년까지 창작된 희극을 가리킨다. 기원전 5세기 아테네의 고대 희극을 아티케 구희극^{archaia}이라고 하고, '올드 코미디^{Old Comedy}'로 통칭한다.[70]

아리스토파네스 희극의 3단계 시대 분류에서 정치풍자와 사회 비판의 주제가 사라진 아리스토파네스의 말기 작품 「여인들의 민회」와 「부의 신」부터는 구희극 시대에 포함되지 않는다. 이 두 작품은 구희극에서 중희극으로 변천되는 교량적 역할을 제시했다는 의의가 있으며, 파라바시스는

극은 우스꽝스러움을 지나치게 보여 주고, 새로운 희극은 그것을 버리고 진중함 쪽으로 기울며, 중간 희극은 양쪽 요소가 섞여 있다." 여기서 희극을 시대적으로 구분하는 방식은 아리스토텔레스(기원전 384-기원전 322) 이전 시대에 활동하던 아리스토파네스를 구희극으로 두고, 아리스토텔레스 사후에 활동하던 메난드로스를 신희극으로 구분하는 방식을 두고 말한다. 이 구분은 아리스토텔레스가 아니라, 그 후대의 학자에 의해 작성된 것으로 볼 수도 있다는 것이다. 김헌, 「그리스어 필사본 Tractatus Coislinianus 120에 관한 연구」, 『지중해지역연구』 12(4), 부산외국어대학교 지중해연구소, 2010, pp. 69-70 본문과 각주 참고; 중희극과 신희극은 에우리피데스의 비극에 여러 가지로 영향을 받은 것으로 보인다. 주제도 공적 생활의 풍자를 피하고 사적 생활을 묘사하여 처세적이고, 상식적인 교훈 같은 것으로 대체되었다. 이두희, 「아이스킬로스와 에우리피데스의 Agon: 아리스토파네스의 〈개구리〉」, 서울대학교 석사학위논문, 1999, p. 1 참조.

70 Malcolm Heath, "Aristophanes and his rivals", *Greece and Rome* 37(2), 1990, p. 143 참조.

제거되었고, 코로스의 역할은 대폭 축소되었다. 중희극(기원전 400-기원전 320) 시대의 대표 시인으로는 안티파네스Antiphanes(기원전 405-기원전 331)를 중심 작가로 손꼽을 수 있다. 안티파네스는 260-360편 정도의 작품을 썼고, 현존하는 작품들은 있으나, 전부 단편뿐이라 작품의 느낌을 알기 어렵다. 이 외에도 아낙산드리데스Anaxandrides와 알렉시스Alexis를 들 수 있는데 이들의 작품 또한 온전히 전해지는 작품은 없다. 신희극(기원전 320-기원전 120)은 고전 시대의 뒤를 이은 기원전 336년 알렉산더대왕의 통치부터 로마의 팽창주의에 그리스가 정복당한 기원전 146년까지의 헬레니즘 시대에 나타난 희극 형태를 말하며, 메난드로스를 대표로 보는 시기이다.[71] 시기별 희극의 주제 분류에서는 구희극이 주로 신화나 전설, 그리고 정치적, 사회적 생활을 소재로 한 풍부한 공상력과 풍자적인 특징을 가진다. 연대기를 중심으로 구분한 분류를 살펴보자. 헬레니즘 시기의 연대기적 3단계 구조이자 유형학적 틀에서 전통이 형성된다. 구희극은 기원전 486년에서 기원전 400년까지, 중기희극은 기원전 400년에서 기원전 320년까지, 신희극은 기원전 320년에서 기원전 120년까지로 구분한다.[72]

고대 희극의 탄생배경에서 거론하였듯이 구희극은 디오니소스 축제의 희극경연[73]에서 탄생되었다. 이 경연의 최초의 승리자는 키오니데스Chionides이고, 동시대의 작가로서는 11회의 승리를 거둔 마그네스가 유명

---

71 한민규, 「그리스 구희극과 신희극 비교연구: 아리스토파네스와 메난드로스를 중심으로」, 중앙대학교 석사학위논문, 2014, pp. 7-19 참조.

72 이정린, 앞의 책, 2006, pp. 37-38.

73 고대 아테네 연극 경연 대회에서 희극은 비극보다 늦게 국가의 후원을 받았으며, 그전에는 경비를 시인이 스스로 부담했다는 것이다. 희극은 디오니소스 축제에서는 기원전 486년에, 레나이아 축제에서는 기원전 440년에 처음 공연되었다. 펠로폰네소스 전쟁 기간에도 공연되었으며, 전쟁 이전과 이후에는 각 축제에서 해마다 5편의 희극이 공연되었으나 전쟁 기간에는 경비 문제 때문에 3편만 공연되었다. 아리스토파네스, 앞의 책, 2010b, p. 11 참조.

하다. 구희극에서 크게 성공을 거둔 작가를 거론하면 기원전 453년에 최초의 작품을 상연한 크라티노스이다.[74] 여기에 에우폴리스[75]와 아리스토파네스를 합쳐 아티케 3대 구희극 시인으로 불리고 있다. 구희극은 현존하는 완전한 작품으로 아리스토파네스의 것만이 존재하므로, 아리스토파네스 희극을 구희극의 대명사로 일반화하여 부르고 있다. 그는 구희극 시대를 대변하기도 하며, 희극의 원류로도 표현되고 있다. 우리가 아리스토파네스에 더 의의를 갖는 것은 그가 쓴 작품군들의 특징 변화로 구희극과 중희극을 구분하기 때문이다. 아리스토파네스는 기원전 425년부터 기원전 388년까지 37년에 걸쳐 40여 편의 작품을 썼지만, 현재까지 온전하게 전해지는 것은 11편의 작품뿐이다.[76]

---

74 크라티노스는 「추적자(Kolakes)」(기원전 431)에서 부유한 탕아 칼리아스(Kallias)를, 「마리카스(Marikas)」(기원전 421)에서는 데마고그의 히페르볼로스(Hyperbolos)를, 「바프타이(Baptai)」(기원전 416)에서는 알키비아데스(Alkibiades)를 공격했다. 이 중 「마리카스」는 아리스토파네스가 클레온을 공격한 「기사들」과 너무나도 흡사하였으므로, 아리스토파네스가 이를 표절이라고 공박하자 에우폴리스는 그를 응원한 것이라고 큰소리쳤다고 전해진다. 에우폴리스는 대담하게도 작품 「제국(Poleis)」으로 아테네 제국주의의 중압에 허덕이는 델로스동맹의 여러 도시국가의 대변자가 되기도 하였다. 김정옥 외 2인, 앞의 책, 1969, pp. 304-305 참조.

75 에우폴리스는 기원전 5세기 후반에 활동한 아테네의 유명한 시인이다. 박력 있고 풍자적인 구희극을 썼으며 아리스토파네스의 경쟁자였다. 아테네와 스파르타 사이에 벌어진 펠로폰네소스 전쟁 시기에 성장했으며 기원전 429년 첫 작품이 상연되었다. 그의 작품 중 지금까지 전해지는 것은 19개의 제목과 460여 개의 단편뿐이다. 그의 풍자 대상은 선동가였던 클레온, 히페르볼로스, 부유한 칼리아스, 알키비아데스를 비롯한 사교계 사람들이었다. 그의 마지막 희곡 작품인 「데모스(The Demes)」는 알키비아데스의 시칠리아 원정(기원전 412) 실패 직후에 쓰여진 것으로서 에우폴리스는 여기에서 어떻게 해야 아테네가 영광을 되찾을 수 있는지를 애국적인 열정으로 서술했다. 그는 젊은 나이로 죽었는데(기원전 410경), 아마도 헬레스폰토스 해협에서 군사 임무를 수행하던 중 목숨을 잃은 듯하다.

76 고대 그리스 희곡은 기원전 486년에서 120년 사이에 256명 이상의 작가가 활동했고, 2,300편 이상의 작품이 공연될 만큼 성황이었다. 그렇지만 아쉽게도 그중에서 230편의 서로 다른 필사본으로 전해지는 아리스토파네스의 11편 희극과 다른 작가들의 작품 흔적 일부만이

아리스토파네스가 태어난 고장은 아테네 중에서 키다테나이온 Kydathenaion 구區에 속했고, 그의 부모 필립포스Philippos와 제노도라Zenodora 사이에서 태어났다. 22세 때 처녀작 「민회의 객들」(기원전 427)을 상연하여 소피스트식 신교육을 공격하였고, 이듬해에 「바빌로니아인」(기원전 426)[77]에서 당시의 권력자 클레온Cleon(기원전 422) 정치적 야망을 통절히 폭로하여 혹독한 보복을 당하기도 하였다.

주지하다시피 기원전 5세기의 현존하는 희극의 전부는 단 한 명의 저자인 아리스토파네스의 것이다. 아리스토파네스의 희극 작법이 구희극의 전형으로 취급되는 것이 일반적이지만 그의 작품들이 어떻게 그의 이전 작가들, 동시대 작가들의 작품들과 비교되는지는 불분명하다.[78] 그럼에도 불구하고 구희극의 일반화는 필연적으로 아리스토파네스의 작품과 세계관에 의존한다. 구희극을 대표하는 아리스토파네스의 연극적 행동은 희극 상연을 통해 부패한 기득권 세력에 대한 경고[79]와 전쟁을 종식[80]시킬

전해지고 있다. 그가 37년에 걸쳐 40여 편의 희극을 썼다고는 하지만 온전하게 현존하는 작품은 11편만 전해진다. 이정린, 앞의 책, 2006, p. 12.

77 기원전 426년, 아테네의 연극제에서 아리스토파네스는 희극 「바빌로니아인」으로 1등 상을 받는다. 하지만 그리스 내전인 펠로폰네소스 전쟁 당시 행동에 대한 묘사는 큰 논란이 되었고 클레온이라는 정치인은 아리스토파네스를 외국인 앞에서 아테네인의 명예를 훼손했다며 법정으로 데려갔다. 아리스토파네스는 2년 후 「기사들」이라는 작품으로 이에 반격한다. 이 작품에서 그는 공개적으로 클레온을 조롱한다. 클레온을 상징하는 인물은 하찮은 소시지 장수의 모습으로 성문 밖에서 일하게 되며 막을 내린다. 이런 모습의 풍자는 5세기 아테네의 자유로운 민주주의의 결과였다. 세계에서 가장 오래 남아 있는 아리스토파네스의 연극은 풍자, 노래, 성적 농담, 그리고 초현실적인 환상으로 가득 차 있다. 연극은 관객들의 예상을 뒤집고 전쟁 시기의 아테네에 전쟁을 종용하는 위정자들을 조롱하기 위해 터무니없는 상황을 극으로 이용하였다. 그의 연극은 후대에 쓰여지고 상연되는 현실 비판을 주도하는 희극의 기틀을 잡았다.

78 오스카 G. 브로켓 & 프랭클린 힐디, 『연극의 역사 I(History of the Theatre I)』, 전준택·홍창수 역, 서울: 연극과 인간, 2010, p. 50.

수 있다는 믿음에서 출발하였음을 그의 작품들을 통해 알 수 있다.

아리스토파네스의 구희극이 각광을 받던 때의 아테네는 정치적 빈곤과 지속된 전쟁의 위협, 펠로폰네소스 전쟁 등으로 민심을 위한 선택보다는 일부 선동정치인 및 주전론자의 뜻으로 아테네의 정세가 움직이게 된다. 구희극은 이러한 불황 속에서 작품 속 실명이 거론되는 공인 등에 대한 철저한 인신공격이 보이는 정치적 성향을 가지며 대중의 지지를 받게 되었다. 희극이 남근 찬가에서 기원하듯 구희극은 정치 비판과 사회풍자 성격이 강했던 탓에 대사 또한 거친 음담패설이 주로 표현되었다. 구희극의 주요 등장인물들은 정치인, 영웅과 같은 공인들이다. 구희극이 오늘날 희극에 끼친 영향에서 사회적·정치적 성향의 소재는 개인에 대한 신랄한 비판과 인신공격 등으로 희극적 기능을 수행하며, 웃음을 자아내는 것이다.[81]

고대 그리스의 구희극이 '정치적 시가politische dichtung'로서 폴리스의 현실 정치를 다룬다는 점은 주지의 사실이다. 고대 그리스 정치사상의 주된 특징이 첫째, 훌륭함arete, 행복eudaimonia, 자족autarkeia에 대한 추구, 둘째, 이상과 현실, 즉 유토피아와 이에 대한 비판, 셋째, 지배와 자유의 문제, 넷째, 정치와 교육paideia의 연관성이라는 점을 감안할 때,[82] 아리스토파네스로 대표되는 구희극에 드러난 아테네 현실의 정치적 풍자와 조롱을 통한 비판적 관점은 고대 그리스의 정치 현실의 근간을 파악할 수 있는 중요한 텍스트

---

79 「말벌」, 「새들」, 「기사들」, 「테스모포리아 축제의 여인들」, 「구름」, 「개구리」가 해당된다.
80 「아카르나이의 사람들」, 「평화」, 「리시스트라테」가 해당된다.
81 한민규, 앞의 논문, 2014, pp. 106-110 참조.
82 임성철, 「아리스토파네스의 희극과 사회 비판: '우스운 것'의 기능을 중심으로」, 『지중해지역연구』 18, 부산외국어대학교 지중해지역원, 2016, P. 54 재인용.

제2장 고대 그리스 희극의 성격과 특징 **73**

로 이해할 수 있을 것이다.[83] 이는 시대적 상황에 대한 아테네 시민들의 알 권리를 작가의 용기 있는 풍자와 극적, 해학적 표현으로 전달하는 것이다. 정치적 측면을 지향하는 작가의 표현은 「구름」, 「기사들」, 「개구리」 등을 통해 확연히 드러난다.

고대 그리스 희극의 유래에 대하여, 일각에서는 펠로폰네소스의 도리스인들이 비극과 희극을 창안해 냈다고 주장하고 있다. 이러한 주장의 근거로 코모디아komoidia와 드라마라는 말을 내세우고 있다. 그들의 말인즉

---

83 고대 아테네의 희극작가 아리스토파네스는 연극을 통해 정치를 비판해 왔다. 그의 연극은 관객에게 특별한 요구사항을 던지며, 그들로 하여금 구체적인 행동을 실행하게 하는 것을 목적으로 한다. 『공연예술 산책(*Think Theatre*)』의 저자 미라 펠너(Mira Felner)는, 아리스토파네스의 정치연극을 오늘날 정치극과 같이 관객을 선동하여 사회변혁을 이루도록 하는 것을 목적으로 한다고 주장하며, 정치연극에서 관객을 선동하기 위한 전략은 환경의 특수성과 정치적 목적에 따라 달라진다고 언급했다. 그리고 20세기 정치연극의 초기형태로 여러 나라 정치연극의 모델이 된 아지프로(Agiprop, 선동, 선전) 개념과 청중들을 동시대 이슈에 반응하는 정치적 행동주의 예술가(activist, 미사여구와 음악 반주를 끼워 넣었다고 한다) 이탈리아 극작가 쎄치(Giovan-Maria Cecchi)의 소극에 대한 발언이다. 소극은 비극과 희극 사이의 새로운 제3의 형식이다. 그것은 희극과 비극의 자유를 향유하면서 그 두 가지의 한계는 피하고 있다. 소극은 어떤 동기에 제약이 없이 모든 소재를 용납한다. 심각한 것과 경쾌한 것, 속된 것과 거룩한 것, 세련된 것과 조잡한 것, 슬픈 것과 즐거운 것, 그리고 시간과 공간을 염두에 두지 않는다. 계속해서 소극에 대한 의미를 서술한다. 웃음을 근간으로 하는 다양한 희극 양식 중 비교적 짧은 길이로 우연한 에피소드를 공연한 소극은 가장 원시적인 방식으로 즉각적이고 야생적인 웃음을 유발시켰다. 인간만이 지닌 자질로서 웃음이 지닌 평등한 힘은 소극이 다양한 관객들을 자신의 고유한 세계 속으로 유인하게끔 하였다. 소극의 웃음은 일반적으로 희극에서 보이는 이성적인 웃음인 순수한 웃음과는 차별화된 것이었다. 거친 농담과 과장된 몸짓에 의해 유발되는 소극의 웃음은 단순하고 공격적이며 직설적인 웃음이다. 이러한 웃음은 관객에게는 고통스러운 현실에서 잠시라도 도피하는 수단으로 작용하기도 하였다. 다른 한편으로 민중적인 특성을 지닌 소극의 웃음은 유쾌한 웃음이며 동시에 풍자적 웃음, 더 나아가 새로운 이데올로기에 의한 세계관을 추구한다. 정선옥, 앞의 논문, 2003, pp. 362-367; 미라 펠너, 『공연예술 산책(*Think Theatre*)』, 최재오 외 3인 역, 서울: 시그마프레스, 2014, pp. 30-33.

자기들은 도시 주변의 촌락을 코메ᵏᵒᵐᵉ라고 하는데 아테네인들은 데모스 demos라고 하며, 코모도이komoidoi(희극배우들)라는 말은 이들이 음주유락飮酒 遊樂, komazein하는 데서 유래한 것이 아니라 이들이 인기를 잃고 도시에서 쫓 겨나 주변 촌락을 순회한 데서 유래한 것이라고 한다. 그들은 또 자기들은 행동하는 것을 드란ᵈʳᵃⁿ이라고 하는데 아테네인들은 프라테인pratein이라고 한다는 것이다.[84] 이러한 주장은 『시학』, 제3장에 나타나 있는데 아리스토 텔레스는 찬성의 뜻도 반대의 뜻도 표명하지 않고 있으나 남근 찬가ᵏᵒᵐᵒˢ 에서 유래[85]했다는 점에 대해서는 대부분의 학자들이 의견을 같이하고 있 다. 그러나 희극이 남근 찬가의 선창자에게서 유래했다는 설은 역사적 근 거가 약한 것으로 알려져 있다. 기원전 5세기에는 에피카르모스의 코로 스 없는 희극과 코로스가 중요한 역할을 하는 아테네의 구희극에 두 가지 종류가 있었는데 전자는 에피카르모스Epicharmos 이후 차차 쇠퇴하여 소극 笑劇[86]으로 변질되었고, 후자는 기원전 486년 아테네에서 국가의 공인을 받 게 되었는데 현재 남아있는 아리스토파네스의 작품들을 통하여 우리에게 잘 알려져 있다.

아리스토파네스의 구희극이 각광을 받던 때의 아테네는 정치적 빈곤과 불황을 겪고 있었다. 권력자들은 지속된 전쟁의 위협 속에 민심을 위한 선 택보다는 수호자 또는 지배자의 뜻에 따라 아테네 정세를 움직였다. 구희 극은 이러한 불편한 현실에서 작품 속 실명이 거론되는 공인 등 철저한 인 신공격을 통해 정치적 성향을 가지며 대중의 지지를 받게 된다. 아리스토

---

84 아리스토텔레스, 앞의 책, 2014, pp. 35-36 참조.

85 한민규, 앞의 논문, 2014, pp. 106-110 참조.

86 소극은 비극이나 희극에 비해 뒤늦게 생겨난 연극 유형으로 저급 희극으로 분류되어 왔다. 애초에 소극은 종교극에서 발전하였다. 9세기에서 12세기에 이르는 기간 동안 교회의 미사 는 대부분 라틴어로 진행됐는데, 그 사이에 미사여구와 음악 반주를 끼워 넣었다고 한다.

파네스 희극은 서구 정치풍자극의 모태로서 아테네의 전통을 배척하는 전쟁, 신학문, 신교육, 무신론을 비판하고, 이를 종용하는 자들은 가차 없이 실명으로 조롱했다. 그가 활동한 기원전 5세기의 아테네의 전시 상황과 민주주의 언론의 자유는, 유례없는 합법적 개인 비방 정치풍자극을 탄생시키게 된다. 구희극의 주요 등장인물들은 정치인, 영웅과 같은 공인들이다. 구희극은 오늘날 희극에 끼친 영향 가운데 사회적·정치적 성향의 소재라고 할 수 있는 개인에 대한 신랄한 비판과 인신공격 등은 희극적 기능을 수행하며 웃음을 자아내는 '블랙 코미디black comedy'의 전신이라고 보아도 무방할 것이다.

아리스토파네스는 그의 희극을 통해 애국적인 보수주의자로서 대중들로부터 인기를 얻었고, 전쟁 때문에 피폐해진 농민과 대중들 편에서 평화를 제창했으며, 소크라테스를 비롯한 당대의 유행했던 철학과 소피스트, 새로운 교육, 전쟁과 선동적인 정치가들을 풍자하였다. 아테네의 구희극은 기원전 487년부터 디오니소스 축제에서 동물로 분장한 합창대가 위정자나 권력자에 대해 비꼬고 풍자하는 것으로 시작하여 아리스토파네스를 통해 절정에 달하게 되었다.[87] 그는 그의 작품을 통해 정치적·문화적·사회적 정세를 바탕으로 어떤 개인이나 집단에 대한 조롱, 심술궂은 풍자, 섬뜩한 패러디로 당대의 저명한 지식인들과 선동가들의 행적을 통렬하게 풍자하고 조롱하였다. 27년간 계속된 펠로폰네소스 전쟁은 국론을 분열시켜 아테네 시민들의 삶을 참혹하게 만들었다. 아리스토파네스는 이러한 책임을 물어 당대 저명한 지식인들과 민중 선동가들의 행적을 희극 공연을 통하여 통렬하게 비판하였다.

아리스토파네스는 자신의 작품에서 보여 주는 보수적 관점으로 새로운

---

87 윤병렬, 앞의 논문, 2012, p. 119.

흐름이나 위험한 경향을 신랄하게 비판했다. 또한 공동체의 전통적 가치관을 존중하고 유지하는 것을 사명으로 알고, 당대의 유명 정치인이나 지식인(철학자, 시인)을 표적으로 겨누어 실명으로 혹은 익명으로 가혹하게 풍자했다. 「기사들」이라는 작품에서 페리클레스에 이어 아테네를 선동정치로 이끈 급진적 민중 지도자 클레온을 형편없는 아첨꾼으로 묘사한 것이 그런 경우에 속한다. 소크라테스를 소피스트의 괴수, 지식을 파는 사기꾼으로 그린 「구름」은 직접적인 인신공격이다. 이 작품은 그른 것도 옳은 것으로 뒤집을 수 있는 방법을 가르쳐 주는 악질 소피스트로 묘사한다. 소피스트들을 논적으로 삼아 집요하게 비판했던 소크라테스의 처지에서 보면 무척 억울한 일이 아닐 수 없다. 아리스토파네스의 보수적인 눈에는 상대주의적 요설로 가치 기준을 어지럽히는 소피스트[88]와 아테네의 현인 노릇을 하던 소크라테스 또한 똑같이 공동체의 안정을 흔드는 부류로 보였던 것이다. 「구름」에서 경마에 미친 아들 때문에 막대한 빚을 진 주인공은 아들을 소크라테스에게 보내 교묘한 논리와 말솜씨를 배워 오게 한다. 그

---

[88] 소피스트들은 시를 지어 상품으로 시장에 내놓으며 일정한 지위도 갖지 않고 방랑 생활을 계속하면서 시를 사 주는 사람들에게는 손님 겸 고용인의 애매한 취급을 받으며, 독립된 문사 계층의 대우를 받지 못하는 시인들이 많았다. 소피스트들은 그 사회적인 성격에 있어 참주제 시대 시인들의 후계자였다. 즉 그들도 항상 방랑하며, 경제적으로 불안정하고, 불규칙한 생활을 하고 있었다. 그러나 그들은 이미 기생 계층은 결코 아니며, 애초부터 극소수로 제한된 후견인들에 의존하고 있는 것이 아니라 비교적 광범위하고 다양한 불특정 다수의 고객층을 대상으로 하고 있었다. 그들은 스스로가 계급적 성격이 뚜렷하지 않은 계층이었을 뿐 아니라 어떤 특정한 계급에 연결되는 일도 없는, 이제까지의 역사에는 유례가 없던 사회집단이었다. 그들은 세계관적으로는 민주주의자로서 피지배층에게 동정을 기울이고 있었으나, 부유한 상류층의 아이들을 가르치는 일을 생계의 수단으로 삼고 있었다. 당시의 소피스트들은 이른바 여러 계급 사이에서 '떠돌아다니는 인텔리층(freischwebende Intelligenz)' 즉 여하한 기존 계급에도 전적으로 부합할 수 없고, 또 여하한 계급도 그들을 전면적으로 받아들일 수 없기 때문에 사회적으로 떠돌아다닐 수밖에 없는 지식인층의 최초의 예가 되었다. 아놀드 하우저, 앞의 책, 2013, pp. 134-140 참조.

리하여 정론을 이길 수 있는 사론의 논리를 배워서 채권자들을 따돌리고 돈을 갚지 않아도 되는 상황이 된 것까지는 좋았는데, 아들이 아버지를 두들겨 패고 나서 소크라테스에게 배운 논리로 자신의 정당함을 입증하기에 이른다. 소크라테스가 아테네의 젊은이를 타락시킨다는 죄목으로 재판에 회부될 때, 거기에 동원된 구실을 아리스토파네스의 이 희극이 먼저 보여 준 셈이다. 기원전 5세기 그리스의 희극 사조는 줄거리보다는 인물의 성격 쪽으로 관심의 초점이 옮겨가고, 단순한 인물이나 정상적인 인간보다는 복잡한 성격이나 유별난 인간 쪽이 더 큰 매력을 갖게 되었다. 아리스토파네스의 희극에 등장하는 풍자를 통한 비판의 대상은 개인이 아니라 어떠한 움직임을 대표하는 유형들이다. 철학에서 소크라테스, 정치에서 클레온, 창작에서 에우리피데스 등의 인물들을 지칭한 뚜렷한 의인화는 추상적인 것을 구체화함으로써 작동한다. 이는 전형적인 성질로부터 유래했을 뿐 부류의 속성들을 그들에게 입히거나 그들을 한 개념의 대표자로 만든 것이다.

아리스토파네스 희극의 구성을 분석해 보면 다음과 같은 고정적인 틀을 발견할 수가 있다. 즉, 어떤 우스꽝스러운 인물이 등장하여 세상을 바로잡기 위한 기발하면서도 어처구니없는 아이디어를 내놓으면 코로스는 이에 격렬한 반대를 하거나 열렬한 지지를 보낸다. 떠들썩한 장면이 그치면 토론agon이 전개된다. 코로스는 토론에서 어떤 결론이 나오게 되면 시인을 대신하여 관객을 향하여 연설parabasis을 하는데 이 연설은 신을 찬미하는 짤막한 노래와 교체하면서 한참 계속되다가 마지막에 잔치로 끝난다.

아리스토파네스의 작품 세계를 살펴보면, 다른 고대 희극작가의 작품은 거의 인멸되고 인용 단편이 전해질 뿐이나, 아리스토파네스 작품만이 현존하는 실정이다. 당시의 문헌 등에서 짐작할 수 있는 바에 따르면 희극 연출의 방법은 참으로 외설스러운 듯한 모양으로 나타난다. 식욕·성욕·

금전욕 등에 대한 욕망이 넘쳐흐르는 노골적인 표현의 대사와, 그 욕망을 그대로 시각적으로 형상화한 가면의상假面衣裳이 사용되고 있다. 이런 점에서 아리스토파네스와 다른 작가 간의 큰 차이가 있었다고는 생각되지 않는다. 비극과는 달리 아리스토파네스의 희극 구성은 기발하고 풍자적인 에피소드를 대충 이어맞춰 놓은 것이 많아 극으로서의 각 부의 유기적 통일성의 결여, 나아가서는 이른바 희극적 성격의 불완전한 파악이라고 하는 결점 또한 다른 희극작가와 공통되는 점이 아니었는가 생각된다.

한편 그는 하나의 희극작품 안에 일관된 극 행동을 채택하고, 통쾌한 웃음을 섞으면서도 그 극 행동에 자기의 주장을 곁들였다. 「아카르나이의 사람들」, 「평화」, 「리시스트라테」 등의 작품에서 각 주인공의 수단은 참으로 엉뚱하고 기발한 것이나 각자가 평화를 획득하려는 행동을 일관함으로써 무수한 에피소드에 일단 매듭을 짓고 있다. 「새」와 같은 공상극, 「테스모포리아의 여인들」과 같은 에우리피데스의 비극을 모호하게 하기 위한 작품, 「구름」과 같이 유원幽遠한 교육이념과 현실과의 차질을 테마로 하는 것 등, 대체로 성실한 목적 따위는 있을 턱도 없는 정황 아래 터무니없는 목적을 그럴듯하게 설정하고, 그것을 성취하기 위한 매우 과장된 온갖 수단을 극에서 연출한다. 아리스토파네스는 이와 같은 극작술을 자유분방하게 구사하여 그때그때의 정치·사회·문예 등 각 문제의 본질에까지 달했다. 보편적이면서도 개별적인 존재인 인간의 평등과 공동체의 평화를 위한 시대정신의 구현을 희극의 일관된 웃음으로써 비판하고 풍자하여 문제를 해결하려 했던 것으로 보인다.

아리스토파네스의 11개 희극에서 희극적 풍자와 비판의 대상이 되는 역사적 인물들을 조사한 문헌에 따르면 그 수는 224명이다. 여기에는 주로 정치적, 군사적, 사법적, 종교적 유명인들과 더불어 당시 연극 경연 대회에서 경쟁 관계에 있는 드라마 작가들, 공적인 영역에 참여한 기득권 인사들을 총망라하고 있다.[89] 아테네의 급박하고 조야한 현실 가운데 그가 작품을 통해 비판하고자 했던 대상은 정상적이고 본질적인 것에 위배되는 비정상적인 권력이었다. 그는 도착적倒錯的 풍자와 단도직입적인 언행, 외설적인 표현과 욕설을 과감하게 노출했다. 아리스토파네스는 이처럼 과감한 시도를 통해 다양함과 일탈을 제공하는 무해한 수단으로서의 희극을 제공하고, 그것이 연극적 비판으로서 사회 안에 여과 없이 받아들여지게 할 뿐만 아니라 사회의 정치적 삶에 대한 성찰을 이끌어 내고자 한다.

이러한 극작 활동은 아리스토파네스 희극이 아테네 사회에서 공적인 징계와 사회적 통제의 기능을 수행했다는 점을 보여 준다. 아리스토파네스 희극은 동시대의 비극과 차별되는 변별적 요소를 가지고, 비극의 극적 환상과 감정이입에 근거한 극작술이 아니라 관객과 무대의 자유로운 소통, 성찰과 비판, 극 사건의 변증법적 소통방식을 지향하는 서사적 구조를 취하고 있다. 이러한 소통방식은 당시의 정치 현실과 사회문제에 대한 적극적인 경고와 함께 사회적인 풍자의 성향을 관객들을 향하여 확실하게 표출하고 있는 것이다. 뿐만 아니라, 아리스토파네스는 아곤이라는 논쟁 양식을 통하여 당시의 정치, 사회, 문예 등의 문제의 본질에까지 다가갔다. 이러한 논쟁에서의 희극적 웃음으로써 현실의 문제를 비판하고 폭로하는 생동감 넘치는 활력이 그를 최고의 희극작가로 만든 힘일 것이다.

역사적으로 그리스인은 존재하는 모든 것을 철학이라는 단어로 함축했고, 그런 방식에 자신들이 옳다고 느끼며, 그것을 지식에 대한 사랑이라고 불렀다.[90] 그들은 종교관에 대한 진지성과 거대성이 결여되어 있었고,

---

89 이정린, 「아리스토파네스 희극의 서사극적 요소: 코로스의 기능을 중심으로」, 『뷔히너와 현대문학』 25, 한국뷔히너학회, 2005, p. 122.

90 일찍이 철학은 지혜의 학문이었다. 철학을 의미하는 '필로소피아(philosophia)'는 '지혜를 사

그리스의 정치체제가 기반이 허약하고 지속성을 갖지 못했으므로 거창한 종교나 강력한 국가체제가 인간성에 미치는 악영향으로부터 자유로울 수 있었던 것이다.[91]

그리스인은 제도에 굴복하지 않고 오히려 그 제도를 자신에게 복속시켰다. 그리스인은 제도를 목적이 아니라 수단으로 보았던 것이다. 그리고 그리스인은 스스로를 온전하고 조화롭게 발전시키기 위해 그 제도를 활용했다. 이들은 동시에 시인이자 철학자, 비평가, 행정관, 사제, 시민, 운동선수일 수 있었고, 신체와 정신, 취향을 단련하고, 자신에게 내재하는 스무 가지의 자질을 어느 것 하나 손상시키지 않으면서 담금질하고, 자동인형과는 다른 군인이고, 무대에 서지는 않지만, 무용가이자 성악가이고 사서나 연구자가 아니면서도 사상가이자 학자일 수 있으며, 대표자에게 일임하지 않으면서도 공공업무를 수행하고, 교리에 얽매이지도 않으면서도 신들을 찬양하고, 전지전능하고 초자연적인 폭정에 굴복하지 않고, 막연하고 드넓은 존재를 묵상하느라 사색에 빠져있지도 않았다. … 그러니 우리의 신체를 가능한 한 민첩하고, 강하고, 건강하고, 아름답게 만들어야 하고, 생각과 의지를 모든 방면에서 한껏 펼쳐야

랑하다'라는 의미로, 이 말을 처음으로 쓰기 시작한 피타고라스는 다음과 같은 말을 한 것으로 전해진다. "인생은 축제와도 같다. 어떤 사람들은 시합을 하기 위해서 축제에 참석하나, 어떤 사람들은 장사를 하러 참석한다. 그러나 가장 훌륭한 사람들은 구경하는 사람들로서 참석한다. 이와 마찬가지로 인생에 있어서도 노예와 같은 사람들은 명성과 이득을 추구하는 사람들로 되지만, 지혜를 사랑하는 사람(철학자)들은 진리를 추구하는 사람들로 된다." 우리가 쓰고 있는 '철학'이라는 말은 피타고라스의 마지막 말을 토대로 한 것이라 한다. 원래는 '희철학(希哲學)'으로서 슬기로워지기를 바라는 학문이었는데, 간편함을 위해 '희(希)'자를 생략한 채 쓰기 시작한 것이 굳어졌다는 것이다. 플라톤, 『필레보스』, 박종현 역, 파주: 서광사, 2004, pp. 15-16.

91 이폴리트 텐, 『예술철학(Philosophie de L'Art)』, 정재곤 역, 파주: 나남, 2013, p. 358.

하고, 섬세한 감각과 기민한 사고, 생동감과 자신감이 넘치는 영혼이 창조하고 음미할 수 있는 모든 아름다움으로 우리의 삶을 장식해야 한다.[92]

이처럼 그리스인의 정신구조는 테두리가 둘러진 좁은 면적 안에 그들의 욕망과 노력을 가두고, 환한 햇빛을 기다리고 있었던 것이다. 이런 성향은 외부세계의 대상에 대하여 빨리 받아들이는 군중의식이 강하게 작용하여 아리스토파네스가 추구하는 희극의 세계에 쉽게 동화되는 것이다. 그리스인에게 외부세계는 현실적인 것인 동시에 그 이상의 무엇이었고, 흥미로운 것이었다. 그리스인은 외부세계를 주의 깊게 바라보았고, 그들의 이성은 그들이 본 것에 작용했다. 이것은 본질적으로 과학적인 방법이다. 그리스인들은 최초의 과학자였고, 모든 과학은 그리스인들에게로 거슬러 올라간다. 고매한 정신과 강한 생명의 힘은 그리스인들 안에서 전제군주의 지배에 맞서 자신들의 권리를 주장하고 사제들의 지배에 복종하기를 거부하는 힘으로 작용했다. 그리스인에게는 명령을 내리는 사람이 없었고, 지배자에게 얽매이지 않은 그리스인들은 자유를 사고思考하는 데 사용했다. 세상에서 처음으로 이성이 자유로워졌고, 그만한 자유로움은 오늘날에도 좀처럼 존재하지 않는다. 국가와 종교 둘 다 아테네인들이 원하는 대로 사고하도록 자유로이 내버려 두었다.[93] 주지하다시피 기원전 431년, 펠로폰네소스 전쟁이 일어났다. 27년에 걸쳐 그리스 본토를 거의 양쪽으로 갈라놓은 이 대전쟁은 그리스 희극의 발자취에 중대한 의미를 갖고 있다. 이 시기에 아테네 공동체에 정체성과 불공정한 사회 현실 문제에 관련한 갈등이 그리스 전체에 확산되기 시작한다. 즉, 불공정하고 비정상적인

---

92 아리스토텔레스, 『니코마코스 윤리학(Ethica Nicomachea)』, 최명관 역, 서울: 창, 2008, p. 170.
93 이폴리트 텐, 앞의 책, 2013, pp. 358-359.

것에 대한 비판과 폭로를 시도한 아리스토파네스 희극의 문제의식과 철학적 성향이 발아되는 시기인 것이다.

이러한 철학적 전성기에 발아된 구희극은 본시 민주주의적 문학 장르이다. 부조리한 행태가 지배계급들은 물론 신들조차 조롱하고 웃음거리로 삼음으로써 그들의 지위를 별것 아닌 것으로 격하시켜 대중들의 마음을 시원하게 할 수 있기 때문이다. 아리스토파네스는 전통적으로 숭배의 대상이던 신화와 영웅과 신들을 관객들이 거리에서 흔히 만날 수 있는 인간처럼 묘사하고 당시의 저명인사와 비극작가들 또한 우리와 다름없이 속고 속이고 울고 웃는 이로 풍자하고 세속화하여 등장시킨다. 그의 작품「구름」의 소크라테스, 「기사들」의 클레온, 「개구리」의 에우리피데스에 대한 공격은 특별한 의미를 지닌 비난이라기보다 희극 자체가 가진 특징 때문이라고 이해해도 좋을 것이다. 비록 그의 정치적 신념이나 세계관이 보수적이라고 해도, 그 어떤 대상이라도 삶에 지친 아테네 시민의 웃음거리로 만들어 버리는 데는 희극만 한 것이 없다고 그는 믿었던[94]던 것이다.

기원전 5세기의 아테네의 현실은 오랜 전쟁과 오만한 권력의 사회 상황 속에서 그나마 희극성이 주는 웃음만이 유일하게 고대 아테네의 정치인, 지식인 그리고 변증법과 변증법 철학자를 뛰어넘을 수 있었던 것이다. 웃음은 의미에 대한 절대적인 포기에 기초해서만, 죽음의 절대적인 위험에 기초해서만 그 시대의 모진 절망과 고통에서 벗어날 수 있었다.[95]

94 윤병태, 「아리스토파네스와 니체의 반소크라테스주의의 본질」, 『헤겔연구』 23, 한국헤겔학회, 2008, pp. 233-234.
95 서정혁, 「희극적인 것과 사변적인 것: 아리스토파네스의 희극에 대한 헤겔의 해석」, 『헤겔연구』 26, 한국헤겔학회, 2009, p. 97 재인용.

위 인용에서 아리스토파네스의 비판 정신은 당시 아테네 시민들의 생존권 인식에 대한 자극제가 되었을 것이다.[96] 그는 희극을 통해 세상을 바꿀 수 있다는 신념하에 희극 무대 위에서 부패한 권력자들을 공공연하게 비난하였고, 그들에 대한 조소와 풍자를 통하여 불공정한 현실[97] 사회에 대한 변화의 열망을 희극적으로 처리하였다. 아리스토파네스가 그의 희극에서 주장한 내용을 살펴보면, 소피스트에 대한 혹평과 반론, 위선적인 것에 대한 담대한 풍자, 의사 표현의 자유 보장, 대외전쟁에 대한 비판적 사고, 기득권에 위협받는 시대정신의 표현, 아테네의 정체성과 공동체의 보편적 갈등에 대한 해결점을 찾는 것이다. 그는 궤변으로 보이는 교묘함으로 사회의 모순을 우리에게 보여 주고 있다. 그 궤변은 사회법칙 속에 있을지도 모를 인위적인 것을 과장하고, 우회적인 수단으로 부패한 현실을 폭로하고 있다.

아리스토파네스는 희극 무대 위에서 공공연하게 데마고그demagogue에 대한 비난, 조소, 풍자를 통하여[98] 불공정한 사회 현실에 대한 비판과 정치체

---

96 김진경, 『고대 그리스의 영광과 몰락』, 서울: 안티쿠스, 2009, p. 402.

97 대외전쟁을 주장하며, 평화를 위협하는 클레온 같은 주전론자(warmonger)와 부패한 지식인 (sophist), 시인(Euripides), 정치인(demagogue)을 비롯하여 당시의 부패 정치와 손을 잡고 아테네 시민의 권리를 위협하는 재판제도 등이 판을 치는 시대를 일컫는다. 특히 아리스토파네스는 아테네의 정치가 클레온에 대해서 사뭇 비판적이다. 클레온은 무지막지한 방법으로 민중을 타락시켰는데, 종래에는 사람들이 예의를 갖춰서 연설했으나 클레온이 처음으로 연단에서 고함을 질러 대고 욕설을 퍼붓고 직인들이 일할 때처럼 옷을 걷어 올리면서 연설을 했다는 것이다. 아리스토파네스는 클레온이 민중에게 아부하여 개인적인 이익을 취하고 공금을 횡령했으며 뇌물을 받았다는 등 도덕적으로 타락했다고 비난했다. 또 전쟁광이라고 하면서 그의 호전적인 정책도 공격했다. 클레온은 아리스토파네스가 쓴 「바빌로니아인」이라는 작품을 문제 삼아 그를 500인 의회에 고발했다. 클레온과 추첨으로 선출된 관리들을 외국인 앞에서 조소했다는 이유였으나 유죄판결을 받지는 않았다고 한다. 같은 책, p. 239.

98 곽복록 외 4인, 『그리스 희곡의 이해』, 서울: 현암사, 2007, pp. 217-219 참조.

제 변화의 열망을 희극적으로 처리하였다. 아테네 구희극의 대표작가로 알려진 아리스토파네스는 신랄한 풍자를 통하여 최소한의 인간으로서 삶을 위한 문제를 해학적으로 제기한다. 풍자적 정치 희극이라는 그의 희극은 전쟁과 정치적 흥망성쇠에 기반하여 성적인 것과 배설적인 조롱을 거침없이 쏟아 냈다. 광장 개념의 반원형 야외공연장에서 공연되는 정치풍자 희극은 아테네 시민들의 의사결정에 영향을 미쳤다. 아울러 희극은 심각하지 않은 행위를 하는 평균 이하 '열등한 인물inferior people'의 모순을 폭로한 다음 행복한 결말로 끝난다. 하지만 희극은 인간의 모순과 불완전성을 보여 줌으로써 자기를 반성하게 만든다. 희극이 행복하고 긍정적이며 가벼운 양식으로 간주되는 것은 그와 반대인 비극의 진지하고, 사색적이며, 무거운 양식과 대비되기 때문이다. 아리스토파네스는 그의 시대의 가장 중요한 인물들과 사관들을 총체적 풍자의 대상으로 삼았다. 그 내용은 아테네인들이 추구했던 직접민주제의 자유로운 사고와 윤리적 담론들을 바라보는 공동체의 탐구 방식이었다. 아리스토파네스가 희극을 통해 추구했던 사회변혁에 관한 염원과 방향은 공동체의 이러한 성격으로부터 올바른 사회를 지향하고자 하는 의식을 고취시키는 것이었다. 그가 희극작가로서 아테네 시민의 눈앞에 보여 주는 폭로는 정신의 두루마리이고, 풍자는 현실적 사건의 개별화된 표현이다.[99]

아리스토파네스는 희극이라는 연극적 행동을 통하여 위선적인 권력과 당시 민중의 사회문제를 신랄하게 풍자했다. 아리스토파네스가 제기한 현실 비판의 연극적 행동들은 현실 인식이 부족한 기득권 세력들에게 아테네 공동체 안에서 벌였던 기존의 정치적 행위들을 지적하는 도발적 행

---

[99] 류재국, 「아리스토파네스 희극의 지향성에 관하여: 사회 비판의 기능을 중심으로」, 『연극교육연구』 30, 한국연극교육학회, 2017, pp. 66-67.

동이었다.[100] 아리스토파네스는 이러한 행동을 통하여 당면한 현실 정치와 사회개혁에 대한 문제의식의 제기를 위한 극적 행위로 관객들을 끌어들였을 것이다. 작가가 「아카르나이의 사람들」에서 주인공 디카이오폴리스를 등장시킴으로써 던지는 연극적 행동은, 결국 거대한 정치적 논쟁이나 적폐청산 혹은 특수한 정치적 죄악에 대한 징벌도 아닌 일상의 행복을 염원하는 공동체의 소망을 담고 있다.

한편, 아리스토파네스를 대표로 하는 구희극의 특징은 격렬한 시사의 풍자인데, 이를 희극에 도입한 사람은 크라티노스로 전해지고 있다. 크라티노스는 그의 만년에 젊은 경쟁자 아리스토파네스에게 「기사들」의 작품 속에서 술에 녹아 떨어진 늙은이라고 조소되었는데, 다음 해인 기원전 423년에 「술병」으로 아리스토파네스의 「구름」을 물리치고 1등 상을 획득했다. 그의 작품은 크게 두 가지로 구분할 수 있다. 정치적 또는 개인적 풍자와 신화 전설에서 따온 것으로 이 작품은 두 가지 중 후자에 속하며, 그에 대한 해설이 이집트에서 발굴된 파피루스 중에서 발견되었다. 크라티노스의 「디오뉴살레쿠산드로스DionysaleXandros」를 보면 주인공인 트로이아의 아름다운 왕자 파리스 알렉산드로스 역으로 그다지 미남자가 아닌 디오니소스가를 등장시킨다. 신 중에서 헤라, 아테나, 아프로디테의 세 여신의 미美의 심판자가 된다는 신화에서 따온 이야기 속에 당시의 대정치가 페리클레스와 그의 첩 아스파시아에 대한 통쾌한 비꼼을 내포하고 있다. 그는 소피스트, 페리클레스, 신식 음악 등 새로운 것은 무엇이든 아주 싫어하며, 파로스섬의 풍자시인 아르킬로코스Archilochos(기원전 680-기원전 645)[101]의 모방자로 일컬어지고, 그 고풍을 지닌 호방하고 활달한 웃음은

---

100 같은 논문, pp. 85-86.
101 기원전 7세기에 활약한 그리스 파로스 태생의 서정시인이다. 귀족과 여자 노예 사이에서

아테네 인사들을 희화화하여 광적으로 묘사시켰다.[102]

크라티노스에 이어 기원전 445년에 승리를 거둔 크라테스Krates, 기원전 437년에 승리를 거둔 페르크라테스Pherkrates, 기원전 429년과 기원전 425년에 각각 최초의 작품을 상연한 프리니코스Phrynichos와 플라톤Platon(철학자 플라톤과는 동명이인)이 있다. 에우폴리스는 아리스토파네스와 기량을 겨룬 동년배 작가로, 불행히도 35세의 젊은 나이로 세상을 떠났다. 그는 17세 때 최초의 작품을 발표하였고, 불과 17편의 작품으로 7회의 승리를 거둔 천재 작가였다.

구희극의 언어는 속어俗語와 시어詩語의 혼합이다. 이야기의 결말에서 재담才談은 물론이고, 이따금 음담도 기탄없이 등장한다. 그 내용의 질로 보아서 아주 조잡한 것으로부터 미묘한 내용을 교묘하게 배합한 것에 이르

사생아로 태어나, 고향에서 뜻을 펴지 못하고 타르소스섬으로 가서 식민지 전쟁에 용병으로 참가하는 등 전쟁과 방탕한 방랑 생활을 보내다가 끝내 싸움터에서 죽는다. 그는 자신을 영웅으로부터 떼어 내고 집단의 가치체계에서 바깥에 놔두며 홀로서기를 시도한다. 또한 그는 처음으로 전설 세계에서 나와 자유로운 개인으로서 인생의 문제와 고뇌에 관해 읊었다. 그의 문체는 더러 호방하고 신랄하게, 어떤 경우에는 유머를 섞어서 신변 이야기를 노래했다. 주연에 흥을 돋우기 위해 피리에 맞춰 '창 하나만을 믿고 살아가는' 자신의 신세를 노래하거나 영웅적 몸가짐에서 벗어난 자신을 유머와 함께 읊은 '방패의 노래'를 읊는다. "방패보다 중요한 것은 방패를 들고 싸우는 인간 자신인 것을, 그 생명인 것을" 주창한다. 지금껏 높이 권장되어 오던 사회의 통념적 가치는 아르킬로코스에겐 비웃음의 대상이 된다. 그는 미련 없이 그것을 던져 버린 것이다. 세속적 속박에서 떠나 자유로운 세계를 옹호하고 인생의 즐거움을 읊은 노래, 우화를 얘기하며 동료 시민들의 사표(師表)로서 발언하고 충고하는 노래, 그리스 문자 사상 처음으로 나타난 자신을 향한 자탄의 노래 등, 그의 시의 대부분은 개인적인 인상을 풍긴다. 불우한 환경 속에서 귀족계급의 인습을 매도하기를 즐기는 그 시대의 특이한 시인으로, 여러 가지 시형(詩型)을 구사하였지만, 특히 풍자에 적합한 이암버스율(iambus律)의 완성자로서 후세에 크게 영향을 끼쳤다. 호메로스가 서사시의 창시자로 평가된다면, 아르킬로코스는 서정시의 창시자로 평가된다. 김헌, 『고대 그리스의 시인들』, 서울: 살림, 2004, pp. 53-57 참조.

102 김정옥 외 2명, 앞의 책, 1969, pp. 304-305.

기까지 여러 가지가 있다. 아울러 아리스토파네스를 위시한 구희극작가들은 신조어와 해학적인 복합어를 곧잘 창작하여 웃음을 자아내게 했다. 이와 같이 사회적·문화적·정치적 배경과 밀접한 관계가 있는 구희극은 고대부터 현대에 이르기까지 희극의 기원과 발전에 많은 연구의 대상이 되고 있다.

아리스토파네스는 작품상으로 볼 때, 정치적·도덕적으로 항상 보수적 입장을 견지하고 있다. 그의 작품은 마라톤의 용사를 추모하고, 소크라테스의 지식을 공격하였으며, 소피스트나 에우리피데스 같은 진보주의 지식인에 대한 반대 입장을 고수하는 모습이 작품 곳곳에서 보이고 있다. 그러나 풍자가로서 시류와 반대의 입장에 서지 않을 수 없었던 점을 참작한다면 그의 작품이 말하는 바와 그의 사상을 동일시하는 것은 위험할 수 있다. 왜냐하면 그는 강력한 해학과 도착적 풍자의 시인이며, 남성적인 양식의 세계를 마음껏 비웃고 있기 때문이다. 그가 태어나서 활동하던 시대는 도의나 체면을 몰랐다. 그래서 그의 말은 단도직입적이고, 거침이 없다. 욕을 할 때에도 숨김이 없고, 외설을 할 때에도 기탄없이 직설적이다. 그러나 그의 웃음의 근저에는 때때로 극심한 분노나 절망이 숨겨져 있다. 호탕한 웃음 속에 담긴 정감이 넘치는 노래를 통하여 전원적인 분위기도 펼치면서 문학적 분위기를 장식해 주기도 한다.[103]

아리스토파네스는 체질적으로 따뜻한 마음을 가진 비평가였다. 많은 이가 그의 비판의 대상이 되기도 하였지만, 대부분은 넉살 좋은 우스개로 끝낸다. 아리스토파네스는 에우리피데스의 신식 비극을 공격하면서도, 한편으로는 그의 문장의 미를 인정할 줄 알았고, 때로는 그의 문체를 모방하기도 하였다. 소크라테스를 극 중에 등장시켜 골탕을 먹이면서도 작가

---

103 같은 책, p. 17 참조.

의 음산한 증오는 느낄 수가 없다. 아리스토파네스가 미워했던 것은 전쟁이었고, 전쟁을 이용하여 사리私利를 채우는 클레온 같은 인간이었을 것이다. 따라서 그가 사용하는 해학과 풍자는 인간에 대한 따뜻한 동정의 뒤집은 표현임을 느낄 수가 있는 것이다.

여기서 잠깐 해학과 풍자의 본질적 접근을 논하여 보자. 먼저 풍자에 대한 해석으로 고대 그리스에서는 풍자에 대한 긍정적인 해석과 부정적인 해석의 이분법적인 해석이 존재한다. 긍정론의 입장에서는 음탕한 늙은이들, 이기주의자들, 구두쇠들, 탐식가들, 비열한 자들을 표현했다. 아첨꾼들의 천박함을 무엇으로 보여 줄 것인가? 돈푼깨나 있는 자들의 어리석음을 무엇으로 공격할 것인가? 간결하고도 신랄한 지적으로 한 나라의 압제자들에게 예정된 심판을 지시하는가? 풍자는 바로 이 모든 질문을 위해서 존재한다. 아리스토텔레스는 그의『시학』에서 "모방할 때 우리는 항상 행동하는 인물들을 모방하고 또 이 인물들은 좋은 사람이거나 못된 사람이기 마련이며, 단지 차이가 있다면 오직 선과 악에 의해서 구별되는 성격일 것이기 때문에 그들을 불가분 우리들보다 최상이거나 최악의 모습, 혹은 누구에게나 공통된 이해를 주는, 그럴듯한 모습으로 표현해야 한다"라는 문장으로 예술적 논의의 기초를 제시한다.[104]

풍자는 웃음과 폭로를 전제로 하고 있다. 현실의 폭로를 통해 우리는 현실에서 지배적으로 군림했던 가치를 재평가하고 그동안 배제되었던 것을 새로 발견한다. 이것은 동시에 예술의 몫이다. 권력자들은 자신의 지배를 공고히 하기 위해 세상의 모순을 철저히 은폐하며, 타자의 목소리가 침입하지 못하도록 철저하게 감시한다. 이런 노력에도 불구하고 언제나 빈틈

---

104 샹플뢰리,『풍자예술의 역사: 고대와 중세의 패러디 이미지(Histoire de la Caricature Moderne)』, 정진국 역, 서울:까치, 2001, pp. 31-34.

은 생기기 마련이다. 희극은 바로 이런 지점을 파고든다. 희극은 웃음과 폭로를 통해 기존의 세상을 삐딱하게 보며 일상의 익숙한 궤도에서 이탈하여 세상을 낯설게 또는 형이상학적으로 바라본다.[105] 아울러 풍자는 화합하고, 어울리며, 조화하는 해학의 범주 속에서 벗어나지 않는다. 그러기에 해학을 통해 힘겹고 고단한 삶마저도 웃음으로 극복하고 긍정적인 세계관을 엮어 나가는 것이다.[106] 즉 해학은 여러 문헌이나 사전들에서 공통적으로 규정하듯이 '품위가 있는'이라는 수식어가 일반적인 웃음과 구별이 되는 중요한 관건이 된다.

아리스토파네스 희극에서 웃음의 해학과 풍자는 피와 살로 이루어진 피조물로서 온갖 아름다운 색상과 형태로 가득 찬 세상에서 살아가는 쾌락, 현실을 제 것으로 삼는 쾌락을 표현한다. 이 세계의 아름다움 속에서 한자리를 차지하고 있는 인간으로 사는 기쁨, 그리고 인간으로 태어난 기쁨을 표현한다. 그가 표현했던 풍자적인 웃음과 해학적인 웃음, 이렇게 두 부류의 웃음은 분리하기도 어렵지만 공통된 기능을 지니고 있다. 바로 치유의 기능이다. 아리스토파네스는 자칭 아테네 사회의 선생님, 아테네 민중을 가르치는 교육자였으며, 웃음은 그가 제공하는 치료법의 한 부분이다. 되찾은 기쁨 속에서 인간은 충만함을 만끽하고, 사회는 균형을 찾는다. 웃음을 통한 '카타르시스', 즉 정화작용이 분명히 존재한다. 우리에게 상식을 들려주는 웃음은 우리의 진정한 본성을 돌아보게 한다. 우리는 환자들인데 웃음이 우리에게 건강을 되돌려준다. 아리스토파네스 희극에서의 웃음은 서로 떨어질 수 없을 정도의 하나로 묶여 있는 현실과 사람의 마음속에서 하나로 결합되어 있거나 서로 대립하는 것을 억지로 떼어 놓지 않는

---

105 정현경, 앞의 논문, 2009a, p. 188.
106 윤병렬, 앞의 책, 2013, p. 30.

다. 그것은 마치 영혼이 육체로부터 분리되어야 불구가 아닌 온전한 삶을 유지할 수 있기라도 한 듯, 육체와 영혼이 하나가 되면 당연히 서로의 숨결이 되기를 포기하지 않는다.[107] 이러한 희극의 현실 연관성에서 아리스토파네스 희극을 위시한 당대 희극의 존재가치를 느낄 수 있는 것이다.

해학과 풍자를 기반으로 하는 희극은 그 자체를 구성하는 중요한 요소로서 반드시 폭로를 동반한다. 폭로를 통해 현실을 인식하게 하고 비판하는 기능을 가지고 있다. 비판이 희극을 정의하는 제1의 요소는 아니지만 대체적으로 꾸준히 나타나는 요소이다. 어떤 사안에 대한 비판에는 긴장을 풀어 주기 위해 자주 활용되는 분위기와 표현이 어우러진다. 즉 비극적 분위기를 제외한 감동, 진지함, 웅변조의 표현과 어우러지며 어떤 계획된 목적으로가 아니라 하나의 종속적인 수단으로 사용된다.[108] 해학과 풍자를 기반으로 하는 비판에 대한 이러한 정의는 비극만큼 명확하고 이론적인『시학』의 분석이 나타나지 않았지만, 아리스토파네스가 세운 구희극의 위대함은 오랫동안 열등한 것으로 치부된 이 장르에 대한 멸시를 보완해 주고 있다.

고대철학의 황금기를 맞이한 시대에 이러한 아리스토파네스 희극은 당면한 상황을 교정해 보려는 정치적 행동으로 볼 수도 있다. 현실 비판의 방법(풍자, 해학, 익살, 상상, 공상)이 총동원된 그의 연극적 의지와 행동에는, 당시 아테네의 사회에 대한 진단과 개혁을 통한 이상적 사회로의 모색 등과 같은 현안을 극적 행위로 해결하려는 의지가 담겨 있다. 이런 점을 비추어 보았을 때, 고대 그리스의 아테네인이 위대한 점이 있다고 하면 그것

---

107 앙드레 보나르,『그리스인 이야기 2: 소포클레스에서 소크라테스까지(*Civilisation Grecque*)』, 양영란 역, 서울: 책과 함께, 2011, pp. 352-353.
108 피에르 볼츠, 앞의 책, 2018, p. 92 참조.

은 전쟁의 소용돌이 속에서도 문화와 예술에 대한 열정을 잃지 않았다는 점이다. 아티케에 적이 침입해도 각종 종교행사는 생활에서의 일부로 계속 거행되었으며, 비극도 여전히 상연되었다. 소포클레스는 전쟁에 대한 한마디 언급도 없이 인생과 인간사의 궁극적인 문제를 표현했으며, 에우리피데스는 전쟁의 잔인함과 승리의 공허함을 폭로했다. 아리스토파네스는 전쟁을 반대하고 평화를 예찬하였으며 장군들에 대해서 전쟁광이라고 욕설을 퍼부었다.[109] 그러면서도 그들은 '미美'와 '지智'에 대한 사랑을 늦추지 않는다. 펠로폰네소스 전쟁 중 아테네의 영광을 위해 목숨을 바친 전몰자의 넋을 달래는 페리클레스Pericles(기원전 495-기원전 429)[110]의 추도연설을 살펴보자.

---

109 김진경, 앞의 책, 2009, p. 260.

110 고대 그리스의 아리스토파네스가 그의 희극에서 풍자와 조롱 등의 비판적 언어 묘사를 공개적으로 표현할 수 있었던 것은 아테네의 정치가이자 군인인 페리클레스의 역할이 크다. 페리클레스는 민주정을 실시하고 델로스 동맹을 이끌어 그리스를 번영시켰으며, 파르테논 신전을 건립하는 등 아테네의 황금시대를 이룩하였다. 그가 통치하던 시기에 친구이자 조언자인 아낙사고라스(Anaxagoras, 기원전 500?-기원전 428?)를 통하여 아테네에 철학 학교를 설립하였다. 극단적으로 합리성을 중시하여 모든 문제를 합리적으로 해결하려던 소피스트들이 활약한 것도 이 무렵이었다. 그들의 대표적인 고르기아스(Gorgias, 기원전 483-기원전 376)는 페리클레스의 핵심 인재였다. 그 당시 그들과는 확연하게 선을 긋고, 자연의 이치와 생의 미덕을 추구하는 인물이 거리를 활보하고 있었으니, 바로 젊은 소크라테스였다. 비극작가인 소포클레스와 에우리피데스는 극장에서 경쟁했고, 아리스토파네스를 비롯한 희극작가들은 정치가들에게 신랄한 비판을 퍼붓고 있었다. 인류사상 유례가 드문 이러한 지적 열기야말로 어쩌면 페리클레스 정치의 최대 업적이라고 할 수 있을 것이다. 몇 년 후 펠로폰네소스 전쟁 중에 행한 전몰자의 넋을 달래는 추도연설은 유명하다. 그는 또한 그리스에서 아테네의 문화·정치적 주도권을 확립하기 위한 정책의 실행에 착수했다. 공물 납부를 존속시키는 데 대한 동맹국의 불만과 산발적인 반란도 없지 않았으나, 지역 곳곳에 아테네인 정착촌을 늘려 아테네인의 지배력을 강화하고 늘어나는 아테네인들에게 토지를 공급하는 방식으로 그 상황에 대응해 나갔다. 김진경, 앞의 책, 2009, p. 222.

우리는 미를 사랑한다. 그러나 절도를 지니면서, 우리는 지知를 사랑한다. 그러나 유약함에 흐르지 않으면서, 우리는 부를 얻기 위해 노력하지만 부를 함부로 자랑하지 않는다. 우리는 가난을 부끄러워하지는 않지만 가난을 극복하려 노력하지 않는 것은 깊이 부끄러워한다. … 우리의 폴리스 전체는 그리스가 배워야 할 학교이며, 시민 하나하나가 인생의 폭넓은 분야에서 품위를 지니면서 활동한다. … 이토록 위대한 증거로서 우리의 국력을 과시한 우리는 오늘뿐 아니라 먼 미래까지도 세인의 칭찬을 듣게 될 것이다. 호메로스와 같은 시인의 힘을 빌릴 필요도 없이.[111]

위의 글은 기원전 5세기의 그리스인들은 전쟁의 위험 속에서도 극장의 상연을 중지하지 않았다는 것을 보여준다. 거기서 그들은 미를 극찬하고 지혜를 논하며 삶의 궁극을 토론했다. 여기서 2,500년 전, 아테네 자유 시민들이 삶의 일부로 자랑스럽게 여기며 자랑스러워했던 극장에 대하여 논할 필요가 있다. 그들에게 극장이 무엇이기에 자신의 목숨보다 귀하게 여기는 것일까? 죽음의 문턱에서도 극장에서의 품위를 잃지 않으려는 고대 그리스인들의 정신은 무엇을 바라고자 하는 것인가?

사실 서양문화의 원류는 그리스 문화인데, 사실 그리스 문화는 동방의 다른 지역에 비해 비교적 늦게 출발하였다. 그 원류가 되는 그리스의 서사시나 극시를 읽어 보면, 상황의 설정이나 감정의 표현방식이 실로 격정적이고 다채롭다. 서사시보다는 극시가, 극시 중에서는 희극보다는 비극에 그러한 성격이 두드러진다.[112] 초기의 비극은 아테네 공동체에서 행해

---

111 같은 곳.
112 박석, 『인문학, 동서양을 꿰뚫다: 들여다보고 내다보는 인문학 읽기』, 파주: 들녘, 2013, pp. 350-353 참조.

졌던 디오니소스 제의의 국민적 축제와 결부되어 있으며, 그 기원은 종교적-모방적-유희적 본능설의 관념 안에 자리 잡고 있다. 풍요제와 제의의 가장행렬이 사티로스 합창대를 만들어 냈고, 바로 합창대에서 비극이 발생했다. 이러한 웅장하고도 원초적인 강력한 발단을 가지고 관객들의 마음을 사로잡도록 만드는 것은 결코 비극의 사회적 구속성과 종교적 기능뿐만 아니라 유희적 놀이성이 첨가되었다는 것이다.

그리스인의 사상은 남의 지배를 받지 않는 것, 자율적으로 사는 것, 자유롭게 사는 것을 최대의 보람으로 생각하였다. 그들은 자유를 존중하였고, 생활에서 이것을 실천하였다. 그다음으로 합리주의에 투철했다는 것이다. 공상적인 추리를 배격하고 관찰과 추리를 정당한 것으로 여겼으며, 경험을 토대로 하지 않은 추리를 전적으로 거부했다. 모두 과학적 정신이었다.[113] 그리스 문화의 진보적인 사실은 오리엔트적인 것, 이집트적인 것, 페니키아적인 것 가운데 어떤 것도 더 이상 본래의 특성을 지니고 있지 않고 모두 그리스적인 것이 되었다. 그리스 문화는 너무도 독창적이어서 모든 것을 자신의 방식대로 탈바꿈시켰다.[114] 어떤 민족도 오랜 세월 동안 과거의 모습 그대로 남아 있을 수는 없다는 것, 모든 학문과 예술이 그렇듯이 이 세상 모든 민족은 성장과 번영과 쇠퇴의 시기를 갖는다는 것, 이러한 변화의 매 시기가 인간의 숙명적 바퀴에 부여된 극히 짧은 기간 동안만 지속된다는 것, 결국 이 세상의 어떤 두 순간도 동일하지 않다는 것이다.[115] 이러한 의식을 바탕으로 한 고대 그리스인들의 사고는 그들의 신들

---

113 곽복록 외 4인, 앞의 책, 2007, pp. 64-68 참조.
114 요한 고트프리트 폰 헤르더, 『인류의 교육을 위한 새로운 역사철학(*Auch eine Philosophie der Geschichte zur Bildung der Menschheit*)』, 안성찬 역, 파주: 한길사, 2011, p. 61.
115 같은 책, p. 68.

에 대해 우호적이었다. 그리고 내세보다는 현세를 중시하며, 억제보다는 표현하는 태도를 지향함으로써 인간적인 환경을 신장시켜 나갔다.

그리스인들의 사고방식에 대하여 프랑스 철학자이자 사상가인 이폴리트 텐Hyppolyte Taine(1828-1893)은 『예술철학Philosophie de L'Art』에서 삶을 쾌락의 일부로 여기는 그들의 사고에 대하여 언급한다. 그것은 심각함과는 거리가 멀다는 사회생활 방식을 말하고 있다.

> 제아무리 심각한 사상이나 제도도 그리스인의 손에 들어가게 되면 우스운 것이 되어 버린다. 그리스 신들은 죽지 않는 행복한 신들이다. 신들이 사는 올림포스산은 바람이 전혀 불지 않고, 비에 젖지도 않으며, 눈도 접근할 수 없는 가운데, 구름 한 점 섞이지 않은 정기精氣가 있고, 흰빛이 활발하게 움직인다. … 눈부신 빛 속에서 영원토록 펼쳐지는 연회, 이것이야말로 그리스인들이 생각하는 천상의 모습이다. … 이들에게 연회 중에서 가장 점잖은 연회는 바로, 오페라이다"라고 생각한다. 비극과 희극, 합창이 곁들여지는 무용, 체조 등은 예배의식의 일환이었다. 이들은 신을 기리기 위해 괴로워하고, 단식하고, 몸을 떨면서 기도하고, 잘못을 뉘우치며 절을 해야 한다고 생각하지 않는다. 대신 이들은 신들의 기쁨에 동참하고, 신들에게 가장 아름다운 나신들을 보여 주고, 신들을 위해 치장하고, 신의 경지에까지 이르려고 노력하고, 훌륭한 예술과 시인의 힘을 빌려 잠시나마 필멸必滅의 운명을 벗어나려 한다.[116]

희극적 효과는 한 언어에서 다른 언어로 번역할 수 없는 것으로, 한 사회의 습속이나 관념과 연관되어 있다. 관객들은 익살 속에서 정신이 흥겨워하는 단순한 호기심과 다른 인간 활동과는 무관한 유별나고 고립된 현

---

[116] 이폴리트 텐, 앞의 책, 2013, p. 364.

상만을 본다. 그래서 관념들 속에서 인정된 하나의 추상적 관계로 정의를 내린다. 그것은 '지적 대조'라든가 '감각적 부조리' 등을 말한다. 이러한 정의는 비록 실제 희극적인 것의 온갖 형태에 의해 왜 그것이 웃기게 하는지를 설명해 주지 못한다. 희극에 대한 평가는 우스꽝스러운 것과 관련해서 저속함의 일종으로 평가한다. 우스꽝스러운 것은 남에게 고통이나 해를 끼치지 않는 일종의 실수 또는 기형이다. 우스꽝스러운 가면은 추악하고 비뚤어졌지만, 고통을 주지는 않는다. 그래서 당시 아테네에서는 아리스토파네스 희극 한 편이 정치보다 더 철학적이고 정의로운 이유를 극적으로 표현하며, 관객들을 이해시켰다. 일부 연구에서 아리스토파네스를 신화적 세계관으로 신학문을 배격하는 극우 보수주의자로 단정하며, 그의 희극을 폄하하고 있다. 또한 아무런 공감성이나 정당성 및 보편성도 없는 무자비한 모함과 조롱으로 죄 없는 자를 죽음으로 내모는 데 일조한 것은 표현의 자유가 아니라는 부정적인 주장[117]도 있다.

아리스토파네스 구희극은 현실의 조건들이 무시되는 세계로 풍자되는 그의 희극세계는 현재를 절망으로 이끄는 대상에 대하여 기괴하게 표현한다. 특정 인물들의 개별적인 부패한 특징들을 희극적 방식으로 벗겨 내어 예술창작에 활용함으로써 관객들이 민주시민 정신의 배양을 위한 선택적 권리를 부여하고 있었던 것이다. 아리스토파네스 희극의 웃음은 인간과 사회의 문제점을 경쾌하고 흥미 있게 다룬 극형식으로서 위선과 권위에 대한 비판이다. 이를 바탕으로 현실 속에 실재하는 인간 이하의 악인, 즉 부패한 권력과 권위에 대한 비판이 그의 전 작품에서 분명히 드러

---

117 대표적으로 윤병렬의 「아리스토파네스의 소크라테스 풍자는 정당한가?: 그의 「구름」에서의 소크라테스 혹평에 대한 반론」(2012)에서 아리스토파네스 희극의 풍자에 대한 근거 없는 모함과 조롱이라는 부정적 견해가 제기되고 있다.

남을 알 수 있다. 아리스토파네스의 작품들은 최소한 고대 희극의 유일한 증거로서 아테네 공동체 삶의 전 영역과 결부된 민주사회 구성의 일부라고 할 수 있다. 이는 아테네 시민들의 삶의 가치와 내면의 성찰을 강화시키는 자주정신의 표현이며, 아테네 현실과 직접적으로 연관시켜 당시의 시민 정신과 유럽 인문정신의 맹아에 기여했음을 말해 주는 것이다.

결국, 그리스 비극이 지향하는 바가 진지한 행위를 모방으로 삼아 인간의 죄악과 인간의 위대함을 묘사하였다면, 그리스 구희극의 지향점은 문제를 파악해서 길을 안내하고 해결하는 것이다. 희극의 지향성에 대한 논의는 불공정한 사회에 대한 변화의 열망과 현실 문제 개선에 대한 비판이다. 이러한 비판은 아리스토파네스 희극을 기점으로 고대 아테네인들이 보편적 갈등과 질곡된 실상에서 고통으로 상처받은 삶을 위로하고, 치유하고, 예방하고자 했던 최소한의 교육과 반성에 대한 학문적 검토에서 출발한다.

2) 위기의식에 대한 토로

아리스토파네스가 그리스의 역사적 사실을 바탕으로 현실 문제를 해결하려 했던 시대적 배경을 그리스 역사가 투키디데스Thoukydides(기원전 460?-기원전 400?)의『펠로폰네소스 전쟁사Ho Polemos Ton Peloponnesion Kai Athenaion』를 통해서 살펴보면, 아리스토파네스의 작품에 등장하는 인물들은 당시 정치와 권력의 중심에 있었던 실존 인물들을 여과 없이 등장시킨다.

페리클레스는 전통적인 귀족이었지만 클레온은 토지와 관계없는 신흥 계급으로서 저명한 사람들에 대한 인신공격은 희극 무대의 단골 메뉴였다. 페리클레스는 기원전 441-439년 사이에 사모스 반란이 일어난 후에 희극에서 그런 인신공격을 하는 것을 금지시켰다. 하지만 그런 금지조치는 곧 철회되었다. 클레온은 아리스토파네스의 희극에서 자신이 너무나 우스꽝스럽게 묘사된 것에 모욕을 느껴서 그 극작가를 고소했다. 클레온은 패소했고, 승소한 아리스토파네스는 기원전 424년 「기사」에서 클레온을 타락한 외국 노예로 무자비하게 패러디했다. 작중인물로 등장하지는 않지만, 많은 저명인사가 대화 중에 성적 무기력자 혹은 비겁자로 매도되었다. 극 중에서 조롱과 비웃음의 대상이 된 여성 등장인물들은 허구적인 인물인 것처럼 보인다.[118] "진정한 희극은 한 국가의 어리석은 행동과 결점에 관한 생생한 묘사이다"라고 볼테르Voltaire(1694-1778)가 말했다. 볼테르는 아리스토파네스를 염두에 두고 있었다. 그리고 아테네의 구희극에 대해서 이보다 더 잘 묘사할 수는 없었다. 아리스토파네스를 읽는 것은 아테네의 만평을 읽는 것과 어느 정도 비슷하다. 아테네의 모든 삶이 그 안에 있다. 당대의 정치와 정치가, 전쟁을 옹호하려는 당과 반대하는 당, 반전론, 여성 투표권, 자유무역, 재정개혁, 불평하는 납세자, 교육이론, 현행의 종교와 문학에 관련된 화제 등 보통 시민이 관심을 가졌던 모든 것이 그 속에 있다. 모든 것이 아리스토파네스의 조소를 위한 재료였다. 아리스토파네스 희극은 당대의 어리석은 행동과 결점에 대한 생생한 묘사였다.[119] 아리스토파네스 희극의 고유한 탁월함은 뛰어난 익살에 있고, 멋지게 익살을 부릴 수 있었다는 점에 있다.

전쟁을 하고 있는 국가의 국가적 행사인 제전에서 전쟁을 반대하는 연극이 상연되고, 더구나 정부가 엄격히 선발한 심사위원에 의해 1등으로 판정되기도 하고, 통치자 클레온 자신이 좋은 좌석에 앉아 구경하고 있었을지도 모르는 극장에서 욕설을 하며 그를 비방한 극이 상연된 것은 아마

---

118 토머스 R. 마틴, 『고대 그리스의 역사(Ancient Greece)』, 이종인 역, 서울: 가람기획, 2002, p. 258.
119 이디스 해밀턴, 『고대 그리스인의 생각과 힘(The Greek Way)』, 이지은 역, 서울: 까치, 2009, pp. 126-127.

도 유례가 없는 자유일 것이다. 그리고 구희극의 특색은 여러 가지로 알려지고 있지만, 정치성과 개인 공격이 그중 큰 부분을 차지했음은 사실이다. 그런 점에 대해 작가가 아무런 위험을 예상하지 않았던 것은 아니다. 희극 경연이 국가의 행사로서 시작된 것은 기원전 487년으로 전해지는데, 이때는 테미스토클레스의 민주적인 발언력이 차츰 신장해 온 시대였다. 민주화가 진행되는 가운데 희극 특유의 무례한 대목이나 심한 정치 비판, 개인 공격도 민주정치에서는 당연히 인정해야 할 자유의 하나라는 사고방식이 확립된 것 같다. 페리클레스도 아테네가 그리스의 폴리스 중에서도 가장 언론의 자유를 존중하는 나라임을 자랑해야 했으므로 희극작가들이 그 자유를 향해 던진 비난에 대해 국가적으로 간섭하지는 않았다.[120]

기원전 5세기와 4세기가 경과하면서 소피스트적인 수사학의 확대, 철학과 역사서의 출판을 통해 연극과 다른 새로운 매체들이 공중의 철학적 사유에 기여했다.[121] 또한 5세기 후반기 동안 아테네에서는 그리스 철학의 주제에 있어 일대 전환이 이루어졌다. 이제까지는 철학의 중심 주제가 우주^{Kosmos}였음에 반하여, 인간의 삶과 도덕, 선과 악에 대하여 묻고 탐구하는 소피스트가 주도하는 방향으로 바뀌었다. 플라톤은 이러한 소피스트들을 가장 단호하게 반대하였다. 소피스트에 대하여 널리 알려지고 보편화된 플라톤의 평가는 도덕의 파괴자이자, 수사학적 기만과 모든 것을 증명하고 무엇이든지 논박할 수 있는 논쟁술의 교사로, 그리고 거짓 지식의 상인이라는 것이다. 이보다 긍정적인 시각은 이러한 소피스트들이 아니었더라면 소크라테스와 플라톤의 철학도 불가능했을 것이라는 주장이다. 소크라테스는 이 소피스트들의 계몽 정신, 그리고 그들의 비판적인 물음

---

120 곽복록 외 4인, 앞의 책, 2007, pp. 230-231.
121 이정린, 앞의 책, 2006, pp. 22-28.

과 문제 제기를 논쟁화시킴으로써 도덕의식의 새로운 기초를 세우려 하였다.[122]

기원전 5세기 후반에 새로운 종류의 교사들이 등장했다. 그들은 뛰어난 민주정치를 펼치기 위해 꼭 필요한 대중연설과 논증의 기술을 젊은이들에게 가르쳐 주는 사람들이었다. 이 교사들은 소피스트,[123] 즉 '현명한 사람'이라고 불렸다. 이 명칭은 훗날 경멸적인 의미를 갖게 되는데 궤변술 sophistry이라는 뜻으로 통칭되며, 그들이 대중연설과 철학 논쟁에서 너무나 뛰어났기 때문에 붙은 이름이다. 많은 전통적인 사상을 가진 사람들은 소피스트들을 싫어하거나 두려워했다. 그것은 그들이 전통적인 정치사상을 위협한다고 여겼기 때문이다.[124] 소크라테스를 소피스트 운동의 일부로 포함시키려는 생각이 좋게 말해야 역설이며, 많은 사람들에게는 불합리한 것이다. 플라톤은 소크라테스를 소피스트들, 그리고 그들이 대변하는 모든 것에 대한 으뜸가는 적으로 제시하고자 했다. 오늘날에 이르기까지 소피스트에 대한 사람들의 이미지를 지배한 것은 바로 플라톤의 저술들에 그려진 이 같은 소피스트들의 모습이었다.[125]

---

122 프리도 릭켄,『고대 그리스 철학(Philosophie der Antike)』, 김성진 역, 파주: 서광사, 2000, pp. 87-88.

123 기원전 5세기부터 '소피스테스(sophistes)'라는 용어는 초기 현자들 중에서 호메로스, 헤시오도스를 포함한 시인과 음악가, 음유시인, 성직자와 예언자, 일곱 현인과 그 밖의 초기 현자들, 소크라테스 이전의 철학자들, 프로메테우스(Prometheus)와 같이 신비스런 힘을 가진 인물들에게 적용되었다. 이에 반해 기원전 5세기에 아테네를 중심으로 활동했던 소피스트들은 '궤변론자'라는 말로써 소피스트에 대한 통상적 관념을 반영하고 있다. 특히 플라톤은 소피스트들에 대해 대단히 적대적이었다는 사실은 그의 대화편들 곳곳에 나타나 있다. 여기서 소크라테스는 진리를 추구하는 구도자의 모습으로 그려지고 소피스트들은 그럴듯한 이야기를 통해 사람들을 속이고 명성과 재화를 추구하는 일종의 지식 상인으로 묘사된다.

124 토머스 R. 마틴, 앞의 책, 2004, p. 226.

고대 그리스인들이 예술과 미를 바라보는 사고방식은 소피스트들에게서 전면적으로 강화된다. 소피스트들은 감각주의-쾌락주의-상대주의 미 개념을 통해 전통적·피타고라스적 미 개념에 정면으로 도전했다. 그들은 미는 시각과 청각을 통해 즐거움을 주는 것이라고 정의했고, 그들이 감각의 쾌에 따라 정의한 미는 또한 보고 듣는 이에 따라 상이한 경험으로, 상대적 가치의 성격을 갖는다. 미에 관한 이론(이하 '미론')에 있어서와 마찬가지로 예술론에 있어서도 소피스트들은 쾌락주의의 입장을 취했는데, 이는 그들이 '테크네techne' 가운데 오늘날 예술이라고 불리는 시와 조각 등의 활동들을 삶에 필수적인 것들을 마련해 주는 여타의 기술들과 구별하여 쾌를 주는 기술들로 간주한 데에서 알 수 있다.[126]

한편 소피스트들이 미론과 예술론에서 전통과 피타고라스주의에 정면으로 도전했다면, 소크라테스는 부분적으로는 전통적 사고방식을 수용함과 동시에 부분적으로는 피타고라스주의까지의 전통을 통해 거론되지 않던 새로운 요소들을 미학 논의에 도입한다. 그는 한편으로는 조화와 균형으로서 전통적·피타고라스적 객관주의의 미 개념을 수용했으나, 다른 한편으로는 적합성으로서의 미 개념을 새로이 미학 논의에 도입했다. 이것은 예컨대 방어에 좋은 방패처럼 그 사물 자체가 갖는 고유한 기능과 목적에 대한 부합 여부를 그 기준으로 갖는다. 이와 같은 적합성의 개념은 이후에 로마인들에게까지 수용되어[127] 로마 『시학』의 대표적 이론가 호라티우스Quintus Horatius Flaccus(기원전 65-기원전 8)가 '품격decorum'이라는 개념으로 조

125 조지 커퍼드, 『소피스트 운동(The sophistic movement)』, 김남두 역, 서울: 아카넷, 2004, pp. 289-291 참조.
126 미학대계간행회, 『미학의 역사』, 서울: 서울대학교출판문화원, 2007a, p. 13.
127 같은 책, p. 15.

화와 균형으로서의 미에 대한 사고의 한 축을 이루게 된다.

그리스의 계몽사조에서 소피스트들은 인간에게는 무한한 교육 가능성이 있다고 하는 가정에서 출발한다. 그들은 혈통에 대한 예로부터의 신비적 사고방식과는 반대로, '덕'은 후천적으로 계발할 수 있는 것이라고 믿었다. 철학의 영역에서 소피스트들의 교양 이상은 소피스트 철학이 불러 일으킨 정신 혁명으로서, 이는 귀족문화의 전체 위에 세워진 그리스인의 세계상을 기원전 5세기 후반에 이르러 근본부터 변혁시켰다. 이 운동은 귀족윤리의 중심 이념이었던 칼로카가티아^{kalokagathia}[128]에 대항하여 하나의 새로운 교양의 이상을 내걸고, 신체의 비합리적 속성들을 가꾸는 대신 의식적이고 판단력이 뛰어나며 언변이 좋은 시민의 양성을 목표로 하는 새로운 교육의 기초를 세웠다. 새로 등장한 시민적 미덕은 귀족계급이 지녔던 기사의 이상이나 올림피아 경기자의 이상에 대신하여 지식, 논리적 사고, 정신과 말의 훈련 등에 바탕을 두고 있다. 지식인을 만들어 내는 것이 교육의 목표로 설정된 것은 인류 역사상 처음이었다. 서양적 합리주의의 역사 즉 도그마^{Dogma}·신화·전설·인습 등에 대한 비판의 역사도 소피스트들에서 비롯된 것이다.[129]

---

128 칼로카가티아(Kalokagathia)는 고대 그리스인들의 교육 이념으로서 아름답고도 선량한 영혼의 인간을 만들자는 개념이다. 칼로카가티아는 미를 뜻하는 칼로스(Kallos)와 덕 또는 선을 뜻하는 아가토스(Agathos)의 합성어로, 우리말로는 글자 그대로 선(善)과 미(美)라고 번역한다. 고대 그리스인들은 미를 진, 선과 동일시했다. 그들에게 있어 미란 진과 선이 감각적으로 표현된 것이었다. 그리고 아름다움을 느낀다는 것은 진리를 깨달았을 때 오는 어떤 인식적 경탄이자 선한 의지를 자극하는 도덕적 쾌감이었다. 그러니까 고대의 미, 칼로스는 감각적인 것 보다는 이성적인 것에 더 가까웠으며, 기하학적이거나 형이상학적인 개념이 동반되는 어떤 것이었다. 이후 중세 기독교 사상이 합류하면서 미에 대한 이러한 관념은 보다 공고해졌고 근대 이전까지 귀족 계급의 확고한 전통이 됐다. 박선영, 「칼로카가티아(Kalokagathia)의 개념에서 본 무용수 아레테(arete)에 관한 고찰」, 『홀리스틱교육연구』 20(2), 한국홀리스틱융합교육학회, 2016, p. 4 참조.

소피스트들의 등장에 중요한 전제가 된 것은 아테네 민주정치의 발전이었다. 누구든지 시민의회에서나 법정에서 자기의 의사를 효과적으로 피력하고자 하는 사람은 수사법과 논증술을 능숙하게 구사할 수 있어야 했다. 언어는 권력 쟁취를 위한 수단이 된다. 소피스트들은 영향력 있는 가문의 자제들에게 바로 이러한 교육을 보수를 받고 제공해 주려는 떠돌이 교사들이었다. 소피스트 활동에 가장 유명했던 프로타고라스Protagoras는 트라케Thrake 지바의 압데라Abdera 출신이며, 고르기아스Gorgias는 시칠리아Sicilia의 레온티노이Leontinoi 출신, 프로디코스Prodikos는 키클라데스Kyklades 열도의 케오스Keos섬, 히피아스Hippias는 펠로폰네소스Peloponnesos의 엘리스Elis 출신이었다. 보수층들은 시민권도 없는 낯선 이방인인 이들을 자주 멸시와 불신을 가지고 대했다. 그들의 직업적 활동 때문에 그들은 언어의 기원을 찾는 일에 관심을 기울였다. 그들은 한 단어의 의미가 자연으로부터 주어지는 것인지, 아니면 단지 관례에 기인하여 형성되는 것인지에 대하여 논의하였다. 그들은 단어나 개념들의 다의성多義性, 동의어同義語, 그리고 어원 탐구에 종사하였다.[130]

가장 유명한 소피스트는 페리클레스 시대의 프로타고라스였다. 그는 웅변술과 강직한 성품으로 아테네 사람들을 감명시켰고, 기원전 444년 남부 이탈리아에 건설한 투리이Thurii[131] 식민지의 법전 작성위원으로 임명되

---

129 기원전 5세기 후반의 예술은 소피스트 철학을 낳은 것과 같은 여러 가지 경험의 영향에 휩쓸리고 있었다. 그 휴머니즘적 경향으로 인하여 각계에 많은 자극을 준 소피스트 철학 같은 사상적 운동이 시인이나 예술가들의 세계관에 직접적인 영향을 많이 끼쳤지만, 기원전 4세기에 이르면 소피스트 철학의 영향을 볼 수 없는 예술 장르는 이미 하나도 존재하지 않게 되었다. 아놀드 하우저, 앞의 책, 2013, pp. 130-132 참조.

130 프리도 릭켄, 앞의 책, 2000, p. 88.

131 이탈리아 칼라브리아주 코센차섬에 있는 타란토만에 위치한 도시이다. 기원전 4년-2년 그리스에 의해 파괴된 식민지 도시이다.

었다. 프로타고라스의 사상은 모든 문제에는 두 가지의 서로 수용 불가능한 측면이 있다면서 진리의 절대적 기준을 부정한 것이다. 예를 들어 어떤 사람은 산들바람이 따뜻하다고 생각하는 반면, 다른 사람은 서늘하다고 생각한다는 것이다. 따라서 사람들은 어떤 판단이 정확한 것인지 알 수 없다. 프로타고라스는 『진리』(내용의 대부분은 전해지지 않음)라는 자신의 저작 첫 부분에서 '인간은 만물의 척도다Man is the measure of all things'와 같이 널리 인용되는 주관론을 펼쳤다. 여기서 등장하는 '인간'은 남자든 여자든 개인인 인간을 가리키는 듯하며, 그런 개인에게 일어나는 인상의 상태를 판단하는 유일한 판관은 그 개인 자신이라고 보았다.[132]

페리클레스가 아테네의 지적 생활에 준 자극은 그가 죽은 다음에도 계속되었다. 이때는 이미 펠로폰네소스 전쟁이 일어나 그리스의 평화가 깨어지고, '패권'을 둘러싼 오랜 싸움이 시작되고 있었는데, 그럼에도 불구하고 정치적 암흑 상태는 사람들의 정신을 약화시키기는커녕 도리어 단단하게 무장시킨 것처럼 보인다.

한편, 페리클레스 시대보다도 더 오래 전부터 그리스 사회 특유의 자유로 말미암아 변론 기술이 대단히 중요시되고 있었다. 일을 결정하는 것은 국왕도 아니고 신관도 아니었으며, 민중의 집회 또는 지도자의 집회였다. 따라서 누구나 웅변과 능력을 구사할 수 있는 능력을 갈망하게 되었다. 그리하여 소피스트라는 일종의 교사들이 나타나 젊은이들로 하여금 이러한 변론술을 익히게 하기 시작했다. 내용이 없이는 변론할 수 없기 때문에 변론의 뒤를 이어 지식을 구하게 되었다. 이러한 소피스트들의 활동과 경쟁에 따라 매우 자연적으로 화술이나 사고 방법 또는 논법의 효력을 자세히 검토하게 되었다. 페리클레스가 죽었을 무렵, 소크라테스라는 인물이 그

---

132 토머스 R. 마틴, 앞의 책, 2004, pp. 227-228.

룻된 논법에 대한 파괴적 비평가로 이름을 얻고 있었다. 사실 소피스트들의 가르침은 대부분이 그릇된 논법이었다. 뛰어난 재주를 가진 한 무리의 젊은이들이 소크라테스 주위에 모였다. 결국 소크라테스는 민심을 혼란시킨다는 죄목으로 사형을 선고받았다.[133]

소크라테스가 처형당하고 난 다음에도 민심의 혼란은 여전하였으며, 제자들이 그의 가르침을 계승하였다. 이들 제자 중 하나가 플라톤이었다. 플라톤은 예술을 별로 좋아하지 않았다. 플라톤은 『국가』에서 미메시스, 즉 모방에 대하여 설명하면서 장인이 만든 침상은 이데아를 모방한 것인데, 화가가 그린 침상은 그것을 다시 모방한 것으로, 모방의 모방이라고 말한다. 마찬가지로 호메로스와 같은 시인들이 묘사한 선한 것이 덕이든 악덕이든 인간사의 여러 가지 모습들 모두가 모방의 모방이라고 주장한다. 그래서 플라톤은 시인과 화가는 자신이 생각하는 이상적인 국가에서 추방되어야 한다는 극단적인 주장을 하기도 한다.[134] 그는 머지않아 아카데미아의 숲에서 철학을 가르치기 시작했고, 그의 가르침은 인간 사유의 기초와 방법에 대한 검토, 그리고 정치제도에 대한 검토, 그리고 두 가지 주요 부분으로 나뉜다. 그는 유토피아 이야기, 즉 현존하는 사회와 다르며 그보다 나은 인류사회에 대한 계획을 처음 쓴 사람이다. 이것은 지금까지 사회적인 전통이나 관습을 거의 의심 없이 받아들여 온 인간 정신에 나타난 사상으로, 이전에는 전혀 찾아볼 수 없었던 대담성을 보여 준다.

아리스토파네스가 기원전 423년에 「구름」에서 소크라테스를 놀림감으로 만들었을 때, 소크라테스는 아리스토파네스를 비롯한 그의 동시대 사

---

133 허버트 조지 웰스, 『웰스의 세계문화사(A Short History of the World)』, 지명관 역, 서울: 가람기획, 2003, p. 106.
134 박석, 앞의 책, 2013, pp. 430-431.

람들에 의해 학생들이 기숙하는 학교의 우두머리로, 또한 보수를 받고 가르치는 것으로 묘사되었다. 아리스토파네스에서 소크라테스는 자연학의 사색에 몰두하는 것으로 묘사되는데, 플라톤의 대화편 『변명』에서는 소크라테스가 그러한 문제들에 관해서는 전혀 관심이 없는 것으로 되어 있다. 이는 소크라테스가 소피스트[135]들에 속하지만, 소크라테스와 전혀 다른 소크라테스류의 지식인들을 비판하는 입장을 어느 정도는 아리스토파네스가 소크라테스에게 전가함으로써 그 묘사를 왜곡시키고 있다.[136] 아리스토파네스에 의하면 소크라테스는 계몽주의를 지향하며, 무신론을 신봉하는 자연철학자이면서 동시에 젊은이들에게 불의도 정의처럼 만드는 방법을 가르치는 나쁜 의미의 소피스트로 표현되고 있다. 플라톤이 묘사하는 소크라테스는 전적으로 소피스트의 반대자이다. 항상 질문을 던지고 자신의 무지를 강조하며 의미심장한 반어법을 구사하는 플라톤 초기 대화편의 소크라테스에 비하여, 크세노폰의 소크라테스는 덕을 지키고 우직하며 천박한 공리주의를 신봉하는 시민의 모습으로 대조를 이룬다. 아리스토텔레스의 견해는 플라톤과 일치한다. 아리스토파네스의 「구름」은 플라톤의 『변명』에서 확인시켜 주는 바와 같이 당시의 일반적 여론이 소크라테스와 소피스트들을 구별하지 않았음을 분명히 보여 준다.[137] 여기서 비난을 야기한 것은 그들이 보수를 요구했다는 사실이 아니라 사회적·정치적 수요를 메꾸고 있었으며, 지혜와 덕에 관한 교훈을 팔았다는

---

135 소피스트는 흔히 '지혜로운'과 '지혜'로 번역되는 '소포스(sophos)'와 '소피아(sophia)'라는 그리스어와 연관되어 있다. 즉 특수한 공예 기술, 특히 수공예 기술에서부터 일반적인 일에 있어서의 분별력이나 식견, 특히 실천적 지혜와 정치적 식견을 거쳐 학문적·이론적 또는 철학적 지혜라는 의미에 이르렀다. 조지 커퍼드, 앞의 책, 2004, p. 45.

136 같은 책, pp. 95-96.

137 프리도 릭켄, 앞의 책, 2000, pp. 92-93.

사실이라는 것이다. 이러한 것들은 돈을 위해 팔아야 하는 종류가 아니었다. 우정과 감사가 충분한 보답이어야 했다.[138]

아리스토파네스 희극의 목적과 보편성은 작품 그 자체에 있다. 그의 희극은 우리가 이미 마주친 적이 있고, 앞으로도 마주치게 될 것 같은 성격을 묘사한다. 그것은 유사함을 기록에 남기며, 우리에게 전형들을 보여 주려 한다. 또 필요하다면 새로운 전형조차 창조할 것이다. 그런 점에서 그것은 다른 여러 극예술과 확실한 대조를 이룬다.[139]

서양철학은 플라톤 철학의 각주라는 식의 시각에서 그리스인들에게 언급되는 '철학'은 플라톤의 그것이라고 생각하는 것이 자연스러워 보인다.[140] 따라서 고대 그리스인의 사고를 통하여 극예술에 대한 인식을 살펴보기 위해서는 세기의 두 철학자가 대립한 시각들을 통해서 모색할 수 있다. 앞에서 그리스 드라마의 전개와 인문주의 예술에 대한 양상을 통한 철학의 관계를 언급했다. 이러한 근거를 위한 두 철학자의 시각은 서양의 고대 연극미학에 중요한 사료로서 철학적 연구에 타당한 이론을 뒷받침할 수 있을 것이다.

프랑스 사회인류학자이자 구조주의의 선구자인 레비-스트로스Claude Levi-Strauss(1908-2009)는 『구조인류학Anthropologie structurale』(1961)에서 플라톤과 아리스토텔레스의 대립적인 시각에 대하여 말한다.

연극이론의 역사는 처음부터 상호 모순되는 대립되는 관점들을 내포하면서 오늘날에 이르게 된 것이다. 그 태초는 기원전 4세기 플라톤과 그의 제자

---

138 조지 커퍼드, 앞의 책, 2004, pp. 46-47.
139 앙리 베르그송, 앞의 책, 2016, p. 94 참조.
140 김헌, 「그리스 고전기에 '아테네가 보여 준 철학」, 『서양고전학연구』, 55, 한국서양고전학회, 2016, p. 149.

인 아리스토텔레스 사이의 논쟁에서 시작되었다. 오늘날 대립되는 연극이론들은 그 뿌리가 고대 그리스에 있으며, 이러한 근원을 모르고서는 고대 그리스 연극미학에 대한 철학적 사유를 지배하는 이론에 접근할 수가 없을 것이다. 이는 고대 그리스의 정신구조의 뿌리가 플라톤과 아리스토텔레스의 대립적인 사유에서 유래한다. 그 시작은 플라톤이며, 아리스토텔레스는 『시학』을 통해 스승인 플라톤의 이론에 반론을 펴면서 새로운 연극이론을 제기했던 것이다. 이들의 경쟁적인 이론체계들은 풍부한 논쟁의 대상으로서 플라톤적이거나 아리스토텔레스적이며, 아니면 플라톤과 아리스토텔레스의 논쟁을 고찰하는 것은 대립적인 연극이론들과 절충적인 이론을 역사적 근원 속에서 이해하려는 노력인 것이다.[141]

플라톤은 예술이 도덕의 문제에 긍정적인 가치와 권위를 갖는다는 그리스의 전통적인 사유에 반대하여 예술이 끼치는 영향이 도덕적으로 부정적이라고 주장했다.[142] 아리스토텔레스는 플라톤의 도덕 이론에 반대한다. 아리스토텔레스는 도덕에서의 요점이 '선의 형상을 이성적으로 직관하는 데 있다'는 플라톤의 주장에 반대한다. 아리스토텔레스는 자신의 스승인 플라톤의 견해를 반박해서 예술이 도덕적인 가치체계와는 무관하다고 주장한다. 주의할 것은 아리스토텔레스는 예술이 부정적이지 않다는 소극적인 주장을 한 것이지, 예술이 도덕에 긍정적이라는 적극적인 주장을 하지는 않는다는 점이다.[143]

---

141 김용수, 앞의 책, 2002, pp. 19-20 참조.
142 미학대계간행회, 앞의 책, 2007b, p. 507.
143 아테네 인문주의 연극의 특징은 모방의 미학이다. 모방예술에 관해서 플라톤은 당시의 주류 견해라 할 수 있는 모방론을 주장한다. 예술은 어떤 것을 모방하는 것이고, 그리고 그 결과로서 우리에게 어떤 형태의 지식을 제공하고 강력한 정서적 반응을 야기한다는

수 세기 동안 그리스 문학과 철학에 관련한 논쟁이 변함없이 작가들과 철학자들 사이에 있었다. 아리스토텔레스의 『창작술』[144]에 창작과 철학이 보편적인 것과 맺는 관계에 대하여 논의된 해석이 있다.

철학자들은 창작이 모두 허구이고, 비도덕적인 허구이기도 하다고 말한다. 반면, 철학은 좋은 것과 참인 것을 추구한다. 지혜로운 사람들이 창작에 대해 품은 옛날의 반감을 물려받는 플라톤은 자신의 이상국가에서 작가들을 추방했다. 아리스토텔레스는 그런 싸움을 무마시키려고 했다. 그는 창작과 철학이 만나는 지점을, 이것들이 보편적인 것과 맺는 관계에서 발견한다. … 분명히, 그는 창작을 철학에 합병하려고 하지 않았다. 그의 일반적인 이론 노선을 따르면, "창작은 보편적인 것을 표현하는 데 목표를 두는 한에서 철학과 비슷하다. 그러나 철학과 달리, 그것은 감성적이고 상상적인 형태의 매체를 사용

것이다. 모방론은 무엇을 모방하느냐에 따라 다양한 버전이 가능한데, 플라톤은 예술이 모방하는 것은 형상의 세계가 아니라 지각의 세계만을, 그것도 한 관점에서 본 것만을 모방할 수 있다고 주장한다. 같은 책, pp. 508-510.

144 여기서 아리스토텔레스의 '창작술'의 명칭에 대한 논의가 필요하다. 『아리스토텔레스의 창작예술론』의 번역자 김진성(2014)에 의하면, 아리스토텔레스가 50세쯤에 쓴 것으로 추정되는 『창작술』은 일본학자들이 번역한 '시학'이란 말이 통용되는데 몇 가지 문제점을 책 서문에 언급한다. 첫째, '시학'에서 '시(詩)'라는 말이 문제다. 아리스토텔레스는 우리가 흔히 이해하는 특정 문학 장르인 '시'만을 다루고 있지는 않기 때문이다. … 그의 논의는 언어를 매체로 한 창작예술, 그중에서도 서사시와 비극에 맞춰져 있지만, 음악, 무용, 회화 등 다른 예술 장르까지 확장된다. 둘째, '시학'에서 '학(學)'이란 말이 문제다. 창작은 여러 가지 언어적, 시청각적 수단을 매개로 인간 삶에 든 보편적 요소를 개연적·인과적인 연결로써 재현한다. 이 점에서 아리스토텔레스는 창작이 헤로도토스식의 단편적인 역사 서술보다 더 철학적일 수 있다고 본다. 그렇다고 창작이 곧 학문이 되는 것은 아니다. '학문'의 명칭을 얻기에는 그가 요구하는 엄밀한 논증의 요소가 그곳에 없다. '시'가 과연 무엇을 엄밀하게 증명하는 분야인지 의문이 든다. 따라서 '시'라는 말 대신에 '창작'을, '학'이란 말 대신에 '술'을 받아들여, '시학'이란 제목보다는 '창작술'이란 제목을 달아야 적절하다고 주장한다.

한다"는 의미에서 창작은 구체적인 철학, 삶에 대한 비평, 만물에 대한 비평이다.[145]

창작하는 예술가를 구박한 증거는 호메로스에게도 나타난다. 호메로스는 그리스 신화에 나오는 불을 다스리는 창작의 신, 헤파이스토스Hephaistos를 다음과 같은 자태로 나타내었다.

  온몸이 검은 그을음에 싸인 괴물, 절름발이 걸음을 걷는 주제에 정강이가 말라빠지고 몸은 뚱뚱하고 게다가 두툼한 목덜미에 가슴팍은 털로 빈틈없이 덮힌 몰골[146]

그리스의 여러 신들 중에서도 예술가 헤파이스토스는 다시없는 추악한 신으로 묘사되고 있다. 심지어 신으로서 비천하다고 소외당한다. 여기서 창작을 본업으로 하는 예술가도 함께 무시당하게 된다. 여기에 하나의 모순이 나타난다. 사실 예술은 칭찬을 받으나 예술가는 저주를 받는다. 한 가지 명백한 실례를 들면, 연극이 최대의 호평을 받고 있던 시대에서조차도 연기자를 가장 모욕적인 불신의 눈초리로 보았는데, 특히 희극배우를 대하던 태도가 그와 같았다. 그들의 생활형식은 명예로운 시민의 생활 형식과는 동떨어져 있고, 뛰어넘을 수 없는 틈이 시민과의 사이에 가로놓여 있었다. 따라서 당시의 시민들이 그러한 틈을 뛰어넘는 시각, 즉 예술가에 대한 오명을 논의한다는 것은 하나의 불행을 의미하는 것과 동시에 예술 자체에 대한 사형선고[147] 같은 것이었다.

---

145 사무엘 헨리 부처, 앞의 책, 2014, pp. 331-332.
146 에밀 우티츠, 『미학사1(Geschichte der Ästhetik)』, 윤고종 역, 서울: 서문당, 1996, p. 35.

이제 예술창작과 인간의 본질적 요소인 삶의 관계를 이어가자. 사무엘 헨리 부처Samuel Henry Butcher의 『아리스토텔레스의 창작예술론Aristotle's theory of poetry and fine art』(1907)에 따르면, "호메로스, 아이스킬로스, 단테의 작품 같은 보다 높은 수준의 작품에는 인간과 삶과 세상에 대한 해석이 있다. 아울러 사물들에 대한 연결된 설계와 견해가 있다. 이것은 체계화되거나 의식적으로 전개되지 않고, 작가 생각의 토대로서, 작품의 단일성에 본격적인 요소로서 잠복해 있다"라고 전한다. 여기서 말하는 본질적 요소는 삶의 일정한 양상들을 상상의 형태로 진실로 표현할 수 있는 나름대로의 철학자들을 의미한다고 보인다. 그들은 자신이 지닌 일관적 균형 잡힌 삶의 지혜를 구현하기 위해 창작 활동을 하였다고 해석된다. 그러나 창작술의 본질적 문제에서 예술이 인간의 삶에 대한 모방이라는 아리스토텔레스의 생각은 무엇보다도 비극론[148]에 잘 나타난다.

----

147 예술가가 교양 있는 인사와 신분이 높은 사람들로 이루어진 상류사회에 들어가는 것은 문예 부흥기에 이르러서야 비로소 실현되었다. 마침내 예술가들은 수세공(手細工) 장인(匠人)의 지위를 면하게 되었다. 이때부터 인본주의적 지식과 해부학, 그리고 원근법이 예술가를 교양하였다. 관립학술원 성격인 아카데미에 대한 사상이 발생하여 신진 예술가는 다른 젊은 학도와 다름없이 고등한 학교에서 학문을 연구하게 되었던 것이다. 같은 책, pp. 36-37 참조.
148 『시학』의 제6장에서 비극의 본질을 언급하였다. 비극은 진지하고 일정한 크기를 가진 완결된 행동을 모방하며, 쾌적한 장식을 가진 언어를 사용하되 각종 장식은 작품의 상이한 제부분에 따로따로 삽입된다. 비극은 드라마적 형식을 취하고 서술적 형식을 취하지 않으며, 연민과 공포를 환기시키는 사건에 의하여 바로 이러한 감정의 카타르시스를 행한다. '쾌적한 장식을 가진 언어'라는 말은 율동과 화성을 가진 언어 또는 노래를 의미하고, '작품의 상이한 제부분에 따로따로 삽입된다'는 말은 어떤 부분은 운문에 의해서만 진행되고, 어떤 부분은 노래에 의해서 진행됨을 의미한다. 『시학』에서 논의하는 비극의 구성은 여섯 가지 요소에 의하여 비극의 일반적인 성질이 결정되는데, 플롯과 성격(인물), 조사(언어)와 사상(사고), 장경(장관)과 노래(음악)를 일컫는다. 이 가운데 두 가지(언어와 음악)는 모방의 수단에 속하고, 한 가지(장관)는 모방의 양식에 속하고, 세 가지(플롯, 성격, 사상)

아리스토텔레스에 따르면 비극은 인간의 진지한 행위의 모방이다. 비극은 행위 중에 있는 인간을 그의 영혼, 즉 그의 성격과 감정의 진지한 측면을 중심으로 모방한다. 그런데 그의 비극 정의에 따르면, "비극은 인간의 삶을 모방함에 있어서 궁극적으로 관객들의 마음에 공포와 연민을 불러일으킴을 통해 감정들의 카타르시스를 가져다주는 효과를 기대한다. 이를 위해서 인간의 행위를 적절한 길이를 갖는 플롯에 따라 리듬과 화성과 멜로디를 갖춘 언어를 수단으로 하는 연기를 통해 하나의 완결된 전체로서 모방하는 것을 중요한 기술적 과제로 갖는다." 아리스토텔레스가 생각하는 비극에 있어서 모방은 실제로 일어난 개개의 일들을 충실하게 보고하는 것이 아니라, 개연성과 필연성의 연관 관계에 따라 '일어날 수 있는 일들'을 이야기하는 것으로 볼 수 있다. 그가 말하는 시는 개별적 사실들의 진리성을 추구하는 활동이 아니라 인간의 삶에 있어서 보편성을 갖는 진리를 보여 주는 활동이다.[149] 이런 의미에서 그는 시가 역사보다 철학적이라고 말한다.[150] 역사는 개별적 사실들을 이야기하는 반면에 시는 보

는 모방의 대상에 속한다. 이 여섯 가지 가운데 가장 중요한 것은 사건의 결합, 즉 플롯이다. 비극은 인간을 모방하는 것이 아니라 인간의 생활과 행복과 불행을 모방한다. 이러한 행복과 불행도 행동 가운데 있으며, 비극의 목적도 일종의 행동이지 성질은 아니다. 인간의 성질은 성격에 의해서 결정되지만, 행/불행은 행동에 의해서 결정된다. 그러므로 드라마에 있어서 행동은 성격을 묘사하기 위한 것이 아니라 오히려 성격이 행동을 위하여 드라마에 포함되는 것이다. 따라서 사건의 결합, 즉 플롯이 비극의 목적이며, 목적은 모든 것 중에서 가장 중요한 것이다. 또 행동 없는 비극은 불가능하겠지만 성격 없는 비극은 가능할 것이다. 아리스토텔레스, 앞의 책, 2014, pp. 49-52 참조.

149 미학대계간행회, 앞의 책, 2007a, pp. 28-29.

150 고대 그리스 연극에서 비극은 숭고의 비장미(悲壯美)를 언급한다. 이때 숭고는 아주 예외적인 어떤 느낌을 지칭하고 있다. 그것은 바다 한가운데서 천둥과 번개를 동반한 태풍을 맞이했을 때 자연의 위력에 저항하려는 용기 있는 행동에서 비롯된다. 숭고는 안티고네(Antigone)의 상황에서도 발생한다. 국법에 따르면 반역자의 시신은 매장할 수 없다. 그것을 어긴 자는 사형에 처해질 것이다. 이러한 상황에서 안티고네는 선택을 하게 되는데, 인

편적인 것을 이야기하기 때문이다. 이와 같은 입장에서 그는 시에 있어서의 모방이 다양한 허구를 수용할 수 있음을 인정한다.[151] 더불어 그는 희극의 무해성과 관련하여 모방에 대한 것을 다음과 같이 설명한다.

> 희극은 이미 언급한 것처럼, 보통보다 더 비천한 것의 모방이다. 그러나 여기서 보통보다 더 비천한 것이란 모든 종류의 악(惡)과 관련해서가 아니라, 오히려 추함의 한 부분인 우스꽝스러운 것일 때만 그러하다. 우스꽝스러운 것은 말하자면 하나의 실수이자 하나의 결점이다. 그러나 예컨대 하나의 우스꽝스러운 마스크가 추하게 일그러져 있으나 고통이 없는 것과 같이 고통을 주지도 않고 감정도 손상하지 않는 그러한 하나의 결점이다.[152]

아리스토텔레스의 무해성은 희극에서의 모든 불화는 우스꽝스럽게 화해하고, 철천지원수도 친구가 되어 막을 내린다. 즉, "아무도 죽이거나 죽임을 당하지 않는다" 또는 괴테가 비슷한 맥락에서 표현하듯 "아무도 죽지 않고, 모든 사람이 하나가 된다"[153]는 희극의 고유성을 언급한다.

철학과 희극의 영역은 엄연히 다르다. 철학은 근본적으로 지성·의지·감성의 세 범주로 나뉜다. 지성은 인식능력을 추구하는 철학의 영역으로,

---

륜을 지키기 위해 죽음을 불사하고 장례식을 치른다. 이와 같은 안티고네의 행동을 우리는 흔히 숭고하다고 한다. 숭고의 느낌은 우선 객관적 현실을 초월하고 주관이 부여한 비가시적인 가치를 지향하는 과정을 거친다. 다시 말해 숭고의 체험은 안티고네처럼 물리적인 위험을 무시하고 불굴의 도덕 의지를 발휘하는 것을 심미적으로 느끼고 반성할 때 발생한다. 이런 의미에서 시가 역사보다 철학적이라고 할 수 있는 것이다. 류재국, 앞의 논문, 2017, p. 71에서 재인용.

151 미학대계간행회, 앞의 책, 2007a, p. 30.

152 류종영, 앞의 책, 2013, pp. 68-69 재인용.

153 사무엘 헨리 부처, 앞의 책, 2014, pp. 229-230.

의지는 이를 수행하기 위한 실천능력을 다루는 윤리학 영역으로, 감성은 심미능력을 담당하는 미학의 영역으로 구분된다. 이러한 철학이 일반적인 규범에서 벗어난 희극과의 연관성을 질문한다. 철학은 구희극의 주된 기능인 논쟁을 만나서 부패한 사회 비판, 정치적인 것과 관련된 현실 문제를 직접적인 연구 대상으로 논의한다는 것이다. 지성의 의지를 가진 철학과 비판적 풍자를 주된 대상으로 하는 희극에 대한 근원적 물음은 예술 그 자체에 한정할 수 없다. 곧 구희극의 논쟁은 현실적 입장으로 함축된다. 희극과 철학의 관계는 기원전 5세기 고대 그리스 사회의 윤리의 문제, 정치의 문제, 사회의 문제와 밀접한 연관성을 가지고 있음이 주목된다.

소크라테스에게 비극은 결코 "진리를 말하는 것"처럼 보이지 않았다. 비극이 "분별력을 갖추지 못한", 즉 철학자가 아닌 사람들에게 호소한다는 점을 제외하면 말이다. 플라톤처럼 소크라테스도 비극은 편안한 것만 표현하고 유익한 것은 서술하지 않는다는 아첨의 예술로 간주했다. 그는 제자들에게 이런 비철학적 유혹으로부터 엄격하게 거리를 둘 것을 요구했다. 그 결과는 젊은 비극작가였던 플라톤이 소크라테스의 제자가 되기 위해 가장 먼저 시작품을[154] 불태워 버릴 정도였다.

플라톤은 철학적 관심의 대상이 되는 많은 분야를 탐구하였지만, 그중에서도 가장 큰 관심을 가졌던 것이 윤리학이었다. 그의 윤리학은 이상적인 국가 건설을 위한 정치학과 긴밀한 연관성을 갖고 있기도 하다. 특히 연극을 비롯한 예술에 대한 플라톤의 논의는 결국 윤리학과 정치학의 입장에서 접근하는 것이며, 그것의 핵심적인 질문은 연극의 사회적 역할의 적합도에 대한 문제 제기하는 것이었다. 연극과 같은 시문학은 죽음을 두

---

154 프리드리히 니체, 『비극의 탄생·반시대적 고찰(*Wietzsche Werke, Kritische Geramtausgabe*)』, 이진우 역, 서울: 책세상, 2005, p. 109.

려워하게 하여 시민들의 도덕적 책임감을 해이하게 만들 수 있다. 이야기 속에 등장하는 신과 영웅들이 이상적으로 묘사되지 않은 것도 플라톤은 도덕적으로 용납할 수 없다. 사람들은 신이나 영웅이 사악한 행동을 하는 것을 보고 자신들의 악덕을 당연시하려고 한다. 사악한 인간이 행복하게 되고 선한 사람이 불행하게 되는 이야기도 플라톤은 윤리적 차원에서 용납할 수 없었다. 도덕론자의 관점에서 본 연극 드라마는 늘 선정적이고 불건전하고 비윤리적이기에 사회적인 악영향을 끼친다는 것이다.[155] 그 기준은 외부자적 관점으로 윤리적 대안이나 사회의 도덕적 교훈을 모색하고자 하였다. 그것은 인간의 덕목을 찬양하고, 고통을 인내하는 고상한 인물을 표현하며, 신과 영웅에 대한 찬양 일색의 연극만을 허용하자는 교육적인 담론에 가깝다.

아리스토텔레스에게 있어서 시의 최우선적인 목표는 카타르시스라는 해방의 쾌, 즉 감정의 차원에 놓여 있으며, 따라서 시는 그것에 고유한 목표로서의 예술적 쾌의 감정에 의해 정의되고 있다. 시를 바라보는 그의 이와 같은 미학적 사고방식은 종래의 아리스토파네스와 플라톤에게서처럼 시의 가치를 시 자체와는 구별되는 외부적 요인으로서의 도덕성의 고양에서 찾으려는 윤리학적 입장에 대한 암묵적인 비판을 내포한다. 그의 윤리학에 따르면, 삶의 최고의 목표는 행복이다. 행복은 다른 어떤 것을 위해 바람직한 것이 아니라 그것 자체에 있어서 바람직한 것으로서 그것 자체를 위해 추구되는 자족적인 삶의 이상이다.[156] 아리스토텔레스는 행복을 인간의 본성 중에서 최선의 부분인 이성을 따르는 이상적인 삶의 활동이라고 하는데, 그것은 구체적으로 진리를 추구하는 철학적 관조의 활동

---

155 김용수, 앞의 책, 2002, pp. 32-33 참조.
156 미학대계간행회, 앞의 책, 2007a, p. 33.

이라는 뜻이 담겨 있는 것이다.

이에 반하여 플라톤의 형이상학적인 의미에 따르면, "우리가 살고 있는 이 감각의 세계는 참된 실재의 세계가 아니고 참된 실재의 세계의 그림자와 같은 모상일 뿐이다. 참된 실재의 세계는 이 감각의 세계의 원형으로서 영원불변하는 이데아idea들로 이루어진다"[157]라고 주장한다. 플라톤의 이 의견은 감각의 세계에서 조화와 균형의 성질들에 의해 아름답다고 불리는 모든 것은 사실상 아름다움의 원형으로서의 영원불변하는 아름다움의 이데아를 분유함으로써 아름다움의 성질을 얻게 된다는 말이다. 그에게 있어서 모든 아름다움의 궁극적 근원은 아름다움의 이데아에서 나온다는 주장이다.

아리스토텔레스의 견해에 따르면, 시인의 모방은 아무런 통일성도 없는 사건의 복합을 사진사처럼 복사하는 것이 아니라 그 자체로 하나의 유기적인 통일을 이루고 있는 사건을 필연적인 인과 관계의 테두리 내에서 재현하는 데, 즉 하나의 보편적인 진리를 말하는 데 있다. 그런 의미에서 시인은 플라톤이 말하는 단순한 모방자가 아니라 일종의 '창작자'인 것이다.[158] 시는 삶의 보편적 진리에 대한 정신적 관조로서 삶의 최고의 목표를 윤리학에 두고 있다. 따라서 시가 여가와 자족성에 의해 이루어지는 도덕적 가치를 목표에 두고 포용한다는 것은 넓은 의미에서 철학적 가치를 갖는다는 것이다.

고대 그리스에서 예술은 도덕에 긍정적인 영향을 끼치지 않는 것으로 이해되었다. 고대 그리스의 도덕은 근대 도덕의 영역과는 다르다. 그것은 영웅 도덕에 해당하며, 그 범위는 근대의 도덕처럼 모든 인간을 포함하는

---

157 같은 책, p. 17.
158 아리스토텔레스, 앞의 책, 2014, p. 13.

것이 아니다. 영웅도덕은 씨족장이나 부족장들 자신의 권력과 명성을 추구하는 것이다. 이른 근대 도덕의 관점에서 보자면, 영웅도덕은 지나치게 이기적이고 비도덕적으로 보일 수도 있다. 기원전 5세기 전후의 고대 그리스의 대표적인 예술은 호메로스의 『일리아드』, 『오디세이아』와 같은 서사시와 비극 같은 시극 등이었다. 이런 시 예술은 신과 영웅들의 행위 등을 모방한 것이다. 시 예술작품들은 영웅들에게 있어서 무엇이 옳고 그른 것인지, 무엇을 추구해야 하는지, 무엇을 모욕으로 느껴야 하는지, 그리고 어떻게 행위해야 하는지를 묘사했다.[159] 그들은 시 예술에서 표현하는 신화와 종교를 벗어날 수 없는 신의 영감과 선택을 받은 것으로 인정하고, 사적인 것이 아니라 공적인 것으로 받아들인다.

아리스토파네스 희극이 지향하는 바는 불공정한 사회의 변혁에 대한 예술적 표현이며, 공동체의 위기의식에 대한 토로이다. 그것은 평화에 대한 염원이며, 남녀 간의 양성평등과 신, 구세대 간의 갈등에 대한 건강한 관계 형성이다. 이러한 태도는 당시 아테네의 최소한의 기초적인 삶에 대한 사회제도와 정치제도의 본질적 변화에 대한 혁명적인 도전이며, 공동체 사회의 불공정한 것과 비정상적인 것에 대한 자기반성 및 성찰의 표현이다. 이러한 표현은 보편적 갈등에 대한 알 권리를 제공하는 민주적인 학습의 본보기라는 의미를 부여할 수 있다. 삶의 진지함과 현실의 사변적 고민을 반영하지 않은 웃음은 실소이거나 조소일 뿐이다. 절대적 위험에서도 부패 권력에 대한 문학적 풍자, 주전주의자들에 대한 정치적 비판, 죽음의 절대적 위험에서도 굴하지 않는 유머는 삶의 진지한 반성에서 비롯되는 인간적인 웃음의 미학으로 다가온다.

---

[159] 미학대계간행회, 앞의 책, 2007a, p. 506.

제3장

아리스토파네스 희극의
형태 및 구조

1. 위선적 권위에 도전하는 웃음의 미학

아리스토파네스의 전성기(기원전 425-기원전 388)는 27년 동안 지속된 펠로폰네소스 전쟁 기간과 겹친다. 그는 개혁적인 보수주의자로 대중들로부터 인기를 얻었고, 전쟁 때문에 피폐해진 아테네 농민과 대중들 편에서 평화를 제창했다. 아리스토파네스의 현존하는 11개 작품 중 9개 작품이 이 전쟁 중에 쓰이고 상연되었다. 이 시기에 명문가 태생의 총명한 정치가 페리클레스가 죽자 클레온 같은 시정의 상공업자가 선동하는 극단적 민주정치가 자행되었다. 이는 아테네의 정치사에서 민주정치가 수차례의 대실패를 거듭하며 중우정치衆愚政治로 변질된 불미스러운 사건이었다.[1] 기원전 5세기, 아테네에서 정치적 욕망과 권력의 횡포로부터 벗어나려는 정치적 기획은 아리스토파네스 희극의 통찰을 통해 완성되고 있었다.

고대 아테네 극장에서는 많은 선도적 사상가, 정치가, 작가들이 아리스토파네스 희극으로부터 호된 풍자와 비난을 당했다. 오늘날조차도 상상할 수 없는 기득권에 대한 직설적인 공격화법과 과격한 조롱은 헬레니즘 시대 직전까지의 공통된 경향이었다고 본다. 이 같은 현상은 근본적으로

---

1 곽복록 외 4인, 앞의 책, 2007, pp. 217-219 참조.

삶에 대한 이성적 인식을 위한 지성적 학습으로, 잘못된 체제의 대상에 대한 철학적 사유의 전회revolution라고 할 수 있다.

기원전 5세기의 아테네의 현실에서, 오랜 전쟁과 오만한 권력이 남용되는 사회 상황 속에서 그나마 희극성이 주는 웃음만이 유일하게 고대 아테네의 정치인, 지식인 그리고 변증법과 변증법 철학자를 뛰어넘을 수 있는 창구를 제공했던 것이다. 웃음은 의미에 대한 절대적인 포기에 기초해서만, 죽음의 절대적인 위험에 기초해서만[2] 그 시대의 모진 절망과 고통에서 벗어날 수 있었다. 그리스 철학이 지향하는 바가 지성과 지혜에 대한 사랑이라면, 그리스 희극의 지향점은 문제를 파악해서 길을 안내하고 해결하는 것이다. 이러한 지향성에 대한 논의는 불공정한 사회에 대한 변화의 열망과 현실 문제 개선에 대한 비판이다. 이러한 비판은 아리스토파네스 희극을 기점으로 고대 아테네인들이 보편적 갈등과 질곡된 실상에서 고통으로 상처받은 삶을 위로하고, 치유하고, 예방하고자 했던 최소한의 반성에 대한 학문적 검토에서 출발하였다. 아리스토파네스는 희극이라는 연극적 서사를 통하여 위선적인 권력과 당시 민중의 사회문제를 신랄하게 풍자했다. 아리스토파네스가 제기한 사회 비판의 연극적 행동들은 현실 인식이 부족한 기득권 세력들에게 아테네 공동체 안에서 벌였던 기존의 정치적 행위들을 공격적 풍자와 현실 비판의 신랄함으로 지적하는 도발적인 행동이다.[3] 아리스토파네스는 이러한 행동을 통하여 당면한 현실 정치와 사회개혁에 대한 문제의식의 제기를 주장하기 위한 극적 행위로 관객들을 끌어들였을 것이다.

기원전 5세기 그리스의 희극 사조는 줄거리보다는 인물의 성격 쪽으로

---

2 서정혁, 앞의 논문, 2011, p. 97 재인용.
3 류재국, 앞의 논문, 2017, pp. 85-86 재인용.

관심의 초점이 옮아가고, 단순한 인물이나 정상적인 인간보다는 복잡한 성격이나 유별난 인간 쪽이 더 큰 매력을 갖게 되었다.[4] 아리스토파네스의 희극에 등장하는 풍자와 비판의 대상은 개인이 아니라 어떠한 움직임을 대표하는 유형들이다. 그들은 철학에서 소크라테스, 정치에서 클레온, 창작에서 에우리피데스 등의 인물들을 지칭하고 있고, 뚜렷한 의인화는 추상적인 것을 구체화함으로써 작동한다. 이는 그들에게 해당 부류의 속성들을 입히거나 그들을 한 개념의 대표자로 만든 것이다.

웃음[5]의 결정체인 유머는 비극과 희극이 만나는 지점이다. 그리고 『향연』에서 소크라테스가 한 말, 즉 비극의 재능과 희극의 재능은 같다는 말은 최대한으로 정당화되어 왔다.[6] 희극은 비극보다 긍정적이다. 그것은 웃음을 통해 세상의 고통을 우회할 수 있기 때문이다. 이 부분에서 베르그송도 희극은 웃음과 연결되어 있고, 웃음은 부조화에 대한, 긴장과 이완의 지각으로부터 일어나기 때문이라 규명한다.[7]

----

4 아놀드 하우저, 앞의 책, 2013, p. 130.
5 웃음의 목적은 무엇보다도 교정이다. 굴욕을 주기 위한 웃음은 표적이 되는 사람에게 반드시 쓰라린 상처를 안겨 준다. 사회는 웃음으로 사람이 사회에 대해서 행한 자유행동에 복수하는 것이다. 웃음에 만일 공감과 호의가 새겨져 있었다면 그 목적을 이루는 일은 없을 것이다. 적어도 웃음의 의도만은 좋은 것일 수도 있고, 우리는 종종 누군가를 사랑하기 때문에 벌하는 것이다. 그래서 우리의 최대 선을 위해 어느 결점이 밖으로 나타나는 것을 미연에 막음으로써, 그러한 결점 자체를 교정하고, 우리를 내면적으로 개선시키려고 노력하는 것이다. 그렇다고 해서 희극의 웃음이 언제나 정곡을 찌른다거나 공평함에 대한 생각에서 나왔다는 말은 아니다. 언제나 정곡을 찌르기 위해서는 그것이 반성하는 행위에서 나오는 것이어야만 한다. 앙리 베르그송, 앞의 책, 2016, p. 110 참조.
6 사무엘 헨리 부처, 앞의 책, 2014, p. 313.
7 희극의 지각은 고통스러운 감정과 즐거운 감정의 충돌을 갖게 된다. 이런 것은 고통이 고통에 의해 치료되는 비극적인 반응에서는 일어나지 않는다. 간지럼 현상에서도 두 가지 부조화 요소가 있다. 간지럼은 폭행과 애무의 중간이다. 그것은 우리에게 도전하면서 이와 동시에 우리를 무력하게 만든다. 따라서 웃음이라는 이유만으로 간지럼을 희극의 감정

고대 그리스 희극은 비극보다 상대적으로 훨씬 낮게 평가되었다.[8] 그 주된 이유 가운데 하나는 아마도 두 예술 장르가 지닌 본질적인 차이에서 기인하는 것이다. 비극은 아리스토텔레스가 말했듯이 '보통 이상의 선인이거나 우리들 이상의 악인'을 모방의 대상으로 삼는 데 비해, 희극은 '보통 이하의 악인'을 모방의 대상으로 삼는다. 베르그송이 그의 저서 『웃음』에서 강조했듯이 비극과 희극은 제목부터가 확연하게 다르다. 비극의 「오이디푸스왕Oidipous Tyrannos」, 「안티고네Antigone」, 「아가멤논Agamemnon」 등에 비해 희극의 「구름」, 「새들」, 「말벌」, 「개구리」 등의 제목에서부터 밀리는 무게를 서로 비교해 볼 생각을 품을 수 있겠는가 말이다.

고대 드라마에서 희극의 효과는 한 사회의 습속이나 관념이 익살과 풍자로 강조되고 밝혀지는 것이다. 이는 단순한 조롱이나 저급한 언어를 사용하는 호기심의 유발이 아니다. 비극에서 다루는 감정의 정화 못지않게 희극에서도 통쾌한 쾌감으로 말미암아 감정의 찌꺼기가 씻어지는 정화작용을 발휘되는 것이다. 그리고 관념들 속에서 하나의 대립 관계를 만들어가는, 즉 지적 대조, 감각적 대조, 품성 상태의 대조 등의 움직임으로 판단하는 것으로서 희극적인 것의 실체를 저급하게 몰아가는 것은 옳지 않다. 무엇보다도 희극작품이 아니었다면 결코 발견하기 어려운 고대인들의 생

과 연결시킬 이유는 절대로 없다. 희극은 분명히 부조화에 대한 우리의 지각에 기댄다. 여기에서 희극이 지닌 숭고함의 기능을 주목하는 것은 흥미로운 일이다. 만일 숭고함이 설 자리가 없다면 희극작가 같은 것은 없을 것이다. 존 깁슨 워리, 『그리스 미학: 플라톤과 아리스토텔레스(Greek Aesthetic Theory)』, 김진성 역, 서울: 그린비, 2012, p. 202.

8 그리스 비극은 최상 등급의 모든 비극처럼 하나의 조화로운 재현 속에 개별적인 것과 보편적인 것을 결합한다. 희극은 개별적인 것을 유형에다 합체시키는 경향이 있는 반면, 비극은 개별적인 것을 통해 유형을 드러낸다. 요컨대, 비극은 이상화된 개인들을 창조하지만, 희극은 순수 농담 형태의 희극은 개인화된 이상들을 창조한다고 말할 수 있다. 사무엘 헨리 부처, 앞의 책, 2014, pp. 314-315.

활상을 엿볼 수가 있다. 비극작품이나 역사, 철학책에서 좀처럼 발견하기 힘든 평범한 일상이 희극에 의해 고스란히 드러난다.

희극은 진보적이다. 그것은 현실의 모순에 괴로워하며 이를 그대로 받아들이기보다 현실의 한계를 비판하기 때문이다. 그것은 우리의 정신을 획일적으로 만들려는 지배 제도에 대항하여 비판적 무기로 기능할 수 있다.[9] 희극은 공식적인 세상 앞에 거울을 들이밀어 가면 쓴 사회의 진짜 모습을 보여 준다. 이를 통해 위선적인 사회의 근엄한 모습 뒤에 숨어 있는 삶의 실체가 적나라하게 드러난다. 희극 속에서 웃음이 표방하는 것도 위대한 인간이 그토록 보잘것없으며 유치하기 그지없다는 사실을 드러내는 것이다. 우리가 그동안 비판 없이 받아들였던 것을 부정하고 모순이나 어리석음 같은 부정적인 것으로 치부했던 것을 긍정의 시각으로 바라보는 것 또한 웃음의 미학적 표현방식이다. 따라서 아리스토파네스가 제공하는 희극의 공간은 또한 서로 모순 관계에 있는 다양한 가치와 세계관이 공존하는 가상적인 삶의 본질에 접근하는 장치인 것이다.

프랑스 문학 비평가이자 철학자인 앙리 구이에Henri Gouhier(1898-1994)는 희극작가에 대한 견해를 다음과 같이 언급한다.

극작가는 희극의 첫째가는 배우이다. 작가는 창조자의 역할을 한다. 그와 더불어 시작하는 희극은 성스러운 희극 즉 신곡의 모방이다. 인물의 진정한 창조자들은 조물주의 환상을 얻기 위해서 자신을 숨긴다. 작가는 칸막이 객석에, 연출가는 무대 뒤에, 배우는 가면 아래로 각각 숨는다. 희극작가는 그들 자신이 스스로를 위해서 표현하는 것처럼 보이는 인물들을 통해서 자신의 주

---

9 정현경, 앞의 논문, 2009, p. 184.

장을 펼치며, 투쟁한다. 극예술의 본질은 이러한 은폐 속에 있다.[10]

위의 인용문에서 희극작가가 현실 세계를 모방하는 작품을 만들어 내기 위해서는 여러 예술을 결합하는 것이라 했다. 작가는 존재와 사물들이 실제로 존재하는 것은 작가의 존재를 잊어버리게 하는데, 마치 창조주처럼 사람들이 자신을 찾기를 요구한다는 것을 언급하며 희극작가를 최고의 창조자로 언급한다.

아리스토파네스는 계속되는 전쟁으로[11] 농민들을 파산시키고, 분별력을 잃어버린 선동 지도자들을 호되게 비판한다. 그는 작품 속에서 전쟁에 참가한 장군들은 피에 굶주리게 되었고, 빈민들은 지나치게 무모해졌으며, 그리고 무기 판매상들은 부자가 되었다[12]고 폭로한다. 그가 문제를 제기하는 과정에서 보여 주는 연극적 행동은 법과 윤리의 단계에서 벗어나 전쟁과 무단정치의 길로 나아가는 과정을 고발하고 있다. 아리스토파네스는 이러한 소재를 바탕으로 웃음을 자아내는 비판적 드라마로의 이행 과정을 보여 주는데, 이에 대한 설명은 다음과 같다.

---

10 앙리 구이에, 앞의 책, 1996, p. 208.
11 펠로폰네소스 전쟁 발발 이전의 가장 치열했던 전쟁은 페르시아 전쟁(Greco-Persian Wars, 기원전 490-기원전 448)이었다. 기원전 5세기까지 아테네가 그리스 예술의 중심에 있었지만 주요 강국은 아테네를 포함한 대부분의 도시국가 연합의 수장이었던 스파르타였다. 페르시아와의 전쟁은 그러한 질서를 무너뜨렸다. 강력한 제국을 건설한 페르시아는 유럽으로 진출하려 했지만, 아테네를 중심으로 한 그리스 연합은 기원전 490년 페르시아를 마라톤에서 격파, 기원전 480년과 479년에 페르시아 함대까지 격파하여 치명타를 가했다. 이후 기원전 477년 스파르타는 내부 문제로 전쟁에서 물러나고, 아테네가 지중해의 강국으로 부상한다. 오스카 G. 브로켓 & 프랭클린 힐디, 앞의 책, 2010, p. 38.
12 빅터 데이비스 헨더슨, 『고대 그리스 내전, 펠로폰네소스 전쟁(Peloponnesian War)』, 임웅 역, 서울: 가인비엘, 2009, p. 44.

기원전 5세기의 마지막 4분기 내내 디오니소스 극장 무대에서는 아리스토파네스의 웃음 벼락이 그치지 않았다. 풍자극은 제국주의적 민주주의가 빠져들고 있는 모순들을 가차 없이 고발했으며, 전쟁으로 인한 참화, 민중들의 비참함을 주요 주제로 다루었다. 그리고 거짓말을 일삼거나 남의 이득을 가로채거나 강도질을 업으로 삼는 궤변가들, 허영심 많고 어리석은 장군, 궤변과 아첨으로 찌들 대로 찌든 최고 주권자 민중들의 바보짓 등에 주저 없이 지탄을 보냈다. 풍자극은 또 신교육의 폐해를 백일하에 드러냈으며, 팔짱 낀 무심한 민중들에게 세 치 혀가 맹목적으로 군림하는 파렴치한 상황에서도 일갈을 가했다. 이런 이야기들로 극장에는 웃음이 그치지 않았으며, 하늘 아래 펼쳐진 노천 무대에서는 곡예사들의 재주넘기가 한창이었다.[13]

위 인용문은 기원전 5세기의 아리스토파네스 희극이 얼마나 많은 정치적 풍자를 통하여 관객들을 정신적 억압에서 해방시켰는지에 대해 한마디로 설명하는 좋은 예이다. 순順웃음이 우리의 자연스러운 몸짓, 사랑의 몸짓과 더불어 만개하는 생리적인 웃음, 기쁨으로 충만한 서정적인 웃음이라고 한다면, 아리스토파네스 희극에서 발생되는 웃음, 풍자적 웃음은 역逆웃음이라고 할 수 있다.[14] 아리스토파네스가 보여 주는 역웃음은 펠로폰네소스 전쟁 기간 동안 겉으로 포장된 통솔력과 지도력을 호되게 비판한다. 그 비판의 대상자는 선동정치가 클레온을 비롯한 전쟁을 주장하는 세력들이다.

아테네가 생존을 위해서 싸우고 있을 때 아리스토파네스는 현실 비판에 대한 연극적 행동을 쉬지 않고 제기하였고, 아테네인들은 전쟁에 찬성하

---

13 앙드레 보나르, 앞의 책, 2011, pp. 351-352.
14 같은 책, p. 351.

제3장 아리스토파네스 희극의 형태 및 구조 **127**

든지 반대하든지 상관없이 모두 극장으로 모여들었다. 자유 시민이 자기 마음대로 말할 권리는 아테네의 삶에서 필수적인 것이었다.[15] 희극경연이 국가의 행사로서 민주화가 진행되는 가운데 희극 특유의 무례한 대목이나 심한 정치 비판, 개인 공격도 민주정치에서는 당연히 인정해야 할 자유의 하나라는 사고방식이 확립된 것으로 보인다. 즉 무대극에 한정된 위선적 권력에 대한 비판은 작가 개인의 견지가 아닌 공동체를 대변하는 적극적 대응이었다.

아리스토파네스는 아테네가 번영을 구가하던 때의 전통적 체제와 질서, 가치관 등을 옹호하는 입장을 견지하며, 오래된 체제를 위협하는 전쟁, 소크라테스로 대변되는 신학문 등을 배격하는 정치적 의도를 그의 극*들에 고정시켰다.[16] 아리스토파네스 희극 전편에 대한 영문 번역을 시도한 제프리 핸더슨은 고대 그리스 희극시인들의 주장에 대하여 "당대의 중요하고, 불화를 일으키는 문제에 대해 격렬하게 논쟁을 벌였고, 그들이 옹호하거나 고발하는 입장들은 실질적인 이익 공동체의 입장이었다"[17]라고 밝힌다. 이는 희극을 통해 사회에 대한 책무를 수행하고자 하는 그의 작가적 세계관을 드러낸 셈이다. 아리스토파네스를 비롯한 희극시인들이 주목하는 것은 정치문제의 변화에 있다.

아리스토파네스는 희극이라는 연극적 행동으로 위선적인 권력과 당시 민중의 사회문제를 신랄하게 풍자했다. 아리스토파네스가 제기한 사회 비판의

---

15 이디스 해밀턴, 앞의 책, 2009, pp. 40-41.
16 김해룡, 「〈구름〉에 드러난 아리스토파네스의 反지성·反소피즘」, 『고전르네상스영문학』 14, 한국중세근세영문학회, 2005, p. 213.
17 이효원, 「아리스토파네스 희극의 국내 재구성 공연 연구」, 동국대학교 석사학위논문, 2017, p. 78.

연극적 행동들은 현실 인식이 부족한 기득권 세력들에게 아테네 공동체 안에서 벌였던 기존의 정치적 행위들은 공격적 풍자와 현실 비판의 신랄함으로 지적하는 도발적인 행동이었다. 아리스토파네스는 문제의식을 극적 행위로 제기하고자 관객들을 끌어들였을 것이다.[18]

위의 인용에서 도발적인 행동이라는 여론이 있는데, 아리스토파네스의 초기작품은 인신공격으로 가득 차 있다. 「구름」만 보더라도 소크라테스 개인에 대한 인신공격 일색이다. 아리스토파네스의 견해에 따르면 클레온이 민중 선동가의 대명사이듯 소크라테스도 소피스트의 대명사에 불과하다. 「구름」이나 「기사들」은 또한 단순한 인신공격이라기보다 보기에는 너무나 뚜렷한 플롯을 가지고 있는, 현실 사회에 대한 세밀한 묘사에 해당된다. 연극에 있어서 표현의 일차적 매체는 행동이며, 소리언어로 소통된다. 이는 문학적 측면을 강조하는 문자언어보다 소리와 몸짓의 측면을 강조하는 소리언어와 행동언어의 전달이 사람들에게 쉽게 접근할 수 있음을 뜻하는 것이다. 그의 희극은 지나치다 싶을 정도의 연극적 행동으로 현존하는 사회적·정치적 존재를 다른 존재에게, 현실이 처해 있는 세계를 확연하게 드러내 보인다. 이런 행동은 소리와 행동이 주축이 되는 극적 움직임을 현실의 메시지와 연결시키려는 의도를 내포하고 있다.

아리스토파네스의 작품 세계를 살펴보면, 다른 연구자들의 문헌 등에서 짐작할 수 있는 바대로 외설스러운 듯한 모양으로, 대사에 넘쳐흐르는 음담패설과 노골적인 표현을 그대로 시각적으로 호소하는 가면의상假面衣裳이 사용되고 있다. 아리스토파네스 희극의 구성은 기발하고 풍자적인 에피소드를 하나의 주제 안에 연극적 행동을 채택하고, 통쾌한 웃음을 섞으면

---

18 류재국, 앞의 논문, 2017, p. 86.

서도 일관된 자기의 주장을 잊지 않는다.

아리스토파네스가 추구했던 희극과 현대의 소극 개념의 희극은 분명히 다르다. 희극은 웃음의 산물이며, 웃음은 사회적·공동체적 현실의 산물이다. 웃음은 양가적이다. 오성으로 파악되지 않는 모순적인 것을 처음 접하게 되면 우리는 당황하지만 이내 유쾌하게 웃음을 터뜨린다. 그것은 이런 부조리함이 우리를 위협하거나 해를 입히지 않는다는 사실을 깨달았기 때문이다. 오히려 희극적인 것을 통해 우리는 모든 것을 강제로 한 개념에 편입시켜야 한다는 억압과 긴장으로부터 해방된다. 이것은 곧 사물을 분류하고 개념화하기 위해 늘 긴장하고 있던 정신이 잠깐 숨을 돌리는 것과도 같다.[19]

아리스토파네스 희극은 웃음의 사회적인 역할이라는 유용한 역할과 공동생활의 어떤 요구에 대응하는 현실적 문제해결의 특성을 지니고 있다. 아리스토파네스로 대표되는 고대 그리스 희극은 정치극 또는 정치풍자극으로 불리면서 자유로운 발언에 기초하는 민주주의와 깊은 관계를 맺으며 아테네 시민들의 의사결정에 영향을 미치게 된다. 고대 그리스 당대의 희극 공연 횟수나 사회적 영향력은 오히려 비극을 능가하는 수준이었다. 희극은 비극 이상으로 고대 그리스 사회, 문화, 정치의 핵심적 논장으로서 희극예술의 독자적인 기능을 주장하기보다는 시민들의 알 권리에 해당하는 정서적 맥락의 지향점에 비추어 시민의식의 유용성을 표현하였던 미학적 산물로 볼 수 있다.

아리스토파네스가 그의 작품에서 제기한 미학적 문제는 윤리의 문제다. 윤리적 문제는 실천철학에 관한 문제로 귀결된다. 그의 작품 속에 드러나는 윤리적 주제들은 비판과 조롱의 과격함, 종교적 문제에 대한 신랄함,

---

19 정현경, 앞의 논문, 2009, p. 185; pp. 50-51.

다른 고대 문학작품에 볼 수 없는 외설성 등을 통하여 일반적 논의 속으로 관객들을 끌어들였다. '문제화'란 현실에 대한 올바른 인식 능력이 떨어지는 정치인들을 대상으로 한 공격적 형태의 현실 비판 및 풍자를 말한다. 이를 토대로 아테네 공공체 내의 정상과 비정상을 구분하는 풍토에 대한 한계를 지적하였고 타자 책임을 통해서만 해답을 찾고자 했던 기존의 연극적 논의들을 지적했다. 아리스토파네스 희극의 철학에는 부조리^{absurdity}를 포착하는 감식력과 예리함이 있다. 그리고 풍자와 패러디, 환상적인 과장과 결합된다. 정치, 경제, 문학, 철학, 수사학, 논리학 등 당대의 모든 삶의 영역이 비판의 대상이 되었다. 그의 희극은 비극과 달리 신분이 높은 자와 낮은 자, 신과 인간, 인간과 동물, 환상적인 것과 일상적인 것, 비유적인 것과 구체적인 경험을 제한 없이 뒤섞는 자유분방함은 극의 외부에 존재하는 폴리스 아테네의 전통 및 민주주의와도 긴밀하게 연관되어 있다.

아울러 아리스토파네스 희극은 삶과도 긴밀하게 연결이 되어 있다. 당시의 삶에 대한 논쟁은 곧 철학이며, 삶에 대한 반성과 성찰이 곧 공동체의 사회적 일치로도 보인다. 이러한 관점에서 보면 아리스토파네스 희극의 생명은 그 정신적 기반이 폴리스 공동체 사회가 추구하는 사고와 밀접하게 연관되어 있다. 희극적 문제를 통한 현실의 극복 방식은 단선적인 결론의 제시를 떠나 하나의 삶에 대한 철학적 질문을 제공한다. 삶에 대한 질문은 어떻게 정의롭게 살아야 하는가를 돌아보는 철학적 사유로서 관객의 시선을 스스로에게 향하게 해 자신을 돌아보게 했으며, 공동체와 자신의 관계를 반추하도록 돕는 철학적 질문에 해당한다. 아리스토파네스는 이러한 철학적 주제의 유일한 처치는 희극적인 것만이 가능하다고 믿었다. 바꾸어 말하면, 정의로운 것들에 대한 비희극적인 가르침은 과시로 끝날 수 있는 위험이 도사리고 있다. 거기에 작가는 아테네 사람들에게 최선의 것을 희극적으로 풍자하여 행복하게 이끌어 가는 것이다. 어떤 의미에서는 희극이 사회통합을 위한 이상을 드러내거나 작가의 주장을 드러냄으로써 연극적 행동이 정치적 행동의 유형으로 비춰질 수 있는 것에 유념해야 한다. 아리스토파네스를 대표로 하는 고대 희극은 비극과 함께 아테네 시민들에게 관조와 사색의 시간이자, 일반적인 정치와 윤리적 문제의 성찰을 위한 광장의 공간, 사회적 책임에서 어느 정도는 자유로운 정치 행위의 논변 역할에 기여했던 것이다.

그러나 웃음의 미학에 대한 논의에서 고대 그리스 희극은 비극보다 상대적으로 훨씬 낮게 평가되는 경향이 있다. 그 주된 이유 가운데 하나는 아마도 두 예술 장르가 지닌 본질적인 차이에서 기인하는 것이다. 비극은 아리스토텔레스가 말했듯이[20] '보통 이상의 선인이거나 우리들 이상의 악인'을 모방의 대상으로 삼는 데 비해, 희극은 '보통 이하의 악인'을 모방의 대상으로 삼는다. 베르그송이 그의 저서 『웃음』에서 강조했듯이 비극과 희극은 제목부터가 확연하게 다르다. 비극의 「오이디푸스왕」, 「안티고네」, 「아가멤논」, 등에 비해 희극의 「구름」, 「새들」, 「말벌」, 「개구리」 등의 제목에서부터 밀리는 무게를 서로 비교해 볼 생각을 품을 수 없었을 것이다. 희극의 현실 연관성과 특성을 통해 아리스토파네스를 위시한 당대 희극시인의 존재 가치를 느낄 수 있다. 하지만 고대 희극은 아테네가 몰락한 후 비극이나 정치, 사회적인 것을 피하여 일상적 재치극이나 소극으로 발전하게 된다.

2. 현실 인식을 개진하는 본질적 사고

연극은 고대 그리스 시대부터 새로운 정신을 개진하는 도구로 사용되

---

20 김해룡, 앞의 논문, 2004, p. 211.

었다. 연극은 유일하게 공권력으로부터 허가받은 집회였다.[21] 온갖 예술의 총합인 연극은 조화로움 그 자체이다. 연극은 고대 서양문명에서 정신활동의 주축으로서 오랜 역사적 전통을 지닌다. 연극이 정신활동의 주축이 되었던 이유 중에서도 가장 핵심적인 것은 연극의 본성 자체에 투쟁의 원리가 새겨져 있기 때문이다.[22] 연극적 행동은 지속적인 삶에 대한 소통의 문제이다. 소통의 문제들은 연극이 이루어 내고자 하는 투쟁의 효과에 연극적 의지를 통해 무대 위에서 적절하게 펼쳐진다. 그리스인은 연극을 예술로 따로 분류하지 않았다. 즉 연극을 사회, 정치, 생활과 분리된 것으로 보지 않았다. 기원전 5세기 아테네에서의 연극은 신성한 행위였으며, 디오니소스를 찬양하는 주신찬가를 위한 오락이었다. 아테네 시민들에게서 연극 관람은 민주시민의 권리이자 책임으로써 많은 하루 내내 공연되는 연극, 즉 비극과 희극을 보려고 극장에 줄을 섰다. 그리스 극장은 아테네의 민중이 연대감을 공고히 다지는 공간이었다. 맨 앞줄에는 전사자의 아들이 있었다. 아버지를 잃은 젊은이들은 아테네 당국이 후원한 갑옷을 입고 공연이 시작되기 전에 극장을 행진했다. 행진이 끝나면 전쟁고아들은 한 사람씩 아테네를 수호하겠다고 굳게 맹세했다. 또한 아테네 동맹국

---

[21] 고대 그리스의 연극은 많은 사람들에게 영향을 미치는 예술형식이다. 아테네 민주정치 시대는 연극의 정치성을 십분 활용하여 대중의 계몽과 선동을 위한 목적으로 이용하였다. 연극이 공연 전에 엄격한 심사를 받아야 했던 것은 연극이 그만큼 공공적인 성격을 갖고 있기 때문으로 해석된다. 반면 정치가 제대로 기능하지 않을 때에는 스캔들을 일으킨다. 그래서 연극의 스캔들은 일종의 연극적 고발이다. 한국연극에서 가장 과격한 고발연극은 60년대의 기록극이다. 기록극은 은폐되고 왜곡된 동시대의 정치사회 문제를 연극으로 논쟁화시킨다. 기록극은 객관성을 담보하기 위해 실제 역사적 문서, 편지, 인터뷰 등 역사적 사실을 근거로 만들어진다. 이상복, 『연극과 정치: 탈정치시대의 독일연극』, 서울: 연극과 인간, 2013, pp. 60-61.

[22] 앙리 구이에, 앞의 책, 1996, p. 91.

의 조공을 디오니소스 축제 개막식에 모인 아테네 군중 앞에 공개했다. 매년 3월이면 공개되는 아테네의 조공 소득은 볼만한 구경거리였다. 아테네 연극은 무엇보다 철저하게 인간존재를 극단까지 분석했고, 인간의 결점을 탐구했다. 하지만 이 모든 것을 활기차고 유쾌한 분위기로 포장했다. 아테네인들은 연극에서 세상을 배웠고 세계관을 키웠으며 폴리스를 사랑하는 법을 배웠다. 연극은 아테네의 오만한 야망과 파벌, 성공한 사람들을 자주 비판하긴 했지만, 연극 속에 그려진 아테네는 어쨌거나 고매하고 공정한 국가였다. 또한 그리스의 악당인 코린토스와 스파르타, 테베와는 극명한 대조를 이루었다.[23]

연극은 아테네 민주주의자에게 삶의 기본이었으며, 민주주의라는 사회·정치적 존재 방식을 탐구하는 수단이었다.[24] 고대 그리스 연극은 공동체 전체가 참여하는 시민 생활의 일부였다. 아테네 시민들은 연극 공연을 최고로 중요하게 여겼으며, 그 중요성은 거의 종교에 필적할 정도였다. 공동체 활동 중에서 전쟁이 벌어지는 와중이 아니라면 연극을 공연하고 관람하는 일보다 더 중요한 일은 없었다. 축제를 중심으로 한 그리스 연극은 오늘날의 선택된 소수를 위한 축제가 아닌 전 공동체가 고유한 역동적이고 활기찬 체험들을 함께 나누기 위한 것이었으며, 용기와 솔직함과 열정을 가지고 인간의 가장 근본적인 문제들을 탐색하려 애썼다. 극장은 원형적인 전설이나 신화들에 관한 이야기 재료들이 제의적이고 상징화된 형태들과 인간의 숙명에 관한[25] 결정적인 통제자로서의 현실에 대한 선명한

---

23 베터니 휴즈, 『아테네의 변명: 소크라테스를 죽인 아테네의 불편한 진실(The Hemlock Cup: Socrates, Athens and the Search for the Good Life)』, 강경이 역, 고양: 옥당, 2012, p. 347.

24 같은 책, p. 345.

25 고전·르네쌍스드라마 한국학회, 『그리스·로마극의 세계2』, 서울: 동인, 2001, pp. 12-13.

인식 등과 함께 국가와 사회를 개혁하는 연극적 행동을 가진 공간으로 공존한다.

새로운 진리를 제공하는 교정의 기능을 연극적 차원에서 고려한 연극의 사회적·정치적 행동을 주장한 논의들을 살펴보자. 플라톤은 세계를 감각적으로 경험하는 현실의 세계와 불멸의 진리가 존재하는 '이데아idea'의 세계로 구분된다. 인간의 영혼은 본래 순수한 이데아의 세계에서 살았지만, 현실의 세계에 태어나면서 그 영혼이 육체에 갇히게 되어 이전의 이데아를 망각하게 된다. 따라서 우리는 감각적으로 주어진 사실에 만족하지 말고 그것을 넘어선 절대불변의 진리, 즉 이데아를 상기해야 한다는 것이다. 이러한 플라톤의 형이상학적 '관념론idealism'은 사실적인 모방을 최악의 예술적 표현으로 규정한다. 왜냐하면 예술가는 현상을 모방하고, 현상은 이데아의 모방이기에 사실적 모방은 진실idea로부터 세 번이나 멀어졌다는 것이다. 사실적인 모방에 그치는 연극은 플라톤에게 현실의 표피적인 외양을 반영하는 것에 지나지 않기 때문이다. 그는 "비극시인도 모방자인 이상 진실로부터 세 번이나 멀어졌다"라고 서슴없이 주장한다.[26]

아리스토텔레스는 연극에서 일어난 일은 "실제가 아닌 허구의 세계를 다루며, 일어난 일보다 일어날 수 있는 일을 '개연성과 필연성의 법칙the law

---

[26] 플라톤이 사회에서 추방하려고 했던 것은 다름 아닌 사실주의 예술가였다. 그에게 진정한 예술이란 감각적으로 파악할 수 없는 비가시적 진실 혹은 비가시적 세계(unseen world)를 모방하는 것으로, 이는 '원본의 재생(reproduction of the orignal)'에 해당된다. 감각적 사물의 배후에 존재하는 보이지 않는 본질, 즉 이데아에 대한 플라톤의 인식은 이처럼 사실적 모방을 배척하고 탈사실주의적(관념론) 예술을 모방하게 된다. 그에게 예술은 있는 그대로의 세상을 묘사할 필요가 없고, 덕(virtue)의 이데아 같은 비가시적 진실을 추구해야 하는 것이다. 사실주의자들이 신봉하는 '자연에 거울을 들어(holding up a mirror to nature)' 들여다본 객관적 현실은 플라톤에게는 한낱 비본질적인 그림자의 세계에 지나지 않는다. 김용수, 앞의 책, 2002, pp. 23-25.

of probability and necessity'에 의해 따른다"라고 했다. 그렇기에 개연성과 필연성의 법칙은 현실 세계에서 진실을 추구하는 방식이 아니다. 그것은 연극의 사건들이 논리적으로 전개되는 '내적 일관성'에 따른 진실이다. 인물의 성격에 따라서 사건들이 필연적으로 그럴듯하게 전개되었을 때 '시적 진실poetic truch' 혹은 허구적 진실이 성립되는 것이다. 아리스토텔레스는 '허구적 진실'과 '경험적 진실empirical'을 구분하여, 경험적 진실의 관점에서 허구적 진실을 판단하는 것을 거부하였다.[27] 아리스토텔레스에게 연극의 진실은 허구적 진실에 있으며, 이것은 윤리적 혹은 정치적 철학처럼 높은 수준의 지적 사유를 내포하고 있다. 이처럼 허구적 진실의 가치를 인정하는 것은 곧 연극을 진지한 놀이play로 보는 태도다. 배우나 관객들은 연극의 놀이에 진지한 태도로 참여하여 일상생활에서 얻을 수 없는 지혜를 깨닫는 것이다. 여기서 고대 그리스인들의 허구적 진실에 대한 사고가 나타난다.

사물을 전체적으로 보려 하는 본능은 그리스인의 건강한 삶의 본질적 근원이다. 그리스인의 사고의 특징은 도덕적, 종교적, 사회적 문제들에 대한 고심이었다. 물리적 우주에 대한 사색 역시 우주가 어떻게 작동하는지에 대해서가 아니라 우주가 어떻게 존재하게 되었는가 하는 쓸데없는 문제를 중심으로 다루었다.[28] 현대의 고대 그리스 역사가들이 기원전 5세기와 4세기의 고전 시대를 논의할 때면, 단연 아테네의 지배가 두각을 나타낸다. 특히 기원전 5세기에 아테네의 권위는 절정[29]에 달했다. 기원전

---

27 같은 책, p. 39.

28 H. D. F. 키토, 『고대 그리스, 그리스인들(The Greeks)』, 박재욱 역, 서울: 갈라파고스, 2008, pp. 266-268.

29 아테네인은 글로스터서(Gloucestershire)보다 약간 작은 아티케 지역을 차지했고, 전성기에는 브리스톨에 약간 못 미치는 인구수를 가졌다. 이 정도 크기의 국가가 두 세기 반 만에 정

5세기 중반에 아테네가 이룩한 번영과 문화적 성취가 너무나 두드러졌기 때문에 아테네 역사에서 이 시기를 황금시대라고 부른다. 다른 도시국가들보다는 아테네 쪽에서 나오는 잔존 증거가 더 많고, 현대 역사가들의 관심이 아테네 쪽에 집중되어 있기 때문에 이 시기의 아테네 역사는 곧 그리스의 역사와 동일시되는 경향으로 해석할 수 있다.[30] 주지하다시피 기원전 431년, 펠로폰네소스 전쟁이 일어났다. 27년에 걸쳐 그리스 본토를 거의 양쪽으로 갈라 놓은 이 대전쟁은 그리스 희극의 발자취에 중대한 의미를 갖고 있다. 이 시기는 아테네 공동체에 정체성과 불공정한 현실의 문제에 관련한 갈등이 그리스 전체에 확산되기 시작하였으며, 불공정하고 비정상적인 것에 대한 비판과 폭로를 시도한 아리스토파네스 희극의 문제의식이 철학적 성향으로 발아되는 시기이다.

고대 그리스의 민중들은 전쟁이 한창일 때에도 극장에서 아리스토파네스의 반전극에 갈채를 보냈다. 극의 소재는 연극 축제에 참여한 시민들의 공동 경험과 지식(인식론)에 근거했다. 아울러 시민들의 함께하기와 자유로운 표현은 무대와 객석 사이의 벽을 허물었다. 특히 무대와 객석을 허물고 진행된 공연에서 당시의 관객은 수용자이자 동시에 생산자였다.[31] 아

치인으로는 솔론, 페이시스트라토스, 테미스토클레스, 아리스테이데스, 페리클레스를, 극작가로는 아이스킬로스, 소포클레스, 에우리피데스, 아리스토파네스, 메난드로스를, 가장 인상적인 역사가 투키디데스를, 가장 인상적인 연설가 데모스테네스를, 아크로폴리스의 건설자 므네시클레스와 이크티노스를, 조각가 페이디아스와 프락시텔레스를, 최고의 해군 제독 포르미온을, 그리고 소크라테스와 플라톤을 낳았다. 단순히 재능만 가진 사람들은 포함하지 않고도 이 정도 명단이 나온다. 그 시기 동안에 아테네는 플라타이아의 원군 1,000명의 도움만으로 마라톤에서 페르시아를 물리쳤다. 더욱 결정적인 승리를 거둔 살라미스에서는 다른 그리스인들 전부보다 더 큰 역할을 했다. 그리고 역사상 유일한 진정한 그리스 제국을 건설했다. 같은 책, pp. 146-147.

30 토머스 R. 마틴, 앞의 책, 2004, p. 201.

31 소크라테스는 아리스토파네스의 희극 공연을 자주 관람하였고 무대에서 소크라테스의 가

리스토파네스는 연극이 현명한 조언을 제공하여 관객들로 하여금 보다 가치있는 시민이 되도록 할 수 있다고 믿었다. 연극의 수용자 입장에서 연극 경험의 핵심은 카타르시스라는 관객 개인의 정서적 체험에 있다고 아리스토텔레스는 밝혔다.[32] 당시의 관객들에게 있어서 연극적 경험은 결코 제의가 아닌 사회적 현상[33]이었던 것이다.

고대 그리스 희극에서 개인 풍자를 크게 혼합한 경우는 오히려 희극적 웃음의 주성분이 타인의 좌절에 의해 제공된 악의적 쾌감이라는 견해를 시사했을 것이다. 실제로 플라톤은 『필레보스』에서 희극에 의해 자극된 감정에 관해 제시한 정교한 분석을 통해 희극적인 웃음의 의미에 대하여 말한다. 웃음은 자신을 알지 못하는 우스꽝스러움을 의미한다. 그는 우스꽝스러움의 쾌감이 다른 사람의 비정상적인 행동을 보는 일로부터 솟아

면을 쓴 배우와 객석의 소크라테스가 소통을 하기도 했으며, 관객들은 현실과 재현의 교차에서 웃음을 통한 정치적 풍자와 정치 참여를 경험하였다. 홍은숙, 「그리스 희극에 나타난 포스트휴머니즘 전망: 리시스트라테와 민회의 여인들에 나타난 집단지능」, 『인문연구』 93, 영남대학교 인문과학연구소, 2020, p. 121.

32 김용수, 앞의 책, 2002, pp. 558-559.

33 고전기 그리스의 연극은 완전히 새로운 창조가 아니라 오히려 르네상스였다. 다만 매우 다른 상황 속에서 일어난, 그리고 매우 다른 성향을 가진 르네상스였다. 고전기 초기의 예술에 무언가가 더해졌는데, 그것은 바로 인간에 대한 관심으로, 그리스 사상의 지배적인 성격으로 진지하게 드러나고 있다. 가장 포괄적인 의미로 그리스 예술의 위대성은 상반되는 두 가지 원칙을 완벽하게 조화시킨다는 점이다. 그리스 예술은 제어력과 명료성과 근본적인 진지함이 있으면서, 동시에 휘황찬란함과 상상력과 열정이 넘친다. 고전기의 그리스의 모든 예술은 놀라울 만큼 지적이다. 그것은 논리와 구조적 확실성에서 분명히 드러난다. 이러한 지성주의적인 예술을 무미건조할 것이라 예상할 수도 있다. 그러나 그리스 예술은 파르테논 신전이든, 아이스킬로스의 희곡이든, 플라톤의 대화든, 토기 조각이든, 그 위의 그림이든, 혹은 투키디데스의 난해한 분석적 문장이든, 모두가 지성주의적인 성격을 띠면서도 강력한 힘과 열정을 지녔다. 더군다나 이 힘과 열정은 지성에 의해 잘 통제되기 때문에 더욱 압도적이다. H. D. F. 키토, 앞의 책, 2008, pp. 37-38.

난다고 말한다.[34] 하지만 이 행동은 남에게 해를 줄 수 없는 일종의 자기 무지이다. 일정한 악의가 여기에서 희극적 즐거움의 본질에 속한다는 웃음의 의미를 부여하고 있다.

아리스토텔레스는 『창작술』에서 내린 정의에서 플라톤이 수행했던 것보다 한 걸음 더 나아간 분석을 보여 준다.

> 우스운 것to geloion은 고통을 주거나 파멸시키지 않는 일종의 실수 또는 추함이다. 가까운 예를 들자면, 희극의 가면은 추하고 뒤틀렸지만, 고통을 주지 않는다. 웃음의 대상에게 또는 공감적으로 웃음의 주체에게, 고통을 주거나 파멸시키지 않는다.[35]

아리스토텔레스의 웃음에 대한 사고와 더불어 고대 그리스 희극은 폴리스의 정치제도와 현실 정치를 비판하고, 소통하는 아테네 '공동체 문화 culture of community'의 학습장으로서 역할을 수행하였다. 그 역할은 웃음의 대상에게 고통이나 파멸을 주지 않으면서 수행하는 것이다. 이처럼 아리스토파네스가 주도했던 희극은 아테네에서 강조되었던 공동체 정신과 더불어 모든 가치의 출발과 목적을 사람 자체에 두고 있다. 이러한 근거는 고대 그리스 희극의 비판적 사고가 서양사상의 거대한 축을 이루고 있었다는 것으로, 여러 문헌에서 논의되고 있다. 하지만 정치적·사회적 혼란으로 인한 당시의 상황들을 아리스토파네스 희극 11편에 나타나는 현실로 비추어 당대의 상황을 평가하는 점에서는 세심한 논의가 필요하다.

당시의 희극시인들도 희극이라는 것 자체가 민주적인 문학 장르임에도

---

34 류종영, 앞의 책, 2008, p. 67.
35 사무엘 헨리 부처, 앞의 책, 2014, pp. 300-301 참조.

불구하고 반동적인 성향을 띠고 있다고 생각하였다. 민주제에 반대한 아리스토파네스 같은 시인이 줄곧 일등 상을 획득했을 뿐 아니라 일반 관중으로부터도 엄청난 인기를 얻고 있었다는 사실이야말로 당시 아테네의 상황을 가장 단적으로 말해 주고 있다.[36] 아리스토파네스는 그의 희극 「개구리」에서 당시 그리스 사회의 보수적 가치관을 대변하는 아이스킬로스의 종교적이고 애국적인 사고방식의 숭고함을 찬미하는 입장에 있으면서도 새로운 철학의 영향을 받으며 회의적이고 비판적인 사고방식을 견지하였다. 그는 당시 그리스인들의 삶에 심어 주려 했던 에우리피데스의 진보적이고 계몽적인 성향을 비판하면서, 철학사에 있어서 처음으로 도덕적이고 교육적인 기준을 시의 가치에 대한 평가의 원칙으로 정립시켰다. 이와 같은 아리스토파네스에게서 발견되는 시의 교육적 영향력에 대한 문제의식은 플라톤에게도 이어져 이상국가의 수립을 위한 그 자신의 고유한 성찰 속에서 그에게 특유한 방식으로 시에 대한 비판적 논의로 구체화되었다.[37]

니체의 『비극의 탄생』에서 비극작가의 평가를 언급한다. 「개구리」에서 에우리피데스는, 자신의 민간요법으로 비극예술을 과도한 비만증에서 구했다는 것을 자신의 업적으로 평가한 것은 그의 비극의 다른 주인공들에게서도 엿볼 수 있다. 실제로 관객들은 에우리피데스의 무대 위에서 자신

---

36 이러한 보수적 경향이 자연주의에의 진전을 지체시키기는 했지만, 전면적으로 막지는 못했다. 그리고 아리스토파네스가 에우리피데스의 비극을 두고, 그것이 옛날부터 내려오는 귀족적 생활 이상을 모독하고 있으며, 고래 예술의 이상주의를 훼손하고 있다고 한꺼번에 비난하고 있는 것을 보아도 당시의 사람들이 한편으로는 진보적 정치와 자연주의의 연관성을, 다른 한편으로는 엄격한 형식존중과 보수주의의 관계를 얼마나 필연적인 것으로 느끼고 있는가를 알 수 있다. 아놀드 하우저, 앞의 책, 2013, pp. 119-120.
37 미학대계간행회, 앞의 책, 2007a, p. 20.

의 분신을 보았고 그의 말을 들었으며 그의 답변에 기뻐했다. 사람들은 에우리피데스에게 말하는 법을 배웠고, 그 스스로도 아이스킬로스와의 시합에서 이 점을 자랑하고 있다. 또한 자기 덕분에 이제 백성들이 예술적 안목으로 그리고 빈틈없는 소피스트 논법으로 관찰하고 변론하고 추론하는 법을 배웠다는 것이다. 그는 이러한 공용어의 급격한 변화를 통해 새로운 희극을 가능하게 했던 것이다.[38] 비극정신과 비극사상을 정립한 니체는, "비극을 선구자이고, 장인으로 숭배하는 새로운 예술 장르가 꽃피었을 때 인식할 수 있었던 것은 오랜 생존 투쟁에서 그 모습을 그대로 지니고 있다는 사실이다." 비극의 이런 생존 투쟁을 선도했던 사람이 마지막 비극시인 에우리피데스였다. 이 예술 장르는 새로운 아티케 희극으로 알려져 있다. 그런데 이 희극 속에서는 비극이 왜곡된 형태로 생존을 이어가고 있다. 너무나 힘겹고 폭력적이던 비극의 죽음에 대한 기념비로 말이다.[39] 여기서 에우리피데스에 대한 평가와 더불어 희극드라마에 대한 아리스토파네스의 세계관이 나타난다.

아리스토파네스는 비극시인 에우리피데스를 소피스트들과 소크라테스 중간에 위치시키는 것으로 묘사한다. 왜냐하면 도덕을 설명하는 그의 입방아라는 것이 모두 철학적, 계몽적 특징을 가지고 있기 때문이다. 그의 만족할 줄 모르는 비판 정신이 신들, 삶의 의미, 전승하는 가치들에 대한 전래의 신앙을 파괴하고 니힐리스틱nihilstic한 기조를 초래하고 있다. 아리스토파네스는 마라톤 전투에서 싸웠던 용감한 옛날 시민들의 덕만을 승인한다. 그 시민의 덕만을 위해서, 그는 에우리피데스를 그릇되게 묘사하고 있다. 또한 아리스토파

---

38 프리드리히 니체, 앞의 책, 2005, p. 91.
39 같은 책, pp. 89-90.

네스는 아이스킬로스의 모습을 위풍당당하게 그려 내고 있지만, 그것도 그의 목적에 부합하도록 단순히 야인적이고, 웅장하고, 꾸밈없는 전사이고, 시인에 지나지 않는 것으로서 약간은 조야하게 단순화시키고 있다.[40]

아리스토파네스는 진보적[41] 비극작가 에우리피데스를 신화적 비극의 타락적 인물로 보고 희극적 수단으로 이용하게 된다. 아리스토파네스가 이끌어 내고자 했던 희극적 수단은 희극적 효과를 전제로 한 것이며, 한 사회의 습속이나 관념을 연극적 언어로 연관 짓는다. 관객들은 부패 지식인을 대변하는 소피스트들의 익살스럽게 묘사된 풍자에서 정상적인 인간 활동과는 무관한 유별난 상황을 바라보며 즐거워한다. 그래서 관념들

---

40 브루노 스넬, 『정신의 발견: 서구적 사유의 그리스적 기원(*Die Entdeckung des Geistes, Studien zur Entstehung des europaischen Denkens bie den Griechen*)』, 김재홍 역, 서울: 까치, 1994, pp. 220-222 참조.

41 아놀드 하우저는 에우리피데스(Euripides, 기원전 484-기원전 406)를 고대 그리스 비극시인들 중에서 완전히 근대적인 느낌을 주는 작가라고 소개한다. 그를 사회적으로도 소피스트 운동이 낳은 인간형이라고 구분한다. 하우저에 의하면, "에우리피데스는 철학자이고, 민주주의자요 민중의 벗이었으며, 정치가 겸 사회개혁론자로서 어떤 계급에도 속하지 않는 뿌리 뽑힌 존재였다"라고 표현한다. 고대 그리스 연극에서 소피스트 철학 사고방식의 가장 포괄적이고 중요한 예술적인 표현은 그리스 계몽사조가 낳은 유일한 시인 에우리피데스의 작품으로 소개하고 있다. 에우리피데스에게 신화적인 소재란 당시의 철학이 직면하고 있던 가장 절실한 문제나 시민 생활과 가장 관계가 깊은 문제 등을 논하기 위한 구실에 지나지 않았다. 그는 남녀관계, 결혼문제, 부인문제, 노예문제 등을 아주 솔직하고 거침없이 다루었고 「메데이아(Medeia)」는 가정 드라마를 방불케 하는 것이 되었다. 남편에게 반항하는 메데이아는 종전의 비극에 나오던 여주인공들보다는 오히려 헵벨(F. Hebbel)이나 입센(H. Ibsen)의 극에 등장하는 여성에 가깝다고까지 생각될 정도이다. 전쟁에 나가 혁혁한 공훈을 세우는 것보다 아이를 낳는 편이 더 용기가 필요한 일이라 서슴지 않고 내뱉는 여성은 이제까지의 비극의 여주인공들과는 너무나 동떨어진 존재로 인식되기 시작한다. 이는 기존의 고대 서사에서 영웅적인 세계관에 대한 회의주의적 운명관과 신들이 하는 일에 대한 부정적인 판단은 고대 비극의 해체가 임박했다는 사실을 에우리피데스를 통하여 알 수 있다는 것이다. 아놀드 하우저, 앞의 책, 2013, pp. 134-137 참조.

속에서 인정된 하나의 추상적 관계로 평가 내린다. 희극은 우스꽝스러운 것과 관련해서는 저속함의 일종으로 평가된다. 이같이 우스꽝스러운 것은 저속한 듯 묘사되지만, 남에게 고통이나 해를 끼치지 않는 일종의 실수 또는 기형이다. 당시 아테네에서는 아리스토파네스 희극 한 편이 정치보다 더 철학적이고 정의로운 이유를 극적으로 표현하며, 관객들을 이해시켰다. 그러나 일부 연구에서 아리스토파네스를 신화적 세계관으로 신학문을 배격하는 극우 보수주의자[42]로 단정하며, 그의 희극을 평가절하하고 있다. 이러한 주장에 대해서는 좀 더 세심한 관심과 객관적인 논의들이 필요할 것이다.

아리스토파네스의 희극이 기획된 의도라는 논란에 대해 이두희는 아이스킬로스와 에우리피데스의 아곤을 묘사한 「개구리」, 연구를 통해 아

---

[42] 윤병렬은 그의 논문 「아리스토파네스의 소크라테스 풍자는 정당한가?: 그의 「구름」에서의 소크라테스 혹평에 대한 반론」에서 "해학과 풍자는 인간에 대한 동정을 뒤집은 표현이라고 하지만, 아리스토파네스가 소크라테스와 에우리피데스를 모욕할 목적으로 쓴 「구름」, 「개구리」, 「테스모포리아 축제의 여인들」, 등에서 인간에 대한 동정은커녕 비난의 정당성도 상실한, 개인의 감정적인 복수극만 펼치는 참극"으로 규명하고 있다. 이 논문에서는 아리스토파네스가 희극을 남을 모함하고 저주하는 도구로 사용한다고 주장한다. 이런 견해는 소크라테스의 죽음으로까지 연동시키고 있다. 이를테면 「구름」에서 소크라테스를 아주 살벌하게 저주하며 비꼬고 있는데, 소크라테스가 아테네의 청년들을 미궁의 구름 속으로 빠지게 한다는 것을 주 내용으로 한다. 아테네의 청년들이 비극이나 희극과 같은 예술을 등지고 소크라테스의 철학으로 방향을 돌리는 것에 대해 혹독한 질투의 시선을 던지고 있다는 것이다. 문제의 심각성은 작품 속에서의 비방 내용이 소크라테스를 법정에 고발한 멜레토스에게 큰 영향을 미친 것이라는 주장이다. 즉 멜레토스의 고소장 내용이 아리스토파네스의 소크라테스에 대한 풍자의 내용과 거의 일치한다는 것이다. 따라서 소크라테스의 고소장 내용과 증언을 참조할 때, 아리스토파네스의 희극은 그 기법이 풍자와 비꼼, 웃음에 머문 것이 아니라 죄 없는 사람을 중상 모략하여 죽음으로 내몬 것이라고 주장하고 있다. 결론적으로 「구름」의 무자비한 풍자는 모함하는 패거리에게는 웃음을 선사하지만, 죄 없는 사람을 죽음으로 몰고 가는 독약의 성격을 갖고 있다는 것이다.

리스토파네스의 입장을 밝힌다. 이 논문에서 히스[Heath], 곰므[Gomme], 도버[Dover], 맥클리쉬[Mcleish], 맥도웰[MecDowell], 아노트[Arnott] 등 학자들의 의견이 언급된다. 아리스토파네스 연구의 대표학자 히스와 곰므는 아리스토파네스의 작품에서 개진된 어떠한 정치 관련 언급도 진지한 의미를 가지지 않는 것이라고 극단적인 주장을 한다. 즉 아리스토파네스는 희극시인으로서 단지 웃음을 주고자 하는 목적만을 가지고 있었을 뿐이라는 것이다. 이에 반해 도버, 맥클리쉬, 맥도웰, 아노트 등은 히스의 주장이 지나친 것이라고 그들의 의견을 개진한다.[43] 히스는 「아리스토파네스의 정치적 희극들」이라는 논문에서 「구름」, 「기사들」, 「리시스트라테」, 「아카르나이의 사람들」, 「개구리」 등의 작품 분석을 통하여 그의 의견을 개진한다.[44] 히스는 "희극작가가 진지한 의도를 가지고 말한다고 하더라도 그것은 웃음을 주는 것을 기본 목적으로 삼고 있는 '희극'이라는 장르적 특성을 놓쳐서는 안된다"라는 것이다. 희극은 작가가 매우 진지한 것을 말하더라도 교묘히

---

43 이두희, 앞의 논문, 1999, pp. 3-4 참조.
44 이두희는 그의 논문의 결론에서 「개구리」를 통한 아리스토파네스의 작가적 의도와 정치적 의도를 다음과 같이 요약한다. "아이스킬로스와 에우리피데스의 논쟁을 통하여 뛰어난 시인을 이승으로 데려오는 경쟁에서 아이스킬로스가 승리한다. 아이스킬로스를 선택한 디오니소스의 선택, 작가(아리스토파네스)의 결정은 중요한 정치적 의미를 회피할 수가 없다. 아리스토파네스는 당시의 어려운 현실에서 현재의 위기를 벗어나기 위해서는 에우리피데스(소피스트적 특성과 개인주의적 진보 성향)보다는 아이스킬로스(페르시아 전쟁을 승리로 이끈 구시대의 상징적 인물과 보수적 성향)로 상징되는 결정은 정치적인 의미를 충분히 함축하고 있는 것이다. 이러한 결정은 두 가지 메시지를 전달하고 있다. ① 시는 즐거움을 주는 기능과 좋은 충고를 주는 두 가지 모두를 담당해야 한다는 것이다. ② 당시 아테네 공동체가 위기에 처했던 이유는 에우리피데스 같은 소피스트적인 영향과 이러한 상황으로부터 벗어나기 위해서는 아이스킬로스 같은 과거의 영웅적이고 국가적인 가치관이 회복되어야 한다"라는 논의를 통해 아리스토파네스가 현실적 당면한 문제들에 대하여 조심스럽게 끄집어내고, 희극작가로서의 적절한 표현과 훌륭한 재능을 보여 주었다는 것으로 결론지었다. 같은 논문, pp. 1-12 참조.

희극적으로 표현할 수 있는 것이 우수한 희극작가에게 요구되는 자질이고, 아리스토파네스가 그러한 자질을 가졌다는 점에서 뛰어난 작가로 평가받아야 한다고 주장한다. 덧붙여 아리스토파네스 희극은 극 속에서 진지한 정치적 충고나 의견을 말하고 있다는 것을 입증할 만한 충분한 근거를 발견할 수 없다는 것과 당시의 현실에서 그의 작품 내용이 정치에 미친 영향이 별로 없었음을 근거로 하여 그와 같은 주장을 펼친다.[45]

아리스토파네스는 소극, 개인적인 비방, 공상, 아름다운 서정시 문학과 음악에 대한 비평, 시사 문제에 대한 진지한 촌평을 혼합한 사회 모순의 고발 작품과 더불어 자유에 대한 열망을 주제로 동물, 자연 등을 의인화한 작품을 썼다.[46] 이 중에서 전쟁과 관련한 주제가 작품의 근거가 되었지만, 혼탁한 아테네 정세의 부패한 권력을 배경으로 한 보편적 갈등이 중요한 모티브로 작용했음은 간과할 수 없다. 광장에서는 연극적 행위를 통하여 의사 표현과 토론의 장을 제공하였고, 자유로운 비판과 풍자는 시민의 민주정신을 일깨워 주었다. 고전적 문헌학에서 아리스토텔레스가 『시학』에서 비극을 통해 연민과 공포를 통해 카타르시스를 느끼고, 애련한 쾌감을 맛보는 것이라고 한다면, 아리스토파네스의 희극은 해학적인 미를 가지고 아테네 시민들의 정치적 안목과 교육적 식견, 평화의 가치를 재인식시켜 주었다. 그리고 인간은 무엇이며, 어떻게 살아야 하는가를 그의 작품을 통하여 삶의 의미와 도덕적 지표를 일깨워 준 혁명적 시도였다.[47]

아리스토파네스는 풍자의 대상, 즉 자신의 연극적 의지를 좌절시키려는

---

45 같은 논문, p. 12.
46 Malcolm Heath, *Political Comedy in Aristophanes*, Hypomnemata 87, Göttingen: Vandenhoeck & Ruprecht GmbH & Co KG, 1987, pp. 39-41.
47 류재국, 앞의 논문, 2017, pp. 86-87 재인용.

그 대상을 현실의 조건에 제약받지 않는 자신의 희극의 세계로 끌고 들어와 기괴하게 표현함으로써 역으로 좌절시키려 한다. 그의 희극은 특정 인물[48]들의 개별적인 부패한 특징들을 희극적 방식으로 벗겨 내어 예술 창작에 활용함으로써 관객들이 민주시민 정신 배양을 위한 선택적 권리를 부여하고 있었던 것이다. 아리스토파네스 희극의 웃음은 현실사회의 문제점을 유쾌하면서도 진지하게 다룬 고대 그리스 희극의 대표적 극 형식이다. 아리스토파네스는 그의 전 작품에서 현실 속에 실재하는 특정인을 대상으로, 부패한 권력과 위선에 항거하는 연극적 행동을 예술적 소명으로 인식하려는 의지를 표명하고 있다. 그의 작품들은 최소한 고대 그리스 구희극의 유일한 증거로 아테네 공동체 삶의 전 영역과 결부된 민주사회 구성의 일부라고 할 수 있을 것이다.

3. 현실 세계의 문제해결을 위한 폭로의 공간

고대 그리스의 비극과 희극이 '정치적 시가Political poetry'로서 폴리스의 현실 정치를 다룬다는 점은 주지의 사실이다. 고대 그리스 정치사상의 주된 특징은 다음과 같다. 첫 번째는, 훌륭함, 행복, 그리고 자족에 대한 추구이다. 두 번째는 이상과 현실, 즉 유토피아와 이에 대한 비판이며, 세 번째는

---

48 그리스 구희극에 등장하는 인물들의 이름은 최소한 두 부류로 나뉜다. 어원적으로 의미 있는 이름들은 아리스토파네스 희극에 나오는 디카이오폴리스, 에우엘피데스, 페이세타이로스, 페이디피데스 등으로 이 이름들은 풍자형식의 잔재인 소크라테스와 클레온 등의 실명들과 나란히 공존한다. 관례상 일정한 부분들에 적합한 이름들로서 직업 또는 지위를 명시하는 이름들을 예를 들면, 크산티아스, 마나스, 피리아스, 마니아, 모든 노예의 이름이다. 이처럼 역사적인 인명들의 사용을 버리고 성격이나 기질을 암시하는 이름들을 수용하는 희극적 경향을 보여 주고 있다. 사무엘 헨리 부처, 앞의 책, 2014, pp. 304-305.

지배와 자유의 문제이다. 마지막으로 네 번째는, 정치와 교육의 연관성이다.[49] 이러한 점을 감안할 때, 아리스토파네스의 희극에 드러난 아테네 현실의 정치적 풍자와 조롱을 통한 비판적 관점은 고대 그리스의 정치현실의 근간을 파악할 수 있는 중요한 텍스트로 이해할 수 있을 것이다. 그리스가 전쟁의 소용돌이에 빠진 가장 비극적인 시기에 희극이 가장 인기를 끌었고, 그것이 뛰어난 완성도를 보였다는 점은 역설적이기도 하지만 고통 속에서 웃음을 찾는 것이야 동서고금을 막론하고 당연한 일일 수도 있다. 아리스토파네스의 삶에 대해서는 알려진 바가 거의 없고, 그의 전성기는 27년간 지속된 펠로폰네소스 전쟁과 겹치기 때문에 그 시대를 배경으로 한 반전[50]을 소재로 활용한다. 그의 작품은 주로 전쟁을 정치적으로 이용한 사이비 민주주의자들이나 청년들을 선동하는 소피스트들을 비난한 작품이 많다. 이는 시대적 상황에 대하여 알 권리를 가진 아테네 시민들에게 고발과 폭로가 담긴 용기 있는 메시지를 해학적 표현으로 전달하고자 하는 의도로 보여진다.

아리스토파네스 희극의 특징은 대개 구성이 느슨하고 줄거리 전개가 비논리적이라는 점이다. 등장인물의 성격묘사는 부족하지만 재치 있는 대사, 때로는 심술궂지만 기분 좋은 풍자, 어리석은 익살로 점철되어 있다. 특히 논쟁을 좋아하는 에우리피데스의 작품을 익살스럽게 또는 우스꽝스럽게 흉내 내는 멋진 솜씨는 오늘날 풍자작가들의 상상력과 비교할 수 없는 독창성과 창조적 매력이 엿보인다. 이 독창성은 현실 비판을 통한 시민과의 소통을 구현하고자 하는 아리스토파네스의 인간적인 면모와 세계관을 관통한다.

---

49 임성철, 앞의 논문, 2016, p. 54 재인용.
50 박홍규, 『고대 그리스 연극』, 서울: 인물과 사상, 2015, p. 74.

아리스토파네스는 신랄한 풍자를 통하여 인간으로서 최소한의 기본권리, 즉 평화, 양성평등, 차별화된 제도, 비민주적 사회문제 등을 해학적으로 제기한다. 그는 풍자와 해학, 상상과 공상을 수용하여 무대를 이념과 비판의 담지체로 파악하고, 꾸준히 현실적 문제를 드러내는 극작술을 개발했다. 기원전 5세기 정치 시대에 창작된 그의 희극은 연극의 정치성을 십분 활용하여 대중의 계몽과 선동을 위한 목적으로 상연되었음을 알 수 있다. 따라서 고대 아테네 정치극으로서 아리스토파네스 희극은 희극적 스캔들을 일으키며 연극적 고발을 수행했을 것이다.

고대 드라마에서 희극의 효과는 한 사회의 습속이나 관념이 익살과 풍자로 강조되고 밝혀지는 것이다. 이는 단순한 조롱이나 저급한 언어를 사용하는 호기심의 유발이 아니다. 비극에서 다루는 감정의 정화 못지않게 희극에서도 통쾌한 쾌감으로 말미암아 감정의 찌꺼기가 씻겨지는 정화작용이 발휘되는 것이다. 그리고 관념들 속에서 하나의 대립 관계를 만들어가는, 즉 지적 대조, 감각적 대조, 품성 상태의 대조 등의 움직임으로 판단하는 것으로서 희극적인 것의 실체를 저급하게 몰아가는 것은 옳지 않다. 무엇보다도 희극작품이 아니었다면 결코 발견하기 어려운 고대인들의 생활상을 엿볼 수가 있다. 비극작품이나 역사, 철학책에서 좀처럼 발견하기 힘든 평범한 일상이 희극에 의해 고스란히 드러난다.

아리스토파네스 희극에서 주장하는 핵심 요소들을 살펴보기 전에 고대 그리스 연극에서 전개되는 요소들에서 차이가 있음을 발견하게 된다. 비극은 중심인물인 영웅을 중심으로 귀향, 탄원, 계략, 징벌, 복수, 발견, 희생, 자결, 구원, 추방 등의 형태로 나타나 서사시의 영웅 세계와 비극의 영웅 세계가 비슷하게 전개되고 있다.[51] 반면, 구희극은 현실 세계의 반영이라고 할 수 있다. 이는 정의, 평화, 풍요, 축제와 선의의 계략, 계획, 함정 등을 통하여 전쟁, 평화, 휴전, 정의, 행복, 불행, 여성, 평등, 성욕, 민중, 선동, 대립, 논쟁, 공동체, 궤변, 정치를 통하여 화합과 행복으로 막을 내리고 있다. 비극이 고대 그리스의 법칙과 신들의 계보를 중심으로 '영웅 세계'를 추구하는 서사시의 장르라면, 희극은 '현실 세계'의 교정을 목적으로 자신들의 가치를 외치는 극시의 형태를 핵심 요소로 유지하고 있음을 발견하게 된다. 이런 시각에서 비극은 숭고하고 위대한 인물을, 희극은 보통 이하의 악인을 모방模倣하는 것으로 규정하는 것처럼, 고전미학에서 희극적인 것은, 숭고하고 비극적인 것에 비해 늘 상대적으로 하찮은 것, 볼품 없고 저급한 것으로 여겨졌다. 전통적으로 희극은 규범과 대조되는 행동, 특히 윤리적 규범에서 일탈하는 행동을 보이는 사람을 모방하는 것으로 정의된다.[52] 고대 그리스 희극의 유래에서 희극은 주로 남의 결함을 보고 무시하거나 조롱하는 부도덕한 장르로 평가되어 왔다. 고대 그리스 희극은 실제로 우스운 신의 모습을 많이 이용하려 하였다. 그들은 탐욕스럽고 방탕한 허풍선처럼 보이는데, 그들의 전형적인 비겁함이 아리스토파네스 텍스트에서 전쟁을 예술을 배우는 것으로 묘사하면서 풍자한다. 작가는 디오니소스의 이러한 측면을 이용하여 특정 즐거움을 포기하지 않으려고 했다."[53]

---

51 기원전 5세기의 그리스 비극은 기원전 8세기 중엽 호메로스의 『일리아드』와 8세기 후기의 『오디세이아』에 나오는 영웅 세계와 비슷한 맥락을 이루고 있음을 알 수 있다. 즉, 주인공들이 복수와 징벌 등을 통해서 플롯의 수직적인 전개로 나아가다가 어느 지점에서 죽기 직전, 구원에 대한 반성과 인간적인 인식을 한다는 점에서 악인의 비극과는 구별된다. 김기영, 『그리스 비극의 영웅 세계: 비극 주인공의 전형과 모범 연구』, 서울: 도서출판 길, 2015의 서문에 나오는 영웅 세계의 핵심 요소를 구희극의 핵심 요소와 비교하기 위하여 참조하였다.

52 정현경, 앞의 논문, 2009, p. 5.

53 아리스토텔레스가 『시학』을 쓴 목적에서 주목한 핵심적 입장은 당시의 연극 경연(競演)과 관련해서 극작 시술에 대한 관점을 이해할 필요가 있다. 주지하는 것처럼, 그는 드라마의 구성에 있어서 추구해야 할 점과 피해야 할 점에 대해서 대립 관계를 언급한다. 이 둘의 관계가 균형을 잃으면 극적인 관계는 해체된다는 것이다. 아리스토텔레스는 시학을 '드라마

아리스토텔레스는 연극이 실제가 아닌 허구의 세계를 다루며, 일어난 일보다 일어남직한 일을 "개연성과 필연성의 법칙"에 의해 따른다고 했다. 그렇기에 개연성과 필연성의 법칙은 현실 세계의 진실을 추구하는 것이 아니다. 그것은 연극의 사건들이 논리적으로 전개되는 '내적 일관성'에 따른 진실이다. 인물의 성격에 따라서 사건들이 필연적으로 있음직하게 전개되었을 때 '시적 진실poetic truch' 혹은 허구적 진실이 성립되는 것이다. 아리스토텔레스는 '허구적 진실'과 '경험적 진실empirical'을 구분하여, 경험적 진실의 관점에서 허구적 진실을 판단하는 것을 거부하였다.[54] 아리스토파네스 희극들은 이러한 개연성과 필연성의 법칙에 의해 아테네의 몰락과 급변하는 정치 상황 속에서 자신이 바라본 시대상과 시민들의 불안감, 전쟁의 참상 등을 작품의 소재로 다루었다.

아리스토텔레스에게 연극은 역사보다 더 철학적이고 우월하다. 왜냐하면, 역사는 특수한 사례를 다루고, 연극은 보편적으로 일어날 수 있는 사건을 제시하기 때문이다. 연극은 역사처럼 주어진 사실 혹은 리얼리티에 관한 직접적인 진실을 추구하지 않고 가능하다고 생각되는 인간의 삶과 경험을 보여 주는 것이다. 연극은 윤리학이나 정치학 혹은 역사의 관점에서 판단될 수 없다.

이처럼 아리스토파네스의 작품에는 풍자적 요소에 익살적인 것과 교육

학'이라고 할 정도로 드라마에 대한 논의가 압도적이다. 그는 드라마가 추구하는 효과와 수단에 의하여 인문주의에 도달할 수 있는 목표를 제시하고 있다. 극작가는 결국 드라마 극작을 하기에 앞서, 철학적인 문제와 윤리적인 문제까지 고려하여 조화롭고 균형 있는 작품을 써야 한다는 것이다. 즉 창작과 사고의 한 축을 제시하는 일종의 기술적인 교시를 주고 있다. Charles Paul Segal, "The Character and Cults of Dionysus and the Unity of the Frogs", *Harvard Studies in Classical Philology* 65, 1961, p. 209.

54 김용수, 앞의 책, 2002, p. 39.

적인 것들이 많이 있는데 바로 「리시스트라테」와 「구름」이 여기에 해당된다. 「구름」에서 살벌한 풍자와 비난, 희극적 익살, 조소, 모함과 같은 측면이 해학을 압도했다고 언급했지만, 「리시스트라테」는 풍자나 조소, 모함과 같은 것은 거의 등장하지 않고 희극적인 웃음과 유머, 익살, 해학적인 것이 등장한다.[55] 리시스트라테의 선동으로 그리스 전역의 여자들이 일으킨 성 파업은 평화조약으로 이어진다는 것이다. 기상천외한 방법으로 평화를 염원하는 내용에서 자칫 성적 조롱이나 외설이 부각되는 것 같지만 해학의 익살스러움과 풍자의 진지함이 기묘하게 뒤섞여 있다. 「리시스트라테」는 배를 움켜쥘 정도의 익살들을 동원해 전쟁을 종식시키는 놀라운 사건을 보여 주는데, 이는 지혜와 기지, 해학과 유머의 본질적 능력이 발휘된 것이다.

희극은 본질적 능력을 통해 희극의 주인공이 추진하는 사건이나 겪게 되는 운명 등을 통해 그 세계를 진단한다. 우리는 어떻게 주인공을 통해 우리가 살고 있는 문제적 세계를 표현할 것인가에 대해 자문해야 한다. 어떻게 이 세계를 비추고 반영하는 거울을 세울 것인가도 자문해야 한다. 고대 비극에서 주인공은 사회에서 가장 높은 계급인 귀족에 속한다. 관객들은 자신들보다 훨씬 높은 사회적 지위를 차지한 주인공이 고통을 겪고 행동하고 광란하는 모습을 본다. 비극은 형성된 세계를 전제로 하며, 아득한 옛날에 기원하는 신화들을 아테네인들의 현재처럼 보이도록 거리를 조정한다. 반면 희극의 주인공은 농부, 거지 또는 평범한 시민이다. 희극의 작동 방식은 희극의 거리를 만들어 내는 공상과 농담이라는 가장 원시적인 종류나 지저분한 이야기로 표현된다.[56] 비극에는 공상이 없다. 따라서 인

---

55 윤병렬, 앞의 책, 2013, p. 74.
56 프리드리히 뒤렌마트, 「현대연극의 제 문제(II)(*Problems of the theatre*)」, 『공연과 리뷰』 81, 김지

위적으로 만들어진 현실의 주제를 찾아볼 수가 없다. 우리는 여기서 비극과 희극의 차이를 인지하게 된다.

아리스토파네스 희극은 신화도 아니요, 과거도 아닌 현재 일어나는 공상으로 채워져 있다. 핵폭탄 같은 세계로 들어와서 거대한 오염물 분화구를 들어 올림으로써 현재를 우스꽝스럽게 변형시키고 모두가 볼 수 있도록 오염물을 흐트러뜨린다. 인간의 사고에 있어서 역설이라는 개념이 없다면 불가능해 보이는 것처럼, 때로 핵폭탄이 존재하기 때문에 희극으로부터 무언가를 얻는다. 희극의 지저분한 이야기의 주제는 순전히 성적이고, 형태와 객관적인 거리가 없으며, 순전히 성적인 요소에 형태를 부여하는 것은 더러운 농담으로 변형된다. 이런 농담의 유형은 최초의 희극의 형식이며, 희극적인 요소의 수준으로 성적인 요소를 치환한 것이다.[57] 아리스토파네스의 희극적 공상은 심하게 탈선한 것에 이르기까지 그 나름대로 합리적이고, 그 광기와 같은 것에도 조리가 있다. 꿈을 꾸는 듯하지만, 곧 사회 전체에 승인이 되고 이해가 되는 환각을 불러일으킨다. 이런 희극적 공상이 인간의 상상작용에 관해서, 특히 사회적·집단적·민중적인 상상의 작용에 관해서 가르치고 있는 것이다.

상상력은 진부한 일상의 틀을 깨뜨리고 새로운 것을 향해 나아가게 한다는 점에서 예술을 가능하게 한다. 한편, 그 이면에는 현실과 무관한 한갓 '공상'이라는 부정적인 의미도 담겨 있다. 실제로 상상력에 대한 회의적인 입장 역시 존재하는데, 이들은 대개 상상력이 아무 구속력 없는 방탕함으로, 심지어 부도덕한 표상들로 이어질 수 있다는 우려에서 이성의 우월성을 강조해 왔다. 주관적인 치원의 주장을 넘어서 실제로 비현실적인

명 역, 2013, pp. 209-217 참조.
[57] 같은 책, pp. 209-217 참조.

공상이나 추상적 유토피아는 '현실의 진리를 위한 상상'과 분명히 구분되어야 한다. 상상의 참된 관심사는 단순한 모사에서 나타나는 경험적 이미지들이 표현할 수 있는 것보다 더 진실하게 현실을 그 본질적 특징들로 표현하는 데에 있기 때문이다.[58] 상상은 실제의 삶에서 나온 닮은 행위로서 우리에게 현재를 호소하는 것이다.

상상력에 대한 철학적 사유는 플라톤에서부터 출발한다. 그에 따르면, 상상은 감각 지각을 통해 형성된 믿음으로서, 저급한 영혼과 관련된다. 후기에는 이성적 영혼에 의해 지배되는 이데아에 대해 이미지의 형태로 숙고할 수 있다는 좀 더 긍정적인 견해를 제시하기도 했지만, 여기에도 역시 이데아와 이미지는 결코 합치될 수 없다는 전제가 놓여 있다. 이미지란 환영에 불과하기에 현실에 대한 참된 지식을 제공하지 못하고 비합리적인 영혼의 자극으로 인해 생성된다는 그의 주장은 결국 시인에 대한 비판으로 이어진다. 반면, 아리스토텔레스는 상상을 "근본적으로 실제 지각에 의해 발생하는, 지각과 유사한 하나의 운동"이라고 밝힌다. 그에 따르면, 감각 지각에 의해서 대상의 이미지들, 그리고 이미지들의 상호 관계가 정신 내에 형성된다. 이렇게 재생된 이미지들 속에서 이성은 이데아를 추상해 낸다는 것이다.[59]

전통적으로 공상희극은 규범과 대조되는 행동, 특히 윤리적 규범에서 약간 어긋나는 행동을 보이는 사람을 모방하는 것으로 정의된다. 이러한 행동이 비극처럼 관객의 감정을 격정적으로 흥분시키거나 고통을 주어서는 안된다. 희극은 온갖 종류의 악한 행동을 다루는 것이 아니다. 아리스토텔레스의 표현을 빌리면 그것은 '추함에 관여하는' 어딘가 결함이 많고

---

58 미학대계간행회, 앞의 책, 2007b, pp. 364-365.
59 같은 책, pp. 365-366에서 재인용.

모자란 행동을 모방한 것이다. 이렇게 장르 시학의 관점에서 희극적인 것은 주로 신분조항의 측면에서 다루어졌다.[60] 이러한 측면은 신분이 낮은 서민들의 익살과 속임수, 인색한 노인 등 소위 가치관을 무시하는 저급한 사람들의 일상적인 사소함을 들 수 있다.

아리스토파네스는 현실 세계의 정치적·문화적·사회적 정세를 바탕으로 어떤 개인이나 집단에 대한 조롱, 심술궂은 풍자, 섬뜩한 패러디로 당대의 저명한 지식인들과 선동가들의 행적을 그의 작품을 통해 통렬하게 풍자하고 조롱하여 관객들의 의식을 교정하고자 하였다. 아리스토파네스는 대중들의 인기와 지지를 받는 건전한 보수주의자로서 전쟁 때문에 피폐해진 농민과 대중들 편에서 아테네 사회의 현실 문제를 그의 작품을 통해 깊이 개입하였다. 27년간의 펠로폰네소스 전쟁은 국론을 분열시켜 아테네 시민들의 삶을 참혹하게 만들었다.[61] 아리스토파네스는 이러한 책임

---

60 니체에 따르면 도덕은 오랫동안 유럽인들을 고상하고, 중요하고, 존경스럽고, 신적인 존재로 꾸며 주는 대담한 기만을 자행해 왔다. 이 가면을 벗기기 위해 니체는 "거대한 양식의 카니발을, 정신적인 사육제의 웃음과 활기를, 최고의 어리석음과 아리스토파네스의 초월적인 조소를 준비한다. 이로써 그는 도덕이라는 가면을 쓰고, 개인에 대해 폭력을 가한 무리, 자유를 억압하고 모든 것을 기독교적 윤리에 따라 해석한 무리, 고정된 진리와 확실함, 영원한 가치를 지향한 형이상학으로부터 웃음을 해방시킨다. 이렇게 진리의 문제에서 중심이 되었던 형이상학을 깨부수는 웃음이 바로 니체가 말하는 '즐거운 학문'이다. 정현경, 앞의 논문, 2009, p. 42에서 재인용.

61 펠로폰네소스 전쟁은 아테네의 국고를 탕진시켰고, 정치적 조화를 깨뜨렸으며, 그 군사력도 파괴시켰다. 뿐만 아니라 오래 지속된 전쟁은 아테네 사람들의 가정생활에도 심각한 영향을 미쳤다. 도시와 시골의 많은 사람은 전쟁으로 인한 경제위기 때문에 그들의 생계가 위협받는다고 생각했다. 전쟁은 농업이나 자영업을 해서 먹고사는 많은 사람에게 엄청난 변화를 가져왔다. 전쟁비용으로 인해 비군사적 활동을 지원할 수 있는 공공자금은 얼마 되지 않았다. 해마다 벌어지는 드라마 축제 같은 것도 축소해야 했다. 일상생활의 스트레스는 펠로폰네소스 전쟁 중에 제작된 아테네 희극에 잘 반영되어 있다. 희극은 고대 아테네에서 비극 이외의 주된 드라마 형태였다. 비극과 마찬가지로 희극은 운문으로 제작되

을 물어 당대 저명한 지식인들과 민중 선동가들의 행태를 희극 공연을 통하여 통렬하게 비판하였다.

앞서 언급한 『시학』 제9장에서 말한 아리스토텔레스의 극예술에 대한 극찬에서와 달리, 아리스토파네스의 구희극이 각광을 받던 시기의 아테네는 정치적 빈곤과 전쟁의 위협을 겪고 있었다. 구희극은 희극이 남근 찬가에서 기원하듯 사람의 신체 등을 조롱하고 풍자했던 기능으로 작품 속 실명이 거론되는 기득권에 대한 철저한 인신공격 속에서 무너지는 인물들을 묘사한다. 아리스토파네스의 작품 속에 등장하는 주요 인물들은 정치인, 영웅과 같은 공인들이다. 그의 희극은 서구 정치풍자극의 모태로서 전쟁과 평화, 소피스트, 사회폐습 등을 비판하고, 이를 종용하는 자들은 가차 없이 실명으로 조롱했다. 희극작가로서 그가 활동한 기원전 5세기의 아테네의 전시상황과 민주주의 언론의 자유는 유례없는 합법적 개인 비방 정치풍자극을 탄생시켰다.

였고, 기원전 5세기 초부터 공연되었다. 디오니소스를 기념하는 아테네의 민간 축제에서 희극도 경연 대회를 개최했다. 비극을 공연하던 동일한 야외극장에서 희극을 상연했다. 여자들도 희극 공연에 참석할 수 있었는지에 대한 고대의 증거는 불충분하다. 희극에 등장하는 배우는 모두 남자였고, 정규 배우 이외에 24명으로 구성된 코로스가 있었다. 비극과는 달리 대사가 있는 희극의 등장인물은 3명으로 제한되지 않았다. 희극의 코로스가 부르는 시적인 노래는 아름다웠고, 교묘하게 환상적인 플롯과 멋지게 어울렸다. 희극은 어떤 문제를 제기하면서 시작되나, 그것은 늘 축제적이고 밝은 분위기 속에서 해결되는 것으로 끝났다. 기원전 5세기의 아테네 희극의 플롯은 주로 시사 문제와 당대의 유명인물들을 다룬 것이었다. 희극의 유머는 주로 섹스나 어색한 몸짓 등과 관련이 있었으며, 풍자와 조롱을 위한 상스러운 언어는 온갖 불경한 상상으로부터 흘러나왔다. 토머스 R. 마틴, 앞의 책, 2004, pp. 255-258 참조.

제4장

아리스토파네스 희극의
핵심 요소

아리스토파네스 희극론과 희극 텍스트에 나타난 구희극의 핵심 요소는 당시의 아테네 시민(관객)들에게 현실의 옳고 그름을 선택할 수 있는 연극적 수단이다. 이 수단은 당시 구희극의 독특한 구성을 요구하는 '아곤^{agon}'과 '파라바시스^{parabasis}' 개념이다. 아곤과 파라바시스는 구희극 특유의 장면 구조로 관객들에게 웃음을 유발하는 즉흥적인 여흥이나 사치스러운 놀음을 초월하고 있다. 주지하다시피, 희극은 대중이 믿는 가치와 성스럽고 도덕적인 존재의 허구성을 폭로하고 대상에 부과했던 고유한 성질과 권위를 웃음으로 해체시킨다.[1]

아곤은 본래 경쟁과 승리 추구를 목표로 하며, 이를 위해 변증법적 대화 및 그와 유사한 방식으로 옳고 그름의 논리를 따지는 논쟁을 말한다. 아리스토파네스 희극에서 두 등장인물 사이에 이루어지는 격렬한 토론이나 말다툼이 여기에 해당한다. 이를테면 전쟁을 선동하는 주전론자와 삶의 희망을 찾으려는 평화론자 사이에서 두 대화자는 서로 상대방을 설득하기 위해 수사학적 논변을 사용한다. 때로 제3자가 논쟁의 중간에서 중재하기도 하는데, 코로스장이 수행하는 이 역할이 파라바시스이다. 아곤과 대립되는 파라바시스는 아

---

1 Malcolm Heath, 앞의 책, 1987, pp. 28-29.

곤의 사태를 충고하고 조언하는 서사극적 요소로서 일반 시민의 의지나 작가의 입장을 대변하여 관객에게 설파하는 장면 연출의 기법이다.[2]

아리스토파네스의 희극은 감성적 인식의 극적 행위를 통해서 위선적인 권력과 더불어 당시 민중의 사회문제를 신랄하게 풍자한다. 아리스토파네스는 현실 정치의 사상적 변화의 분위기에 민감하면서도 그것의 표현 형식인 '웃음', '해학', '풍자', '공상'을 통해 메시지를 표현했던 희극시인이었다.[3] 아리스토파네스가 아곤과 파라바시스를 통하여 구현하고자 했던 현실 비판의 영역은 의도적인 현실의 고발과 이를 해결해 나가는 판관의 역할로 그의 메시지에 나타난다. 아리스토파네스는 메시지 전달을 통해서 권력에 기생하는 불합리한 정치 권력과 철학자, 지식인 등에 도전하였고 아테네 시민들의 의식을 변화시키는 실험 무대를 꿈꾸었다. 이 변화를 성립시킨 노력을 증명하기 위해서는 통상 아리스토파네스가 다루는 웃음, 해학, 풍자, 공상 등의 희극적 소통방식을 통하여 메시지를 생산해 내는 과정을 따져 보아야 할 것이다. 그러나 지나치게 외설적인 표현과 직설적인 조롱은 메시지의 교육적 이념을 넘어 개인의 인신공격이라는 지적도 적지 않다.[4] 서양철학이나 고대 희극의 역사에 있어서 아리스토파네스는 희극을 통해 웃음만 유발하는 것이 아니라, 현실사회의 부당함에 대한

---

2 이정린, 앞의 책, 2006, p. 154.

3 Zachary P. Biles, *Aristophanes' and the Poetics of Competition*, Franklin and Marshall College, Pennsylvania, Cambridge University Press, 2011, pp. 12-15.

4 아리스토파네스의 희극은 그 기법이 풍자와 비꼼, 웃음에 머문 것이 아니라 죄 없는 사람을 중상모략하여 죽음으로 내몬 것이라고 하지 않을 수 없는 것이다. 「구름」의 무자비한 풍자는 모함하는 패거리에게 웃음을 선사할지 모르지만, 죄 없는 사람을 죽음으로 몰고가는 독약의 성격을 갖고 있다. 윤병렬, 앞의 논문, 2012, pp. 135.

신랄한 비판을 병행하는 사고의 실험으로 남다른 평가를 받는다.[5]

　희극이라는 자체가 웃음을 근간으로 하고, 웃음의 원인은 우리가 정상적이며 당연하다고 여겼던 것이 한순간 무너질 때 자연발생적으로 터진다.[6] 그런데 그것을 사회규범이나 상식만을 근거로 하여 무가치하고 외설적이라고 단면적으로 평가절하하거나 권위를 위반했다고 폄하하는 것은 옳지 않을 것이다.

　이러한 논의들은 아리스토파네스에 대한 공정한 평가와 그의 희극에 대한 학문적 재해석을 필요로 한다. 아리스토텔레스 『시학』에서의 희극에 대한 일반적인 이해를 살펴보면, "희극은 보통 이하의 악인에 대한 모방이다.[7] 이때 보통 이하의 악인은 모든 종류의 악과 관련해서 그런 것이 아니라 우스꽝스러운 것과 관련해서 남에게 고통이나 해를 끼치지 않는 일종의 실수 또는 기형이다." 희극이 행복하고 긍정적이며 가벼운 양식으로 간주되는 것은, 그와 반대인 비극의 진지하고, 사색적이며, 무거운 양식과 대비되기 때문이다. 그런데 아리스토파네스는 그의 시대에서 가장

5　고대 아테네에서 구희극의 유일한 증거인 아리스토파네스 희극은 공동체의 삶 전 영역과 결부된 아테네 민주주의 구조의 일부였다. 구희극이 공연되고 형성된 장소, 즉 디오니소스 축제는 아테네 민주주의의 내면을 반영하면서 동시에 그것을 강화시키는 이중의 기능을 수행했다. 관객들은 희극 공연을 통하여 기본적인 민주주의적 소통을 학습할 수 있었다. 이정린, 「아리스토파네스 희극 연구1: 고대 아테네 공동체와 희극 공연」, 『독일문학』 96, 한국독어독문학회, 2003, p. 23 참조.

6　정현경, 앞의 논문, 2009, p. 3.

7　아리스토텔레스는 『시학』 제5장에서 '악인'을 엄격한 윤리적 척도로 정의한 것이 아니라 '추함'을 그 범주에 넣은 것이라고 덧붙였다. 여기서 말하는 악인이란 모든 종류의 악에 대한 것이라기보다 타인에게 고통을 주지 않는 가면(假面) 같은 것이라고 설명한다. 아리스토텔레스, 앞의 책, 2014, p. 45.

중요한 인물들과 그들의 국가관들을 총체적 풍자의 대상으로 삼음으로써 희극을 긍정적인 장르로 만든다. 그 내용은 공동체의 관점에서 아테네인들이 추구했던 직접민주제의 자유로운 사고와 윤리적 담론들을 탐구하는 것이다.[8] 이런 이유로 아리스토파네스가 아테네 사회의 문제점과 그 해결책을 제시했다는 사실에서 그를 현실 풍자에 바탕을 둔 최고의 희극시인으로 손꼽는 것이다.

1. 희극의 논쟁 양식

1) 경쟁으로서 아곤의 본능

펠로폰네소스 전쟁이 한창인 기원전 5세기는 아테네의 극예술이 국가의 지원을 받는 특권을 누리게 되고, 철학의 학문적 논의가 엄청난 발전을 거듭하는 시기를 맞이하게 된다.[9] 그리하여 아리스토파네스 희극은 전쟁과 사회개혁의 끊임없는 긴장 속에서 더욱 활기를 띠게 된다. 그의 작품은 아테네 민주정치와 불편한 사회 현실을 아곤의 논쟁 형식을 활용하여 철저히 풍자하고 여지없이 고발한다. 극 속에서 아곤을 편성하는 것은 고대 그리스 구희극의 전형이다. 아곤은 구조가 꽉 짜인 희극의 여러 가지 형식상 관례 중 하나가 되며 기본적으로는 정쟁政爭 혹은 논쟁을 의미한다.[10]

---

8 류재국, 앞의 논문, 2017, pp. 66-67 참조.

9 아리스토파네스, 『아리스토파네스 희극전집 1』, 천병희 역, 파주: 숲, 2010a, pp. 7-11.

10 아곤의 형식과 의미에 대해서는, 이효원의 논문「아리스토파네스 희극의 국내 재구성 공연 연구」, pp. 35-39에서 상세하게 논의되어 있다. 아곤의 중심이 되는 논쟁에 대해서는 호이징하의 『호모 루덴스: 놀이와 문화에 관한 연구』, pp. 227-233에서 그 의미를 언급한다. 그리스인들은 스스로 논쟁과 열변을 가장 중시하고, 공적인 경쟁의 도구로 사용하였다. 논쟁은 소피스트들이 가장 좋아하는 것으로써 모순논법이라는 이중적 추론을 즐겨 사용하였다. 이러한 논쟁은 사실상, 언어에 의한 승리의 기술을 비교적 순수하고 합법적으로 유

고대 그리스인들은 청명한 지중해성 기온 아래 야외에서 활동하기를 좋아하였다. 특히 많은 군중이 한군데에 모여 축제나 토론을 즐겼다. 이 때문에 일찍부터 야외 원형극장이 만들어졌고, 축제 기간 중 극장에서 비극과 희극 경연 대회가 열렸다. 해마다 디오니소스 축제와 레나이아 축제[11] 기간 중 4, 5편씩의 비극과 희극 경연 대회가 열렸는데, 대략 2,300편의 비극과 2,000편의 희극이 경연되었다고 한다.[12] 고대 그리스는 연극의 나라였고, 그중에서도 논쟁과 토론으로 많은 사랑을 받은 나라였다. 오늘날에도 그리스인들은 인생의 즐거움을 최대한으로 구가하면서 살아가고 있다. 그들은 조용함과 고독을 경멸하며, 혼자 산책하거나 한 사람의 친구하고만 식사하는 것을 별로 즐기지 않는다. 오히려 그들은 다양한 친구와의 모임parea을, 친구들과 어우러져 웃으며 떠들고 장난하는 것을 별나게 좋아한다. 그런 모임에는 외국인들까지 반갑게 끼워 넣고 스스럼없이 이야기하기를 좋아한다.[13] 이러한 형태의 논쟁(혹은 토론)을 '아곤agon'이라 하는데, 연극적 요소로는 구희극에 가장 많이 사용되는 구성요소이다.

지혜 주는 놀이적 성격 형식이다. 요한 호이징하, 『호모 루덴스-놀이와 문화에 관한 연구(Homo Ludens: A Study of the Play Element in Culture)』, 이종인 역, 고양: 연암서가, 2018 참조.

11 레나이아(Lenaia)는 레나이(Lenai, 미친 여인들)라는 말과 이들이 열광적인 디오니소스 숭배 의식(Dionysian Mysteries)에 참여한 데서 비롯되었고, 시티 디오니시아(City Dionysia) 축제보다 더 오래되었으며, 기원전 6세기 초쯤 고대 테베 지역을 거쳐 북쪽으로부터 아테네까지 오게 된 것이다. 기원전 580년과 560년경 사이에 주연객들 간의 비공식적 공연들이 있었고 구희극이 형태를 갖추기 시작했다. 류재국, 앞의 논문, 2017, p. 71.

12 박석, 앞의 책, 2013, p. 338.

13 헬라스(Hellas)는 고대 그리스인이 자국을 부르던 이름이다. 옛날의 그리스인들에게 있어서 '즐겁게 산다는 것(to hedeos zen)'은 중요하고도 기본적인 삶의 방식이었을 것이다. 그러나 헬라스의 철학자들은 어떻게 사는 것이 사람으로서 진정으로 즐겁게 사는 것인지를 문제 삼게 되었다. 이는 사람이 사람으로서 살아야만 하는 한, 즐겁게 살되 이에 못지않게 슬기롭게 사는 삶이 합당한 것이라 여겨졌기 때문일 것이다. 플라톤, 앞의 책, 2004, p.14.

아곤의 기원은 여름과 겨울의 싸움 혹은 젊음과 노년의 싸움 뒤 승리를 모방하는 일종의 주술적 행위이다.[14] 아곤은 구희극의 프롤로그에서 소개한 쟁점에 대해 상반된 입장을 가진 2인 갈등 양상이 집약적으로 나타난 장면으로서 격렬한 논쟁을 거쳐 한 가지의 이상적인 주장을 채택하게 된다. 아곤은 프롤로그에서 소개한 쟁점에 대해 상반된 입장을 가진 두 인물 혹은 두 집단이 격렬한 논쟁을 거쳐 한 가지의 이상적인 주장을 채택하는 장면이다. 기원전 5세기의 아테네 시민은 누구나 참정권과 자유로운 발언권을 가질 수 있었는데 이러한 민회나 의회에서의 자유로운 발언과 정치적 토론의 문화는 아곤 장면을 통해 구현되었다.[15]

인류학자인 콘포드Francis MacDonald Cornford(1874-1943)는 『아테네 희극의 기원The Origin of Attic Comedy에서 아곤에 대하여 언급한다. 콘포드는 희극이 아곤으로 시작하여 결혼(혹은 성적 결합)과 행렬, 그리고 그에 따른 축하연komos으로 끝을 맺음을 주목한다.[16] 고대 그리스의 아곤은 단순한 경쟁이 아닌

---

14 아곤의 기원을 풍요제의에서 찾을 수 있다. 고대 신라에서 처용 굿을 탈춤(가면극)의 원형으로 보았는데, 아내를 차지하기 위한 처용과 역신의 싸움이 가면극에서 소무(영감)를 차지하기 위한 취발이(각시)와 노장(할미)의 싸움으로 발전했다고 역설한다. 역신, 노장, 할미는 추하고 불길한 존재로 겨울을 상징하며, 처용, 취발이, 각시는 젊고 이로운 존재로 여름을 상징하는데, 양자의 싸움을 통해 여름이 승리함으로써, 농사지을 수 없는 겨울을 물리치는 굿의 형태를 이어받았다는 것이다. 이러한 주장들은 아리스토파네스가 갈등양상이 집약적으로 나타난 아곤을 통해, 자신의 주장을 전개하고, 이상적인 목표에 도달하기 위한 주요한 수단으로 삼았다는 것이다. 이효원, 앞의 논문, 2017, p. 35.
15 같은 논문, pp. 169-170.
16 아테네 코미디는 파라바시스(parabasis)를 기점으로 두 부분으로 구성된다. 첫 부분은 프롤로그, 파라도스(parados), 아곤(agon)으로 구성된다. 파라바시스 이후의 두 번째 부분은 희생과 잔치의 장면 그리고 축제 행렬(Komos)과 결혼으로 끝을 맺는다. 아테네 구희극의 핵심인 아곤(agon)은 본래 여름과 겨울 신들 사이의 싸움이었다고 믿고 있다. 이처럼 모든 형태의 코미디에서 죽음을 몰아내고 삶을 맞이하는 핵심이며, 이는 봄과 겨울, 혹은 묵은해와 새해의 싸움 형태로 나타난다. 아테네 코미디는 비극과 같은 형태의 제의적 연극에

두 등장인물 사이의 가장 자연스러운 '놀이' 형태이다. 여기서 말하는 놀이는 게임이나 오락적 개념이 아니라 문화적 기능으로 축제와 의례의 복합적 덩어리로 보는 것이 타당할 것이다.

아곤의 본능에 대하여 호이징하 Johan Huizinga(1872-1945)는 『호모루덴스 Homo Ludens: A Study of the Play Element in Culture』에서 다음과 같이 설명하고 있다.

> 고대 그리스에서 아곤은 경기 혹은 경연의 영역이다. 이것은 고대 그리스 생활에서 아주 중요한데 '아곤'이라는 단어에 의해 표현된다. 우리는 놀이 개념의 본질적 부분이 아곤의 영역에 숨어 있다고 말할 수 있다. 동시에 우리는 그리스인들이 경기와 놀이를 언어적으로 뚜렷이 구분한 것이 타당한지 물어야 한다. 아곤이라는 단어에는 놀이적 요소, 즉 '진지하지 않음'의 요소가 명시적으로 표현되지 않는다. 그리스 문화와 그리스의 일상생활에서는 각종 경기(아곤)가 아주 중요한 역할을 하기 때문에, 이것을 '놀이'로 분류하는 것은 대담한 시도인 것처럼 보일지 모른다.[17]

고대 그리스의 아곤 현상은 스위스 역사가인 부르크하르트 Jacob Christoph Burckhardt(1818-1897)의 『그리스 문화사 Griechische Kulturgeschichte』에서 자세하게 논의되었다. 부르크하르트에 따르면, "아곤은 그리스 세계의 본질로서 그리스인들의 삶 전체에 나타났으며, 아곤이 그리스 문화만의 독창적 특성으로서 그리스 문화를 그리스 문화답게 만든 근원적 요소"로 보고 있다. 아

그 뿌리를 두되, 죽음과 부활을 강조하는 비극과 달리 남근적 요소와 풍요를 가져오는 결혼에 초점을 맞춘다. Francis MacDonald Conford, *The Origin of Attic Comedy*, ed. Theodor H. Gaster, Garden City: Anchor Books, 1961, pp. 4-23.

17 요한 호이징하, 앞의 책, 2018, p. 81.

곤은 둘 이상의 경쟁이고, 경쟁에 대한 진정한 목표는 승리이다. 고대 그리스인에게 아곤은 올림픽에서의 승리로 대변되는 지상 최고의 승리로 간주되었다고 한다. 아곤의 승리는 모든 그리스인들의 삶이자 목표였고, 승자는 살아 있을 때뿐만 아니라 죽어서도 칭송되었다고 한다. 이와 같은 아곤이 지배하는 세상을 그리스적 실존이라 단언할 수 있을 것이다. 아곤은 주로 문화 또는 평화로운 싸움, 그리고 시합이나 경기에서의 '페어플레이'라는 의미로 사용되었는데, 이때 최고의 능력과 활동을 보여 준 사람에게는 그에 합당한 상을 부여하기도 하였다. 아테네인들에게 아곤은 단순한 힘겨루기나 승자를 뽑기 위한 무리한 시합은 아니었다. 아곤에 대한 그들의 애정은 군사적 훈련에서뿐만이 아니라 체육·문화·교육·예술과 같은 사회 다방면의 행사와 모임에 표출되었다. 더불어 이러한 아곤을 통해 공동체 구성원들 간의 결속을 꾀하는 좋은 기회로 활용되기도 하였다. 철학의 분야에서는 프로타고라스의 아곤이 전해지는데, 당시 구희극의 경우 실제 아곤이라는 파트가 희극의 한 순서로 제시되고 있다. 이러한 논변을 통한 대결, 시합을 의미하는 아곤의 특성은 플라톤 『국가』편의 소크라테스와 트라시마코스의 대결에서도 발견할 수 있다.[18] 고대 그리스의 아곤은 투쟁과 경쟁 속에서 승리와 쾌락을 추구했지만, 예술적(희극 또는 비극) 아곤은 논쟁이라는 행위를 통해 그것을 질적으로 다른 차원의 지식으로 승화시켰던 것이다. 투쟁과 경쟁 사이에는 커다란 간극이 있다. 투쟁이 항상 파괴와 관련되어 있다면, 경쟁이 추구하는 것은 파괴 자체보다는 승리 자체이다. 말하자면 경쟁의 기본적인 목표가 살인이나 최종적인 파괴나 소멸을 추구하지 않는다는 것이다. 경쟁은 삶과 죽음의 이분법에 사

---

18 김진, 「정의를 위한 아곤(agon): 소크라테스와 트라시마코스의 대결 양상에 관한 수사학적 분석」, 『한국수사학』, 한국수사학회 학술대회, 2015, p. 88.

로잡힌 생존투쟁이 아니라 그야말로 인식과 삶의 고양을 위한 그 자체이기 때문이다. 따라서 정해진 규칙을 따르는 경쟁은 일종의 놀이이다. 아곤의 이념은 승리를 찬양하고 파괴를 규제한다.

아울러 아테네의 삶에서 소송은 중요한 자리를 차지하고 있었다. 늘 소송인들이 있었던 아테네는 476년부터 델로스에서 결성된 모든 동맹국의 소송인들이 모여드는 것을 목격했으며, 법정은 쉬지 않고 돌아갔다. 변론을 써 주는 사람은 고소와 변호의 글을 써 주었고, 쉬지 않고 고소인과 피고소인은 재판관 앞에서 그것을 말하였다. 5세기 중엽 경에 프로타고라스는 짧은 응수로 맞서는 논쟁술을 도입한다. 소피스트들은 제자들에게 상반된 두 관점 모두를 변호하기에 적합한 일련의 논증을 제자들에게 가르친다.[19] 소송의 논쟁은 소송의 당사자 중 한편이 이겼다는 판결이 있는 반면에 비극의 논쟁은 판결된 어떠한 결과에 이르지 않는다. 그리고 법정에서의 긴 대화와 비극의 대사는 많은 차이가 있으나, 법정 변론과 비극의 언쟁 모두 관객과 청중 사이에서 당사자들이나 배우가 호소하는 극적 환상으로 인해 공통점 또한 존재한다.[20]

고대 그리스인들은 시기심이 강한 자신들의 특성을 결함이나 문제로 느끼지 않는다. 니체 또한 고대 그리스의 아곤의 본능을 좋은 에리스의 작용으로 해석했다. 이런 믿음 속에 파괴적 투쟁이 아니라 창조적 경쟁이, 그리고 경쟁에서의 승리가 재발견되었다. 이를 통해 새롭고 긍정적인 세계

----

19 강희석, 「그리스 비극의 아곤(agon)에 대하여」, 『수사학』 4, 한국수사학회, 2006, p. 46.
20 법정의 변론과 비극의 언쟁 모두 이중의 발화행위가 있다. 발화행위가 재판의 재판과 비극의 공통점으로서 언어 행위의 핵심이다. 발화의 결과로 듣는 이를 설득하고, 놀라게 하고, 기쁘게 하고 하는 등의 효과를 나타낸다. 첫 번째는 직접 논쟁하는 당사자들 사이에 일어나며, 두 번째는 논쟁 당사자들과 재판관이나 관객이라는 청중 사이에서 일어난다는 점에서 공통점으로 인식하고 있다. 같은 논문, p. 47.

상이 등장하게 된 것이다. 시기, 질투, 증오가 결코 부정되지 않았다는 것, 그리고 투쟁이 전면적으로 부정되지 않았다는 것, 그 대신에 아곤의 틀 속에서 인정되었다는 것이 중요하다. 이 아곤의 형식을 띤 경쟁 속에서 새로운 창조적 천재가 탄생하고, 동시에 새로운 가치가 등장하고, 새로운 삶의 에토스ethos가 창조된다. 따라서 고대 그리스인들에게 아곤이야말로 인간의 창조성과 위대함을 탄생시키는 모태가 되는 것이다.[21]

요한 호이징하는 『호모 루덴스』에서 아곤의 개념을 소송과 경쟁으로 정의하여 다음과 같이 기술하고 있다.

> 소송은 일차적으로 옳음(정의)과 그름(불의)에 대한 논쟁이다. 승리와 패배는 2차적인 의미를 지닐 뿐이다. … 고도로 발전한 문명으로부터 덜 발달된 문화의 단계로 눈을 돌려 보면, 윤리적, 사법적 개념인 정의와 불의는 승리와 패배, 즉 아곤적 개념으로 대체되어 버리는 것을 발견하게 된다. 고대사회 사람들의 마음을 사로잡은 것은 정의와 불의라는 추상적 개념이 아니라 승리와 패배라는 구체적 문제였다.[22]

---

21 그리스 신화에 나오는 두 에리스 여신을 말한다. 하나의 에리스 여신은 연장자로서 어두운 밤을 낳았다. 그러나 최고의 지배자 제우스는 다른 에리스를 대지의 뿌리와 인간들 편에 훨씬 좋은 신으로 세워 놓았다. 이 여신은 미숙한 남자를 노동으로 내몬다. 재산이 없는 한 남자는 부유한 다른 남자를 바라보고는 재빨리 같은 방식으로 씨를 뿌리고 재배하고 집을 손질한다. 이웃은 번영을 추구하는 이웃과 경쟁한다. 이 에리스는 인간들에게 좋은 여신이다. 도공은 도공을 원망하고, 목공은 목공을 원망한다. 거지는 거지를 시기하고, 가수는 가수를 시기한다. 두 명의 에리스 여신 형상은 투쟁이 경쟁으로 변화된 이유를 신화적으로 이야기하고 있다. 이상엽, 「니체와 아곤의 교육」, 『철학논총』 73, 새한철학회, 2013, pp. 221-222 참조.

22 고대인의 정신 속에서 경기에서의 승리는 곧 진리와 정의의 증거였다. 힘겨루기든 사행성 게임이든 모든 경기의 결과는 신들이 보증하는 신성한 결과였다. 우리는 만장일치 의결이나 다수결 투표를 받아들일 때 지금도 이런 심리적 습관에 빠져든다. 요한 호이징하, 앞의

역사의 앞부분으로 갈수록 법률 영역에서 아곤의 요소가 강하게 득세했다는 것을 알 수 있다. 이러한 힘의 세계에는 신탁·신의·판정·추첨 등에 의한 결정과 법률적 판단에 의한 결정이 강하게 작용하였다. 즉 도덕적 가치를 선의 최상으로 삼는 윤리적 기준이 다소 희박했다고 이해할 수 있다.

플라톤의 『대화』편, 중에서 말하는 사람들은 자신들의 철학적 몰두를 유쾌한 오락으로 여기고 있다. 젊은이들은 논쟁하기를 좋아하고, 늙은이들은 존중받기를 좋아한다. 여타의 철학에서도 논쟁과 열변이 가장 중시되었고, 이것이 항상 공적인 경쟁의 소재가 되었다. 공적 연설은 전시주의의 한 형태였으며, 언어로써 자기를 과시하고 허세를 부리려는 평계에 지나지 않았다. 소피스트들이 가장 좋아하는 것 가운데 하나가 모순논법 antilogia, 즉 이중적 추론이다. 모순논법은 궤변의 '형식에 얽매이지 않는 자유로움'이라는 측면에 주목했고, 바로 그 형식을 통해 소피스트들은 인간 정신이 내리는 모든 판단의 영원한 상대성과 모호성을 강조했다. 정리하자면, 사람은 어떤 사물을 이렇게도 볼 수 있고, 저렇게도 볼 수 있다는 것이다. 이러한 이성의 추론 과정 그 자체에 놀이 규칙의 특성이 얼마만큼 드러나 있는가, 즉 그러한 놀이 규칙들이 완전하게 구속력을 인정받는 어떤 정신적 영역 안에서 이성의 추론 과정은 어느 정도까지 유효한가 하는 깊은 문제에 봉착한다. 이러한 현상은 항상 똑같은 형태로 반복되어 나타나며, 서구에서의 이 현상의 진전은 대체로 그리스의 원형原型에 의존하고 있기 때문이다.[23]

이처럼 승리를 최상으로 여기는 아곤의 교육은 삶의 자극제로서 자기 자신을 발견하고 형성하게 하는 것은 물론이고 독창적인 천재들의 탄생

책, 2018, pp. 161-162.

[23] 요한 호이징하, 앞의 책, 2018, pp. 229-233.

을 가능하게 하는 최상의 길이라는 데 커다란 의미가 있다. 고대 그리스의 아곤은 비단 체육이나 문학 영역뿐 아니라 철학 영역까지도 지배했다고 한다.[24] 니체에 따르면 플라톤 철학도 아곤의 정신이 없었다면 탄생할 수 없었을지도 모른다. 아곤은 플라톤으로 하여금 자기 자신에 도달하게 할 뿐만 아니라 새로운 유형의 위대한 철학자가 될 수 있게 했다는 것이다. 플라톤은 그리스의 아곤의 새로운 기술, 즉 변증법을 고안해 냈다. 예컨대 '플라톤의 대화'에서 특별히 예술가적 의미를 지닌 것은 대개 그 당시의 웅변가와 소피스트 그리고 극작가의 예술에 대한 경쟁심의 결과이다.[25] 플라톤과 니체를 통하여 정의된 바와 같이, 아리스토파네스가 추구하는 아곤의 기본적 원칙은 예술과 문화를 통한 무지의 깨우침이다. 예술과 문화의 기본적 목적은 교육이어야 함을 주장한 최초의 극작가이다. 교육은 새로운 인식을 낳는다는 것을 그의 극을 통하여 강조했다.

2) 아곤의 희극적 테크닉

아곤의 철학자로 불리는 니체에 따르면, 소크라테스의 철학적 대화도 아곤 본능의 발현이다. 고대 그리스의 아곤의 본능은 호메로스로부터 플라톤에 이르기까지 그리스 세계를 관통했다는 것이다. 니체는 또 하나의 중요한 문제를 거론한다. 고대 그리스 사회는 경쟁의 지속을 원했다는 것

---

24 이상엽, 앞의 논문, 2013, p. 229.
25 니체 스스로도 아곤의 철학자였다. 자신도 인류 역사에 등장했던 예술가들, 성인들, 철학자들과 창조적 아곤을 펼쳤으며, 이러한 아곤 속에서 성장했다고 말하고 있다. 그의 사유 자체도 아곤의 역동성 속에 있다. 소크라테스, 플라톤, 사도 바울, 칸트, 쇼펜하우어 등과 대결을 펼쳤기 때문에 탈근대적 사유로 나아갈 수 있었던 것이다. 아곤의 정신에서 보면, 철학적 사유는 여러 방향으로 전개될 수 있는 것이며, 이로부터 사유의 다양성과 차이가 생겨날 수밖에 없다. 같은 논문, pp. 229-230.

이 그것이다. 사회나 인간은 오직 경쟁하는 가운데 발전한다. 하지만 너무 뛰어난 자가 항상 경쟁에서 이긴다면 이제 경쟁은 불가능해지고 무의미해질 것이다. 니체는 이와 관련해 고대 그리스 사회의 패각추방[26]에 대해 말한다. 패각추방은 지속적인 경쟁을 위한 장치라는 것이다. 패각추방은 사회구성원들 사이에 건강한 경쟁이 지속적으로 유지될 수 있도록 하기 위해 지나친 천재 또는 절대강자를 추방하는 제도이다.[27]

두 등장인물 사이의 아곤은 가장 자연스러운 형태이다. 소포클레스 Sophokles의 작품 7편 중 총 5편에서 주인공은 한 에피소드에서 다른 등장인물과 대립한다. 「아이아스Aias」에서 테우크로스와 메넬라오스 사이의 논쟁과 「엘렉트라Elektra」에서 여주인공과 크리소테미스 사이의 논쟁은 이와 같은 유형에 속한다고 할 수 있다. 또한 「안티고네」에서 안티고네와 크레온, 하이몬과 크레온, 테이레시아스와 크레온 사이의 논쟁, 「콜로노스의 오이디푸스Oidipous epi Kolonoi」에서 주인공이 각각 크레온과 폴리네이케스를 만나는 장면, 그리고 아곤의 성격이 다소 논쟁의 여지가 있지만 「오이디푸스왕Oidipous Tyrannos」에서 주인공이 각각 테이레시아스와 크레온을 만나는 장면은 이러한 유형에 속한다.[28]

---

26 니체는 패각추방(Ostrakismos)이 "서로 경쟁하는 위대한 정치인과 당수들 중 한 사람이 투쟁의 열기에 달아올라 유해하고 파괴적인 수단을 사용하거나 위협적인 정변을 일으킬 위험이 분명해질 때" 사용하는 "조절장치의 의미"를 갖고 있는 것이 아니라, "힘들의 경쟁이 다시 되살아날 수 있도록 뛰어난 개인을 제거"하는 "자극수단의 의미"를 갖고 있다고 주장한다. 어떤 한 천재의 독점과 독재를 방지하고 여러 천재가 활동할 수 있도록 자극하는 수단이라는 것이다. 이것이 그리스의 경쟁 표상의 핵심이다. 이 사상은 일인 독재를 혐오하며, 그것의 위험을 두려워한다. 이 사상은 천재에 대한 보호 수단으로 제2의 천재를 욕망한다. 같은 논문, p. 224.
27 같은 논문, p. 223.
28 이상엽, 앞의 논문, 2006, p. 48.

아곤은 기본적으로 논쟁에 가담한 사람들의 긴 변론인 레시스로 구성되며, 이 변론에 서로 치고받으며 진행되는 격한 대화가 뒤따른다. 이것이 아곤의 전체는 아니다. 코로스 개입 이외에 부차적인 레시스가 주요 레시스를 도입하거나 지탱해 주기 때문이다. 여기에 논쟁을 개시하는 부분과 마감하는 부분을 추가할 수 있다. 하지만 극작가가 주요 레시스 이외에 다른 부분을 추가할 수 있다. 하지만 극작가가 주요 레시스 이외에 다른 부분을 필요에 따라 활용하거나 빼놓는 경우가 있기 때문에 아곤의 형태는 매우 다양하다.[29] 고대 그리스에서 대표적으로 등장하는 아곤은 철학의 분야에서는 프로타고라스의 아곤이 전해지고, 구희극의 경우 아리스토파네스의 「구름」에서 실제 아곤이라는 파트가 희극의 한 순서로 제시되고 있다.[30] 이러한 아곤의 특성을 플라톤의 『국가』에서 소크라테스와 트라시마코스의 대결에서도 발견할 수 있다. 이 세 경우의 모든 아곤은 논변을 통한 대결과 시합을 의미하는데, 점차 치열한 정쟁과 논쟁으로 치닫게 된다.

아리스토텔레스는 『니코마코스 윤리학Nicomachean Ethics』에서 훌륭한 상태 또는 탁월함을 '덕'이라고 말했다. 그는 품성은 바로 덕이며, 그 덕을 '아레테arete'[31]라고 지칭했다. 아레테는 동양철학에서 사용하는 덕이라는 단어의 의미와는 전혀 다르다. 아레테는 덕의 탁월함과 탁월성을 의미하는 것

---

29 같은 논문, p. 50.
30 김진, 앞의 논문, 2015, p. 88.
31 아레테(arete)는 플라톤의 대화편들에서 수없이 반복되어 나오는 말인데, 일생을 통해서 '사람의 훌륭한 상태, 즉 훌륭함과 덕을 말하며, 오래도록 흔히 '덕(virtue, vertu, tugend)'으로 번역되어 왔다. 그러나 arete는 사람의 덕목과 관련된 경우에는 '덕'이라 해도 무난하지만, 사람뿐만 아니라 모든 사물과 관련해서는, 이를테면 땅의 '비옥함'이나 물의 양질(良質)을 두고서도 그 '훌륭한 상태(goodness, excellence)'를 지칭하는 표현으로 사용되었다. 플라톤, 『티마이오스(Timaeus)』, 박종현·김영균 역, 파주: 서광사, 2000, p. 53 각주 참조.

으로 인간은 물론 모든 사물과 관련해서 본성이 뛰어나게 실현되고 있음을 말한다. 일반적으로 덕이라고 하면 윤리적인 것으로만 보려는 것이 우리의 통념이다.[32] 아레테는 그것보다 더 넓은 의미를 지닌다. 덕의 의미와 관련하여 아곤은 자신의 기량을 최고로 만들어 자신을 행복하게 할 뿐만 아니라 타인과 사회, 세상도 더 나은 세상으로 만들고, 타인도 행복하게 해 주는 탁월함의 방법이 되는 것이다.

호이징하는 『호모루덴스』에서 놀이적 아곤에 대하여 다음과 같이 밝힌다.

> 고대 그리스에서 시작된 아곤은 중세의 지식기반에 지대한 영향을 미친다. 중세대학의 모든 기능은 충분히 아곤적이고 놀이적이었다. 학문적 논의(현대에서 정기 간행물 등에서 벌어지는 논쟁)를 대신하는 끝없는 논쟁, 여전히 대학 생활의 현저한 특징인 장엄한 으레 나라별, 부별, 과별, 분과별, 그리고 메울 수 없는 차이로 모임을 만드는 학자들, 이 모든 것이 경쟁과 놀이 규칙의 영역에 속하는 현상들이다.[33]

고대 그리스의 모든 지식은 논쟁을 불러일으키며 생산되었고, 생산된 지식은 아곤으로부터 떨어질 수 없었다. 새로운 정신의 위대한 보물이 등장하던 기원전 5세기는 일반적으로 격렬한 논쟁의 시기였다. 관객들은 아테네 시민으로서 논쟁을 즐겼고, 위험천만한 토론, 즉 아곤 속에서 현실을 직시하였다. 고대의 서양 연극은 그리스 문명 속에서 아곤이라는 논쟁과 경쟁을 통하여 논리적인 철학과 윤리의식이 분리되지 않은 형태로 그리

---

32 아리스토텔레스, 앞의 책, 2008, p. 38 참조.
33 요한 호이징하, 앞의 책, 2018, pp. 298-299.

스 문화를 지배하였다. '논쟁 혹은 토론'을 의미하는 아곤은 연극 속에서 사용할 때, 프롤로그에서 소개한 쟁점에 대해 상반된 입장을 가진 두 인물 (혹은 두 집단)이 격렬한 논쟁을 거쳐 한 가지의 이상적인 주장을 채택하는 방법이다. 전체의 희곡 중, 핵심 갈등의 집약체가 곧 아곤이다. 아테네 시민은 누구나 참정권과 자유로운 발언권을 가질 수 있었는데 민회나 의회에서의 자유로운 발언과 정치적 토론의 문화는 아곤 장면을 통해 구현되었다.[34]

또 니체는 아곤에 대한 역사적인 토론의 형태를 설명하였다. 그는 역사적으로 볼 때 아곤의 이념은 호메로스 이후 그리스 세계를 관통해 그리스 삶을 지배하는 토대가 되었다고 간주한다. 호메로스의 시 속에서 아곤은 그 모습을 나타냈다. 그에 의하면, 호메로스 이후의 세계에서 아곤이 그리스 세계에 뿌리내린 것은 하나의 역사적 전환점의 의미를 지닌다. 그리고 아곤은 바로 예술적 행위에 의해 탄생되었다고, 나중에 그리스 도시국가인 폴리스에서 모든 행위와 사유를 지배하는 원칙이 된 것으로 보는 견해도 존재한다.[35] 니체는 아곤에 대한 교육이념을 다음과 같이 설명한다.

자본주의 사회에서의 생존 투쟁에 기여하는 실용교육이나 기술교육이 아니라 이를 초월한 삶의 여러 영역에서의 자유로운 경쟁과 이를 통한 인간의 자기 계발과 탁월성의 배양을 이상으로 삼고 있기 때문이다. 아곤의 교육이야말로 효율성과 유용성의 차원을 넘어서는 새로운 탈경제적 가치, 즉 인간의 고양된 삶을 가능하게 하는 새로운 가치가 탄생할 수 있는 토대를 제공한다.[36]

---

34 이효원, 앞의 논문, 2017, pp. 169-170.
35 이상엽, 앞의 논문, 2006, p. 219.

이러한 아곤은 희극은 물론이고, 비극에서의 대화나 법정에서의 논쟁을 뜻하게 되어 아곤과 경쟁을 구별 없이 사용하게 되었다.

아곤은 상당수가 등장인물의 운명이 쟁점인 법정 논쟁이다. 때때로 에우리피데스의 「히폴리토스Hippolytus」처럼 재판관이 동시에 논쟁에 참여할 수도 있지만, 재판관을 앞에 두고 논쟁을 벌이는 경우가 있다. 두 인물 사이의 아곤에 제3의 인물이 개입하는 경우도 있다. 「아이아스」에서 아가멤논과 테우크로스 사이의 논쟁에 오디세우스가 끼어드는 경우와 「안드로마케Andromache」에서 펠레우스와 메넬라오스의 논쟁에 안드로마케가 끼어드는 경우가 그 대표적인 예이며, 「헤라클레스Heracles」와 「오레스테스Orestes」도 이러한 유형에 속한다.[37]

위 인용의 비극에서 나타난 형태는 아곤 현상이다. 에우리피데스의 「탄원하는 여인들The phoenician」에서 민주정과 참주정에 대해 아테네 왕인 테세우스와 테바이의 사자 사이에 붙은 비극의 논쟁을 지칭하기 위해 아곤이

---

36 니체는 고대 그리스인들이 아곤을 통해서 자신의 이기심을 발휘하는 동시에 개인과 사회에 유익한 방향으로 실현함으로써 이기심을 제어할 수 있었다고 한다. "고대인들에게는 경쟁적 교육의 목표는 전체, 즉 국가사회의 안녕이었다. 모든 아테네 사람은 아테네에 최고로 유익할 수 있거나 아니면 적어도 해를 가져오지 않도록 경쟁을 통해 자기를 발전시켜야 했다. 대부분의 현대적인 명예욕이 그런 것처럼, 헤아릴 수 없을 정도로 무한한 명예욕은 없었다. 경주를 하거나 창을 던지거나 노래를 할 경우에 청년은 모국의 복지를 생각했다. 그는 자신의 명예 속에서 모국의 명예를 높이고자 했다. 그는 경기 심판관들이 머리에 얹어 준 명예의 월계관들을 국가의 신들에게 헌정했다. 모든 그리스인은 국가들 간의 경쟁에서 모국의 안녕을 위한 도구이고자 하는 불타는 희망을 어려서부터 자신의 내면에서 느꼈다. 이를 통해 그의 이기심의 불길을 잦아들었으며, 이를 통해 그의 이기심은 통제되고 제한되었다. 모든 위대한 그리스인은 계속해서 경쟁의 햇불을 전달한다." 같은 논문, p. 214, 229.
37 강희석, 앞의 논문, 2006, p. 49.

사용된다. 기원전 5세기 아리스토파네스와 에우리피데스는 희극과 비극의 논쟁 장면을 특징짓기 위해 아곤이라는 단어를 사용하였다.[38] 이런 논쟁을 통하여 고대 그리스 희극은 오늘날까지 현실을 직시했던, 의식 있는 극시로 칭송받는다.

말에 관한 철학에 대하여 규명한 소크라테스는 '아테네의 철학'에서 다음과 같이 말하였다. 모든 동물 중에서 인간만이 유일하게 가지고 태어나는 본성인 말을 아름답고 솜씨 좋게 또는 기술적으로 할 수 있는 것은 오직 '현명한 영혼'의 몫이며, 그것에 의해 '지혜로운 사람'과 '못 배운 사람'이 명확하게 구별된다고 하였다.[39] 그러니까 '좋은 말'과 '아름다운 말'이 청중을 가장 이롭게 해 줄 수 있는 공익성의 표본이라고 표현하였다. 이러한 말이 경쟁이 되는 논쟁, 즉 아곤은 드라마 창작의 원천이 된다.

논쟁을 기본으로 하는 아곤은 기본적으로 논쟁에 가담한 사람들의 긴 변론인 레시스로 구성되며, 이 변론에 서로 치고받으며 진행되는 격한 대화가 뒤따른다. 여기에 논쟁을 개시하는 부분과 마감하는 부분을 추가할 수 있다. 극작가는 주요 레시스 이외에 다른 부분을 필요에 따라 활용하거나 빼놓는 경우가 있기 때문에 아곤의 형태는 매우 다양하다.[40] 고대 그리스 희극에서 대표적으로 등장하는 아곤은 아리스토파네스의 11개 작품 중 「평화」와 「테스모포리아 축제의 여인들」을 제외한 9개 작품에서 실제 아곤이라는 파트가 희극의 한 순서로 제시되고 있다. 이러한 아곤의 특성을 플라톤의 『국가』에서 소크라테스와 트라시마코스의 대결에서도 발견할 수 있다. 이 세 경우의 모든 아곤은 논변을 통한 대결, 시합을 의미하는

---

38 같은 논문, pp. 42-43.
39 김헌, 앞의 논문, 2016, p. 158.
40 이상엽, 앞의 논문, 2006, p. 50.

데, 치열한 정쟁과 논쟁으로 치닫는다.

3) 아곤의 적용

구희극의 특징이라 할 수 있는 두 사람 이상의 아곤의 사례에 대해서는 뒤에서 비교적 자세히 다룰 것이므로, 여기서는 대표적인 사례만 언급하기로 한다. 아리스토파네스의 「개구리」에서는 두 비극시인이 상대의 비방을 통하여 자기가 더 훌륭한 시인임을 증명하고자 논쟁(「개구리」 830-1117)[41]하는 내용으로 구성되어 있다. 두 비극시인은 아이스킬로스와 에우리피데스이며, 이들이 논의하는 주제는 전쟁과 관련된다. 아이스킬로스는 페르시아 전쟁 시대와 관련되고, 에우리피데스는 펠로폰네소스 전쟁과 관련한 아테네의 현실에 대하여 묘사하고 있다. 두 시인 사이의 논쟁과 상호 비방한 내용은 구시대와 현시대의 세대 차이를 보이고 있다.

아이스킬로스: 그대는 왕의 역을 맡은 자에게 넝마를 입혔소. 사람들에게 가벼워 보이려고.

에우리피데스: 그래서 내가 무슨 해를 끼쳤다는 거요?

아이스킬로스: 첫째, 부자들이 아무도 전함을 의장艤裝하려 하지 않고, 넝마로 온몸을 가리고 우는소리만 아는 것은 그대 탓이오.

디오니소스: 그러나 그는 그 밑에 두툼한 양모 셔츠를 받쳐 입고 있지. 그리고 그런 거짓말로 속인 다음 생선가게 옆에 불쑥 떠오르곤 하지.

아이스킬로스: 다음, 그대가 잡담과 수다에 열중하도록 가르치는 바람에 레슬링 도장은 텅텅 비고, 젊은이들은 수다를 떠느라 엉덩이에 살이 빠지고,

---

41 해당 형식과 같은 인용 숫자는 다음 책의 작품별 텍스트 행수를 지칭한다. 아리스토파네스, 『아리스토파네스 희극전집 1, 2』, 천병희 역, 2010, 숲.

파랄로스호[懷] 승무원들은 거기에 고무되어 관리들에게 대들고 있소. 내가 살아 있을 땐 그들은 보리빵을 요구하고 이영차하고 소리치는 것 말고는 아무것도 몰랐소.

디오니소스: 그건 그래. 그리고 맨 아래 단에서 노 젓는 자의 입에 방귀를 뀌고, 같이 식사하는 옆 사람을 오물로 더럽히고, 뭍에 내려 더럽히는 것 외엔 그런 그들이 지금은 대들고, 더 이상 노를 젓지 않아 이리저리 떠다니지.

— 「개구리」 1062-1076행

에우리피데스에 대해 아이스킬로스가 행한 비난의 한 대목이다. 여기서는 소피스트들의 영향으로 전통적인 교육방식을 등한시한 반면, 변론술이 한참 인기를 누리고, 전통적인 가치체계에 도전이 일어나며, 국가적인 일보다는 개인적인 이익을 추구하는 모습이 난무하는 당시의 시대 상황이 나타난다.[42] 아리스토파네스는 전통방식에 대한 일방적인 고수가 아니라 당시 아테네의 타락한 모습에 대한 비난을 디오니소스의 대사를 통해 드러낸다. 작가의 이런 연극적 행동은 단순히 전통적인 '무시케 교육 mousike'을 포함한 시대 상황을 알리는 데 급급한 것이 아니라 데모스가 처해 있는 아테네의 급박하고 어려운 상황의 발생이 무관하지 않다는 것을 보여 주는 데 있었다. 이것은 정치적인 상황뿐 아니라, 교육적 어려움, 문학적 퇴보와도 관련이 있다고 보인다.

위 행(「개구리」 1062-1076행)의 대사에서 아리스토파네스는 당시 아테네의 총체적인 위기로부터 구원되기를 바라는 간절함을 읽을 수 있다. 특히 문학(비극)의 종말에 대한 그의 안타까움을 다음의 코로스 대사를 통해서 읽어 낼 수 있다.

---

[42] 이두희, 앞의 논문, 1999, p. 47.

코로스(좌): 복 되도다, 세련된 지성의 소유자는. 많은 예[例]가 이를 말해 준다
네. 그이는 지혜로운 이로 드러나 다시 고향으로 돌아간다네. 시민들에게
이익을 가져다주며, 자신의 친족들에게 이익을 가져다주며, 그는 지성의
소유자니까.

코로스(우): 얼마나 좋은 일인가, 소크라테스 옆에 앉아 / 수다를 떨지 않는다
는 것은, 그리고 비극의 예술에서 음악과 가장 위대한 유산들을 벗기지 않
는다는 것은, 젠체하는 천박한 말로 수다를 떨며 하는 일 없이 시간을 보
내는 것은 정신 나간 자들의 몫이라네.

— 「개구리」 1482-1499행

디오니소스는 두 비극시인의 대결에서 한 명을 이승으로 데려오는 결정
을 내린다. 한 명은 지혜롭게 말하고, 다른 한 명은 명료하게 말하고 있는
것이다. 그러나 결국 지혜롭게 말하는 아이스킬로스를 선택하게 되는데
여기서도 문학과 정치에서의 깊은 관계가 묘사되고 있다. 이로써 에우리
피데스를 패배자로 만든 아리스토파네스에게 있어서 문학(비극)은 정치와
밀접한 관계를 맺고 있음이 드러난다. 이것은 두 비극시인의 아곤이 박빙
의 승부로 전개된 것과 관련하여 문학과 정치의 논쟁과도 밀접한 관련이
있음을 보여 주는 것이다.

등장인물들이 말로 경쟁하는 장면을 지칭하기 위해 연극비평에서 아곤
이라는 단어를 처음 사용했던 때는 1885년이다. 지엘린스키[M. Zielinski]는 자
신의 저서 『옛 아티케의 코미디 분류[Die Gliederung der altattschen Komodie]』에서 아곤을
언급했다. 그가 언급한 연극은 아리스토파네스의 「말벌」이다. 「말벌」에서
재판광 아버지 필로클레온과 그의 아들 브델리클레온 간의 논쟁은 정치
적 성격을 띤 아곤의 한 형태로 볼 수 있다.

브델리클레온: 그게 바로 이 사람들이 듣기 좋아하는 말이지. 나로 말하면 아버지께서 꼭두새벽에 외출해 남을 모함하고 고소하는 대신 모리코스처럼 점잖게 사시기를 바랄 뿐인데, 그런다고 나를 음모꾼이니 독재자가 되려 한다느니 욕하지 뭐야.

필로클레온: 암, 너는 그래도 싸. 난 지금의 이 생활을 포기하지 않아. 네가 내게 남은 생애 동안 새 젖을 먹여 준대도. 난 네가 홍어나 장어를 준대도 반갑지 않아. 뭉클한 불로 냄비에 조린 조촐한 소송訴訟이 내겐 더 맛있단 말이야.

브델리클레온: 그야 그런 것들에 맛을 붙이셨으니까 그렇죠. 그러나 잠자코 제말에 귀를 기울이시면, 아버지께서 완전히 잘못 이해하고 계셨음을 알게 되실 거예요.

필로클레온: 내가 배심원이 된 게 잘못이라고?

브델뤼클레: 어디 그뿐인 줄 아세요. 아버지는 아버지께서 존경하시는 자들의 놀림감이세요. 그자들의 종이시면서 그걸 모르고 계세요.

필로클레온: 종이라는 말 집어치워! 난 만인을 지배한단 말이야.

— 「말벌」 503-518

위 대사에서 말벌과 같은 늙은이의 권력욕에 집착하는 모습이 묘사된다. 이 부분은 아버지와 아들의 논쟁에서 배심원들이 모두를 지배하는 사람인지, 아니면 선동정치가의 종인지를 따지는 아곤에 해당한다. 그러나, 그보다 중요한 것은 브델리클레온이 필로클레온과 논쟁을 하면서도 가족을 도시의 정치문제 위에 둔다는 것이다. 브델리클레온은 아버지의 이상한 권력욕의 선호가 오로지 몸에 밴 습관 때문이며, 배심원으로 행동하여 저지른 나쁜 짓들이 모든 시민이 경멸하는 노예 행위라는 것을 알려 주고자 한다. 그러나 필로클레온은 그가 누구의 노예라는 것을 부정하고, 민주체제의 안전에도 관심이 없다. 오로지 말벌들이 그의 편이라는 확신과 함께 남을 판결하지 않거나 비난하지 않는 삶에 대해서는 가치 없는 것이라고 단호하게 주장한다.

작가의 관심은 브델리클레온과 필로클레온의 아곤을 통하여 아들이 아버지가 배심원으로 행동하는 것에 심취해 있는 것에서 해방시키고, 진정한 즐거움을 누리는 온전한 생활을 하도록 이끄는 것이다. 이로써 아리스토파네스는 아곤을 통해서 아테네 사회의 체제 전복의 불가능함과 클레온의 정책이 불합리하다는 것을 확신시키고자 노력했음을 알 수 있다.

아곤의 또 다른 대표적인 형태는 「아카르나이의 사람들」이다. 주인공 농부 디카이오폴리스와 아테네 장군 라마코스의 논쟁인데, 디카이오폴리스의 조롱에 가까운 공격이 이 작품의 주된 아곤이다. 아테네의 장군인 라마코스를 논쟁으로 꼼짝 못 하게 공격하는 디카이오폴리스는 그의 이름에서 알 수 있듯이 정의로운 시민이며, 정의로운 도시를 상징하기도 한다. 즉 아카르나이의 사람들이 전하려는 뜻을 아곤에서 토론하고자 하는 것이다. 그러나 가장 애국적인 시민들인 마라톤의 전사들을, 클레온보다 더욱 못된 가장 불의한 시민으로 고발한다. 이는 라마코스의 전쟁 선동의 영향과 관계가 깊을 것이다. 어쨌든 디카이오폴리스와 라마코스의 아곤은 논쟁의 극에 달하는데 토론이라기보다는 조롱에 가까운 상대의 공격이 주를 이룬다.

디카이오폴리스: 그대의 무장을 보니, 겁이 나서 현기증이 일어요. 제발, 내 앞에서 그 도깨비 좀 치워 주세요.

라마코스: (고르고가 보이지 않도록 방패를 뒤집으며) 자!

디카이오폴리스: 방패를 뒤집어서 땅바닥에 놓아 주세요.

라마코스: 자, 그렇게 했다.

디카이오폴리스: 이번에는 그대의 투구에서 깃털 장식을 하나 뽑아 주세요.

라마코스: (투구 측면에서 커다란 깃털 장식 하나를 뽑아주며) 자, 여기 이 깃털 장
식을 받아!

디카이오폴리스: 이번에는 내가 토하는 동안 내 머리를 붙잡아 주세요. 그대의
깃털 장식들을 보니 속이 뒤틀려서 그래요.

라마코스: 자네의 의도가 무엇인가? 이 깃털을 이용해 토하겠다는 거야, 뭐야?

디카이오폴리스: 이게 깃털인가요? 어떤 새의 깃털이죠? 허풍쟁이 새의 깃털인
가요?

라마코스: (디카이오폴리스에게 다가가며) 자네 죽을 줄 알아!

디카이오폴리스: 그러시면 안 되죠, 라마코스님! 여기는 힘 겨루는 곳이 아니잖
아요. 힘이 그리 세다면, 왜 내게 할례를 베풀지 않으시죠? 수술 도구는 다
갖고 있으면서.

라마코스: 거지 주제에 장군인 나에게 감히 그런 말을 하다니!

디카이오폴리스: (발끈하며) 뭣이, 내가 거지라고요!

라마코스: 거지가 아니면 뭔데?

디카이오폴리스: 내가 뭐냐고요? 엽관獵官 운동을 하는 자가 아니라, 점잖은 시
민이고, 전쟁이 일어난 뒤로는 전사戰士이지요. 그러나 그대는 전쟁이 일
어난 뒤로 고액 봉급자였어요.

라마코스: 나는 선출됐단 말이야.

디카이오폴리스: 세 마리 뻐꾸기가 선출했겠죠. 나는 그게 싫어서 휴전조약을
체결했던 거예요. 백발이 성성한 이들은 전투대형을 이루고 있는데, 그대
또래의 신출내기들은 병역을 기피하려고 사방으로 흩어지는 것을 내가
봤으니까요.

— 「아카르나이의 사람들」 581-601행

위의 「아카르나이의 사람들」에서 아리스토파네스는 디카이오폴리스를 통하여 휴전조약의 정당성을 라마코스에게 전달한다. 디카이오폴리스의 전쟁 무기에 대한 조롱은 다른 평범한 시민처럼 소극적인 행동이 아니다. 그는 아테네의 전쟁에 대한 책임을 물으려는 것이 아니라, 전쟁으로 이득을 보는 특권층들에 대한 준엄한 경고이다. 경고 대상자들은 전쟁 전에는 할 일 없는 자들이나 거지였으며, 전쟁 도중에는 전선의 뒤에서 돈 벌기 좋은 임무들을 맡았던 자들이다. 주인공 디카이오폴리스는 정의[43]를 세워서 불의를 준엄하게 꾸짖는다.

아곤을 소피스트들의 궤변으로 몰아가는 형태의 작품은 「구름」이다. 주

---

[43] 그리스 고전에서 논하는 정의(dikaiosyne)란 무엇인가에 대해 플라톤의 『국가』 제2권에서 제 10권까지 소크라테스의 전형적인 논박적 변증술(elenchos)을 소개하고 있다. 그중 『국가』 전체에서 가장 중요한 몫을 하고 있는 소피스트 트라시마코스의 논변과 이에 맞서는 소크라테스의 논변을 수사학적으로 정리하였다. 두 사람의 논변의 대결, 즉 아곤에서 트라시마코스는 '정의는 강자에게 이로운 것'이라고 대답한다. 하지만 이 주장에 대해 소크라테스가 반론을 펴자 트라시마코스는 이에 재반박을 하며 정의란 강한 자에게 이로운 것이며, 정의롭지 못함은 약자 자신에게 이득이 되는 것이라는 확정된 주장을 한다. 이에 대해 소크라테스는 보다 면밀한 논변을 제시하며 트라시마코스의 주장을 일축하는 것처럼 보이는데, 외관상 『국가』 제1권에서는 트라시마코스가 패한 것처럼 묘사된다. 하지만 2권 서두에서 소크라테스의 대화 상대자인 글라우콘은 트라시마코스의 주장을 되살려서 소크라테스로 하여금 국가편 전체의 주제인 '정의' 규정의 방향을 정하도록 유도한다. 김진, 앞의 논문, p. 87; 이에 대한 글라우콘의 반격이 시작되는데 "제가 보기에는 트라시마코스 선생께서, 마치 뱀한테 홀린 듯, 선생님한테 정도 이상으로 쉽게 홀린 것 같기 때문입니다. 그렇지만 그 각각에 대한 논증은 결코 제 마음에는 들지 않습니다. … 그러므로 선생님께서도 좋다고 생각하신다면, 저는 이렇게 할 것입니다"라고 시작하는 논박을 세 가지로 언급한다. 이를 요약하면, 첫째, 사람들(hoi polloi)이 말하는 올바름(정의)의 기원에 대하여, 둘째, 그것을 실천하는 사람은 기꺼이 하지 말고 마지못해서 행한다는 점, 셋째, 사람들이 이렇게 행하는 것은 온당한데 그 이유는 올바르지 못한 자의 삶이 올바른 자의 삶보다 훨씬 낫다고들 말하기 때문이라고 한다. 플라톤, 『국가·政體(Platonis Respublica)』, 박종현 역, 파주: 서광사, 2005, p. 125.

인공 농부 스트렙시아데스와 그의 아들 페이디피데스의 논쟁인데, 정론과 사론의 논쟁에서 사론의 궤변으로 무장하여 정론을 물리치는 형태의 아곤 사례이다. 스트렙시아데스는 사술로 그의 부채들을 없애려는 갈망으로 아들 페이디피데스를 소크라테스의 학생이 되라고 부채질한다. 스트렙시아데스는 '구름의 학교'에서 페이디피데스가 최근에 획득한 변론 기술로 누구라도 패배시킬 수 있다는 것을 알고 있다. 그 결과 페이디피데스는 완벽한 소피스트가 되어서 돌아온다. 그리고 그가 배운 변론술로 아버지를 만난다.

스트렙시아데스: 어이쿠, 어이쿠, 이웃들과 친척들과 같은 구역민들이여, 얻어 맞고 있는 나를 힘을 다해 도와주시오! 아아, 내 머리, 내 턱! 나야말로 불운하구나! 이 못된 녀석, 네가 아비를 쳐?

페이디피데스: 그래요, 아버지.

스트렙시아데스: (코로스에게) 보십시오. 녀석은 제가 아비를 쳤다고 인정하고 있습니다.

페이디피데스: 인정하고 말고요.

스트렙시아데스: 고약한 녀석, 아비를 치는 녀석, 가택 침입자!

페이디피데스: 그런 말이라면 얼마든지 하세요. 저는 욕을 많이 먹는 게 즐겁다는 것도 모르세요?

스트렙시아데스: 오입쟁이!

페이디피데스: 제게 장미를 듬뿍 뿌려 주세요.

스트렙시아데스: 네가 아비를 쳐?

페이디피데스: 제우스에 맹세코, 증명해 드리죠. 제가 아버지를 친 것은 정당하다는 것을.

스트렙시아데스: 정말 고약한 녀석이로구나. 아비를 치는 것이 정당하다니!

페이디피데스: 제가 증명해 드리고 아버지를 말로 이기겠어요.

스트렙시아데스: 네가 이기겠다고?

페이디피데스: 식은 죽 먹기죠. 두 가지 논리 중 어느 쪽이든 마음대로 고르세요.

스트렙시아데스: 어떤 논리들 중에서?

페이디피데스: 열등한 논리와 우월한 논리 말예요.

스트렙시아데스: 아비가 아들에게 얻어맞는 것이 정당하고 아름답다는 것을 네가 증명할 수만 있다면, 이 고약한 녀석아, 나는 정말로 올바른 사람들을 반박하는 법을 네게 가르치게 한 셈이 되겠구나.

— 「구름」 1321-1341행

위의 「구름」의 부자간의 대립 장면에서 스트렙시아데스의 비명이 들리면서 그들의 예견 내용이 암시된다. 「구름」의 주의 깊은 예견이 현실화되면서 그는 아들에게 얻어터지는 것이다. 페이디피데스는 뻔뻔스럽게도 아버지를 폭행한 사실을 인정하는데 흥분한 아버지는 아들을 법정에 정식으로 고발하는 것이다. 페이디피데스는 그가 아버지를 정당하게 폭행했음을 증명하겠다고 선언하며 공세적으로 돌아온다. 스트렙시아데스는 자기 아들의 증명을 들으면서, 자신에 대한 폭행을 완전히 잊어버리는 것은 페이디피데스의 언변술을 칭송하는 사람으로서, 스스로 떠안고 가야 할 업보로 여겨야 한다. 여기서 두 사람 사이에는 정의의 변론과 불의의 변론이 대응한다. 얼마 동안 스트렙시아데스는 야만스런 욕설을 퍼붓는데, 그것은 '불의의 변론'에게 '정의의 변론'이 퍼붓던 욕설을 연상하게 하고, 페이디피데스는 자진해서 '불의의 변론' 방식으로 욕설에 대응한다. 이것이 아리스토파네스가 「구름」에서 보여 주는 연극적 행동이자 아곤의 세계이다.

이상 「개구리」, 「말벌」, 「아카르나이의 사람들」, 「구름」 등 작품 속 아곤의 적용형태에서 개인들은 대립되는 원칙들을 대변한다. 아곤은 극의 형태로 나타나며, 극은 항상 싸움이 — 비록 이것이 모의 싸움일지라도 — 일어나기 때문이다. 그러한 원칙들은 충돌하고, 그것들이 지닌 가장 비이성적인 결론들에 이르기까지 가공된다. 그리고 그 부분들의 정합성과 성격의 적합성은 거의 주목되지 않는다.[44] 그들이 보여 주는 아곤의 의미는 삶의 자극제로서 자기 자신의 발견은 물론, 독창적인 천재들의 탄생을 가능하게 하였던 것이다. 동시대의 비극과 차별되는 변별적 요소를 가지고, 비극의 극적 환상과 감정이입에 근거한 극작술이 아니라 관객과 무대의 자유로운 소통, 성찰과 비판, 극사건의 변증법적 소통방식을 지향하는 서사적 구조를 취하고 있다.[45]

아곤의 대두와 관련하여 기원전 5세기 철학의 분야에서 고대 그리스의 대표적 소피스트인 프로타고라스의 아곤에 대한 논의가 전해지고 있고, 고대 희극에서는 실제 아곤의 형태가 논변과 논쟁을 통한 대결의 형태로 제시되고 있다. 한자의 형태로 볼 때 극은 싸움의 모습을 형상화하여 나타난다. 이는 호랑이와 멧돼지의 격렬한 싸움을 비유하여 만들어진 것이다. 고대 그리스의 비극, 희극시인들은 지속적인 아곤 속에서 자기 자신과 다른 예술가와의 극적인 경쟁 속에서 자신을 발견하고 형성해 나간다. 오직 경쟁이 그들을 시인으로, 소피스트로, 웅변가로 만들었다는 것이다.[46] 그들은 아곤을 통해 자신을 형성하고, 완성하고, 아곤의 승리로 뛰어난 인간으로 찬미되었던 것이다. 아곤은 위대한 인간 유형으로서 삶의 모범이자

---

44 사무엘 헨리 부처, 앞의 책, 2014, pp. 307-308.
45 이정린, 앞의 논문, 2005, pp. 122-123.
46 이상엽, 앞의 논문, 2013, p. 228 참조.

척도가 되며, 개별자들이 자기 자신에게 도달하는 최상의 길로 존재적 가치가 통했던 것이다.

이러한 아곤의 본질과 더불어 희극적인 성질을 추론해 보면, 희극적인 것을 정의할 때는 아곤이 부정적인 개념으로 사용되어 왔다. 즉 희극적인 것은 무엇인가 저급하고 사상이 부재되어 있으며, 고상하고 위대하고 이상적이고 정신적인 것들과의 불일치, 양극화, 대립, 투쟁, 모순에서 만들어지는 외형이라는 것이다.[47] 희극성에는 두 가지 상반되는 유형이 있다. 한 유형은 아름다움에 대한 학문으로 여겨지고 있던 미학의 영역으로서 미적 개념에 포함된다. 또 다른 유형은 미학과 아름다움의 영역 밖의 아주 저급한 것을 나타낸다. 다만, 두 번째의 유형에서의 '저급하게 희극적인 것'이라는 이론적 정의는 존재하지 않는다고 볼 수 있다. 만일 그런 정의가 있다고 해도 그것은 아무 의미를 지니지 못한다. 고대 희극들을 자세히 들여다보면, 소극笑劇적인 요소들이 보이기는 하지만 저급한 희극의 분류에 소속시킬 필요는 없는 것이다.

마찬가지로 아리스토파네스의 희극들을 보면, 정치풍자 성향의 작품들로서 외설적이고 투박하기는 하지만 저급한 코미디는 아니다. 그는 사회적 책임을 요구하는 문제의식을 희극이라는 예술형식으로 공격의 축을 통해 세웠고, 고대 희극의 지적, 예술적 기준을 한 단계 높인 공로자로 인정되는 사람이다. 아리스토파네스는 그의 작품 속에서 공동체적 정신, 윤리적 규범, 시대정신을 대변한 해학적 행동들을 극적으로 표현하였다. 그의

---

47 희극적이라는 개념에 달라붙는 일련의 부정적 형용구들과 고상하고 높고 아름답고 이상적인 것들에 대한 희극적인 것의 대립 등은 웃음에 대한, 그리고 희극적인 것에 대한 부정적 태도, 더 나아가 경멸감을 말한다. 경멸은 쇼펜하우어, 헤겔, 피셔 등과 같은 이상주의 철학자들에게서 매우 뚜렷이 나타난다. 블라지미르 쁘로쁘, 앞의 책, 2010, p. 21.

아곤은 아테네 공동체의 실체인 폴리스의 정치제도와 현실 정치를 풍자하며, 구성원 상호 간의 소통을 꾀하는 논쟁과 토론의 학습 형태로서의 역할을 제공해 왔다고 강조해도 모자람이 없다. 결과적으로 아리스토파네스 희극의 아곤은 작품 속에서 고대 그리스인들의 경쟁심을 발원시키고 있다. 이러한 소통방식은 당시의 정치 현실과 사회문제에 대한 적극적인 경고와 함께 관객들을 사회적인 풍자의 성향을 향하여 확실하게 표출하고 있다. 아리스토파네스는 아곤이라는 논쟁 방식을 통하여 당시의 정치, 사회, 문예 등의 문제의 본질에까지 육박하였다. 또한 구희극 특유의 익살과 해학으로 현실 사회를 풍자하고 비판한 작가로서 생동감 넘치는 묘사의 활력은 그가 여전히 최고의 희극작가로 남아 있게 하는 힘일 것이다.

2. '파라바시스'의 등장

1) 파라바시스의 규범과 일반화된 충고

아리스토파네스 희극에는 독특한 양식이 존재한다. 논쟁 장면인 아곤과 코로스의 단독장면인 '파라바시스parabasis'를 말하는데, 이는 아리스토파네스 희극으로 대변되는 구희극 시대만의 독특한 양식이다. 아곤과 파라바시스는 연극이 법정이 될 만큼 정치적 발언의 자유가 보장되었던 고대 그리스 민주주의의 산물이자 축제 속 공연예술의 소산이다.[48] 구희극의 특징인 아곤과 파라바시스는 아리스토파네스 사후, 신희극으로 가면서 사라지는 구희극만의 고유한 형식이다.

아리스토텔레스의 『시학』 제4장에서 파라바시스에 대한 주석이 언급된다.

---

48 이효원, 앞의 논문, 2017, p. 4.

파라바시스는 어떤 우스꽝스러운 인물이 등장하여 세상을 바로잡기 위한 기발하면서도 어처구니없는 아이디어를 내놓으면 코로스는 이에 격렬한 반대를 하거나 열렬한 지지를 보낸다. 떠들썩한 장면이 그치면 논쟁agon이 전개된다. 토론에서 어떤 결론이 나오게 되면 코로스는 시인을 대신하여 관객을 향하여 신을 찬미하는 짧막한 노래를 곁들여 실시하는 연설parabasis을 하는데, 이 연설은 한참 계속된다. 그리고 마지막에 가서는 대체로 잔치로 끝난다.[49]

아리스토텔레스『시학』에 의하면, 파라바시스에 배정되는 희극의 코로스는 비극보다 두 배나 많은 24명으로 배정되었다고 밝힌다. 이를 통해 비극보다 희극에서 훨씬 더 다양한 역할 수행을 코로스가 담당했음을 알 수 있다. 이정린은『아리스토파네스와 고대 그리스 희극 공연』에서 비극의 코로스 기능이 통합에 있다면, 구희극에서 코로스는 분산의 기능이 있다고 하며, 코로스의 서사극적 기능을 주장한다. 이같은 주장을 토대로 구희극의 코로스의 기능은 무대와 객석의 매개 역할을 통해 이화를 발생시키고, 극 사건을 비판적으로 성찰할 수 있는 장치가 된다. 이러한 기능이 가장 잘 드러난 장면은 코로스가 단독으로 관객을 향하는 파라바시스이다. 파라바시스에 등장하는 코로스의 의미에 대하여 살펴보자.

파라바시스의 원래의 의미는 무대의 연기가 중단된 가운데 코로스가 관객을 향해 말을 거는 국면을 말한다. 코로스는 '앞으로' 나서거나 아니면 '옆으로' 향한다. 파라바시스의 복합적인 구성요소는 코로스가 정치적, 혹은 문학적 주제를 놓고 토론을 벌이는 아나페스트anapest와 한 호흡으로 이루어진 홍

---

49 아리스토텔레스, 앞의 책, 2014, p. 42.

분된 어조로 낭송하는 긴 문장의 암송 프니고스^{pnigos}, 신에게 바치는 송가, 시사적인 문제에 대한 풍자나 충고, 훈계를 담은 에피레마^{epirrhema}(후속담화), 송가와 유사한 부분이지만 신들에게 도움을 청하는 내용을 담고 있는 대구송 가^{antode}, 희극적 분위기로 되돌아가는 안티스트로페^{antistrophe}(역방향선회) 부분으로 이루어져 있다.[50]

위 인용에서 파라바시스는 '앞으로 나섬'[51]이라는 뜻으로, 앞 사건과 관계없이 아리스토파네스의 사건을 코로스의 힘을 빌려 직접 전하는 코로스 단독장면이다.[52] 이처럼 '앞으로'의 의미를 지닌 코로스는 엄격한 규범에 따라 전개되었다. 파라바시스에서 코로스의 역할은 무대에서 모두 퇴장 후 작가의 충고와 조언을 코로스의 이름으로 관객에게 말을 하며, 대단원[53]의 국면을 암시한다. 이 부분에서 코로스장은 작가의 장점을 부각시

---

50 이정린, 앞의 책, 2006, p. 156.
51 '앞으로 나섬'의 뜻으로 해석한 이정린(2006)은 코로스가 '앞으로' 나서거나 아니면 '옆으로' 향한다고 주장한다. 이는 단지 나서는 방향이 중요한 게 아니라 무대의 연기를 중단한 가운데 코로스가 관객을 향해 말을 거는 국면으로 '앞으로 나섬'을 말한다. 이와 비슷한 주장으로 김헌(2010a)은 "희극 장르는 중간에 '파라바시스(앞으로 나섬)'라는 대목이 있는데, 배우들이 모두 퇴장한 상태에서 코로스와 코로스장이 앞으로 나서서 관객에게 직접 말을 건다"라고 하였다. 신약성경에는 파라바시스를 헬라어로 '선을 넘는 것'을 의미한다고 되어 있다. 경계선을 넘어서 안전지대를 넘어서는 것이 죄다. 안전지대에 머물러 있지 않으면 무슨 일을 당할지 알 수 없게 된다는 것이다. 이러한 주장은 '선을 넘는 것'과 '앞으로 나섬'의 유사성에 근거를 두고 있음을 말하고 있다.
52 이정린, 앞의 책, 2006, p. 156 참조.
53 여기서 파라바시스의 역할은 연극의 시작이나 끝부분에서만 청중을 다룰 수 있다고 되어 있다. 이것과 관련된 다른 주장은 원래 파라바시스가 이오니아인들의 코미디 에필로그에서 나왔다고 결론을 내린다. Philip Whaley Harsh, "The Position of the Parabasis in the Plays of Aristophanes", *Transactions and Proceedings of the American Philological Association* 65, 1934, p. 178.

키고, 자신의 정치적 주장과 공동체에서 위치, 그리고 자신의 극작에서 추구하는 풍자의 유용함에 대해 주장한다.

앞서 아곤을 언급한 콘포드에 의하면, 아테네 코미디는 파라바시스를 기점으로 두 부분으로 구성된다고 주장한다. 첫 부분은 프롤로그, 코로스의 등장인 파라도스, 그리고 두 분파 사이의 아곤으로 구성된다. 파라바시스 후의 두 번째 부분은 희생과 잔치의 장면 그리고 축제행렬과 결혼으로 끝을 맺는다.[54] 이러한 형식의 파라바시스는 희극에서 코로스가 작품의 주제를 관객들에게 알려 주거나, 저명한 인사를 골라 풍자적으로 또는 노골적인 비난을 퍼붓는 부분을 가리키는데, 이는 거의 시인의 목소리가 직접 전달되는 효과를 갖는다.[55] 또한 관객에게 부정한 공권력을 가진 특정인에 대한 공격이나 정치적 충고를 연극적 행동으로 대신하는 희곡의 장점을 피력한다. 이 개념의 사용 시기와 번성 시기에 대한 특징을 다음과 같이 볼 수 있다.

아곤과 파라바시스는 연극성을 갖춘 구희극만의 고유한 양식이다. 아곤은 의회로부터 연극에까지 연결된 정치적 발언의 장이었고, 파라바시스는 이러한 아곤의 연장선임과 동시에 축제적 성격을 돋우어 줄 관객과의 소통장면인 것이었다. 아곤과 파라바시스는 연극이 정치의 연장선이 되게 한 결정적인 양식이다. 이 두 가지의 독특한 양식은 한 세기도 채 되지 않는 시기 동안만 번성하고 신희극의 시대에서는 완전히 자취를 감추게 된다.[56]

---

54 김용수, 앞의 책, 2002, p. 522.
55 실제 아리스토파네스 작품 속에서 사용된 파라바시스는 비난보다 정치적 조언이나, 사건의 전개 과정에서 일어나는 분규에 대하여 적정한 시기에 코로스가 해결 또는 충고의 개념으로 나타나고 있다. 김헌, 앞의 논문, 2010a, p. 66 참조.
56 이효원, 앞의 논문, 2017, pp. 169-170.

아리스토파네스 희극에서 파라바시스의 위치는 오랫동안 극단적인 입장을 담은 학자들의 관심을 끌었으며, 파라바시스의 본래 위치와 본질 및 코미디의 원래 구조에 관한 특정 이론을 형성했다. 필립 웨일리 하쉬[Philip Whaley Harsh]의 논문 "아리스토파네스 희곡에서 파라바시스의 위치[The Position of the Parabasis in the Plays of Aristophanes]"에서 지엘린스키는 "우리는 파라바시스를 '이국적인 것[something foreign]', 즉 '낯설다'라고 규명한다. 시인은 연극의 시작이나 끝부분에서 청중을 향해 메시지를 전달하는데, 이 위치에 존재하는 것은 부당하다"[57]고 주장한다. 파라바시스에 대한 사전적 논의를 살펴보자.

파라바시스는 배우들이 떠나거나 무대를 떠나는 동안 합창단 또는 합창단 리더에 의해 청중들에게 전달되는 연설이다. 이 역할에서 합창은 작가의 목소리로 코로스가 청중에게 직접 전달 될 때 극적 플레이의 포인트가 된다. 코로스는 부분적으로 또는 완전히 연극의 주제와 관련이 없는 주제로 청중과 이야기할 때도 있으며, 이때의 극적인 역할은 포기한다. 일반적으로 파라바시스는 연극의 한가운데서 발생하며 종종 마지막 부분에 두 번째 역설이 있을 수 있다. 아리스토파네스는 관객에게 스스로 이해시키는 방식을 위하여 이 형식을 사용했다.[58]

정의에서와 같이, 아리스토파네스는 관객들이 스스로 이해하는 방식을 위하여 이 형식을 많이 사용했는데, 이는 초기 그리스 희극에서 자주 나타나는 현상이다. 작가는 코로스의 목소리를 빌려 공동체의 의견을 개진하

---

57 Philip Whaley Harsh, 앞의 논문, 1934, p. 178.

58 링크 https://en.wikipedia.org/wiki/Parabasis.

려 했던 노력이 엿보인다. 이는 극의 흐름을 담보하면서까지 정치적 상황을 관객에게 스스로 이해시키려는 우회적 방식이다.

고대 그리스 드라마의 형식적 특성에서 구희극의 구조[59]를 연결하면, 프롤로고스prologos–파로도스parodos–프로아곤proagon–아곤agon–파라바시스parabasis–엑소도스exodos 혹은 코모도스komodos로 이루어진다. 이 구조에서 희극의 아곤과 파라바시스 부분은 비극에서의 본격적인 극의 대사 부분인 에피소드episode와 코로스의 노래인 스타시몬stasimon[60]이 대체된 것이다. 구희극에서 아곤의 격렬한 논쟁이 지나간 장면 이후에는 어김없이 코로스가 등장한다. 이 장면에서는 프롤로그에서 소개한 쟁점에 대해 상반된 입

---

[59] 변형이 많긴 하지만 아리스토파네스 희극의 기본 구조는 간단하다. 프롤로그가 분위기를 잡고 기발한 착상을 설명한다. 코로스가 입장하고 기발한 착상의 장점에 관한 토론(아곤)이 이어지며, 그 계획을 시도할 것인지가 결정된다. (오스카 G. 브로켓 & 프랭클린 힐디, 앞의 책, 2010, p. 51) 고대 그리스 극형식에 대한 용어로서 다섯 장면으로 나누어 설명할 수 있다. 류재국, 앞의 논문, 2017, p. 77 각주 인용.

프롤로고스 (prologos)	코로스가 오케스트라에 등장하기 전 플롯의 핵심을 설명하는 부분으로 '도입부'를 일컫는다.
파로도스(parodos)	코로스가 오케스트라에 등장하여 노래하는 '등장가' 부분이다.
아곤(agon)	주인공이 제시한 기발한 해결책을 놓고 반대파와 논쟁을 벌이는 장면으로 극의 절정부분에 해당한다.
파라바시스 (parabasis)	배우들이 퇴장하고, 무대의 연기가 중단된 상태에서 코로스가 직접 관객에게 말을 걸거나 설명하는 단독장면을 말한다.
엑소도스(exodos)	대체로 떠들썩한 잔치 분위기로 끝나는 대단원으로서 코로스의 퇴장과 결혼행렬로 이어지며, 끝날 때 일정한 패턴을 유지한다.

[60] 비극에서 스타시몬(stasimon)은 오늘날의 막간에 해당하는 것이다. 코로스는 대화의 장면과 장면 사이에 노래 부르고 춤추었다. 그러나 단순한 간주(間奏)는 아니며, 그 앞 장면에서 벌어진 일에 대한 서정시에 대한 반성이라고 할 수 있는 것이다. 비극에서 진정한 의미의 극의 시작은 코로스 입장 이후이다. 거꾸로 말하자면, 코로스 입장 이전의 부분이 프롤로그이다. 따라서 희극에서의 파라바시스에서 입장하는 코로스와는 형식과 내용이 상당히 다르게 합창의 기교를 구사한다.

장을 가진 두 인물 혹은 두 집단이 격렬한 논쟁을 거쳐 한 가지의 이상적인 주장을 채택하게 된다. 아곤을 거쳐 소위 극 사건의 '이상적인 목표'에 도달하고 난 뒤 극 사건은 중단되고 코로스 단독으로 진행되는 파라바시스가 이어진다.[61] 파라바시스는 희극과 관객의 관계를 가장 직접적으로 보여 주는 구희극의 특징적인 구조로서 여러 가지 다양한 요소들이 결합한 복잡한 구조이다. 따라서 매 사건의 무대는 아곤으로 통하는 분규의 논쟁 속에서 코로스의 중재로 용해되어 다음과 같이 묘사된다.

> 고대 그리스 극 형식의 네 번째 부분인 파라바시스는 극의 전개가 일단락되고 나면, 배우들이 퇴장하고 코로스장이 배우들의 행운을 빈 후, 코로스에게 관객들을 향해 '앞으로 나설 것advance, go forward'을 명한다. 코로스는 가면을 벗고 연극적 환상을 중지시킨 뒤, 코로스장과 교대로 작가의 세태에 대한 진단을 관객들에게 전하고 제언하는데 특별히 실명으로 아테네에 의롭지 못한 자, 정치적으로 부도덕한 자를 단죄하고 매도한다.[62]

기원전 5세기의 희극 파라바시스는 공연 중간쯤 코로스가 자신의 가면을 내려놓고 관객들에게 직접 훈계하는 대목이다. 아리스토파네스는 그의 희극에서 등장인물의 입을 빌려 자신의 경험담이나 생각을 여과 없이

---

61 이정린, 앞의 책, 2006, p. 156.

62 이효원, 앞의 논문, 2017, p. 40. 여기서 코로스장의 연설은 '한숨에(in one breath)'의 의미를 지닌 '프니고스(pnigos)'라 불리는 결말로 끝나는데 관객 속의 소피스트나 정치선동가들의 야유나 반대를 잠재우기 위해 연설이 속도와 힘을 더해 가다가 종국에는 거의 숨 가쁜 비명에 가까워지기가 일수였기 때문이었다. 코로스는 두 무리로 나뉘어져 각기 '찬가(Ode)'와 '대구찬가(Anti-Ode)'를 불렀고, 각각의 무리에 '코리파에우스(Coryphaeus)'와 '파라스타테스(Paraststes)'라는 장이 있어 '에피르히마(코로스장이 하는 낭송)'와 '대구 에피르히마'를 떠맡았다. 김해룡, 앞의 논문, p. 226.

전달한다. 이러한 극적 장치는 시민들에게 더 많은 생각할 거리를 제공하는 직설적인 장치라는 점에서 교훈적 성격을 지니고 있다.[63] 이와 같이 파라바시스가 관객들에 대한 조언과 일반화된 충고의 형식을 취함으로써 현실의 문제점을 직시하는 의식을 전달하게 된다. 아곤과 파라바시스가 그리스 연극 세계에 뿌리내린 것은 하나의 역사적 전환점의 의미를 지닌다. 고대 그리스에서 아곤 혹은 경쟁의 탄생은 하나의 긴 과정으로 이해되며, 파라바시스는 아곤에서 발생하는 분규와 함께 예술적 행위에 의해서 탄생되었다. 이 두 개념의 구성요소들은 나중에 그리스 도시국가인 폴리스에서 모든 행위와 사유를 해결하는 원칙적인 구조가 된다.

이 구조는 구희극에서 가장 독특한 구성으로 그 내용이 비극과 달리 대부분 극 사건과 무관하거나 외면적인 맥락만을 갖고 있고, 비드라마적 요소인 낭독과 노래를 통해 극 사건의 흐름을 중단시키는 독립적인 부분이다. 대개 코로스는 파라바시스의 첫 부분에서 극중 인물로서의 정체성을 포기하고, 배우들이 무대를 떠난 뒤 관객에게 직접 노래를 부르고 연설을 한다.[64] 이 구조의 사용을 살펴보면, 아리스토파네스의 초기작품은 펠로폰네소스 전쟁의 시기, 아르키다모스 전쟁 시기(기원전 431-기원전 421)와 시칠리아 원정의 마지막 시기(기원전 421-기원전 404)의 9개 작품은 코로스 등장을 통하여 드라마 내적인 정체성을 유지하는 편이다. 그러나 후기희극으로 분류되는 위 전쟁의 종료 후 10년이 지난 후기 작품 「여인들의 민회」와 「부의 신」에서는 파로도스와 엑소도스 외에는 코로스 부분이 전혀 쓰이지 않았다.

따라서 아리스토파네스 희극에서 파라바시스는 단순히 코로스의 노래

---

63 장지원, 앞의 논문, 2015, p. 175.

64 이정린, 앞의 책, 2006, pp. 156-157 재인용.

와 춤을 통한 스펙터클의 창출이나 분위기 고조를 위한 장치가 아니라, 아곤에서 발생한 분규를 적절하게 해결하기 위하여 극의 주제와 사상, 장르를 구체적으로 구현하는 기능을 보유한 것으로 보인다.

2) 기발한 착상에 의한 중재 역할

앞에서 구희극의 중요한 기능인 파라바시스의 코로스에 대하여 논하였다. 파라바시스는 '기발한 착상happy idea'에 의한 중재 역할을 가지고 있다. 극 속의 논쟁에서 중재 기능은 코로스가 담당한다. 파라바시스의 한 부분으로서 코로스는 극이 연속적으로 진행될 때 '감정이입'을 통해 정화를 느끼거나 무대 행동에 빠져들게 하는 '자발적 불신중단自發的 不信中斷'[65]을 방해하여 극을 객관적으로 바라보게 하는 것이다. 관객에게 말을 걸고 설명하는 코로스의 등장은 브레히트 '서사극'의 '이화효과異化效果'[66]를 상기시킨다.

---

[65] 영국 시인, 문학평론가인 새뮤얼 테일러 코울릿지(Samuel Taylor Coleridge, 1772-1834)가 제창한 개념이다. 우리가 조상(彫像)을 실물로 착각하지 않듯이 무대행동을 현실로 오해하지 않는다. 오히려 우리는 희곡의 사건들이 진짜가 아님을 알지만 잠시 동안 그 현실성을 불신하지 않기로 동의한다는 것이다. … 이렇게 반객관적으로 예술적 사건을 떨어져서 볼 수 있는 상태를 우리는 흔히 '심미적 거리'라 부른다. 이와 동시에 그 거리가 너무 커서도 안 될 것이 자칫 무관심을 유발할지도 모르기 때문이다. 그러므로 어느 정도의 거리는 필요하지만, 개입 또한 이에 못지않게 중요하다. 이렇게 유사성을 느끼는 것을 때때로 '감정이입'이라 부른다. 우리는 관심과 격리의 이중 감각을 가지고 희곡을 관람한다. 그것은 심미적 경험 바깥에서는 거의 불가능한, 멀면서도 동시에 강렬한 반응이다. 이것을 달리 표현하면, 예술(조각상, 악보, 희곡)은 보는 사람에게 매일매일의 싸움에서 끌어올려서 그들로 하여금 인간 경험을 '신의 눈'으로 보도록 해 준다. 오스카 G. 브로켓, 『연극개론(The Theatre an Introduction)』, 김윤철 역, 서울: HS MEDIA, 2009, p. 13.

[66] 베르톨트 브레히트(Bertolt Brecht, 1898-1956)가 주장한 연극 기법이다. 브레히트는 연극은 의식의 깨우침으로 사회변혁을 가져오기 위해 무엇보다도 감정보다 이성에 호소하고자 했다. 브레히트는 마르크스주의를 나름대로의 방식으로 소화하여 공식적인 마르크스 미학과 동떨어진 방식을 택했다. 그중의 하나가 생소화 효과[Verfremdungseffekt(독)]이다. 브레

즉 코로스를 통하여 이화를 발생시키고, 비판적 관객에 대한 접촉과 개입을 통하여 소통의 미학을 창출한다. 여기서는 이성과 감성의 조화에 대한 플라톤과 브레히트의 견해가 합일되는 상태로 나타난다.

플라톤은 연극이 감정에 영합함으로써 관객의 지적 사고에 혼란을 가져온다고 했다. 플라톤의 철학에서 감정은 이성과 대립되며, 욕망을 부추기는 감정은 영혼의 고귀한 부분인 이성을 해칠 수 있다고 하였다. 그에 의하면 비극과 같은 시 문학은 덕을 증진시키기 위해 마땅히 억제해야 할 열정을 돋워, 인내하고 침착해야 할 영혼과 상치한다고 보았다.[67] 사상가인

히트에게 생소화 효과는 무엇보다도 감정이입과 달리 관객의 이성에 호소하는 것을 뜻한다. 생소화 효과는 세상에 대한 이성적인 이해와 판단을 활성화시키는 미학적 방법으로서, 지금까지 당연하게 생각해 온 현상들을 낯설게 만들어 비판적으로 검토하게 하는 것이다. 생소화 효과는 러시아 형식주의의 '낯설게 하기(ostranenie)'를 따라 친숙한 사건을 생소하게 만들어 관객이 이를 비판적으로 바라보게 한다. 그 결과 관객은 세상이 지배계급의 욕구대로 고정되어 있는 것이 아니라 변화 가능하다는 것을 이해하게 될 것이다. 이것이 사회에 대한 생산적 태도로서, 브레히트에게 사회 비판은 궁극적으로 혁명을 의미했다. 이렇게 지배이데올로기에 대항하는 연극은 감정이입을 근절하고 이성적 이해를 도모하는 생소화 효과를 미학적 전략의 하나로 삼는다. 그렇기 때문에 생소화 효과의 미학은 근본적으로 교육적이다. 그것은 관객의 인지적 효과를 무엇보다도 중시하는 것이다. 즉, 브레히트 연극은 생소화 효과를 통해 관객들이 그들의 사회적 환경을 이성적으로 이해하기를 원했던 것이다. 김용수, 앞의 책, 2002, pp. 78-79 참조.

67 플라톤은 감정적 동화를 불러일으킨다는 이유로 시문학을 비판한다. 고대 그리스인들의 시문학은 서정시, 서사시, 극시들이 군중들 앞에서 실제 공연의 형태를 취하며 낭송했다. 이때 감정적으로 고취된 상태에서 공연자들과 관객들은 위험천만하게 보았다. 그것은 모방 충동을 일으키는 문제를 야기한다. 동일시는 행동의 모방을 일으키고, 모방은 제2의 본성이 되어 신체와 정신에 모두 영향을 미친다고 주장하였다. 아울러 플라톤은 작가들이 관객들을 즐겁게 하기 위해서 이성적인 측면에 호소하기보다는 정서가 불안하고 변덕스러운 극 중 인물을 다루는 데 그 이유가 있다고 보았다. 따라서 비극의 감정은 흐느끼고 쓰라린 탄식을 하고 싶은 감정, 즉 가장 낮은 영혼에 호소한다. 여기서 관객은 일종의 즐거움을 얻는다. 즉 작품에 상상적으로 참여함으로써 슬픔에 빠질 기회가 주어졌다는 것이다. 이는 잠든 상태에서 낮은 영혼이 요동치는 격의 정신상태로 부끄러워해야 한다는 것이다.

동시에 영원한 진리의 직관자인 플라톤은 갖가지 억견臆見의 유희에 몰두하는 예술가를 멸시하였다. 그러나 그러한 철학자의 예술가에 대한 투쟁은 결코 처음 있는 일이 아니었다. 크세노파네스Xenophanes는 호메로스와 헤시오도스가 지닌 상상의 비속성과 무가치성에 대해 이루 헤아릴 수 없을 정도로 열심히 비난하였다.[68]

> 인간 세계에서 모욕과 오명으로 보이는 것을 호메로스와 헤시오도스는 모조리 신에게 밀쳐놓는다. 절도와 간통과 협잡까지도… 소와 말과 사자가 사람처럼 손을 가졌더라면 사람처럼 그림을 그리고 예술작품을 만들 수가 있었더라면. 말은 말 모양으로, 소는 소 모양으로, 신들의 형상을 그려 놓고 그들의 외모대로 신들의 체모를 형성하리라.[69]

플라톤과 크세노파네스가 주장하는 예술에 대한 감정적 동화는 바람직하지 않은 행위를 모방하게 하고, 이성적 지혜를 해칠 수 있다는 점을 경고한 것이다. 특히 감정적 동화에 따른 상상적 동일시는 거짓 지식을 참으로 오인할 수 있게 한다는 점에서 문제가 된다. 여기서 플라톤과 브레히트는 또다시 만난다. 감정적 동화는 브레히트에게 일종의 최면 상태로 관객의 이성적 사고력을 극대화할 수 있는 '생소화 효과'를 추구한다. 그는 플라톤처럼 혼란의 시대에서 연극은 무엇보다도 사회적 유용성을 지향해야

김용수, 앞의 책, 2002, pp. 46-47.

[68] 크세노파네스(기원전 570-기원전 480)는 기원전 6세기 고대 그리스의 방랑시인이자 철학자, 종교사상가이다. 그의 철학은 이탈리아 엘레아를 중심으로 활동한 엘레아학파(Eleatic School)를 대표하는데, 이 학파는 감각적으로 지각되는 운동이나 다양성을 부정하고, 존재의 유일하고 영원불멸함을 주장한다. 에밀 우티츠, 앞의 책, 1996, p. 32.

[69] 같은 책, p. 33.

하며, 이 목적은 관객을 이성적으로 깨어나게 하는 것에 의해 달성될 수 있다고 믿었다.[70] 이러한 사고는 연극을 능동적, 객관적으로 바라보게 하는 비평적 판단을 전제로 제시하는 것이다.

그리스 연극, 즉 비극과 희극에서 비평적 판단을 전제로 하는 코로스는 다양한 기능을 담당한다. 코로스는 극의 등장인물로 충고하고, 의견도 표현하고, 질문도 하며, 때때로 적극적인 역할을 한다. 그리고 사건의 윤리적 혹은 사회적 틀을 확립하고 극의 행동을 심판할 기준을 제시하기도 한다. 사건과 등장인물에 반응하면서 극작가가 원하는 이상적인 관객의 역할과 극적 효과를 높이기 위한 전반적인 분위기 조절에 도움을 준다. 이외에도 동작, 스펙터클, 노래, 춤의 율동적 기능을 통하여 그 효과를 극대화한다. 마지막으로 관객이 이미 일어난 사건과 앞으로 발생할 사건에 대하여 숙고할 수 있도록 막간 휴식 혹은 행동을 지연시키는 역할을 하기도 한다.[71]

실러Friedrich von Schiller(1759-1805)는 그리스 연극에서 나타나는 코로스의 출현에 대하여 이렇게 언급한다.

그리스 연극에서 코로스는 관객 앞에서 행위를 논평하는 판관으로서 작가의 '심층적' 담화와 관계를 맺는다. 다시 말해 극사건을 이상화하고 일반화시킨다. 동시에 코로스가 전하는 가치들이 관객의 가치와 동일했고, 관객이 완전히 코로스에 동화될 수 있었던 예배, 신앙 또는 이념에 의해 뭉쳐진 단일 공동체였던 고대 폴리스 아테네에서 코로스는 공동체의 표현이다.[72]

---

70 김용수, 앞의 책, 2002, pp. 46-47.
71 오스카 G. 브로켓 & 프랭클린 힐디, 앞의 책, 2010, pp. 58-59.
72 이정린, 앞의 논문, 2005, p. 111 재인용.

위 인용문에서처럼 실러는 공동체의 표현을 작가가 대신하여 주장하는 방법으로써 코로스를 이해한다. 지배계급의 선동적 정치와 사회구조를 이용하려는 기득권에 대한 고발의 수단으로 파라바시스가 적용한다. 작가는 드라마를 무기로 활용하여 아테네 자유시민 모두에게 알 권리를 제공한 것이다.

아리스토파네스 작품에서 파라바시스가 전 작품에 존재하는 것은 아니다. 「부의 신」과 「여인들의 민회」에는 파라바시스가 없다.[73] 이는 후기로 갈수록 정치적 주제보다 개인의 삶에 대한 소통이 중요하게 작용되는 것을 의미한다.[74] 소통의 미학을 강조하는 아리스토파네스 희극의 파라바시스 장면 중 가장 주목할 만한 특징은 동시대의 사회, 정치, 연극, 그리고 무엇보다도 펠로폰네소스 전쟁에 관한 논평에 있을 것이다. 극은 다소 억지스러운 현실 풍자를 표현하는 기발한 착상에 구현된 주요 테마를 중심으로 조직된다. 여기서 '기발한 착상'이라는 단어가 발생한 의미를 주목할 필요가 있다.

구희극에서의 사건은 일상생활에서는 일어날 수 없는 것이었지만 실제 사건들과 유사성이 충분했고 기이한 과장은 실제 사건들의 부조리를 지적하는 역할까지 했다. 그 외에도 소극적笑劇的 상황은 전형적이었고 식음과 성생활, 부, 여가의 즐거움이 상당히 강조되었다.[75]

---

[73] Philip Whaley Harsh, 앞의 책, 1934, p. 180.
[74] 아리스토파네스 작품 주제의 변화는 시기적으로 전기 9개 작품은 펠로폰네소스 전쟁 기간 (27년간)에 창작하였고, 후기 2개 작품은 기원전 392년의 「여인들의 민회」, 기원전 388년의 「부의 신」이다. 이들 후기의 두 작품의 주제는 재산공유, 부와 가난, 성실과 노력 등을 비롯한 이상국가 건설에 대한 사고실험이 주를 이룬다.
[75] 오스카 G. 브로켓 & 프랭클린 힐디, 앞의 책, 2010, pp. 50-51.

아리스토파네스가 주목하는 것은 당시 일어날 수 없는 것에 대한 상상의 전개이다. 즉 일반적인 드라마가 일어날 수 있는 가능성을 지니거나 서사적이어야 한다는 종래의 주장과 논리로부터 벗어날 필요성이다. 아리스토파네스는 비현실적인 것에 대한 상상력을 담은 아곤의 논쟁을 이용하여 당시 아테네의 보편적인 주제인 인간 실존의 근본과 삶에 대한 논의를 끄집어내고 파라바시스 장면을 연출함으로써 문제해결의 실마리를 제공하고 있다. 따라서 이를 기발한 착상이라고 하는 것이다.

아리스토파네스의 후기 작품으로 가면서 구희극의 파라바시스는 작품 전체의 플롯과 문제해결의 연관성을 가지지 않는 것으로 여겨진다. 파라바시스는 플롯의 연속성을 해쳐 작품의 완결성을 떨어뜨린다고 생각되었고, 기원전 421년 니키아스 평화조약Peace of Nicias[76]이 체결된 후의 작품들은 완결성과 플롯의 연속성을 확보하기 위해 파라바시스의 역할을 약화시키는 경향이 나타난다.[77] 아리스토파네스의 현존하는 희극 전체를 고려할 때 파라바시스가 항상 진지한 경고로 이루어진 것도 아니고, 시종일관 극의 줄거리와 무관한 것도 아니지만 원래의 기능, 즉 관객과 무대, 작가를 포함한 시민의 대변자들이 하나라는 사실을 표현하는 기능은 변하지 않았다. 하지만 구희극만의 독특한 구조인 파라바시스는 아리스토파네스 후기 작품에서 점차 약화되다가 막간 연주 또는 휴식시간을 메우기 위한 여흥 공연 시간으로 축소되었다. 이것은 결국 희극의 기능 변화와 밀접하게 연결된다.[78] 이처럼 구희극의 파라바시스는 삶에 대한 진지

---

76 니키아스 화약: 펠로폰네소스 전쟁 종식을 목적으로 델로스 동맹과 펠로폰네소스 동맹 사이에 맺어진 강화조약으로서 펠로폰네소스 전쟁의 전반기를 끝낸 조약이다.

77 이두희, 앞의 논문, 1999, p. 62.

78 이정린, 앞의 논문, 2005, p. 123.

한 반성으로부터 나온다. 따라서 파라바시스는 희극적 창작이 인간 삶에 파고드는 적절하고, 보편적인 요소에 대한 문제해결의 한 형태라고 할 수 있다.

희극적인 것을 정의할 때는 부정적인 개념들만이 사용되어 왔다. 즉 희극적인 것은 무엇인가 저급하고 보잘것없으며 매우 작고 물질적인 것으로서, 물체, 문자, 형식, 사상이 부재되어 있으며, 또한 고상하고 위대하고 이상적이고 정신적인 것들과의 불일치, 양극화, 대립, 투쟁, 모순에서 만들어지는 외형이라는 것이다.[79] 그러나 희극성에는 두 가지 상반되는 유형이 있다. 한 유형은 아름다움에 대한 학문으로 여겨지고 있던 미학의 영역으로서 미적 개념에 포함된다. 또 다른 유형은 미학과 아름다움의 영역 밖의 아주 저급한 것을 나타낸다. 두 번째의 유형에서의 '저급하게 희극적인 것'이라는 이론적 정의에 해당하는 희극은 존재하지 않는다고 볼 수 있다. 만일 그런 정의가 있다고 해고 그것은 아무 의미를 지니지 못한다.

고대 희극들을 자세히 들여다보면, 소극笑劇적인 요소들이 보이기는 하지만, 저급한 희극의 분류에 소속되는 것은 아니기 때문이다. 아리스토파네스의 희극들을 보면, 정치풍자 성향을 띤 작품들로 다소 외설적이고 투박하기는 하지만 저급한 코미디는 아니다.[80] 아리스토파네스는 사회적 책임을 요구하는 문제의식을 희극이라는 예술형식을 통해서 공격 축을 세웠고, 그로써 고대 희극의 지적, 예술적 기준을 한 단계 높인 공로자로 인

---

79 희극적이라는 개념에 달라붙는 일련의 부정적 형용구들과 고상하고 높고 아름답고 이상적인 것들에 대한 일련의 부정적 형용구들과 고상하고 높고 아름답고 이상적인 것들에 대한 희극적인 것의 대립 등은 웃음에 대한, 그리고 희극적인 것에 대한 부정적 태도, 더 나아가 경멸감을 말한다. 경멸은 쇼펜하우어, 헤겔, 피셔 등과 같은 이상주의 철학자들에게서 매우 뚜렷이 나타난다. 블라지미르 쁘로쁘, 앞의 책, 2010, p. 21.

80 같은 책, pp. 21-27 참조.

정되는 사람이다. 아리스토파네스는 그의 작품 속에서 공동체적 정신, 윤리적 규범, 시대정신을 대변한 해학적 행동들을 극적으로 표현하였다.

아리스토파네스의 작품에서 「새들」은 제우스에게 노여움을 사 새로 변한 테레우스 신화를, 「개구리」는 헤라클레스에게 접근하는 하데스로의 여정신화를 활용하였다. 「평화」에서는 제우스의 문지기 헤르메스가, 「개구리」에서는 디오니소스와 헤라클레스가 등장한다. 특히 신들과 인간 사이의 하늘에 새의 세계를 건설한다는 「새들」에서는 프로메테우스, 포세이돈, 헤라클레스 등 수많은 신들이 등장한다. 전쟁 때문에 식량난에 시달리는 농부가 제우스와 한판 붙기 위해 쇠똥구리를 타고 하늘로 오른다는 「평화」, 여염집 여인들이 그들의 여성성을 무기로 남성들의 전유물인 전쟁을 막아 낸다는 「리시스트라테」, 저승으로 내려가 나라의 위기를 극복할 시인, 즉 구원자를 데려온다는 「개구리」를 대표적으로 들 수 있다. 전쟁과 소란의 「평화」, 화해의 「리시스트라테」, 등의 초자연적인 요소가 인물로 변하였고,[81] 벌, 새, 개구리 등의 동물들이 코로스를 통해 파라바시스 장면 연출을 구현하게 된다. 고대 그리스 희극, 즉 아리스토파네스 희극의 문제해결은 파라바시스의 등장으로 작가의 입장을 대변한다는 것이다.

3) 파라바시스의 적용

대부분의 구희극에서 나타나는 아곤과 파라바시스의 이미지들이 상징하는 바는 작품마다 다르다 할지라도, 이들이 근본적으로 집중하려는 부분은 논쟁과 문제해결의 시공간이다. 이 시공간(구희극)은 당시의 부패한 사회를 어떻게 비판agon하고 충고parabasis하는 핵심 요소로 작용하고 있었다.

---

[81] 이효원, 앞의 논문, 2017, p. 49.

아리스토파네스의 「새들」에서는 하늘의 공간에 도시를 세우고 인간의 무기력함에 영생불멸하는 새들을 칭송하는 첫 번째 파라바시스 (「새들」 676-800행)와 아테네인들의 몽상과 제국주의적 폐습을 꾸짖는 두 번째 파라바시스 (「새들」 1058-1117행)로 구성되어 있다. 새들의 나라를 찾아간 두 현실도피주의자는 페이세타이로스와 에우엘피데스이며, 이들을 동원하여 논의하는 주제는 살기 힘든 아테네를 버리고 공중에 나라를 세워 새처럼 날아다니며 자유롭게 인간과 신을 동시에 지배하자는 것이다. 결국 「새들」은 두 사람이 새로 변신하여 후투티로 살아가는 테레우스를 찾아가 새들의 나라를 열망한다는 공상 희극이다. 모든 문제를 해결하고 난 뒤 코로스는 해충 같은 아테네의 기득권을 무너뜨리고 새들의 나라에 정착하여 산다는 이상적인 목표를 파라바시스를 통해서 제시한다.

> 코로스: 앞으로 모든 인간들이 만물을 굽어보는 전능한 나에게 감사 기도를 올리며 제물을 바치게 될 것이오. 나는 대지 전체를 굽어보며, 대지 위에서 그리고 나무에 앉아 무엇이든 삼켜 버리는 턱으로 온갖 열매를 싹 트기가 무섭게 먹어 치우는 온갖 해충을 박멸함으로써 수많은 열매를 안전하게 지킬 테니까요. 나는 또 모든 향기로운 정원을 못살게 굴고 망쳐 놓는 해충들도 박멸할 것이오. 그리하여 기어 다니고 물어뜯는 온갖 해충들이 내 날개가 미치는 한 죽어 없어질 것이오.
>
> ─「새들」1058-1070행

위에서 새들은 인간들을 싫어하지만(제우스를 화나게 하면서 유일하게 인간을 좋아하는 프로메테우스가 존재하지만) 이 연극에서는 페이세타이로스로 하여금 이런 혁명을 수행하도록 하였다. 페이세타이로스의 원래 구도는 아테네에서 그를 성가시게 했던 정치제도나 재판제도의 온갖 간섭으로부터 벗어난 곳을 찾겠다는 것이다. 그리고 그의 행동은 명백하게 불가능하기 때문에 우스꽝스러운 모습으로 묘사된다. 이런 경우에 아리스토파네스 희극이 아테네 사람들의 악덕들을 비춰 주는 거울을 들고 있다는 것에 주목하여야 할 것이다.

「기사들」은 아리스토파네스의 가장 정치적인 연극이라 부를 수 있다. 그의 연극 중에서 신들, 시인들, 여자들이 등장하지 않는 유일한 연극이다. 여기에 나오는 '소시지 장수'가 아닌 기사들이 작가의 대변인이었던 것이다. 이 작품의 연극의 사건과 파라바시스의 주제 사이에 강력한 연계는 없다. 파라바시스의 대사 부분에서 데모스 일행은 사악한 사람들을 비난하는 것이 적절하다고 단언한다. 그러나 그들이 비난하는 사람은 그 사람이 사악하기 때문이 아니라 그 이유는 권력에 대한 집착 때문이다. 이에 코로스는 데모스와의 대화를 통하여 사악함에 대하여 경고한다.

코로스: 데모스여, 그대의 권력은 실로 막강하며, 그대를 참주(僭主)인 양 다들 두려워한다오. 하지만 그대는 쉬이 오도(誤導)되고, 아부와 기만의 제물이 되기를 좋아해요. 그리고 웅변가가 연설하면 입을 벌린 채 넋 놓고 듣곤 한다오.

데모스: 그대들이 나를 어리석다고 여긴다면, 장발(長髮)인 그대들이 골이 빈 것이오. 난 일부러 어수룩하게 보이는 것이라오. 왜냐하면 난 일용할 양식을 즐기기도 하고, 정치 지도자 중 한 명을 짐짓 도둑으로 기르다가 그자의 배가 가득 차면 손을 들어 내리치기를 좋아하니까.

코로스: 그렇다면 잘하는 일이며, 그대의 처신에는 그대의 말처럼, 역시 심오한 지혜가 깃들어 있다오. 만약 그대가 그자들을 공공 제물들처럼 프닉스에서 기르다가, 어느 날 고기가 떨어질 때 그들 중 가장 살진 자를 잡아 제물로 바치고 나서 맛있게 먹어 치운다면 말이오.

데모스: 그대들은 보시구려, 자신들이 영리해서 나를 속일 수 있다고 생각하는
　　　자들을 내가 얼마나 현명하게 함정에 빠뜨리는지. 난 그자들이 도둑질하
　　　면 못 본 체하면서도 그자들을 늘 감시한다오. 나중에 나는 그들이 내게서
　　　훔쳐 간 것을 토해 내게 하지요. 법정에서 투표로 심판받게 함으로써.

　　　　　　　　　　　　　　　　　　　　　　　　　　　—「기사들」 1111-1150행

　「기사들」의 파라바시스는 기사들의 행동을 촉발하는 계획에 나타난다.
그 계획은 클레온을 쫓아내기 위하여 그의 신탁을 이용하려는 데모스테
네스의 매우 합리적인 구상이다. 이는 소크라테스의 변론 수사법을 배워
서 빚쟁이를 쫓아내려는 스트렙시아데스의 계획이나 암피테오스의 스파
르타 왕복 여비를 부담하여 평화조약을 맺으려고 하는 디카이오폴리스의
계획보다 덜 우스꽝스럽다. 그러나 「기사들」의 파라바시스는 데모스테네
스가 클레온의 신탁을 읽고 있을 때 어떤 특이한 소시지 장수가 때맞추어
나타난다. 우연의 설정이 매우 합리적이다. 여기서 극중 사건을 해결하는
데모스의 의인화는 서로 다른 다양한 유형의 인간들을 한 인간 속에 넣은
융합체이다. 데모스는 말도 하고, 먹고, 자기도 한다. 「기사들」에서의 근
본적인 정치적 곤경은 '데모스'로 불리는 개인에게로 흡수하는 것으로 마
무리된다.
　「리시스트라테」의 파라바시스는 「리시스트라테」 614-705행의 장면이
다. 여성들이 남성을 대신하여 나라를 운영하겠다는 행동에 감독관이 나
타나서 막아 보지만, 그의 품위를 손상시켜 쫓아낸다. 그리고 파라바시스
가 이어진다. 리시스트라테의 목표가 전쟁에 대한 평화이고, 남자들과 여
자들 사이의 평화가 추구되어야 하지만 두 집단 사이의 갈등은 최고조에
이른다. 「리시스트라테」의 파라바시스는 지금까지 논의된 모든 연극의 파
라바시스들과는 다르다. 파라바시스는 여자들이 오직 행동으로 승리를

거둔다는 데 초점을 맞추었으므로 남자들은 납득할 수가 없다.

노인 코로스장: 뻔뻔스럽기도 하지, 저들이 시민들을 훈계하려 들고, 여자 주제에 방패와 청동에 관해 입을 놀리고, 게다가 입 벌린 늑대보다 더 믿을 수 없는 라코니케인들과 우리를 화해시키려 들다니! 시민들이여, 이는 참주 정치를 하겠다는 음모가 분명하오. 그러나 저들도 나에게는 참주 정치를 하지 못할 것이오. 나는 파수를 보고, 앞으로는 도금양 가지 속에 칼을 숨겨 다니고, 장터에서 완전무장한 채 아리스토게이톤의 입상立像 옆에 서 있을 테니까. 이렇게 말이오. 신들에게 미움받는 저기 저 할망구의 턱을 치는 것이 내 몫이 되도록 말이오.

—「리시스트라테」 626-635행

노파 코로스장: 그러니 나는 이 도시에 유익한 충고를 해 줄 의무가 있어요. 내 비록 여자로 태어났지만, 지금의 처지보다 더 나은 것을 제시한다고 고깝게 여기기 마세요. 나도 나름대로 기여했어요. 남자들을 바쳤으니까요. 그러나 그대들 가련한 영감들은 아무것도 기여한 게 없어요. 그대들은 페르시아 전쟁에서 생긴 전래의 기금을 탕진하고는 기여금을 연체하고 있으니까요.

—「리시스트라테」 648-654행

「리시스트라테」는 여성의 군대가 남자들의 군대를 와해시키는 데 성공한다. 늙은 남자들과 늙은 여자들의 코로스는 서로 대치한다. 그러나 그들 두 성별은 극단적으로 싸우려 들지 않는다. 여자코로스는 남자코로스보다 상대의 성에 대해 덜 적대적이다. 여자들은 남자들 중에 그들의 동맹자들이 있다는 것을 알고 있고 또 수긍한다. 남자들 역시 처음보다 여자들에 대해 친화적이다. 어떤 남자도 더 이상 전제적으로 되는 위험에 대해 언급하지 않는다. 아내들의 봉기의 성공은 정치체계의 변경을 불필요하게 만들고, 늙은 남자들이 부드러워지기 시작한다.

「구름」은 아리스토파네스 희극 파라바시스의 전형적인 형태이다. 이 작품에서 파라바시스는 작가의 불만에 대한 표출을 직접적으로 관객에게 털어놓는다. 즉 아테네 사회에서 시사 현안에 대한 문제를 코로스의 목소리를 빌어 성취하고자 하는 형태를 취하고 있다.

> 코로스장: 관객 여러분, 나를 길러 주신 디오니소스 신에 맹세코, 나는 여러분에게 진실을 솔직히 말하겠소. 오늘 내가 우승을 바라고 지혜로운 자로 인정받고 싶은 것이 사실이듯, 나는 사실 여러분이야말로 올바른 관객이며, 여기 이 희극이야말로 내 희극들 중 가장 지혜로운 작품이라 믿었소. 그래서 내게 가장 많은 노고를 안겨 주었던 이 희극을 맨 먼저 여러분에게 감상하도록 내놓았으나, 부당하게도 하찮은 자들에게 져 물러났소. 그래서 난 지혜로운 여러분에게 불만이오. 여러분을 위해 그런 노고를 아끼지 않았던 것이니까요. … 내 희극은 자기 자신과 자신의 내용을 믿고 나온 것이라오. 그런 시인이지만 나는 머리를 길게 기르지도 않으며, 같은 것을 두 번 세 번 갖고 나와 여러분을 속이려 들지도 않소. 나는 늘 새로운 발상을 보여 주려고 애쓰는데, 그것들은 서로 같은 것이 하나도 없고 모두가 제대로 된 것이오. 클레온이 권세의 절정에 있을 때 나는 그의 배를 쳤지만, 그가 쓰러지자 차마 그에게 다시 덤벼들지 못했소. 그런데 그자들은 히페르볼로스가 한 번 허점을 드러내자 가엾게도 그와 그의 어머니를 계속해서 짓밟았소.

> — 「구름」 518-552행

여기서 중요한 것은 코로스 혹은 코로스의 목소리를 빌어 작가가 동시대의 정치와 문화, 도덕 등 전반적인 도시국가 아테네의 현안들을 관객에게 직접 말하는 파라바시스 부분이다. 코로스가 희극에서 시사적인 문제에 대한 직접적인 입장표명의 주 담당자이고, 동시에 이 요소가 코로스가 소위 광대의 자유를 갖는 디오니소스 축제의 전통에서 온 것이라는 유래를 통해 설명할 수 있다.[82]

파라바시스의 적용형태를 규명하기 위하여 「새들」, 「기사들」, 「리시스트라테」, 「구름」을 살펴보았다. 일반적으로 파라바시스는 코로스의 등장과 함께 극의 중심 부분에서 작가가 의도하는 이상적인 목표에 도달한 뒤 잠시 휴식을 취한다. 이 부분에서는 관객의 객관적 반응을 요구하는 브레히트의 서사극 형태와 유사하게 나타난다. 아리스토파네스의 일부 작품에서 코로스는 등장인물의 정체성을 포기하고 배우가 무대를 떠난 뒤 희극적 합창으로 관객에게 말을 한다. 이는 일반화된 충고로서 당면한 문제를 해결하고 대단원을 지으려는 작가의 연극적 행동이다.

---

[82] 이정린, 앞의 책, 2006, p. 158 재인용.

제5장

평화운동 실현을 위한 일탈

고대 그리스에서 평화란 전쟁에서 승리한 자들에게만 허락된 권리이자 일종의 보상이었다. 전쟁에서 패할 경우는 생존이 위태로웠고, 설령 목숨을 부지하더라도 인간다운 삶은 불가능했으며, 그런 이유에서 공동체의 존립은 위태로운 지경에 처한다.[1] 이런 와중에 기원전 5세기 고대 그리스의 대표적 희극시인 아리스토파네스는 그의 작품에서 전쟁을 반대하고 노동과 정의를 통해 평화로운 삶을 희망을 소개한다. 「아카르나이의 사람들」, 「평화」, 「리시스트라테」는 아테나인들이 염원하는 평화를 소재로 극화한 작품들이다. 이 작품들은 주인공의 직접적인 목표물이 평화이며, 각각의 평화를 획득하려는 엉뚱하고 기발한 행동과 일관된 에피소드를 동원하여 극이 진행된다. 이들 세 편은 아리스토파네스 '3대 평화극'으로 불린다.

플라톤에 따르면, 『국가』 제2권에서 평화에 대한 근본적인 호소를 한다.[2] "전쟁을 줄이고 평화를 불러오는 근본적인 방법은 국민들이 소유를

---

1 박흥식, 「서양 고중세시대의 평화 이념과 실제」, 『동국사학』 55, 동국역사문화연구소, 2013, p. 499.

2 평화에 대한 고대 그리스적 논의 방식에 따르면, 평화가 구체적인 목표로 설정되더라도 평화 개념에 함축된 의미에 대한 탐구보다는 질서, 정의, 좋은 국가의 건설에 따라 주어지는 것으로 이해된다. 그래서 그리스 철학자들의 논의는 정의로운 국가, 바람직한 삶, 인간의

향한 내면의 욕망을 절제하고, 정의롭고 올바른 삶을 살아가도록 유도함으로써 물질적인 부에 대한 의존을 최소화해야 한다"[3]고 말하고 있다. 신들의 계보를 정리한 헤시오도스Hesiodos는 『노동과 나날Opera et Dies』에서 평화를 해치는 전쟁의 원인을, 인류 최초의 국가는 기본적인 의식주 해결에 만족하는 '건강한 나라'였으나, 이후 인구가 팽창하고 사치품의 수요가 증가함에 따라 겉보기만 화려한 '염증 상태의 나라'가 되어, 통치자들이 거대하고 복잡해진 사회 속에서 부풀어 오른 국민들의 욕망을 충족시키기 위해 이웃 나라와 전쟁polemos을 하게 되었기 때문이라고 보았다.[4] 아울러 아리스토텔레스는 『정치학The Politics of Aristotle』 제1권과 『니코마코스 윤리학』 제1권에서 개인과 국가에 중대한 영향을 미치는 사건인 전쟁의 경우, 타당한 이유 없이 이웃 나라의 지배권 획득을 목적으로 전쟁을 일으키는 것에 반대하였으며, 전쟁 행위를 정권유지의 수단으로 활용했던 당시 그리스 패권국들의 비도덕적 행태를 강력히 비판하였다.[5]

본질에 근거한 좋은 삶과 덕 등에 대한 논의가 핵심이 된다. 플라톤은 『국가』의 평화에 대한 묘사(430a)에서 본래 국가가 성립하는 이유는 개인이 스스로 자립하여 살아갈 수 없기 때문에, 기본적인 생존을 위한 인간 상호 간의 평화로운 상태가 국가 성립의 기원이라고 규명하고 있다. 즉 평화는 실질적인 평화의 내용이 될 수 있는 정의의 구현, 잠재적 갈등의 부재, 전쟁의 부재 등과 같은 조건과 무관하게 일단 외적인 평정이 이루어진 상태를 평화라고 부를 수 있다. 김선욱, 「평화에 대한 정치윤리적 반성」, 『동서철학연구』 33, 한국동서철학회, 2007, pp. 139-141.

3 플라톤은 현실 속에서 절제를 갖추는 태도에 대하여 "절제란 어쩌면 일종의 질서(kosmos)요, 어떤 쾌락과 욕망의 억제(enkrateia)"라고 한다. 사람들이 '저 자신을 이기는 것(kreittö hautou)'이라는 표현을 써서 말하듯이, 절제는 나라 안에서 지위 고하를 막론하고 모든 사람들이 갖추어야 할 가치이며, '이상국가' 구성원 전체의 덕목임을 강조하였다. 플라톤, 앞의 책, 2005, p. 280.

4 최자영, 「고대 그리스 서사시와 유대인 성경의 정의·노동·전쟁 개념에 보이는 문화적 접변: 헤시오도스의 《노동과 나날》을 중심으로」, 『서양고대사연구』 31, 한국서양고대역사문화학회, 2012, p. 59.

이들의 평화 탐구의 출발점은 전쟁과 인간에 대한 문제이다. 그들은 인간의 본성에 대한 폭넓은 이론에 기초하여 전쟁과 분쟁, 그리고 화합에 관련된 문제들을 제시하였다. 특히 고대 그리스 희극시인 아리스토파네스는 전쟁 행위를 정권유지의 수단으로 활용했던 데마고그들의 호전주의적^{好戰主義的} 행태를 통렬하게 비판하였다. 그는 당시 펠로폰네소스 전쟁이라는 역사적 사건을 배경 삼아 평화에 대한 염원을 극시^{劇詩}로 형상화하여 풍자하였다. 고대 그리스인들은 현실 세계를 비판하고 재현하는 희극에 대하여 우호적이며, 억제보다는 표현하는 태도[6]를 지향함으로써 인간적인 환경을 신장시켜 나갔다. 평화에 대한 고대 그리스인들의 열망은 플라톤, 아리스토텔레스 같은 철학자들의 사고를 극적으로 표현하는 희극시인에게 전달되었을 것이다. 아리스토파네스 희극은 이런 분위기 속에서 자연스럽게 창조되었다.

기원전 5세기 아테네 공동체는 동맹을 형성해 평화를 구축하려고 했으나, 헤게모니를 노리던 아테네와 스파르타 사이의 대결 구도와 동맹회원국들의 다양한 이해관계를 조정하기가 어려웠다. 이에 잠정적이던 아테네의 평화는 은폐된다. 이러한 위기 상황에서 아리스토파네스는 왜곡된

---

5 아리스토텔레스는 인간은 오직 국가공동체 안에서 타인과 더불어 공존하며 평화로운 능력을 충분히 발휘할 때 자신의 본성을 구현한다고 보았으며, 이러한 관점에서 인간 본성의 구현은 구체적으로 국가를 비롯해서 자신이 속한 다양한 집단 내에서 정의, 자유, 평등 같은 공공선을 추구하고 불의를 배격하는 모습을 통해 드러난다는 것이다. 서영식, 「서양 고대철학의 전쟁 이해: 플라톤과 아리스토텔레스를 중심으로」, 『철학논총』 82(4), 새한철학회, 2015, p. 248 참조.

6 평화에 대한 애착이 강했던 고대 그리스인들의 사상은 남의 지배를 받지 않는 것, 자율적으로 사는 것, 자유롭게 사는 것을 최대의 보람으로 생각하였다. 그들은 자유를 존중하였고, 생활에서 이것을 실천하였다. 또한 합리주의에 입각하여 공상적인 추리를 배격하고 관찰에 따른 추리를 정당한 것으로 여겼으며, 경험을 토대로 하지 않은 추리는 전적으로 배격했다. 곽복록 외 4인, 앞의 책, 2007, pp. 64-68.

동시대의 전쟁과 평화의 문제를 그의 작품 속에서 논쟁화시킨다. 이 작품들은 아테네 전쟁의 위기 속에서 작가로서의 명성, 평화에 대한 확고한 소명의식과 신념을 직·간접적으로 입증해 주고 있다. 3대 평화극의 간략한 내용을 소개하면 다음과 같다.

「아카르나이의 사람들」은 레나이아 축제의 희극 경연 대회에서 우승을 차지한다. 이 작품은 현존하는 11편의 작품 중 가장 초기의 것으로서, 전쟁으로 피폐해진 농촌광경을 묘사하고 하루빨리 귀향하려는 농민들의 희망을 그리고 있다. 이 작품은 당대의 현실에 대한 신랄한 풍자와 전쟁의 어리석음을 직접적으로 공격한 정치극이다.[7] 「평화」는 디오니소스 축제에서 2등을 차지한 전형적인 의인화 희극이다. 이 작품은 호전론자들로부터 평화의 여신을 극적으로 구출하는 모습으로 완성되는데, 평화의 여신이 귀환함으로써 전쟁 무기 판매상들이 사라지고 농기구를 판매하는 사람들이 돌아오는 모습을 묘사하고 있다. 「리시스트라테」는 시기적으로 전쟁 희극의 마지막 작품이다. 이 작품은 여자들이 합심하여 전쟁에서 그리스를 구해 낼 수 있는 계획을 실천하기 위해 여자들의 민회를 소집하고, 남자들과의 잠자리를 거부하자고 발표한다. 아테네와 스파르타의 모든 여자들은 이러한 계획을 지지하고, 아크로폴리스를 점거하는 계획에도 동의한다는 기발한 발상이 주된 내용이다.[8]

아리스토파네스는 3대 평화극에서 귀족주의, 호전주의, 신화주의, 남성주의 등의 모든 종류의 억압과 박해에 대해 인간적 호소로서 단호히 맞섰

---

7 K. J. Dover, *Aristophanes' Comedy*, Berkeley and Los Angeles, California, The University of California Press, 1972, pp. 78-79
8 류재국, 앞의 논문, 2017, p. 80; K. J. Dover, 앞의 책, 1972, pp. 132-134 참조.

다.[9] 그의 호소는 날카로웠으며, 주인공을 통해 작가의 주장을 서사적으로 제시하고자 했다. 아울러 아테네 사회polis가 부패를 거듭하고, 인간의 생존권을 훼손하는 현실에 대해 날카로운 비판을 가한다.[10] 아리스토파네스는 풍자적 정치 희극작가라 평가받으며, 전쟁과 정치적 흥망성쇠에 기반을 두고 거침없는 익살과 해학적인 조롱으로 아테네 시민들의 의사결정에 많은 영향을 미치게 된다. 특히 펠로폰네소스 전쟁 기간의 혼란한 분위기 속에서 아테네 공동체의 통합과 평화에 대한 확고한 소명의식을 가졌던, 동시대를 대표하는 작가로 인정받는다.[11] 아리스토파네스는 다양한 공연 실험을 통해 궁핍한 현실의 문제를 전달할 수 있는 언어적 풍자 가능성을 과감하게 시도함으로써 종래의 이야기 유형에서 드러나는 문학 속 비판 패러다임의 변화를 주도하게 된다. 그가 주도한 언어적 풍자의 유형은 해학, 익살, 상상, 공상의 유희적 결합이다. 이러한 언어의 유희적 결합은 현실의 비판적 표현을 주도하고 예술적 실천을 실현시킬 '평화관'을 이끌어 낸다.

아리스토파네스의 평화관은 기득권에 대한 종속이나 타협을 허용하지

---

9 아리스토파네스는 20세가 될 무렵 기원전 437년에 처녀작 「잔치의 손님(Daitalès)」을 상연, 소피스트식 신교육을 공격했고, 다음 해인 기원전 426년의 「바빌로니아인」에서는 당시 굉장한 세력을 가졌던 펠로폰네소스 전쟁의 추진자 클레온을 비난했기 때문에 소송을 당해 고초를 겪었다. 곽복록 외 4인, 앞의 책, 2007, pp. 247-248.

10 이정린, 앞의 책, 2006, p. 12.

11 아리스토파네스의 희극은 전쟁의 중단과 정치적 개혁을 목표로 삼아 아테네 시민들의 사고에 많은 영향을 미치게 된다. 그의 희극은 본질적인 예술미를 바탕으로, 동시대 상황에 저항한 문학으로 보는 것이 더 적절한 평가이다. 자신의 희곡에서 제시한 현실에 대한 폭로와 날카로운 비판의 저항적 행동은 당시 정치사회의 부패한 권력을 향하고 있다. 그는 현실 비판의 방법(풍자, 해학, 익살, 상상, 공상)이 총동원된 그의 연극적 행동에는, 당시 아테네의 사회에 대한 진단과 개혁을 통한 이상적 사회로의 모색 등과 같은 현안을 극적(劇的) 행위로 해결하려는 의지가 담겨 있다. Malcolm Heath, 앞의 책, 1987, pp. 1-3.

않는다. 그의 평화극에서 나타나는 특유의 상상력이 동원된 스토리텔링은 희극이 새로운 세계로의 소통을 지향할 뿐만 아니라, 현대희극의 상업주의 오류에 맞서 고유의 연극성과 연극적 행동[12]까지 확보할 수 있는 가능성을 지닌다. 이들 세 작품은 평화를 주장한 작품임에도 불구하고 작품의 완성도와 예술적 측면에서 다소 불명예스러운 평가를 받는다. 그 이유는 작품의 대사에서 넘쳐흐르는 식욕, 성욕, 물욕 등에 대한 번뇌와 외설스러운 듯한 노골적 표현을 가감 없이 사용하기 때문이다. 이러한 이유로 후대 철학자들에게 신과 영웅을 소재로 한 귀족적인 비극과 대조되는 평균 이하의 저속한 평가를 받기도 하였다.

1. 「아카르나이의 사람들Acharnians」(기원전 425)

아테네 민주정의 가장 큰 장점은 언론의 자유라고 할 수 있다. 동서고금을 막론하고 독재자가 권력을 잡으면 우선 언론을 장악하고 통제하려 한다. 그런 점에서 아테네는 언론의 천국이었다. 종교문제에 대해서는 독신죄라는 죄목으로 상당히 엄격한 처벌이 가해진 듯하나 정치적인 문제에 대해서는 다소 관용이 있었던 것 같다. 기원전 425년 아리스토파네스는 당시 전쟁을 지휘하던 장군 라마코스Lamachos[13]를 「아카르나이의 사람들」

---

12 공연의 목적은 행동이지, 그 행동을 고무시키는 생각은 아니다. 행동을 둘러싼 교감은 연극에 있어서 존재의 조건이다. 생각을 둘러싼 교감은 여기에다가 단지 존재 이유를 더할 뿐이며, 그것은 어떤 종류의 연극의 특색이지 연극 자체의 특색은 아니다. 그런데 연극의 행동은 인생에서처럼 무대 위에서 그것을 고무시키는 생각에서 비롯되는 판단과는 무관하게, 그 자체에 의해서 주목을 끈다. 연극은 사람들을 그 확실함이나 신앙 주변에 모이게 하기 보다는 감동과 감탄을 함께 나누는 가운데 그들을 결합시키려 한다. 앙리 구이에, 앞의 책, 1996, p. 199.

13 펠로폰네소스 전쟁에 참가한 아테네의 장군으로 기원전 435년 무렵부터 기원전 420년 중

에 실명으로 등장시켜 전쟁광이라면서 욕설과 비난을 퍼부었다. 이 작품은 아르콘이 심사한 경연에서 일등상을 획득하게 된다.[14] 「아카르나이의 사람들」은 속물적인 허풍쟁이 군인을 향해 우둔한 사람의 단순성을 통해 지혜가 어떤 것임을 보여 주고, 이성의 언어에 창자나 생식기, 성교 같은 본능을 드러냄으로써 이성적 존재로서 인간의 한계를 끊임없이 상기시킨다. 이 작품이 전하려는 뜻은 주인공 디카이오폴리스의 이름으로 알 수 있다. 디카이오폴리스의 이름은 '정의'를 뜻하는 디카이오스dikaios와 도시를 뜻하는 폴리스polis의 합성어로, '정의로운 도시'를 의미한다. 따라서 그가 곧 정의로운 시민이며, 정의로운 도시를 상징하는 것이다. 특히, 아테네의 장군이며, 주전론자인 라마코스를 우스꽝스러운 사람으로, 우스꽝스럽게 패배하는 사람으로 소개하여 전쟁의 불의함과 어리석음을 징

반에 명성을 높였다. 펠로폰네소스 전쟁에 따라 일어난 시칠리아의 이오니아계 식민도시와 도리아계 식민도시의 싸움에 아테네가 개입한 시켈리아 원정에서 라마코스는 니키아스, 알키비아데스와 함께 아테네군의 세 장군 중 한 사람 사람으로 참가했지만, 패배하면서 전사했다. 그는 격렬한 기질을 가졌던 것으로 알려져 있으며, 전투에서 위험을 감수하는 것을 좋아했다. 그는 용기와 전투 기술이 높이 평가되고 있었지만, 매우 가난하여 전투에 필요한 재산이나 사회적 지위라는 것이 없었기 때문에 다른 장군들에 비해 열등한 것으로 간주되었다. 아리스토파네스는 「아카르나이의 사람들」에서 주전파 라마코스를 조롱하며 풍자하였고, 「개구리」에서는 그의 영예를 칭송했다. 그는 용기와 전투 기술로 평가되고 있었지만, 매우 가난한 장군으로 전투에 필요한 재산이나 사회적 지위라는 것이 없었기 때문에 다른 장군들에 비해 열등한 것으로 간주되었다. 라마코스는 크세노파네스(Xenophanes)의 아들이며, 지장보다는 용장으로 이름을 날린 아테네 장군이다. 아리스토파네스, 앞의 책, 2010a, p. 309.

14 1960년대 말, 1970년대 초 군사정권하의 그리스에서는 엄격한 언론통제가 이루어졌다. 예를 들어 아리스토파네스의 작품을 일체 상연할 수 없었는데, 그의 작품을 통해 군사정권을 비판하지 못하도록 원천봉쇄한 조치였다. 2500년 전의 아리스토파네스는 당시의 권력자를 직설적으로 비판했는데 현대의 그리스에서는 아리스토파네스의 작품을 상연할 수 없다고 한다. 이는 역사의 아이러니라기보다는 인간의 지혜와 의식이 2500년 전보다 훨씬 퇴보했다는 단면을 보여 주고 있다. 김진경, 앞의 책, 2009, p. 216.

벌한다.[15]

「아카르나이의 사람들」의 줄거리를 요약해 보자. 펠로폰네소스 전쟁은 거의 6년 동안 지속되었고, 이 전쟁으로 농부들의 농장은 소실되어 포도밭과 올리브나무들은 베어졌으며, 도시에는 전염병의 창궐과 식료품이 바닥난 상태였다. 하지만 아테네 해군이 장악한 바다와 해안은 손상을 입지도, 실질적으로 도전을 받지도 않았다. 이러한 상황에서, 농토를 잃고 피로에 지친 아테네 농부 디카이오폴리스[16]는 개인의 자격으로 적과 휴전조약을 맺고자 한다. 전쟁 대신 평화를 선택한 주인공은 의회로 찾아가 그가 할 수 있는 한 최대로 난동을 피운다(「아카르나이의 사람들」 56-62행). 그는 의회의 일련의 행동들을 믿을 수 없었다. 작가는 휴전조약이 체결되기까지의 교섭 경위나 권모술수, 평화의 쟁취 과정을 희비가 얽히는 시민과 군인의 우스꽝스러운 표정 등을 통렬한 필치로써 꾸며나가고 있다. 이 작품은 대외정책에 대한 비판과 주전론자主戰論者들의 우행을 공박하고 평화에 대한 염원을 표출한다. 이 희극 공연을 계기로 전쟁이 중지되지는 않았지만, 전쟁 때문에 피폐해진 아테네 시민들에게 이 작품의 희극적 발상과 풍자, 해학은 당대의 시민들에게 현안에 대한 토론의 계기와 분위기 전환을

---

15 류재국, 앞의 논문, 2017, p. 78.

16 아리스토텔레스의 정의(正義)에서 디카이오폴리스(Dikaiopolis)는 원래 디카이오스(dikaios, 정의)가 일반적으로 관습이나 규칙(dike)을 준수하는 사람을 의미했다는 사실에 의해 부분적으로 설명된다. 그리스어에서 정의는 올바름의 전체와 동일시되는 경향이 있다는 것이다. W. D. 로스, 『아리스토텔레스: 그의 저술과 사상에 관한 총설(*Aristotle*)』, 김진성 역, 서울: 세창출판사, 2016, p. 353; 이에 대한 정의와 부정의(不正義)에 관해서 ① 어떤 성질의 행위에 이 양자가 관계하며, ② 정의란 어떤 종류의 중용이며, ③ 옳은 행위란 어떤 두 극단 사이의 중간인가를 고찰하지 않으면 안 된다. 모든 사람이 생각하는 정의란 사람들로 하여금 옳은 일을 하게 하고, 옳은 태도로 행동하게 하며, 또 옳은 것을 원하게 하는 성품이다. 아리스토텔레스, 앞의 책, 2008, p. 176. 이 부분에서 주인공 디카이오폴리스는 '정의로운 것'이란 말에 자연스럽게 부여하는 의미이다.

220

가져다주게 된다.

3대 평화극의 첫 번째 작품인 「아카르나이의 사람들」은 논쟁의 중심인 물들이 극을 이끌어 간다. 아테네 현실에 직면한 전쟁에 대한 경고 메시지가 들어 있는 아티케 농부 디카이오폴리스와 아테네의 호전적 장군 라마코스 사이의 논쟁, 불사자 암피테오스Amphitheos와의 논쟁, 비극작가 에우리피데스와의 논쟁이 그것이다. 「아카르나이의 사람들」은 주인공이 여러 사람들 앞에서 혼잣말로 무대의 막을 올린다(「아카르나이의 사람들」 1-11행). 그것은 문제가 되는 사건이나 중요한 사안이 개인적인 것이 아니라 공공에 관한 문제라는 암시를 준다(「아카르나이의 사람들」 19-22행). 주인공은 시골 농부 디카이오폴리스다. 그는 도시의 관심사와 평화에 대하여 무관심한 일반 시민들은 물론, 행정관조차 늦게 도착하는 의회에 첫 번째로 도착한 사람이다. 전쟁을 싫어하는 그는 오늘 의회에서 평화를 위해 그가 할 수 있는 모든 것을 던지려고 한다(「아카르나이의 사람들」 23-42행). 디카이오폴리스가 시의원들을 조롱하는 독백장면으로 이와 같은 분위기를 설명한다.

> 디카이오폴리스: 시의원[17]들도 아직 도착하지 않았어요. 그들은 늦게 오겠지요. 그리고 늦게야 우르르 한꺼번에 몰려와서는 앞자리를 차지하려고 서로 밀며 얼마나 야단법석을 떠는지 몰라요. 그들은 평화 같은 것에는 전혀 관심도 없으니까요. 오오, 도시여, 도시여! 하지만 나는 늘 누구보다 먼저 민회가 열리는 이곳에 와서 앉아 있곤 하지요. … 그래서 나는 누가 평화 외의 딴말을 하면 고함을 지르고, 말을 가로막고, 연사들에게 욕설을 퍼부을 만반의 준비를 하고 이리로 왔지요. (전령, 시의원들, 궁수들 등장) 아

---

[17] 민회의 시의원(prytaneis)들은 아테네(Athenae)의 10개 부족에서 매년 추첨으로 50명씩 선출된다.

아, 저기 시의원들이 도착했네요. 한낮이 다 되어서야. 내가 말하지 않던 가요? 내가 말한 대로 저들은 앞자리를 차지하려고 서로 밀며 야단법석을 떨고 있네요.

— 「아카르나이의 사람들」 23-42행

이 장면에서 권력자들은 자신의 지배를 공고히 하기 위해 세상의 모순을 철저히 은폐하며, 타자의 목소리가 침입하지 못하도록 철저하게 감시한다.[18] 그러나 디카이오폴리스는 의회의 일련의 행동들을 믿을 수 없었다. 스스로를 불멸이며 신성한 혈통이라고 말하는 한 암피테오스는 신이 디카이오폴리스에게 아테네와 스파르타 사이의 평화를 만들어 내는 임무를 주었다는 정당성을 주장한다.[19]

의회에 일찍 도착한 디카이오폴리스가 전혀 기대하지 않았던 협력자를 뜻밖에 발견한다. 그는 바로 신들에 의해 스파르타와 평화를 협상할 임무를 가지고 온 암피테오스였다. 암피테오스에 대한 소개는 극의 초반부에 등장한다.

전령: 당신은 뉘시오?

암피테오스: 암피테오스요.

전령: 당신은 사람이 아니오?

---

18 정현경, 앞의 논문, 2009, p. 188.
19 펠로폰네소스 전쟁은 거의 6년 동안 지속되었고, 매년 여름마다 펠로폰네소스 군대가 침략하여 그들의 농장은 소실되고 포도밭과 올리브나무들은 베어졌다. 하지만 아테네 해군이 장악한 바다와 해안은 손상을 입지도, 실질적으로 도전을 받지도 않았다. 이러한 상황에서, 아테네 농부인 디카이오폴리스는 전쟁 대신 평화를 선택하고 의회로 찾아가 그가 할 수 있는 한 최대로 난동을 피운다. K. J. Dover, 앞의 책, 1972, p. 78.

암피테오스: 그렇소. 나는 불사^{不死}[20]의 존재요. 원래 암피테오스는 데메테르와 트립톨레모스의 아들이었는데, 트립톨레모스한테서 켈레오스가 태어났소. 그리고 켈레오스가 내 할머니 파이나레테와 결혼하니, 그녀에게서 리키노스가 태어났소. 그리고 리키노스에게서 태어났으니 나는 불사의 존재요. 또한 신들께서는 라케다이몬인들과 휴전조약을 맺는 일을 나에게 일임했소. 나는 불사의 존재이지만, 여러분, 여비^{旅費}가 없소이다. 시의원들이 여비 대주기를 거절하기 때문이오.

— 「아카르나이의 사람들」 48-53행

암피테오스는 평화의 협상을 위하여 스파르타로 가는 여행경비가 필요하여 의회에 도움을 청하게 되는데 행정관에게 거절을 당한다. 아테네 사람들은 신들의 뜻과 평화의 협상에 대해서는 전혀 관심이 없다. 오히려 의회가 평화를 토의하기보다는 스파르타에 대항하기 위해 야만인들과 동맹하는 쪽으로 분위기가 돌아간다. 디카이오폴리스는 평화를 추구하는 도시에 전쟁을 선호하는 방향은 부당하다고 주장한다. 그는 신들의 뜻에 따라 혼자서라도 정당한 협상을 위하여 그가 할 수 있는 최선의 선택을 하게 된다. 디카이오폴리스는 개인적으로 그의 주머니에서 암피테오스에게 필요한 경비를 제공함과 동시에 그를 스파르타에 급파한다. 그것으로 한 개인의 농부에 의하여 도시의 전쟁론에 대항하는 평화를 위한 거대한 계획이 시작된다(「아카르나이의 사람들」 130-133행).

디카이오폴리스는 그의 사적 조약을 활용하여 동맹국 스파르타와 거래를 하였다. 얼마 후 암피테오스는 늙은 아카르나이 사람들에게 쫓기면서

---

20 암피테오스는 '양친이 모두 신(神)인 사람'이기 때문에 불사자로 불린다. 아리스토파네스, 앞의 책, 2010a, p. 279.

까지 휴전조약을 가져온다(「아카르나이의 사람들」 75-185행). 디카이오폴리스는 암피테오스가 쫓기는 위험에 대해서는 관심이 없다. 오로지 암피테오스가 가져온 휴전협약서에만 흥미가 있을 뿐이다. 휴전협약서에는 직감적으로 최고의 맛과 향을 내는 술이 있음을 알게 된다. 암피테오스는 휴전조약을 성공적으로 체결하여 증거물을 던져 준다. 그는 포도주를 휴전조약으로 알레고리화하여 5년짜리, 10년짜리, 30년짜리 포도주에 동맹국들을 모두 갈아 넣어 만든 것을 디카이오폴리스에게 전달한다(「아카르나이의 사람들」 187-194행). 디카이오폴리스는 30년짜리 포도주를 받아 들고, 전쟁을 좋아하는 아카르나이 사람들과는 기꺼이 결별하여 농촌의 디오니소스 축제를 연다. 그리고 전쟁의 고통에서 해방이 되어 평화의 시를 드높인다(「아카르나이의 사람들」 201-202행).

> 디카이오폴리스: (소스를 뿌린 케이크가 제단에 올려지자) 그래, 거기. 좋았어. 오오, 내 주인이신 디오니소스이시여, 우리의 이 행렬과 이 제물이 그대의 마음에 들었으면! 그리고 내가 군복무에서 풀려난 지금 집안 식구들과 함께 아무 방해도 받지 않고 농촌의 디오니소스 축제를 개최할 수 있게 해 주시고, 30년 동안의 휴전조약이 아무쪼록 내게 축복이 되게 해 주소서! … (딸을 앞세운 행렬이 오케스트라를 빙 도는 가운데 디카이오폴리스가 노래한다.) 팔레스여, 박코스의 친구여, 술친구여, 밤에 떠돌아다니는 자여, 간통자여, 비역꾼이여, 6년 만에 내 기꺼이 내 구역으로 돌아와 그대에게 인사 드리오. 나를 위해 휴전협정을 체결하고, 노고와 전투와 라마코스로부터 해방되어. … 팔레스여, 팔레스여, 그대가 우리와 술을 마시겠다면, 내일 아침 숙취가 해소되도록 그대는 평화의 술잔을 기울이게 될 것이오. 그리고 나는 방패를 연기 나는 화덕 위에 걸어 둘 것이오.
>
> ─「아카르나이의 사람들」 247-279행

스스로를 불멸이며 신성한 혈통이라고 말하는 암피테오스는 신이 디카이오폴리스에게 아테네와 스파르타 사이의 평화를 만드는 임무를 주었다고 주장한다. 암피테오스는 즉시 군대에 의해 쫓겨나는데, 이것은 의회가 오직 어떻게 하면 전쟁의 규모를 키울 수 있는지에만 관심이 있다는 것을 보여 주고 있다.[21]

전쟁론자들에게 쫓기는 신세의 암피테오스의 역할은 휴전의 임무를 발휘하는 평화론자보다 신적인 속도로 임무를 수행하고 여행 경비를 챙기는 것뿐이고, 그리스 연극에 등장하는 맛깔스러운 희극적 등치물Equivalent로의 역할을 수행하며, 어디론가 사라져 버린다. 암피테오스의 등장은 평화의 조약이 반드시 신들에게서 인증받아야 한다는 뜻을 명시하고 있다.

> 코로스장: 모두들 이 길로 따라와 그자를 추격하시오. 그리고 만나는 사람마다 그자의 행방을 물으시오. 국가의 안녕을 위해 우리는 그자를 반드시 붙잡아야 하오. (관객에게) 휴전조약을 가져가던 자가 대체 어디로 갔는지 여러분 중에서 아는 사람 있으면 내게 말해 주시오!
>
> 코로스: 그자는 도망쳤소. 사라지고 말았소. 아아, 나이 많은 게 한스럽구나. 숯을 한 점 지고도 파월로스를 바싹 뒤따라 뛰던 때만큼 내가 젊다면, 휴전조약을 가져가던 그자도 내 추격을 가볍게 따돌리며 쉽게 빠져나가지는 못했을 텐데.
>
> — 「아카르나이의 사람들」 204-217행

이 극의 주요 사건이 아카르나이 사람들이 도망간 암피테오스를 놓쳐 버리고, 디카이오폴리스를 암피테오스로 착각하는 것으로 이동한다. 디

---

21 K. J. Dover, 앞의 책, 1972, p. 79.

카이오폴리스는 개인적으로 휴전협정의 정당화를 위하여 암피테오스의 핑계를 대거나 임무에 대한 언급은 하지 않고, 본인이 직접 저지른 행동으로 맞서게 된다. 암피테오스를 쫓는 추적자, 즉 '아카르나이 사람들'은 대화의 내용에서 보듯이 모두 노인들이다. 그들은 비록 노인들이지만 마라톤에서 용감하게 싸운 전사들로서 그들에게 많은 고통을 준 스파르타를 열렬히 증오하는 사람들이다. 적군을 인간적으로 대하며, 평화를 운운하는 휴전조약은 그들에게 반역행위의 범죄로 받아들여지는 것이다.

코로스: 저자가 분명하오. 분명 저자요. (코로스가 행렬을 덮치자 디카이오폴리스 외에는 모두 집 안으로 도망친다.) 돌로 치시오. 돌로 치란 말이오. 사정없이 치시오. 저 악당을! 왜 돌로 치지 않는 게요?

디카이오폴리스: 맙소사! 왜 이러시오? 이러다간 내 냄비가 깨지겠소.

코로스: (위협적으로 나서며) 아니, 우리는 당신을 돌로 쳐 죽일거요, 이 더러운 악당아!

디카이오폴리스: 이유가 무엇이오, 아카르나이의 어르신들?

코로스: 그것도 질문이라고 하는 거요? 이 뻔뻔스러운 악당, 조국의 배신자! 우리 중에 당신만이 휴전협정을 체결하고도 감히 내 얼굴을 똑바로 쳐다보다니!

— 「아카르나이의 사람들」 280-293행

아카르나이의 사람들은 '정의의 변론'을 연상하게 하지만, 이 작품의 주인공인 디카이오폴리스는 '불의의 변론'을 연상하게 한다.[22] 디카이오폴

---

22 디카이오폴리스의 이름으로 「아카르나이의 사람들」이 전하려는 뜻을 알 수 있다. 그는 바로 '정의로운 시민'과 '정의로운 도시'를 상징한다. 그러나 가장 애국적인 마라톤의 전사들

리스는 스파르타에 적개심을 품고 있는 호전적인 아카르나이의 숯 굽는 노인들이 합창으로 맹렬히 반대하는데도 불구하고 스파르타인과 개인적인 휴전강화조약을 맺는다. 그는 개인적인 조약에 대한 정의와 불의에 대한 의식은 없다. 다만 그는 농부로서 평화롭게 살아가기를 소원하며 그와 그의 가족을 위하여 적군과 평화를 맺은 신을 자기편으로 만들기만 할 뿐이다.

디카이오폴리스는 부당한 적들과의 전쟁보다 평화가 더 나을 수 있다는 논지를 밝힌다. 그는 적대적인 스파르타가 절대적으로 부당한 것은 아니고, 모든 불의의 일들이 스파르타에 의해 저질러진 것도 아니라는 논리적 근거를 당당하게 제시한다. 그럴수록 아카르나이의 사람들은 여전히 적을 옹호하는 디카이오폴리스의 대담함에 대해 공격적인 발언을 서슴지 않는다. 그리고 그들이 그렇게 할수록 그는 더욱더 휴전협정의 정당성을 법정에서 발언하도록 기회를 달라고 자신 있게 주장을 펼친다. 여기서부터 아카르나이의 사람들과의 아곤이 발생한다.

디카이오폴리스: 우리는 툭하면 라코니케인들을 탓하는데, 내가 알기로, 우리의 고통이 전부 그들 탓만은 아니오.

코로스장: 뭐, 전부는 아니라고? 우리 면전에 대놓고 감히 그런 말을 하고도 내가 당신을 살려 주기를 바라는가?

이 그를 선동정치가 클레온보다 더욱 못되고 가장 경멸스런 시민이라고 고발하며, 적개심을 불태운다. 디카이오폴리스가 그를 고발한 자들과의 논쟁을 통하여 정당한 것과 올바른 것들에 대해 논지를 펼치지만 그럴 때마다 마라톤 전사들의 공격적인 반대는 그치지 않는다. 그러나 그가 아카르나이 사람들의 생각을 바꾸려는 논점들은 올바른 것들에 대한 희극적 등치물들이 아니다. 그것들은 단지 작가의 생각을 대신하여 정치소인배 데마고그(demagogue)들의 연설을 패러디하여 조롱하는 것이라 볼 수 있다.

디카이오폴리스: 전부는 아니고말고. 나는 지금 당장이라도 우리가 그들에게 가끔 잘못한 점도 있다는 것을 분명히 밝히겠소.

코로스: 우리 면전에서 감히 적을 변호하려 들다니, 당신의 그런 끔찍한 말을 들으니 나는 심장이 떨리오.

디카이오폴리스: 그리고 내 말이 옳지 않거나 대중에게 옳지 않아 보인다면, 내 머리를 푸줏간의 도마 위에 올려놓고 말하겠소.

— 「아카르나이의 사람들」 309-318행

디카이오폴리스는 이상의 논쟁과 함께 자신의 주장을 펼치기 위한 전략을 사용한다. 아카르나이의 사람들이 자신을 공격할 수 없도록 그들의 친구들을 인질로 잡고, 그들로부터 반역에 대한 처벌을 멈추게 한다. 그는 불도 삼킨다는 마라톤 전사들에게 전쟁보다 더 높고 좋은 것이 있다는 확신을 주어 그들의 무장까지 해제시킨다. 디카이오폴리스는 전쟁의 죄악과 전쟁의 피로 때문에 아테네가 평화를 잃어 간다는, 전쟁의 비합리성을 변론으로 직접 고발한다.

디카이오폴리스: 자, 보시오. 여기 도마가 있소. 그리고 여기 있는 나는 보잘것없는 연설가이지만 결코 내 방패 뒤에 숨지 않고 내 생각대로 기탄없이 라케다이몬인들을 위해 변론할 것이오. 하지만 나는 두려운 것이 한두 가지가 아니오. 나는 우리 농민들의 기질을 잘 아는데, 그들은 어떤 허풍쟁이가 참말이든 거짓말이든 자신들과 자신들의 도시에 찬사를 마구 쏟아부으면 희희낙락할 거요. 그런 아첨꾼들이 그들을 팔아먹어도 그들은 그걸 모르오. 나는 또 배심원 노인들의 마음도 잘 아는데, 그들은 피고인을 자신들의 투표로 찌르려고만 하오. 그리고 작년에 발표한 희극 때문에 내가 클레온에게 어떤 수모를 당했는지도 나는 잘 기억하고 있소. 그는 나를 회

의실로 끌고 들어가더니 터무니없는 거짓말을 늘어놓으며 나를 모함하기 시작했소. 키클로보로스[23]처럼 으르렁거리면서. 그래서 나는 하마터면 욕설의 진창에 빠져 죽을 뻔했소. 그래서 말인데, 이야기를 시작하기 전에 내가 되도록 가련해 보일 옷을 입게 해 주시오.

— 「아카르나이의 사람들」 366-383행

디카이오폴리스는 변론이라기보다는 연설을 토해 낸다. 이 연설은 코로스가 관객에게 전하는데 에우리피데스에게 비극의 옷을 빌려 가장 불쌍하게 보이는 행색으로 분장하여 행동한다. 거지로 변장한 그는 거지와 희극작가 둘의 입장에서 연설을 시작했지만 희극작가로서의 연설이 성공하게 된다. 그러나 그의 연설은 희극의 주된 형식인 익살이 부족하다. 그는 도시에 대하여 말하고, 도시의 존립과 정의로운 것들 간의 차이를 규정한다. 그리고 비난할 수 없는 도시와 비난받아 마땅한 사람들의 운명을 구별한다. 오직 도시의 전쟁이 전적으로 부당하기 때문에 개인적인 평화는 정당하다고 할 수 있다. 디카이오폴리스의 연설은 '잘 짜여진 드라마well made play'를 연상시킨다. 이는 성공적인 반향을 몰고 왔고, 폴리스의 반이나 되는 사람들에게 믿음을 주고 강력한 지지자들을 가지게 된다.

평화를 원하지 않는 나머지 반은 아직까지 적대적인 감정들이 남아 있다. 디카이오폴리스가 이들을 혼자서 설득하는 데에는 한계가 있다. 휴전 조약의 위협을 받는다고 생각하는 아카르나이의 사람들은 아테네의 장군이자, 전쟁의 화신인 라마코스에게 도움을 청한다. 라마코스가 디카이오폴리스의 반대편에 있는 사람들과 합심하여 공격을 해 오면 논쟁에서 질

---

23 아티케 지방의 숲속 급류를 말한다. 비가 오면 갑자기 불어나 포효하는 것으로 유명하다. 아리스토파네스, 앞의 책, 2010a, p. 113 재인용.

수도 있다. 라마코스를 평화론자 편으로 만드는 것이 불가능함을 아는 디카이오폴리스는 이들을 부정하기 위한 논쟁, 즉 아곤의 정점에 돌입하기 위해 전쟁광 라마코스에 대한 조롱이 시작된다.

라마코스: (완전무장한 채 부대원들을 거느리고 등장하며) 이 전쟁의 함성은 어디서 들려오는가? 어디서 나는 도움을 줘야 하며, 어디서 전쟁의 혼란을 야기해야 하는가? 대체 누가 상자에서 내 고르고를 깨웠는가?

디카이오폴리스: 영웅 라마코스여, 웬 투구 깃털 장식이며, 웬 부대요?

코로스장: 라마코스여, 그대는 이자가 잠시 전에 한참 동안 우리 도시를 싸잡아 비난했다는 것도 모르는가?

라마코스: (디카이오폴리스에게) 이봐, 거지 주제에 어찌 감히 그런 말을 했는가?

디카이오폴리스: 오오, 영웅 라마코스여, 내 비록 거지이기로서니 수다 좀 떤 것을 용서해 주시오.

라마코스: 우리에 관해 무슨 말을 했는가? 당장 말하지 못해?

디카이오폴리스: 기억이 안 나는데 말이오. 그대의 무장을 보니 겁이 나서 현기증이 일어나오.

— 「아카르나이의 사람들」 571-581행

디카이오폴리스는 죽음을 두려워하는 것처럼 행동하다가 상스러운 말로 조롱했다가 또 사납게 분노하기도 하면서 라마코스를 조롱한다. 라마코스와 같이 좋은 직업을 갖고 높은 연봉을 받는 사람들에 대해 그들이 이렇게 좋은 혜택을 받는 동안 아카르나이의 노장군들은 전쟁에서 열심히 싸워 전사했다며 코로스를 대신하여 분노한다. 또한 그는 돈을 좇는 사람 말고 열심히 일할 수 있는 사람이 공관으로 임명되는 것이 매우 중요하게 생각한다고 주장한다. 대부분의 논리가 없는 논쟁들이 그렇듯이 주장은 논리가 없고 무의미했으나 이것은 극 속에서 통하게 된다. 라마코스는 패하고 코로스 전체는 설득된다.[24] 이 부분에서는 자기 과시를 하는 라마코스를 힐책하는 조롱을 하는데 이는 작가의 주장을 희극적 장면으로 처리한 것이다.

> 라마코스: 오오; 민주주의여, 이런 말을 듣고도 참아야 하는가?
> 디카이오폴리스: 참지 않아도 돼요. 라마코스님이 일당만 받지 않는다면!
> 라마코스: 어쨌거나 나는 모든 펠로폰네소스인들을 상대로 계속 전쟁을 할 것이며, 장소를 가리지 않고 그들을 괴롭힐 것이네. 함선들과 보병들을 동원하여 힘닿는 데까지. (부대원들을 거느리고 퇴장)
> 디카이오폴리스: 그리고 나는 모든 펠로폰네소스인들과 메가라인들과 보이오티아인들에게 내 시장들이 개방되어 있다고 선언할 것이오. 그리고 라마코스에게는 개방되어 있지 않소. (집 안으로 퇴장)
>
> ― 「아카르나이의 사람들」 618-625행

곧이어 코로스가 등장하는 파라바시스 (「아카르나이의 사람들」 626-718행) 장면에서 휴전조약의 정당함을 설파한다. 이 작품에서 파라바시스의 역할은 정의이며, 어떠한 불의에 대한 징벌이다. 라마코스를 우스꽝스러운 사람과 우스꽝스럽게 전쟁하는 사람으로 묘사하여, 전쟁의 불의함과 어리석음을 희극적인 배역으로 징벌한다. 작가를 대신하는 정의로운 코로스는 전쟁의 불합리함을 소개하는 것으로 휴전의 올바른 관점을 제시한다. 코로스는 희극작가를 칭송하면서 말하듯이 정치와 사회의 도덕적 비

---

24 K. J. Dover, 앞의 책, 1972, p. 80.

판과 풍자를, 등장인물을 대신하여 보여 준다.

코로스장: 이 사람 말이 옳소. 그래서 민중은 생각을 바꿔 그의 휴전조약을 추
인하는 바요. 자, 우리 외투를 벗고 단장 격에 맞춰 춤추시오!
— 「아카르나이의 사람들」 626-627행

코로스장: 그래서 라케다이몬인들이 휴전조약을 맺겠다고 제의하는 것이오.
아이기나 섬만 돌려준다면 말이오. 그러나 그들의 관심사는 이 섬이 아니
라, 우리의 시인을 빼앗아 가는 것이라오. 하지만 여러분은 그분을 절대
놓지 마시오. 그분은 희극에서 바른말을 할 테니까. 그분이 말하기를, 그
분의 가르침은 여러분을 행복하게 해 줄 것이라 하오. 아부하거나, 보수를
약속하거나, 속임수를 쓰거나, 술수를 쓰거나, 찬사를 쏟아붓지 않고 가장
훌륭한 것을 가르쳐 줌으로써. 그러니 클레온더러 계략을 쓰고, 내게 음모
를 실컷 꾸미라고 하시오. 선善은 나와 함께하고, 정의는 내 편이 될 테니
까요. 또 내가 그처럼 겁쟁이 비역꾼으로 드러나는 일은 결코 없을 테니
말이오.
— 「아카르나이의 사람들」 652-664행

극은 휴전이 조약되는 이상적인 목표에 도달한다. 극 사건은 중단되고
코로스만 남고 모두 퇴장한다. 코로스는 공정한 사회에 대한 열망을 늘어
놓는다. 휴전조약을 새긴 기둥을 누구나 볼 수 있도록 시장에 세워 둘 것
이라 장담한다(「아카르나이의 사람들」 720-728행). 그리고 모든 펠로폰네소스
인과 메가라인과 보이오타이아인들과의 자유로운 거래를 장담하는 작가
의 주장을 대변한다(「아카르나이의 사람들」 729-756행). 여기서 또다시 극 속
의 분쟁이 해결되는 파라바시스 장면이 나타난다. 즉, 코로스가 식탁 위에

서 전쟁을 조롱하며, 전쟁의 무구들이 대문 앞에 내팽개쳐진 평화의 기쁨을 노래한다.

> 디카이오폴리스: 나는 결코 전쟁을 집에 받아들이지 않을 것이며, 전쟁이 내 식탁에서 「하르모디오스」를 노래하는 일은 결코 없을 것이오. 전쟁은 주정뱅이니까요. 우리가 온갖 행복을 누릴 때 전쟁은 술자리에 끼어들며 온갖 악을 끌어들여, 뒤엎고, 엎지르고, 싸움을 붙이곤 하죠. 게다가 내가 전쟁에게 거듭해서 "반쯤 기대앉아 서로 우정의 잔을 주고받도록 해요!"라고 말해도, 그럴수록 전쟁은 더욱더 우리 포도나무 받침대들에 불을 놓아, 우리 포도 덩굴들에서 포도주를 억지로 땅에 엎지르지.
> — 「아카르나이의 사람들」 977-985행

코로스의 목소리에는 평화의 기쁨을 노래하는 힘이 들어있다. 평화의 힘은 꿀처럼 달콤하게 식탁 위에서 전쟁을 조롱하는 아카르나이의 사람들의 모습 속에서 드러난다. 코로스는 기쁨의 노래뿐만 아니라 전쟁과 무구가 있는 곳에서 노동의 신성함과 평화를 위한 합리적인 방책을 제시하는 대사(파라바시스)를 노래한다(「아카르나이의 사람들」 1150-1189행). 폴리스의 휴전이 시민들에게 유용함을 주장하는 파라바시스가 끝나자, 호전론자는 쓰러진다. 호전론자 라마코스는 디카이오폴리스에게 조롱을 당하며 무너진다.

> 라마코스: 아아, 세상에 이럴 수가 있나! 이 쓰라린 고통! 소름이 돋는구나. 기구한 내 팔자! 나는 적의 창에 맞아 죽어가고 있구나! 그러나 내 마음을 가장 아프게 하는 것은 내가 부상당한 모습을 보고는 디카이오폴리스가 내 불운을 비웃는 것이겠지.

디카이오폴리스: (양쪽에 창녀 한 명씩 끼고 등장하며) 아아, 세상에 이럴 수도 있
　　　　구나! 이 젖가슴들! 마르멜루 열매처럼 탱탱하구나! 내게 진하게 키스해
　　　　줘, 사랑스러운 것들. 한 명은 입술을 넓게 펴서 하고, 한 명은 깊숙이 해
　　　　줘! 내 잔은 내가 먼저 비워야 하니까.
라마코스: 아아, 이 잔인한 운명! 불운에 불운이 겹치는구나! 아아, 이 쓰라린
　　　　상처들!
디카이오폴리스: 하하, 안녕하시오, 내 친애하는 라마키포스 나리!

— 「아카르나이의 사람들」 1190-1205행

아리스토파네스는 「아카르나이의 사람들」에서 노동의 신성함을 평화
의 근간으로 삼고, 스파르타와의 휴전조약을 조인했고 동시에 전쟁의 어
리석음을 경고한다(「아카르나이의 사람들」 1094-1143행). 아테네의 주전론자
라마코스와 평화론자 디카이오폴리스는 각각 경합을 위하여 준비하는데,
한쪽은 아테네의 적들과의 경합을 위해서, 다른 한쪽은 술 마시기를 위해
서 논쟁을 벌인다. 행복과 불행, 정의로운 것들과 그렇지 못한 것들에 대
한 도덕적 가치는 도시가 전쟁의 부당함에 대한 불평을 폭넓게 받아들이
지 않는다는 것이다.

「아카르나이의 사람들」은 희극시인 그 자신이 정의의 주인공이고, 전쟁
의 한가운데서 지적이고 관능적인 형태의 개인적 정당성을 찾고 있다. 이
소원은 그가 국가의 문제를 주권 의회 대신 자신의 손에 맡기고 스파르타
인들과 개인적인 평화를 만들기를 권장한다. 이것은 자신의 평화론을 극
대화하기를 희망하면서 다른 그리스인들과의 정치적 공통 의지를 형성하
게 되는 계기가 된다. 아리스토파네스는 그의 희극에서 비극에서만 허용
되는 새로운 영웅 세계를 주목하고 있다. 「아카르나이의 사람들」에서 디
카이오폴리스의 주된 논쟁 대상은 라마코스가 아니라 아카르나이의 사람

들이다. 아리스토파네스가 스파르타를 혐오하는 이들의 논쟁을 통하여 제기하는 문제는 동시대 아테네 사람들의 일상적인 생활의 열망에 대한 것이다. 그것은 유용할 때 평화를 이루어 무분별한 살육자들을 끌어내고, 휴전조약을 성취하는 것이다.

아리스토파네스는 무엇이 도시를 위해 최선인가에 대한 방향과 전쟁의 불의한 어리석음을 희극적으로 표현하여 관객들을 웃게 만든다. 아리스토파네스가 전하는 메시지는 '전쟁'의 진지한 부분에 우스꽝스러운 옷을 입혀 희극적인 것과 혼합하여 총체적으로 풍자하고 있다. 그럼에도 그는 희극적인 환상으로 인한 극적 흐름을 파괴하기는커녕 손상조차 시키지 않으면서 평화의 메시지를 전달하는 것이다. 이 작품의 메시지는 결국 거대한 정치적 논쟁이나 적폐들에 대한 청산도 아닌 일상의 행복을 염원하는 공동체의 소망을 담고 있다.

이 작품은 대외정책에 대한 비판과 호전론자들의 우행을 공박하고 평화에 대한 염원을 표출한 작품이다. 이 희극 공연을 계기로 전쟁이 중지되지는 않았지만, 전쟁 때문에 피폐해진 아테네 시민들에게 이 작품에서 보여준 희극적 발상과 풍자는 당대 현안에 대한 토론의 계기와 기분 전환을 가져다준 효과적인 공연으로 생각된다. 이처럼 「아카르나이의 사람들」의 세계를 규정하는 상상력은 단순한 정치 비판이 아니라 철학적 사색에 비견할 수 있는 인간 본질에 대한 지향성을 보여 준 것이다.

2. 「평화」^{Peace}(기원전 421)

기원전 421년 공연된 「평화」는 디오니소스 축제에서 2등을 차지한 전형적인 의인화 희극이다. 이 작품은 아테네와 스파르타 간의 평화조약을 소재로 농민들의 삶에 희망을 피력하는 염원이 담겨 있다. 전쟁터에서 팔다리가 잘려 죽거나 굶어 죽는 것보다 신들과 한판을 붙다가 죽는 게 낫다는 주인공 트리가이오스Trygaios의 엉뚱한 착상에서 극이 전개된다. 그리고 신들을 찾아가 다시 한번 기회를 주면 전쟁을 그만두겠다고 하고, 헤르메스를 열심히 설득한다. 그리고 모든 사람이 합심하여 '전쟁'의 신 대신에 '평화'[25]와 '축제'를 구해 낸다. 그리고 주인공은 모든 사람들의 환영 속에 '풍요'와 결혼식을 올린다. 「평화」의 주된 테마는 아테네와 스파르타 간의 평화조약을 소재로 평화를 통한 국가의 부흥과 농부들의 삶에 대한 희망을 피력한다. 공교롭게도 이 작품이 공연된 후 10일 뒤, 기원전 421년에 '니키아스 평화조약'[26]을 맺고 휴전을 하게 되었다.

---

25 「평화」에서 에이레네(Eirene)는 그리스 신화에 등장하는 평화의 여신이다. 호라이 자매 가운데 한 명이며, 로마신화의 팍스와 같은 여신이다. 제우스와 테미스의 딸로서 에우노미아, 디케와는 자매이다. 이 작품에서는 입상(立像)으로 등장한다. 고전 그리스어에서 에이레네는 '법이 보장하는 평화', '정치적 타협', '신의 선물' 등을 의미했으나, 후대로 갈수록 합의와 약속, 타협의 의미를 담은 평화를 지칭하게 되었다. 폴리스들은 경험적으로 개별 국가 단위에서 평화를 확보하기가 어려웠기 때문에 동맹 관계에 토대를 둔 세력균형을 이루어 상대적인 평화를 유지하는 것이 최선으로 생각되었다. 펠로폰네소스 전쟁에서 두 강국은 막대한 피해가 예견되는 소모적인 전쟁을 피할 수 없었다. 양 진영은 전쟁으로 국력을 소진했으며 내부의 사회적인 모순을 해결할 역량마저 상실했다. 10년간 전쟁을 치른 후 기원전 423년에서야 비로소 두 세력은 평화를 논의하기 위한 1년간의 휴전에 돌입했다. 투키디데스가 양편에서 평화에 가장 반대하던 두 지도자라고 지적한 클레온과 브라시다스가 암피폴리스 전투에서 모두 사망함으로써 두 국가는 기원전 421년 전쟁 전 상태로 돌아가는 데에 합의하는 평화조약(니키아스 평화조약)을 체결했다. 박홍식, 앞의 논문, 2013, pp. 499-500 참조.

26 니키아스 평화조약은 펠로폰네소스 전쟁 10년 후, 기원전 421년 아테네와 스파르타 사이의 그들 자신과 동맹국 안전 그리고 그리스 사회의 질서회복을 위해 필요하였던 것이다. 장기전에 노출되어 있던 대부분 그리스인은 오랜 전쟁이 실제 끝나기를 간절히 희망하여 평화를 원한다. 계속된 전쟁의 피로감과 암피폴리스 원정 실패로 인해 아테네인의 자신감 상실 그리고 클레온의 사망 후 평화를 갈망하는 공적 여론 형성, 나아가 기원전 425년에 스파테리아에서 포로로 잡힌 스파르타군의 반환에 대한 스파르타 측의 요청과 아테네와 스파르타 양측에서 평화에 가장 반대하던 전쟁지휘자라고 지적한 클레온과 브라시다스가

고대 그리스의 평화는 어원학적으로 볼 때 그리스 신화에서 시작한다. 평화의 신은 전쟁의 신을 시중드는 종속적인 신성으로 소개한다. 즉 평화는 전쟁이 없는 상태를 말함이며, 이때의 평화는 전쟁의 종료와 더불어 찾아오는 것이라 설명한다. 평화 개념의 논의는 소크라테스의 관심사로 나타나고, 전쟁과 관련해서 플라톤과 아리스토텔레스에게까지 이어진다. 특히 아리스토텔레스는 전쟁이 없는 상태라는 전쟁에 대한 소극적 의미의 평화 개념만이 아니라 평화를 이루기 위한 적극적 평화 개념에 대한 논의로까지 나아간다. 즉 전쟁은 외적인 평화를 얻기 위해서 존재하는데, 인간은 여기서 그치지 않고 내적인 평화를 얻기 위한 방식으로 일과 여가가 하나가 되고, 나아가 정의와 절제, 친애와 같은 덕을 통하여 평화를 유지할 것을 말한다. 그리스적 논의 방식에 따르면, 평화가 구체적인 목표로 설정되더라도 평화 개념에 함축된 의미에 대한 탐구보다는 질서, 정의, 좋은 국가의 건설에 따라 주어지는 것으로 이해된다. 그래서 그리스 철학자들의 논의는 정의로운 국가, 바람직한 삶, 인간의 본질에 근거한 좋은 삶과 덕 등에 대한 논의가 핵심이 된다.[27]

「평화」에 등장하는 극중인물을 소개하면, 신들을 찾아가 따지는 포도농부 트리가이오스, 저승의 문지기 헤르메스Hermes, 의인화된 전쟁 폴레모스Polemos, 소란 키도이모스Kydoimos, 풍요 오포라Opora, 축제 테오리아Theoria, 평화 에이레네Eirene가 주요 등장인물이다. 이들은 필요에 따라 무언배우無言俳優

암피폴리스 전투에서 모두 사망함으로써 승리를 확신할 수 없던 두 국가는 전쟁 전 상태로 돌아가는 데에 합의하는 휴전조약을 체결하게 된다. 평화협정은 그 유효기간을 50년으로 삼았으나 기원전 415년 봄 아테네가 시실리아 원정을 감행하면서 평화는 실질적으로 소멸되었다. 문혜경, 「펠로폰네소스 전쟁 중 평화협정의 의미: 니키아스 평화협정과 리더십」, 『서양사론』 108, 한국서양사학회, 2011, p. 24.

27 김선욱, 앞의 논문, 2007, pp. 139-140.

로 등장한다. 이 작품은 즉각적으로 「아카르나이의 사람들」을 떠올리게 한다. 이 두 연극에서 주인공들의 직접적인 목표물은 평화로 귀결된다. 평화는 호전론자들로부터 평화의 여신을 극적으로 빼내는 모습으로 완성된다.

「평화」의 줄거리를 살펴보자. 트리가이오스는 「아카르나이의 사람들」의 디카이오폴리스처럼 10년 동안 계속되는 전쟁 속에서 그리스의 운명에 대한 절망으로 가득 찬 아테네의 농부이다. 그는 올림푸스로 날아올라가 제우스에게 평화의 국가를 만들어 달라고 요청하기 위한 계획을 갖고, 이를 위해 쇠똥구리를 거대한 크기로 살찌운다. 그는 이 거대한 생명체를 타고 날아오르지만, 그가 천계의 문을 두드리자 응답한 헤르메스는 신들은 다른 곳으로 옮겨 갔고 지상의 소란에서 아주아주 멀어졌다고 말해 준다. 전쟁이 집 안으로 들어오고, 아마도 인류가 평화의 출현을 다시는 보지 못할 수도 있게 아주 깊은 동굴에 평화를 묻어 둔다.[28] 이제부터 평화를 구출하기 위한 기상천외한 작전이 주인공 트리가이오스의 의지로부터 전개된다. 그리고 평화의 여신이 귀환함으로써 전쟁 무기를 판매하는 사람들이 사라지고 농기구를 판매하는 사람들이 돌아오는 모습을 묘사하고 있다.

3대 평화극의 두 번째 작품인 「평화」에서 논쟁의 중심인물은 포도를 재배하는 농부 트리가이오스와 제우스의 문지기 헤르메스의 논쟁, 신탁장수 히에로클레스Hierokles와의 논쟁, 무기상武器商과의 논쟁, 전쟁과 소란이다. 이 작품에서 말하는 호전론자는 아테네의 클레온과 스파르타의 브라시다스이다. 주인공 트리가이오스는 이들 때문에 전쟁터에서 죽거나, 굶어 죽는 것보다 신들과 한 판 붙다가 죽는 게 더 낫다는 생각을 가진다. 헤

28 K. J. Dover, 앞의 책, 1972, p. 132.

르메스는 '신들이 전쟁을 그만둘 여러 번의 기회를 주었음에도 불구하고 여전히 전쟁을 하고 있는 인간들에 실망해 잠시 신전에서 다른 곳으로 떠났다'라고 말했다(「평화」204-219행). 그사이 '전쟁'의 절굿공이로 사용되던 클레온과 브라시다스가 죽고, 아테네에 '평화'가 찾아와서 '풍요'가 넘치고 축제가 벌어지자 전쟁 때문에 먹고살던 예언가와 무기 제조업자들만 울상인 가운데 모든 사람이 행복하다. 아테네의 희극시인 아리스토파네스는 아테네 전쟁의 책임을 호전론자인 죽은 클레온에게 묻는다. 그리고 '부관참시剖棺斬屍'를 방불케 하는 극적劇的 조롱은 멈추지 않는다.

「평화」는 아리스토파네스의 현존하는 11개의 작품 중 「테스모포리아 축제의 여인들」과 함께 아곤이 없는 작품이다. 그러나 코로스의 목소리를 빌려 작가가 동시대의 휴전협상에 대한 열망을 전하는 파라바시스는 존재한다. 이 극은 주인공 트리가이오스가 전쟁광들에게서 '평화'를 구출하는 의인화 희극이다. 극 초반부터 마치 논쟁을 벌이는 것 같은 아곤적 요소를 배치시켜 도시국가 아테네의 평화를 위해 신들에게 도전한다. 주인공 트리가이오스는 하인들에게 미친 사람 취급을 받지만, 아테네와 스파르타의 평화협상을 성사시키기 위하여 쇠똥구리를 페가수스로 둔갑시켜 올라타고 하늘로 오르게 된다.

하인2: 관객 가운데 자신이 현명하다고 생각하는 젊은이는 아마 지금쯤 이렇게 말하겠지요. "뭘 하자는 거야? 쇠똥구리가 의미하는 게 대체 뭐야?"라고.

하인1: 그러면 그의 옆에 앉아 있는 한 이오니아인이 그에게 말하겠지요. "내 생각에 쇠똥구리는 클레온을 암시하는 것 같은데요. 그자는 저승에 가서 똥물을 먹고 있으니까 말이에요."

— 「평화」 43-48행

위의 대화는 클레온 사후에도 조롱을 멈추지 않는 장면이다. 클레온은 기원전 427년부터 암피폴리스^{Amphipolis} 전투에서 전사할 때까지 아테네에서 매우 영향력이 컸으며, 아리스토파네스와는 숙적이었다. 클레온은 평화의 적이며, 아테네의 적폐청산의 대상으로 그려져 있다.

「평화」의 주인공은 포도나무 재배자 트리가이오스이다. 그의 이름에서 포도 수확을 연상케 한다. 트리가이오스는 하층민으로 변장한 작가일 것이며, 아리스토파네스가 잘 사용하는 판타지 또는 공상으로서 하늘을 비행하며, 가장 높은 것과 가장 낮은 것의 결합을 시도한다. 쇠똥구리를 페가수스로 여기는 트리가이오스가 하늘로 날아가는 계획을 세운다(「평화」 82-89행). 그리고 그는 신(제우스)들을 만나 '평화'를 되돌려받고자 하늘을 향해 원망 섞인 목소리로 소리친다.

> 트리가이오스: (안에서) 제우스시여, 우리 백성들에게 이게 무슨 짓입니까? 부지중에 우리 도시들을 쑥대밭으로 만드시겠어요?
>
> —「평화」62-63행

이어서 신에게 도전하는 주인을 보고 미쳤다고 생각하는 하인의 독백을 통해 주인공의 엉뚱하고 기발한 도전을 가늠할 수 있다. 아리스토파네스 희극에서만 가능한 상상과 공상의 기발한 착상이다. 아리스토파네스의 기발한 상상은 극의 초반에서 불가능한 것으로부터 가능한 곳으로 이행하고자 하는 것이다.

> 하인2: (관객에게) 바로 저게 내가 방금 말했던 그분의 병^病이랍니다. 그분의 정신착란 증세가 어떤 것인지 들었겠지요. 그분이 처음 병에 걸렸을 때 무슨 말을 했는지, 한번 들어보세요. 그분은 자신에게 "어떻게 하면 내가 곧

장 제우스에게 갈 수 있을까?"라고 말했어요. 그러고는 가볍고 작은 사다리들을 만들게 하더니 그 사다리들을 타고 하늘로 올라가려 했어요. 그러나 곧 굴러떨어져 머리를 심하게 다쳤지요. 그리고 나서 그분은 어제 밖에 나가 대체 어디서 구했는지 거대한 아이트네산※ 쇠똥구리 한 마리를 구해 오더니, 내가 그 쇠똥구리의 마부가 되도록 강요했어요. 그분은 그것을 망아지인 양 쓰다듬으며 말해요. "내 작은 페가수스야, 내 순종의 새야, 자, 나를 태우고 곧장 제우스에게 날아오르도록 해라." 여기 이 구멍으로 그분이 뭘 하는지 들여다봐야지. (잠시 대문 안을 들여다보다가 깜짝 놀라 뒤로 물러선다) 사람 살려! 어서 이리 와요, 이웃들이여! 우리 주인이 쇠똥구리를 말처럼 타고 대기 속으로 떠오르고 있단 말이에요.

— 「평화」 64-81행

이 장면은 아리스토파네스의 공상이 희극으로 하여금 인간 사회 전체를 설계하려는 의지를 보여 주는 장면이다. 비근한 예로 제우스의 새가 독수리라는 것이 싫어서 풍뎅이, 즉 쇠똥구리를 생각했고, 거대하고, 엄숙하며, 위풍당당한 비극을 뛰어넘고자 작가는 희극을 사용했다.[29] 이를 좀 더 보충한 다음의 대목은 주인공 트리가이오스의 엉뚱한 발상과 그를 이상하게 생각하는 하인과의 대화에서 증명된다.

---

29 신과 인간 사이에 도시가 있고, 그 도시는 전쟁에 의해 짓밟히고 있다. 이를 중재하고 해결할 신은 누구인가? 비극에서의 신은 전통 신화를 소재로 전지전능한 신들이 등장한다. 그런데 그 신들이 침묵하고 있다. 아리스토파네스는 현실의 사태를 모른 척하는 신들에게 대항한다. 「구름」에서 소크라테스를, 「기사들」에서 클레온을, 「개구리」에서 에우리피데스를 조롱하듯 「평화」에서는 신의 우두머리인 제우스를 조롱의 대상으로 선택했을 것이다. 「평화」에서는 비극에서 사용하는 제우스의 상징 독수리를 대응하기 위한 전략으로 쇠똥구리를 페가수스로 등장시킨다.

하인2: (트리가이오스를 부르며) 오오, 주인 나리, 정말로 머리가 돌아 버리셨
　　　군요!.

트리가이오스: 조용히 해! 조용히 하란 말이야!

하인2: 머리가 돌지 않으셨다면, 왜 공연히 대기를 헤치며 날아가세요?

트리가이오스: 나는 모든 그리스인을 위해 날아가는 중이며, 전례 없는 모험을
　　　하기로 작정했다.

하인2: 날아가시는 목적이 뭐죠? 왜 공연히 어리석은 짓을 하세요?

트리가이오스: 너는 상서로운 말을 하고, 불길한 말은 입 밖에도 내지 말고 환
　　　성을 지르도록 해라. 그리고 침묵을 지키고, 새 벽돌로 변소와 시궁창을
　　　봉하고, 항문을 막으라고 사람들에게 이르도록 해라!

하인2: 저로서는 입을 다물고 있을 수가 없지요. 나리께서 어디로 날아가려는
　　　것인지 말씀해 주시기 전에는.

트리가이오스: 어디긴 어디야, 하늘의 제우스에게지.

—「평화」90-103행

　트리가이오스는 하늘을 날고자 하는 상상을 실현하고자 한다. 트리가
이오스에게 쇠똥구리는 날개 달린 말을 대신하는 페가수스로서 전쟁을
구경만 하는 신들의 의지에 대항해서 하늘로 들어갈 수 있게 하는 유일한
존재이다. 쇠똥구리는 가장 높은 곳으로 날아가는 고공기술의 재료로서
손색이 없다. 아리스토파네스 희극은 신들과 정면으로 맞서, '정의의 변
론'과 '불의의 변론' 사이를 오가며, 높이 있는 것을 낮추기 위해, 먼저 가장
높은 곳으로 올라가기 위한 도구로 사용된다.

　트리가이오스는 쇠똥구리의 등에 올라 제우스의 집에 무사히 도착한
다. 그리고 문을 두드리는데 풍뎅이와 냄새를 맡은 제우스의 문지기 헤르
메스가 욕설을 퍼부으며 나타난다. 그러나 트리가이오스는 침착하게 헤

르메스를 조롱하며 그에게 고기를 주려고 하늘로 왔다고 하고, 부드럽게 진정시킨다. 그리고 제우스를 불러 달라고 부탁한다. 그러나 신들은 전날 하늘의 가장 높은 곳을 향해 떠났다고 한다.

트리가이오스: 신들께서 집을 비운 이유가 뭐죠?

헤르메스: 신들이 그리스인들에게 화가 났기 때문이지. 신들은 자신들이 살던 이곳에 전쟁이 살게 하고는 그자에게 자네들을 마음대로 할 수 있는 전권全權을 위임했지. 그리고 자신들은 되도록 높은 곳에 새 주거를 마련했어. 이제 더는 자네들이 싸우는 꼴도 안보고, 자네들이 기도하는 소리도 안 들으려고 말이야.

트리가이오스: 왜 신들께서 우리를 그렇게 대하죠? 말씀해 주세요.

헤르메스: 신들은 자네들에게 누차 평화조약을 맺을 기회를 주었건만, 자네들은 전쟁을 택했어. 라코니케인들이 좀 유리해지면 그들은 이렇게 말하곤 했지. "쌍둥이 신에 맹세코, 이제 아티케인들이 혼쭐이 나겠지." 반면에 너희들 아티케인들이 좀 성공을 거두어 라코니케인들이 휴전협상을 하자고 찾아오면, 자네들은 대뜸 말하지. "아테나 여신에 맹세코, 우리는 속고 있었소." "제우스에 맹세코, 우리는 설득당해서는 아니 되오. 우리가 필로스를 점유하고 있으면 그들은 또 올 거요."

트리가이오스: 그건 분명 우리 백성들이 함직한 말이네요.

헤르메스: 그래서 난 자네들이 앞으로 평화를 보게 될지 의문이야.

트리가이오스: 왜죠? 평화가 어디 갔는데요?

헤르메스: 전쟁이 그녀를 깊은 구덩이에 던져 버렸어.

트리가이오스: 어떤 구덩이죠?

헤르메스: (트리가이오스를 무대 건물의 가운데 문으로 데려가더니) 저 아래 있어. 그리고 자네도 보시다시피, 전쟁은 그 위에다 돌무더기를 쌓아 올렸어. 그

래서는 결코 평화를 도로 끌어낼 수 없을 거야.

— 「평화」 204-226행

신들은 그동안 휴전을 성사시키려 노력해 왔지만, 그리스인들, 특히 아테네인들이 서로 싸우는 일을 좋아하기 때문에 화가 나서 더 멀리 떠나 버린 것이다. 아테네인들의 호전성을 보면, 「아카르나이의 사람들」의 암피테오스의 임무가 생각난다. 어쨌거나 신들은 폴레모스(전쟁)에게 그리스의 운명을 넘겨주었던 것이다. 폴레모스는 에이레네(평화)를 지하 깊은 구덩이에 던져 넣고, 인간들이 끄집어낼 수 없도록 많은 돌로 덮어 두었다. 그리고는 거대한 절구통 하나를 집어 들어놓았다는 것이다. 이는 폴레모스가 아테네와 스파르타, 메가라인, 보이타이인 할 것 없이 절구통에 넣어 빻아서 그리스를 파멸시키려는 의도이다. 그러나 절구통은 준비가 되었는데 아테네와 스파르타의 절굿공이[30]가 동시에 사라지는 이상한 일이 벌어진다. 폴레모스와 키도이모스(혼란)의 대화가 심상치 않다.

트리가이오스: (관객에게) 아아, 우리들 가련한 백성은 어떻게 되는 걸까요? 여러분도 보다시피, 우리는 큰 위험에 처해 있어요. 키도이모스가 절굿공이를 갖고 돌아오면, 폴레모스가 앉아서 헬라스 도시들을 묵사발로 만들어

---

30 여기서 말하는 절굿공이는 스파르타의 장수 브라시다스와 아테네의 장수 클레온을 말한다. 브라시다스는 펠로폰네소스 전쟁 때 혁혁한 전과를 올린 뒤 기원전 422년 트라케 해안지방에서 암피폴리스시를 방어하다가 치명상을 입는다. 클레온은 기원전 425년 스파르타의 강화조건을 거절한 뒤, 기원전 422년 트라케 지방의 도시들을 탈환하려다가 암피폴리스에서 스파르타의 브라시다스에게 패배하여 살해당했다. 아리스토파네스는 이 둘을 「평화」의 작품 속에서 두 폴리스의 휴전조약 체결을 방해하는 걸림돌로 보고 절구통에 넣을 절굿공이로 표현한 것이다.

놓을 테니까요. 디오니소스스여, 심부름꾼이 도중에 죽어 절굿공이를 갖고

돌아오지 못하게 해 주소서!

키도이모스: (돌아오며) 저, 거시기!

폴레모스: 뭐야? 안 가져왔어?

키도이모스: 저, 거시기. 아테네인들은 절굿공이를 잃어버렸어요. 온 헬라스[31]

를 쑥대밭으로 만든 가죽 장수[32] 말예요.

트리가이오스: (혼잣말로) 존경스러운 여신 아테나시여! 그자가 죽었다니 잘됐

구나. 도시의 처지에서 보면 그자는 딱 알맞은 시기에 죽었으니까.

폴레모스: (키도이모스에게) 그렇다면 급히 달려가 라케다이몬에서 다른 절굿공

이를 구해 왔어야 할 것 아닌가?

키도이모스: 네, 알겠나이다. 주인 나리! (급히 퇴장)

— 「평화」 263-275행

잔혹한 폴레모스는 그의 조수 키도이모스에게 절굿공이를 하나 가져오

라고 아테네로 보낸다. 트리가이오스는 사모트라케^{Samothraaike}[33]의 비의에

---

31 고대 그리스인들이 자국을 불렀던 이름
32 여기서 가죽 장수는 부유한 무두쟁이의 아들로 전쟁광 클레온을 지칭한다.
33 사모트라케의 니케는 고대 그리스의 대표적인 조각상 가운데 하나로 그리스 신화에서 승
    리를 관장하는 여신인 니케를 묘사한 대리석상이다. 길이는 328cm이며, 머리와 양팔이 잘
    려진 채로 남아 있다. 이 조각상은 기원전 190년 로도스섬의 주민들이 에게해에서 일어난
    해전에서 승리한 것을 기념하기 위해 사모트라키 섬에 세운 것으로 추정된다. 제작 시기
    에 대해서는 기원전 306년의 살라미스 해전부터 기원전 31년의 악티움 해전에 이르기까
    지 승리를 기리기 위해 만들어진 것으로 다양한 시기로 추정된다. 조각상은 244cm의 높이
    를 나타내고 있다. 단지 여신 니케를 기리기 위한 것일 뿐만 아니라 해전을 기념하기 위해
    만들어진 것으로도 보인다. 조각상은 전투와 승리에 대한 느낌을 전달하며 기교 있게 흘
    러내리는 천은 뱃머리에 내려앉기 위해 하강하는 여신을 묘사하고 있다. 조각상은 격렬한
    움직임과 갑작스러운 정지가 만나는 자세에 대한 확실한 표현, 우아한 균형, 그리고 여신

입문한 자에게 디오니소스를 부르면서 키도이모스가 가는 길에 죽어 버렸으면 하고 기도한다. 다행스럽게도 키도이모스는 아테네의 절굿공이, 즉 죽은 클레온의 소식을 전한다. 이 소식을 들은 트리가이오스가 기뻐하는 것도 잠시, 폴레모스는 또다시 키도이모스를 스파르타에 절굿공이를 가지러 보낸다.

키도이모스: (돌아오며) 아아, 나야말로 불운하구나. 아아, 정말 불운하다니까!

폴레모스: 뭐야? 설마 가져오지 못했단 말을 하려는 건 아니겠지?

키도이모스: 라케다이몬인들도 절굿공이를 잃어버렸어요.

폴레모스: 그게 무슨 소리야, 이 악당아?

키도이모스: 그들은 트라케의 해안지방에서 쓰도록 절굿공이를 다른 백성들에게 빌려줬다가 거기서 잃어버렸대요.

트리가이오스: (혼잣말로) 디오스쿠로이들이여, 그들이 그렇게 되길 다행이오. 사필귀정이겠지. 용기를 내시라, 인간들이여!

폴레모스: (키도이모스에게) 이 도구들을 챙겨서 도로 갖고 들어오도록 하라. 안에 들어가 내가 손수 절굿공이를 만들겠다. (전쟁이 집에 들어가자 소란이 절구통과 바구니를 들고 뒤따른다)

— 「평화」 280-288행

키도이모스는 이번에도 빈손이다. 스파르타의 절굿공이, 즉 브라시다스 없이 돌아온다. 브라시다스는 트라케의 해안지방에서 전투 중 전사했다

조각을 가린 천이 마치 강한 바닷바람에 펄럭이는 것처럼 설득력 있게 묘사된 표현으로 유명하다. 이 조각상은 1863년 프랑스의 영사 겸 고고학자인 샤를 샴푸아소가 발견했으며, 1884년 루브르 박물관에 소장되어 오늘에 이르고 있다.

는 것이다. 아테네와 스파르타의 두 전쟁 장수를 동시에 잃어버리는 이상한 일이 일어난 탓에 폴레모스는 손수 절굿공이를 만들겠다고 장담하며 퇴장한다. 이제 트리가이오스는 폴레모스가 도시를 산산조각 내지 않을 것이라는 희망을 가지며 기쁨을 감추지 못한다.

트리가이오스: (숨어 있던 곳에서 나오며) 그렇소. 지금이야말로 전에 다티스가 한낮에 용두질을 하며 부르곤 하던 노래를 부를 때요. "나는 얼마나 즐겁고, 행복하고, 기분 좋은지 몰라!" 그리스인들이여, 지금이야말로 우리 모두에게 상냥한 평화를 구덩이에서 꺼냄으로써 우리가 고통과 전쟁에서 해방될 절호의 기회올시다. 농부, 목수, 장인, 재류외인在留外人, 이방인, 섬 주민들 할 것 없이, 모두들 되도록 빨리 이리 오시오. 삽과 쇠지레와 밧줄을 갖고 말이오. 지금은 착한 정령에게 바친 술잔에서 / 우리가 한 모금 쭉 들이킬 때니까. (코로스, 삽과 쇠지레 따위를 갖고 등장)

코로스장: 모두들 우리의 구원을 위해, 열심히 곧장 이리 오시오. 모든 그리스인들이여, 우리 서로 도웁시다. 지금이 아니면 다시는 기회가 없소. 군사 대형과 가증스러운 유혈에서 벗어납시다. 이제야 라마코스가 싫어하는 날이 밝았으니까. (트리가이오스에게) 당신은 우리가 뭘 해야 하는지 말해주고 우리 지도자가 되시오. 지레와 온갖 도구로 모든 여신들 가운데 가장 위대하시고 포도덩굴을 가장 사랑하시는 여신을 햇빛으로 끌어올릴 때까지 나는 오늘 결코 지치지 않을 것 같으니까.

트리가이오스: 조용히 하시오. 상황이 호전됐다고 당신이 환성을 올리다가 저 안에 있는 전쟁에 다시 불을 지르는 일이 없도록 조심하시오.

— 「평화」 289-310행

두 도시 간의 전쟁 지도자, 클레온과 브라시다스의 죽음은 아테네와 스파르타 사이의 평화를 가능하게 만들었지만, 니키아스에 평화조약을 가져오기 위해서는 한 가지 발전된 행동이 필요하다. 그것은 상냥한 에이레네를 구덩이에서 꺼내는 것이다. 트리가이오스는 그리스의 모든 농부, 상인, 목수, 장인, 재류외인在留外人, 이방인, 섬 주민들 모두에게 에이레네를 구출하는 삽과 쇠지레, 밧줄을 갖고 모이라고 도움을 요청한다. 이것은 전쟁의 고통과 해방의 기회를 잡을 수 있는 유일한 평화를 얻기 위한 행동이라고 생각하기 때문이다. 트리가이오스의 지도 아래 모든 사람들은 그의 지시를 따르기로 하고, 전쟁이 막아 놓은 돌무덤에서 위대한 여신 에이레네를 지상으로 꺼내 오는 그날까지 작업을 멈추지 않게 된다.

코로스: 이영차, 모두들 이영차! 이영차, 이영차, 이영차! 이영차, 이영차, 모두들 이영차! (이제 손수레가 완전히 문밖으로 나온다. 그 위에는 평화의 입상이 서 있고, 양옆에는 두 시녀 오포라와 테오리아가 시립해 있다.)

트리가이오스: (에이레네에게) 포도송이를 주시는 여신이시여, 무슨 말로 그대에게 인사드려려 합니까? 그대에게 드릴 수천 마디 인사말을 대체 어디서 찾을 수 있습니까? 내 집에는 없으니까요. 오오, 반갑도다, 풍요여, 그리고 그대 축제도! 사랑스러운 여신이시여, 그대의 얼굴은 얼마나 고운가! 그대의 숨결은 얼마나 달콤한가! 내 가슴에 와닿는 그 향내, 동원動員 해제나 향수처럼 더없이 감미롭구나.

— 「평화」 517-526행

트리가이오스는 포도재배 농부이지만 쇠똥구리 등에 타고 하늘에 올라 에이레네를 구출함으로써 그리스 사람들을 전쟁에서 구했다. 에이레네는 입상으로 오포라(풍요)와 테오리아(축제)의 시립 속에 나타난다. 에이레네의 구출은 제우스가 금지했지만,[34] 트리가이오스는 제우스의 문지기 헤르메스를 위협하여 모든 신들을 거역하면서까지 행동하여 평화를 구출하지만, 벌은 받지 않는다. 헤르메스는 에이레네(평화)가 조각상 이상이라는 것을 알게 된다. 에이레네가 빛 속으로 나와 있는 것, 그리고 적절히 환영 받고 있다는 것을 보고 헤르메스는 트리가이오스에게 오포라를 아내로 맞이할 것과 테오리아를 민회에 되돌려 주라고 부탁받는다. 그리고 헤르메스는 무대 위에서 평화와의 귀속 대화를 알려준다.

> 헤르메스: (평화에게 다가가) 이들에게 어떤 감정을 품고 있는지 내게 말해 보시오. 가장 사랑스러운 이여! 자, 방패를 가장 싫어하는 여자여! 자, 내가 듣고 있소. (평화가 헤르메스의 귀에다 속삭인다.) 그게 그대의 불만이라고? 알겠소. (관객에게) 자네들은 모두 들어라, 왜 그녀가 자네들을 나무라는지. 그녀의 말인즉, 필로스 사건이 있은 뒤 그녀가 자네들에게 휴전조약을 한 바구니 듬뿍 주려고 제 발로 이곳을 찾았지만, 민회에서 표결에 의해 세 번이나 배척당했다고 하는구나.
>
> 트리가이오스: 그건 우리 불찰이에요. 하지만 용서해 주세요. 그때 우리 마음은 구두의 가죽 안에 들어가 있었으니까요.
>
> — 「평화」661-669행

헤르메스의 해석에 의하면, 평화가 세 번씩이나 기회를 주었지만, 그때마다 휴전조약을 파기한 것이다. 여기서 구두의 가죽은 아테네의 무두장

---

34 에이레네(평화)를 풀어 주는 것은 오로지 신들만이 할 수 있기에 인간이 그들을 바꾸려 하는 것은 어떤 것들의 본성을 바꾸는 것과 같다고 한다. 이는 신들의 관점에서 볼 때, 사람들이란 작은 존재이다. 따라서 신들에게 인간들끼리의 전쟁은 인간들에게만큼 끔찍해 보이지 않는다.

이 아들 클레온을 지칭하는데, 트리가이오스는 평화가 깨진 이유가 클레온의 호전적 성향으로 인한 선동 때문이었다고 변명한다. 그 호전성보다 더 큰 이유는 아테네 사람들이 아테네 사람들로, 스파르타 사람들이 스파르타 사람들로 남아 있는 한 평화는 없을 것이라는 신탁이 작용했을 것이다. 이러한 신탁은 클레온 같은 정치 장수의 선동에 의한 본성이고, 이러한 본성을 지니고 있는 한 전쟁이 일어날 것이며, 전쟁의 가능성은 영구불변의 진리라는 것도 포함된다.

여기서 희극적 구성요소와 함께 짚고 넘어가야 할 부분이 있는데, 두 절굿공이의 분실과 두 전쟁 지도자의 죽음은 희극적 등치물이며, 에이레네를 꺼내는 것과 평화협상도 희극적 등치물이 된다. 즉 아리스토파네스는 웃음이라는 관점에서 전쟁 지도자를 절굿공이로 풍자했을 때 이미 희극적 등치물이라는 것을 의미했던 것이다. 따라서 「평화」에서의 전형적인 의인화와 그 반대인 인간의 사물화는 아리스토파네스의 탁월한 희극의 소재이다.

아리스토파네스의 솔직하고, 경쾌하고, 번뜩이는 그의 시 중에서 현실 생활의 불편함에 대하여 아테네 농부들의 평화를 염원하는 코로스의 시를 「평화」에서 볼 수가 있다. 비록 이 작품에서는 직접적인 아곤은 존재하지 않지만 '평화'를 구출하기 위한 노력이 분규처럼 뜨겁다. 파라바시스에서 공동체를 대신한 작가의 기쁨을 호소력 있는 코로스가 노래한다.

코로스: 나는 기쁘오, 정말 기쁘오. 투구에서 해방되어! 치즈와 양파에서 해방되어! 내가 좋아하는 것은 전투가 아니라, 친구들과 어울려 불가에서 통음痛飮하는 거니까. 여름에 파내어 놓아 잘 말린 통나무들에 불을 피워 놓고, 완두콩을 볶고 도토리를 구우며, 그리고 아내가 목욕하는 사이 하녀 트라타[35]와 키스하며.　　　　　　　　　　　　　　 ―「평화」 1127-1159행

위의 인용문은 평화가 돌아왔을 때의 아름다운 일상을 노래하고 있다. 즉 아리스토파네스가 역설하는 현실 비판에서 가장 중요한 소재인 전쟁 종식에 대한 평화의 열망과 전쟁에서 해방된 모습을 그리는 파라바시스 장면이다. 이런 표현으로 보아 아리스토파네스가 주장하는 현재적 소망은 평화로운 일상이다. 그의 작품에서 사용되는 사회제도에 대한 비방이나 외설적인 표현은 특정한 무엇을 성취하기 위한 수단으로 사용되는 것이다. 그의 비판은 허공에 대고 소리치는 허망한 울림에 그칠 수도 있다. 그러나 허망한 비판이 비판에 대한 거부를 의미하지는 않는다. 오히려 그러한 비판이 거듭될수록 아테네 공동체에 울림이 될 수 있기 때문이다. 실제로 삶이나 성격에 대한 충실한 묘사를 시도하는 일은 아리스토파네스의 방식이 아니다. 그의 상상력은 추상적인 것을 구체화함으로써 작동한다. 뚜렷한 의인화에 대한 그의 애착은 부분적으로 그리스 무대의 선배작가들로부터 물려받은 것이다.

트리가이오스는 대단원이 가까워지자 풍요를 아내로 맞이하라는 헤르메스의 부탁을 받고, 결혼식 준비에 박차를 가한다. 이때 결혼피로연 무대에서 두 개의 무리가 등장하여 논쟁을 시작한다. 첫 번째 무리는 낫 제작자로서 농기구를 만드는 사람들이고, 두 번째 무리는 갑옷 장사꾼, 투구 제작자, 창 제작자를 이루는 무기상들이다. 농기구 제작자들은 평화를 통하여 그들의 사업이 번창하게 된 것에 행복해 하며, 그 일을 주도한 트리

---

35 트라케인(Thracian)의 트라타(Thraitta)는 '트라케 출신의 여인'이라는 뜻으로 트라케 출신 여자 노예에게 흔히 붙이는 이름으로서 자유로운 사랑을 강조한다. 치즈와 양파에서 해방된다는 것은 당시 군인들의 대표적인 먹을거리가 치즈와 양파를 뜻하는 것으로, 인간의 생존을 위한 기본적 생존권에 대한 존엄과 가치를 먹거리의 관점에서 전쟁과 평화의 선택적 양면성을 보여 주고 있다. Whitney J. Oates & Eugene O'neill, Jr., *The Complete Greek Drama*, Volume Four, New York: Random House, 1938b, pp. 1127-1139.

가이오스에게 고마워한다. 그 감사의 표시로 그가 원하는 만큼의 선물을 주겠다고 제안한다. 반대로 무기 제작자들은 평화가 그들의 사업을 망쳤기 때문에 그들의 제품을 더 이상 쓸 곳도 없고, 가치도 없다며 푸념한다. 이에 작가는 트리가이오스를 통하여 전쟁의 하수인들에게 본격적인 조롱을 시작한다.

낫 제작자: 오오, 가장 친애하는 트리가이오스, 당신은 평화가 이루어지게 함으로써 우리에게 참 좋은 일을 했소이다. 지금까지 내 낫은 푼돈에도 팔리지 않았으나, 지금은 50드라크마씩에 팔고 있으니 말이오. 그리고 여기 이 사람은 시골 사람들을 위해 옹기를 3드라크마씩에 팔고 있소. 트리가이오스, 이 낫과 옹기를 원하는 만큼 가지시오, 공짜로 말이오. 그리고 이 먹을거리도 받으시오. 우리가 장사를 해서 이익을 보았기에 그대를 위해 이런 결혼 선물을 가져오는 것이니까 말이오.

트리가이오스: 좋소. 그 물건들을 내 옆에 내려놓고 되도록 빨리 식사하러 들어가시오. 보시다시피, 저기 무기상이 얼굴을 잔뜩 찌푸리고 다가오고 있으니 말이오. (무기상이 짐을 잔뜩 지고 등장하고 이어서 투구 제작자와 창 제작자가 등장하는데, 창 제작자는 손에 창 몇 자루를 들고 있다.)

무기상: 이보시오, 트리가이오스! 당신 때문에 나는 완전히 망했소이다.

트리가이오스: 이보시오, 뭐가 잘못됐소? 설마 깃털 장식 병을 앓는 건 아니겠지?

무기상: 당신은 내 사업과 생계를 망쳐 놓았단 말이오. 그리고 이 사람과 여기 이 창 제작자의 경우도 마찬가지고.

트리가이오스: 좋소. 내가 이 두 깃털 장식 값으로 얼마를 내면 되겠소?

무기상: (깃털 장식들을 꺼내 보여 주며) 얼마 주시겠소?

트리가이오스: 얼마 주겠냐고? 말하기가 좀 거북한데. 깃털 장식을 투구에 꽂

는 부분에 많은 공을 들였으니 깃털 장식 두 개 값으로 마른 무화과 3코이

닉스를 주겠소. 그것들로 식탁이나 청소할까 해서 말이오.

무기상: (깃털 장식들을 건네며) 좋소. 안에 들어가 무화과를 가져오시오. (트리

가이오스, 안으로 들어간다. 곧바로 일행에게) 이보시오, 아무것도 못 받는 것

보다는 나을 거요.

트리가이오스: (뛰쳐나와 깃털 장식들을 무기상에게 던지며) 가져가시오. 이것들을

갖고 지옥으로 꺼져 버리시오. 깃털들이 빠지면서 아무짝에도 못 쓰게 되

었으니 말이오. 그 값으로 나는 마른 무화과 한 알도 내고 싶지 않소이다.

무기상: (흉갑을 보이며) 아아, 내 팔자야. 10므나의 값어치가 있는 이 흉갑은 어

떡하지? 이렇게 더없이 아름답게 만들어 놨는데.

트리가이오스: 그거라면 당신이 손해는 보지 않을거요. 그걸 내게 원가로 파시

오. (흉갑을 건네받으며) 똥 누기에 그만이겠구려.

무기상: 좋은 물건들을 이제 그만 모욕하시오!

— 「평화」 1199-1229행

이상의 대화는 전쟁과 평화에 대한 작가의 해학적인 풍자를 넘어서 조
롱에 가깝다. 무기 제작자들은 전쟁주의자들이다. 반면에 농기구 제작자
들은 평화주의자들로 간주된다. 두 부류의 상인들 모두는 근본적으로 그
들의 수입을 사랑한다. 그러나 늙은 트리가이오스는 전쟁과 평화에 대한
개인적인 관심을 양면적 논쟁으로 대항하였다. 그는 이제부터 다른 농부
나 포도나무 재배자들과 다름없이 그의 새 아내 풍요와 함께 시골에서 포
도나무 재배자로 살아갈 것이다. 그저 모든 그리스 사람들이 경배하는 그
리스 신들을 경배할 것이다. 이 작품은 잃어버린 여신 '평화'를 전쟁의 구
덩이에서 찾아내어 에이레네(평화)를 구하고 결혼과 다산의 즐거운 축하
잔치로 끝나는 해피엔딩 드라마다. 개인적인 평화의 수혜자인 면에서 「아

카르나이의 사람들」의 농부 디카이오폴리스를 연상시키지만, 신들에게 우호적인 디카이오폴리스에 반해 트리가이오스가 가져온 평화는 최소한 신들에게 대항하는 용기를 취하고 있다.

「평화」에서 전체 구도의 주제는 전쟁이나 평화에 대한 관심보다는 엉뚱한 개인적인 문제에서 출발한다. 트리가이오스는 신들에게 대항하는 행동으로 문제를 제기한다. 「평화」에서 개인이 도시와는 조화를 이루면서 신들과는 그렇지 않다는 것을 보여 준다. 당시 아테네 공동체의 개인은 도시보다 하위의 개념이고, 신들은 도시보다 상위의 개념으로서 도시는 신과 개인의 중간에 위치한다. 아리스토파네스 희극은 최상위와 최하위 사이의 관계를 만들고, 그 사이에 있는 임무를 이루어 낸다. 그 임무는 공공의 평화를 구출하여 작가와 코로스 간의 완벽한 조화로 만들어진 평화조약이라 할 수 있다.[36]

전술한 「평화」의 연극적 행동은 포도재배 농부 트리가이오스가 하늘나라에 있는 제우스 신을 향해 담판을 지으러 가는 모습에서 '디케'[37]의 개념을 무색하게 만든다. 약자인 농부가 강자인 신들을 향해 항의하는 모습에서 노동과 평화를 의존하는 관계로 제시하고 있다. 즉, 신들이 감추어 놓은 '평화'를 구출하여 전쟁 무기 판매상들을 내쫓고, 농기구를 판매하는 사람들이 다시 돌아오는 모습을 상상하는 것이다(「평화」 389-424행). 「평화」는

---

36 류재국, 앞의 논문, 2018a, p. 44.

37 제우스신으로부터 인간에게 정의를 중개해 주는 자는 정의의 여신 '디케(Dike)'이다. '디케'는 분쟁에 연루되지 않는 것이며, 그와 대조적인 '히브리스(hybris)'는 '오만'으로 분쟁에 연루되고, 무례하고 어리석은 것이라고 한다. 즉 약자가 강자에게 대드는 것이 히브리스를 범하는 것이라고 한다. 그리고 폭력과 재앙을 피하도록 강자에게 대항하지 않음으로써 평화와 질서를 구하는 것이 디케이다. 헤시오도스의 『노동과 나날』에 나타난 '디케'의 개념은 일상적인 의미에서의 "옳고 그름이 무엇인지를 안다"라는 뜻으로 사용한다. 최자영, 앞의 논문, 2012, pp. 40-41 참조.

아리스토파네스 작품 중에서 불가능한 것에 대한 상상과 공상의 빛나는 착상을 통해 아테네 공동체가 추구하는 평화에 대한 열망을 보여 주고 있다. 「평화」의 메시지는 보통사람들의 곤궁함에서 출발하는 인생의 복사판이다. 그리고 통상적이고 보편적인 것에서 출발하여 불가능한 것으로 이동한다. 즉 불가능하게 보이는 평화에 대한 갈망을 웃음으로, 능청스러운 태도로 극복하려는 모습을 민중들에게 보여 준다. 여기에 에이레네가 공공의 평화로 돌아온 덕분으로 연극은 평화의 코로스로 풍요와 축제의 조화 속에 만찬을 함께하며, 완벽한 조화 속에 막을 내린다.

3. 「리시스트라테」^{Lysistrate}(기원전 411)

「리시스트라테」는 아리스토파네스의 희극 중에서 가장 주목받는 여성이 주인공인 작품이다. 이 여자들은 그들의 기지와 단결력을 발휘하여 아테네의 남자들로 하여금 아테네의 기본정책을 철회하게 만든다. 이런 강력한 여성들을 묘사한 「리시스트라테」는 여주인공 이름을 제목으로 사용한다. 이 작품의 배경은 아테네의 원정대가 시칠리아에 처절한 패배(기원전 413)를 당한 지 얼마 되지 않아 과두정권이 세워졌을 시기이다(기원전 411). 이때 아테네 여성 리시스트라테, 그녀는 아테나의 기혼여성들뿐만 아니라 다른 도시의 깨어 있는 기혼여성들에게 남자가 전쟁을 끝낼 때까지 남편과 연인들에게 성행위를 하지 않겠다는 다짐을 받아 내는 비밀 모임을 추진 중이다. 맹세를 받기까지 여성들을 설득하는 과정은 험난했다.[38] 「리시스트라테」는 남자들에게 용감하고 공격적으로 대항하는 여자

---

38 이 희극은 펠로폰네소스 전쟁을 끝내라고 그들의 남편을 강요하는 아테네 여성들을 다루고 있다. 여성도 정치적 결정을 내릴 수 있는 지성과 판단력을 갖추고 있다고 말함으로써

들을 묘사하고 있다. 희극 속의 강인한 여성들은 공동체의 전통적인 생활 방식을 유지하기 위하여 남성적 역할을 떠맡고 있다.[39]

「리시스트라테」는 시기적으로 3대 평화극의 마지막 작품으로서 그리스 공동체의 피폐함에서 벗어나 모든 그리스인이 평화로운 가운데 인간다운 삶을 영위해 보자는 염원이 담겨 있다. 여성들은 먼저 아크로폴리스를 점령하여[40] 국가의 돈을 전쟁경비로 낭비하지 못하게 한다. 그들의 남편이 전장에서 돌아오자, 아테네 여성들은 스파르타 여성들과 공모하여 '잠자리 거부 캠페인(성 파업)'을 벌인다. 그런 캠페인이 일련의 음란한 에피소드 속에서 묘사되고, 그들은 마침내 아테네와 스파르타의 남자들이 평화협정에 동의하도록 만든다. 「리시스트라테」에서 논쟁의 중심인물은 리시스트라테와 감독관 사이의 논쟁, 아테네 여인 칼로니케[Kalonike], 미르리네[Myrrhine]와의 논쟁, 미르리네와 그녀의 남편 키네시아스[Kinesias]이며, 이들은 휴전조약의 갈망을 그리는 논쟁으로 극을 이끌어 가고 있다.

이 작품의 구성은 계획과 점거의 플롯으로 나누어져 있다. 남성과 여성이 대결하는 모습은 그들이 사용하는 언어와 행동 등으로 관객의 웃음을 자아내고, 등장인물들은 너무도 솔직하게 심지어 자신들의 성적 욕망들을 말하고 있다. 「리시스트라테」는 대표적인 구희극으로서 비극의 주인공들과는 달리 리시스트라테는 평민층 여성이다. 기존의 비극에서 한 남자와의 사랑에 모든 것을 희생하는 여성을 주인공으로 하는 에우리피데스

여성의 남성적 역할을 강조하고 있다. K. J. Dover, 앞의 책, 1972, pp. 150-151.

39 류재국, 「고대 그리스 희극의 두 여주인공이 추구한 연극적 행동과 정치적 시가로서의 의미: 〈리시스트라테〉와 〈여인들의 민회〉를 중심으로」, 『브레히트와 현대연극』 40, 한국브레히트학회, 2019a, p. 128.

40 당시 아크로폴리스는 아테네의 국고(國庫)가 들어있는 파르테논 신전을 말하며, 전쟁기금 확보를 위한 중요한 위치를 점령한다는 의미를 나타낸다.

의 「메데이아」와는 용감한 면을 제외하고는 전혀 다른 성향을 가지고 있다. 아리스토파네스의 관심은 좀 더 사회적인 것으로서[41] 현실적인 문제를 쟁점으로 드러내고 있다.

주요 등장인물은 '군대를 해산시키는 여자'라는 뜻의 리시스트라테이다. 그녀는 아테네 여인으로 적극적이고, 결단력 있는 계획으로 전쟁 종식을 통한 그리스 구원에 앞장선다. 그녀는 설득력이 강하고, 효과적인 수사법을 사용한다. 자신이 계획하고 있는 일이 개인의 영달을 위한 것이 아니고, 나라와 공동체 모두를 위한 일임을 강조한다. 즉 모든 여성의 도움을 받으려면, 더구나 금욕과 같이 상당한 인내심이 필요하게 되는 일에는 모두를 납득시킬 수 있는 대의명분이 필요한데, 바로 '공동체의 평화로운 존속'이 그 이유이며, 이 효과적인 수사력은 여성들의 마음을 움직이는 데 도움이 된다. 다음은 아테네의 여인들 칼로니케, 미르리네, 라코니케 여인 람피토, 미네르네의 남편 키네시아스, 감독관 등이다. 이 작품에서 남성과 여성이 대결하는 모습은 그들이 사용하는 언어와 행동으로, 자신들의 성적 욕망들을 솔직하게 노출하면서 관객의 웃음을 자아내고 있다. 주인공인 리시스트라테는 평민층 여성이지만 그녀의 목표는 좀 더 차원이 높은 평화와 안정된 삶에 대한 염원이다(「리시스트라테」 29-30행). 그녀는 자신이 계획하고 있는 일이 개인의 차원을 넘어, 공동체 모두를 위한 일임을 전달하기 위하여 설득력이 강한 대의명분을 제시한다. 대의명분의 근거는 '공동체의 평화로운 존속'이며, 이 효과적인 수사력은 여성들의 마음을 움직이는 데 도움이 된다. 이 작품은 당시 정치 상황과 남성들에게 있어 하대받던 여성들의 모습을 서사극(변증법)적 구조를 이용하여 대비시킴으로써 그 효과를 배가시키고 있다.

---

[41] 고전·르네쌍스드라마 한국학회, 앞의 책, 2001, pp. 210-211.

리시스트라테는 남성 심리를 잘 파악하는 현명한 여자로 설정되어 있다. 비록 남성 중심의 사회에서 살지만, 여성은 남성의 약점 즉 남성이 섹스에 약한 점을 잘 이용하여, 성 파업을 일으켜 여성이 원하는 방향으로 상황을 전개한다.[42] 모든 동맹국의 여인들이 일치단결, 남자들이 더 이상 전쟁을 하지 않고 평화협정을 맺을 때까지 남자들과의 육체관계를 거부하며, 전쟁과 평화의 문제를 해결한다. 아울러 전쟁을 하고 있는 남편들에게 전쟁을 멈출 수 있게 하려는 방안으로 남편들과의 잠자리를 거부하는 여성들의 기발한 착상을 통해 전쟁과 평화의 문제를 희극적으로 처리했다. 이러한 거대한 착상은 주인공 리시스트라테와 아테네 여인 칼로니케의 대화에서 엿볼 수 있다.

칼로니케: 하지만 우리 여자들이 어떻게 그런 민감하고 거창한 일을 해낼 수 있겠어요? 꽃으로 장식하고, 샤프란색 가운을 입고, 화장을 하고, 킴메리아산 긴 속옷에 비단구두를 신고서 집 안에 앉아 있는 주제에.

리시스트라테: 바로 그런 것들이 우리를 구해 주리라 믿어요. 샤프란색 목도리, 향수, 여자 구두, 입술연지, 속이 비치는 속옷 말예요.

칼로니케: 어떻게요?

리시스트라테: 그러면 남자들이 서로 창을 겨누는 일도 없을 테고….

칼로니케: 두 여신에 맹세코, 그렇다면 나도 샤프란색 물감을 들이게 할래요.

리시스트라테: 방패를 들지도 않을 테고….

칼로니케: 킴메리아산 속옷을 입을래요.

리시스트라테: 단검短劍도 빼지 않을 거예요.

칼로니케: 비단구두도 살래요.

---

42 같은 책, pp. 217-218.

258

리시스트라테: 그러니 여자들이 당연히 모였어야 하지 않겠어요?

—「리시스트라테」 42-54행

극 초반에 리시스트라테와 그녀의 친구 칼로니케의 대화에서 사태에 대한 모의 계획이 드러난다(「리시스트라테」 32-41행). 남성들의 상징인 남근은 무의미한 전쟁을 일으켜 나라를 피폐하게 만든 그들만의 우스꽝스러운 징표일 뿐, 더 이상 권위의 대상이 아니다. 이를 전형적 인성의 고정관념[43]인 여성의 소극성과 부드러움으로 남성의 힘과 진취성이라는 통념을 무너뜨리자는 것이다. 즉 여성의 보호자, 구원자로서의 남성의 권위와 이미지는 더 이상 찾아볼 수가 없다. 여성들의 본능적 충동으로 빚어내는 희극적 액션은 외설적 언어와 성적인 비속어 등을 거침없이 사용하면서도 저속하지 않은 이미지를 풍기며 극적 재미를 더해 주고 있다.

리시스트라테: 앞으로 우리는 남근을 삼가야 해요. (여자들이 웅성거리기 시작하면서 몇 명은 떠나려고 돌아선다.) 왜들 돌아서는 거죠? 어디로 가려는 거죠? 왜들 입술을 깨물고 머리를 흔드는 거죠? 왜들 안색이 변하며, 왜들 눈물

---

[43] 아리스토텔레스 『정치학』에서 가정과 여성에 대한 정의를 정리하면, 고전기 아테네에서는 성적 억압을 통해 본질적으로 권위주의적 가부장제의 가정과 강요된 일부일처제의 이데올로기를 제도화하였으며, 여성을 성 억압의 기제로 삼아 그 사회의 토대를 구축하려 했다고 한다. 고대 철학자들은 여성의 타고난 생리적 열등과 육체적 약함을 지적하면서 남성과 여성 간의 본성의 차이를 구별하려 하였다. 예컨대 여성의 타고난 생리적인 열등으로 인해 여성의 심리적 성격과 사회적 능력이 남성과 근본적으로 다르다는 점과 육체적 본성이 약함을 지적하면서 여성은 국가방어나 정치활동에 관여할 수 없다는 것이다. 문혜경, 앞의 논문, 2011, pp. 78-79에서 재인용. 이러한 형태는 고대 아테네에서 가부장제 남성 정치구조를 반영한 사회장치로 여성의 사회적 구성원의 중요성과 기능을 고려하지 않은 성 억압의 권력 구조로 풀이된다.

을 흘리세요? 하겠어요, 못 하겠어요? 왜들 망설이죠?

칼로니케: 난 못해요. 전쟁이야 계속되든 말든.

미르리네: 제우스에 맹세코, 나도 못해요. 전쟁이야 계속되든 말든.

리시스트라테: 이 넙치야, 그따위 말을 하다니! 방금 자신의 몸을 두 쪽으로 자르겠다고 하더니.

칼로니케: 다른 것이라면 뭐든 그대가 원하는 대로 하겠어요. 불 속에라도 뛰어들겠어요. 남근을 삼가느니 그편이 낫겠어요. 세상에 그만한 것은 없으니까요, 리시스트라테.

리시스트라테: (다른 여자 쪽으로 돌아서며) 그대는 어때요?

다른 여자: 나도 불 속에 뛰어들래요.

—「리시스트라테」 124-137행

리시스트라테가 주도하는 성 파업 캠페인에 동참한 여성들은 남성들의 전쟁놀이를 중단시키려고 모였지만 여성으로서의 본능적 애정이 문제가 된다. 아테네 여인 칼로니케와 미르리네가 반대를 하며, 계획의 성공에 의심을 품는다. 칼로니케의 생각은 대부분의 남성이 여성에 대해 생각해 온 것처럼 여성은 남성보다 지적인 면에서 떨어져 육체적인 아름다움만 추구하면 된다는 생각이 굳어 있다. 그녀는 금욕하자는 리시스트라테의 제안에 불평을 토로하며, 계획의 실현 가능성에 의문을 제기한다. 그러나 결국 칼로니케는 마음을 열게 되고, 리시스트라테의 계획에 찬동하며, 추진하는 거사에 적극적으로 활동하게 된다. 남편과의 성 파업 캠페인에 대한 불안으로 마음을 열지 않던 다른 여인들도 전쟁 대신 평화와 안정된 삶을 얻기 위한 거국적인 혁명에 동참하기로 약속한다.

리시스트라테: 우리 여성들은 완전히 타락했어요. 우리를 소재로 비극을 쓰는

것은 놀랄 일이 아녜요. 우리는 동침하고 출산하는 것 말고는 아무짝에도 쓸모가 없으니까요. (람피토에게) 하지만 사랑하는 라코니케 여인이여, 그대가 나와 함께해 주기만 한다면 우리는 해 낼 수 있을 거예요. 내게 투표해 주세요.

람피토: 두 분 신께 맹세코, 여자가 남근 없이 혼자 잔다는 것은 어려운 일이죠. 그렇다 해도 우리에겐 평화가 필요해요.

리시스트라테: 가장 사랑하는 람피토, 그대만이 여기서 진짜 여자예요.

칼로니케: 만약 우리가 그대가 말한 것을 되도록 삼간다면 —제발 그런 일이 없기를— 그로 인해 과연 평화가 올까요?

리시스트라테: 두 분 여신께 맹세코, 오다마다요. 우리가 곱게 화장하고는 집안에 앉아 있고, 아모르고스산 속옷을 입되 아랫도리는 아무것도 걸치지 않고 삼각주의 털을 말끔히 뽑은 채 남편들 앞을 지나가면 남편들은 발기되어 하고 싶어 할 거예요. 그때 우리가 다가가지 않고 딱 잘라 거절하는 거예요. 그러면 남편들은 서둘러 휴전하게 될 거예요. 확실해요.

—「리시스트라테」138-154행

아테네의 리시스트라테와 스파르타의 람피토Lampito는 성 파업의 성공으로 전쟁 종식과 평화회복을 할 수 있다는 데 의견을 모은다. 성 파업의 성공은 전쟁 주도 세력인 아테네와 스파르타를 비롯한 모든 여성 인물들의 '함께하기DIO, Do It with Others, solidarity'를 통해서만 가능하다.[44] 함께하기를 위

---

[44] 여기서 '함께하기'라는 성 파업은 여성들이 스스로 족쇄를 벗고 새로운 가치를 생성하여 새로운 주체가 되게 하는 미적 체험이라고 할 수 있다. 이로써 여성의 몸은 사회적 주체로 거듭나게 된다. 아울러 성 파업은 여성의 몸에 대한 인식의 변화를 가져오고, 여성의 몸이 사회적 주체성을 갖게 하고, 개인적 차원이 아니라 공동체의 삶에 질적 변화를 가져온다. 홍은숙, 앞의 논문, 2020, p. 126.

한 동의를 얻기 위해 리시스트라테는 비장한 어조로 강하고 효과적인 수사법을 사용하고 있다. 그녀가 계획하고 있는 일은 개인의 영달을 위한 것이 아니고, 나라 공동체 모두를 위한 일임을 강조한다. 여기에 동조하는 스파르타 여인 람피토는 아테네의 적국인 여인으로서 의지가 확고하고 추진력이 강한 여성이다. 그녀는 다른 많은 여성들이 리시스트라테의 금욕 계획에 저항하자 이 계획의 정당성을 과감하게 주장하여 다른 여성들의 동의까지 얻어 낸다. 람피도의 강력한 지지는 아테네와 스파르타 동맹의 상징으로서 리시스트라테의 성공적인 거사의 밑거름이 된다. 그들은 개인적인 손실에도 불구하고 그들의 전략의 가능한 성공과 그들이 기다려야 하는 짧은 시간을 강조하며 여성 대표의 파업선서(「리시스트라테」209-237행)를 우스꽝스럽게 반복하는 맹세는 개인의 계획에 대한 대중의 수용을 상징한다(「리시스트라테」209-327행).[45]

「리시스트라테」에서 여성들의 본능적 충동이 빚어내는 희극적 액션은 다음의 남성 등장인물들이 보여 주는 희극적 액션 못지않게 바보짓의 이미지를 풍기고 있다. 이제까지 성 파업 캠페인에 불안하여 마음을 열지 않던 다른 여인들도 전쟁 대신 평화와 안정된 삶을 얻기 위한 거국적인 혁명에 동참하기로 맹세한다. 그 장면 또한 해학적이다. 무대 위에서 선창자의 말을 앵무새처럼 반복하는 모습은 마치 운동경기에 참여하는 지역대표들의 선수 선서를 연상시키는 듯해서 극적인 재미를 더해 주고 있다.

리시스트라테: 자, 람피토, 그리고 모두들 술잔을 잡아요. 그리고 누구 한 명이
　　　여러분을 위해 내가 하는 말을 따라 하세요. 그러면 여러분은 그걸 맹세하
　　　고 확인하세요. (엄숙하게) '애인이든 남편이든 남자는 어느 누구도….'

---

45 G. O. Hutchinson, 앞의 책, 2011, p. 56.

칼로니케: '애인이든 남편이든 남자는 어느 누구도⋯.'

리시스트라테: '꼿꼿이 세우고 내게' '접근하지 못하게 하겠습니다.' 따라 해요!

칼로니케: '꼿꼿이 세우고 내게 접근하지 못하게 하겠습니다.' 맙소사! 난 무릎
　　이 꺾일 것만 같아요, 리시스트라테!

리시스트라테: '집에서 나는 숫처녀처럼 지내겠습니다.'

칼로니케: '집에서 나는 숫처녀처럼 지내겠습니다.'

리시스트라테: '사프란색 가운을 입고 화장을 한 채.'

칼로니케: '사프란색 가운을 입고 화장을 한 채.'

리시스트라테: '남편이 나를 몹시 열망하도록 하겠습니다.'

칼로니케: '남편이 나를 몹시 열망하도록 하겠습니다.'

리시스트라테: '나는 결코 자진하여 내 남편의 요구에 응하지 않겠습니다.'

칼로니케: '나는 결코 자진하여 내 남편의 요구에 응하지 않겠습니다.'

— 「리시스트라테」 209-224행

앞에서도 이미 언급했듯이 아리스토파네스는 넓은 의미의 정치에 너무 깊이 개입하는 바람에 당대의 권력자들뿐만 아니라 소크라테스와 에우리피데스 같은 위대한 인물들까지도 희극의 주인공으로 끌어들여 인신공격을 일삼았다. 게다가 노골적인 성행위와 배설물을 너무 자주 언급하는 바람에 훗날 메난드로스로 대표되는 신희극에 주도권을 내주고 밀려난다. 그렇지만 그의 위상은 그런 정도의 흠결과 한때의 인기 상실로는 결코 깎아내리기 힘들 만큼 희극에서 차지하는 명성이 드높기만 하다.

한편 남성의 타고난 권리가 여성의 저항에 의해 침해되었다고 한탄하는 대목이 나온다. 이는 남성이 태어날 때부터 여성보다 우월하다는 뿌리 깊은 생각을 잘 나타내고 있고, 또 남성이 이를 천부적 권리로 당연히 여기고 있다는 것을 드러낸다. 이 장면은 코로스와의 대화 장면에서 확인

할 수 있다.

노인 코로스: 원 참, 오래 살다 보니 별별 희한한 일도 다 있구나. 이봐 스트리
모도로스, 누가 이런 말을 들으리라 생각이나 했겠나! 우리가 먹여 기른
여자들이, 집 안의 명백한 악^惡인 여자들이 신성한 여인상을 차지하고 우
리의 아크로폴리스를 점령하고 빗장과 자물쇠로 문을 걸어 잠갔다니 말
일세!

— 「리시스트라테」 256-265행

이 장면은 여성이 남성과 대항하여 아크로폴리스를 장악하는 장면이
다. 즉 여성이 높은 곳을 점령함으로써 남성보다 유리한 입장에 서서 기선
을 제압하는데, 이미 전세가 여성들에게 기울어졌음을 보여 준다.

또 다른 논쟁에서 리시스트라테는 관리Commissioner of Public Safety와 실랑이
를 벌인다. 여기서 관리란 정부의 감독관proboulos[46]을 지칭한다. 그는 남성
우월론자로 여성의 능력을 과소평가하고, 여성은 항상 남성 밑에 존재하
여야 한다고 믿는다. 남성에 의해 사회공동체 모두가 위협을 받은 후 여성
이 과감하게 남성의 우월권에 도전하였을 때, 관리는 노골적으로 여성혐
오증을 드러내기도 한다. 여성들은 남성들이 민회에서 나쁜 정책 결정을
결정한 데 대하여 분노한다. 휴전조약을 파기하여 한 가정의 가장들을 전
쟁의 도가니로 몰아넣는 기득권자들의 대안으로 감독관에게 전쟁의 책임

---

[46] 관리, 즉 감독관(proboulos)은 본래 시칠리아 원정이 실패로 끝난 뒤 기원전 413년에 국사를
관장하도록 임명된 아테네의 상임위원회 위원을 뜻하며 구성은 40세 이상의 남자 10명으
로 이루어졌다. 그러나 여기서 나오는 proboulos는 일반적으로 오만하고 비이성적이고 완
고하고 무능한 관료의 전형인 공안위원으로 해석된다. 아리스토파네스, 앞의 책, 2010a,
p. 41.

을 물으며, 앞으로 전쟁은 여자들이 책임지겠으니 물러나라고 종용한다.

> 감독관: 그대들이 우리를 다시 일으켜 세운다고? 건방진 소리! 참을 수 없어!
>
> 리시스트라테: 닥쳐요!
>
> 감독관: 제기랄, 나더러 닥치라고? 머리에 베일 쓴 여자한테 이런 말을 듣다니! 차라리 죽는 게 낫지.
>
> 리시스트라테: (베일을 벗으며) 베일이 마음에 걸린다면 나에게 베일을 받으세요. (베일을 건넨다.) 받아서 머리에 쓰세요. 그리고 닥쳐요! 이 양털 담는 바구니도 받으세요. 그리고 속옷을 걷어 올리고 콩을 씹으며 양털에 빗질을 하세요! 전쟁은 여자들 소관이라구요.
>
> ― 「리시스트라테」 528-538행

「리시스트라테」는 그리스 공동체를 구하기 위하여 분연히 일어난 여성들의 이야기[47]가 익살맞고 재미있게 전개된다. 당시 그리스 사회에서도 문제시되었던 남성 위주 사회의 부패, 전쟁 등의 이야기가 그 당시 한 비판적인 남성 작가 아리스토파네스에 의해 예리하게 그려져 있다.[48] 이 작품에서 평화의 정당성을 위한 논쟁, 즉 리시스트라테가 사용한 아곤의 화법은 상대의 정곡을 찌르면서도 표면적으로는 부드러움을 위장하는 일종의 연극의 정치학이다.[49] 비유법에 의존한 다음 장면은 리시스트라테가

---

47 아리스토파네스 작품 중에서 여성을 주인공으로 삼고, 여성 문제를 중심 주제로 하는 세 편의 희극을 '3대 여성극'이라고 하는데, 「리시스트라테」, 「데스모포리아축제의 여인들」, 「여성들의 민회」가 그것이다. 이들의 또 하나의 공통점은 에우리피데스를 비난하고, 정치적 유토피아를 기상천외하게 그린 극으로 분류되어 주목받고 있다.

48 고전·르네쌍스드라마 한국학회, 앞의 책, 2001, p. 228.

49 이희원, 「아리스토파네스의 〈리시스트라테〉에 나타난 여성과 연극성」, 『고전르네상스영

동료 여성들과 함께 감독관을 여장시켜 조롱하는 등의 적극적인 연극화 과정의 논쟁을 극명하게 보여 준다.

이어서 리시스트라테는 감독관을 여성의 베일에 빗대어 조롱하며 극단적 논쟁의 단계로 들어선다. 아곤이 주요 장면의 축을 이루는 아리스토파네스 희극은 논쟁을 통하여 현실의 부당한 문제를 들추어 낸다. 언쟁 또는 논쟁의 성격이 강한 이 장면은 리시스트라테와 공안 담당 관리와의 대결 구도가 최고조에 이른다. 관리를 지칭한 감독관의 오만불손한 여성 비하 발언에 대하여 여성들은 남성들이 민회에서 나쁜 정책 결정을 내린 데 대하여 분노하며, 항의한다. 성 파업을 주도한 여성들은 휴전조약을 파기하여 한 가정의 가장들을 전쟁의 도가니로 몰아넣는 기득권자들의 대리인인 감독관에게 전쟁의 책임을 물으며, 앞으로 전쟁은 여자들이 책임지겠으니 물러나라고 종용한다.

감독관: 뻔뻔스럽긴. 뭐, 털어 내고 양털실을 만든다고? 전쟁과는 아무 상관도 없는 주제에!

리시스트라테: 상관이 없다고요, 정말 고약하군요! 우리야말로 갑절로 상관이 있죠. 우선 첫째로, 아들을 낳아 싸움터로 보내는 것은 우리가 아니고 대체 누구란 말이에요?

감독관: 조용히 해요! 지난 불행은 들추지 말아요!

리시스트라테: 그다음, 우리는 인생과 젊음을 즐겨야 할 때 전쟁 때문에 독수공방하는 신세가 됐어요. 우리 처지는 그렇다 하더라도 방 안에서 늙어 가는 처녀들을 보면 정말 가슴이 아파요.

감독관: 남자들은 안 늙나, 뭐?

문학』 16, 한국중세근세영문학회, 2007, p. 15.

리시스트라테: 그건 이야기가 전혀 달라요. 남자는 백발이 되어 싸움터에서 돌

　　아와도 곧 젊은 색시와 결혼할 수 있어요. 하지만 여자의 한창때는 잠시

　　뿐이에요. 이때를 놓치면 어떤 남자도 그런 여자와 결혼하려 하지 않으니,

　　그녀는 앉아서 길조나 찾게 되죠.

감독관: 그러나 아직도 발기가 되는 남자라면….

리시스트라테: 무슨 생각을 하고 있는 거예요. 어서 죽지 않고! 그대의 시신을

　　묻을 장소는 있으니 관이나 사 와요. 그리고 저승의 문지기 개 케르베로스

　　에게 바칠 꿀떡은 내가 빚어 줄게요. 자, 여기 이 화관이나 받아요! (그에게

　　물을 끼얹는다.)

― 「리시스트라테」 587-602행

　　이는 자신들의 야욕과 영예를 위해 무모하게 전쟁을 일으켜 국가를 위
기에 몰아넣은 남성들보다 한층 우월한 방법을 택한 것이다. 여기서 전쟁
대신 여성들이 사용하는 양털 실뭉치를 만들어 백성들이 입을 외투를 짜
라고 감독관에게 훈계한다. 리시스트라테는 이처럼 소도구 몇 점을 이용
해 아테네 최고의 권위를 자랑하는 관리를 털실을 짜며 침묵하는 부인을
거쳐 마침내는 송장으로 변모시키며 그를 정치적으로 무력화하는 데 성
공한다.[50] 아리스토파네스는 리시스트라테를 단순히 관리를 조롱함으로
써 관객에게 웃음을 던져 주는 희극적 해결사로 등장시키려는 게 아니다.
그녀가 벌이는 희극적 작전은 남성의 말과 육체를 무력하게 하고 남성의
정치를 작동하지 못하게 함으로써 가부장제 권력 구조에 균열을 가하고
자 하는 성의 정치학이자 정치적 시가로 진입하는 과정의 단계이다.

　　결국 리시스트라테와 그녀를 지지하는 여성들은 그와 대립하였고, 감독

---

50 같은 논문, p. 16.

관은 경찰을 시켜 그녀들을 체포하려 했으나 경찰들은 아마존에 의해 저지당한다. 리시스트라테와 감독관의 논쟁에서 리시스트라테는 여자들이 남자들보다 더 뛰어난 감각을 가지고 있으며 기회가 있다면 모든 것을 바로잡을 수 있다고 주장한다. 감독관은 화를 참지 못하고 여자는 전쟁과 아무 상관없다는 식의 자신의 정치적 입장을 드러내며 경솔한 발언을 한다. 비유법에 의존한 이 장면은 리시스트라테가 동료 여성들과 함께 감독관을 여장시켜 조롱하고, 상징적인 장례식을 준비하며, 보다 적극적인 연극화 과정의 논쟁을 극명하게 보여 준다.

이쯤에서 코로스를 요청하는 파라바시스(「리시스트라테」 614-705행) 장면이 나타난다. 노인 코로스와 노파 코로스는 자신들의 입장을 설명하는데 이미 기득권을 획득한 노인 코로스장이 말을 한다. 승리자는 대개 나중에 말하는 쪽이다.

> 노파 코로스장: 두 분 여신께 맹세코, 나를 약 올리면 나도 암돼지를 풀어놓을 테다. 그리고 그대가 혼쭐이 나 같은 구역민들에게 도와 달라고 소리 지르게 할 테다. 자, 여인들이여, 우리도 어서 옷을 더 벗도록 해요. 우리한테서 물어뜯을 만큼 화가 난 여인들 냄새가 나도록!
>
> 노파 코로스: 자, 누구든 내게 덤벼. 다시는 마늘과 검정콩을 먹고 싶지 않으면 한 번만 더 욕해 봐. 나는 분통이 터지고 말거야. 쇠똥구리가 독수리 알을 깼듯이 나도 그대에게 그런 산파産婆가 되어 줄 테다.
>
> ― 「리시스트라테」 683-692행

두 집단의 코로스는 이미 승기를 잡은 여성들이 늙은 남성들을 상대로 공격하는 장면이다. 이 국면의 대사는 파라바시스가 마치 아곤 같은 느낌을 주면서 적극적인 논쟁 상대역의 사태를 정리하는 판관의 역할을 하게 된다. 노파 코로스는 모든 시민들에게 유익한 연설을 시작한다. 여성으로 태어나 아테나 여신을 위해 곡식을 만들고, 아름다운 처녀로 축제행렬에서 마른 무화과 목걸이를 걸고서 바구니를 들었음을 자랑스럽게 말한다. 여성들은 이 도시에 유익한 충고를 해 줄 의무가 있다는 것이다. 비록 여자의 몸으로 태어났지만, 사내아이를 낳아 나라에 바쳤다. 남자들은 아무것도 기여한 게 없다는 논리를 전개한다. 남자들은 페르시아 전쟁에서 생긴 전쟁기금을 탕진하고 기여금을 연체하여 나라의 재정을 위태롭게 했다는 것이다. 공동체가 파멸할 지경에 이르러 여성들이 나섰다는 정당성을 파라바시스에서 시사하고 있다.

「리시스트라테」는 인간의 성욕을 재치 있게 표현했는데, 매우 기상천외한 장면은 미르리네가 정욕이 바짝 오른 남편을 더욱 부채질하여 같이 잘 것을 약속한 대가로 마침내 전쟁을 그만두겠다는 약속을 받아내는 것이다.[51] 리시스트라테와 여성들이 택한 이 연극적 방식은 견고한 가부장제의 옹벽을 일거에 무너뜨리지는 못한다. 하지만 그 옹벽에 작은 금을 내고 가부장제 내부의 작은 변화를 이끌어 낸다.[52] 그렇다고 해서 남성들을 조롱하고 이들의 작은 변화를 이끌어 낸 리시스트라테와 여성들의 전술을 혁명적이라고 평가할 수는 없다. 사실 여성들은 남성들을 전쟁터에서 가정으로 이동시키는 데는 성공했지만, 자신들이 가정 밖으로 나갈 수 있는 권한이나, 박탈당했던 시민권을 획득하는 일까지 성사시키지는 못하였다. 무엇보다 이 극의 가부장적인 대사와 플롯이 극 중 여성들의 혁신성을 지원하지 않는다.[53] 키네시아스는 미르리네의 남편으로서 전장에서 돌아

---

51 고전·르네쌍스드라마 한국학회, 앞의 책, 2001, p. 212.
52 이희원, 앞의 논문, 2007, p. 24.
53 같은 논문, 2007, p. 25.

와 아내와 잠자리할 생각만 하다가 부인에게 이용당한다.

키네시아스: 자, 가서 그녀를 좀 불러 주오!

리시스트라테: 좋아요. 그러면 내게 뭘 주실래요?

키네시아스: 제우스에 맹세코, 무엇이든 그대가 원하는 것을 주겠소. (자신의 남근을 가리키며) 이걸 주겠소. 내가 가진 것의 전부니까.

리시스트라테: 내가 가서 이리로 불러올게요. (안으로 퇴장)

키네시아스: 빨리! 아내가 집을 나간 뒤로 나는 사는 재미가 하나도 없소. 집에 돌아가면 답답하고 모든 게 쓸쓸하기만 하오. 아무리 맛있는 음식도 맛있는 줄 모르겠다오. 이 녀석이 노상 꼿꼿이 서 있으니까 말이오.

미르리네: (성벽 위에 나타나 리시스트라테를 향해 돌아서서) 난 그이를 사랑하지만 그이는 내게 사랑받기를 원치 않아요. 그러니 나를 그이에게로 불러내지 말아요.

키네시아스: 더없이 달콤하고 귀여운 미르리네, 뭐해? 이리 내려오지 않고!

미르리네: 그리로는 절대 안 갈래요.

키네시아스: 내가 부르는데도 미르리네가 안 오겠다고?

미르리네: 나를 원치도 않으면서 부르니까요.

키네시아스: 뭐, 내가 원치 않는다고? 난 죽을 지경이야.

미르리네: (물러가며) 잘 가요!

— 「리시스트라테」 861-877행

키네시아스와 미르리네의 대화는 논쟁이라기보다는 성욕 앞에 굴복하는 나약한 남성의 절규를 담았다. 절제하려는 의지가 약하고, 자신의 성적 욕구 앞에는 국가의 대사인 전쟁도 사소한 일이 되고 만다. 그가 앞장서서 평화를 체결하려 하자, 전쟁을 일으켰던 다른 남성들도 전쟁을 끝내기로

한다. 미르리네는 키네시아스의 아내로서 남편이 평화조약을 맺도록 하는 데 혁혁한 공을 세운다. 그녀가 시간을 벌려고 온갖 구실을 대며, 남편을 안달하게 만드는 장면은 매우 재미있으며 관객에게 웃음을 준다. 재치가 있고 유머러스하며, 수단이 좋아서 원하는 바를 성취하고야 마는 점은 리시스트라테와 비슷하다.[54] 치밀한 계획을 잘 세운 리시스트라테와 이를 잘 수행한 미르리네 두 여인의 공은 그리스 공동체의 평화 정착에 크게 작용한다.

「리시스트라테」의 묘미는 남성 코로스와 여성 코로스가 서로 주고받는 언어의 묘미에 있다. 특히 여성 코로스의 재치 있는 답변은 훌륭한 기법이다. 말싸움에서도 승리는 여성에게 돌아가고, 남성은 화해를 신청한다.

노인 코로스장: 세상에 여자보다 더 제어하기 어려운 건 없어. 불도 그렇지 않고, 표범도 그렇게 뻔뻔스럽지는 않아.

노파 코로스장: 그런 줄 알면서 왜 내게 싸움을 걸지, 바보같이? 나는 그대에게 믿음직한 친구가 되어 줄 수도 있는데.

노인 코로스장: 알아 둬. 나는 여자들을 두고두고 미워할 거야.

노파 코로스장: 좋을 대로 해요. 하지만 그대가 이렇게 발가벗고 있는 걸 못 본 척할 수야 없지. 그대는 웃음거리가 될 테니. / 자, 내가 가서 그대에게 속옷을 입혀 줄게요. (그녀가 속옷을 입혀 주자 다른 여자들도 따라한다.)

노인 코로스장: 그대들의 이런 행동은 결코 나쁜 짓은 아닌 것 같구먼. 아까는 내가 너무 화가 나 옷을 벗었던 것이니까.

노파 코로스장: 이제야 그대는 사람 같고 우스꽝스러워 보이지 않아요. (그의 눈을 살펴보며) 그대가 나를 해코지하려 하지 않았다면 벌써 그대 눈 안의

---

54 고전·르네쌍스드라마 한국학회, 앞의 책, 2001, pp. 218-221.

벌레를 잡아 주었으련만, 아직도 거기 있구먼.

—「리시스트라테」 1014-1026행

「리시스트라테」는 고대 그리스 가부장제의 여성성 개념을 새로운 방식으로 기호체계에 일정 거리를 만들어 내는 연극적인 방식으로 읽어 냄으로써 그 여성성 개념의 변화 가능성을 마련한 주체적 여성[55]이다. 이런 의미에서 리시스트라테는 2,500년을 앞당겨 페미니즘을 실험하고 그 유효성을 입증한 인물이라고 평할 수 있다.[56] 그녀는 당시 정세로는 생각할 수조차 없었던 평화조약을 환상적인 공상 속에서 이루어 내는 주역이 바로 여자 주인공으로서, '군대를 해산하는 자'라는 뜻의 이름을 가진 리스시트라테이다. 정치적으로 행동하는 여자들의 집중된 단결 행동은 그 당시 남자들의 당파적이고 산만한 행동과 강한 대조를 보여 준다. 이처럼 남녀의 성 역할이 전도되는 경우는 진지하기보다는 오히려 희극적인 것이다.

드디어 아테나와 스파르타의 사절들이 리시스트라테에게 평화를 구하

---

55 아테나 여신과 더불어 서양인의 상상력에 여성과 전쟁의 동일화를 지시하는 강력한 아마존 여전사는 그들의 여왕이었던 펜테실레이아(Pentheselia)일 것이다. 신화의 진위를 넘어 기록상으로 아마존 여전사들이 등장하는 시기는 호메로스가 아마존 여전사를 언급하고 있는 『일리아드』의 역사적 무대인 기원전 1250년경 이전으로 소급되며, 고고학적으로 확인된 바는 기원전 13세기경이다. 삶이 있기에 죽음이 있었고, 생존을 위한 투쟁과 전쟁이 필요했다는 설명은 남성과 여성의 분화를 거론하지 않아도 현상적으로 자명하다. 즉 삶은 죽음을 위한 길이었고, 죽음은 삶과 재생을 다시 준비하는 과정이었다. 삶으로서의 여성(vita femina)은 '죽음의 여성' 그리고 '전쟁의 여성'이었고, 이 때문에 생사와 전쟁을 공히 주관하는 신은 여신이 된다. 그러나 이런 연유로 여성은 죽음과 전쟁으로만 표상되었던 것은 물론 아니었으되, 그녀는 삶과 사랑 그리고 평화의 상징이기도 하였다. 권석우, 「전쟁과 여성: 수메르, 이집트, 헬라스의 고대 신화에서 전쟁의 신은 왜 여신이었는가?」, 『비평과 이론』 37, 한국비평이론학회, 2015a, pp. 10-12 참조. 여기서는 리시스트라테와 아마존 여전사를 같은 주체적 여성으로 동일시한다.

56 이희원, 앞의 논문, 2007, p. 26.

는 여신의 이름으로 분쟁의 지도자로 인정한다. 코로스장은 분쟁의 해결 점을 선포한다.

> 코로스장: 어서 오시오. 그대 가장 용감한 여인이여! 이제야말로 그대는 연약
> 하면서도 착하고, 고상하면서도 겸손하고, 근엄하면서도 상냥하고, 게다
> 가 노련해야 할 때라오. 헬라스의 제일인자들이 그대의 마력에 사로잡혀
> 자신들의 모든 분쟁을 조정하는 일을 그대에게 일임했기 때문이오.
>
> ―「리시스트라테」 1108-1112행

그러자 리시스트라테는 겸손하게 답을 한다. 남성들이 꿈꾸는 전쟁의 야욕을 꺾고 평화를 찾자는 여성의 역할론에서 남성과 다른 점을 주장한다. 즉 영토적 야심과 명예욕, 권력욕은 여성들에게는 아무런 의미가 없으며, 남성에게서 사회개혁에 대한 기대가 힘드니 여성이 나서서 그리스 사회의 질서를 구축하겠다는 강력한 성 역할의 전복을 선포한다.

> 리시스트라테: 라케다이몬인들은 여기 내 곁에 서세요. (아테네인들에게) 그리
> 고 그대들은 여기 서서 내 말을 들으시오. 나는 여자이지만 이성을 갖고
> 있어요. 나는 원래 분별력이 없지도 않지만 아버지와 어른들이 하시는 말
> 씀을 많이 듣고 나쁘지 않은 교육을 받았다오. 그래서 나는 그대들을 똑
> 같이 꾸짖으려는 것인데, 그건 당연한 일이에요. 그대들은 동족同族으로서
> 하나의 그릇에서 성수聖水를 뿌렸어요. 올림피아에서, 테르모필레에서, 피
> 토에서 그 밖의 다른 재단들은 일일이 늘어놓을 필요가 없겠지요. 비非그
> 리스인 적군이 상존하는데도 그대들은 그리스인들과 헬라스 도시들을 파
> 괴하고 있어요. 여기까지의 논리는 양쪽 모두에 해당해요.
>
> ―「리시스트라테」 1123-1135행

위 장면은 전형적인 성 고정관념인 여성의 소극성, 부드러움과 남성의 진취성이라는 통념을 바꾼다. 남성은 서로 싸우지만 전쟁에서 소외된 여성들은 이 싸움에서 승리하게 된다. 그리고 남성을 구해 주겠다고 공약한다. 아테네 여성들과 스파르타 여성들은 식량까지 나누면서 전쟁이라는 허구의 실체를 벗기면서 전쟁 끝내기를 위한 전쟁 자금 운용 방법을 제시한다.

> 코로스: 여러분 중 집에 양식이 떨어져 하인들과 수많은 어린 자식들을 먹일 수 없는 이는 우리 집에서 곱게 빻은 밀가루를 가져가세요. 밀가루 한 되면 제법 큰 빵 덩이가 될 거예요. 가난한 이들 중에 누구든 원하는 이는 밀을 받으러 자루와 가죽부대를 들고 우리 집으로 오세요. 우리 집 마네스가 가득 채워 드릴 거예요. 그러나 미리 일러두지만, 우리 집 대문 가까이는 오지 마시고, 사나운 개 조심하세요.
>
> —「리시스트라테」1203-1215행

성 파업과 점거 운동에 참여한 여성들은 전쟁 종식과 평화 회복에 만족하지 않고, 자원의 불공정 분배와 제도의 독점을 막고, 공통적인 것의 항상성을 담보할 수 있는 또 다른 아이디어를 제시한다. 리시스트라테는 아크로폴리스의 파르테논 신전에 보관된 전쟁 자금을 공동 기금으로 운용하자는 제안을 한다. 파르테논 신전의 보고를 장악한 여성들은 '자원의 공동 분배'라는 또 다른 정책을 제시한다.[57]

---

57 오랜 전쟁을 치르고 있는 아테네에서 자본의 지배력은 확대되었고, 전쟁 자금이라는 자본은 삶의 권력이 되었다. 아크로폴리스 점거 운동은 자본의 권력화에 저항하는 운동이다. 노파들의 아크로폴리스 점거(「리시스트라테」1014-1026행)는 착취가 이루어지는 특정 장

이어서 라케다이몬인들은 노래한다. 그들은 무모한 전쟁을 일으켜 나라를 피폐하게 만들어 남성으로서의 권위를 잃어버린 남성은 권위의 대상이 아니라고 생각한다. 이제 스파르타 여인들과 아테네 여인들은 이웃이 된다.

라케다이몬인들: 들짐승을 죽이는 사냥의 여신이여, 우리 맹약을 위해 이리 오소서 처녀신이여! 우리 우정이 오래오래 지속되게 해 주소서! 이제 조약을 맺었으니, 우리 우애가 언제까지나 순탄하기를! 그리고 우리가 더는 교활한 여우처럼 행동하지 않게 되기를! 오오, 이리 오소서, 이리 오소서, 사냥개를 모는 처녀신이여!

— 「리시스트라테」 1262-1272행

리시스트라테: (여자들을 데리고 아크로폴리스를 나오며) 만사가 잘 처리되었으니, 자, 이제는 라코니케인들이여, 여기 이 여자들을 데려가세요. (아테네인들에게) 그리고 그대들은 여기 이 여자들을 데려가되, 남편은 아내 곁에, 아내는 남편 곁에 서세요. 그리고 좋게 결말이 났으니 신들께 감사의 춤을 바치자구요. 또 앞으로는 두 번 다시 과오를 저지르지 않게 조심하도록 해요! (남편과 아내가 재결합하고 춤추고 노래한다.)

— 「리시스트라테」 1273-1278행

아테네인들과 스파르타인들이 춤을 추며 노래하는 모습에서 평화와 기

....

소와 착취가 조직되는 특정 형식에 대한 반기이다. 아크로폴리스 점거 운동은 고대 그리스 사회의 권력 구조에 대한 근본적 혁신을 요구하는 연극적 행동이다. 홍은숙, 앞의 논문, 2020, pp. 130-131.

쁨이 넘실댄다. 이 작품은 나라가 곤경에 빠졌을 때 적극적으로 나서서 구하는 여성들을 실감나게 다루고 있다. 더구나 남자와 겨루는 와중에서도 자신들의 배우자와 섹스를 하려는 사람들의 묘사도 우스꽝스럽고도 현실성이 있어 보인다. 이 극의 묘미는 주고받는 외설스러운 언어를 재치 있게 답변하는 화법이 돋보인다. 리시스트라테가 사용한 화법은 상대의 정곡을 찌르면서도 표면적으로는 부드러움을 위장하는 일종의 연극의 정치학이고, 한 공동체의 집단적 경험에서 나오는 평화적 액션이며, 당시의 전쟁과 삶의 병리적 현상들에 대한 내재적 반성의 과정이다.[58]

「리시스트라테」는 여성도 정치적 결정을 내릴 수 있는 지성과 판단력을 갖추고 있다고 말함으로써 여성의 남성적 역할을 강조한다.[59] 아테네 여자들은 가정과 종교에서 중심적 역할을 함으로써, 개인 생활과 공공생활에서 힘을 행사하고 또 지위를 얻는다. 그러나 여성들은 정치에서 배제되었기 때문에 그들이 도시국가에 기여한 것들은 종종 남자들에 의해 간과되었다. 그리스 드라마는 때때로 아테네 여성들이 폴리스에 기여한 분야를 강조한다. 그들은 공공생활에서는 여사제로 활동하고, 개인 생활에서는 훗날 도시국가의 시민이 될 적자를 낳아서 양육하고 또 가정의 재산을 관리함으로써 폴리스에 기여한다. 고대 아테네에서는 여성의 재산 소유권 규정이 '소유권 문제' 그 자체이기보다는 남성의 재산에 대한 '관리 문제'로 소급하고 있었다. 이는 당시 재산에 대한 이해와 재산을 관리해야할 이유 모두 남성을 중심으로 구성되어 있었다는 것 뿐만 아니라 남성 중심의 가정을 구성하고 보존하려는 당시의 시대상을 잘 드러내 준다고 볼 수 있다. 물론, 아테네 민주제하에서 여자들도 유산상속과 지참금을 통해

---

58 류재국, 앞의 논문, 2018a, p. 50.
59 토머스 R. 마틴, 앞의 책, 2004, pp. 259-260 참조.

재산과 심지어 토지까지도 소유할 수 있었다. 하지만 그런 재산을 매매하거나 증여하려 할 때에는 남자들에 비해 더 많은 제약을 받았다. 에우리피데스의 드라마 「메데이아」에서 메데이아는 여자들이 집안에서 안전한 생활을 해야 한다는 가르침을 받는다고 말했다. 이것은 당시 아테네 사회의 여자에 대한 기대를 그대로 반영하는 것이다.[60]

리시스트라테와 같은 주체적인 여성의 모습은 도시를 건국한 아테네 여신의 모습을 떠올리게 된다.[61] 아테네 여성의 주체적 공공선과 양성평등 주장 그리고 정치 참여에 대하여, 렉포드Reckford는 『아리스토파네스의 구희극과 신희극Aristophanes' Old-and-New Comedy』(1987)에서 이 극을 '공동체에 대한 충성심loyalty to communitas'[62] 이라고 특정 짓는 데 주저하지 않는다. 「리시스트라테」는 디오니소스 축제에서 보는 성적인 경쟁이 아니라 광적인 사랑의 힘은 '평화'라는 거대한 주제 앞에 무너지고, 전 공동체가 참여한 가운데 '에로스(사랑)'와 '소피아(지혜)'가 조화를 이루게 되는 대화합으로 끝난다. 이 작품은 연극적 놀이 측면에서 극한의 유머, 외설, 중력 등이 혼합적으로 묘사되었다.

「리시스트라테」가 던지는 메시지는 남성과 여성의 대결, 남성의 억압으로부터 존재가치를 지켜내는 여성의 성찰, 민주적 평등사상, 공동체 의식의 발로, 성 역할의 전복이 희극적으로 처리되어 관객의 웃음을 자아낸다. 여성이 남성에 대항해서 아크로폴리스를 중심으로 싸웠다고 해도, 이 극은 단순한 남녀 간의 파워게임이 아니고, 남성 위주 사회에서 필연적으로 발생하는 전쟁에 대한 잘못된 사고들을 바로잡아 평화를 되찾자는 서사적

---

60 같은 책, pp. 217-219.
61 한국연극교육학회, 앞의 책, 2008, pp. 224-225.
62 고전·르네쌍스드라마 한국학회, 앞의 책, 2001, pp. 211-212.

이야기이다. 즉 현실 세계의 잘못된 점을 개혁하는 주역으로서 인물과 사건을 중심으로 여성의 역할을 강조한 것이다. 즉 사회개혁의 주역으로서의 여성의 역할을 강조한 것이 극의 특징이다. 즉 영토적 야심과 명예욕, 권력욕에 가득 찬 남중심의 사회변혁을 기다리기보다 여성이 나서서 사회의 질서를 되찾고 평화를 가져오게 한다는 것이다. 리시스트라테는 고대 그리스 가부장제의 여성성 개념을 양성평등이라는 새로운 방식으로, 기존의 기호체계에 정면으로 도전하였다. 그녀는 여성성 개념의 변화 가능성을 위하여 희극적인 방식으로 풀어내고자 몸을 던진 주체적 여성이다.

4. 소결: 대외전쟁에 대한 능동적인 반대 의지

「아카르나이의 사람들」은 희극시인 그 자신[정의]이 주인공이고 그는 전쟁의 한가운데서 지적이고 관능적인 형태의 개인적 정당성을 찾고 있다. 이 소원은 그가 국가의 문제를 주권 의회 대신 자신의 손에 맡기고 스파르타인들과 개인적인 평화를 만들기를 권장한다. 이것은 그를 물물교환을 통해 자신의 즐거움을 극대화하기를 희망하면서 다른 그리스인들과의 정치적 공통 의지를 형성하게 되는 계기가 된다. 아리스토파네스는 그의 희극에서 비극에서만 허용되는 새로운 영웅세계를 주목하고 있다.

「아카르나이의 사람들」의 주된 아곤은 주인공 디카이오폴리스와 아카르나이의 사람들의 논쟁이다. 디카이오폴리스의 주된 논쟁 대상은 라마코스가 아니라 아카르나이의 사람들, 특히 마라톤 전투로 인해 스파르타를 경멸하는 노인들이다. 아리스토파네스가 이들의 논쟁을 통하여 제기하는 문제는 동시대 아테네 사람들의 일상적인 생활의 열망이다. 그것은 유용할 때 평화를 이루어 무분별한 살육자들을 끌어내고, 휴전조약을 성취하는 것이다. 이를 통하여 등장하는 파라바시스 장면은 작가의 의지인 휴전조약의 유용함을 관객들에게 권유하는 역할이다. 코로스의 권유는 아리스토파네스는 무엇이 도시를 위해 최선인가와 전쟁의 불의한 어리석음을 희극적으로 처리하여 관객들을 웃게 만든다. 아리스토파네스가 전하는 키워드는 '전쟁과 평화'이다. 이는 아곤의 주요 문제로서 진지한 부분을 우스꽝스러운 옷을 입혀 희극적인 것과 혼합하여 총체적으로 통합하고 있다. 그럼에도 그는 희극적인 환상으로 인한 극적 흐름을 파괴하기는커녕 손상조차 시키지 않으면서 평화의 메시지를 전달하고 있다. 이 작품의 메시지는 결국 거대한 정치적 논쟁이나 적폐들에 대한 청산도 아닌 일상의 행복을 염원하는 공동체의 소망을 담고 있는 것이라 볼 수 있다.

「평화」는 아곤이 없는 작품이지만, 아곤적 논쟁이 주인공 트리가이오스와 신들의 문지기 헤르메스 사이에서, 전쟁, 소란과의 논쟁에서 드러난다. 「평화」는 아리스토파네스 작품 중 「말벌」과 같이 두 하인들의 심각하지 않은 대화로 시작하는 유일한 연극이다. 연극의 전체 구도는 전쟁이나 평화에 대한 관심을 엉뚱한 개인적인 문제에서 출발한다. 트리가이오스는 「아카르나이의 사람들」의 디카이오폴리스가 가져온 평화와는 다르게 신들에게 대항하는 행동으로 문제를 제기하고 있다. 아곤 대신 평화조약을 이루어 낸 극적인 도구는 파라바시스이다. 이 작품의 파라바시스가 행한 역할은 분규에 대한 문제를 조언하고 충고함으로써 아곤이 없는 논쟁의 부재함을 보충하고 있다.

헤시오도스는 『신들의 계보*Theogonia*』에서 평화의 해결책을 정의의 구현으로 한정한다(「리시스트라테」 222-234행).[63] 이는 전지전능한 제우스의 뜻과 일

---

[63] 정의는 뇌물을 먹고 굽은 판결로 시비를 가리며, 공정하지 않은 자들에게는 재앙을 가져다주고, 이방인에게나 토박이에게나 공정한 판결을 내리고 의로운 것에서 조금도 벗어나지 않는 자에게는 도시가 번창하고 백성들이 그 안에서 만개한다. 그 나라는 평화가 젊은이들

치한다. 제우스는 정의를 기반으로 세계 질서를 잡은 신으로서 모든 신들과 인간들 위에 군림하고 있다. 오만과 정의가 현실 세계에 구체화하게 되면, 각각 폭력과 평화로 연결된다는 것이다. 나아가 폭력과 평화의 대립은 전쟁과 노동의 대립 항으로 연결될 수 있다는 점을 제시하려 하는 것이다. 즉 노동을 바탕으로 모든 사회적 악과 질곡이 제거될 수 있고, 그 반대로 노동이 없이 약탈과 착취에 의존하는 삶은 필히 폭력과 전쟁을 수반하게 된다는 점을 강조하고 있다.

기원전 5세기의 그리스는 폴리스의 연합체이며, 폴리스는 전쟁을 위한 연합체이다. 「평화」는 에이레네가 공공의 평화[64]로 돌아온 덕분으로 연극은 평화의 코로스로 풍요와 축제의 조화 속에 만찬을 함께하며, 완벽한 조화 속에 막을 내린다.

「리시스트라테」는 계략, 평화, 화합, 행복의 이야기 유형을 결합하여 플

을 양육하고, 멀리 보시는 제우스신은 그들에게 비참한 전쟁이 일어나지 않게 막아 준다. 정의로운 판결을 내리는 자들에게는 기근도 미망도 따라다니지 않으며, 자신들이 가꾸는 곡식으로 그들은 잔치를 벌이게 된다. 그들에게는 대지가 풍족한 식량을 대 주고, 산에는 참나무 바깥쪽에 상수리가 열려 그 줄기에는 꿀벌 떼가 들어있으며, 그들의 털복숭이 양떼는 양털을 잔뜩 지고 있다. 헤시오도스, 『신들의 계보』, 천병희 역, 파주: 숲, 2015, p. 112.

64 아리스토텔레스는 그의 『수사학(Rhetoric)』에서 토론의 다섯 가지 주제에 대해 말하였다. 그것은 모든 사람들에게 토론의 대상이 되고, 조언하는 가장 중요한 주제들은 소득, 전쟁과 평화, 영토의 수호, 수입과 수출, 입법 등과 5가지이다. 이 중에서 전쟁과 평화에 대해 언급을 하였는데, 도시국가의 군사력의 중요성을 역설하였다. 자신의 국가가 가지고 있는 병력과 규모를 알아야 하고, 그동안에 국가가 어떤 전쟁들을 견뎌 냈는지, 또한 자신들보다 강한 민족과는 평화를 유지하고, 약한 상대와 전쟁을 하기 위해 어떤 민족들과 전쟁하게 될지 예측할 수 있어야 한다. 이를 위해 다른 국가에 의해서 행해진 전쟁과 그들이 거둔 승리에 관해 심층적인 연구가 필수적임을 중요하게 시사하였다. 아리스토텔레스, 『수사학과 시학(Rhetoric & Poetics)』, 이종오 역, 서울: 한국외국어대학교 지식출판콘텐츠원, 2020, pp. 42-43. 결국, 아리스토텔레스가 말한 평화의 견해도 피할 수 없는 전쟁이라면 열등한 위치에 있지 말고 그에 대한 대비를 철저히 해야 한다는 의견을 밝히고 있다.

롯을 만들고 아테네 여성들의 공동체 의식을 다루고 있다. 여성이 남성의 전쟁 행위에 반발하기 위하여 적극적으로 대처한 이유는 남성을 지배한다거나, 배척하자는 것이 아니라, 그리스 공동체 안의 모든 남녀가 행복하게 잘 살자는 데 있다. 즉 아테네인, 혹은 스파르타인뿐만 아니라 모든 종족의 그리스인들이 사회계급과 연령, 성별의 차이 없이 모두 같이 모여서 잘 살 수 있는 평화로운 사회를 만들어 보자는 이상적인 내용을 담고 있다.[65] 이 작품의 아곤은 공안공무원으로 통하는 감독관과 리시스트라테의 논쟁이다. 그 논쟁의 주제는 '생물학적 성sex'과 '사회적 성gender'에 대한 언쟁으로 이어진다. 리시스트라테는 여성이 남성의 지배를 받아야 한다며 여성 혐오증을 나타내는 감독관에게, 여성들을 대신해서 남성과 동등한 여성의 인격을 가르치고 있다. 「리시스트라테」의 우스꽝스러운 배역의 행동은 전적으로 성적 봉기에 국한된다. 이 작품의 경우 일반적인 정치체제의 제안과 마찬가지로 진지하게 정치적 제안을 하는 것이다. 「리시스트라테」는 아리스토파네스의 가장 정치적인 연극 「기사들」 못지않은 진지함이 전체의 구도에서 나타난다. 아리스토파네스는 암묵적으로 소망하는 평화에 대한 염원을 위하여 여성의 '성'을 희극적으로 다룬 것이 아니고, 인간으로서 여성의 존재를 묘사하였다.

「리시스트라테」의 파라바시스 장면에서 코로스는 두 개의 후렴구가 존재한다. 짐작하건대 각 후렴구마다 12명의 인원이 필요한 것으로 보인다. 첫 후렴은 나이 든 남자들로, 화덕과 나무를 싣고 프로필라이아Propylaia(아크로폴리스 입구)에 도착할 무렵 아크로폴리스가 점령됐다는 소식을 듣고 문을 불태우려 하고 있다. 만일 여자들이 문을 열어 주지 않는다면 연기를 피워 여자들을 나오게 하려고 한다. 이 계획을 실행하기 직전에 여성들이

---

65 고전·르네쌍스드라마 한국학회, 앞의 책, 2001, p. 224.

후렴구를 시작하면서 물을 길어 나른다. 두 그룹 사이의 논쟁이 끝나면 남자들은 횃불로 여자들을 협박하고 여자들은 물을 뿌리며 남자들의 사기를 저하시키려 한다.[66] 「리시스트라테」의 메시지는 평화이다. 평화는 아테네 여성들의 성적 봉기에 스파르타 남편들에 대한 아내들의 봉기가 더해져서 효과가 나타나는 것이다. 이 작품에서 여성들의 앙가주망이 돋보인다. 그들이 지향하는 바는 한 개인의 영달을 위해서가 아니라, 그리스 전 사회의 이익을 위해서, 그리스 공동체의 존속과 번영을 위해서 여성들이 직접 나선 것이다.

이상의 세 작품, 「아카르나이의 사람들」, 「평화」, 「리시스트라테」에서의 인간화의 과정은 현 사회의 병폐를 바로잡기 위해 합리성과 상상력, 깊은 생각과 미래에 대해 조망을 갖는 것을 의미한다.[67] 서사시나 비극의 주인공이 왕이나 귀족, 장군, 신들의 자제와 같이 고귀한 신분이었던 반면, 아리스토파네스가 그리는 영웅의 조건은 그들의 지배를 받았던 농부와 노동자, 장인들이다. 비천한 신분의 인물들이 고귀한 인물들이 저질러 놓은 비극의 난장판을 수습하면서 새로운 세계를 만들어 나가고 있다.[68] 외관상 디카이오폴리스, 트리가이오스, 리시스트라테의 행동은 전쟁을 옹호[69]

---

66 K. J. Dover, 앞의 책, 1972, p. 152.

67 머레이 북친, 『휴머니즘의 옹호: 반인간주의, 신비주의, 원시주의를 넘어서(*A Defense of the Human Spirit Against Antihumanism, Misanthropy, Mysticism, and Primitvism*)』, 구승회 역, 서울: 민음사, 2002, p. 57 참조.

68 김헌, 『그리스 문학의 신화적 상상력』, 서울: 서울대학교출판문화원, 2016, p. 324.

69 전쟁은 고대 서양의 대표적인 역사서인 헤로도토스의 『역사(*Historiae*)』(기원전 431-기원전 424)가 고디 그리스와 페르시아와의 전쟁을, 투키디데스의 『펠로폰네소스 전쟁사』에서 아테네와 스파르타의 전쟁을 기록한 문헌으로 알려져 있다. 이런 점에서 고대 그리스의 역사는 바로 전쟁의 기록이 전부로 볼 수 있다. 그것은 기원전 8세기 호메로스의 『일리아드』의 첫 행에서도 기록되어 있다. "노래하소서, 여신이여! 펠레우스의 아들 아킬레우스의 분노를!" 아킬레우스는 전리품으로 취한 브리세이즈를 아가멤논에게 빼앗겼다는 자괴심

하는 세력의 진화 과정에 적극적으로 개입하였고, 전쟁을 반대하는 의견이 합리적이고 윤리적이다.

이 작품들은 각각의 평화를 획득하려는 엉뚱하고 기발한 행동을 일관되게 진행하여 무수한 에피소드에 매듭을 짓고 있는데 연극과 전쟁 반대의 절대적 일치를 꿈꾼 예술적 이상을 표현한 것이다. 이들 작품의 공통적인 규칙은 적대적 힘과의 사적인 평화조약에 대한 다소 억지스러운 주제를 다루고 있다. 또 하나의 규칙은 주인공이 전혀 정치나 권력에 무관한 농부, 여성들이라는 점이다. 전쟁 때문에 피폐해진 아테네 관객들을 끌어들여 희극적 발상과 풍자, 해학을 통해 당대 현안에 대한 인식과 미학적 기분 전환을 제공한다는 사실이다. 특히 「리시스트라테」는 파멸할 지경에 이른 도시를 여성들이 나서서 평화조약의 정당성을 제시하고 있다. 이 극은 남성 위주의 사회에서 사회개혁의 주역으로서의 페미니즘을 2,500년을 앞당겨 실험한 유효성과 연극의 이상적 결합의 시도로 보아야 할 것이다. 궁극적으로 이 세 작품은 소박한 삶을 위한 평화의 도전을 다룸에 있어서 더 큰 주인의식과 자의식을 지향하는 인간 사회의 충만한 진화 과정이라 볼 수 있다. 여기서 아리스토파네스는 폴리스 공동체 시민들의 잠재능력을 사회의 능동적인 참여자로 존재시키고, 하나의 통일된 전망과 열정을 작품 속에 제시하고 있음을 알 수 있다.

과 분노로 인하여 트로이군과의 전투에 전혀 나서지 않고 있는데, 동성 친구 파트로클로스 (Patroklos)가 그의 갑옷을 대신 입고 전사하자 그에 대한 죄책감과 복수로 인해 참전하게 된다. 비록 『일리아드』가 문학작품이긴 하지만, 당시의 주전 사상을 옹호하는 분위기를 가늠해 볼 수 있는 기록이다. 그것은 국가와 민족을 위해 싸우는 의리나 대의명분보다는 개인의 야심과 전리품에 대한 욕심이 전쟁의 주요 원인으로 작용하였음을 보여 준다. 권석우, 「서양철학과 문학에 나타난 전쟁관: 철학은 전적이고 문학은 반전적인가?」, 『인문언어』 21(2), 국제언어인문학회, 2019, pp. 34-35.

제6장

삶의 가치 기준에 대한
동시대의 해석

　사회 불평등에 대한 표출은 지식의 가치 기준에 관련된 작품들에서 드러난다. 기원전 5세기의 지식인에 대한 부정적 면모는 당대 기득권 세력의 전모와 이를 받아들이는 아테네 시민의식의 극명한 대립으로 나타난다. 대립의 중심에 놓인 아리스토파네스의 작품은 「구름」, 「테스모포리아 축제의 여인들」, 「개구리」가 그것이다. 이 세 작품은 아리스토파네스의 이전 희극들과는 달리 전쟁이나 평화 같은 정치적 주제보다 도덕적·사회적·교육적 주제를 공론의 대상으로 삼고 있다. 주제 부분에서의 아곤의 정점은, 「구름」에서 스트렙시아데스Strepsiades와 그의 아들 페이디피데스Pheidippides의 논쟁이 희극적 장치의 재미를 더해 준다. 소크라테스 학교에서의 학습 장면이 있는데, 특히 '정론正論, Kreitton 또는 Dikaios Logos'과 '사론邪論, Hetton 또는 Adikos Logos'의 논쟁에서 당시 소피스트들의 부당한 상황과 부정적 인식을 잘 보여 준다. 「테스모포리아축제의 여인들」에서 에우리피데스와 시인 아가톤과의 논쟁, 인척과의 논쟁 그리고 인척과 축제의 여인들 크리틸라, 마카와의 논쟁이 극적이다. 「개구리」에서는 디오니소스Dionysos와 그의 노예 크산티아스Xanthias의 논쟁, 헤라클레스Heracles와의 논쟁, 저승의 문지기 아이아코스와 크산티아스의 논쟁, 특히 에우리피데스와 아이스킬로스의 논쟁에서는 투쟁에 가까운 격렬함이 최고조에 이른다.

1. 「구름^{Clouds}」(기원전 423)

기원전 423년에 공연된 「구름」은 아리스토파네스가 가장 아꼈던 작품으로 알려진다. 이 작품은 펠로폰네소스 전쟁이 한창 진행되던 시기의 것으로 아테네 사회에 심각한 영향을 미치는 변론술 교육과정[1]에 대한 풍자를 담고 있다. 아리스토파네스가 고대 그리스의 소피스트에 대한 이해와 적용의 타당성에 대한 의문을 제기하고, 교육의식의 변화와 문제점을 극적으로 펼친 것으로 보인다. 비록 디오니소스 축제에서 3등에 그치며 청중들의 호의적인 반응을 얻지는 못했지만, 아리스토파네스는 재공연할 수 없는 「구름」의 대본을 다시 수정할 정도로 강한 애착을 보였다.[2]

기원전 5세기에 변론술 교육과정에 대한 논란은 당대 기득권 세력인 소피스트[3]의 전모와 이를 받아들이는 아테네 시민의식의 극명한 대립으로 나타난다. 대립의 중심에 놓인 「구름」은 아리스토파네스의 이전 희극들과는 달리 전쟁이나 평화 같은 정치적 주제보다 교육적 주제를 공론의 대상으로 삼고 있다. 플롯 구조에 있어 「구름」은 등장인물들 모두를 진보적, 보수적 성향을 가리지 않고 똑같이 웃음거리로 만든다.[4] 대표적으로 소크라테스를 웃음을 살 만한 말과 행동을 많이 하는 사람으로 소개하고, 터무

---

1   Carl Anderson, "Aristophanes and Athena in the Parabasis of Clouds", *Electronic Antiquity* 11(2), 2015, p. 5.

2   아리스토파네스, 앞의 책, 2010a, p. 14.

3   이정린, 「아리스토파네스 〈구름〉의 희극 구조 연구」, 『브레히트와 현대연극』 35, 한국브레히트학회, 2016, p. 81; 조지 커퍼드, 앞의 책, 2004, p. 45.

4   아리스토파네스 11개 희극에서 희극적 풍자와 비판, 조롱, 비방의 대상이 되는 역사적 인물들을 조사한 문헌에 따르면 224명으로, 주로 정치적, 군사적, 사법적, 종교적 유명인들과 경쟁 관계에 있는 드라마 작가들, 공적인 영역에 참여한 시민 혹은 상층 인사들을 망라하고 있다. 이정린, 앞의 책, 2006, p. 160.

니없는 우스꽝스러운 모습으로 격하시킨다. 소크라테스를 몰락하게 만든 사건은 사이비 소피스트에 의해서가 아니라 주인공 스트렙시아데스에 의해 잉태된다.

「구름」의 줄거리를 살펴보자. 주인공 스트렙시아데스는 경마에 미친 아들 페이디피데스 때문에 막대한 빚을 진다. 그는 아들을 소크라테스에게 보내 변론술[5]을 배워 오게 한다. 「구름」에서는 철학사의 일반적인 이해와 달리 소크라테스를 소피스트로 묘사하고 있다. 이 작품에서 소크라테스는 스트렙시아데스에게 수단과 방법을 가리지 않고 채권자에게 빚을 갚지 않는 기술을 가르친다. 불합리한 처사가 횡행한다는 점에서 아리스토파네스의 '구름'은 하늘의 소용돌이, 구름의 밀도와 그리고 굉음과 관련된 자연적 현상으로서 신화적 존재인 제우스를 밀어내고 그 자리를 구름이 차지한다는 메타포적 교육을 페이디피데스에게 주입시킨다. 여기서 구름 은유는 사태에 대한 현상적인 설명의 근거에 그치지 않고 만물의 생성과 변화를 설명하는 중심축으로 사용되기에 이른다.[6] 변론술 교육을 마친 아

---

5 당시 유행했던 소크라테스의 문답식, 산파식 논리를 흉내 낸 소피스트들의 교묘한 논리와 말솜씨를 말한다.

6 「구름」에서의 '구름'은 은유적 특성을 말한다. 구름은 일상에서 대개 부정적인 의미로 사용된다. '구름 잡는 소리'라든지, '부귀영화'는 '뜬구름 같은 것'이라는 등의 어귀에는 허망과 공허와 무상의 의미가 배어 있다. 삶은 구름처럼 보여도 잡을 수 없고 허공을 둥둥 떠다닌다. 구름은 정처가 없어서 고정된 출발지와 도착지가 없다. 그래서 허허(虛虛)롭다. 고정된 형태를 지니지 않으면서 시시각각 변화하고 또 변화할 태세를 갖추고 있다. 대기의 순환과정에서 구름은 어떤 정점을 근거로 확산되지 않으며, 일시적으로 정해진 점도 무작위로 위치가 바뀐다. 무상(無常)이다. 그런 점에서 구름은 삶의 실상을 대변한다. '무상'이 인간의 감정에 '허무'로 나타나는 것은 순전히 질서와 불변과 형태에 대한 인간의 합리적인 욕구에서 비롯한 데 지나지 않는다. 구름은 온실 안의 지혜가 아니라 온실 밖의 밀림과 야생의 세계를 실질적으로 지배하고 있는 원리를 암시한다. 유헌식, 「구름과 사유」, 『대동철학』 65, 대동철학회, 2013, pp. 305-306.

들이 정론을 이길 수 있는 사론의 논리를 배워서 채권자들을 따돌리고 돈을 갚지 않아도 되는 상황이 된 것까지는 좋았는데, 아들은 더 나아가 아버지를 두들겨 패고 나서 소크라테스에게 배운 논리로 자신이 정당함을 입증하기에 이른다. 이에 격분한 스트렙시아데스는 아들에게서 받은 분풀이를 소크라테스에게 돌리게 되고, 급기야는 사색장에 불을 지르는 것으로 막을 내린다. 결국, 기원전 399년 소크라테스가 아테네의 젊은이를 타락시킨다는 죄목으로 재판에 회부될 때, 거기에 동원된 구실을 아리스토파네스의 이 희극이 먼저 보여 준 셈이다.

「구름」은 농부 스트렙시아데스의 신음에 가까운 불평 섞인 독백으로 막이 열린다. 그는 허영심 많은 아내와 전차경주에 미친 아들 페이디피데스의 뒷바라지에 파산할 지경에 이르러 고민이 깊어진다. 경마에 젖어 인생을 허비하는 그의 아들은 아버지의 가계부를 엉망으로 만들고, 꿈속에서 잠꼬대까지 하면서 아버지의 가계수지를 방해한다. 그럼에도 빚을 걱정하지 않는 아들은 다시 단잠에 빠진다. 스트렙시아데스는 그의 아들이 낭비하는 습관을 가지게 된 그 걱정의 뿌리를 아내와의 결혼에까지 소급하여 찾게 한다. 그리고 페이디피데스의 어머니와 결혼하도록 소개한 중매쟁이를 원망하게 된다. 그러면서도 사랑하는 아들이 구렁텅이에서 빠져나왔으면 하는 마음에 도움의 손길을 주려고, 부드럽게 아들을 깨운다.

페이디피데스: 제발 잠 좀 자게 내버려 둬요! (도로 이불을 뒤집어쓴다.)

스트렙시아데스: (약이 올라) 아니, 누가 자지 말라니? 하지만 내 빚이 언젠가는 모두 네 머리 위에 떨어진다는 것쯤은 알아 둬! 빌어먹을! 네 어머니와 결혼하도록 나를 꼬드긴 그 중매쟁이 여편네나 비참하게 돼졌으면 좋겠다. 나는 시골에서 더없이 즐겁게 살아가고 있었지. 몸치장도 하지 않고 더운 물에 목욕도 하지 않겠지만, 벌떼와 양떼와 올리브와 함께하는 행복한 생

활이었는데. 그때 시골내기인 내가 메가클레스의 질녀와 결혼했는데, 그녀는 도회지 아가씨로 거만하고 사치스럽기가 코이시라[7]였지. 그리하여 내가 그녀와 함께 결혼 침상에 올랐을 때, 나는 지게미와 치즈와 양털 냄새가 나는데 그녀는 향수와 샤프란색 옷과 혀를 빼는 키스와 낭비와 식도락과 애욕과 욕정 덩어리였지. 그녀가 아무것도 안 한다는 말을 하려는 게 아냐. 아니, 그녀는 길쌈을 하지. 그래서 나는 여기 이 저고리를 그녀에게 내보이며 말하곤 했지. "여보, 당신은 길쌈을 너무 촘촘히 하는군 그래!"

— 「구름」 39-55행

스트렙시아데스는 낭비벽이 심한 아내를 만나 빚쟁이 아들을 만들었다는 생각을 하게 된다. 그리고 아들만큼은 여전히 진심으로 사랑한다는 것이다. 여기서 사랑하는 아들을 위한다는 것은 끝이 없는 사랑이 아니라 빚쟁이들에게 억울하게 돈을 갚지 않으려는 꾀주머니를 발동시키려는 것이다.

스트렙시아데스: 내 아내는 여기 이 아드님을 품에 안고 어르며 말하곤 했지. "네가 커서 메가클레스처럼 자줏빛 외투를 입고 아크로폴리스로 마차를 몰았으면!" 나는 말하곤 했지. "네가 커서 네 아비가 그랬듯이 해진 가죽옷을 입고 울퉁불퉁한 언덕들에서 염소 떼를 집으로 몰았으면!" 하지만 다 부질없는 짓이었어. 녀석은 내 말이라고는 듣지 않고 말에 미쳐 내 재산을 결딴냈으니까. 그래서 나는 밤새도록 장고한 끝에 드디어 한 가지 방도를 찾아냈어. 쉽지는 않겠지만 듣기만 한다면 기발한 방법이지. 여기 이 녀석이 따라만 준다면 나는 구원받을 수 있을 텐데. 일단 녀석을 깨워야지.

---

7 당시의 부잣집 부인을 말한다.

어떻게 해야 기분 좋게 깨울 수 있을까? 어떡하지? 페이디피데스야, 귀염
둥이 페이디피데스야!

—「구름」68-80행

여기까지가 「구름」의 도입부이다. 그리고 스트렙시아데스의 교육관이
발동한다. 현명한 영혼들을 대상으로 하늘과 사람에 관한 이상한 가르침
을 주는 사색장을 발견한다. 그 사색장의 교장은 소크라테스로 나온다.
그는 아들이 소크라테스의 학생이 되어 채권자들을 상대로 마지막 동전
한 닢까지 사취해 내는 방법을 배워 돈을 갚지 않는 언변술을 배우라고 꼬
드기면서, 부자간의 논쟁이 시작된다.

스트렙시아데스: 자, 저쪽을 봐! 저기 저 문과 오두막이 보이니?

페이디피데스: 보여요. 그런데 저게 도대체 뭐죠, 아버지?

스트렙시아데스: 저건 영리한 두뇌들을 위한 사색장이야. 저곳에 사는 사람들
　　　　　　은 증명하려고 하지. 하늘은 우리를 둘러싸고 있는 큰 솥뚜껑이고 우리는
　　　　　　그 안에 있는 숯이라는 것을. 그리고 그들은 수업료만 내면 옳든 그르든
　　　　　　말로 소송에 이기는 법을 가르쳐 준단다.

페이디피데스: 그들이 대체 누군데요?

스트렙시아데스: 이름은 잘 모르지만 사색가이자 신사들인가 보더라.

페이디피데스: 쳇, 그 악당들! 알겠어요. 창백한 얼굴에 맨발로 다니는 그 협잡
　　　　　　꾼들 말씀이죠? 귀신에 썬 소크라테스와 카이레폰 같은 무리죠.

스트렙시아데스: 쉿! 그런 철딱서니 없는 말을 하면 안 되지! 조금이라도 이 아
　　　　　　비의 생계가 걱정된다면 너는 말馬은 잊어버리고 저들과 어울려 봐라!

—「구름」91-107행

스트렙시아데스의 대사를 통해 당시 만연했던 아테네의 교육관이 보인다. 충분한 자기 수양을 갖추지 못한 학부모들은 도덕적이지 못할 수도 있다. 생물학적 차원으로는 사리 분별력을 갖추지 못하더라도 부모가 될 수는 있기 때문이다. 스트렙시아데스 아들에게 현명한 영혼들을 대상으로 하늘과 사람에 관한 이상한 가르침을 주는 사색장을 소개한다. 사색장의 교장은 소크라테스로 나온다. 스트렙시아데스는 아들이 소크라테스의 학생이 되어 채권자들을 상대로 마지막 동전 한 닢까지 사취해 내는 방법을 배워 돈을 갚지 않는 변론 기술을 배우라고 꼬드기면서 극의 초반부를 발화한다.

「구름」의 평가는 교육을 통해 나타나는 아버지와 아들의 가치관 대립 구조를 통해 전도된 교육의 금기로부터 고발과 웃음의 에너지를 담보한 작품이다. 비록 당대 최고의 철학자 소크라테스를 극 중에서 소피스트의 수장으로 선택했지만, 작가는 희극의 해학과 익살 외에는 경멸적인 의미로 사용하지는 않았다고 볼 수 있다.[8] 이처럼 희극의 본질적 가치는 불편한 현실원칙으로부터 정제된 논리를 따지는 것이 아니라, 시종 가벼운 태도를 잃지 않으면서 태연스럽게 현실의 문제점을 태연스럽게 전복시키는 유쾌함에 있다. 이제 「구름」, 도입부의 마지막 부분인 교육사상 플롯을 통해 작가가 말하고자 하는 교육관을 살펴보자.

페이디피데스: 저더러 뭘 배우라는 거죠?

스트렙시아데스: 사람들이 말하기를, 저기 저들에게는 매사에 정론과 사론의 두 가지 논리가 있대. 그리고 그중 하나인 사론은 아무리 나빠도 소송에서

---

8 류재국, 「〈구름〉949-1112의 논쟁에 나타난 고대 아테네 교육의 양상 고찰」, 『교육연극학』 12(2), 한국교육연극학회, 2020b, pp. 45-46.

는 반드시 이긴대. 네가 만약 그 사론을 배우면, 지금까지 너 때문에 진 빚을 나는 누구에게나 한 푼도 안 갚아도 되는 거야.

— 「구름」 112-118행

아들을 사색장에 보내 채권자들을 속이는 법을 배우게 하려는 아버지의 설득이 필사적이다. 페이디피데스는 사색장의 변론 배우기에 미친 아버지가 실성했거나 정신착란을 일으켰다고 생각한다. 아울러 페이디피데스는 사색장의 주재자를 소크라테스와 카이레폰 같은 사람들에 비유한다. 카이레폰은 당시 아테네에서 소크라테스를 따라다닌 제자 겸 친구로 알려져 있는데, 구희극에서 자주 조롱의 대상이 되는 소피스트로 표현되고 있었다.

이제 스트렙시아데스는 아들을 사색장으로 보내는 설득이 실패했음을 감지한다. 그의 설득은 협박에 가까운 경고로서, 다급한 현실을 뚫고 나가기 위해 엉뚱한 결심을 하게 된다. 본인이 직접 사색장으로 입학하겠다는 것이다.

페이디피데스: 싫어요. 누렇게 뜬 얼굴로 내가 어찌 감히 기사騎士 친구들의 눈을 똑바로 쳐다볼 수 있겠어요!

스트렙시아데스: 그러면 데메테르 여신께 맹세코, 너는 결코 내 것을 먹지 못해. 너도, 전차를 끄는 말도, 산 자字 낙인이 찍힌 말도 집에서 나가거라! 어디라도 좋으니 당장 꺼져 버려!

페이디피데스: 하지만 외삼촌 메가클레스께서는 제게 말이 없다면 가만히 안 계실걸요. 그리로 갈게요. 아버지는 나와 상관없으니까요. (방에서 나간다.)

스트렙시아데스: 나도 넘어졌다고 해서 그대로 누워 있어선 안 돼. 신들께 기도드린 다음 몸소 사색장으로 가서 그곳에서 뭔가를 배워야겠어.

— 「구름」 119-128행

위 장면에서 보듯이 당시의 아테네에는 반인륜적 행위와 궤변으로 자신의 행동을 정당화하는 구름이 도시 전체에 팽배해 있었던 것으로 보인다. '구름'은 전통적 가치를 지지하면서도 소피스트들의 궤변에 쉽게 흔들리는 구교육의 옹호자들을 희극적으로 풍자한다.[9] 아리스토파네스는 「구름」을 통해 당시 사회의 교육을 비판하고 폴리스의 체제를 새롭게 다져, 부패하고, 부도덕한 아테네의 교육방식을 정면으로 지적한다.

아들과 언쟁에서 설득에 실패한 스트렙시아데스는 다급한 결심을 하게 된다. 그는 전통적인 가치와 그 가치를 존중하는 구교육을 무시하고 수사학적 판단에 따라 정론을 무너뜨리는 신교육을 직접 배우러 교육장을 찾아간다. 소크라테스를 만나기 전에 그의 제자를 만나 소크라테스 변론의 위대함을 듣게 된다. 아리스토파네스는 신을 풍자한 「새들」이나 주전론자를 고발하는 「평화」와 달리 「구름」에서는 소피스트로 대변되는 지식인, 소크라테스를 풍자한다.

스트렙시아데스: 나는 제자가 되려고 여기 이 사색장을 찾아왔으니까요.

제자: 그렇다면 말하죠. 하지만 이건 비밀이라는 걸 알아 두시오. 방금 소크라테스님께서 카이레폰에게 물으셨소. 벼룩은 자기 발의 몇 배를 뛸 수 있나고. 벼룩 한 마리가 카이레폰의 눈썹을 물고 나서 소크라테스님의 머리에 뛰어올랐기 때문이죠.

스트렙시아데스: 그걸 어떻게 쟀지요?

제자: 아주 재치 있게 쟀어요. 먼저 밀랍을 녹인 다음 벼룩을 잡아서 그 두

---

9   장지원, 「아리스토파네스의 〈구름〉에 나타난 희랍교육의 양상」, 『교육철학연구』 42(4), 2015, p. 166.

발을 거기에 담그셨지요. 밀랍이 식으면서 페르시아풍의 신발을 신게 되자, 그걸 벗겨서 그것으로 거리를 재셨던 것이오.

스트렙시아데스: 오오, 제우스 왕이시여, 이 얼마나 총명한 두뇌입니까?

— 「구름」 141-153행

스트렙시아데스는 사색장의 초인적 변론 능력에 대하여 확신을 갖게 된다. 이제 그는 소크라테스를 직접 만나고 싶은 욕구를 억제하지 못한다. 소크라테스를 회화화한 내용으로 잘 알려진 「구름」은 사적 욕심과 전통적 가치 속에서 흔들리는 학부모와 교사, 그리고 잘못된 교육의 폐해를 증명하는 학생들을 조명하며 당시 아테네 시민들의 교육을 조명하고 있다. 소크라테스를 동시대 지식과 철학, 새로운 우주관과 세계관을 가르치고 돈을 받는 사립 철학교육기관을 운영하는 소피스트로 등장시킨다. 극 중에서 소피스트 행태는 소송에 이기는 것만을 목적으로 하는 사이비 학문이고, 아테네의 젊은이들에게 무신론을 전파해 전통적인 아테네의 가치를 약화시키는 반사회적인 것으로 묘사된다.[10]

드디어 사색장으로 입학하러 가는 날 스트렙시아데스를 전송하는 코로스가 등장한다. 코로스의 등장은 극의 흐름을 재미있게 기대하게 되는 파라바시스를 예고한다.

코로스장: 그런 용기를 보여 주었던 그대, 부디 잘 가시게!

코로스: 행운이 그와 함께하기를! 이미 연로함에도 그는 젊은이들처럼 자신의 본성을 연구로써 새로 색칠하고는 지식탐구에 매진하니까.

코로스장: 관객 여러분, 나를 길러 주신 디오니소스 신에 맹세코, 나는 여러분

---

10 같은 논문, p. 81.

에게 진실을 솔직히 말하겠소. 오늘 내가 우승을 바라고 지혜로운 자로 인정받고 싶은 것이 사실이듯, 나는 사실 여러분이야말로 올바른 관객이며, 여기 이 희극이야말로 내 희극들 중 가장 지혜로운 작품이라 믿었소. 그래서 내게 가장 많은 노고를 안겨 주었던 이 희극을 맨 먼저 여러분에게 감상하도록 내놓았으나, 부당하게도 하찮은 자들에게 저 물러났소. 그래서 난 지혜로운 여러분에게 불만이오.

— 「구름」 510~526행

코로스가 관객을 향해 신교육을 배우러 가는 스트렙시아데스의 우스꽝스러운 모습을 표현하고 있다. 이는 소피스트의 수사술에 현혹되는 주인공의 고뇌를 관객에게 동의를 구하는 국면이다. 여기서 「구름」이 작가가 가장 아끼는 작품이라는 사실이 잘 드러난다. 아리스토파네스가 자신의 위대한 희극에 대한 품격을 지니고 지혜로운 관객을 찾아 나섰다는 것이다. 가장 지혜로운 관객이라는 호칭을 쓰면서 귀를 기울여 달라고 호소한다. 그는 신과 영웅들에게도 동의를 구한다. 아테네 폴리스를 선동으로 몰아넣고 뇌물과 도둑질로 일관하는 클레온을 잡아 목에다 칼을 씌워서 도시에 이익을 줄 수 있는 것은 본인의 희극이라는 것이다.

그러나 사색장 교육이 스트렙시아데스에게는 만만하지가 않다. 소크라테스가 직접 언어의 마법, 논쟁과 연설의 교묘한 기술을 지도하지만 전수받을 만한 머리가 되지 않는다. 참다 못한 소크라테스가 대안을 제시한다.

소크라테스: 자네는 무얼 배우건 금세 까먹어 버리니까. 자, 그러면 처음에 무얼 배웠는지 말해 보게!

스트렙시아데스: 가만있자. 처음에 뭐였더라? 처음에 뭐였지? 그 안에서 보릿

자루를 반죽하는 게 뭐였지? 아이고, 뭐더라?

소크라테스: 꺼져 버려, 세상에서 제일 건망증 심한 영감태기야!

스트렙시아데스: 아아, 난 불운하구나. 난 대체 어떻게 되는 거지? 혀를 놀리는 재주를 배우지 못하면 나는 끝장이야. 오오, 구름의 여신들이여, 제게 좋은 조언을 해 주소서!

코로스장: 영감, 우리가 조언을 해 주리라. 그대에게 장성한 아들이 있으면 그대 대신 그를 보내 배우게 하라.

— 「구름」 785-796행

사색장에서 쫓겨 난 스트렙시아데스는 아들인 페이디피데스에게 다시 한번 소크라테스의 변론을 사사받도록 강권한다. 이는 자식에 대한 학부모의 관심과 당시 아테네 시민들의 교육관을 가늠할 수 있는 근거가 될 수 있을 것이다. 그는 신선한 공기를 일정 기간 마실 수도 없고 비인간적인 고행을 수행하는 학생들의 수업 광경에 매료된다. 정론과 사론의 논쟁, 하늘에 대한 지식을 습득하는 교육장에 아들을 데려와서 소크라테스에게 인사시킨다. 그리고 아들이 정당한 것에 대해 사론으로 반론을 제기할 수 있게 해 달라고 조른다.

페이디피데스는 사색장의 변론 배우기에 미친 아버지가 실성했거나 정신착란을 일으켰다고 생각한다. 결국 아들은 아버지의 뜻에 동의하며, 마지못해 따라가지만, 결과를 예측할 수 있는 의미심장한 말을 남긴다. "시간이 지나면 언젠가는 후회하시게 될 거예요." 그리고 교육은 시작된다. 「구름」에서 전달하고자 하는 명백한 메시지는 도덕적 중심이 없다. 다만 아리스토파네스의 다른 희극들과 달리 좀 억지스럽기는 하지만 현실적인 방법에서 해결책을 모색한다는 점이다. 스트렙시아데스가 아들의 빚을 갚지 않을 방도를 찾아 근처에 있는 소크라테스 학교를 찾아간다는 것이다. 이 극의 포인트는 한 가족의 사례를 통해 소피스트적 교육이 전통적인 가치에 끼친 파괴적인 영향을 보여줌으로써 그 교육의 기만성을 폭로하고 풍자하는 것이다.

> 정론: 내 자네를 심히 치리라.
> 사론: 말해 봐, 어떻게?
> 정론: 옳은 것을 말함으로써.
> 사론: 하지만 나는 반론을 제기함으로써 그걸 막을 테다. 내 말하노니, 정의의
> 여신은 존재하지 않으니까.
>
> ─「구름」898-901행

위 장면에서 보여 주는 아곤은 사론의 승리를 통해 전통적인 가치의 허약함과 그것이 이미 소피스트 이론의 영향에 의해 타락했음을 강조하고 있는 것이다. 여기서 밝혀질 사상은 정의의 대변자로서 번창하고 절제가 존중되었던 정론이 인정받던 시기에 이루어졌던 교육이 이상적인 인간상과 교육이라는 것이다. 시대의 변화와 함께 정론이 쇠락하고 오만방자한 청년들 사이에서 사론과 수사술[11]이 판을 치는 것은 소크라테스와 같은 소피스트들과 그 소피스트들의 유혹에 쉽게 넘어가는 젊은 청년들 때문

---

[11] 아리스토텔레스는 『수사학』에서 "수사학은 어떠한 주제에 반대되는 것을 설득하는 데 적합해야 한다"라고 밝힌다. 이러한 사실은 변증론적 삼단논법에서처럼 분명히 두 개의 사물을 무차별적인 상태로 만드는 것이 아니라 그 문제들이 어떻게 제기되는가를 간과하지 않아야 하고, 만약 다른 하나의 주장이 대립되는 논증을 할 경우 그 주장을 반박할 수 있어야 한다는 것이다. 그리고 어떤 다른 기술도 반대되는 결론을 지을 수 없다. 그런데 유일하게 변증론과 수사학은 반대되는 결론을 낼 수 있다. 왜냐하면 변증론과 수사학은 똑같이 반대 주제에 적용되기 때문이다. 아리스토텔레스, 앞의 책, 2020, pp. 22-23.

이라고 아리스토파네스는 판단한다. 더 나아가 사회에 대한 명확한 교육 관과 인간관 없이 세속적 평판과 성취에만 연연하며, 교육을 일종의 성공을 위한 수단으로 생각하는 당대 학부모들의 사고방식이 결합되어 정론과 같은 아테네의 구교육은 자취를 감추고 사론을 가르치는 신식 교육 방법이 자리를 잡는다(「구름」 916-919행).[12]

이 작품은 유원한 교육이념과 현실과의 차질을 테마로 설정하여 현실교육, 즉 오늘날의 공적 교육이 사적 교육에 무너지는 과정을 적나라하게 보여 준다. 이를 코로스가 나서서 중재한다.

> 코로스장: 그대들은 말다툼과 험담일랑 그만두라. (정론에게) 그대는 전에 가르쳤던 것을, (사론에게) 그대는 신식 교육 방법을 말해 보라! 이 젊은이가 양쪽 말을 다 들어 보고 어느 쪽 학교로 갈 것인지를 결정할 수 있도록!
>
> 정론: 그건 내가 바라던 바요.
>
> 사론: 나도 마찬가지요.
>
> —「구름」 934-939행

「구름」에서 아리스토파네스는 소크라테스가 본질적으로 서정적인 자질에도 불구하고 종국의 천박한 음란성의 공모자[13]라고 판단하여 그를 부패

---

12 장지원, 앞의 논문, 2015, p. 184.
13 이 부분에 대해서는 많은 학자들의 의견이 분분하다. 머레이 북친은 『휴머니즘의 옹호(A Defense of the Human Spirit Against Antihumanism)』에서 다음과 같이 논박한다. "당시 델포이 제사장이 '그리스에서 가장 현명한 사람'이라고 규정한 소크라테스는 천재적 인간의 상징적인 원형으로 간주하였고, 동시에 서구 문명은 소크라테스의 지적인 자발성과 독립성에 대한 불관용과 무지로 인하여 그를 죽음에 이르게 한 배심원을 목격한 바 있다. 이들은 헬레니즘 문명의 가장 고상한 전통을 모독한 사람들이다"라며 소크라테스에게 아주 특별한 지위를 부여한다. 윤병렬은 그의 논문「아리스토파네스의 소크라테스 풍자는 정당한가?: 그의 「구

한 외설의 비판대상에 포함시킨다. 여기에서 아리스토파네스의 소크라테스에 대한 패러디가 비롯될 것이며, 모든 희극시인은 소크라테스에게 조롱을 퍼부었다. 철학자 소크라테스에 반대하는 그토록 많은 적들을 풀어놓게 만든 것도 이러한 개혁 정신이었다.[14] 소크라테스를 소피스트 운동의 일부로 포함시키려는 생각은 좋게 말해야 역설이며, 많은 사람에게는 불합리한 것이다. 플라톤은 소크라테스를 소피스트들과 그들이 대변하는 모든 것에 대한 으뜸가는 적으로 제시하고자 했다.[15] 플라톤의 저술들에 그려진 이 같은 소피스트들의 모습은 오늘날에 이르기까지 소피스트에 대한 사람들의 이미지를 지배하고 있다.

이제 「구름」에서의 본격적인 아곤이 시작된다. 코로스가 정론과 사론의 논쟁을 빈틈없는 세심한 말과 경구로 승부를 걸라는 지시를 내린다. 둘 중 어느 쪽 소피스트의 논변이 훌륭한가 하는 지혜의 싸움에 불을 붙인다.

> 첫 번째 코로스: 이제 둘은 빈틈없는 세심한 말과 사상과 경구로 보여 주도록 하라. 둘 중 어느 쪽이 더 훌륭한 언변가로 드러날 것인지! 지금 이곳에서는 지혜가 온갖 위험에 노출되어 있고, 지혜에 관한 싸움은 우리 친구들에게 가장 큰 싸움이니까.
>
> 코로스장: (정론에게) 수많은 성품의 화관으로 우리 선조들을 장식했던 자여, 그대 마음에 드는 말로 그대의 본성을 말하도록 하라!
>
> — 「구름」 949-960행

름」에서의 소크라테스 혹평에 대한 반론」에서 아리스토파네스의 「구름」에 나오는 잘못된 패러디가 서구 문명 최고의 지성을 죽음에 이르게 했다는 간접적 근거를 제시했다.

14 샹플뢰리, 앞의 책, 2001, p. 188.
15 조지 커퍼드, 앞의 책, 2004, p. 94.

기원전 5세기 고대 그리스에서 교육은 철학이며, 철학은 김나지움이나 성문 밑에서, 또는 플라타너스 가로수 길에서 태어난다. 스승이 말하며 걸으면, 제자들이 뒤를 따른다. 배우고자 하는 모든 이들의 목적은 바른 논리의 과정을 거치지 않고 거창한 결론에 이르고자 한다. 그들은 사변적인 철학자들이 행동하는 '정상에서 배회하고, 세 걸음 걸으면서 세상을 한눈으로 섭렵하려 드는 모양'을 흉내 낸다.[16] 그들을 보통 소피스트라 일컫는다.

5세기의 아테네에서 소피스트들은 더 이상 존경을 받지 못하는 부류로 전락한다. 이 전락은 모든 중요한 형태의 종교의식을 장악, 통제하려 했던 도시국가의 욕구의 산물이었다. 결국, 국가나 도시 차원의 제의 의식만 종교적 행위로 인정받게 되었고 입문 의식이나 내세에 대한 희망 등은 공식적인 제의에서 행해지고 선언되었다. 고에스goes[17]는 제도권 종교에 동화될 수 없었다. 대신 그들은 자신들만의 비교秘教 의식과 입문 의식을 거행했고 국가의 통제에서 벗어나 있었다. 따라서 사교邪敎를 집전했던 고에스들은 그들의 은밀함과 밀교密敎 의식으로 인해 국가로부터 의혹을 받았고 해악을 끼치는 무리로 치부되었던 것이다.[18] 즉 아테네 시민들은 소피스트가 고에스와 동류임과 동시에 고에스의 후예라고 보았다. 여기서 정론과 사론의 논쟁 장면도 따지고 보면, 소피스트들의 부당한 혀 놀림을 크게 비웃고자 희극적 장치를 발동한 것으로 볼 수 있다.

사색장 안에는 정론과 사론이 격렬하게 다투면서 서로를 케케묵은 논리

---

16 이폴리트 텐, 앞의 책 2013, pp. 366-367.

17 고에스는 아테네를 떠돌며 영(靈)의 세계에 관여하는 자들이었다. 이들은 기적을 행하는 자, 치유자, 죄를 정화시키는 자, 예언자, 마법사, 협잡꾼 등으로 다양하게 명명되었다.

18 김해룡, 앞의 책, 2015, p. 220 재인용.

이면서 뻔뻔스럽게도 새 논리라고 궤변을 늘어놓는다고 비난하고 있다. 여기서 정론은 진리와 선과 미에 대한 전통적 가치관 분석적 논리를 뜻하고, 사론은 당시의 시대 요구와 구미에 맞추어 학생들을 고객으로 보는 장사꾼 같은 신식 경험의 논리를 뜻한다.[19] 아리스토파네스의 희극론을 논의하다 보면, 모든 논의의 중심이 당시의 보수적 색깔을 향하고 있다는 인상을 지우기 어렵다. 그래서 아리스토파네스 희극은 구세대와 신세대의 변화가 의도적으로 과장되어 있고 편향적이라는 느낌을 지울 수 없는 것도 사실이다. 그러나 「구름」 949-1023행에서 중요한 것은 아리스토파네스 희극의 정당성 여부를 따지는 것이 아님을 우선 밝혀 둔다. 이제 정론이 교사의 책무와 학생의 의무를 정연하게 늘어놓는다.

> 정론: 그러면 그 옛날 내가 정의의 대변자로서 번창했고 절제가 존중되었을 때, 소년들의 교육 방법이 어떠했는지 말하겠소. 첫째, 소년한테서는 절대로 투덜대는 소리가 들려서는 안 되었소. 그다음, 한 구역의 소년들은 함께 거리를 따라 질서정연하게 음악 교사의 집으로 걸어 갔소. 함박눈이 내려도 외투를 입지 않고. 그러면 음악 교사는 먼저 양다리를 꼬지 않고 얌전히 앉아 "두려운 도시의 파괴자 팔라스여" 또는 멀리 울려 퍼지는 뤼라 소리 같은 노래를 부르도록 가르쳤소. … 한편 체조 교사의 집에서 소년들은 다리를 앞으로 뻗고 앉았는데, 구경꾼들에게 꼴사나운 모습을 보이지 않기 위해서였소. 그리고 일어설 때는 언제나 자기들이 모래에 앉았던 자국을 지워 버렸는데, 자신들의 동성 연인들에게 젊음의 모습을 남기지 않기 위해서였소. … 소년은 또 식사할 때 무 뿌리에 손을 내밀어도 안 되었고, 어른들보다 먼저 미나리나 파슬리를 먹어서도 안 되었소. 그리고 미

---

19 윤병태, 앞의 논문, 2008, p. 224.

식美食도, 킬킬대고 웃는 것도, 다리를 꼬는 것도 허용되지 않았소.

사론: 그건 케케묵고, 옛 농경 축제들과 매미 모양의 비녀와 케케이데스 냄새
가 물씬 나는구먼.

—「구름」 961-985행

우리는 정론의 교육 방법에 대한 분석적 고찰을 통해 그의 교육적 사상
이 어떤 성격의 것인지를 알 수 있다. 정론은 자신의 주장을 근거하기 위
해 올바른 음악 교사와 체육 교사의 모습은 물론 배우는 소년들이 갖추어
야 할 식사예절과 몸가짐을 열거한다. 정론은 모든 면에서 완벽한 조건을
추구하기 때문에 오히려 사론의 냉소를 받는다. 정론은 처음부터 자신의
완벽한 조건을 거부할 논리는 없다고 보았기 때문에, 그러한 외면적 조건
의 완벽함을 자신의 주특기로 장착함으로써 사론을 넘어뜨리려 한다. 정
론이 내거는 교육자의 조건은 정의와 절제, 질서, 품격, 예의를 갖춘 지성
의 근원과 힘이다. 따라서 정론이 추구하는 이상적 교육이라는 것은 내면
적인 것과 정신적인 가치가 배합된 자기희생과 금욕적인 생활을 의미하
는 것이다. 이것은 아리스토파네스가 추구하는 이상적 교육 형태이다.

이제 의인화된 정론은 스트렙시아데스의 세대가 따르고 후세대들 역시
따르기를 원하는 '마라톤 전사들을 길러 낸 교육 방법'을 역설한다.[20]

정론: 하지만 이것이 마라톤 전사들을 길러 낸 그 교육 방법이지. … 젊은이
여, 안심하고 나를 택하도록 하라! 그러며 그대는 차츰 장터를 싫어하고,
목욕탕을 멀리하고 수치스러운 것을 부끄러워하고, 누가 그대를 놀리면
발끈하게 되리라. 그대는 또 노인이 다가오면 자리에서 일어서고, 부모를

---

20 이정린, 앞의 논문, 2016, p. 89.

버릇없이 대하지 않고, 수치스러운 짓은 아무것도 하지 않게 되리라. …
아버지에게 말대꾸하거나 아버지를 구닥다리라 부르며 그대가 양육이 필
요한 병아리였을 때 맞았던 매를 되갚지도 않게 되리라.

사론: 젊은이, 이 자의 말을 듣는다면, 디오니소스 신에 맹세코, 그대는 히포크
라테스의 아들들을 닮아 응석둥이라 불리게 될걸세.

— 「구름」 986-999행

마라톤 전투에 참여하여 페르시아를 물리쳤던 전사 양성을 이상향으로
생각하는 정론의 교육관은 정의롭고 절제하는 시민들을 길러 내는 데 필
요한 습관 형성에 방해되는 청년들의 온수욕 습관을 비판하고 있다. 다만
온수욕 비판은 정론의 대표 주장도 아니고 남자를 나약하게 만든다는 주
장은 성급한 일반화에 해당하는데 사론은 여기에 주목하며 정론의 논리
적 취약점을 공격한다.[21] 작가는 「구름」 986-999행의 극이 진행되는 과정
에서 끊임없이 암시되고 묘사되는 마라톤 전사의 명예, 육체적이고 관능
적인 것의 혐오 등은 통하여 정론의 정신적인 성향을 그대로 보여 주고자
한다. 정론의 이러한 주장은 아테네의 자유 시민으로서 질서정연한 교육
을 통하여 어른을 공경하고 염치를 아는 훌륭한 시민으로서의 성장을 담
보한다.

정론: 천만에, 그대는 토실토실하고 건강미 넘치는 모습으로 운동장을 거닐게
되고, 요즘 젊은이들처럼 장터에서 되지 못한 잡담과 재담을 늘어놓거나
지저분한 송사에 말려드는 일은 결코 없으리라. … 내가 한 말을 명심한
다면, 그대는 언제나 튼튼한 가슴과, 해맑은 피부와, 넓은 어깨와, 작은 혀

---

21 장지원, 앞의 논문, 2015, p. 176.

와, 큰 엉덩이와, 작은 남근을 갖게 되리라. 그러나 요즘 젊은이들처럼 하면, 그대는 우선 창백한 피부와, 작은 어깨와, 큰 혀와, 작은 엉덩이와, 큰 남근을 갖게 되고, 민회에서 긴 연설을 함으로써 새로운 법안을 발의하게 되리라. (사론을 가리키며) 이자는 그대에게 설득하게 되리라, 수치스러운 것은 모두 아름답게, 아름다운 것은 수치스럽게 여기도록. 게다가 이자는 안티마코스의 음탕으로 그대를 가득 채우게 되리라.

―「구름」1002-1023행

정론은 남성의 위치와 권위에 대하여 조목조목 열거한다. 아리스토파네스는 정론의 주장을 통하여 아테네 젊은이가 갖추어야 할 가정교육과 전통적 형식의 공적 교육의 중요성을 피력한다. 작가의 시선이자 작품의 의인화된 중요 인물인 정론을 통해 아테네 교육의 지향성을 밝힌다. 그것은 작가 개인의 관점이 기보다도 당시에 만연한 소피스트 교육관에 대한 경고로 보는 것이 옳을 것이다. 그러나 당시 정론을 고수하는 교사들은 탄탄한 논리로 상대를 공격하지 못하고 무기력하다. 작품의 표면적 의미의 경과로만 본다면, 구름에 등장하는 교사상은 가장 이상적이고 훌륭한 교육과 생활 방식에 대한 견해를 추구하지만 타락한 물신주의를 비판할 수 있을 만큼의 올바른 가치를 전달할 에너지를 담보하고 있는지에 대해서는 좀 더 심층적인 분석이 필요하다.

「구름」1024-1104행는 유원한 교육이념이 현실과의 차질을 테마로 설정하여 현실교육인 공적 교육이 사적 교육에 무너지는 과정을 적나라하게 보여 준다. 코로스가 사론의 발언 차례라고 소개한다.

두 번째 코로스: 오오. 가장 찬양받는 지혜의 성탑을 지키는 자여, 그대의 말에서 얼마나 달콤한 덕망의 꽃향기가 피어오르는가! 옛날에 그대와 함께 살

았던 자들은 행복하도다! (사론에게) 이에 대해, 기지가 넘치는 자여, 그대는 뭔가 새로운 것을 말해야 하리라. 이자는 갈채를 받았으니까.

코로스장: (사론에게) 이자에 대해 그대에게는 교묘한 논증이 필요할 것 같구려. 그대가 이자를 이기고 웃음거리가 되지 않으려면.

— 「구름」 1024-1035행

이제 사론의 논박 차례이다. 코로스가 정론의 올바른 논리를 인정하면서도 사론의 새로운 논리를 관객들에게 기대하게 만든다. 「구름」에서 정론과 사론의 논쟁은 어떤 지식을 가르쳐야 하는지에 대한 정쟁이다. 원론적으로 보면, 사론의 주장이 논리적으로는 부당하다. 하지만 사론은 지금까지 소피스트의 지배자이자 권력자인 정론이 요구하는 교육 방식은 유행 지난 지식이라고 매도하며 첨예하게 반박한다.

사론: 나는 아까부터 밸이 꼴려 이자가 한 말을 모두 반론으로 뒤엎고 싶었소. 나는 이 사색가들 사이에서 열등한 논리라고 불리는데, 그것은 내가 맨 처음으로 소송에서 법률에 반박하려고 했기 때문이오. 그리고 열등한 논리를 사용하고서도 이긴다면 그것은 만금의 값어치가 있는 일일 것이오. (페이디피데스에게) 그대는 이자가 자랑하는 교육법을 내가 어찌 논박하는지 보시게! 첫째, 이자는 그대에게 더운물 목욕을 허용하지 않겠다고 했는데, (정론에게) 무슨 이유로 자네는 더운물 목욕이 나쁘다 하는가?

정론: 그것은 가장 사악한 것으로 남자를 나약하게 만들기 때문이지.

…

정론: 내가 판단하기에는, 헤라클레스보다 더 용감한 남자는 없네.

사론: 자네는 일찍이 헤라클레스의 찬물 목욕에 관해 들어본 적이 있나? 그런데도 그보다 더 용감한 자는 없지 않은가?

정론: 바로 그런 헛소리 탓에 목욕탕은 온종일 잡담을 늘어놓는 젊은이들로 가득 차고, 체육관은 텅텅 비게 되는 거지.

—「구름」 1036-1054행

위 사론의 주장은 논리적으로 부당하다. 공중목욕탕의 더운 목욕이 퇴폐적이라고 주장하는 정론에게 갑자기 헤라클레스의 찬물 목욕에 대해 들어 본 적이 없다는 것으로 사론은 무시해 버린다. 여기서 정론의 주장은 피교육 대상인 청년 시기의 온천욕을 가리키므로 성인이 된 헤라클레스와는 아무 상관이 없다. 따라서 더운물 목욕에 대한 서로의 주장은 정론과 사론 모두 오류라고 볼 수 있다. 계속해서 사론은 그의 정체성 없이 모호한 언어적인 유희를 쏟아 낸다. 특히 순결에 대한 비정한 논리는 수양을 갖추지 못한 소피스트들의 압권을 보여 주는 표현이다. 이러한 언어적 유희가 불러일으키는 재미의 이면을 보면, 현실교육의 기술화에 대해서 조롱함으로써 언어폭력의 재생산을 역설적으로 비웃고 있다.

사론: 그다음, 자네는 장터에서의 소일이 나쁘다 했지만, 나는 좋다고 생각하네. 그게 나쁘다면 호메로스는 결코 네스토르^{Nestor}[22]와 그 밖에 모든 지혜로운 자들을 "장터에서의 대중 연설가"로 만들지 않았을 걸세. 그다음, 이자는 혀에 관련해 젊은이들은 혀를 훈련시켜서는 안 된다고 했는데, 나는 그래야 한다고 생각하네. 이자는 또 젊은이는 순결해야 한다고 했는데, 둘 다 가장 큰 악이야. (정론에게) 자네는 순결한 자가 그 때문에 덕을 보는 것을 본 적이 있는가? 자, 어서 내 말에 반박해 보게!

···

---

[22] 「일리아드」에 나오는 그리스군 노장으로서 언변과 계략에 능한 연설가다.

정론: 하지만 펠레우스가 테티스와 결혼한 것은 그가 순결했기 때문이었네.

사론: 그러나 테티스는 그를 버리고 가 버렸지. 그것은 그가 이불 밑에서 밤새
도록 즐겁게 해 주는 호색한이 아니었기 때문이야. 여자란 조금은 세게 닿
는 것을 좋아해. 자네는 구닥다리야. (페이디피데스에게) 젊은이여, 보시게.
순결에 깃든 온갖 피해를! 그리고 그대가 얼마나 많은 즐거움을 빼앗기게
될 것인지. 자식, 아내, 콧타보스²³ 게임, 요리, 술, 킬킬대는 웃음, 이런 것
들이 없다면 사는 것이 무슨 재미가 있겠나! 그건 그렇고, 이번에는 자연
의 필연으로 넘어가겠네. 그대는 뭔가 실수를 하고, 사랑을 하고, 간통하
다 붙잡히는 날에는 끝장이야. 말할 줄을 모르니까. 자, 내 제자가 되어 멋
대로 하고, 뛰고, 웃고, 아무것도 수치스럽게 여기지 말게. 간통하다 붙잡
히면 그 남편에게 다음과 같이 논박하게. 그대는 아무 잘못도 저지르지 않
았다고, 그리고 제우스를 예로 들며 그분도 사랑과 여자에 졌거늘, 인간인
그대가 어떻게 신보다 더 위대할 수 있겠느냐고!

— 「구름」 1055-1082행

사론은 장터에서의 잡담과 큰 혀와 큰 남근을 찬양한다. 그리고 수치스
러운 모든 것을 아름답다 하고, 아름다운 모든 것을 수치스럽다고 주장한
다. 사론은 순결에 대해서도 열띤 논쟁을 펼친다. 순결이 우리에게 무슨
이득을 주는가 반문하며 속임수와 거짓말과 사기가 일시에 수만금을 벌
어들이기도 하고, 세도 있는 정치가도 만들 수 있으니 꼭 나쁘기만 한 것
은 아니라고 강변한다. 음탕하면 할수록 쾌락을 증가시키니 이것이 어떻
게 좋지 않을 수가 있으며, 게임이나 놀음, 술과 간드러짐이 없다면 무슨
재미냐고 반문한다. 뿐만 아니라, 간통과 간음과 바람피움을 떳떳하게 생

---

23 콧타보스(kottabos)는 포도주를 뿌려 특정 목표물을 맞히는 게임이다.

각하면 큰 봉변은 당하지 않는다는 것을 역설한다.[24] 이러한 논리는 종국에서 사론의 잘못된 행동에 대한 작가의 방조 행위로 이어진다. 관객들은 왜 잘못된 논리에 대해 문제 삼지 않느냐는 것이다.

지금까지 사론은 정론의 논리를 하나씩 반박했다. 사론은, 관객석에 앉아 그럴듯한 사회적 지위와 고결한 표정으로 자신을 위장한 도덕적 위선자들의 추악한 면모를 즉석에서 밝히고자 한다. 그럼으로써 어떻게 아테네의 현실이 복종과 겸손, 존중, 자기희생과 고생, 순결 등의 미덕이 위선으로 인해 무력해졌는지를 증명하고자 한다. 그리고 이 증명은 사론이 정론의 패배를 이끌어 냈음을 의미하는 것이었다.[25]

사론: 자, 말해 보게, 변호사들은 어떤 사람들에게서 나오나?

정론: 오입쟁이들이지.

사론: 동감이야. 어때, 비극작가들은 어떤 사람들에게서 나오나?

정론: 오입쟁이들이지.

사론: 좋았어. 대중 연설가는?

정론: 오입쟁이들이지.

사론: 그럼 자네 말이 헛소리라는 걸 인정하는 거지? 그리고 관객들 가운데 어느 쪽이 더 많은지 둘러보게!

정론: 둘러보고 있네.

사론: 뭐가 보이는가?

정론: 맙소사! 훨씬 많아, 오입쟁이들이. 나는 알고 있어, 적어도 이 남자가 그렇다는 것을. 그리고 저 남자도. 그리고 저기 저 머리 긴 남자도.

---

24 윤병태, 앞의 논문, 2008, pp. 224-225.
25 이정린, 앞의 논문, 2016, p. 89.

사론: 그렇다면 뭐라고 말할 셈인가?

정론: 내가 졌네, 그려. 자, 침대 위의 운동선수들이여, 제발, 내 겉옷을 받아
주시게. 내가 그대들에게로 탈주할 수 있도록. (정론과 사론 퇴장)

— 「구름」 1089-1104행

위 장면에서 아테네의 전통적인 교육 속에서 가장 존경을 한 몸에 받으
면서 살아온 '변호사', '비극작가', '대중 연설가' 등의 기존 체제의 엘리트들
역시 모두 사론이 주창하는 쾌락의 명령에 따르고 있음이 드러난다. 이러
한 사실을 통해 현실의 권력과 지배, 지식구조가 쾌락에 의해 공모된 모순
이었음이 드러나게 된다. 정론은 더 이상 그 자리를 지키고 있을 수 없을
정도로 충격적인 사론의 궤변에 눌려 패배를 인정하고 물러난다. 풍자와
조롱으로 무장한 정론이 무너지는 것을 보면서 당시의 관객들은 무슨 생
각을 했을까. 아리스토파네스가 패배를 선언한 정론을 무너뜨리면서 보
여 주고자 했던 메시지는 부패한 교육 현실에 대한 자아 반성이 아닌가.

실제로 사론의 변론은 오랫동안 고대 그리스 사회를 지배해 온 변론술
교육에 대한 문제점을 신교육의 사변으로 비판하는 것이다. 과연 아리스
토파네스는 사색장의 사론을 통해 밝힌 신교육의 교육행태를 실현 가능
한 것으로 보고 이를 실행하고자 한 것인가 아니면 단지 정론이 주장하
는 구교육의 실현이 불가능한 것으로 보고 이를 희화화한 것인가. 이 물
음에 대하여 필자는 「구름」 1089-1104행에 드러나는 구교육 현실의 권력
과 지배, 지식구조가 신교육의 궤변에 의해 그 모순이 공표되고 있음을 밝
힌 바 있다. 이는 아리스토파네스가 희극적 장치를 통해 관객을 웃기고 즐
겁게 하기 위한 소극적 기능만을 강화시키기 위해 말초적 상상력을 조장
한 것으로 보이지는 않는다. 그것은 희극을 통해 교육적 현실을 마음껏 비
웃음과 동시에 관객들 각자가 교육 현실의 가치를 검증하면서 나름대로

비판적 시각과 해결책을 갖게 하기 위한 상상적 시도라고 볼 수 있을 것이다.

정론을 물리치는 것은 사론의 임무이다. 사론은 구름의 희극적인 장치를 연결하는 일차적인 책임을 진다. 의인화된 그는 자신의 의무(논쟁의 승리)를 기꺼이 받아들이지만 적어도 비평가들의 마음에는 공정한 플레이 정신이 보이지 않는다. 어쨌든 「구름」 1089-1104행은 사론의 열띤 구도가 승리를 거두는 것으로 판명이 난다. 역설적인 의미에서 작가는 자신이 바라본 소피스트 교육의 현실을 사론이 승리하는 장면으로 연출하면서 아테네 도시국가의 미래를 걱정했음이 드러난다.[26]

고대 그리스의 교육은 플라톤과 아리스토텔레스로 대표되는 서구 고대 교육사상의 재해석 과정에서 그들의 문제의식과 사유가 과연 오늘날에도 통용될 수 있을 정도로 보편적인가에 대한 의문을 제기할 필요가 있다. 물론 이들의 사상이 철학계를 필두로 여전한 연구와 극복의 대상이 되고 있다는 사실 자체를 주요 전거로 볼 수 있다. 고대 그리스 철학자들이 자신들의 사상을 형성하게 된 배경에 주목하여 그들이 문제의식을 갖게 된 사회적 환경과 교육 현상의 유사성을 확인하는 것 역시 한 가지 방법이 될 수 있다. 여기서 이 철학자들을 흉내 내며 그들의 주머니를 채우는 소피스트의 사회적 환경과 교육 현상의 유사성에 대한 희극적 조명은 고대 아테네 교육의 문제의식 적용과 철학적 접근을 가능하게 할 것이다.

이제 정론의 패배와 사론의 승리를 본 스트렙시아데스는 변론의 격이나 운에 대해서는 관심이 없다. 아들을 통해 '불의의 변론' 외에는 아무것도 배우고 싶지 않은 것이다. 소크라테스로부터 익힌 최소한의 단어라도 사용하라는 충고도 들리지 않는다. 어떻게 하면 '거액의 채무불이행에 대한

---

26 류재국, 앞의 논문, 2020b, p. 54.

서면 청구를 타파할 수 있는가'에 모든 관심이 집중된다. 정론과 사론의
피 튀기는 아곤에서 사론이 승리하는 장면에서 감동받은 스트렙시아데스
는 아들을 사색장에 맡기게 된다.

> 소크라테스: 내가 말하는 법을 가르쳐 줄까?
>
> 스트렙시아데스: 가르치고 벌주십시오. 그리고 명심하시고 이 애의 입을 날카
> 롭게 하시어, 한쪽 날은 작은 소송들에, 다른 쪽 날은 큰 소송들에 알맞게
> 해 주십시오.
>
> 소크라테스: 염려 말게. 이 애를 훌륭한 소피스트로 만들어 줄 테니까.
>
> 스트렙시아데스: 아마도 창백하고 불쌍한 놈이 되겠지요. (소크라테스, 페이디피
> 데스를 데리고 퇴장)
>
> —「구름」1106-1112행

「구름」1106-1112행은 에필로그에 해당된다. 「구름」에 등장하는 소크
라테스는 당시 시대를 반영하는 대표적인 교사다.[27] 작품 속의 소크라테
스는 정론과 사론을 모두 가르칠 수 있는 능력을 갖고 있었다. 어떤 지식
을 가르쳐야 하는지에 대해서는 고민하지 않는다. 더 나아가 소피스트는
단순히 지식을 전달하는 데 그치지 않고 지식을 활용한 영업력과 연기를
통해 자신의 존재가치를 높이는 세속적 모습을 보여 준다. 그는 우주 만물
을 주관하는 도덕적 존재라는 개념과 신화 속에서 각종 패륜과 패악을 일

---

[27] 소크라테스를 소피스트 운동의 일부로 포함시키려는 생각은 좋게 말해야 역설이며, 많은
사람들에게는 불합리한 것이다. 플라톤은 소크라테스를 소피스트들과 그들이 대변하는
모든 것에 대한 으뜸가는 적으로 제시하고자 했다. 오늘날에 이르기까지 소피스트에 대한
사람들의 이미지를 지배한 것은 바로 플라톤의 저술들에 그려진 이와 같은 소피스트들의
모습이었다. 조지 커퍼드, 앞의 책, 2004, pp. 289-291.

삼는 존재라는 제우스에 대한 상반된 개념을 활용하여 신의 존재를 부정한다.[28]

여기서 소피스트와 소크라테스의 관계를 짚고 넘어갈 필요가 있다. 많은 아테네인들이 소크라테스를 소피스트로 오해했었다. 그렇지만 사실 소크라테스는 소피스트들에 대한 가장 날카로운 비판자들 가운데 한 사람이었다. 소크라테스가 소피스트와 동일시된 것은 그가 소피스트와 마찬가지로 어떤 문제에 대해서도 냉정하고 분석적인 태도로 일관했다는 데에 원인이 있었다. 하지만 양자 간에는 근본적인 차이점이 있다. 소피스트는 어떠한 주제든지 반대편 입장에서 극도로 면밀한 논지를 펼친다. 그들은 모든 지식이 상대적이기 때문에 도덕적 기준까지도 상대적이라고 주장한다. 그러나 소크라테스는 소피스트들과는 다른 동기에서 논지를 전개했다. 그는 진리를 추구했으며 확고부동한 지식을 위한 기초를 발견하려고 노력했다. 그는 아는 것과 행하는 것을 상호 연관시키려 했다. 선을 아는 것은 선을 행하는 것이라며 '지식은 덕'이라고 주장했다.[29]

플라톤의 『향연』에 아리스토파네스와 소크라테스와의 친분이 언급된다. 그는 당시 궤변과 진리를 근간으로 경계 짓는 소피스트와 소크라테스의 구분을 잘 알고 있었을 것이다. 그런 점에서 아리스토파네스는 역설적으로 「구름」에서 반어법적 효과를 노란 것으로 보인다. 「구름」 1106-1112행의 사색장 입학을 위한 의식에서 신교육인 사론을 지지함으로써 구교육인 정론을 비난하는 것처럼 보이지만 「구름」의 실상은 동시대 신교육의 잘못된 부분을 지적하고 비웃는 희극적 장치이다. 단지 변론의 논리

---

28 장지원, 앞의 논문, 2015, pp. 175-177.

29 새뮤얼 이녹 스텀프 & 제임스 피저, 『소크라테스에서 포스트모더니즘까지(*Socrates to Sartre and Beyond-A History of Philosophy*)』, 이광래 역, 파주: 열린책들, 2011, p. 66.

적 부분에서 극적 재미를 유발하려는 작가의 구교육에 대한 조롱이 말장난의 승리로 막을 내림으로써 그 효과를 배가시켜 주는 것이다. 극이 끝나고 되돌아본 관객의 입장에서는 통쾌한 웃음만이 남게 된다. 그것은 극의 흐름에서 교육행태 전반에 걸쳐 엉터리 '변론교육'의 작동원리에 따라 움직이는 아테네 관객들의 냉철한 이해와 인식의 재정립을 요구하고 있다. 아리스토파네스가 취한 선택은 사론의 승리로 끝나게 되지만, 오히려 반어적으로 정론의 패배를 통한 옳고 그름의 비판적 입장을 유도한 것으로 해석할 수 있다.[30]

스트렙시아데스는 자신의 아들 페이디피데스를 채무 변제를 위해 기존 질서와 관습을 무너뜨릴 논변학교 사색장에 보낸다. 정론과 사론의 논리 대립을 본 후 사색장으로 향하는 페이디피데스의 모습에서 지금까지 논의했던 비상식적인 소피스트를 상상시킨다. 「구름」에서 보여 준 소피스트의 모습은 낡고 부패한 논리 교육이 또 다른 가짜 논리에 전복당하는 형식을 취하고 있다. 이는 물신의 추종을 위해 궤변 숭배의 편집증에 사로잡힌 아버지 스트렙시아데스의 뜻에 따름으로써 새로운 언어 유희의 세계를 열어 가는 것이다. 사색장의 교장인 소크라테스의 제안에 따르면 그는 사회를 대대적으로 혁신하려는 사론의 궤변을 무기로 삼아 공동체 사회의 부당한 학생들을 가르친다. 이 모습은 당시 교육 현실의 변화에 관한 문제이며, 아리스토파네스 희극에서만 중점적으로 다루어진 문제이자 과제로 볼 수 있다. 아리스토파네스에게서 사론은 전형적인 냉소의 대상이었으며, 부패한 소피스트는 기원전 5세기의 아테네 교육과정에 악의적 대상으로 보였을 것이다.

그러나 연극 밖에서의 지성의 역할에 관한 궁구는 소크라테스의 평생

---

30 류재국, 앞의 논문, 2020b, pp. 55-56.

의 과제였다. 그는 지성의 바탕 위에서 인간의 지혜나 탁월성에 관한 연구가 가능하다고 믿었던 것이다. 이 과업을 수행하느라 소크라테스는 지성인임을 자처하는 수많은 소피스트의 허구를 폭로했고, 그들의 공공의 적이 되었으며, 이윽고 기소당하게 된 것이다.[31] 「구름」의 사색장은 '정의의 변론'의 완벽한 패배로 '불의의 변론' 교육이 권장되는 듯한 구희극 특유의 반어적 장치로 마무리된다.

코로스는 페이디피데스를 데리고 철인학교로 퇴장하는 소크라테스를 두고 앞으로 일어날 일에 대한 경고를 담당한다. 이제 코로스장은 불길한 두 번째 파라바시스 장면에 진입하는 데, 스트렙시아데스의 잘못된 자식 교육관과 그 궤변적 사고를 동조하는 소피스트의 교장 소크라테스식 신교육의 몰락을 예고하는 내용이다.

코로스장: 그대들은 가시라! (스트렙시아데스에게) 그대는 후회하게 되리라. (스트렙시아데스 퇴장 후 관객들에게) 심사원들이 이 코로스를 정당하게 대접한다면 어떤 덕을 보게 될 것인지 우리가 말하겠소. 첫째, 그대들이 정해진 계절에 밭을 갈려고 한다면, 우리는 다른 사람을 제쳐 두고 맨 먼저 그대들에게 비를 내릴 것이오. 그다음, 우리는 곡식과 포도송이를 돌볼 것이오. 가뭄과 폭우에 상하지 않도록. 그러나 어떤 인간이 여신들인 우리를 무시하면, 우리한테서 어떤 불행을 당하는지 경청하시오. 그자는 자신의 농토에서 포도주도, 다른 아무것도 거두지 못할 것이오. 올리브나무와 포도 덩굴에서 싹이 틀 때마다 우리가 쳐서 떨어뜨릴 것이오. 그만큼 강력한 투석구投石具를 우리가 휘두를 것이오. 그자가 지붕을 이는 것이 보이면, 우리는 비를 내리고 지붕의 기와를 굵은 우박으로 박살 낼 것이오. 그리고

---

31 김해룡, 앞의 논문, 2015, p. 213.

그자나 그자의 친척 또는 친지 중 누가 결혼식을 올리면, 우리는 밤새도록 비를 내릴 것이오. 그러면 그자는 심사를 잘못하느니 차라리 아이깁토스에라도 가 있었으면 할 것이오.

—「구름」 1113-1130행

위 장면에서 무대 위의 코로스, 즉 여신들은 훗날 후회하게 되리라는 미래를 예고한다. 소피스트들이 아테네에서 많은 비판을 받은 이유는 이전까지 매매의 대상이 될 수 있었던 지식을 판매했기 때문이라는 주장이 일반적인데, 특히 더욱 반감을 샀던 것은 단지 지식을 팔았기 때문이 아니라 아무에게나 생각 없이 지식을 팔았다는 것이다. 이러한 활동의 가장 큰 문제는 소피스트들이 지식을 누구한테 팔아야 한다는 기준이 없었으며, 어떤 지식이 옳은 지식인지에 대한 판단 준거도 없다는 것이다.[32] 그런 면에서 소피스트들은 사론을 가르치는 데는 능숙했지만, 가치관의 기준에서 보면 스트렙시아데스와 별 차이가 없다.

그러나 연극 밖에서의 지성의 역할에 관한 궁구는 소크라테스의 평생의 과제였다. 이 연구의 바탕 위에서 인간의 지혜나 탁월성에 관한 연구가 가능하다고 믿었던 것이다. 이 과업을 수행하느라 소크라테스는 지성인임을 자처하는 수많은 소피스트의 허구를 폭로했고, 그들의 공공의 적이 되었으며, 이윽고 기소당하게 된 것이다.[33] 「구름」의 사색장에서 '정의의 변

---

[32] 소피스트들의 등장에 중요한 전제가 된 것은 아테네 민주정치의 발전이었다. 누구든지 시민의회에서나 법정에서 자기의 의사를 효과적으로 피력하고자 하는 사람은 수사법과 논증술을 능숙하게 구사할 수 있어야 했다. 언어는 권력 쟁취를 위한 수단이 된다. 소피스트들은 영향력 있는 가문의 자제들에게 보수를 받고 바로 이러한 교육을 제공해 주는 떠돌이 교사들이었다. 프리도 릭켄, 앞의 책, 2015, p. 88.

[33] 김해룡, 앞의 논문, 2005, p. 213.

론'의 완벽한 패배로 인한 두 변론 간의 논쟁에는 '불의의 변론'에 의한 교육이 권장된다.

사색장, 즉 철인학교의 입교자는 신의 부재를 학습한 후 언변에 있어 당할 자가 없는 달변가로 변화한다. 논쟁의 아곤에서 사론은 자신의 아테네 사회의 공인된 도덕률과 법정에서 온당한 변론을 반박하는 논쟁법을 창안했노라고 선언한다. 이 논쟁법을 익힌 페이디피데스는 새롭고 교묘한 논리를 탐구하느라 시간을 바치는 법과 법을 조롱할 수 있는 기술을 습득한다.[34] 그 대표적인 예로 스트렙시아데스의 아들이 공부를 마치고 유식해진 덕분에 채권자들을 따돌릴 수 있게 된다. 형세가 반전되어 아들 페이디피데스는 아버지를 폭행한다. 그는 뻔뻔스럽게도 폭행 사실을 인정하면서 법정에서 사용하는 폭력의 정당화에 대한 변론 능력을 발휘한다.

> 페이디피데스: 식은 죽 먹기죠. 두 가지 논리 중 어느 쪽이든 마음대로 고르세요.
>
> 스트렙시아데스: 어떤 논리들 중에서?
>
> 페이디피데스: 열등한 논리와 우월한 논리 말예요.
>
> 스트렙시아데스: 아비가 아들에게 얻어맞는 것이 정당하고 아름답다는 것을 네가 증명할 수 있다면, 이 고약한 녀석아, 나는 정말로 올바른 사람들을 반박하는 법을 네게 가르치게 한 셈이 되겠구나.
>
> 페이디피데스: 제가 아버지에게 확실히 증명해 드리죠.
>
> — 「구름」 1335-1342행

스트렙시아데스의 회한의 목소리가 들리자 관객을 향한 구름의 예견 내

---

[34] 같은 논문, p. 226.

용이 상상된다. 그가 지금까지의 현실이 단지 구름일 뿐이라고 보아 왔던 그 구름의 여신에 대한 실체를 파악한다. 이제야 새로운 교육 방법에 대한 분별심이 회복된다. 그리고 이러한 업보를 전적으로 자신이 안고 가야 하는 자신의 선택을 후회하기엔 이미 늦었다.

> 페이디피데스: 아버지께서 제 말^馬을 가로채셨던 곳으로 되돌아가서 먼저 묻겠는데, 어릴 적에 저를 때리셨나요?
>
> 스트렙시아데스: 물론 때렸지. 너를 사랑하고 염려해서 말이야.
>
> 페이디피데스: 그럼 말씀해 보세요. 제가 염려하여 아버지를 때리는 것도 정당하지 않겠어요? 염려하는 것이 때리는 거라면. 그도 그럴 것이, 아버지의 몸은 매를 맞아서는 안 되는데 제 몸은 왜 맞아야 되죠? 저도 자유민으로 태어났어요. 아이들은 맞아도 아버지는 맞아서는 안 된다고 생각하세요? 아버지께서는 아이들이 맞는 것은 관습이라고 말씀하시겠지만 저는 이렇게 반박하겠어요. 노인들은 도로 아이들이 된다고. 그래서 노인들은 실수할 경우 잘못이 더 크니까 당연히 젊은이들보다 더 심하게 매를 맞아야 한다고 말예요.
>
> —「구름」1408-1419행

아들에게 화를 낸 아버지가 구타를 당하는 패륜 사건이다. 실제로 페이디피데스에게 논변이라는 무기가 주어졌을 때 그는 모든 종류의 주장에 대해 논박하고 반론을 제기하며 부정적으로 반격에 반격을 가할 수 있는 능력을 습득한 것이다.

> 스트렙시아데스: 아버지가 그런 일을 당하게 되어 있는 곳은 세상 어디에도 없을 게다.

페이디피데스: 하지만 처음에 그런 법을 상정하여 그것을 받아들이도록 옛날 사람들을 설득한 것은 아버지나 나 같은 인간이 아니었을까요? 그렇다면 저는 왜 앞으로는 아버지들에게 매를 되돌려 주라는 새로운 법을 아들들에게 만들어 주면 안 되죠? 그러나 이 법이 제정되기 전에 우리가 맞았던 매는 포기하겠어요. 우리가 맞았던 매는 선물로 드릴게요. 닭이나 다른 짐승들 보세요! 그것들도 아버지에게 대항하지 않던가요? 그런데 그것들이 우리와 무슨 차이가 있겠어요? 우리가 민회의 결의를 기록해 두는 것 말고는.

— 「구름」 1420-1429행

역시 궤변이다. 「구름」에서의 불의의 변론은 신들의 이야기나 작가들의 이야기를 바탕으로 하지 않고, 아버지에 대한 폭행의 정당성을 물리적 논쟁, 즉 궤변으로 정당화한다. 아들의 학습 성취에만 감화된 구세대가 신봉하는 교육 방식의 허술함과 조작된 가치의 합당함을 논증하는 아들 앞에서 폭력을 당하는 아버지는 속수무책이다. 이는 당시의 아테네 도시가 그 문명을 지탱해 주던 법과 전통이 스스로 소멸될 위기로의 이행을 의미하는 것이다. 아들의 논리에 반박하지 못하는 스트렙시아데스는 절망하여 구름의 여신을 원망하며, 이 모든 것의 책임을 소크라테스에게 전가[35]시킨다.

---

35 디오게네스 라에르티오스의 『위대한 철학자들의 생애』에서 「구름」의 소크라테스 조롱에 대한 수위를 다음과 같이 규명하고 있다. 아리스토파네스는 소크라테스를 뜬구름 잡는 허무맹랑한 공상가며 해괴한 논변을 일삼는 사기꾼 지식인의 모습으로 디오니소스 극장의 무대 위에 올렸다. 무대 위의 소크라테스는 구름의 신을 섬기면서 아테네의 전통적인 신을 무시하며, 교묘한 말재주로 아테네의 청년을 타락시키는 협잡의 지식인으로 묘사되었다. 그로부터 24년이 흐른 기원전 399년, 소크라테스는 아리스토파네스가 무대에 올린, 타락한 소피스트라는 죄목으로 법정에 섰다. 멜레토스가 고발한 그의 죄명은 도시가 인정하는 신들을 인정하지 않고, 새로운 신들을 섬기며, 옳지 못한 짓을 저질렀다는 것이다. 그

스트렙시아데스: 아, 슬프도다! 구름의 여신들이여, 그대의 말씀은 가혹하지만 옳소. 난 빌린 돈을 떼먹으려 하지 말았어야 하니까요. (페이디피데스에게) 얘야, 자, 가자! 나와 함께 너와 나를 속인 악당 카이레폰과 소크라테스를 없애 버리자꾸나!

— 「구름」 1462-1466행

이처럼, 소크라테스에 대한 문학적 공격에 대하여 19세기 초 독일 낭만주의 문학의 대표적 이론가이자 철학자인 프리드리히 슐레겔Friedrich Schlegel은 『그리스 문학 연구Über das Studium griechische Poesie』에서 그리스 비극과 희극을 포함한 문학을 비판한다. 그는 특히 제4장 그리스 문학의 비판에서 아리스토파네스의 희극을 두고 관능적 쾌락과 미친 듯한 사치, 창백한 연약함의 정신이 숨 쉬는 문학(희극)으로 비난하고 있다.

상스러운 고대 희극이 펼치는 야비한 통속 익살극 속에서 모든 것은 뒤죽박죽인 것처럼 보이니, 이는 선한 도덕을 가지고 선한 사회에 살아가는 사람들을 격분시킬 수 있을 뿐이다. 온갖 악덕을 즐기는 이런 학파는 심지어 소크라테스조차 희화화 모든 성스러운 것을 경멸하고 모든 위대한 것을 방자하게 조롱한다.[36]

위 인용은 슐레겔이 당시의 문학, 즉 희극의 부자연스러운 풍자를 방종

리고 젊은이들을 타락시킨 것 등으로 인하여 사형을 당한다. 위 책에서는 이러한 일련의 행동 줄거리를 아리스토파네스의 「구름」 때문이라 주장하고 있다. 김헌, 앞의 논문, 2016, p. 152.

[36] 프리드리히 슐레겔, 『그리스 문학 연구』, 이병창 역, 서울: 먼빛으로, 2015, p. 162.

으로 지적하는 것이다. 무차별적인 공격으로 반소크라테스적 성향을 드러낸 아리스토파네스의 냉소주의는 비난받아야 마땅한 것인가?

역사적 전승에서 소크라테스는 결코 궤변으로 돈벌이를 일삼는 소피스트가 아니라, 소피스트의 가장 적대적인 비판자였다. 그의 제자들, 특히 플라톤과 아리스토텔레스도 각각 철인통치자 양성소인 아카데메이아Akademeia와 철인학교 리케이온Lykeion이라는 학당을 세웠지만, 여기서 그들은 지식을 파는 돈벌이를 결코 하지 않았다. 아리스토파네스가 「구름」에서 제기한 소피스트 공격은 당대의 신교육과 합리성 추구에 대한 반감이라는 차원에서 소크라테스를 한통속으로 몰아붙였다는 질투와 모함이라는 것이다. 그러나 당시의 구희극 형태나 소재를 보았을 때 기득권을 가진 지식인 전체를 대표하는 상징적인 코믹 소재로 소크라테스를 등장시켰을 가능성이 크다. 왜냐하면, 아리스토파네스 희극의 풍자 대상은 당시 아테네의 정치인, 지식인, 작가를 포함한 그 누구도 자유로울 수 없는 소재로서, 그 기법이 풍자와 웃음을 우스꽝스러운 것과 관련지어 가장 중요한 인물들과 국가관들을 총체적 풍자의 대상으로 삼음으로써 긍정적 양식으로 만들려는 구희극 특유의 방식이었을 것이다.

아리스토파네스에게서 소피스트들은 전형적인 냉소의 대상이었으며, 소크라테스를 대상으로 삼은 것은 아니었을 것이다. 다만 소크라테스에 대한 아리스토파네스의 철학적 성찰의 흔적과 노고를 살펴보면, 「구름」은 관객들이 기뻐할 이야기만 선택하거나 사물의 우스꽝스러운 면만 부각시키려는 불경심과 혹독함에 대한 무관심 등을 기본적 소양으로 삼아 냉소와 희화화를 선택한 것은 아니라는 것이다. 소크라테스를 희화화해서 고전적 교육의 본질을 신교육의 궤변에서 보존하고자 하는 작가의 의도는 성공적으로 수행되었다.[37]

『국가』 제7권에서 수사학에 대한 플라톤의 비판은 당대 수사학자들에 대한 입장을 잘 보여 준다. 「구름」에서 페이디피데스를 통하여 수사학의 위험성에 대해 펼치는 플라톤의 주장과 메시지는 동일하다. 플라톤은 "청년들이 논변의 맛을 보게 되면, 이를 언제나 반론에 이용함으로써, 놀이처럼 남용한다. 이들은 자기들이 논박한 사람들을 흉내 내기도 하고, 스스로 남들을 논박하거나 논박당하기도 하면서, 이들은 이전에 자신들이 믿었던 어떤 것들도 믿지 않는다"라고 경고한다.[38]

아리스토파네스는 그의 희극에서 정론과 사론을 의인화하고, 그것들을 법정의 소송인들로서 우리 앞에 데려온다. 그는 구름 속에 있는 철학자, 말벌 같은 기질의 재판관들, 공허한 희망을 지닌 인간과 같은 비유를 구체화한다. 이 같은 정신 성향은 시대의 세력들과 경향들에 구체적인 형태를 부여하고, 그것들을 실제 인물에다 구현하는 곳으로 그를 인도한다. 아리스토파네스의 극은 드라마화한 논쟁이다. 그곳에서 개인들은 대립하는 원칙들을 대변한다. 한자의 형태로 볼 때 극鬪은 항상 싸움이 일어난다. 이는 호랑이와 멧돼지의 격렬한 싸움을 비유하여 만들어진 것이다. 그러한 원칙들은 충돌하고, 그것들이 지닌 가장 비이성적인 결론들에 이르기까지 가공된다. 그 부분들의 정합성은, 더군다나 성격의 적합성은 거의 주목되지 않는다. 아리스토파네스의 희극은 현실의 조건들이 무시되는 세계로 실제 인물들을 옮겨 놓음으로써 인물들로부터 아주 개별적이고 특징적인 모든 점을 벗겨 낸다. 그리고 그들에게 부류의 속성들을 입히거나 그들을 한 개념의 대표자로 만든다.[39] 아곤의 교육적 의미는 아곤이 삶의 자극제로서 자기 자신의 발견과 형성하게 하는 것은 물론이고, 독창적인 천

---

37 김해룡, 앞의 논문, 2005, p. 230.
38 장지원, 앞의 논문, 2015, p. 184.
39 사무엘 헨리 부처, 앞의 책, 2004, p. 308.

재들의 탄생을 가능하게 하는 최상의 길이라는 데 있다.

고대 그리스의 교육은 플라톤과 아리스토텔레스로 대표되는 서구 고대 교육사상의 재해석 과정에서 그들의 문제의식과 사유가 과연 오늘날에도 통용될 수 있을 정도로 보편적인가에 대한 의문을 제기할 필요가 있다. 고대 그리스 철학자들이 자신들의 사상을 형성하게 된 배경에 주목하여 그들이 문제의식을 갖게 된 사회적 환경과 교육 현상의 유사성을 확인하는 것 역시 한 가지 방법이 될 수 있다.[40] 여기서 사회적 환경과 교육 현상의 유사성에 대한 연극적 조명은 플라톤과 아리스토텔레스의 문제의식 적용에 대한 철학적 접근을 가능하게 할 것이다. 플라톤과 아리스토텔레스, 니체를 통하여 정의된 바와 같이, 아리스토파네스가 추구하는 아곤의 기본적 원칙은 무대예술을 통한 무지의 깨우침이다. 그는 연극의 기본적 목적이 교육이어야 함을 주장한 최초의 극작가로서 교육이 새로운 인식을 낳는다는 것을 그의 극을 통하여 강조했다.[41]

당시의 희극은 문학의 대표적 영역이자, 아테네 시민의 수양과 교양을 담당한 문명사에서 교육의 주요 영역이기도 하다. 그러나 희극이 지닌 교육적 유용성과 더불어 본질적 가치에 대한 회의를 가진 인식들이 적지 않다. 특히 소크라테스를 소피스트의 괴수로 삼은 부분에 대해 더욱 그렇다. 다만 소크라테스에 대한 아리스토파네스의 공격은 교육의 본질적 가치를 훼손하는 변론술 교육을 알리기 위한 효과의 극대화를 노린 것으로

---

40 장지원, 앞의 논문, 2015, p. 166.

41 「구름」은 낭비벽이 심해서 골칫거리인 아들과 이를 고쳐 보려는 아버지의 관계를 주요한 모티프로 가지고 있지만, 사건의 전개나 문제해결은 소크라테스식 신교육과 전통적인 구교육의 공적인 세계관 속에서 전개된다. 그래서 아리스토파네스의 가족이 도시라는 공동체의 영향력 하에 있으면서 공동체의 세계관을 간접적으로 대변하는 시민들이라는 점에서 그의 교육관이 보이는 작품이다. 이은정, 앞의 논문, 2014, p. 102.

볼 수 있다. 실제 소크라테스를 대표하는 교육이념은 이성과 논리이다. 이성과 논리는 지혜이며, 지혜에 의한 진리 발견(철학)을 위해 소크라테스는 시민교육을 위해 발 벗고 나선다. 물론 소크라테스 이전에 이미 지식을 사고파는 사회적 환경이 조성되어 있었고, 여기 편승한 거짓 논리(사론)가 기승을 부리는 상황이었다. 아테네 시민들은 그런 소피스트들을 장사치 교육의 일종으로 보고 경멸하는 터였다. 따라서 단순히 소피스트 변론교육의 수장으로 소크라테스를 선택한 것은 아니라는 것이다. 소크라테스를 희화화해서 고전적 교육의 본질을 신교육의 궤변에서 보존하고자 하는 작가의 의도라고 보는 것이 옳을 것이다.

2. 「테스모포리아 축제의 여인들」Women at the Thesmophoria (기원전 411)

주지하듯이 고대 그리스 전역에서는 많은 축제들이 행해졌다. 특히 아테네에서 행해진 축제 중 여성들만의 축제는 대개 여신 데메테르와 그녀의 딸 페르세포네 여신을 위한 축제들과 연관이 깊다. 그중의 하나인 테스모포리아 축제도 테스모포로스 데메테르에게 바쳐진 축제이다. 여기서 테스모포로스thesmophoros는 데메테르 여신에게 붙여지는 공식어구formula로 '법/질서thesmos를 가져다주는phoros'의 뜻을 갖는다.[42] 데메테르 여신은 농업과 가족의 신, 대지의 신, 농경의 신으로 알려져 있다. 따라서 여기서 말하는 법과 질서는 농사를 짓고 여신을 경배하는 법을 의미하면서 농경을 가능하게 해 주는 정착을 통해 문명의 시작을 알리는 것이다. 특히 이 축제는 기혼의 여성들만이 참가할 자격이 주어진다고 한다. 그것은 농경을 주

---

[42] 장시은, 「테스모포리아 축제와 아리스토파네스의《테스모포리아주사이》」, 『인문논총』 75(3), 인문학연구원, 2018, pp. 56-57 참조.

도하는 데메테르의 경배 정신에 비추어 생산력을 기원하는 자리이기에 자신의 생산력을 가지고 있는 여성들을 통해 '시민 재생산의 중요성'을 재확인하는 축제로 보인다.

「테스모포리아 축제의 여인들」은 「개구리」와 함께 당대에 뜨고 있는 비극작가 에우리피데스를 심하게 조롱하며 성토하고 있다.[43] 에우리피데스는 소크라테스와 공통점이 많다. 「구름」에서 소크라테스는 겨우 스트렙시아데스 한 사람에게 해를 끼쳤다. 정확히 말하면, 그가 가르쳐 준 변론술로 채권자들에게서 당하지 않았고, 소크라테스가 정치적으로 직접 구박한 것도 아닌데 소크라테스는 구박을 받게 된다. 그렇지만 에우리피데스는 테스모포리아에서 아테네의 모든 여성들을 상대로 공격하였고, 그가 합법적으로 나타날 수 없는 모임에서 자기의 변명을 구하려다 무기력

---

[43] 소피스트 철학의 사고방식 중 가장 포괄적이고 중요한 예술적인 표현은 그리스 계몽사조가 낳은 유일한 위대한 시인 에우리피데스의 작품이다. 에우리피데스는 시인으로서 그 선배들에 비하여 완연히 근대적인 느낌을 주는 인물이었을뿐더러 사회적으로도 소피스트 운동이 낳은 인간형에 속했다. 에우리피데스는 그의 신념으로 말하자면 민주주의자였는데, 실상은 새로운 시민적 국가를 적극적으로 지지했다기보다 낡은 귀족국가에 반대하는 입장이었다고 보는 것이 옳다. 그의 개인주의적 사고방식은 국가 일반에 대한 회의적 태도로 나타나게 된다. 에우리피데스는 아이스킬로스와 같은 장군도 아니고, 소포클레스처럼 높은 성직을 맡고 있지도 않았으며, 세상을 등진 학자의 생활을 보낸 최초의 시인으로 알려져 있다. 그가 최초로 대표한 시인의 유형이 근대적이라는 것은 두 가지 특성으로 요약된다. 즉 예술가로서 세속적인 성공을 거두지 못했고, 그 자신도 세상에 등 돌린 천재의 태도를 견지하며, '시인'이라는 것으로 인해 괴로움을 견디지 못했던 최초의 시인이었을 것이다. 에우리피데스가 예술가로서 세속적인 성공을 거두지 못한 주요한 원인은 그 당시 사회에는 교양 있는 중산층이 존재하지 않았다는 데 있다. 그의 작품은 낡은 세력의 대표자인 귀족들에게는 세계관적인 이유에서 환영받지 못한 반면, 신흥 시민계층 편에서는 교양 면에서 그의 사고를 이해하기가 힘든 상황이다. 그러한 급진주의적인 세계관을 가졌던 탓에 에우리피데스는 후기 고전주의의 시인들 가운데서도 고립된 존재였다. 아놀드 하우저, 앞의 책, 2013, pp. 134-140 참조.

하게 당하게 된다. 극 속에 등장하는 소크라테스가 「구름」을 이끌어 가는 전체 구도에 대해서는 책임이 없다. 반면에 「테스모포리아 축제의 여인들」에서는 전체 사건에 대한 전체 구도를 에우리피데스 혼자서 책임을 지게 되어 있다. 그 책임은 그의 작품에서 그가 여자들을 비극적으로 다루고, 그들을 나쁘게 말하는 것에 대하여 성토당하는 것이다. 그러나 여성들이 성토하며 논쟁하는 장면이 많은 데 비하여 「테스모포리아 축제의 여인들」은 「평화」와 함께 아곤이 없는 작품이다. 이 작품들은 둘 이상의 심각한 논쟁이 없이 진행되는데 극 사건의 중간에 파라바시스 국면이 나타난다. 여기서 코로스는 일부 남성들에 대한 여성들의 분노를 호소 형식으로 전개하는 장면들이 나타난다.

「테스모포리아 축제의 여인들」의 줄거리를 살펴보자. 앞서 말했듯이 테스모포리아 축제는 여성들만 참가하는 축제다. 에우리피데스는 그의 극에서 여성들을 비하했다는 이유로 이 축제장에 출두하여 재판을 받아야 한다는 것을 알게 된다. 그는 아테네의 여자들이 자신의 비극에서 공격당한 것에 분노한 나머지 데메테르 축제에서 그를 죽일 계획까지 준비하고 있다는 정보를 듣고[44] 이 난제를 해결하기 위한 행동으로 극이 전개된다. 에우리피데스는 여성들을 설득하기 위해 계략을 꾸미게 되는바, 그의 인척이 여장을 하고 축제장에 들어가서 에우리피데스를 변호하게 된다. 그러나 축제장의 여성들은 에우리피데스를 옹호하는 인척이 여장 남자임을 알게 되어 당국자와 궁수를 불러 처벌하기로 결의한다. 이에 에우리피데스는 여성들과 그들을 비하하지 않겠다는 협정을 맺고 인척과 함께 도망친다. 이 작품은 여성들의 정치적 힘이 궁수나 당국자를 통해 강제력을 가질 만큼 더욱 안정된 모습으로 드러난다. 바로 이런 측면 때문에 아리스토

---

44 윤병렬, 앞의 논문, 2012, p. 122.

파네스의 후기 작품 「여인들의 민회」에서 여성들이 자신의 정치적 영향력을 위해 남장을 시도했다면, 「테스모포리아 축제의 여인들」에서는 정치적 영향력을 위해 남성들이 여장을 감행한다.

극의 초반에 그리스 3대 비극작가 이후의 그리스 비극을 대표하는 비극 시인 아가톤[45]이 등장한다. 그는 빼어난 미남에 여자보다 더 매력적으로 보여서 여자 역할에 알맞은 동성애자로 알려져 있다. 아가톤은 등장할 때 무대 중앙의 극장 기계장치에 의해 수레를 타고 나온다. 아리스토파네스가 주로 사용하는 「아카르나이의 사람들」에서 보여 주는 등장 장면을 연상하게 한다. 에우리피데스가 아가톤에게 간절하게 도움을 청하지만 거절당하는 장면 속에서 사건의 실마리가 전개된다.

아가톤: 필요한 게 무엇이오?

에우리피데스: 오늘 테스모포리아 축제에서 여인들이 나를 제거하려 하고 있소. 내가 그들을 폄하했다고 해서 말이오.

아가톤: 이번 일에 내가 그대를 위해 무엇을 해 줄 수 있소?

에우리피데스: 무엇이든 해 주시오. 그대는 여자라고 생각될 테니 그대가 신분을 숨기고 여인들 사이에 앉아 나에 대한 규탄을 반박한다면, 틀림없이 나를 구할 수 있을 거요. 그대만이 나에게 어울리게 말할 수 있으니까.

아가톤: 그렇다면 왜 그대가 직접 변론하지 않지요?

에우리피데스: 말하겠소. 첫째, 나는 잘 알려진 사람이오. 둘째, 나는 백발이 성

---

[45] 시인 아가톤은 평소 여장을 하고 여성의 흉내를 잘 내어 여성적인 남성으로 알려져 있다. 그에게 여성의 모습으로 변장하여 여성의 목소리를 내는 것은 그리 어려운 일이 아니다. 그는 평소 여장을 하고 여성의 목소리를 흉내 내곤 하는 시인으로 알려져 있다. 그래서 아리스토파네스는 아가톤이 여성의 모습으로 변장하여 여성들의 축제장에 잠입시키는 설정을 하게 된다.

성하고 수염이 나 있소. 그러나 그대는 안색이 좋고, 희고, 깨끗이 면도하고, 여자의 음성을 갖고 있고, 부드럽고, 보기에 깔끔하오.

아가톤: 에우리피데스….

에우리피데스: 왜 그러시오?

아가톤: 그대는 언젠가 이렇게 쓴 적이 있었소? "너는 햇빛을 보고 좋아하면서 이 아비는 안 그럴 거라 여기느냐?"

에우리피데스: 그렇소.

아가톤: 그렇다면 그대의 불행을 내가 질 것이라고 기대하지 마시오. 내가 진 다면, 그건 미친 짓일 게요. 그대의 짐은 그대가 지시오. 자신의 불행을 계 략으로 속이려 할 게 아니라, 체념하는 마음으로 담담히 참고 견디는 것이 옳기 때문이오.

　　　　　　　　　　　　　　— 「테스모포리아 축제의 여인들」 180-199행

　자신을 구원해 줄 것이라는 희망이 무너졌을 때, 에우리피데스의 옆에 인척이 함께 있었던 것은 행운이었다. 에우리피데스 스스로는 출구가 보이지 않았지만, 작가인 아리스토파네스가 희망의 길을 열어 주는 것이다. 아리스토파네스는 아가톤이 에우리피데스의 부탁을 들어주지 않을지도 모르는 가능성을 열어 두고 있다.

에우리피데스: (절망하며) 오오, 불운한 내 신세! 난 이제 끝장이오.

인척: 친애하는 내 인척 에우리피데스, 체념하지 마시오.

에우리피데스: 그래서 나더러 어떡하라는 거요?

인척: 이 친구는 지옥에나 가라고 하고, 나를 당신이 원하는 대로 이용하도록 하시오.

　　　　　　　　　　　　　　— 「테스모포리아 축제의 여인들」 209-212행

작가는 옆에 있던 인척에게 에우리피데스를 도우려는 강력한 동기를 만들어 내었다. 눈에 띄게 거절하는 아가톤의 시위는 에우리피데스를 불쌍하게 만드는 효과를 가지고 있고, 인척 자신이 위험 속에 노출되려는 지원을 기꺼이 감수한다. 그러자 에우리피데스는 얼씨구나 좋다 하며, 인척에게 여장을 준비시킨다. 이것은 여자들 모임에 남자가 있다는 것을 여자도 모르고 있어야 하기 때문에 여성용 화장용품을 획득할 필요로 아가톤의 집이 여자처럼 옷을 입힐 수 있는 최적의 장소가 된 것이다. 드디어 인척에게 여성처럼 변장을 시킨다. 외투를 벗기고, 수염은 밀며, 음모陰毛를 그을려 버린다. 아가톤이 옆에서 도우는 데 여자처럼 브래지어는 물론, 여자용 모자까지 착용시킨다.

여기서 작가의 다른 작품에서 에우리피데스를 돕겠다고 제안하는 한 인척이 있다는 것은 지금까지의 작품과는 다르다는 것에 주목할 필요가 있다. 임무를 부여받은 인척은 불안한 마음에 아폴론에 맹세하며 에우리피데스에게 약속을 받아 낸다. 그에게 위험이 닥치면 수단과 방법을 가리지 않고 구해 주겠다는 말이다. 에우리피데스는 그 약속에 대하여 제우스의 거처인 대기에 걸고[46] 맹세를 아끼지 않는다. 테스모포리아 축제의 집회에 참석하라는 신호를 기점으로 인척은 여자들이 회의를 열고 있는 신전으로 들어간다. 그는 여자처럼 행동하며 테스모포리아 축제의 두 여신 테

----

46 이 장면에서 인척은 에우리피데스의 첫 번째 맹세 "제우스의 거처인 대기에 걸고 맹세를 하겠소(「테스모포리아 축제의 여인들」 272행)"라는 말에서 큰 맹세를 할 때 잘 사용하는 '구름의 신'인 제우스를 거론하지만, 의심이 많은 인척은 믿지 못한다. 이에 에우리피데스가 두 번째 맹세를 한다. "그렇다면 한 분도 빠짐없이 모든 신에게 걸고 맹세하겠소(「테스모포리아 축제의 여인들」 274행)"라는 말에 인척은 안심하고 여성들의 축제장으로 들어간다. 272행의 대사는 에우리피데스의 「현명한 멜라니페(Melanippe)」 단편 487행에서 인용한 구절이다. 아리스토파네스, 앞의 책, 2010a, p. 115.

메테르와 페르세포네와 부의 신에게 제물을 바치는 척하고, 여장한 것이 들통이 나면 도망치게 해 달라고 기도한다.

> 인척: 존경받는 여주인이신 친애하는 데메테르이시여, 그리고 그대 페르세포
> 네이시여, 내가 재산이 많아 두 분께 더 자주 제물을 바치게 해 주시고, 그
> 게 안된다면 적어도 오늘은 잡히지 않게 해 주소서. 그리고 내 딸 새끼는
> 돈은 많지만 어리석고 멍청한 남자와 결혼하게 해 주시고, 내 아들 고추
> 자지는 지성과 분별력을 갖게 해 주소서.
>
> — 「테스모포리아 축제의 여인들」 286-291행

인척은 에우리피데스가 제우스의 거처인 대지에 걸고 맹세하라고 하자, 공동주택단지의 임대인인 히포크라테스에 걸고 맹세하는 것과 다를 바 없다고 제우스를 조롱한다. 이어서 그는 혀로만 하는 맹세는 의미가 없다고 잘라 말하며 데메테르와 페르세포네 두 여신은 물론 부의 신 플루토스Plautos, 킬리게네이아Kalligeneia, 쿠로트로포스Kourotrophos, 헤르메스Hermes, 카리스의 여신들에게까지 도움을 청한다. 인척이 거론한 모든 신들이 이 축제에 어떻게 연결되어 있는지 정확하게 파악할 수는 없지만, 하데스와 헤르메스가 페르세포네의 귀향과 관련해서 언급되었다[47]는 것을 이해할 수 있는 부분이다.

드디어 코로스가 테스모포리아 여성들의 회의에 대한 개요를 연설하기 시작한다. 공식적인 회의의 주된 의제는 모든 여자가 인정한 그의 죄에 대하여 에우리피데스가 어떤 죄를 지었으며, 어떤 처벌을 받아야 하는가에 대한 알림이다.

---

[47] 장시은, 앞의 논문, 2018, p. 64.

코로스장: 모두들 들으세요. 다음이 여인들의 회의에서 결의된 사항이에요. 의장은 아르키클레이아, 서기는 리실라, 동의자動議者는 소스트라테요. 우리가 가장 여가시간이 많은, 테스모포리아 축제의 가운데 날 해 뜰 무렵 회의를 열되, 주主 의제는 에우리피데스가 어떤 벌을 받아야 하느냐는 거예요. 그자는 우리 모두에 의해 만장일치로 유죄가 인정되었기 때문이죠. 이에 대해 누가 말하기를 원하세요?

미카: 내가요.

— 「테스모포리아 축제의 여인들」 373-379행

첫 번째 고발자 미카Mika가 열변을 토하기 시작한다. 그녀는 에우리피데스가 그의 비극에서 그녀들의 성별에 대해 모욕한 일곱 가지 욕설과 중상모략을 열거한다. 열거한 죄목은 주로 여성 혐오와 폄하, 의처증이 그것이다.

미카: 두 분 여신께 맹세코, 내가 말하려고 일어선 것은 절대 무슨 야심이 있어서가 아네요. 부인 여러분. 나는 오래전부터 마음이 무척 괴로웠지만 꾹 참았어요. 여러분이 채소 장수 여인의 아들 에우리피데스에 의해 폄하되고, 온갖 종류의 나쁜 말을 많이 듣는 것을 보고 말예요. 그자가 우리에게 퍼붓지 않은 욕설이 있나요? 관객과 비극시인과 코로스가 있는 곳치고 그자가 우리를 화냥년, 남자에 환장한 것들, 모주망태, 배신자, 수다쟁이, 건전하지 못한 것들, 남자들의 큰 재앙이라 부르며 우리의 명예를 훼손하지 않은 곳이 있던가요? 그 결과 남편들은 관람석에서 집에 돌아오자마자 즉시 의심스러운 눈빛으로 우리를 바라보며 숨겨둔 애인이 없나 하고 집 안을 뒤지지요. 그래서 우리는 아무것도 전에 하던 대로는 할 수가 없어요. 그게 다 그자가 우리 남편들에게 나쁜 버릇을 들여놓았기 때문이죠. 그래서 아내가 화관을 엮으면 사랑에 빠졌다는 의심을 사게 되고, 아내가 집

주위를 돌아다니다가 그릇이라도 깨면 남편이 물어요. "누구를 위하여 그 릇을 깼지? 이건 분명히 코린토스에서 온 손님을 위해서야." … 그리고 남 편들이 아내를 감시하기 위하여 아내가 거처하는 곳의 문에 빗장을 지르 고 봉인하는 것도 그자 탓이며, 설상가상으로 남편들은 아내의 애인들이 놀라 달아나게 하려고 몰로시아산 개 떼도 길러요.

— 「테스모포리아 축제의 여인들」 383-417행

이어서 크리틸라^{Kritylla}의 두 번째 고소 내용이 제기되는데, 그녀가 열거 한 죄목은 불경죄이다.

크리틸라: (앞으로 나서서 화관을 쓰고) 나는 몇 마디만 보탤까 해서 앞으로 나왔 어요. 앞서 말한 부인이 죄목을 세세히 열거했으니까요. 하지만 나는 내 가 몸소 겪은 일을 말할래요. 내 남편은 다섯 아이를 남겨두고 키프로스에 서 죽었어요. 그래서 나는 도금양 시장에서 화관을 엮어 팔아 그 아이들을 먹여 살리느라 고생깨나 했어요. 여태까지는 그런 대로 아이들을 먹여 살 릴 수 있었어요. 그런데 비극을 창작하는 그자가 남자들을 설득하여 신이 없다고 믿게 만들었지 뭐예요. 그 결과 지금은 매출이 예전의 절반에도 미 치지 못해요. 그래서 나는 여러 가지 이유에서 그자를 벌주라고 여러분 모 두에게 권하고 촉구하고 싶어요. 부인 여러분, 그자는 채소 사이에서 자란 터라 여러분에게 야만스러운 못된 짓들을 했으니까요. 난 장터로 돌아가 봐야겠어요. 스무 명의 남자를 위해 화관을 엮어 달라는 주문을 받아 두었 으니까요. (퇴장)

— 「테스모포리아 축제의 여인들」 443-458행

첫 번째 미카의 공개적인 죄목에 이어서 두 번째 고발자 크리틸라는 미카가 너무 잘했기 때문에 오직 서너 가지 점만 죄목에 보태겠다고 한다. 그런데 첫 번째 미카보다 두 번째 크리틸라의 증언이 통렬하고, 짜임새 있고, 현실감 있는 고발을 하고 있다. 그녀는 에우리피데스의 언행에 대해 정곡을 찌르면서도 설득력 있는 주장을 펼쳐 부인들의 공감을 얻어 내는 데 성공한다. 두 여인의 고발 내용은 남자들이 여자들을 의심하게 만드는 일, 아내들의 순정을 의심하는 일, 아내들의 정직성을 믿지 않는 일 등의 모략을 일삼는 죄상을 통해 에우리피데스에게 독약이나 어떤 방법으로 죽음을 내리자는 것이다. 그녀들은 움츠리지 않고 에우리피데스의 불경함을 고발하는데, 집회의 여성들이 최고의 분노를 불러일으키기 위한 혼신의 결의를 다짐한다.

전술한 미카와 크리틸라의 고발은 에우리피데스의 유죄를 인정하기 위해 다른 여성들의 동의를 받아 내는 과정이다. 여기서 「테스모포리아 축제의 여인들」을 관람하는 관객들은 남성들의 전유물인 폴리스의 민회에서 회의를 진행하는 여성들의 모습을 바라본다. 반대로 여성의 모습으로 변장하여 남성들을 마주한다. 이제 앞선 두 여성의 고발에 대한 에우리피데스 인척의 변호는 기상천외한 영리함으로 시작된다.

> 인척: (인척, 연단에 오른다.) 부인 여러분, 에우리피데스의 그런 악담을 듣고 여러분이 노발대발하며 노여움을 억제하지 못하는 것은 결코 놀랄 일이 아니에요. 내 아이들에 맹세코, 나도 그자를 미워하며, 미워하지 않으려면 미쳐야겠지요. 하지만 우리는 이 문제를 우리끼리 논의해야 해요. 우리끼리 있으면 말이 밖으로 새어 나가지 않을 테니까요. 왜 우리는 그자에게 자꾸 그런 죄를 덮어씌우며 노발대발하는 거죠? 그자는 우리가 범하는 천 가지 잘못 가운데 두세 가지만 언급했을 뿐인데 말예요.
> — 「테스모포리아 축제의 여인들」 466–475행

위 대사는 인척의 변론은 첫 번째 고발자에 대한 변론이다. 에우리피데스를 적당히 욕하면서 두둔하는데 여자들의 진실의 한 부분만을 말했다는 사실로 희석시킨다. 인척은 에우리피데스가 공개적으로 결코 말하지 않았던 일들의 본보기로 여자들의 간통에 대하여 낱낱이 이야기한다. 그 내용은 남편들이 군복무로 집을 떠나 있을 때 저지른 간통과 관계있는 것들이다. 계속해서 인척은 에우리피데스를 변론하며 그가 작품에서 언급한 것 이상의 여성들의 악한 행실들을 폭로한다. 그의 폭로에 가까운 변론은 축제에 참가한 여성들의 분노를 산다. 여성으로 분장한 인척은 자신의 처지를 저버리고 오직 여성 전부를 모욕하는 데에만 몰두하고 있다. 결과적으로 그는 에우리피데스가 여자들의 적이 아니라고 하며, 이런 관점을 통과시키기 위하여 여성들을 설득시키기에만 급급하지만, 현장의 분위기는 만만치가 않다. 이제 코로스는 인척의 속임수가 섞인 성토를 걱정한다.

> **코로스**: (인척이 제자리로 돌아가자) 참으로 놀랍군요. 저런 물건이 어디서 발견되었으며, 어느 나라가 저토록 간 큰 여인을 길렀던 것일까! 나는 아무리 왈패 같은 여자라도 우리 앞에서 저렇게 뻔뻔스럽게 그런 일들을 입에 담을 만큼 대담하리라고는 생각지 못했어요. 이제 불가능한 것은 아무것도 없어요. 그래서 옛 속담대로, 우리는 돌멩이마다 그 밑을 살펴봐야 할 것 같아요. 연설가에게 찔리지 않으려면 말예요.
>
> ─「테스모포리아 축제의 여인들」 520-530행

인척이 생각하는 최선의 수비는 공격이라고 알고 모든 여자들을 극단적으로 공격하면서 에우리피데스를 공격한다. 그러나 오직 한 여자, 미카가 인척의 변론에 넘어가지 않고 에우리피데스에 반한 논쟁을 계속 진행하자고 한다.

> 미카: (두세 명의 여인들과 함께 일어서며) 부인 여러분, 아글라우로스에 맹세코,
> 여러분은 제정신이 아네요. 여러분은 홀렸거나 잘못되어도 크게 잘못된
> 거예요. 저 빌어먹을 여인이 감히 그렇게 우리 모두를 모욕하도록 내버려
> 둔다면. 여러분 중에 누가…. 좋아요, 아무도 없다면 우리가 우리 계집종
> 들과 힘을 모아 어딘가에서 뜨거운 재를 구해와 그녀의 음모陰毛를 그슬릴
> 래요. 그녀에게 앞으로는 여자가 같은 여자들에게 악담을 하면 안 된다는
> 것을 가르쳐 주려고요.
>
> 인척: 안 돼요, 부인들, 음모는 안 돼요. 이곳에는 언론의 자유가 있고, 시민들
> 인 우리는 누구나 말할 자격이 있는데도, 내가 옳다고 생각하는 바를 에우
> 리피데스를 위하여 말했기로 그 때문에 여러분에게 음모가 뜯기는 벌을
> 받아야 하나요?
>
> ― 「테스모포리아 축제의 여인들」 533-543행

미카와 인척의 논쟁은 육두문자와 분노에 찬 부정으로 극을 달리고 있
다. 인척의 여자들에 대한 비행 목록 읽기의 변론, 미카의 욕설로 시작되
는 단 한 번의 아곤은 그칠 줄을 모른다. 이때 여자 같은 남자 클레이스테
네스[48]가 등장하여 누군가 여자로 위장하여 이 축제에 잠입하였다는 사실
을 알려 준다.

> 클레이스테네스: (수염이 나지 않은 클레이스테네스, 여자처럼 차려입고 등장) 생활

---

[48] 클레이스테네스는 생물학적 성으로 남성이면서 사회적으로 여성인 인물로 그려진다. 그
는 특히 수염이 나지 않고 여자처럼 차려입고 다니는 것으로 언급된다.

방식이 나와 같은 내 친구들인 여인들이여, 내가 여러분의 친구라는 것은 내 턱을 보면 분명할 거요. 여인들의 팬인 나는 어디서나 여러분의 이익을 대변해요. 나는 잠시 전 여러분에 관한 중대사가 장터에서 거론되는 것을 듣고는 이를 여러분에게 보고하고 알려 드리려고 이렇게 온 거에요. 여러분이 조심하여, 무섭고 끔찍한 고통이 불시에 여러분을 덮치지 못하도록 사전에 미리 대책을 강구하라고 말예요.

코로스장: 그게 뭐죠, 도련님? 턱이 그렇게 매끈한 동안에는 당신을 '도련님'이라고 부르는 게 당연하니까요.

클레이스테네스: 사람들이 말하기를, 에우리피데스가 자신의 늙수그레한 인척한 명을 오늘 여기로 올려 보냈대요.

코로스장: 무슨 임무를 수행하라고, 또는 무슨 계획을 추진하라고?

클레이스테네스: 여러분이 무엇을 논의하고 계획하는지, 여러분이 하는 이야기를 그자가 엿듣게 하려고요.

코로스장: 하지만 여자들 틈에서 남자가 어떻게 들키지 않을 수 있지요?

클레이스테네스: 에우리피데스가 그자를 그슬고 뜯었고, 다른 점에서도 영락 없는 여자로 꾸며 놓았대요.

인척: (여인들에게) 여러분, 그가 하는 이 말을 믿으세요? 뜯겨도 가만있을 바보 같은 남자가 어디 있겠어요? 존경스러운 두 분 여신이시여, 나는 그게 사실이라고 믿지 않아요.

— 「테스모포리아 축제의 여인들」 574-596행

여기서 클레이스테네스는 여성 공동체의 일원으로 축제에 접근하는 것이 허용되는 인물로 보인다. 여자들이 그들 속에 남자 첩자가 있다는 말을 듣자, 그들은 잠시 마비 상태로 있다가 그를 찾아내는 데 모두 합심한다. 드디어 인척이 에우리피데스를 위해 여성들을 모욕했던 남장 여자라는 것 알게 된다. 인척은 이 위기를 모면하기 위한 계책을 강구한다. 그러면서도 이미 기울어진 상황을 파악하여 에우리피데스가 자신을 구출해 주기를 희망한다. 하지만 에우리피데스는 보이지 않고 탈출도 실패하게 된다.

> 인척: (혼잣말로) 가만있자. 도대체 어떤 계책이 나를 구해 줄 수 있을까? 어떤
> 시도가, 어떤 발상이? 이 모든 일에 책임이 있고 나를 이런 궁지에 빠뜨린
> 자는 코빼기도 볼 수 없으니 말이야, 아직도. 자, 그에게 어떤 사자使者를
> 보낼 수 있을까? 그의 비극 『팔라메데스』[49]에서 한 가지 계책이 머리에 떠
> 오르는구나. 그가 그랬듯이 나도 노들에다 내 불운을 적어 바닷물에 던지
> 는 거야. 하지만 여기엔 노들이 없잖아. 도대체 어디서 노들을 구한다? 어
> 디서? 노 대신 서원誓願 명패名牌들에다 적어 사방으로 던져 버리면 어떨까?
> 그래, 그게 훨씬 낫겠어. 무엇보다 이것들도 나무고, 노들도 나무이니까
> 말이야. 오오, 내 두 손이여.
>
> — 「테스모포리아 축제의 여인들」 765-776행

인척은 에우리피데스와 자신이 만든 궁지에서 탈출하기 위하여 온갖 방법을 생각해 낸다. 그중에서 에우리피데스의 비극들 안에 나오는 구절들을 이용해 탈출을 꾀한다. 「테스모포리아 축제의 여인들」이 상연되고 있

---

49 팔라메데스는 그리스 신화에 등장하는 트로이 전쟁의 영웅이다. 오디세우스를 능가하는 지략가로 알려졌으나, 그에게 앙심을 품은 오디세우스가 첩자를 그의 천막에 몰래 들여보내 트로이 왕 프리아모스가 보냈다는 부당한 모함에 의해 적과 내통한 배신자로 고발하여 자기편 병사들이 던지는 돌에 맞아 죽게 하였다. 한편 팔라메데스는 현명하다는 평판이 높았고, 고대인들은 알파벳과 숫자, 무게와 도량을 재는 법, 화폐, 규칙적인 간격을 두고 식사하는 습관 등의 수많은 발명을 그의 공로로 돌릴 정도로 뛰어난 지략가로 여겨지고 있다.

는 디오니소스 축제의 공연에서 하루에 상연되는 비극의 수와도 같이, 아리스토파네스는 이 탈출 시도극에 네 개의 비극을 배치하고 있다. 먼저는 『텔레포스』와 『팔라메데스*Palamedes*』, 그리고 이어 『헬레네』와 『안드로마케』가 그것이다. 위 「테스모포리아 축제의 여인들」765-776행의 대사에서는 『팔라메데스』의 한 부분을 인용[50]하면서 몸부림치지만 이미 전세는 기울어진 상태다. 인척은 그래도 에우리피데스가 구해 주기를 희망하며 그 자리에 주저앉는다.

이제 인척의 사태는 진정할 수 없는 상태로 치닫고 있어 코로스가 나서서 일단락시킨다. 「테스모포리아 축제의 여인들」785-845행의 파라바시스는 작가의 비평적 관점을 드러내는 곳이다. 그것은 모든 일반 여성들의 의지이자, 작가의 의지를 대신해 관객들에게 여성 자신들의 처지에 동의를 구하는 설득 장면이다.

코로스장: 이제 우리, 앞으로 나서서 자신을 자화자찬해요! 우리는 인간들에게 재앙이며 논쟁, 말다툼, 격렬한 파쟁派爭, 고통, 전쟁 같은 악이 전부 우리에게 비롯된다며 모두들 여성을 폄하하는 말을 수없이 늘어놓지만 말예요. 자, 우리가 재앙이라면 여러분은 왜 우리와 결혼하죠? 우리가 진정 재앙이라면, … 또 여러분의 아내가 외출하여 집 밖에서 만나게 되면 여러분은 미친 듯 화를 내요. 여러분의 재앙이 집에서 나가고 집 안에서는 발견할 수 없다면 당연히 기뻐하며 축배를 들어야 할 텐데 말예요. … (관객을

---

50 인척이 인용한 이 장면은 팔라메데스가 오디세우스에게 모함을 당해 죽어 가면서 노에 불운을 적어 바닷물에 던져 아버지에게 알린 것을 말한다. 그는 이 비극의 내용을 참고하여, 소원들을 적어 건 명패에 자신의 불운을 적어 던진다. 이를 읽은 에우리피데스가 상황 파악을 하여 자신을 구출해 주기를 희망한다. 그러나 에우리피데스는 보이지 않고 탈출은 실패하고 만다. 장시은, 앞의 논문, 2018, p. 67.

가리키며) 여기 있는 남자들 중 다수가 그런 짓을 하며, 게다가 그들은 대식가이고, 노상강도이고, 식객이고, 노예 납치자일 가능성이 우리보다 더 많다는 증거를 갖고 있어요. 그리고 남자들은 물려받은 재산을 안전하게 지키는 데서 우리보다 못한 것 같아요. 우리는 우리의 베틀과 실패와 털실 담는 바구니와 양산을 여태껏 안전하게 간직했어요. 그러나 여기 있는 우리 남편들 중 상당수는 집안에 대대로 내려오던 창 자루를 창끝과 함께 잃어버렸고, 또 상당수는 전투 중 어깨에서 방패를 내던져 버렸어요.

— 「테스모포리아 축제의 여인들」 785-829행

이상의 파라바시스는 남성보다 여성의 우월함을 전개한다. 이러한 시각은 여성에 대한 개인적인 학대, 남성의 비겁함에 관해 관객과 소통하고 그 불합리성에 대해 공감하는 것을 시작으로, 용감한 아들의 어머니가 정당하고 좋은 대우를 받아야 한다는 제안으로 전환한다.[51] 사회 문화 속에 만연해 있는 여성 혐오에 대해 에우리피데스로 대변되는 남성들의 부정적인 환상을 관객과의 소통을 통하여 드러내기도 하였다. 여성의 위대성은 페미니즘을 주장하는 양성의 평등의 차원에 머물지 않고, 남성을 출산하는 어머니들의 위대함을 부각하여 남성들에게 충고하고 있다. 여성을 '재앙'이라고 하면서 몰래 훔쳐보는 이율배반적인 남성의 이중성을 꼬집으면서 극 사건의 여성들의 일반적 의지를 설파하고 있다.

네 번의 비극적 패러디를 사용하고도 거사의 실패를 알게 된 에우리피

---

51 「테스모포리아 축제의 여인들」에서 파라바시스 위치와 역할에 대해 여자가 남자보다 우월하다는 증거를 제시하며 용감한 아들의 어머니들에게는 좋은 대우를 해 주어야 한다는 제안을 하고 있다. 코로스는 겁쟁이들의 어머니들, 아픈 사람들, 그리고 개인적인 학대 등을 하는 남성들의 모든 것은 성격적으로, 그 어머니와 모두 관련이 있다는 것을 성토하는 역할을 하고 있다. Philip Whaley Harsh, 앞의 책, 1934, p. 181.

데스는 어떻게 그 인척을 구할 것인가 고민하며 테스모포리아 축제장에 나타난다. 그는 자신을 드러내고 코로스와 협상을 시도한다. 그리고 앞으로는 더 이상 여자들의 험담을 하지 않겠다는 약속과 함께 평화를 제안한다. 이에 여자들은 그 제안을 거부하지 않으며, 공격하지 않는 것으로 극을 종결한다.

> 에우리피데스: (코로스에게) 여인들이여, 여러분이 금후今後에 나와 평화조약을 맺고 싶다면, 지금이 적기適期요. 그러면 앞으로 여러분 가운데 어느 누구도 나한테서 나쁜 말을 듣는 일이 없을 것이오. 이것이 내 제의요.
>
> 코로스장: 당신이 그런 제의를 하는 목적이 뭐죠?
>
> 에우리피데스: 널빤지에 묶여 있는 이 남자는 내 인척이오. 그를 내게 돌려준다면, 여러분은 나한테서 절대로 나쁜 말을 듣지 않을 것이오. 그러나 내 말을 듣지 않으면, 여러분의 남편들이 싸움터에서 돌아왔을 때, 여러분이 남편들의 등 뒤에서 무슨 짓을 했는지 일러바칠 것이오.
>
> 코로스장: (다른 여인들의 동의를 구한 다음) 알아 두세요, 우리는 당신 제의에 찬성해요. 하지만 야만족은 당신이 구슬려요.
>
> ―「테스모포리아 축제의 여인들」 1160-1171행

「테스모포리아 축제의 여인들」의 파라바시스는 여자들이 착하며, 남자들보다 훨씬 낫다는 것을 증명하는 것 이외의 다른 목적은 없다. 이 작품의 논쟁과 구별하여 파라바시스에서 이런 증명을 유도하는 것은 아무도 그녀들을 거역할 수 없게 하기 위함이다. 「리시스트라테」에서 여자들은 남자들에 대해 그들이 우월하다는 것을 지위 높은 감독관까지도 논쟁을 통해 증명하고 있지만, 지식으로 무장한 에우리피데스를 논박하는 것은 어떤 여자도 능력 밖의 일이다. 「테스모포리아 축제의 여인들」의 파라바

시스는 거대한 목적을 가지고 있지 않다. 단지 여자들이 일반적 남자들이 만든 죄목에 반해, 그들이 나쁘지 않다는 것을 증명하고자 하는 소박한 소망이다. 결과적으로 축제장에서의 여성들이 바라는 것은 에우리피데스의 제거가 아니다. 그녀들은 에우리피데스의 여성들에 대한 혐오적 비방과 인간적 폄하를 제거하고자 하는 것이다. 즉 이 작품의 연극적 행동은 파라바시스가 여자들이 착하다는 주제만을 다룬다는 것으로 보아 남성들에게 여성의 인권을 지키려는 호소나 충고에 가깝다고 할 수 있다.

그리고 신화에서 데메테르 여신의 딸 페르세포네를 납치한 하데스가 페르세포네를 풀어 주는 것처럼 이 작품에서는 인질로 붙잡은 인척을 여성들이 풀어 주는 것으로 결말을 맺는다. 풀려난 인척은 그의 여성성에서 벗어나 자신의 남성성을 회복함과 동시에 자신의 처자가 있는 가정으로 돌아간다. 이러한 결말은 보통의 희극적 장치에서 사용하는 축하와 행렬의 잔치 장면에서 벗어난다. 그것은 남성과 여성의 좀 더 나은 화해와 합의를 통해 함께 가는 공동체의 희망을 담은 작가의 의지로 해석된다. 아리스토파네스는 여성들에게 용서받은 에우리피데스가 인척을 풀어 주는 장면에서 희극적 대단원을 마친다.

에우리피데스: (인척에게) 당신은 풀려나자마자 남자처럼 달아나 당신의 처자
    가 있는 집으로 돌아가도록 해요.
인척: 그건 내가 알아서 하겠소. 일단 풀려나면.
— 「테스모포리아 축제의 여인들」 1205-1207행

기원전 411년 아테네는 계속된 전쟁과 시칠리아 원정의 실패 등으로 폴리스 공동체를 위기 속으로 몰아갔다. 남성들만의 특권인 법정과 민회는 끝없는 불화와 공포를 조성해 냈다. 아리스토파네스는 디오니소스 축제

에서 테스모포리아 축제를 통해 페르세포네의 귀환과 이로 인해 폴리스 공동체에 생명을 가져다주는 대지의 여신 데메테르를 기념한다. 하데스에게 납치되어 간 페리세포네의 귀환은 하데스와 제우스로 대변되는 남성신들을 여신들로 교체하면서 화해를 이끌어 낸다. 그리고 이 화해가 땅에서 다시 싹을 틔워 인간들에게 생명의 선물을 가져다준다. 물론 이 화해는 한쪽의 일방적인 희생이나 항복이 아닌, 양보와 합의이다. 여성들은 자신들의 일상, 남편과 가정을 떠나 한자리에 모여, 축제에 참여해서 언어와 행동의 일탈을 즐기며, 감정 정화를 경험한다. 그리고 동시에 이 축제로 자신들이 공동체 안에서 갖는 중요성을 다시금 확인한다. 아테네는 남성 시민들만의 나라가 아니다. 여기서 여성들이 에우리피데스가 대변한 남성들의 견해에 대해 저항하는 것은 새 생명 생산의 역할만이 시민 여성들의 존재 이유가 아니라는 것을 몸소 보여 주고 있다. 아리스토파네스는 아테네 남성들의 이중성을 희화화하고 비판함과 동시에, 여러 배경의 설정과 시도들을 통해 여성이 차지할 수 있는 몫에 대해 말하고 있다. 그는 2,500년에 이미 도시 전체에서의 남성과 여성의 인권을 자신의 방식으로 제시하면서 두 이성 세계의 조화를 위한 높은 이상을 시도하고 있다.

3. 「개구리 Frogs」(기원전 405)

「개구리」는 아리스토파네스가 펠로폰네소스 전쟁이 끝나기 1년 전, 비극시인들에 대한 문학비평을 통해 부패한 현실 개혁을 자처한 정치풍자극이다. 아리스토파네스의 희극 중 비교적 후기에 속하는 작품으로, 기원전 405년 레나이아 축제는 물론 디오니소스 축제에서도 1등을 차지한다.[52] 희극 경연 대회의 심사위원들은 신화를 변용한 이 작품에 대해 1등을 주는 것을 망설이게 된다. 그러나 그들은 정치적 영향보다는 개인적인

판단이 선호되었고, 시인의 문학적 기술과 작품성에 큰 비중을 두고 판단을 하게 된다.[53]

「개구리」의 창작 의도는 26년째 전쟁으로 인하여 아테네 공동체의 위기 상황을 구하는 일에 인간들의 힘으로는 감내할 수 없음을 한탄하며, 신을 개입시켜 '지혜로운 자晨善者'를 찾아서 궁극의 문제를 풀어 나가는 판타지 극이다. 즉 부패한 현실을 개혁하고자 갈망하는 작가의 정치적 의지를 신들의 희극적 변용transformation을 빌어 재미있게 풀고자 하는 것이다. 여기에 등장하는 신화의 인물들은 디오니소스, 헤라클레스, 하데스, 아이아코스 등이다. 특히 아리스토파네스는 디오니소스와 헤라클레스를 희극적으로 변용시켜 국가의 중차대한 문제를 개혁하고자 상상과 공상을 동원하게 된다. 국가의 중대한 문제의 해결을 위한 헤라클레스의 여정과 디오니소스가 개입한[54] 결정이 가지는 의미에 대해서는 당시 사회적·정치적 전

---

52 이두희, 앞의 논문, 1999, p. 1.

53 Gina May, "Aristophanes and Euripides: a Palimpsestous Relationship", Doctor of Philosophy thesis, University of Kent, 2012, p. 126.

54 고대 아테네를 구할 중차대한 임무에 디오니소스를 개입시킨 이유를 살펴본다. 보통 디오니소스 신은 '광기의 신', '술의 신'으로 대변된다. 그러나 술의 신 디오니소스가 뜻하는 바는 단지 도취에 빠져 물적 본능이나 분출시키는 것으로 그치지는 않는다. 그것의 참된 의미는 창조성에 있다. 창조력이 결여된 도취는 광기가 아니라 객기, 자유가 아니라 방종으로 흘러갈 뿐이다. 디오니소스적 도취와 광기는 일상과 상식의 장막을 걷어 내고 망아의 상태로 돌아간 뒤, 그 정점에서 모든 의식과 인식의 한계를 벗어 버리게 된다. 자신을 에워싸고 구속하는 모든 한계를 넘어서게 된다. 하지만 도취와 광기의 신 디오니소스는 그리스인들에게는 낯선 신이었으며, 더구나 인간의 몸에서 태어난 특이한 신분 탓에 가장 늦게 올림포스 12신의 반열에 오른다. 에우리피데스의 비극 「바코스의 여신도들(Bakchai)」에서는 소아시아의 니사 산에서 자란 디오니소스가 사람들에게 포도 생산법과 포도주 제조법 전수를 통해 자신의 신앙을 전파하면서 고향인 그리스 본토의 테베로 돌아오는 과정에서 겪는 박해와 극복 과정을 그리고 있다. 그런 점에서 보면 합리주의를 신봉하는 그리스인들이 숭상하는 대표적인 신은 이성과 절제의 신 아폴론이었다. 그럼에도 불구하고 아리스

개상황을 이해하면서 의문을 풀어야 할 것이다. 디오니소스는 국가의 위기 상황을 극복하기 위한 어떤 모종의 판결에 대해서는 신중한 반응과 유보를 번갈아 가며 마지막 순간까지도 결정하지 못하는 딜레마를 보인다.

「개구리」의 줄거리를 요약해 보자. 아테네는 기원전 406년 소아시아 아르기누사이^{Arginousai} 섬들 해역에서의 해전에서 스파르타에 승리했지만, 국력이 거의 바닥난 상태였다. 디오니소스는 바닥난 국력의 재건을 위해 필요한 조언을 해 줄 창조적인 시인이 더 이상 존재하지 않는 현실을 개탄한다. 그는 펠로폰네소스 전쟁으로 피폐해진 아테네의 극장을 부흥시키기 위해 이미 죽은 3대 비극시인 중 한 사람을 데리러 지하세계로 내려간다. 그 내용은 3대 비극시인인 아이스킬로스^{Aeschylos}(기원전 525-기원전 456)와 에우리피데스^{Euripides}(기원전 484-기원전 406)[55] 중 한 사람을 지상으로 데

토파네스가 「개구리」에서 디오니소스를 아테네 국운을 중재할 인물로 개입시킨 것은 무엇 때문일까? 그것은 아마도 사회적 약자를 대변하는 고통의 신으로 추종하여 선택한 것으로 보인다. 김원익, 『신화, 인간을 말하다』, 서울: 메티스, 2018, pp. 167-169 참조.

[55] 에우리피데스는 아리스토파네스의 작품 전체에서 가장 많이 공격당하는 대상 중 한 명이다. 그의 생애에 관해서는 알려진 것들이 많지 않은 편이고, 그나마 그에게 늘 적대적이던 희극작가들의 작품에 나오는 악담에 가까운 일화들에 근거하고 있다. 그는 50년의 작가 생활을 하면서 남긴 작품 중 19편이 온전하게 남아있고, 55편의 단편이 남아 있으며, 92편은 제목만 남아 있다. 엄청난 작품을 썼지만, 상을 받은 것은 4편에 불과했을 정도로 성공한 축에 들지도 못했다. 그는 민중의 벗이었고, 어떤 계급에도 속하지 않은 최초의 지식인이었다. 당시 그리스는 문학에 관심을 두는 사람이 많지 않아 시인이 경제적으로 독립하기는 불가능했다. 그래서 세상에 등을 돌린 채 항상 방랑자처럼 불안하고 불규칙적인 삶을 살았으며, 지배계급에 기생하지 않았고 다양한 불특정 다수의 독자에 의존했다. 아리스토파네스 작품에 등장하는 에우리피데스에 대한 비판은, 「개구리」와 「테스모포리아 축제의 여인들」에서, 그리고 「아카르나이의 사람들」에서 가끔 볼 수 있다. 종교적 신념과 관련해서는 「개구리」, 불멸성과 관련해서는 「개구리」 및 「테스모포리아 축제의 여인들」, 새로운 음악과 관련해서는 「개구리」, 여자의 성격과 관련해서는 「개구리」와 「테스모포리아 축제의 여인들」, 약삭빠름과 관련해서는 「개구리」, 범속성 및 비영웅성과 관련해서는 「개구리」와 「아카르나이의 사람들」에서 공격당하고 있다. 에우리피데스가 여성에 관한

려오기 위해 저승으로 길을 떠나면서 벌어지는 이야기다. 때는 아이스킬로스, 소포클레스Sophocles(기원전 497-기원전 406), 에우리피데스까지 3명의 위대한 시인이 모두 세상을 떠난 시기이다.[56] 디오니소스는 헤라클레스로 분장해 하인 크산티아스와 함께 저승으로 내려가 시인을 데려오기로 결심한다. 한 사람을 데려오기 위해 아이스킬로스와 에우리피데스 중 누가 최고인지 겨루게 하고 디오니소스가 심판관으로 승부를 지켜본다. 아테네를 위험에 빠뜨렸던 알키비아데스에 대한 평가와 위험에 빠진 도시에 대한 대책에 대한 시험 끝에 디오니소스는 한 사람을 지상으로 데려간다.

디오니소스가 보기에 조국 아테네가 명운을 다하려는 이때, 젊은이들의 정신과 신체를 단련시켜 국가의 보루가 되게 하는 데에 연극만한 수단이 없었다. 그러나 에우리피데스 이후 시인들의 극은 "잡담으로 채워져 마치 설익은 과일 같으며, 진정한 비극에다 오줌 누는 격"이라는 것이다. 이 진정한 비극을 쓸 시인을 지상에서는 찾을 수 없어 죽은 에우리피데스를 환생시켜 아테네로 데려오기 위해 하데스로 가겠다는 것이다. 더욱이 촉망받던 아가톤Agathon(기원전440-기원전 400)마저 기원전 407년에 마케도니아로 떠나 버려 비극은 사멸한 것과 다름이 없었다는 것이 동시대의 일반적인

가장 악의적인 악담은, 그가 멜리토(Melito)와 나중에는 코이릴레(Choirile) 또는 코이리네 (Choirine)와 결혼했으나 이들이 그의 집안의 젊은 노예와 불륜의 관계를 맺은 까닭에 결국 연인들에 대한 심한 증오심을 품게 되었다는 이야기다. 천병희, 『그리스 비극의 이해』, 서울: 문예출판사, 2002, pp. 149-153.

56 「개구리」가 상연된 기원전 405년의 아테네 현실 상황은 정치적 빈곤과 지속된 전쟁의 위협 등으로 민심을 위한 선택보다는 일부 선동정치인 및 주전론자의 뜻대로 아테네의 정세가 움직이게 된다. 펠로폰네소스 전쟁이 25년째로 접어든 기원전 406년, 아테네 비극의 정상을 담당했던 에우리피데스가 사망하고 이어서 소포클레스도 사망한 것이다. 연극의 신 디오니소스로선 에우리피데스까지 없는 비극 세계는 적막하고 공허한 지식의 세계였던 것이다. 류재국, 「신들의 희극적 변용으로 나타난 연극적 행동: 아리스토파네스의 〈개구리〉를 중심으로」, 『드라마연구』 57, 한국드라마학회, 2019b, p. 8.

견해이다.

이 작품의 플롯은 세 부분으로 나눌 수 있다. 첫 번째 부분은 디오니소스가 저승으로 가는 길에서 아케론 강을 건너게 되고, 개구리들의 합창에 힘을 얻어 무사히 명부冥府의 왕 하데스의 궁정에 도착하기까지의 과정이다. 여기에 등장하는 코로스는 그리스 희극에서는 필수적 존재이다. 처음에는 합창단이 전부였다가 배우가 하나둘 덧붙여지면서 극으로서의 형태를 갖추었으니, 합창단이 희극의 주체라고 해도 과언이 아니다. 「개구리」의 제목에서 등장하는 개구리 코로스는 아테네에서 살다가 죽은 개구리들이다. 개구리들은 디오니소스가 지하세계로 가기 위해 승선하려는 호숫가 주변에 서식하고 있으며, 연극의 코로스를 이루고 있다. 두 번째 부분은 디오니소스가 저승에 도착해 헤라클레스와의 만남에서 저승으로 오게 된 이유를 설명하는 장면이다. 「개구리」 속에서 헤라클레스의 여정과 디오니소스가 개입한 결정이 가지는 의미에 대해서는 당시 사회적·정치적 전개상황을 이해하면서 의문을 풀어야 할 것이다. 세 번째 부분은 비극시인 아이스킬로스와 에우리피데스가 경합하는 장면이다. 디오니소스가 심판을 보는 가운데 해학적으로 진행되는 두 시인의 토론 정쟁은 작가의 노련하고도 지적인 해학 기법을 돋보이게 하고 있다.

「개구리」 이전의 아리스토파네스 작품에서 주요 희극적 인물인 종(노예)들은 대체로 유사한 기능을 수행한다. 그 기능이란, 채찍에 맞아 고통스러워 하는 것을 과장하여 표현하거나 위험을 당해 기겁하는 모습을 보여줌으로써 관객의 웃음을 유발해 내는 것이다. 고통으로 일그러진 종들의 몸짓과 탄식은 당대 관객의 웃음을 사는 필수적인 요건[57]으로 종에 대한 학

---

[57] 「기사들」에서 학대받는 두 종은 탈출을 꾀해 보려 하지만 붙들려 '가죽이 벗겨지는' 처벌을 받을 것이 두려워 계획을 포기한다. 「구름」의 스트렙시아데스는 종들을 채찍질할 수 없는

대는 아리스토파네스 희극의 고정적인 극적 장치이다. 이러한 종 학대에 대한 양상이 「개구리」에서는 바뀌게 된다. 주인과 종의 역할이 뒤바뀌었고, 학대 당하는 종의 모습에 변화가 가해졌다.

연극은 두 명의 기괴한 모습을 한 등장인물로부터 시작된다. 한 명은 걸어서, 다른 한 명은 당나귀를 타고 등장한다. 당나귀를 끄는 자는 연극의 수호신 디오니소스인데 노란색 긴 튜닉 위에 사자 가죽을 덧입었고, 담쟁이 넝쿨 화환을 썼으며, 여성용 신발인 반장화를 신고 손에는 몽둥이를 들었다. 이는 신화의 세계에서 나타나는 헤라클레스처럼 보이기 위한 복장이다. 당나귀를 타고 있는 자는 그의 노예 크산티아스로서 막대기 끝에 괴나리봇짐을 가득 매달아 어깨에 맨 채 주인 디오니소스가 끄는 당나귀 등에 앉아 등장한다.

디오니소스가 공동체적 연대의 신으로 발전한 것은 크산티아스와의 역할 교환과 그의 진정한 신성의 재발견에 부분적으로 나타난다. 아마 여러 가지 숭배자인 디오니소스의 치료에서 더욱 명백하게 드러난다. 이 작품은 연극, 특히 첫 번째 부분이 암시하는 하데스 계곡을 둘러싼 종교적 분위기를 암시한다. 디오니소스의 모습에 대한 안정화된 정의는 자신에 대한 자신의 재확인을 통해서뿐만 아니라 연극의 초기 부분에 대한 분리된 숭배자들을 하나의 신성으로 통합함으로써 공동의 중요성이 공동체를 흡수하기에 충분히 강하다.[58]

전시(戰時)상황을 못마땅해하는데, 그것은 전시에 학대받는 종들이 쉽사리 적국인 스파르타로 도망치기 때문이다. 「말벌」에서는 주인이 종을 재미 삼아 때리고, 매를 맞은 종은 신음하며 두꺼운 껍질을 뒤집어서 채찍질을 당해도 아프지 않을 거북을 부러워한다. 「리시스트라테」에서는 주인이 종의 머리카락을 불로 태우려고 협박을 하며 이런 장면이 관객들의 취미에 부합한다고 토로한다. 고전·르네쌍스드라마 한국학회, 앞의 책, 2001, p. 235.

58 Charles Paul Segal, 앞의 책, 1961, p. 217.

「개구리」에서는 신성神性이 상실된 신들의 행위가 희극적 요소의 근간을 이루고 있다. 신들의 거처는 하늘임에도 불구하고 이 두 신은 지상에 기거하며 이승과 저승의 소동을 이끌고 있다. 고대 그리스 비극에서 신화의 인물들은 인간의 실제적, 감각적 삶을 규제하는 장치로서 신성이라는 존재를 통해 그 존재를 부각시키는 반면, 「개구리」에서 디오니소스와 헤라클레스가 희극적으로 변용되어 관객 앞에 나타난다.

> 디오니소스: 어보게, 이리 가까이 오게. 내 자네에게 부탁이 있네.
>
> 헤라클레스: 자꾸만 웃음이 터져 나오는데 난들 어떡하오. 샛노란 겉옷에 사자 가죽을 걸치고 있는 걸 보니. 의도가 뭐요? 반장화에 몽둥이라. 잘 어울리는걸!
>
> ― 「개구리」 44-47행

일반적인 연극에서 신화의 변용은 모범적인 태도를 취함으로써 인간 문명과 인간 종족을 구원하는 은혜로운 존재로 격상되고 주조된다. 이러한 영웅적 신들의 격하된 변용은 희극의 무대 위에서만 가능했을 것이다. 자신의 흉내를 낸 디오니소스의 행동을 보고 헤라클레스는 웃음을 참지 못한다. 「개구리」에서의 디오니소스는 희극적으로 말하지만, 사뭇 진지하다. 전통적 비극에서의 디오니소스는 제우스와 세멜레 사이에서 태어나 술과 예술을 관장하며, 고대 그리스 연극축제City Dionysia를 주관하는 연극의 신이다. 역으로 열광적 찬양으로 노래와 춤이 곁들인 고대 그리스의 종교적 제의가 디오니소스 신을 위한 것이다. 헤라클레스는 제우스와 알크메네 사이에서 낳은 자식으로서 수많은 역경과 고난을 이겨 낸, 지혜와 힘을 상징하는 영웅신이다. 신들의 희극적 변용은 디오니소스와 헤라클레스를 두고 말함이며, 극 속에서 이들의 행동을 통해 당시 사회를 조망해 볼 수가 있다. 디오니소스는 이제 지상에서는 해결할 수 없는 지혜를 구하기 위해 저승으로 갈 결연한 의지를 보이며 헤라클레스와 상의하기에 이른다.

> 디오니소스: 제대로 된 시인이 필요해. 그런 시인들은 죽고 지금 살아 있는 시인들은 시시하니까.
>
> ...
>
> 헤라클레스: 그곳에는 일만 편도 더 되는 비극을 쓰고, 에우리피데스보다 더 장광설을 늘어놓는 다른 곱상한 젊은이들도 있지 않소?
> 디오니소스: 그들은 오그라든 포도송이들이고, 수다꾼들이고, 제비들의 음악당이고, 자신의 예술을 망쳐 놓은 자들로 단 한 번 코로스를 배정받아 비극에 오줌을 내갈기고는 사라져 버리지. 하지만 점잖은 말을 할 줄 아는 창조적 시인은 아무리 찾아도 찾을 수 없을 걸세.
>
> ―「개구리」 72-98행

위 장면에서 디오니소스와 헤라클레스의 정체는 신격으로 문제를 해결하는 영웅으로 사로잡히기보다는, 인간적인 숙고와 지략으로 위기를 극복하는 신성을 익살스럽게 보이고 있다. 아리스토파네스는 신화의 인물들이 가진 신성을 희극적 인물과 오버랩시켜 노련한 해학적 기법을 구사하고 있다. 그는 비극에서 볼 때 신화의 수용성을 위반하고 있지만, 그 위반을 감추려고 하지 않는다. 이러한 해석은 오히려 희극의 다양한 장치를 사용하고, 이를 통해 관객들에게 사회를 이해시키고자 하는 의지가 엿보인다.

이쯤에서 「개구리」의 제목에서 등장하는 개구리 코로스의 설정 이유를 살펴보자. 극의 진행과는 상관없어 보이는 개구리는 아테네에서 살다 죽은 개구리들이다. 개구리들은 디오니소스가 하데스로 가기 위해 승선하려는 호숫가 주변에 서식하고 있으며, 연극의 코로스를 이루고 있다. 디오니소스가 탄 배 주변으로 갑자기 개구리 떼가 뛰어오른다. 이러한 설정 이유는 디오니소스의 힘든 노 젓기에 개구리들이 완급의 박자를 실어 신의 언동을 희화화하려는 것이다. 따라서 개구리들이 나타난 순간부터 디오니소스는 개구리들의 합창 "Brekekekex ko-ax ko-ax Brekekekex ko-ax ko-ax"를 못 견디고 욕설을 해 대며 맞고함을 쳐 댄다. 개구리들이 퇴장할 즈음 디오니소스는 격렬한 노 젓기로 숨을 헐떡이며 옷에 배설하는데, 고함 소리로는 개구리들을 제압할 수 없어 대포 소리 같은 방귀로 가까스로 개구리들을 격퇴한다. 여기서 개구리의 코로스는 하데스의 공포를, 입문자들의 코로스는 하데스의 축복을 상정하도록 의도되었다. 작가의 의중에 개구리 코로스는 헤라클레스가 언급한 오물에서 뒹구는 악당들, 작가가 경멸해 마지않았던 에우리피데스 추종자들로 구성된 코로스다. 코로스의 역사에도 없는 '악당 코로스'는 개구리 코로스로 대체되고 작가는 에우리피데스에 대한 적의를 얼버무리고 만 것이다.[59]

한편, 디오니소스와 그의 노예 크산티아스가 신들을 만나러 가는 과정에서 신성한 코로스장이 파라바시스 국면에 등장한다.(「개구리」 674-737행)

코로스장: 신성한 코로스는 도시에 이로운 것을 조언하고 가르쳐 주는 것이 도리일 것이오. 첫째, 시민들을 불평등에서 해방하고 그런 우려를 불식해야 한다는 것이 우리 생각이오. 누가 프리니코스의 딴죽걸기에 넘어져 실수했다면, 일러두거니와, 그때 미끄러진 자들에게는 그 이유를 소명하고 전과前科를 말소하는 게 허용되어야 할 것이오. 그다음, 도시 안에서는 누구

---

59 고전·르네쌍스드라마 한국학회, 앞의 책, 2001, pp. 238-239 본문과 각주 참조.

도 권리를 박탈당해서는 안 될 것이오. … 여러분은 가장 지혜로운 자들로 태어난 만큼, 자, 우리의 노여움을 풀고 우리와 함께 해전에 참가한 자들은 누구나 다 동포로, 동등한 시민으로 흔쾌히 받아들이도록 합시다. 특히 우리 도시가 "파도의 품속"에서 흔들리고 있는 지금, 우리가 시민권을 가지고 너무 우쭐대고 뻐기면서 그렇게 하지 않는다면, 후대 사람들도 우리가 현명하게 처신했다고 생각지 않을 것이오.

— 「개구리」 686-705행

이상의 파라바시스 국면에서 작가는 코로스의 목소리를 빌어 국가의 위기 국면을 헤쳐 나가기 위한 아테네 시민의 화합과 평화를 역설한다. 코로스장은 어느 누구도 권리를 상실하지 않는 동등한 대우를 피력하고 있다. 그리고 지각없는 도시의 점잖은 신사들에게 사악한 자들이 판을 치는 사고방식을 바꾸어 쓸모 있는 이들을 받아들이라는 충고도 잊지 않는다.

아리스토파네스의 다른 극들의 파라바시스는 '희극적 조작ᵃ comic pose'임에 반해 「개구리」의 파라바시스는 그의 극 중 유일하게 작가의 세태에 대한 진지한 비판, 조언을 전달한다. 그럼에도 불구하고 독자가 「개구리」의 심각한 의도의 정치적 결정을 의심하게 된다. 그 이유는 심각한 파라바시스의 내용과 기상천외한 희극적 장치로 채워진 극 전체의 내용 사이에 닿는 맥이 없다는 점 때문이다. 신인 디오니소스가 노예 크산티아스가 탄 당나귀를 끄는 장면에서부터 신과 노예가 매를 맞으며 고통을 참는 경쟁, 에우리피데스와 아이스킬로스가 서로의 시를 개악하며 벌이는 비평 놀음, 두 시인의 시의 우월성을 저울로 재는 촌극[60] 등에 이르기까지 극의 흐름

---

60 김혜룡은 그의 논문에서 파라바시스를 정치코미디의 '희극적 조작(a comic pose)'이라는 개념으로 해석했다. 아리스토파네스의 희극 전 작품에서 파라바시스가 풍자와 유머를 기본

은 터무니없는 정치적 경쟁으로 흘러가고 있다.

이어지는 「개구리」의 논쟁, 즉 언쟁의 중심은 하데스의 집안에서 소동이 벌어지는데, 디오니소스의 노예 크산티아스와 하데스 노예의 대화에서 아이스킬로스와 에우리피데스 간의 분쟁으로 인한 것임이 밝혀진다.

> 크산티아스: 오오, 포이보스('찬란하게 비친다'라는 의미─저자 주) 아폴론이여! 자네 손에 쥐여주며 키스를 하고 키스를 받게. 그리고 매 맞는 노예들의 우애의 신인 제우스에 맹세코, 말해 주게. 안에서 들리는 저 소음과 고함은 무슨 소리지? 욕설을 하는 게 누구지?
>
> 노예: 누구긴 누구야, 아이스킬로스와 에우리피데스지.
>
> 크산티아스: 그래?
>
> 노예: 큰일이야. 사자死者들이 편을 갈라 파쟁을 벌이고 있으니.
>
> 크산티아스: 무슨 일로?
>
> 노예: 이곳의 법에 따르면, 모든 위대하고 정당한 기술에서 동료 기술자들 가운데 가장 뛰어난 자는 시청市廳에서 / 무료급식을 제공받고 하데스 바로 옆의 상석上席을 / 차지하게 되어 있지….
>
> 크산티아스: 알겠네.
>
> 노예: 같은 기술에서 자기보다 더 지혜로운 다른 사람이 올 때까지 말이야. 그때는 그가 양보해야 해.
>
> ─「개구리」754-766행

으로 하는 일반화된 충고형식을 가진 반면, 「개구리」, 「기사들」에서의 진지한 조언을 심각한 희극으로 받아들이고, 다른 작품들을 희극적으로 조작한다는 해석을 한 것 같다. 김해룡, 앞의 논문, 2004, p. 228. 그러나 본 연구자는 이를 '희극적 조작'보다는 '코믹한 포즈'를 취하여 작가의 의지를 관객에게 설파하는 개념으로 적용하고자 하였다.

저승의 문지기 아이아코스의 설명에 의하면, 하데스의 법은 이곳의 거주자들 중 예술의 각 분야에서 으뜸인 자가 하데스의 옆자리에 앉으며, 의사당에서 무료식사도 할 수 있도록 정하고 있다. 이는 아테네의 전통으로 운동경기, 즉 아곤의 우승자에게는 무료식사가 제공된다. 비극의 경우 아이스킬로스가 왕좌를 차지하고 있었다. 분쟁은 에우리피데스가 죽어 하데스로 들어오면서 시작되었다. 에우리피데스는 지하세계를 거의 채우고 있는 옷 도둑, 강도, 아버지 살해자들에게 현란하고 부정적인 논쟁의 기법을 떠벌렸고, 이에 혹한 불량배들이 자신을 챔피언으로 추앙하자 이에 고무되어 아이스킬로스의 왕좌를 요구하기에 이른 것이다.

이승에서와 마찬가지로 저승에서도 덕을 갖춘 망자가 드물고, 아이스킬로스는 생전에 아테네인들과 원만한 관계를 유지하지도 못해 저승에서의 아이스킬로스 지지자는 태부족이다. 살아생전부터 그가 인기가 없었던 이유는, 도덕적 규범을 따르도록 제시해도 이를 따르지 않은 아테네 시민들에게 환멸을 느끼고 시칠리아로 거처를 옮겨 생을 마감했기 때문이었다. 망자 불량배들은 두 시인 중 챔피언을 결정하라고 아우성치고, 아이스킬로스는 경쟁을 피할 수 없게 되었다. 문제는 이 경쟁을 주관하는 하데스가 시에 대해서는 완전히 무지하다는 점이다. 다행히 신을 가려내는 심사에서 신으로 판정된 디오니소스가 재판관으로 선출된다.[61]

여기서 우리는 잠시 디오니소스가 판결하기 위한 논쟁의 쟁점을 참고하기 위해 두 시인의 글쓰기 방식 차이를 살펴볼 필요가 있다.

먼저 아이스킬로스를 살펴보자. 아이스킬로스는 당시의 보수적 지식인으로서 당파 간의 대립과 지도자들 간의 갈등이야말로 부질없는 국력 낭비라고 개탄하면서 양측의 화합을 도모하려 했던 이상주의자라고 보

---

61 고전·르네쌍스드라마 한국학회, 앞의 책, 2001, p. 245 참조.

는 것이 옳을 것이다. 그것은 「오레스테이아 3부작」 중 「자비로운 여신들Eumenides」의 종막에서 여실히 표현되었다.[62] 오레스테스의 이야기는 그 특징인 귀환의 서사만으로 구성되어 있지 않고, 그 반대인 도망의 서사가 중요하다. 오레스테스는 복수극을 펼친 다음부터 계속 도망자의 삶을 산다. 통상의 복수극에서는 사회에 재진입해서 복수극을 펼치는 주인공은 결코 도망가지 않는 것이 상식이다. 아이스킬로스의 「오레스테이아 3부작」은 이러한 반전의 극 구성으로써 복수극을 가장한 '화해의 극the drama of reconciliation'이라고 할 수 있다.

아이스킬로스는 신의 명령에 따라 비극을 쓰는 문학적 성향과 전통적인 신과 영웅 세계의 문법을 지키는 정치적 성향을 보인다. 아레오파고스 법정에서 오레스테스에 대한 표결은 유죄와 무죄가 동수를 이룬다. 그것은 오레스테스가 유죄이면서 동시에 무죄라는 것을 의미한다. 법정을 주재한 아테나Athena 여신의 역할은 캐스팅 보트casting vote를 행사한다.[63]

아테나: 마지막으로 판결을 내리는 것은 내 소임이니라. 나는 오레스테스를 위해 이 투표석을 던지노라. 나에게는 나를 낳아 준 어머니가 없기 때문이니라. 나는 결혼하는 것 말고는 모든 면에서 진심으로 남자 편이며, 전적으로 아버지 편이니라. 그래서 나는 여인의 죽음을 더 중요시하지 않는 것이니, 그녀가 가장인 남편을 죽였기 때문이니라. 투표가 가부 동수라도 오레스테스가 이긴 것이니라.

— 「자비로운 여신들」 734-741행[64]

---

62 김용석, 『서사철학』, 서울: 휴머니스트, 2009, pp. 127-128.
63 류재국, 앞의 논문, 2019b, p. 12.
64 아이스킬로스, 『아이스킬로스 비극전집』, 천병희 역, 파주: 숲, 2008, p. 181.

「자비로운 여신들」의 개표 결과에서 유죄 표와 무죄 표가 동수로 공표되고 오레스테스는 석방된다. 아테나 여신이 오레스테스를 위해 한 표를 행사한 것이다. 인간 배심원들의 표만을 고려하면 오레스테스는 유죄이다. 이는 오레스테스의 구원에 아테나 여신이 결정적 역할을 했음을 의미한다. 오레스테스를 구원하고 아트레우스 왕가에 서린 복수의 악순환 고리를 끊는 것은 아테나 여신의 은혜, 궁극적으로는 제우스 신의 은혜에서 비롯된 것이다. 탄원으로 신에게 구원받는 극작 기법은 아이스킬로스의 전형적인 신화의 수용 성향을 보여 주고 있다.

이번에는 에우리피데스를 살펴보자. 에우리피데스가 출생한 것으로 알려진 기원전 480년은 살라미스 해전의 해였다. 이 싸움은 페르시아 전쟁에서 승리를 거둔 단초가 되었고, 나아가서는 아테네의 정치적, 문화적 위치를 크게 향상시키는 계기가 되었다. 페르시아가 이오니아 지방을 장악함으로써 아무런 전통이나 인습에 구애받지 않던 자유로운 탐구 정신의 이오니아 학풍이 아테네로 이입되어 아테네의 사상계와 전통적 신관에 큰 변화가 생긴다. 크세노파네스, 아낙사고라스 등의 무신론 내지 불가지론을 주장하는 사상가나 프로타고라스를 비롯한 소피스트들이 아테네로 와서 활동하였는데 비극시인들도 이러한 새로운 사조에 영향을 받지 않을 수 없었다. 물론 비극의 소재를 호메로스 신화의 세계에서 구해야 했던만큼 비극시인들은 새로운 사상을 수용하는 데 상당한 어려움을 겪었을 것이다. 아이스킬로스나 소포클레스의 경우는 그래도 전통사상에 충실한 편이었으나, 새로운 변화의 시기에 부응이라도 하듯이, 에우리피데스는 그의 극작에서 전통에 반대되는 새로운 수법을 과감하게 시도하게 된다. 「메데이아」는 극의 종막deus ex machina에 신의 존재가 아닌 메데이아가 나타나 이아손에게 심판을 내린다.

메데이아: 친구들이여, 내 결심은 확고해요. 나는 되도록 빨리 내 자식들을 죽
　　이고 나서 이 나라를 떠날 것이며, 늑장을 부리다가 더 증오심에 찬 다른
　　손에 내 자식들을 죽이라고 내주지 않을 거예요. 그 애들은 무조건 죽어야
　　해요. 필요하다면 생모인 내가 그들을 죽일 거예요.

— 「메데이아」 1236-1241행[65]

에우리피데스는 전통적 신화를 수용할 때 아이스킬로스나 소포클레스의 고귀함을 벗어 버린다. 그는 합리주의자, 소피스트사상가, 비합리주의자, 이상주의자, 신비사상가, 반전주의자 등 여러 이름으로 불리는데, 그 가운데는 상반되는 성격의 호칭도 있지만 그것은 그의 다면적이고 변화와 진전이 있는 유연한 사상을 나타낸 것이라고 볼 수 있다.[66] 에우리피데스는 비극의 무대에서 주로 영웅들이 등장하는 식의 관례를 깨고 범속하고 비천한 인물을 무대에 등장시켜 생활의 진실을 그리게 했다. 이를 통해 관객은 비극의 무대에서 자신의 분신을 발견하게 되고, 그 분신이 말하는 교묘한 소피스트적 대화에 갈채를 보내면서 그 대화를 습득하게 된다. 이러한 그의 태도는 이상주의와 그에 따른 비합리적인 허구와 과장에 반발하는 이성적 정신의 추구에서 비롯되었다고 할 수 있다. 「헤카베Hekabe」에서 오디세우스는 간악한 사기꾼으로, 헬레네는 외설스럽고 간사한 요부로, 메넬라오스 왕은 무지렁이 촌놈으로 비친다. 영웅상의 파괴는 인간 내지 영웅의 성격에 숨겨진 사악함을 드러내고, 특정한 상황에 처한 개개인의 감정을 구체적으로 해부하려는 의도에서 나온 것으로 보인다. 한편 에우리피데스는 이야기 소재를 선택하는 일에 있어서도 무척 자

65　에우리피데스, 『에우리피데스 비극전집 1』, 천병희 역, 파주: 숲, 2009, p. 78.
66　김진경, 앞의 책, 2009, pp. 390-392.

유로운 태도를 지녔다. 이른바 '데우스엑스마키나deus ex machina'의 수법으로 신화의 부분적인 변용을 시도함으로써 극적인 효과를 노렸고, 신화를 자유롭게 이지적으로 해석하려는 태도가 엿보인다.[67]

이러한 아이스킬로스와 에우리피데스의 첨예하게 다른 성향은 기원전 5세기의 드라마를 이끌어 온 인지적 상황이 서로 다른 연극적 행동임을 확인시켜 주는 장치로 인식된다. 이제 정리해 보면, 신화를 원형 그대로 수동적으로 수용하여 전통적 가치관을 존중하고 지키려는 보수적 성향의 아이스킬로스와 신화를 비틀어 극적인 효과를 노리는 진보적 성향의 에우리피데스로, 그 차이점이 명확히 드러난다. 이러한 차이점은 결국 아리스토파네스로 하여금 두 시인을 아곤의 시험대에 오르게 만든 원인이 된다.

이제 코로스는 두 시인의 본격적인 아곤을 예고한다. 코로스의 예고에 두 시인 간의 불꽃 튀는 언쟁은 '논쟁의 춤argument dance'[68]이라는 은유로 불리기 시작한다. 양측의 논쟁은 깃털 달린 투구를 쓰고 돌진해 맹렬한 공격을 감행하여 상대편 말들을 갈기갈기 찢어 놓을 것이며, 둘의 격정적인 혀는 자신의 주장을 펼치고, 상대를 쓰러뜨리기 위해 맹렬한 공격을 퍼부을 것이다. 코로스는 이에 대한 불꽃 튀는 논쟁을 공개적으로 공표한다.

> 코로스: 현명한 두 시인에게서 우리도 듣고 싶어요. 어떤 재치 있고 전투적인
> 말[語]의 길을 들어서는지. 두 사람 다 혀는 거칠어지고, 기개는 대담무쌍
> 해지고, 마음은 기민하기 때문이오. 아마도 그중 한 명은 세련되고 가지런
> 히 정돈된 것을 말할 테고, 다른 한 명은 뿌리째 뽑힌 반론들과 함께 그를

---

67 류재국, 앞의 논문, 2019b, p. 14.

68 영어사전에서 argument는 말다툼, 논의(論議), 논란(論難)이 주된 의미이지만 공공장소에서 시끄럽게 하는 'fight'의 뜻으로 많이 사용된다. 'argument dance'라고 하면, 격정적인 몸짓에 가까운 말싸움을 하는 언쟁(言爭)을 일컫는다.

낚아채며 덤벼들겠지요. 땅바닥의 먼지처럼 미세한 말들을 모두 흩날려 버리면서.

디오니소스: 자, 어서 말을 시작하시오. 말을 하되 세련되게 하며, 은유는 쓰지 말고, 아무나 할 수 있는 그런 말은 하지 마시오.

— 「개구리」 895-906행

여기서 아리스토파네스는 두 시인이 경합하게 되는 비극 창작의 다른 성향을 객관적 입장으로 묘사한다. 「개구리」는 당시 그리스 사회의 보수적 가치관을 대변하는 아이스킬로스의 종교적이고 애국적인 사고방식과 그 숭고함을 찬미하는 입장에서, 다시 그리스인들에게 새로운 철학의 영향으로 형성된 회의적이고 비판적인 사고방식을 심어 주려 했던 에우리피데스의 계몽적·진보적 성향을 비판하였다. 이는 미학사적으로 봤을 때 도덕적이고 교육적인 관점과 기준을 시詩의 가치에 대한 평가원칙으로 정립시킨 최초의 시도였다.[69] 에우리피데스는 아이스킬로스 비극이 육체적으로 비만하며, 호언장담과 지루함으로 인해 중증 비만증에 걸려 있다고 비판한다. 반대로 자신의 비극은 아이스킬로스의 영웅 시적인 과장된 비유를 치료하기 위해 비만의 비극에서 살을 뺀 서정 비극으로의 탈바꿈이라고 주장한다. 두 시인은 서로가 자신이 아테네 시민들에게 올바른 수사법을 가르치기 위한 연극적 행동의 올바름을 가르쳤다고 주장하기에 이른다.[70] 이에 아이스킬로스는 시인이 해야 할 일과 가치관에 대하여 다음

---

[69] 이와 같이 아리스토파네스에게서 발견되는 시의 교육적 영향력에 대한 문제의식은 플라톤에게도 이어져 이상국가의 수립을 위한 그 자신의 고유한 성찰 속에서 특유한 방식으로 시에 대한 비판적 논의로 구체화되었다. 류재국, 앞의 논문, 2017, p. 83.

[70] 기원전 5세기 아테네 비극은 아이스킬로스 세대의 스타일과 에우리피데스 세대의 스타일로 집약된다. 아이스킬로스의 세대는 페르시아의 진입을 격퇴하고, 제국을 건설했던 세대

과 같은 주장을 펼친다.

> 아이스킬로스: 그런 것이 시인들이 해야 할 일이니까. 맨 먼저 살펴야 할 것은 뛰어난 시인들이 공동체에 얼마나 기여했느냐는 점이오. 오르페우스는 우리에게 종교의식과 살인에 대한 거리낌을, 무사이오스는 질병의 치료술과 신탁을, 헤시오도스는 농토의 경작과 수확기와 쟁기질하는 시기를 가르쳐 주었소.[71] 신과 같은 호메로스가 명예와 명성을 얻는 것은 진법陣法과 무용武勇과 전사들의 무장을 가르쳐 주었기 때문이 아니고 무엇이겠소?
>
> —「개구리」 1030-1036행

였던 반면, 에우리피데스의 세대는 국력과 부를 상실해 국가가 위기에 처했던 세대였다. 따라서 에우리피데스가 죽은 아이스킬로스의 뒤를 이어 처음으로 비극 경연 대회에 참여했을 당시(기원전 455), 아이스킬로스는 여전히 아테네의 힘의 상징이었고, 에우리피데스는 쇠퇴의 상징이었다. 결론적으로 무대에서 진행되는 경쟁은 당시 아테네인들에게 친숙했던 에우리피데스의 서정적 스타일과 그리스 부흥기의 영웅적 찬양 일색인 아이스킬로스 스타일 간의 경쟁이다. 기원전 4세기에 접어들자 아이스킬로스의 극은 더 이상 공연되지 않고 에우리피데스의 극만 남게 된다. 그러나 에우리피데스가 비난하는 스타일과 논리의 오류는 위험과 불확실성의 당대 세대에게 오히려 매력적인 요소로 작용했을 가능성이 있다. 고전·르네쌍스드라마 한국학회, 앞의 책, 2001, p. 246 본문과 각주 참조.

[71] 오르페우스는 고대 그리스의 전설적인 가수이다. 오르페우스 전설에 관한 옛 증언들을 보면, 아이스킬로스가 말하기를 "그대는 오르페우스와 정반대의 혀를 가지고 있구나. 그자는 목소리로 모든 것을 기쁨으로 이끌었지만…", 에우리피데스가 말하기를, "만일 나에게 오르페우스의 혀와 가락이 있어서 데메테르의 딸이나 그녀의 남편을 노래로 홀려 하데스에서 데려올 수 있다면…" 하고 노래하였다. 이에 플라톤, 소크라테스, 아리스토파네스, 아리스토텔레스, 다마스키오스, 아테나고라스, 데모스테네스 등이 오르페우스의 목소리를 전설적으로 찬양한다. 무사이오스는 디오게네스 라에르티오스에 의하면, "아테네 출신이며, 에우몰포스의 아들이며, 『신들의 탄생』과 『구(Sphaira)』를 맨 처음으로 시작(詩作)했으며, 모든 것은 하나에서 생겨나서 다시 이 하나로 해소된다"고 전설적인 시인으로 표현한다. 헤시오도스는 기원전 700년경에 활동한 그리스의 서사시인이며, 호메로스와 함께 그리스 신화, 그리스 문학에서 중요한 역할을 하는 시인이다. 김인곤 외 7인, 『소크라테스 이전 철학자들의 단편선집』, 서울: 아카넷, 2017, pp. 35-71 참조.

아이스킬로스는 소크라테스 이전의 그리스 최고의 철학자로 대표되는 오르페우스Orpheus, 무사이오스Mousaios, 헤시오도스의 예를 들며, 시인의 역할에 대하여 명확하게 거론한다.

아이스킬로스의 반격은 계속된다. 에우리피데스를 겨냥해 "건전한 양식을 갖춘 청년들에게 시인이 나쁜 영향을 미쳐 그들을 쓸모없는 건달들로 만들었다면 그 죄는 어떠한가?"라고 묻자 디오니소스가 즉시 "죽을죄"라고 단언한다. 아테네 시민들은 정치, 군사, 종교적 비리에 연루된 범법자에게 극형이 선고되는 것을 당연시했고 공동체를 위험에 빠뜨린 자들의 파멸을 경축하기를 주저하지 않았다. 아이스킬로스의 주장에 의하면, 그가 에우리피데스에게 넘긴 아테네의 청년들은 지금처럼 나약하고 패기 없는 오합지졸이 아니었다. 그들은 자신의 연극 「테베를 공격한 일곱 장수Hepta epi Thebas」(기원전 467)[72]와 「페르시아인들」(기원전 472)에 영향을 받아 기개 당당했고, 충성심에 불탔으며, 승리의 월계관을 동경하고 있었다. 그러나 에우리피데스의 연극으로 인해 젊은이들이 역경을 피하고 안락과 궤변만 추구하는 쓸모없는 존재로 인식된 것이다. 무엇보다도 에우리피데스가 그의 작품에서 파이드라Phaidra나 스테네보이아Stheneboea 같은 사련邪戀에 빠진 여인들을 무대에 등장시킨 반면, 아이스킬로스 자신은 전사들을 무대에 등장시켰다는 것으로 인해 당당하다.[73] 이들의 설전은 아곤의 극

---

72 고르기아스(Gorgias)는 이 작품을 가리켜 '상무정신(尙武精神)'이 넘친다는 평을 했다는데, 아리스토파네스는 「개구리」에서 아이스킬로스가 "아레스로 가득 찬 드라마를 썼소"(1021행)라는 대사를 만들었다. 이 대사는 피상적으로 보인다. 아이스킬로스는 전쟁을 위한 전쟁을 찬미한 적이 없다. 그는 오직 불의와 침략으로부터 조국의 자유를 수호하려는 전사만을 높이 평가했다. 처음으로 이 말을 사용한 사람은 소피스트 고르기아스였다. 아이스킬로스, 앞의 책, 2008, p. 443.

73 고전·르네쌍스드라마 한국학회, 앞의 책, 2001, p. 247.

과 극을 달리면서 자신들의 영혼이 마차경기장 트랙 밖으로 떨어지지 않
도록 혼신의 힘으로 상대를 향해 돌진한다.

> 에우리피데스: 이 뻔뻔스러운 자여, 나의 스테네보이아들이 도시에 무슨 해를
> 끼쳤다는 것인가?
> 아이스킬로스: 점잖은 남편들의 점잖은 아내들이 그대에게 현혹되어 그대의
> 벨레로폰테스들 탓에 치욕을 당하고 독미나리를 마시지 않았던가?
> 에우리피데스: 파이드라 얘기는 전부터 있지 않았던가? 내가 지어냈단 말인가?
> 아이스킬로스: 물론 있었지. 하지만 시인이라면 사악한 것은 덮어야지, 내놓고
> 공연해선 안 되지. 아이들에게 가르치는 교사가 있다면, 어른들에게는 시
> 인들이 있으니 말이오. 우리는 유용한 것들만 말해야 할 것이네.
> 에우리피데스: 그대가 리카베투스 언덕들과 파르나소스 신의 거대함을 말한다
> 고 해서 그것이 곧 유용한 것을 가르치는 것인가? 우리는 인간답게 말해
> 야 할 것이네.
> 아이스킬로스: 쩟 자여, 위대한 사상과 관념은 그에 걸맞은 표현을 낳아야 하
> 오. 그리고 반신半神들은 더 거창한 표현을 쓰는 것이 합당하네. 그들이 입
> 는 옷도 우리 것보다 훨씬 품위가 있기 때문이오. 내가 제대로 가르쳐 놓
> 은 것을 그대가 망쳐 놓은 것이네.

— 「구름」 1049-1062행

에우리피데스는 그의 작품에서 '인간다움'을 말하면서 자신을 변호한
다. 아이스킬로스는 자신의 전사들을 무대에 등장시켰다는 것으로 인해
당당하지만, 에우리피데스의 연극은 그로 인해 젊은이들이 역경을 피하
고 안락과 궤변만 추구하는 쓸모없는 존재로 전락시킨다고 공격한다. 이
들의 설전이 격화되는 극적 행동의 진행은 비극의 주인공 문제에 대하여

362

누가 옳은가? 또는 누가 옳지 않은가? 찬반 논쟁으로 변주된다. 두 시인의 격렬한 논쟁은 비극의 장면을 재해석한 것으로 관객들에게 신선한 충격을 주는 동시에 지금까지 보았던 비극의 교훈에 대한 딜레마 상황에 관객들을 직접적으로 참여시킨다. 이러한 작가의 연출 방향은 흡사 20세기의 브레히트 서사극 방식을 연상시킨다.

주제로 돌아와, 극의 전개는 에우리피데스의 반격 차례로 이어진다. 「오레스테이아」 3부작의 두 번째 극 「제주祭酒를 바치는 여인들Choephoroi」의 프롤로그 3행이 에우리피데스의 요구에 따라 아이스킬로스에 의해 낭송된다. 오레스테스가 어머니 클리타이메스트라와 정부 아이기스토스에 의해 살해된 아버지 아가멤논의 무덤 앞에서 저승의 신 헤르메스에게 아버지의 혼과 이야기 할 수 있도록 도움을 청하는 부분으로 아이스킬로스가 허를 찔린다.[74]

디오니소스는 판관으로서 계속되는 둘의 논쟁에서 결판이 나지 않자, 이번에는 저울에 시행詩行을 말하고 그 무게를 달아서 결판을 낸다고 하였다. 그것은 자신들이 지은 작품 중에서 시행을 하나씩 말하기로 하여 그 시행에서 사용한 낱말이 더 무게가 느껴지면 저울이 기우는 방법으로 결정하고자 한다. 그러나 세 번의 저울질에서 세 번 모두 아이스킬로스가 이겼지만, 이 방식으로도 누구를 선택해야 할지 디오니소스가 정하지 못하게 된다. 이제 최종 결정은 '알키비아데스Alkibiades를 어찌 생각하느냐'라는 질문으로 승자를 가리기로 하였다.

에우리피데스: 조국을 이롭게 하는 데는 느리지만 큰 해악을 끼치는 데는 빠르고, 자신을 위해서는 수단과 방법을 강구할 줄 알면서도 도시를 위해서는

---

74 같은 책, 2001, pp. 248-249.

그렇지 못한 시민을 난 싫어하네.

디오니소스: 포세이돈에 맹세코, 좋은 말이오. 그대는 어떻게 생각하시오?

아이스킬로스: 도시에서 사자 새끼를 기르지 마시게. 일단 기른 다음에는 사자에게 순종해야 할 것이네.

— 「개구리」 1425-1432행

알키비아데스는 아테네의 부유한 명문가 출신으로서 기원전 415년 시칠리아 원정군의 사령관으로 출정하였다. 그는 공명심과 허영심이 강하고, 사리판단이 정확하고 유능한 정치가였다. 전쟁 도중 헤르메스상 파괴 사건의 혐의로 소환 명령을 받자 스파르타로 도피하였고, 이에 그치지 않고 스파르타군의 길잡이로 변신하여 아테네군에게 결정적인 패배를 안기게 된다. 기원전 405년경 그에 대한 견해는, 외국에서 몇 차례 승리를 거둔 그를 다시 아테네로 데려와 펠로폰네소스 전쟁에서 장군으로 기용하자는 주장과 시칠리아에서 소환하자 불응하고 제발로 적국인 스파르타로 넘어간 그를 믿을 수 있겠느냐는 회의론으로 나뉘어 있었다.[75] 알키비아데스에 대한 마지막 문제에서 에우리피데스와 아이스킬로스의 국가관에 대한 가치관이 심각하게 갈리게 되었다. 그런 후에 현재와 같은 국가 정세를 바로 잡으려면 어떻게 할 것인가에 대하여 말해보라고 하자, 에우리피데스는 알키비아데스를 해악을 끼치는 적폐로 분류하지만, 아이스킬로스는 사자 새끼[76]로 비유하며, 올바른 훈육으로 도시를 이롭게 하는 데 사용하자는 것이다. 아리스토파네스는 알키비아데스의 이기주의와 비애국적인 태도를 에우리피데스의 입을 통해 규탄하면서도 아테네는 그의 많은

---

75 아리스토파네스, 앞의 책, 2010b p. 259 참조.

76 아이스킬로스는 「아가멤논」 717-736행에서 알키비데스를 사자 새끼에 비유하였다.

결점에도 불구하고 알키비아데스를 받아들여야만 한다고 아이스킬로스의 말을 통해 충고하는 것이다. 아리스토파네스는 알키비아데스가 조국을 배신한 일이 있지만 그래도 그가 군사적 능력, 외교적 수완, 과단성과 용기로써 아테네를 구할 유일한 인물이라고 생각한 것이다.[77]

두 시인의 격렬한 논쟁 끝에 정치적 딜레마를 딛고 디오니소스가 판결을 내릴 시간이다. 기나긴 논쟁이 대단원에 이르렀고, 마지막 순간까지 누구와도 적이 되고 싶지 않아 결정을 미루며, 딜레마에 빠지게 된다. 이 부분에서 디오니소스는 마치 제우스가 트로이 전쟁의 원인이 되는 '파리스의 심판'을 떠올리게 하는 대사를 구사한다.

> 디오니소스: 구원자 제우스에 맹세코, 여전히 결정을 내릴 수가 없소. 한 명은
> 지혜롭게 말하고, 다른 사람은 명료하게 말했기 때문이오. 그러니 그대들
> 은 각자 한 가지씩만 더 말해 주시오. 대체 도시를 어떻게 구할 생각인지.
> ─「개구리」 1433-1436행

현명한 심판의 딜레마에 빠지는 디오니소스의 모습에서 「개구리」는 매우 정교한 희극임을 암시한다. 디오니소스의 성격에 있어서 중심적인 문제는 판관의 역할이 끝날 무렵의 중대한 결과에 대한 경합에서 중재자로서의 그의 적합성에 대해서는 의문의 여지가 없다.[78] 그러나 디오니소스는 처음 의도와는 달리 아이스킬로스를 승리자로 선언한다. 코로스는 좌, 우로 등장하며 디오니소스의 결정을 공포한다.

---

77 김진경, 앞의 책, 2009, p. 408.
78 Charles Paul Segal, 앞의 책, 1961, p. 208.

코로스(좌): 복되도다, 세련된 지성의 소유자는. 많은 예(例)가 이를 말해 준다네. 그이는 지혜로운 이로 드러나 다시 고향으로 돌아간다네. 시민들에게 이익을 가져다주며, 자신의 친족들에게 이익을 가져다주며. 그는 지성의 소유자니까.

— 「개구리」 1482-1490행

이 부분의 코로스는 논쟁을 중재하는 해결의 국면을 제시하고 있다. 디오니소스가 에우리피데스를 패배로 몰아넣은 뒤, 하데스는 디오니소스와 아이스킬로스가 길을 떠나기 전에 그들을 식사에 초대하여 집 안으로 데리고 들어간다. 그들이 들어가자 코로스는 시민들과 친척들, 친구들, 즉 공동체의 이익을 위해 집으로 돌아가는 완벽하게 분별력 있는 사람으로 아이스킬로스를 선택한 과정에 대해 다시 한번 알린다.

코로스(우): 얼마나 좋은 일인가, 소크라테스 옆에 앉아 수다를 떨지 않는다는 것은, 그리고 비극의 예술에서 음악과 가장 위대한 유산들을 벗기지 않는다는 것은. 젠체하는 천박한 말로 수다를 떨며 하는 일 없이 시간을 보내는 것은 정신 나간 자들의 몫이라네.

— 「개구리」 1491-1499행

누가 아테네의 불안한 현실의 난국을 타개할 것인가? 난국을 타개할 수 있는 탁월한 지도자는 누구인가? 마침내 저승 세계로 내려간 디오니소스는 귀족주의적 작가 아이스킬로스와 시민 중심의 민주적인 작가 에우리피데스를 놓고 고민하다가 왜 아이스킬로스를 선택했는가? 애초에 에우리피데스를 이승으로 다시 데려가겠다는 디오니소스의 욕구는 하데스가 끼어들면서 아이스킬로스로 결판이 난다. 저승의 신 하데스가 마지막 작별인사를 고한다.

하데스: 잘 가게, 아이스킬로스. 가서 그대의 훌륭한 생각들로 우리 도시를 구
하고, 지각없는 자들을 혼내 주게. 그곳에 그런 자들이 많기 때문이네. (칼
을 건네며) 여기 이것은 클레오폰에게 갖다 주고, (고를 낸 매듭들을 건네며) 이
것은 징세원徵稅員들에게, 이것은 미르멕스에게, 이것은 니코마코스에게 주
게. (독미나리 묶음을 건네며) 이것은 아르케노모스에게 주게. 그리고 그들에
게 여기 내가 있는 곳으로 속히 오고 지체하지 말라고 이르시게나. 만약 그
들이 속히 오지 않으면, 내가 손수 그들에게 낙인을 찍고 족쇄를 채워, 레우
콜로포스의 아들 아데이만토스와 함께 당장 지하로 보내 버릴 것이네.

—「개구리」 1500-1514행

그리스 비극의 전통에 따라, 패배한 에우리피데스는 머리카락을 뜯으며
퇴장한다. 그는 하데스에 영원히 머물러야 하고 "에우리피데스 같은 협잡
꾼[79]에게 비극의 왕좌가 허락되어서는 안 된다"라는 아이스킬로스의 주장

---

[79] 사실 고대 그리스 비극은 아테네의 정신을 가장 잘 반영하는 국민적 예술이었다. 페르시
아 전쟁 중 마라톤 전쟁(기원전 490)과 살라미스 해전(기원전 480)에서 눈부신 활약을 함으로
써 정치적, 문화적 황금기를 맞이할 수 있는 계기를 마련한다. 이러한 시대적 상황에서 이
아스킬로스의 작품에는 '고통을 통한 깨달음'이라는 주제가 「아가멤논」 177행, 250행에서
부각되며, 이러한 정신은 소포클레스에로 계승된다[「안티고네(Antigone)」 1350-1353행]. 그러나
펠로폰네소스 전쟁 이후 국력을 과도하게 소모한 아테네는 쇠퇴의 길에 접어든다. 이러한
시대상과 맞물려 에우리피데스의 비극작품, 특히 그의 후기 작품에 이르러서는 지혜를 추
구하는 비극의 정신이 사라진다. 에우리피데스는 정의의 문제를 제기하기보다는 주제를
가급적이면 사실적이고, 충격적으로 묘사하는 데 관심이 있었다. 아이스킬로스와 소포클
레스의 극작이 학교와 교회의 분위기였다면, 에우리피데스와 그의 후기 작품 경향을 이어
받은 비극작가들의 극장은 여흥을 위한 곳이었다. 그야말로 사실주의와 충격적인 장면이
있는 작품과 멜로 드라마적, 감상적, 수사학적인 작품이 선호되었다. 플라톤이 그의 『국

에 따라 왕좌가 소포클레스에게 넘겨진다.[80] 아이스킬로스는 하데스에게
비극의 왕좌가 소포클레스에게 합당하다고 정당성을 강조한다.

> 아이스킬로스: 그렇게 하지요. 당신은 제 자리를 소포클레스에게 맡겨 그가 간
> 직하게 하십시오. 언젠가 제가 이곳으로 돌아올 때까지. 그가 비극예술에
> 서 제게 버금간다고 판단하기 때문입니다. 당신은 명심해서 저 교활하고
> 거짓말 잘하는 익살꾼이 우연하게라도 결코 내 자리에 앉지 못하게 해 주
> 십시오.
>
> ― 「개구리」 1515-1523행

여기서 디오니소스는 정의가 무엇인지 조언하고 가르치기 위해 성스러
운 합창에 대한 권고와 함께 존엄성과 올바른 역할에 대한 인식을 얻게 된
다. 하데스과 페르세포네Persephone[81]에 의한 그의 인정은 근본적으로 국가
에 대한 예술과 문학의 관계에 관한 문제적 판사로서의 지위를 나타낸다.

가』 제10권에서 시인추방론을 주장한 이유가 여기에 근거했을 가능성이 큰 것으로 기록되
어 있다. 윤영돈, 「플라톤과 아리스토텔레스의 예술론과 도덕교육에의 함의」, 『도덕윤리
과교육』21, 한국도덕윤리과교육학회, 2005, pp. 393-394.

80 고전·르네쌍스드라마 한국학회, 앞의 책, 2001, p. 252.

81 그리스 신화에서 데메테르(Demeter)는 땅의 생산력을 관장하는 토지의 여신이며 곡물의 어
머니이다. 여신은 제우스와의 인연으로 외동딸 페르세포네를 얻는다. 모성의 여신답게 페
르세포네를 향한 데메테르의 사랑은 지극했다. 어느 날, 페르세포네는 꽃밭을 거닐다 하
데스에게 납치되어 지하세계로 끌려갔다. 어머니 데메테르의 강력한 요구로 페르세포네
는 다시 지상으로 돌아올 수 있게 되었지만, 하데스가 건넨 석류를 먹는 바람에 하계를 완
전히 떠나지 못하고 1년 중 4개월은 명계에서 지내고 나머지 8개월은 땅 위에서 어머니와
함께 지내게 되었다. 이로써 페르세포네가 명계에 있는 동안에는 곡식이 자라지 않고 땅
의 생기가 사라졌으며, 땅 위로 올라오면 땅도 생기를 되찾아 초목이 되살아나고 곡식이
열매를 맺게 되었다. 윤일권·김원익, 『그리스 로마 신화와 서양문화』, 고양: 알렙, 2015,
pp. 83-85 참조.

물론 그는 위치에 맞는 경의를 표하며 훌륭하게 자신의 임무를 수행하게 된다. 그럼에도 불구하고 그를 보았을 때, 그는 단순히 장면의 희극 가능성을 이용하기 위해 출연하지만, 매우 가치 있는 기능을 수행한다. 에우리피데스에 대한 그의 초기 오판에도 불구하고 그는 공정하고 공평한 판사로 남을 수 있다.[82]

「개구리」는 아이스킬로스와 에우리피데스의 비극을 비교한 일종의 문학비평이었지만 작품 속의 연극적 행동에는 신화의 인물들을 이용한 작가의 개혁적 정치관이 분명히 나타나 있다는 점에서 상당히 구체적인 신화의 변용 성향을 주조하고 있다. 작가는 신의 위용으로 인간이 가진 욕망과 야망을 어느 선에서 견제하거나 중재하는 입장을 취하고 있다. 여기서 신화의 변용이란 신을 인간과 동등한 입장의 웃음거리로 만들어 해학과 익살이 깃든 풍자로 본래의 목적을 성취하고자 하는 희극적 의지를 말하는 것이다.

디오니소스는 괴이한 복장으로 반＊헤라클레스가 된 채 종을 태운 당나귀를 끌고, 헤라클레스는 하인도 없는 누추한 집에서 형제를 맞아 손수 문을 열고 허세를 부린다. 그리스인들은 이러한 제의 참여를 통해 정의와 평등 및 사후 세계에서의 행복을 기원했다. 제의가 그리스인에게 끼친 영향은 전쟁 중에도 평화를 제의하고 55일간의 휴전을 지킨 것이다. 그럼에도 불구하고 냉혹한 패배에 직면했던 아테네의 모든 가치는 이상에 불과했고, 이 이상의 발현은 제의에서와 희극의 무대 위에서만 가능했을 것이다. 「개구리」가 공연되던 기원전 405년에 아테네는 최후의 패전으로 스파르타의 지배하에 들게 된 것이다. 찬연히 이어지던 그리스 연극의 맥은 이후

---

82 Charles Paul Segal, 앞의 책, 1961, p. 214.

오랜 기간 휴면상태에 잠긴다.[83] 아테네인들은 이 극을 통해 엘레우시스 제의가 희구했던 평화와 재생의 의미를 상기하고 이 기억의 공유가 빚은 동질감으로 그들에게 닥친 역경에 대처했을 것이다. 이들은 죽음 속에서 삶의 역설적 표현을 나타내는 죽음의 미학을 암시하고 있다. 극 속에서 디오니소스는 죽은 두 시인에게 새 생명의 재현을 아곤으로 불어넣고 있고, 이 역설을 통해 사회 불평등에 대한 구원의 의미를 발현하고 있는 것이다. 이러한 주인공들의 논쟁, 즉 신들의 여행과 역경이 그들의 시련을 통해 지혜와 재생을 얻는 과정이 엘레우시스 제의Eleusian Mysteries[84]와 맥을 같이하고 있다.

4. 소결: 불평등 사회의 모순에 대한 충고

「구름」은 지식과 가치관에 대한 사회의식 변화를 해학적으로 묘사한 작품이다. 구름은 땅과 공기와 비 등등과 같은 모든 자연물을 종합한 통일체이니 개별적 자연물보다 언제나 우위에 있다. 동시에 구름은 단 한시도 고정된 모습으로 있지 아니함으로써 운동과 변전을 가리키지만, 언제나 구체적 어떤 것을 순간적으로 보여 주므로 우주 개체의 모든 본성을 지배한다.

---

[83] 고전·르네쌍스드라마 한국학회, 앞의 책, 2001, p. 253-254 참조.

[84] 엘레우시스 제의 기간 동안 개인에 대한 공개적인 조롱과 욕설이 공인되었다. 다리 위의 창녀가 행인을 조롱하는 것도 묵과되었으며, 가해자에게 과실을 묻지 않았다. 결국 극 속의 제전은 아테네에 해가 되는 인사들을 작가가 용이하게 고발하기 위한 장치가 된 셈이다. 특히 희극의 코로스는 몇몇 동시대인들의 치부를 폭로한다. 지식인들의 후원자 역을 했던 칼리아스(Kallias)는 아내와 장모를 대상으로 부도덕한 애정의 삼각관계를 가졌던 자로, 아르케데모스(Archedemos)는 시민권을 부당한 방법으로 취득했던 자로, 클레이스테네스(Kleisthenes)는 동성애자로 고발된다. 같은 책, pp. 240-241.

아리스토파네스가 제목인 '구름'에서 말하고자 하는 것은 소크라테스가 섬기는 신화 속의 신들이 영원한 실체가 아니라 순간적으로 사라지는 구름에 불과하다는 뜻을 나타낸다.[85] 진정한 철학자가 뜬구름을 잡으려 하는 것은 당연하다. 그것은 사색과 그 본질에 생명을 주기 때문이다. 마찬가지로 진짜 사기꾼도 뜬구름에 예배한다. 한순간 한몫 잡고 현자로 변신하는 지혜를 보여 주기 때문이다. 구름의 여신은 한편으로는 '판단과 토론과 이성'을, 다른 한편으로는 '허풍과 수다와 기만과 호소력'을 보여 준다. 소크라테스는 현자와 게으름뱅이와 사기꾼 모두의 '수호신'이라고 단언한다.

여기서 작가가 말하는 것은 아무것도 하지 않으면서도 모든 것을 다 하는 것처럼 떠벌리는 정치가나 온갖 비리를 저지르면서 사회정의를 떠드는 법조인 등등을 먹여 살리는 것은 거짓말을 참말인 것처럼 속일 수 있는 논변과 언변이며, 이 논변과 언변의 수호신이 바로 구름인 것이다.[86] 정론과 사론의 논쟁에서는 사론을 선호하는 교사들은 대중들에게 직접적인 이익을 제공한다는 점에서 인기가 있지만, 정론을 주장하는 교사들은 탄탄한 논리가 부족하여 상대에게 무기력하게 무너지는 아곤을 「구름」에서 볼 수가 있다.

「구름」의 파라바시스는 극 초반에 예견한 충고로 귀결된다. 이 작품에서 등장인물로 나오는 '정의의 변론'은 정당하게 '불의의 변론'에 패배한

---

85 이 작품에서 구름은 많은 형태를 취한다고 말한다. 때때로 그들은 구름, 아테네 시민, 그리고 그들은 아테나를 포함한 신들을 다양한 형태의 애매한 상태로 나타난다. 본 연구에서 분석한 구름은 신과 인간, 도시 전체를 관통하는 우주를 소크라테스 사색장이라는 특정한 장소를 이용하여 현실 문제에 대한 제기를 관객 스스로에게 맡긴 것으로 해석한다. Carl Anderson, 앞의 책, 2015, p. 1 참조.

86 윤병태, 앞의 논문, 2008, p. 223.

다. 진짜 정의의 변론은 '구름'이며, 사람의 본성에 대한 지식을 기초로 한다. 정의의 변론은 인간의 힘을 빌리지 않고는 효과가 없으나, 그 자체로 힘을 움직일 수 있다. 「구름」에서 소피스트의 수괴로 등장하는 소크라테스의 변론술은 구름이라는 것의 노리개로 살육당하고 있다. 아리스토파네스가 「구름」에서 제시하는 메시지는 비록 적잖은 풍자를 담고 있지만, 현실적으로는 고대 그리스의 다양한 모습들을 비교적 생생하게 보여 주고 있다. 이러한 묘사 때문에 플라톤으로 대표되는 고대 그리스 교육의 본질에 대한 객관적 성찰을 담고 있다고 보는 것이다.

에우리피데스를 조롱하는 「테스모포리아 축제의 여인들」은 소크라테스를 조롱하는 「구름」과 대비해 작가로서의 최소한의 우월성을 극단적으로 보여 준다. 아리스토파네스는 기상천외한 상상과 공상을 소재로 하여 극속에서 여러 가지 역할로 변장하여 나온다. 「테스모포리아 축제의 여인들」에서 작가는 페미니즘에 대한 견해를 평등이라는 개념을 통해 언급한다. 단지 여성들에게 극형을 피하려고 하는 관점에서 본다면, 에우리피데스와 인척의 모습은 너무 초라하다. 그의 거사 실패는 비극에서 다루지 않는 여성들의 거사를 희극적으로 처리하여 두 장르 사이의 관계에 어떤 빛을 비추어 주는 매개 역할을 하는 것으로 보인다.

「테스모포리아 축제의 여인들」은 「평화」처럼 아곤이 없는 작품이다. 그 대신 에우리피데스를 두고 대척하는 인척과의 논쟁은 다소 아곤적이다. 축제의 여성들은 모든 나쁜 것들에 채워진 여자들의 죄목들에 대항해서 그들의 성별을 보호한다. 이를 상대하는 파라바시스(785-845행)는 여자들의 코로스에 의해 비롯된다. 여자들이 죄악이라면 어째서 남자들은 그들과 같이 살고 싶어 하며, 그들 아내가 아닌 다른 여자들까지도 쳐다보는가? 여자들을 그리워하는 남자들의 특별한 성격은 정당한 것인가? 여자들은 최소한 남자들보다는 낫다는 것을 증명하면서, 각각의 성별은 서로가 뛰어나다고 주장한다. 즉 여자들은 다른 범죄나 악덕에 관해 남자들보다 열등하다는 것이다.

여자들은 남자들보다 훨씬 보수적이고, 옛것을 보존하는 능력을 가지고 있다고 주장한다. 이러한 이유로, 코로스는 여자들이 남자들보다 더 믿음직하다고 단언한다. 코로스는 남자들이 여자들보다 열등한 이유로 비난하지 않는다. 코로스는 그들이 여자들의 정당한 지배자라고 주장하는 것조차도 비난하지 않는다. 코로스는 작가의 주장을 대변하는데, 도시의 우수한 군 지휘관들을 낳아 준 여자들에게 나쁜 시민들의 어머니라는 불명예는 안기면서, 자랑스러운 영예를 수여하지 않는 것에 대해 비난할 뿐이다.

「개구리」에서 고대 그리스의 수많은 비교秘敎 제의 중 아테네인들의 정신세계에 가장 큰 영향을 끼친 것은 엘레우시스 축제였다. 제의는 누구도 저승에서의 '더 행복한 삶'을 기대해 이승에서의 삶을 포기하지 않는 문화 속에서 사후의 축복을 희구하는 보편적 인간들에 의해 창안되고 발전된 내밀한 축제이다. 아리스토파네스는 「개구리」를 통해 엘레우시스 축제의 원형을 재현하려 했다. 그는 아테네가 패전으로 존망의 기로에 선 상황에서 이 제의의 기억이 아테네인들에게 정신적 가치로 공유되기를 바라며, 아테네의 운명에 대한 자신의 처연한 우려를, 재현된 원형에 실었다.[87] 특히 주인공 디오니소스와 그의 종 크산티아스의 하데스로의 여행 중 이들이 겪는 역경과 인식에 도달하기, 그리고 죽은 아이스킬로스의 재생으로 끝을 맺는 극의 구조가 제의의 구조와 동형이다.

「개구리」의 아곤은 아이스킬로스와 에우리피데스의 신성에 대한 시합이다. 애초에 에우리피데스를 이승으로 다시 데려가겠다는 디오니소스의

---

[87] 고전·르네쌍스드라마 한국학회, 앞의 책, 2001, pp. 233-234 참조.

욕구는 하데스가 끼어들면서 아이스킬로스로 결판이 난다. 사실상 디오니소스가 그의 변덕이나 즐거움에 따라 두 작가 가운데 하나를 택하게 되는데, 신성의 시합은 일차적인 기준(채찍질 시합)에서 고통에 대한 둔감한 자를 결정해야 하는데 결판이 나지 않는다. 이와 비슷하게 최고수를 가리는 시합에서도 결판이 나지 않는다. 그러나 정치적인 충고를 해 주는 기준이 적용되자 결판이 나게 된다. 이는 디오니소스가 마치 최고의 비극작가가 누구인가를 판정하는 능력을 갖추고 있는 것으로 받아들이는 것이다.

세 작품은 지식의 가치 기준에 대한 아리스토파네스의 세계관을 이해할 수 있는 계기를 마련해 준다. 이 작품들에서 드러나는 사회 불평등과 관련된 부정적 면모는 당대 기득권 세력의 전모와 이를 받아들이는 아테네 시민의식의 극명한 대립으로 나타난다. 각 작품의 주인공들은 무언가 연극적 사건들을 해결하고자 하는 마음에 의견의 일치를 보며, 작가의 대변인 역할을 효과 있게 수행한다. 각 사건은 「구름」에서 고대 교육사상의 재해석 과정에서 그들의 문제의식과 사유가 과연 오늘날에도 통용될 수 있을 정도로 보편적인가에 대한 의문을 소피스트에게 제기하고 있다. 「테스모포리아 축제의 여인들」에서는 작가의 페미니즘에 대한 견해를 평등이라는 개념으로 언급하고 있으며, 여성에게도 권리를 상실하지 않는 동등한 대우를 피력하고 있다. 작가는 「개구리」에서 코로스의 목소리를 빌어 국가의 위기 국면을 헤쳐 나가기 위한 아테네 시민의 대화합과 평화를 역설한다. 디오니소스와 헤라클레스 신들에게조차 지각없는 도시의 사악한 자들이 판을 치는 사고방식을 바꾸어 쓸모 있는 이들을 사용하라는 충고도 잊지 않는다. 이는 본 연구의 서론에서 제기한 문제의식에서 드러나는 이상사회에 대한 염원의 표출이 아리스토파네스의 소통 세계관을 통하여 잘 나타나고 있다.

아리스토파네스는 자신의 작품에서 보여 주는 보수적 관점으로 새로운 흐름이나 위험한 경향을 신랄하게 비판한다. 아울러 공동체의 전통적 가치관을 존중하고 유지하는 것을 사명으로 알고, 당대의 유명 정치인이나 지식인(철학자, 시인)을 표적으로 겨누어 실명으로 혹은 익명으로 가혹하게 풍자한다. 소크라테스를 소피스트의 괴수(지식을 파는 사기꾼)로 그린 「구름」은 직접적인 인신공격이다. 이 작품에서 소피스트는 그른 것도 옳은 것으로 뒤집을 수 있는 수사를 가르쳐 주는 악질로 묘사된다. 소피스트들을 논적의 대상으로 삼아 집요하게 비판했던 소크라테스의 처지에서 보면 무척 억울한 일이 아닐 수 없다. 아리스토파네스의 보수적인 눈에는 상대주의적 요설繞舌로 가치 기준을 어지럽히는 소피스트와 아테네의 현인 노릇을 하던 소크라테스를 똑같이 공동체의 안정을 흔드는 부류로 보았던 것은 아닐까. 뒤에 거론될 「기사들」에서 페리클레스에 이어 아테네를 이끈 급진적으로 선동하는 민중 지도자 클레온을 형편없는 아첨꾼으로 묘사한 것이 그런 경우에 속한다.

제7장

부패한 정치사회제도에
대한 저항

아리스토파네스 희극의 중심 주제는 정치극이다. 아리스토파네스의 희극이 정치극이라는 명칭을 얻게 된 데는 그가 희극의 메시지를 통하여 아테네 시민들에게 끊임없이 사회의 불합리함과 모순을 고발하고 드러내어 근번적인 사회제도의 변화를 추구했다는 배경적 이유가 깔려 있다. 희극과 정치는 동서고금을 막론하고 불가분의 관계를 맺어 왔고, 그럼으로써 때로는 사회를 이해하고 사회에 대처하는 정치와 소통하는 기술로 여겨져 왔다. 아리스토파네스는 그의 희극을 통하여 폴리스 공동체 안에서 잊혀 가는 인간다운 삶을 회복하고자 노력했고, 위선적인 권력들에 대한 감정의 표출과 대중들의 공감을 이끌어 내고자 하였다. 아리스토파네스는 주인공이 다양한 사건과 각각의 운명을 겪게 함으로써 당시의 세계를 정치적·사회적 목적에 부합되게 해학적으로 표현하고 있다.

「기사들」에서 파플라고니아Paphiagonia(클레온)인과 소시지 장수의 논쟁, 데모스Demos(민중, 시민)의 노예인 데모스테네스Demosthenes와의 정치적 논쟁을 통해 그렇게 불리어진다. 아테네 배심원 제도에 대한 부당성을 풍자한 「말벌」은 재판광 필로클레온Philokleon과 그의 아들 브델리클레온Bdelykleon의 논쟁에서 당시의 법정 재판 체제를 폭로한다. 「새들」에서 아테네의 두 현실도피주의자 에우엘피데스Euelpides와 페이세타이로스Peisetairos의 논쟁 그리고 이들과 후투티의 논쟁이 다소 억지스럽다. 하지만 이들의 유토피아 같은 이상국가를 건설하려는 엉뚱한 발상이 극으로 전개된다. 이들 세 작품은 부패한 사회제도와 폐습이 만연한 적폐의 세계를 극 중 인물들의 반란으로 고발하고 폭로하는 작품들이다.

아리스토파네스와 동시대 철학자인 플라톤은 『국가』에서 "통치자는 철인 치자로서 세상의 명예나 물욕에 초월하여 있는 자이며, 지성의 화신"이라고 규명한다. 플라톤의 『법률』에서는 최고의 지성들이 모여서 입법을 하는데, 이들이 중지衆智를 모아 모든 법조문 속에 지성을 최대한 반영한 다음 개인 아닌 법이 다스리도록 하는 것을 제도화하고 있다. 그리고 어떤 형태로든 지성이 지배하고, 지성이 실현되는 나라를 꿈꾸고 있다. 그러나 제 몫보다 더 차지하려는 인간의 탐욕과 권력의 쟁취가 많은 문제를 야기하고 있다. 외국과의 전쟁보다도 더 무서운 내란도 탐욕으로 인한 상호 간의 정치적 불화에서 비롯되어 하나의 나라가 더 이상 하나의 나라가 아닌 여러 나라로 분열된 상태[1]라고 『국가』와 『법률』은 밝히고 있다.

상술한 정치체제의 모순을 폭로하는 3편의 작품에서 사용되는 기본적인 키워드는 상상과 공상 그리고 알레고리화이다. 「기사들」에서 민중의 지도자와 선동정치가를 엄연히 구분하고자 하는 알레고리 기법을 통하여 작가의 의도를 아테네 시민들에게 충분히 전달하고 있다. 「말벌」과 「새들」의 규칙은 자신의 이익을 위해 도시의 세수를 유용하는 정치가들에게 조종당하고 있다는 공통점을 발견한다. 이 세 작품은 아테네 사회에 만연한 겉모습만의 종교가, 빛 좋은 개살구 격으로 머릿속이 텅 빈 지식인, 정의와 이치는 망각하고 법을 농락하는 체제들을 격렬하게 비꼬는 장면이 출현한다. 여기서 작가는 분노와 번민을 동시에 드러내며, 정치체제의 모순에 대한 인식을 관객들에게 주지시키려는 폭로의 측면까지 강력하게

---

1 플라톤, 앞의 책, 2005, p. 44.

제시하고 있다.

1. 「기사들」^{Knights}(기원전 424)

「기사들」은 아리스토파네스가 처음 직접 연출을 맡아 상연한 작품이다. 이 작품은 기원전 424년 레나이아축제 경연에 참가하여 1등상을 받았다.[2] 이 작품을 이해하는 중요한 사건은 기원전 425년의 펠로폰네소스 전쟁이다. 이 전쟁에서 스파르타를 상대로 큰 승리를 이끌어 낸 사람은 다름 아닌 아테네의 장군 클레온이다. 그는 전쟁의 승리를 발판으로 이후에 벌어진 평화협상에서 강경한 요구로 협상을 거듭 결렬시켰다. 극 속에서 클레온은 전쟁의 성공에 대한 보상으로서 다양한 정치적 특권을 부여받은 파플라고니아인으로 나온다. 그런데 공교롭게도 그가 다음번 장군으로 선출될 가능성이 매우 큰 상태였는데, 바로 그 시점에 이 작품들이 상연되었다.[3]

「기사들」의 줄거리를 살펴보자. 이 작품은 아리스토파네스의 희극 중 가장 정치적인 연극이다. 극 속에서 나타나는 중심 플롯은 우둔한 집주인 데모스와 영악한 하인 파플라고니아의 대립이다. 「기사들」에서는 노예 파플라고니아인으로 분한 당대 최고의 권력가이며, 선동정치가였던 클레온[4]이 배척의 대상이다. 이 파플라고니아인은 데모스라는 사람의 집에서

---

2 그 이전까지 그의 모든 작품의 연출을 다른 사람에게 맡긴 것으로 기록된다. 강대진, 「신화와 제의의 관점에서 본 아리스토파네스의 〈기사들〉」, 『외국문학연구』 55, 외국문학연구소, 2014, p. 15.

3 같은 논문, p. 15.

4 클레온은 아테네에서 존경받는 귀족 출신의 장군인 페리클레스가 펠로폰네소스 전쟁 3년째(기원전 429년)에 역병으로 죽고 나서 생겨난 공백을 이용하여 정치적 영향력을 확장한 선동가이다. 아리스토파네스는 이미 기원전 425년에 지금은 전해지지 않는 「바빌로니아인들」에서 그를 혹독하게 비판했고, 그것 때문에 그에게 소송까지 걸렸다. 그런데도 아

노예들 중 우두머리 노릇을 하면서 주인을 속이고 하인들을 학대하며 제멋대로 구는 인물이다. 여기서 말하는 주인인 데모스는 우둔하고 착한 아테네 시민을 지칭한다.

아테네의 두 장군 데모스테네스와 니키아스는 극 속에서 데모스의 하인으로 나오며, 새로 온 하인과의 대립구조를 이루고 있다. 즉 데모스는 두 하인 외에 파플라고니아의 사람을 노예로 하나 샀는데, 그는 선동정치가 클레온이고, 그는 아주 짧은 시간에 다른 노예들에 대한 권한과 데모스의 전 재산에 대한 전권을 부여받는다. 이 굴러온 벼락출세자는 데모스테네스와 니키아스의 인생을 비참하게 만든다. 그러던 차에 벼락출세 노예에게 새로운 경쟁자가 나타난다. 그 경쟁자가 신탁에 부여받은 소시지 장수이다. 파플라고니아인과 소시지 장수는 아첨, 뇌물, 신탁의 그럴듯한 해석과 상호 비방 등을 써 가며 데모스의 환심을 사려고 서로 경쟁한다. 결국 의회에 가서까지 최종경쟁을 하지만 소시지 장수의 승리로 이어진다. 그리고 파플라고니아인, 즉 선동정치가 클레온은 소시지 장수가 자기를 타도하러 왔다는 인물임을 인정하고 절망하여 물러난다.

「기사들」은 일종의 알레고리allegory(풍유)이다. 즉 구희극의 특징인 아곤이 옹호와 배척의 알레고리화된 대립으로 나타난다. 극은 불평을 쏟아 내는 두 하인들 사이의 불평으로 막이 열린다. 그들은 파플라고니아인을 저주하는 노예 데모스테네스의 대사에서 그들의 운명과 상황을 짐작할 수 있다.

리스토파네스는 더욱 강력해진 그의 적수를 이 작품에 다시 등장시켰고, 그에게 공격을 가하고 있다. 이 작품의 대부분에서 클레온은 소아시아 파플라고니아 출신의 노예라고만 소개되다가, 극이 상당히 진행된 다음에야 그의 이름이 단 한 번 직접 거명된다. 하지만 당시 관객은 극을 보면서 그게 누구인지 이미 짐작하고 있었을 것이다. 같은 논문, p. 16.

데모스테네스: 내가 말하지. 우리 주인은 촌스럽고, 우악스럽고, 병적으로 콩을 좋아하고, 성마르고, 투정 잘 부리는 귀머거리 노인 프닉스의 데모스라오. 지난날 초하룻날 그는 노예 한 명을 샀는데, 그 노예는 파플라고니아의 출신 무두장이로 둘도 없는 불량배에다 모략을 일삼는 악당이라오. 이 파플라고니아 출신 무두장이는 노인의 성격을 속속들이 파악하고는 주인의 발밑에 엎드려 아양을 떨고, 아첨하고, 아부하고, 쓰지도 못할 가죽 조각들로 인심을 쓰며 … 그자는 우리를 주인에게서 떼어 놓고 다른 사람은 아무도 시중들지 못하게 하며, 주인이 식사하는 동안 가죽 파리채를 들고 옆에 서서 가까이 있는 정치가들을 모두 쫓아 버린다오.

— 「기사들」 40-60행

연극의 사건이 존재하기 이전의 상황을 노예 데모스테네스의 대사에서 엿볼 수 있다. 즉 데모스테네스는 현실의 불만에 대한 작가의 의도를 효과적으로 설명함으로써 대변인 역할을 충실하게 수행한다. 데모스테네스에 따르면, 그들의 주인 데모스는 더러운 성격의 반 귀머거리 노인이다. 최근에 사들인 노예 파플라고니아인은 자신의 이익에 필요한 뇌물과 성공적인 아첨을 하는 공공의 적이다. 그는 다른 노예들이 주인 근처에 가는 것을 허용하지 않으며, 필로스에서 스파르타에게 이긴 데모스테네스의 공을 빼앗아 가로챈다. 그리고 동료 노예들이 받을 보상들을 사취하여 주인의 마음을 사로잡는다. 파플라고니아인은 여기서 멈추지 않고 데모스가 좋아하는 신탁을 가지고 주인을 바보로 만들기에 이른다. 보다 못한 동료 노예 니키아스는 최선의 방법으로 도망가자는 제안을 한다.

한편, 데모스테네스와 니키아스는 탈출을 하거나 자살을 결심하는 대신에 파플라고니아인을 쫓아낼 궁리를 하게 된다. 이에 가죽 장수 클레온을 몰아낼 마지막 장사꾼, 즉 아테네를 다스리는 구원자를 찾아내라는 신탁을 받는다. 소극적이고 소심한 니키아스는 아테네의 구원자는 소시지 장수라는 의기소침한 결론을 도출해 낸다. 반드시 찾아내야만 하지만 신탁이 말하는 소시지 장수를 어디서 찾아낼 수 있을까? 그때 신기하게도 마침 소시지 장수가 지나가게 되고 이들은 소시지 장수 아고라크리토스Agorakritos에게 아테네의 절박한 미래의 지배자로 나갈 것을 신탁의 예언으로 권유한다. 데모스테네스는 소시지 장수가 하층민 계급 출신으로서 자질이 없다고 사양하자, 민중의 지도자가 되는 것은 교육받은 사람이나 자질 있는 사람의 몫이 아니라, 무식하고 파렴치한 자의 몫이라고 타이른다. 이것은 가죽 장수 클레온을 빗대어 말하는 것으로서 소시지 장수가 아테네의 가장 높은 곳으로 올라가는 당위성을 제공하는 것이다. 그리고 소시지 장수 아고라크리토스는 데모스테네스와 기사들의 도움으로 클레온을 견제한다. 이제부터 가죽 장수와 소시지 장수의 논쟁이 시작된다.

파플라고니아인: 오오, 도시여, 민중이여, 내 배를 후려치는 이 짐승들 보시오.

소시지 장수: 고함을 질러? 당신은 그 고함소리로 늘 도시의 상전 노릇을 하려 했지.

파플라고니아인: 난 이 고함소리로 너희들을 도망치게 만들 테다.

코로스장: 당신 고함소리가 그의 고함소리보다 더 크면 당신이 승리자이고, 뻔뻔스러움에서 그가 당신을 능가하면 케이크는 우리 것이오.

파플라고니아인: 나는 이자를 고발하오. 이자는 펠로폰네소스의 삼단노선들에 소시지라는 밧줄을 수출하기 때문이오.

소시지 장수: 나도 이자를 고발하오. 이자는 텅 빈 배로 시청에 뛰어 들어갔다가, 가득 찬 배로 도로 밖으로 나오기 때문이오.

데모스테네스: 바로 그거요. 저자는 반출이 금지된 빵과 고기와 생선 조각을 갖고 나가긴 하는데, 페리클레스조차 그런 적은 한 번도 없어요.

파플라고니아인: 너희들 둘 다, 당장 죽을 줄 알아!

— 「기사들」 273-284행

클레온은 데모스의 같은 하인인 데모스테네스와 니키아스가 준비한 소시지 장수에 대한 장사나 정보에 대해서 아는 바가 없어서 반격할 수 없이 밀리고 있다. 「기사들」에서 소시지 장수는 몰염치함이나 교활함에서 클레온을 능가한다. 그들은 정치적인 증오를 극단으로 몰고 가면서 뻔뻔함과 야비함 그리고 교활함의 왕관을 다투는 아곤에서 클레온을 무자비하게 물리치려고 한다. 교양이나 온화한 품위 등의 흔적은 보여 주지 않으면서 말이다.

「기사들」에서의 옹호와 배척의 미학적 논의는 보는 사람들이 어느 편도 들 수 없는 극적 상황으로 설정되어 있다. 두 악당, 파플라고니아인과 소시지 장수 아고라크리토스의 싸움은 시작되고, 월등히 천박한 소시지 장수가 이겨 새 집사의 자리에 앉게 된다. 과거의 과오를 부끄러워하는 데모스에게 옛 지위를 되돌려 주며 주인을 속인 자들에 대한 처벌을 주장하며, 주인을 위로한다. 우둔한 데모스는 이 위로의 진위를 깨닫지 못하여 새 집사에게 더 참담하게 속을 것이다. 이 새 노예인 소시지 장수 아고라크리토스는 데모스를 겨냥한 아첨과 속임수 논쟁에서 상대를 월등히 앞질렀고, 상대인 파플라고니아인, 즉 클레온과는 비교되지 않을 정도의 천박한 성품과 출신의 소유자이다. 경쟁에서 승리한 장사꾼, 소시지 장수는 도덕적인 인물도 아니며, 국가를 위한 정직한 조언자로 탈바꿈할 조짐도 보이지 않는다. 우둔했던 데모스는 최악의 집사에게 위탁되었고,[5] 데모스와 아테네의 미래가 더 악화될 것은 명약관화明若觀火한 일이다. 극에서 집사 자리

---

5   김해룡, 앞의 논문, 2004, p. 218.

를 차지하기 위해 벌이는 논쟁은 아곤의 정점에 도달하고, 두 노예의 욕설과 아첨은 극에 달한다. 파플라고니아인과 소시지 장수의 전쟁에서 첫 단계의 아곤은 언쟁이다. 이 대결은 처음에는 서로 자신이 더 뻔뻔하고 더 범죄적이라고 자랑하다가 도중에 갑자기 상대의 횡령과 불경건을 공격하는 것으로 바뀐다.[6]

> 파플라고니아인: 내가 너의, 아니 너희 둘의 입을 막아 주지. 폭풍처럼 너를 세차게 덮쳐 육지와 바다를 내가 뒤죽박죽으로 만들어 놓겠단 말이야.
>
> 소시지 장수: 그러면 나는 내 소시지들을 돛 삼아 바람을 타고 바다를 달리며, "어디 화를 낼 테면 내 보시지!"라고 말할 거요.
>
> ─ 「기사들」 429-433

가죽 장수와 소시지 장수의 말싸움은 데모스테네스와 기사들의 가세로 물리적 대결로 이어진다. 그리고 기사들의 인정으로 전보다 확실한 주도권을 쥐고 클레온을 완전히 코너로 몰아붙인다.

> 데모스테네스: 그자를 호되게 때려요! (소시지 장수가 그렇게 하자 데모스테네스도 가세한다.)
>
> 파플라고니아인: 사람 살려! 음모꾼들이 나를 때리고 있어.
>
> 데모스테네스: (소시지 장수에게) 그자를 힘껏 쳐요. 당신 내장과 소시지로 그자의 배를 후려쳐요! 그자의 창자가 나오게! (파플라고니아인, 얻어맞고 쓰러진다.)
>
> 코로스장: (소시지 장수에게) 오오, 고귀한 육체여, 가장 용감한 영웅이여, 그대는 우리 도시와 우리 모두의 구원자요. 그대는 말로 그자를 능수능란하게

---

6 강대진, 앞의 논문, 2014, p. 19.

제압했소이다. 그대를 어떻게 칭찬해야 우리 마음에 흡족하겠소?

파플라고니아인: (의식을 회복하며) 데메테르에 맹세코, 너희들이 이 음모를 어떻게 꾸몄는지 내가 모를 줄 알아? 이 음모가 꾸며지고 대못으로 조여지고 아교로 접촉되는 과정을 나는 죄다 알고 있었단 말이야.

소시지 장수: 저자가 아르고스에서 무슨 짓을 했는지 난 죄다 알고 있소. 그는 아르고스인들을 우리 친구로 만든다는 미명 아래 실제로는 사리사욕을 위해 그곳에서 라케다이몬인들과 음모를 꾸미고 있소.

— 「기사들」 451-467행

「기사들」에서 직접적인 공격의 대상은 클레온이지만, 아테네 대중과 그들의 민주정체 역시 이 작품에서 다소 비판을 받는다. 클레온이 우두머리 노예로 일하고 있는 집의 주인은 데모스로서, 누구의 눈에나 분명하게 아테네 대중demos을 빗댄 것으로 나타난다. 그는 어리석게도 폭력적이고 욕심 사나운 자에게 자기 집을 다스리도록 맡겨 놓고는 이 하인이 다른 하인들을 학대하는 것은 물론 재산을 멋대로 이용하는 것을 모르고 있다. 이것만 해도 아테네의 정치체제와 시민들에 대한 비판이 되는데, 이 문제의 해결책으로 제시된 것이 바로 더욱 사악한 하인을 뽑아 그에게 권력을 넘기자는 것이다.[7]

「기사들」에서는 데모스의 노예들이 파플라고니아인을 쫓아낼 후보를 선정하여 노예의 수장에 오르게 하는 첫 번째 파라바시스(498-610행) 장면이 나타난다. 코로스장은 소시지 장수에게 클레온을 물리치고 당당하게 돌아오라는 주문을 관객을 향하여 외친다.

---

7 같은 논문, p. 16.

코로스장: 잘 가시오. 행운을 비오. 그대는 내가 바라는 대로 되기를! 제우스 아
　　고라이오스께서 그대를 보호해 주시기를! 부디 그대 이겨, 승리의 화환을
　　잔뜩 걸치고 우리에게 돌아오기를! (관객들에게) 우리의 약약강격에 여러
　　분은 귀 기울여 주시오. 모든 예술에 여러분은 두루 정통하기 때문이오.

— 「기사들」 498-506행

위의 파라바시스는 610행까지 관객들을 향하여 동의를 구하고 있다. 여
기 등장하는 희극시인은 폴리스 공동체의 시민들이 미워하는 사람들을
미워하고, 바른말을 하고, 티포스[8] 같은 미치광이 선동정치인의 나쁜 태풍
에 용감하게 맞서고 있음을 알린다. 계속해서 코로스는 작가를 대변하여
소시지 장수의 도전에 걸맞는 정당성을 신의 이름으로 관객에게 장황하
게 늘어놓는다.

코로스: 말馬의 신 포세이돈이시여, 당신은 요란한 말발굽 소리와 말 울음소리
　　를 좋아하시나이다. 그대는 또 검푸른 충각衝角을 댄 삼단노선들이 지급할
　　급료를 싣고 재빨리 달리는 것을 좋아하시며, 명성을 얻든 전차에서 굴러
　　떨어지든, 젊은이들의 전차경주를 좋아하나이다. 부디 오셔서 그대의 코
　　로스를 지휘하소서. 황금 삼지창의 신이시여, 돌고래의 신이시여, 수니온
　　과 케라이스토스에서 경배받는 신이시여, 크로노스의 아드님이시여, 포
　　르미온이 가장 사랑하시는 신이시여, 지금 아테네인들에게 가장 소중한
　　신이시여!

— 「기사들」 551-564행

8　사티로스 같이 머리가 100개인 괴물을 나타낸다. 이들은 바람의 정령이며, 폭풍의 아버지다.
　　여기서는 클레온을 지칭하는 말로 사용되고 있다. 아리스토파네스, 앞의 책, 2010a, p. 131.

그러나 코로스가 소시지 장수에게서 그전의 파플라고니아인에게 보이
던 것과 비슷한 면모를 발견하게 되는데, 그 역시 폭풍처럼 상대를 덮치며
새로운 계승자를 기다리는 듯하다. 코로스가 새로운 권력을 가진 소시지
장수에게 주문한다.

> 코로스: (소시지 장수에게) 이제 그대는 돛을 올려 활짝 펴시오. 그리고 투지를
> 보여 주고, 그대의 적을 제압할 불패의 논증을 펼치시오. 저자는 능수능란
> 하여 궁지에 몰려도 빠져나오니까요. 그러나 그대는 세찬 폭풍처럼 저자
> 를 덮치도록 하시오.
>
> —「기사들」756-760행

극의 마지막 부분인 엑소도스exodos에서는 파플라고니아인과 논쟁을 벌
인 소시지 장수가 30년 휴전조약을 의인화한 두 소녀를 데모스에게 바치
는 장면이 나온다. 선동정치가 클레온이 평화와 휴전의 상징물로 30년간
유보시키며 숨겨 둔 풍요제ferility libation의 제주이다. 즉 이 소녀들은 휴전의
의인화로 결혼과 다산을 암시하는 것이다.[9] 이 마지막 부분에서 소시지
장수는 데모스를 삶아 젊음을 되찾게 해 준다. 즉 데모스를 클레온 같은
악랄한 자의 손에서 놀아나는 추함에서 아름다움으로 바꿔 놓는다. 이것
은 억지로 해피앤딩을 만들기 위한 장치가 아니라, 세계가 무질서에서 질
서로 돌아선 것을 상징하는 사건이라고 보아야 할 것이다. 데모스는 스스

---

[9] 여기서 비극과 희극의 미학적 차이가 드러난다. 즉 비극은 수난과정까지 다루지만, 희극
은 '축제극(festive play)'이라는 개념으로 자신들의 그것을 건너뛴다는 것이다. 이는 축제행렬
에 차츰 극적인 요소가 첨가되고 강화되다가 마침내 독립된 극이 되었다는 것이다. 강대
진, 앞의 논문, 2014, p. 14.

로 모든 것을 알고 있었다고 하며 선지자先知者임을 자처한다.

> 데모스: 그대들이 나를 어리석다고 여긴다면, 장발長髮인 그대들이 골이 빈 것
> 이오. 난 일부러 어수룩하게 보이는 것이라오. 왜냐하면 난 일용할 양식
> 을 즐기기도 하고, 정치 지도자 중 한 명을 짐짓 도둑으로 기르다가 그자
> 의 배가 가득 차면 손을 들어 내리치기를 좋아하니까.
>
> ─「기사들」 1121-1130행

> 데모스: 그대들은 보시오, 자신들이 영리해서 나를 속일 수 있다고 생각하는
> 자들을 얼마나 현명하게 함정에 빠뜨리는지. 난 그자들이 도둑질하면 못
> 본 체하면서도 그자들을 늘 감시한다오. 나중에 나는 그들이 내게서 훔쳐
> 간 것을 토해 내게 하지요. 법정에서 투표로 심판받게 함으로써.
>
> ─「기사들」 1141-1150행

위 대사에서 민중은 무지하지 않으며, 영리한 데마고그들의 함정에 놀
아나지 않는 막강한 권력을 가진 집단임을 데모스 스스로 인정한다. 작가
는 데모스가 '민중은 왕'으로서 가져야 할 위신과 신뢰를 회복시켜 준 것
이다. 데모스는 집의 주인이고, 왕으로서 시간의 재생을 책임져야 하는 것
이다. 그래서 그는 젊은 시절로 되돌아갔고, 아리스테이데스와 밀티아데
스[10]의 시대, 즉 마라톤 전투와 살라미스 해전의 시대로 돌아간다. 아리스
토파네스는 데모스의 심오한 지혜와 정치 능력을 인정하는 장면을 부여

---

10 아리스테이데스(Aristeides)와 밀티아데스(Miltiades)는 페르시아 전쟁 때 아테네를 이끌었던
인물이다. 아리스테이데스는 정의로운 인물로 이름을 날렸으며, 밀티아데스는 마라톤 전
투의 승리자로 이름이 나 있다. 아리스토파네스, 앞의 책, 2010a, p. 175.

하고 있다.

「기사들」이 후반부로 가면서 두 번째 파라바시스(1264-1315행)가 「개구리」에서처럼 심각한 의도의 경고성 조언으로 등장한다. 코로스의 조언은 진지하다 못해 살벌한 느낌마저 들게 한다.

> 코로스장: 악당들을 비난하는 것은 결코 나무랄 일이 아니오. 따지고 보면 그건 착한 이들의 명예를 높여 주는 것이라오. 지금 내가 험담을 퍼부으려는 자는 잘 알려지지 않았소. 이런 일로 내 친구의 이름을 말하자니 부담스럽긴 하지만 그자는 내 친구 아리그노토스의 아우요. 흑과 백을 구분하고 오르티오스 선법과 다른 선법을 구분할 줄 아는 사람이면 누구나 아리그노토스를 알지만, 그의 아우 악당 아리프라데스는 전혀 형을 닮지 않았소. 그자는 악당임을 자처하오. 사실 그자는 단순한 악당이 아니라 … 완전 악당이며 새로운 악덕을 창안해 냈소. 그자는 음란한 쾌락으로 자신의 혀를 오염시키고, … 그런 자를 혐오하지 않는 자는 누구든 같은 잔으로 술을 마시지 못하리라.
>
> ─「기사들」1274-1289행

아리스토파네스는 코로스를 통하여 클레온에 반대하여 데모스를 움직인다. 클레온은 이제 이들을 반박할 만큼 민첩하거나 힘이 없다. 그는 히페르볼로스[11]와 같은 악당으로 낙인찍힌다. 코로스는 또한 여인들을 해군

---

11 고대 그리스 아테네에서 민주정을 유지하기 위해 실시한 정치제도의 일환으로 도편추방제를 실시했다. 참주 페이시스트라토스 이후 집권한 클레이스테네스가 또 다른 참주정의 등장을 막기 위해 고안한 제도라고 알려져 있는데, 독재자가 될 위험성이 있는 인물의 이름을 도자기 파편 조각에 적게 하는 방식이었기에 도편 추방제라는 이름이 붙었다. 여기서 뽑힌 인물은 아테네 국외로 10년간 추방되어야 했으며, 변론 혹은 항소는 허용되지 않

으로 암시하면서 또 다른 신탁을 인용한다. 그 신탁은 클레온의 지배에 반대하는 지시인 것으로 해석된다. 결국 「기사들」의 파라바시스는 신탁에 의지하여 조언자로서의 역할을 관객들에게 충분히 전달함으로써 데모스의 민주정이 잘못된 길로 가게 된 국면을 피해 가게 되는 것이다.

두 번째 파라바시스가 진행되는 동안 소시지 장수는 데모스를 완전히 바꾸어 놓는다. 소시지 장수가 파플라고니아인과 논쟁으로 대결할 때 마라톤과 살라미스를 언급한 것은 이 사건도 준비되었던 것으로, 이전부터 소시지 장수가 해 오던 일의 새로운 적응이라고 보아야 할 것이다. 즉 이전부터 여러 고기를 저며 요리했던 새로운 요리사가[12] 아곤을 통해 탄생된 것이다. 이제 질서는 회복되었다. 일시적으로 노예의 전횡하에 놓였던 주인은 제자리를 찾았다. 데모스는 이전의 과오를 뉘우친다.

데모스: 자네도 알다시피, 나는 전날의 과오들이 정말 부끄럽네.

소시지 장수: 상심하실 것 없어요. 그건 당신의 잘못이 아니라 당신들을 속인 자들의 잘못이니까요. 그건 그렇고, 어디 말해 보세요. 어떤 파렴치한 변호사가 "배심원 여러분, 만일 이번 변호인에게 유죄판결을 하지 않으면, 여러분에게 드릴 빵은 없어요"라고 말한다면, 말해 보세요. 그대는 그 변호사를 어떡하실 건가요?

데모스: 난 그자를 들어 올려 그자의 목에다 히페르볼로스를 묶은 다음 바라트

았다. 그렇지만 아테네 시민권과 재산은 빼앗지 않았고 어디까지나 아테네 안으로 들어오는 것이 10년간 금지됐을 뿐이며, 10년이 지난 뒤에는 공직에 복귀하는 것도 허용됐고 페르시아 전쟁의 경우와 같이 국가의 존망이 걸려 있는 경우 기한이 단축되었다. 히페르볼로스는 기원전 416년 혹은 417년 펠로폰네소스 전쟁 시기의 선동정치가 중의 한 사람으로 추방된 기록이 있다. 이후에는 더 이상 도편추방에 관한 기록이 없다.

12 강대진, 앞의 논문, 2014, p. 24.

론[13]으로 홱 던져 버릴 테다.

— 「기사들」 1355-1363행

이 작품의 아곤은 데모스테네스의 권력에 대한 암투로 시작된다. 클레온의 권력에 대한 집착과 데모스에의 강한 의존이 그것을 말해 준다. 그러나 데모스의 신임을 받는 반지는 결국 소시지 장수의 손에 있다. 「기사들」은 첫 번째 파라바시스와 두 번째 파라바시스를 통하여 코로스는 늙고 추한 데모스를 젊고 아름답게 바꾸게 됨을 노래한다. 그를 아테네의 민주정 이전의 귀족으로 복구해 놓았다. 데모스의 회춘은 좋았던 옛 시절의 영화로운 도시를 그리워하는 정치적 행동으로 보인다.

마지막까지 권력에 대한 집착을 보이는 데모스, 클레온, 소시지 장수의 행동에서 정의의 기본원칙을 지키지 못하는 '타락한 권력'의 모습이 보여진다. 철학자 마르크스Karl Heinrich Marx는 철학사 속에서 권력에 대해 가장 비판적인 의견을 던진다. 그는 『1844년의 경제학 철학 수고』에서 "권력이란 모든 인간적 특성의 타락과 혼란, 불가능한 것들과의 화해를 통해서 소외될 수 있는, 스스로 소외하는 그리고 소외를 양산하는 본질 안에서 인간성이 소외된 능력이다"라고 신랄하게 비판하고 있다.[14] 사실 마르크스가 비판하는 권력이란 '정의로운 권력'이 아니라, '타락한 권력'을 말한다. 아리스토파네스의 「기사들」은 정의를 상실한 타락한 권력을 무너뜨리는 연극이다. 클레온 같은 불의한 권력이 소시지 장수라는 새로운 권력, 즉 '정의의 권력'을 앞세운 보편적인 의지로부터 버림받는 장면을 연출하고 있

---

13 바라트론(Barathron)은 아테네 교외의 바위 협곡이다. 재판에서 유죄 선교를 받은 죄수들은 그곳으로 던졌다고 한다. 아리스토파네스, 앞의 책, 2010a, p.177

14 이명곤, 『철학, 인간을 사유하다』, 서울: 세창출판사, 2014, p. 131.

다. 이는 오직 정의만이 아테네 시민의 공동선과 인간다운 삶을 보장할 수 있다는 힘이라는 것을 말해 주고 있다.

이처럼 아리스토파네스의 「기사들」은 '타락한 권력'의 부산물인 조야함, 폭력, 이기적 냉소 등을 아테네의 새로운 지도 체제가 지니는 특질들로 파악했다. 아리스토파네스에게 클레온과 그의 동료들은 의심스러운 조상들을 둔 야비한 장사치와 다름없었다. 사실 이들은 사악한 송사를 일삼으며 정계에 입문한 자들이었다. 이들은 권좌에 앉자 대중들을 선동해 자신들이 추진할 신중하지 못한 군사적 제국주의적 모험을 묵인하도록 했고, 이를 계기로 뇌물 공여, 횡령, 착취 등을 감행해 아테네를 병들게 했다. 심지어 이들은 탐욕을 채우기 위해 아테네 시민들을 빈곤으로 몰아갔으며, 신학문을 빙자해 젊은이들을 타락시키기도 했다.[15] 이제 묵은 지배자를 물리치고 새로운 지도자가 돌아섰다. 그는 변방의 무규범 상태에서 규범적 질서로, 성적으로 모호한 상태에서 남성의 세계로 진입하였다. 마지막에 등장하는 '30년 평화'라는 아름다운 소녀[16]들은 데모스의 회복된 젊음에 어울리고, 다른 한편 소시지 장수가 새로이 등장하여 질서를 예고한 것이다. 이러한 조화로운 상태를 회복하기 위해 부유한 기사들이 가난한 소시지 장수를 지지하게 된다. 여기서 중요한 것은 질서가 무너지고 혼란한 상태의 데모스의 집에 또 다른 혼란을 예고하는 소시지 장수라는 지배자가

---

15 김해룡, 앞의 논문, 2004, p. 219.

16 소시지 장수가 데모스를 회춘시킨 사건은 요리사, 정치가, 시인의 일치를 보여 주는 것으로, 어쩌면 마법사 또는 왕의 흔적일 가능성이 있다. 마지막에 갑자기 제시되는 소시지 장수의 이름은 그가 새로운 지위를 얻어 규범적 영역으로서 성공적으로 진입하였음을 보여준다. 회춘한 데모스에게 예상치 않게 주어지는 아름다운 두 소녀(1388행)는 이제 성적으로 모호한 정체성을 벗어 버린 소시지 장수의 남성성에 대응하는 여성으로 볼 수 있다. 강대진, 앞의 논문, 2014, p. 26.

새로운 질서를 부여받는다는 것이다.

2. 「말벌^{Wasps}」(기원전 422)

정치극 작가라는 별명을 가진 아리스토파네스는 그의 희극에서 공상이나 상상을 통해 현실 세계의 억압적 사태는 물론, 정치제도의 다층적인 문제들을 제기한다. 풍자와 폭로를 주요 도구로 장착한 아리스토파네스의 희극은 기원전 5세기 아테네 재판제도의 악의적 요소라고 할 수 있는 배심원의 부패함을 벌의 습성으로 풍자하였는데, 「말벌」이 그것이다. 「말벌」은 펠로폰네소스 전쟁이 한창인 기원전 422년, 레나이아 축제의 희극 경연에서 2등[17]을 차지한다. 텍스트의 주요 쟁점은 아테네의 소송과 관련한 배심원들을 풍자하고 그들의 선동적인 정치인에 대한 충실한 헌신에 대한 비판이다. 풍자의 공격 대상은 주요 선동정치가 클레온인데, 그는 이 작품에서도 악의에 찬 감시자로서 가혹한 캐리커처를 받고 있다.

「말벌」은 당시 아테네 시민의 삶과 관련성이 없는 판타지나 이야기에 그치는 것이 아니라 회의와 불신의 대명사인 재판제도를 적나라하게 밝히고 있다. 「말벌」에서 배심원으로 비유되는 벌은 일단 화가 나면 그보다 성마르고 무자비한 동물은 없으며, 벌집에 떼 지어 살고, 일벌이 누구든 닥치는 대로 찔러서 먹고 산다.[18] 작가가 소송 광중 법률세력의 행동을 벌

---

17 「말벌」은 레나이아 축제에서 아리스토파네스가 직접 연출하여 2위를 차지했다. 필로니데스(Philonides)는 「프로아곤(Proagon)」으로 1위를, 레우콘(Leucon)은 「앰배서더(Ambassadors)」로 3위를 차지했다. Jeffrey Henderson, *Aristophanes II: Clouds, Wasps, Peace,* Cambridge: Harvard University Press, 1998b 참조.

18 류재국, 「아리스토파네스 희극에 나타난 현실 비판의 철학적 의미에 관한 연구: 아곤(Agon)과 파라바시스(Parabasis)를 중심으로」, 중앙대학교 박사학위논문, 2018b, p. 163.

에 비유한 것은 아테네인들의 습성과 벌이 닮았다는 데에서 기인한다. 그들은 전투에 임하면 사납게 변하고, 법정에 모여서는 광적으로 재판하며, 농사보다는 남을 약탈해 먹고사는 습성을 가지고 있음이 벌과 흡사하다. 결과적으로 이 작품은 아테네인들의 소송에 대한 풍자이다.

「말벌」의 줄거리를 요약해 보자. '말벌'은 아테네의 법률제도, 특히 클레온 추종자들의 소송 광증과 당대의 횡령 재판에서 클레온의 패배를 조롱하며, 권력자들의 손에 놀아나는 배심원들을 비판한다. 벌은 아테네 사람들을 상징한다. 벌은 일단 화가 나면 그보다 성마르고 무자비한 동물은 없으며, 벌집에 떼 지어 살고, 일벌이 누구든 닥치는 대로 찔러 그 덕으로 나머지가 먹고 산다.[19] 작가 아리스토파네스는 소송 광증에 사로잡힌 배심원들이 전투에 임하여 사납고, 법정에 모여 재판하며 살고, 농사가 아니라 남을 약탈해 먹고사는 것이 비슷하다는 것을 말벌에 비유하였다.

배심원들에게 일당으로 지급되는 3오볼로스는 아테네의 가난한 노인들에게는 중요한 금전적 생계수단이었다. 아테네 노인 필로클레온Philokleon은 선동정치가 '클레온을 사랑하는 사람'이라는 이름을 가진 배심원이다. 그는 소송 걸기를 좋아하는 아테네 배심원들의 상징으로 풍자된다. 그리고 그의 아들 브델리클레온Bdelykleon은 '클레온을 싫어하는 사람'으로 아버지의 병을 고치기 위해 집에서 법정을 열 계획을 세우고, 이 계획을 실행하기에 이른다. 작품 속에서 두 부자는 끝없는 논쟁을 이어간다. 아버지는 법정에서 피고인들 앞에서 권력을 행사하는 것이 얼마나 즐겁고 유익한 일인지 장광설을 늘어놓는다. 이에 맞선 아들은 배심원들의 권력은 환상에 불과하며, 그들 자신의 이익을 위해 도시의 세금을 유용하는 정치가

---

19 David Konstan, "The Politics of Aritstophanes' Wasps", *Transactions of the American Philological Association* 115, 1985, p. 27.

들의 조롱감이라고 밝히며, 강하게 대립한다.[20]

　이 같은 내용은 당시 권력의 오만과 민주정치의 중요 책무 중 하나인 시민들의 참여를 제한하는 불합리한 재판제도를 밝히는 중요한 단서를 제공한다. 「말벌」의 중심 플롯은 아버지와 아들 사이에 벌어지는 아곤이다. 구세대와 신세대가 벌이는 재판제도에 대한 극적인 논쟁이다. 아버지 필로클레온은 무책임한 권력 놀이에 길들여져 있다. 반면에 브델리클레온은 배심원들의 권력은 환상에 불과하며, 그들 자신의 이익을 위해 도시의 세금을 유용하는 정치가들의 조롱감이라고 밝히며, 대립한다. 구세대는 왕년에 페르시아 전쟁에 참전했으나 지금은 배심원의 일에만 만족하며 살아가는 노인 무리들로서 클레온을 지지한다. 이들은 클레온 비판 세력을 오히려 독재자나 음모자로 몰아붙이는데, 벌이 침을 쏘듯이 가차 없이 공격하며,[21] 세대 간의 갈등을 극적으로 전개한다. 어떻게 보면 재판 결과에 대한 목적보다는 세대 간의 갈등에 대한 비판과 경고가 주목표로 보인다.[22] 「말벌」의 논쟁 양식을 통해 아리스토파네스의 말벌이 정치적으로 어떠한 모습과 행동으로 나타나는지 살펴보자.

　이 작품은 「기사들」과 같이 두 노예의 대화로 시작한다. 그런데 「기사들」에서의 두 노예는 아테네의 장군들이지만, 「말벌」에서의 두 노예는 문자 그대로 노예들이다. 그들은 크산티아스Xanthias와 소시아스Sosias이다. 그들은 밤에 경비를 서면서 극의 흐름을 알 수 있도록 주인의 성격에 관해 떠들어 댄다. 이 부분은 도입부이며, 노예 크산티아스는 주인의 병을

20　류재국, 「아리스토파네스의 희극 《말벌》에 나타난 풍자와 폭로의 연극적 행동」, 『인문언어』 23(1), 국제언어인문학회, 2021, p. 87.

21　아리스토파네스, 앞의 책, 2010a, p. 181 참조.

22　Milton W. Humphreys, "The Agon of the Old Comedy", *The American Journal of Philology* 8(2), 1887, p. 182 참조.

공개한다.

> 크산티아스: 그분은 세상에 둘도 없는 재판광裁判狂이라오. 그분은 재판하는 것
> 을 좋아하여 맨 앞 좌석에 앉지 못하면 괴로워 신음할 정도라니까 말이오.
> 그리고 밤에 잠이라고는 한숨도 못 자며, 잠시 눈을 붙인다 해도 그분의 마
> 음은 밤새도록 법정의 물시계 주위를 날아다닌다오. … 길 가다가 문 위에
> "피릴람페스의 아들 데모스는 아름답도다"라는 낙서를 발견하면 그분은
> 그 밑에다 "투표 항아리의 투표석 투입구는 아름답도다"라고 적곤 하오.
>
> — 「말벌」 87-99행

위 도입 장면은 아테네의 그릇된 재판 체제 속에 잉태한 배심원 제도의 모순적 행위를 묘사한다. 이 배심원들은 어떤 하나의 목적을 설정하고, 이를 실행함으로써 권력의 힘을 추종함이 드러난다. 노예 크산티아스는 아테네의 사회계층들 사이의 법정 권력으로 인해 사회계층과 정치적 성향이 연결되는 상황, 주인 필로클레온의 광적 행동을 묘사한다.[23] 그는 직전 장면에서의 또 다른 노예 소시아스와의 대화에서 자신의 주인을 재판정에 몰입한 소송 광인訴訟狂人[24]으로 표현한다(99-127행). 노예들은 주인 영감

---

23 Nina Papathanasopoulou, *Space in Aristophanes, Portraying the Civic and Domestic Worlds in Acharnians, Knights, and Wasps*, Doctor of Philosophy thesis, University of Columbia, 2013, p. 173 참조.

24 '소송광인'이란 말은 프랑스 신고전주의 극작가 장 라신(J. B. Racine, 1639-1699)의 희극 「소송광(Les Plaideurs)」에서 많이 등장하는데, 라신은 이 작품을 아리스토파네스의 「말벌」에서 내용을 빌어 왔다고 밝힌다. 「소송광」은 17세기 프랑스 사회에서 영향력이 가장 강한 집단이었던 사법 집단과 사법제도 및 기관을 적나라하게 풍자하고 있다. 극 중에서는 시종일관 웃음의 대상과는 거리가 멀었던 변호사나 판사가 지속적으로 희극적 상황들을 연출해 내고 있다. 그 내용은 동시대 사법관들에 대한 패러디인데, 소송절차의 복잡함, 많은 비용과 긴 시간을 요구하는 소송, 판사들이 누리던 특혜와 그들의 부패, 아무런 간섭도 받지 않

이 신념 없이 선동정치인 클레온의 하수인으로 권력을 향유하는 배심원임을 알려 준다. 그리고 "투표 항아리의 투표석 투입구는 아름답도다"라고 노래하는 주인 필로클레온의 재판정을 숭앙하는 사고는 가히 소송 광증의 상태를 잘 설명해 주고 있다. 노예 크산티아스는 주인의 정신상태를 소개하는데, 막말에 가까운 조롱을 늘어놓는다.

크산티아스: 그분은 투표석이 부족할까 염려되어 해안 하나를 덮을 수 있을 만한 조약돌을 집 안에 비치해 두고 있다오. 그렇듯 그분은 제정신이 아니며, 아무리 충고해도 그럴수록 더욱더 재판에 빠져든다오. 그래서 우리는 그분을 집 안에 가두어 놓고는 나가지 못하게 지키고 있는 것이라오. … 그 뒤로 우리는 그분이 더 이상 외출하지 못하게 했지만, 그분은 배수구나 채광창을 통해 계속해서 내빼곤 했소.

— 「말벌」 109-127행

아리스토파네스는 당시 아테네가 재판제도가 지닌 한계를 정확히 지적

고 내리는 판사들의 무책임한 판결 등이다. 궤변으로 점철된 법정 소송들에 대한 우려의 목소리는 라신의 작품을 통해 비웃음으로 드러나게 되었다. 이처럼 연극무대에서 법조인들이 일반 관객들의 희화의 대상이 된 것은 처음이었다. 당시 법조계의 희화화는 그리 만만한 일이 아니었다. 당시 고등법원 원장이었던 라무아뇽을 비롯한 많은 법조인들이 급진 가톨릭 세력의 비밀단체인 '성체회'의 고위 구성원이었고, 그들은 이미 몰리에르의 「타르튀프」(1668)에서 풍자의 대상이 되어 상연 금지 소송을 5년간 지속하고 있었다. 이런 상황에서 파리 고등법원으로 대표되는 법조계를 희화화한 「소송광」에 대한 반응이 극도로 조심스러웠던 것은 너무도 당연한 일이었다. 그 당시 문예비평이라고 할 수 있던 가십 잡지의 발간인들조차 침묵으로 일관했던 것은 법조계의 반응에 미리 몸을 사리는 행위로 보아야 할 것이다. 그러나 이러한 분위기에도 불구하고 「소송광」에서 사법제도 전반에 걸친 법조계 부패 문제를 다룬 패러디는 강렬하다. 김익진, 「라신의 희극 '소송광들'의 패러디적 웃음과 그 희극적 가치」, 『한국프랑스학논집』 56, 한국프랑스학회, 2006, pp. 180-181.

하고 있다. 노예들은 노인 필로클레온이 데마고그의 손에서 법정 꼭두각시 노릇을 자랑스럽게 향유하는 신념 없는 배심원임을 알려 준다. 노예들은 그들의 주인 브델리클레온의 아버지 필로클레온이 집을 떠나지 못하도록 집에서 나가는 모든 출구를 감시하라는 명령을 주인으로부터 받는다. 그 이유는 필로클레온이 쉽게 고칠 수 없는 묘한 정신병에 걸렸다는 것이다. 브델리클레온은 아버지의 병을 치료하기 위하여 온갖 주술 의식은 물론 정신을 정화하는 모든 수단을 써 보았지만, 병을 고치지 못하게 된다. 아들은 아버지가 법정에 나가는 것을 막기 위해 노예들의 도움을 받아 감시하고 있다. 하지만 아버지는 또다시 탈출을 시도하다가 들키게 되고, 집안으로 끌려 들어가 단단한 자물쇠가 채워진 집에 갇히게 된다. 여기서 아들이 아버지를 밀어 넣고 자물쇠를 잠그는 장면은 희극적 처리 부분에서 역동적인 움직임을 구체적으로 보여 준다. 즉 당시 아테네 재판정에 대한 강한 부정을 나타내는 것이다. 계속해서 배심원 놀이에 정신 나간 주인을 소개하는 크산티아스의 대사다.

크산티아스: 그러자 아드님이 그분을 목욕하고 정화의식을 받게 했지만 아무 소용이 없었소. 그래서 아드님은 그분을 치유하도록 코리반테스들에게 맡겼으나, 그분은 팀파니를 든 채 내빼 신법정新法廷으로 달려가 배심원 대열에 합류했어요. 이러한 의식儀式들이 그분에게 아무 효험이 없자 아드님은 배를 타고 그분을 아이기나섬으로 모시고 가서는 밤에 아스클레피오스의 신전에다 재웠소. 하지만 날이 새기도 전에 그분은 법정에 모습을 드러냈소. 그 뒤로 우리는 그분이 더 이상 외출하지 못하게 했지만, 그분은 배수구나 채광창을 통해 계속해서 내빼곤 했소. 그래서 우리는 구멍이란 구멍을 모두 빈틈없이 넝마로 메웠소. 그러나 그분은 담장에다 나무못을 두들겨 박고는 그 구멍을 통해 어치 모양으로 깡충깡충 뛰어나갔소. 그래

서 우리는 지금 온 마당을 그물로 덮고는 집 안 곳곳에서 망을 보는 중이라오. 노인의 이름은 필로클레온이오. 틀림없소. 저기 저 그분의 아드님은 브델리클레온이고요. 하지만 그는 어딘가 콧대가 센 편이라오.

— 「말벌」 117-135행

위 대사에서 노예들은 주인이 정치적 신념이 전혀 없는 배심원임을 알려 준다. 아리스토파네스는 지금까지 살펴본 것처럼, 그의 작품에서 당대의 정치·문화·교육·사회 등의 시사 문제를 주로 다루고 있다. 기원전 422년에 상연한 「말벌」에서는 데마고그의 손에서 꼭두각시 노릇을 하면서 권력을 향유하는 배심원들을 통렬하게 비난하는데, 필로클레온은 '클레온을 사랑하는 사람'이라는 이름에서 보듯이 소송 걸기를 좋아하는 아테네인들의 버릇을 풍자했다. 그런데 「말벌」에서 필로클레온을 풍자한 주인공은 다름 아닌 그의 아들이다. 말하자면 브델리클레온은 '클레온을 싫어하는 사람'으로 아버지의 나쁜 버릇을 고치기 위해 집에서 법정에 나가지 못하도록 계획을 세우고, 이 계획을 빈틈없이 전개한다.[25]

필로클레온: (집 안의 창가에서 크산티아스에게) 이게 무슨 짓들이냐? 나를 법정으로 내보내 줘, 이 악당들아! 그러지 않으면 드라콘티데스가 무죄방면된단 말이야.

크산티아스: 그게 그렇게 마음에 걸리시나요?

필로클레온: 전에 델포이의 신탁에 물었을 때, 피고인을 놓아 주면 내가 시들어 죽게 되리라고 신께서 예언하셨기 때문이지.

크산티아스: 아폴론께서 우리를 구해 주소서. 그게 대체 무슨 예언이죠?

---

25 윤병렬, 앞의 논문, 2012, pp. 120-121.

필로클레온: 자, 부탁이야. 나를 내보내 줘. 내가 폭발하기 전에!

크산티아스: 필로클레온 나리, 그건 절대 안 돼요.

필로클레온: 그러면 이로 그물을 물어뜯고 나갈 테다.

크산티아스: 하지만 나리께서는 이도 없으시면서

필로클레온: (제지당하자) 이런 괘씸한 놈이 있나! 어떻게 너를 죽여야 잘 죽이
지? 어떻게 죽이지? 어서 내게 칼을 주든지, 아니면 배심원 서판을 주든
지 해!

브델리클레온: (크산티아스 곁에 다가서며) 이분께서 큰 사고를 치실 것 같구먼.

—「말벌」 156-168행

필로클레온은 자신이 할 수 있는 모든 방법으로 탈출을 시도하였으나
모두 실패한다. 그의 태도나 모습은 늙은 말벌들을 연상시키는데, 주변의
남들을 해치는 재판을 정의를 위하여 베푸는 것이라 믿고 있다. 아버지는
법정에서 좋은 감정으로 자랑스럽게 생각하는 반면, 아들은 선동정치인
클레온에게 길들여져 데모스(민중)를 인권을 해치기 위해 음모를 자행하
는 말벌 같은 존재라고 단언한다. 이제 아버지와 아들은 이제 배심원들이
모두를 지배하는 사람인지, 아니면 선동정치가들의 노예인지에 대한 논
쟁에 돌입하려 한다.

원점으로 돌아가서 필로클레온이 아들 브델리클레온과의 논쟁에서 이
겨 재판정의 배심원이 되려는 강력한 동기가 되는 특권을 살펴볼 필요가
있다. 필로클레온이 그의 첫 번째 특권을 자랑한다.

코로스장: (필로클레온에게) 그러니 그대는 지금 우리의 권리와 주권을 지키기
위해 논쟁하는 만큼 용기를 내고, 말재주를 다 부리도록 하시오.

필로클레온: 그러지요. 처음부터 곧장 나는 우리의 권한이 어떤 왕권 못지않다

는 것을 증명해 보이겠어. 비록 늙어 가기는 하지만 배심원보다 더 행복하고, 더 부럽고, 더 즐겁고, 더 두려운 존재가 세상에 또 있을까? 우선, 내가 아침에 침상에서 나오자마자 육 척 장신의 세도가들이 법정의 난간에서 나를 기다리고 있다가 내가 멀리서 다가가면 공금을 횡령한 그 부드러운 손을 나에게 내밀며, 머리를 푹 숙이고는 처량한 목소리로 애원하지. "영감님, 부디 저를 불쌍히 여기십시오. 전에 공직에 계실 때나, 부대에서 회식을 위해 식료품을 구매할 때 거스름돈을 떼먹은 적이 있으시다면." 전에도 무죄 석방되도록 내가 도와주지 않았더라면, 그는 내가 존재한다는 것도 몰랐겠지.

— 「말벌」 546-558행

필로클레온은 첫 번째 특권으로, 비록 늙고 가난하지만, 배심원들의 지배가 '제왕적 지배에 비해 열등하지 않다는 것'을 설명한다. 이 설명에서 아테네 도시국가는 국내 문제에 있어 권위를 포기한 노인들이 더 이상 국가 업무를 관장하는 데 적합하지 않다고 여긴 것이다. 예를 들어 법정에서 필로클레온이 만들어 내는 기쁨은 어리석고 타락한 것으로 보이는 것들이 대부분이다. 따라서 그 특권이란, 약하고 무력한 사람들의 자만심이 투명하게 드러나게 해 주는, 아침에 대한 유치한 욕망(548-630행)을 권력자가 충족시켜 준다는 것이다. 이어서 필로클레온의 두 번째 특권이 거론된다.

필로클레온: 무죄 석방되려고 그들은 온갖 감언이설을 늘어놓는데, 그들 중 더러는 자신의 가난을 탄식하고 어려운 처지를 과장하지, 그들의 처지가 내 처지와 같아질 때까지. 어떤 자들은 일화나 아이소포스의 우화를 들려주는가 하면, 또 더러는 내가 웃다가 노여움이 가라앉을까 싶어 농담을 하지. 그래도 우리가 설득당하지 않으면, 그들은 즉시 자식들을, 딸들과 아

들들의 손을 잡고 끌고 나오지. 내가 듣는 앞에서 아이들이 부족하여 한꺼
번에 울어 대면, 애들의 아버지는 내가 무슨 신인 양 부들부들 떨며 애들
을 봐서라도 회계감사에서 무죄를 선고해 달라고 애원하지. "새끼 숫양의
목소리가 좋으시다면 내 아들들을 불쌍히 여기시고, 새끼 암돼지의 목소
리가 좋으시다면 딸들의 목소리에 귀를 기울이소서." 그러면 우리는 노여
움을 조금은 누그러뜨리지. 권세가 이렇듯 막강하니 우리는 부富도 무시
할 수 있어.

― 「말벌」 563-575행

둘째 특권은 '명예의 과시'이다. 그의 주장에서 배심원들의 명예는 신들
의 왕 제우스의 그것과 어떤 면에서는 뒤떨어지지 않는다. 이는 20세기 미
국의 심리학자 매슬로우Abraham Harold Maslow(1908-1970)가 주장하는 인간의
욕구 5단계[26] 중 4단계에 해당하는 '명예의 욕구esteem needs'로서 타인으로부
터 존경받기를 원하는 것이다. 이 장면에서 말하는 명예는 타인에게 군림
하는 과시욕에 해당한다. 이어지는 세 번째 특권은 인간의 욕구 5단계 중
3단계에 해당하는 것으로 가족들에게 가장으로서 제왕적 관심과 사랑을
받는 즐거움으로 '애정의 욕구belongingness and love needs'에 해당된다. 필로클레
온은 세 번째 특권을 장황하게 늘어놓는다.

---

[26] 매슬로우는 미국의 심리학자로서 인도주의 운동의 형성에 도움을 주었다. 그는 개인의 성
장을 위해 힘쓰는 인간의 핵심 부분인 '진실한 자아'의 애정 어린 보살핌을 주장했다. 매슬
로우는 환자를 대할 때 병리학 관점을 남용하는 주류 심리학을 비판하여 심리학의 제3세
력으로 알려졌다. 그가 주장하는 욕구 5단계 이론은 인간의 욕구는 하위단계에서 상위단
계로 계층적으로 배열돼 하위단계의 욕구가 충족되어야 그다음 단계의 욕구가 발생한다
는 이론이다. 1단계_생리적 욕구(physiological needs), 2단계_안전욕구(safety needs), 3단계_소
속감과 애정욕구(belongingness and love needs), 4단계_존경욕구(esteem needs), 5단계_자아실현
욕구(self-actualization needs).

필로클레온: 참 내가 깜박 잊었는데, 그중에서도 가장 즐거운 일은 일당을 타 가지고 집으로 돌아올 때야. 내가 도착하면 모두들 나를 반기니까. 돈 때문에. 맨 먼저 딸이 나를 씻겨 주고 내 발에 기름을 발라 주며 내게 입 맞추려고 고개를 숙이지. 그리고 "아빠, 아빠" 부르며 부드러운 말로 내 3오볼로스를 낚으려고 하지. 그러면 마누라가 케이크를 들고 와 내 옆에 앉아 먹어 보라고 설득하며 내게 아양을 떨지. "영감, 이것 좀 드셔 보세요!" 나는 그런 것들이 다 좋단 말이야. 그리고 나는 너와 네 집사의 눈치를 볼 필요가 없어. 언제 와서 내내 욕설을 하고 구시렁거리며 점심을 차려 줄까 하고 말야. 녀석이 빨리 점심을 차려 주지 않으면, 내게는 내 일당이 모든 고통을 막아 줄 방패가 되어 준단 말이야.

— 「말벌」 605-615행

필로클레온은 첫 번째 특권인 지배 권력의 과시, 두 번째 특권인 명예의 과시에 이어서 세 번째 특권인 일당[27] 받는 즐거움을 노래하듯 늘어놓는다. 이제 세 가지 권한을 자랑스럽게 토로하는 아버지를 지켜보던 브델리클레온은 아버지의 논리에서 빠져나가기 위한 반격을 조리 있게 시작한다.

----

27 고대 아테네의 신분제도는 자유민과 노예, 외국인으로 이루어져 있었으며, 자유민은 귀족 (eupatridae)-농민(geomori)-수공업자(demiurgi)로 구분된다. 귀족 신분은 넉넉한 부를 이용해 기병으로 활동할 수 있었으며 농민들은 중장보병, 수공업자들은 경무장 보병이었다. 시민이 되기 위해서는 부모가 모두 아테네 시민이어야 했고, 가문이 아이의 출생 및 양육과정을 보증해야 했다. 페리클레스가 외국인이었던 아스파시아(Aspasia)와의 사이에서 낳은 아들을 아테네 시민으로 만들려 했지만 실패한 것은 잘 알려진 사실이다. 여기서 민중(demos) 은 대체로 가난한 소작농이거나 영세 자영농이었기 때문에 폴리스에서 주최하는 공공행사에 참여할 때마다 시민들에게 지급했던 일당에 매우 예민한 집단이었다. 따라서 「말벌」 에서 말하는 일당은 배심원으로 참여하여 벌처럼 사람들을 공격하고 받은 수당이라고 보면 된다. 장지원, 앞의 논문, 2020, p. 170.

브델리클레온: 그렇다면 인상 좀 그만 찌푸리시고, 제 말을 들어 보세요, 아버지! 조약돌을 가져올 것도 없이 손가락으로 대충 계산해 보세요. 동맹국들에서 들어오는 조공의 총액이 얼마인지. 그 밖에 각종 조세와 수많은 1퍼센트 세와 법원 수수료와 광산, 시장, 항구, 공유지, 재산 몰수에서 들어오는 수입도 계산해 보세요. 이것들을 합하면 2천 탈란톤 가까이 될 거예요. 이 금액 중에서 배심원들에게 해마다 수당을 지급해 보세요. 이 도시에 배심원들이 6천 명을 넘은 적이 없으니까 배심원들에게 해마다 150탈란톤이 일당으로 지급되는 셈이죠.

필로클레온: 아니, 우리 수당이 국가 세수의 10분의 1도 안 된단 말인가!

— 「말벌」 655-663행

브델리클레온은 아버지에게 도시의 수입과 6천여 명의 재판배심원들에 대한 연간 지출을 계산해 보라고 요청한다. 이에 필로클레온은 아들이 계산한 것을 바탕으로 충격을 받아 수입의 큰 덩어리는 어디로 가는지 의아해한다.

브델리클레온: 그자들과 그자들에게 아부하는 자들은 공직에 취임하여 고액의 월급을 타 먹는데, 아버지께서는 실은 노 젓기와 전투와 포위 공격을 통해 손수 힘들게 벌어들인 3오볼로스를 그자들한테서 받고 만족해 하신다면, 이보다 더한 종노릇이 또 어디 있겠어요?

— 「말벌」 682-685행

필로클레온: 나를 그렇게 대한다고? 너 도대체 무슨 소릴 하는 거냐? 내 속을 네가 거꾸로 뒤집어 놓는구나! 이 일을 어떻게 생각해야 하나?

— 「말벌」 696-697행

브델리클레온은 배심원들의 힘들고 궁핍한 생활의 대접을 받고도 데마고그들로부터 지시를 받아야 하는 부당한 대우에 대한 결정적인 증명을 하게 된다. 그래도 필로클레온은 현실의 부당함을 믿고 싶지 않은 것이다.

브델리클레온: 그렇다면 생각해 보세요. 아버지께서 여기 계신 분들 모두 부자가 될 수도 있을 텐데, 노상 민중의 친구로 자처하는 자들에게 왜 끌려다니시는지. 여러분은 흑해에서 사르도에 이르기까지 수많은 도시를 지배하고 있어요. 그래서 여러분이 얻는 게 뭐죠? 쥐꼬리만 한 일당 말고. 그나마 올리브유처럼 양털 뭉치로 조금씩 여러분에게 떨어뜨려 주죠. 죽지 않고 연명할 만큼만.

— 「말벌」 698-702행

필로클레온: 아니, 이게 어찌된 일이지? 손이 마비되어 더 이상 칼을 들 수가 없구나. 내 기운은 대체 어디로 간 걸까?

— 「말벌」 713-714행

필로클레온은 부당한 거래에 대해 전적으로 모르고 있다가 실체를 파악하고 치를 떨며 분해한다. 브델리클레온은 논리적 논지를 펼치는 가운데, 아테네 제국의 부의 범위를 볼 때, 모든 아테네 사람들이 호화롭게 살수 있어야 하지만 데마고그들을 구호한답시고 그들이 주는 적은 돈도 고마워했던 사람들에게 불을 지핀다. 그리고 사람들이 언제나 복종하며 말을 잘 들을 것이라는 선동가들의 실태를 파악하도록 증명한다. 이 부분에서 아들이 그동안 아버지를 가둬 둔 이유가 아버지를 부양하고, 허풍선이들의 하수인으로 살지 않도록 하기 위한 진심 어린 효도라는 것을 알게 된다. 필로클레온은 무너졌다. 그는 그의 아들이 질 경우와 그 자신이 질 경우 그 자신을 죽이겠다고 약속한 칼을 내려놓는다. 이제 코로스의 결단이 필요하다.

코로스장: "양쪽 말을 다 들어 보기 전에는 판단하지 말라"는 말이 옳은 것 같소. (브델리클레온에게) 이제 자네가 완승을 거둔 것 같으니 말일세. 그래서 우리는 노여움을 풀고 지팡이를 내려놓겠네. (필로클레온에게) 우리 동년배이자 우리 동료인 그대는….

코로스: 제발 그의 말을 들으시오. 어리석게 고집을 피우거나 너무 괴팍하게 굴지 말고. 내게도 이처럼 조언을 해 줄 보호자나 친족이 있으면 얼마나 좋을까! 분명 어떤 신께서 나타나 그대를 어려움에서 구해 주시며, 그대에게 덕을 보여 주시는 것이오. 그러니 그대는 기꺼이 받아들이도록 하시오!

— 「말벌」 725-735행

무자비한 공격을 하던 벌은 이제 결정을 내릴 때가 되었다. 지난날에 탐닉하던 일들을 숙고해 보고 자신의 어리석음을 깨달아야 한다. 브델리클레온은 승리를 단단하게 결정한다. 필로클레온은 심한 모멸감에 자책하며 일어서지 못한다. 이에 브델리클레온은 아버지의 오랜 박탈감을 보상해 주기 위하여 아버지를 위해 집 안에서 재판을 할 수 있도록 계획을 세우고, 이 계획을 권장한다.

브델리클레온: 좋아요. 재판하는 게 그렇게 재미있으시다면 앞으로는 법정에 가실 게 아니라, 이곳에 머무르시면서 하인들을 재판하세요.

필로클레온: 무엇에 관해? 무슨 얼토당토않은 말을 하는 게냐?

브델리클레온: 법정에서 하는 대로 하세요. 하녀가 몰래 문을 열면, 벌금을 물리세요. 법정에서 늘 하시는 일들 아닌가요. 모든 걸 아버지 마음에 들도록 맞추세요. 아침에 날씨가 따뜻하면 햇볕에서 재판하세요. 눈이 오면 불가에 앉아 재판하시고, 비가 오면 집 안에 들어오세요. 그리고 한낮에 잠을 깨셔도 아버지께서 들어가지 못하게 담당관이 난간을 닫는 일은 없을 거예요.

— 「말벌」 764-775행

아들 브델리클레온은 아버지의 소송 광증을 치료하기 위하여 법정에서의 심리에 필요한 도구들을 집 안에 차려 놓는다. 그런데 이 법정에서 심리한 첫 사건의 피고는 개였으며, 죄명은 집에서 기르는 개가 치즈 한 토막을 물고 간 혐의로 기소된 민사사건이었다. 이 재판에서 필로클레온은 아들의 계략에 의해 개를 무죄로 방면하는데, 개는 그가 방면한 최초의 피고이다. 크산티아스가 개로 분장한 두 사람을 데리고 들어오는데, 그들은 라케스와 클레온의 가면을 쓰고 있다.

브델리클레온: 밖에 배심원이 계시면 안으로 들어오십시오. 일단 개정하면 아무도 입장할 수 없습니다. (노예 한 명이 두루마리 한 장을 꺼내 브델리클레온에게 건넨다.)
필로클레온: 이 피고인은 누군가? 철저히 유죄를 입증해야지.
브델리클레온: 기소장을 들어 보십시오. (읽는다.) "키다테나이 구역의 개가 아익소네 구역의 개 라베스를 시칠리아산 치즈를 혼자서 다 먹어 치운 죄로 고소합니다. 구형은 무화과나무 큰 칼입니다.
필로클레온: 아니, 일단 유죄가 입증되면 개는 사형死刑에 처해야지.
브델리클레온: 이것이 피고 라베스입니다.

필로클레온: 고약한 녀석이로구나. 엉큼하게 생겼군 그래. 씩 웃어 보임으로써
    나를 속이게 될 거라고 생각하는군. 원고는 어디 있지? 키다테나이 구역
    의 개 말이다.

개: (앞으로 나오며) 멍멍, 멍멍!

— 「말벌」 892-903행

극은 집안에서 열리는 개들의 재판 속에서도 배심원의 삶을 영위하려는
필로클레온을 조명한다. 배심원 필로클레온은 그가 보는 모든 것은 법정
과 연관 지어진 채 존재한다. 작가 아리스토파네스는 자신이 단죄해야 하
는 부패 선동정치인을 개로 풍자하였고, 그들의 죄상을 필로클레온의 입
을 빌어 폭로하기에 이른다. 위 라케스라는 개는 아익소네 구역 출신의 아
테네 장군을 말하는 것이고, 클레온은 키다테나이 구역 출신의 개를 말한
다. 이제 재판의 결과를 알아 볼 시간이다.

필로클레온: 자, 투표했다.
(조약돌을 무죄방면 항아리에 떨어뜨린 다음 제자리에 가 앉는다.)
브델리클레온: (혼잣말로) 아버지는 속았어. 본의 아니게 무죄방면 했으니까.
    (필로클레온에게) 항아리들을 뒤집을게요!
필로클레온: 결과가 어떻게 나왔느냐?
브델리클레온: 곧 드러나겠지요. (항아리를 둘 다 검사한다.) 라베스, 넌 무죄방면
    이야. (강아지들은 기뻐서 껑충껑충 뛰고, 필로클레온은 졸도한다.) 아버지, 아
    버지, 왜 이러세요? (노예들에게) 물 가져와, 물! 몸을 일으키세요!
필로클레온: (몸을 일으키며) 자, 말해 보아라. 과연 그가 무죄방면 되었느냐?
브델리클레온: 그렇다니까요.
필로클레온: 그렇다면 난 끝장이다.

(다시 쓰러지는 것을 브델리클레온이 부축한다.)

브델리클레온: 아버지, 상심 마시고 일어서 보세요!

필로클레온: (아들의 부축을 받아 일어서며) 사람을 고소했다가 무죄방면 했으니, 내 양심에 이걸 어떻게 참고 견디지? 나는 대체 어떻게 되는 거지? (하늘을 향해 두 손을 뻗으며) 오오, 가장 영광스러운 신들이시여, 저를 용서해 주소서! 이것은 제 본의가 아니며, 제 성미에도 맞지 않사옵니다.

브델리클레온: 걱정 마세요, 아버지. 제가 아버지를 잘 부양해 드리고 어디라도 모시고 갈게요. 저녁 식사에도, 파티에도, 흥행장에도. 앞으로는 즐거운 나날을 보내도록 하세요. 앞으로 히페르볼로스가 아버지를 바보 취급하는 일은 없을 거예요. 이제 안으로 드시죠.

필로클레온: 그래, 네 소원이라면 들어가자꾸나!

— 「말벌」 992-1009행

필로클레온은 이 풍자를 통해 자신의 과오를 깨닫고, 마침내 법정에 대한 탐닉을 고치게 된다.

「말벌」에서의 파라바시스(1009-1121행)는 코로스가 재판광인 아버지를 통해 아테네의 재판제도를 통렬히 꾸짖는다. 코로스장은 아테네 정치판에 기생하여 살아가는 배심원들을 벌의 습관과 행동에 비유하여 충고하고 조언한다.

코로스장: 여러 각도에서 우리를 보면, 우리가 모든 면에서 벌의 특징과 생활 습관을 갖고 있음을 여러분은 알게 될 것이오. 첫째, 일단 화가 났다 하면 우리보다 더 성마르고 무자비한 동물은 세상에 어디에도 없소. 그 밖에 다른 모든 점에서도 우리는 벌처럼 행동하오. … 우리는 또 생계를 꾸려 나가는 재주도 있어서 누구든 닥치는 대로 찔러 그자 덕으로 먹고 산다오.

그러나 문제는 우리 사이에는 수벌들도 있다는 것이오. 녀석들은 침도 없으며, 전혀 애쓰지도 않으면서 집에 가만히 앉아 우리가 거둬들이는 것을 먹어 치우지요. 그리고 우리가 가장 속상해 하는 것은, 병역을 기피한 자가 나라를 지키기 위해 노를 젓거나 창을 들거나 손에 물집이 생겨 본 적도 없으면서 우리 덕에 부자가 된다는 것이오. 요컨대, 앞으로는 침이 없는 시민은 누구든 3오볼로스를 받아서는 안 된다는 것이 내 생각이올시다.

—「말벌」1102-1121행

위 대사는 극의 파라바시스 장면이다. 「말벌」의 파라바시스는 배심원 제도의 불합리함에 대한 모순의 지적보다는 잘못된 데마고그들에 순응하는 자들에 대한 준엄한 호통이다. 아울러 부당한 체제에서 제공하는 일당의 기쁨을 존경받는 명예의 보답으로 여기고 오만하고 위풍당당한 행동을 정당화하는 그들을 꾸짖는다. 결과적으로 코로스는 파라바시스 국면에서 자신의 능력을 자찬하는 필로클레온의 어리석음을 노래로 마무리한다. 「말벌」에서 보여 준 풍자와 웃음은 벌이라는 곤충을 독특하고 새로운 역할로 변용시켜 보편적이면서도 특수하며 구체적인 가치를 만들어 낸다. 이는 곤충의 비유적 표현을 통해 독특한 스토리를 풀어 나가는 것인데, 아리스토파네스는 이러한 작업방식을 연극적 행동과 연결시켜 독자적인 이야기 세계를 펼치고 있다.

다음의 파라바시스는 자신의 능력을 자찬하는 필로클레온의 어리석음을 코로스가 노래한다.

코로스: 난 내가 영리하다고 생각한 적이 한두 번이 아니며, 내가 어리석다고 생각한 적은 한 번도 없어. 하지만 머리를 뒤로 묶는 집안의, 허풍선이의

아들 아미니아스는 나보다 한 수 위였어. 나는 그가 자신이 가져온 사과와 석류를 먹는 대신 레오고라스와 함께 식사하는 걸 보았어. 그는 안티폰처럼 허기가 졌으니까. 어디 그뿐인가. 그는 파르살로스에 사절로 파견되어 테살리아의 '빈민들'과 개인적으로 어울렸는데, 그것은 그가 누구 못지않은 빈민이었기 때문이지.

— 「말벌」 265-1274행

「말벌」의 파라바시스는 구희극의 공상적인 발상을 통하여 아테네 폴리스의 정치체제와 재판제도의 부당한 측면을 고발하는 공간적 확장의 수단이 되는 것이다. 그런 점에서 보면 「말벌」은 브레히트 서사극에서 미학적 시공간의 이동을 의미하는 '생소화된 현실'이 창조되는 것으로 볼 수 있다.[28] 이는 아테네 재판제도의 불공평함을 풍자하는 코로스에 의해 폭로된다. 벌에게 침[針]이 없다는 것은 일하지 않고 불로소득을 올리는 정치인이나 그들에게 기생하는 세력들을 싸잡아서 조롱하는 것이다. 야만족이 쳐들어와서 힘으로 보금자리를 차지하려고 할 때 창과 방패로 목숨 걸고 싸운 아티케의 벌보다 더 용감한 것은 세상에 아무것도 없다고 충고한다.

「말벌」에서 부자간의 장면은 「구름」에서의 스트렙시아데스와 페이디피데스를 연상하게 한다. 「구름」은 아버지가 잘못된 교육관에 신종무기가 되는 아들, 「말벌」은 권력에 중독된 아버지의 만행을 말리려는 아들, 둘 다 아버지들의 고약한 사고가 극의 소재로 등장한다는 점에서 비슷한 플롯을 갖고 있다. 「말벌」의 인간 권력에 대한 행동은 정의와 바른 체제를 황폐화시키면서 공동체의 무자비한 정치 장악을 비유한다. 아리스토파네스가 드러낸 아버지와 아들의 행동은 도덕적 인간성을 기반으로 하며, 풍

---

28 이정린, 앞의 책, 2006, p. 153.

자와 폭로를 통해 올바름에 대한 보편적 진리를 보여 준다. 동시에 잘못된 판결에 대한 속죄를 삽입함으로써 관객 스스로에게 현실을 직시할 수 있는 질문을 던져 준다. 이러한 극적 행동의 원칙은 아리스토파네스의 모든 작품에서 드러나는 현상으로 교정적 의도보다는 어떤 부당한 상황에 대한 비판의식과 능동적 판단을 요구하고 있다.

이제 「말벌」은 민주적 시민의식이 부족한 재판광 아버지를 구출하는 작전을 통해 풍자와 폭로의 역학적 관계를 화합으로 마무리한다.

코로스(좌): 나는 저 영감의 행운이 부럽소. 이전의 무미건조한 습관과 생활 방식과는 얼마나 다른가! 이전보다 더 나은 것을 배웠으니, 이제 그는 크게 변해 안락함과 편안함만 누리게 되리라. 하지만 그는 싫을지도 모르지. 제2의 천성을 버리기란 어려운 법이니까. 그러나 많은 사람들이 그렇게 했어. 남의 생각을 받아들여 자신의 습관을 바꿨으니 말일세.

코로스(우): 필로클레온의 아들은 지혜와 효성으로 나는 물론이요 양식 있는 많은 이들의 칭찬을 받고 있다네. 나는 그렇게 붙임성 좋은 이를 만난 적이 없고, 어느 누구의 성격에도 그렇게 반한 적이 없으니까. 그도 그럴 것이, 아버지에게 더 품위 있는 활동을 권하며 했을 때, 그는 모든 논쟁에서 아버지보다 더 우세했으니 말일세.

— 「말벌」 1450-1473행

「말벌」은 말벌의 주요 인물과 코로스가 만들어지고 플롯의 움직임을 가능하게 하는 특성의 복합체가 아테네에서 법원의 역할에 대한 구체적인 정치적 개념을 표현한다고 주장한다. 작가의 농담이나 발언이 당시 사회 체제 내에서 시민들의 의견 여부를 결정하려고 하지 않는다. 오히려 법원 재판제도에 대한 정치적 또는 이데올로기적 관점이 말벌의 깊은 구조라고 할 수 있는 기본적인 서사와 극적인 전략에 함축되어 있음을 보여 주기를 제안한 것이다.

아리스토파네스의 살아남은 작품 중에서 말벌은 유머의 르네상스를 애처롭게 적용할 수 있는 독특한 유형이다. 벌은 자기 의식적으로 풍자적인 일종의 코미디에서 특별한 기능을 했다는 것을 반영할 가치가 있는 것이다.[29] 작가의 풍자적인 정신으로 말하면, 말벌과 다른 두 귀족 코미디 「기사들」, 「구름」은 우리가 유토피아 코미디라고 부르는 것에서 시작된다. 그것은 유머를 표시하는 열정의 좁은 단일성에서 나오는 것이다. 아리스토파네스는 「개구리」에서처럼 평화와 풍요로움, 시민의식과 시적인 예의의 회복에 대한 열망은 마지막 분석에서 분리된 순수한 표상으로 표현되지 않는 한 유머를 만들어 내지 않을 것이다. 아리스토파네스는 「말벌」에서 공동체의 목표로 공인된 정치적 주제로부터 법원에 대한 열정과 체제와 관련하여 폭로한 것은 그의 정치적 성향이나 의도가 드러나 보이는 부분이다.

아리스토파네스는 부패한 권력의 사용이나 힘없는 자들을 위한 강제적인 권력으로부터 탈피하여 사회적 책임에 기초한 사회를 건설하는 데 풍자와 폭로를 끌어들인다. 하지만 이러한 개념의 전개가 정치적 권력을 극단적으로 왜곡시키면서 극화하는 것이 아닌지 조심스럽다. 그것은 단지 지나간 역사적 가치 평가가 아니라 현실 정치의 지나친 풍자와 폭로가 모든 사태를 한쪽의 편향된 시각으로 바라보는 우를 범하게 만들 수도 있다는 것이다. 아리스토파네스가 「말벌」에서 보여 준 풍자와 폭로의 연극적 행동은 단순한 웃음만을 선사하는 것이 아니다. 그것은 시대의 사회적 맥락과 시대정신이며, 정의를 과장하여 권력으로의 탐닉을 지향하는 모순

---

29 David Konstan, 앞의 책, 1985, p. 28.

된 재판제도와 정치체제에 대한 실천적인 항거로 보아야 할 것이다.

이처럼 「말벌」은 인간의 보편적인 삶의 근원에 대한 기본권을 상실하고 부패한 권력 속에서 순응하며 살아가는 아테네 시민들의 모습을 묘사한 고발연극이다. 「말벌」은 전쟁 속의 피폐함과 정치제도의 고단함을 여과 없이 폭로하여 아테네 시민들의 사고를 뒤흔드는 연극적 언어들을 풍부하게 제공한다. 물론 아리스토파네스는 정치적 회의론자도 아니고 역사적 비평론자도 아니다. 그는 현실의 피폐함을 폭로하여 대안적 방안을 모색하기에 포기하지 않는다. 역사적 사실들을 횡단하는 아리스토파네스의 풍자와 폭로는 상상과 공상을 넘어 '예술의 실험적 저항'이라는 양상을 띠고 있다. 그러므로 「말벌」에서 나타난 풍자와 폭로는 체제의 모순에 대한 아테네 시민들의 분노를 관객들에게 주지시키려는 교정의 측면을 넘어 현실 비판의 인지적 의식 함양을 적극적으로 모색한 연극적 행동으로 이해할 수 있을 것이다.

3. 「새들Birds」(기원전 414)

「새들」은 환상적 구성을 통해 아테네 기득권 세력이 전쟁에 대응하는 폴리스의 정치를 문제시하는 수단으로 이용하였다. 주전파인 아테네의 클레온과 스파르타의 브라시다스가 죽고 나자 평화가 찾아와서 기원전 421년 전쟁에 지친 아테네와 스파르타는 '니키아스 평화조약Peace of Nicias'이라는 이름으로 50년간의 동맹 조약을 맺는다. 하지만 이들의 조약에 불만을 품은 다른 국가들은 국지전을 계속했고 결국 그들도 욕심을 다스리지 못한 채 다시금 전쟁의 수렁 속으로 휩쓸려 들어갔다. 다시 시작된 전쟁은 더욱 잔인해졌다. 이 작품 역시 「기사들」과 같이 폴리스 아테네의 민주정치의 제 문제를 환상적 구성을 통해 문제시하는 수단으로 이용하였다.

「새들」의 줄거리를 살펴보자. 작품의 배경은 아테네와 스파르타 사이에 펠로폰네소스 전쟁이 한창이던 기원전 414년, 아테네의 두 현실도피주의자가 집을 떠났다. 그들의 이름은 '좋은 희망을 품는 자'라는 뜻의 에우엘피데스와 '친구를 설득하는 자'라는 뜻의 페이세타이로스였다. 현실을 도피하고자 하는 두 아테네인은 그들의 부채를 탕감하기 위하여 아테네에서 추방당한다. 갈까마귀와 까마귀의 주도하에 그들은 한때는 인간이었지만 지금은 새가 된 테레우스에게 비행 중에 그들이 정착할 만한 평화롭고 속 편한 폴리스를 본 적 있는지 알기 위해 그를 찾아간다. 하지만 테레우스가 제안한 도시 중 그 어떤 곳도 그런 곳이 없었기에 그들의 만족을 증명하지 못한다. 대신 페이세타이로스는 도시가 없는 새들의 삶에 대해 물어본다. 갑자기 그는 번득이는 아이디어가 떠오른다. 흩어져 있는 새들의 세계를 강력한 새들의 폴리스로 만드는 것이다. 그들은 시끄럽고 피곤한 도시를 벗어나 한적한 곳에 평화롭게 깃들고 싶었다.[30] 페이세타이로스와 에우엘피데스는 새로운 도시를 알아보기 위해 신들을 찾아 가는 대신 본래 인간이었으나 신들의 저주를 받아 새로 변한 후투티를 찾아간다. 드디어 이들은 새들이 모여 있는 곳에 도착하게 된다. 그때 페이세타이로스의 머리에 기발한 생각이 떠오른다. 그것은 하늘과 땅 사이에 있는 허공에 집을 짓고 울타리를 쳐서 도시를 건설하자는 것이다. 페이세타이로스는 후투티에게 적극적인 제안을 시도한다.

> 페이세타이로스: 그때는 당신들이 메뚜기 떼를 지배하듯 인간들을 지배하게 될 것이며, 신들도 멜로스 섬의 주민들처럼 굶길 수가 있을 것이오!"
>
> ─「새들」 184-186행

---

[30] 김헌, 앞의 책, 2016, p. 325.

「새들」의 두 현실도피주의자들은 마침내 새들과 함께 세상을 지배할 권력을 모의하게 된다. 이들은 아테네의 제국주의를 비판하기 위해 인간의 나라를 새들의 나라로 통합하여 건설한다는 공상을 동원한다. 새들과 인간의 구분을 허무는 비현실적인 공상을 통해 작가는 인간이 가진 야망의 모순적인 모습을 강조한다. 그는 이 작품에서 필연적으로 속박된 인간이라는 존재가 자유를 갈망하는 모순된 인간상을 묘사하고 있다.[31]

아리스토파네스 작품 중 공상희극의 전형인 「새들」은 「기사들」이나 「개구리」 못지않은 정치풍자극이다. 당시 집권하고 있는 정계 인물에 대한 비판과 더불어 아테네 시민의 나쁜 폐습에 대한 비난을 곳곳에 나타내고 있다. 기원전 414년 펠로폰네소스 전쟁 발발 18년째, 시칠리아 원정이 한창인 시기가 배경이다. 당시 아테네 사람들은 오랜 전쟁으로 지쳐 있었고, 특히 시칠리아 원정 후 나라는 급격히 기울고 있었다. 아테네 시민들은 궤변이 유행했고, 소송과 전염병과 전쟁으로 시끄럽고 살기 어려운 현실에서 벗어나고자 했다. 아리스토파네스는 「새들」에서 새들을 새로운 신들로 격상시키는 한편 올림포스의 신들을 철저히 격하시킨다. 이 작품은 아테네 시민이라고 소개하는 두 사람의 절망적인 대화로 시작된다. 이 두 현실도피주의자는 아테네인들의 광적인 재판 열기와 부패한 생활 방식에 환멸을 느끼고 아테네 여신의 보호 아래 있는 아테네를 떠나 새鳥로 변신한 테레우스[32]를 찾아가는 것으로 극은 전개된다. 다음 장면에서 에우엘피데

---

31 심정훈, 「헤시오도스의 《신통기》와 아리스토파네스의 '신통기' 비교연구」, 『서양고전학연구』 59(2), 한국서양고전학회, 2020, p. 2 참조.

32 테레우스(Tereus)는 그리스 전설에 나오는 트라케의 왕이다. 생전에 프로크네와 결혼해서 아이를 낳고 잘 살았으나 처제인 필로멜레를 겁탈한 후 혀까지 자른다. 그 사실을 안 프로크네는 테레우스와의 사이에서 낳은 아들 이튀스를 죽여 그에게 먹인다. 이 사실을 안 테레우스가 그녀들을 죽이려 하자 제우스는 테레우스는 후투티로, 프로크네는 밤꾀꼬리로,

스의 사회제도와 재판제도에 대한 비판 섞인 푸념을 들어보자.

> 에우엘피데스: (관객들에게) 우리는 남에게 존경받는 부족과 씨족에게서 태어나 시민으로서 시민들과 더불어 살다가 쫓겨난 것이 아니라, 자진하여 고향을 훌쩍 떠났으니까요. 두 발로 말이오. 이는 우리가 그 도시를 미워해서가 아니오. 그 도시는 역시 위대하고 번창하고, 송사訟事로 재산을 날리고 싶은 모든 사람에게 열려 있으니까요. 매미들이 나뭇가지 위에서 노래하는 것은 고작 두 달인데, 아테네인들은 평생 동안 법정에서 노래를 해대니 말이오.
>
> —「새들」 33-41행

「새들」의 전체적인 사건은 아테네에서 멀리 떨어진 곳에서 일어난다. 두 아테네인 페이세타이로스와 에우엘피데스는 거대한 도시의 번잡함과 끊임없는 송사, 개인 간의 갈등에서 벗어나 조용한 도시나 장소로 가고 싶다는 강렬한 욕구가 대사에 나타나 있다. 그리고 아테네처럼 거대한 도시의 시민이 되고 싶은 동시적인 욕구를 충족하고자 그런 장소를 찾기 위해 테레우스를 찾아간다. 테레우스는 인간 생활에 환멸을 느끼고 새로 변신하여 후투티로 살아간다. 테레우스는 한 마리의 새로서 땅 전체를 총괄적으로 조망하는 피조물로 존재한다. 이에 두 친구가 찾아와 문을 두드리는데, 테레우스는 방문자들이 누구이며, 어디서 왔으며, 무슨 의도인지 물어본다. 그가 보았을 때 그 의도는 단지 기회를 엿보는 행동으로 보인다.

필로멜레는 제비로 변신시킨다. 이 작품에서는 테레우스가 후투티로 변신하여 새[鳥]사회의 존경받는 일원으로서 지난날의 불행을 잊고 밤꾀꼬리로 변신한 프로크네와 사이좋게 살고 있다. 아리스토파네스, 앞의 책, 2010a, p. 433.

에우엘피데스: 우리 둘 다 말이오? 우린 둘 다 인간이오.

후투티: 어디서 왔소?

에우엘피데스: 훌륭한 전함들의 나라에서요.

후투티: 설마 배심원들은 아니겠지?

에우엘피데스: 정반대죠. 우리는 반反배심원들이오.

후투티: 그곳엔 그런 종자도 뿌리오?

에우엘피데스: 시골에 가서 찾으면 조금 구할 수도 있소?

후투티: 여긴 무슨 용건으로 왔소?

에우엘피데스: 당신과 면담하고 싶어서요.

— 「새들」 107-113행

에우엘피데스는 후투티로 변신한 테레우스에게 지나친 격찬을 시작한다. 육지와 바다를 두루 날아다니고, 인간의 지혜와 새의 지혜를 겸비한 당신의 지혜가 담겨 있는 모피 담요처럼 포근한 도시를 알려 달라고 청원한다. 테레우스는 두 방문자에게 몇몇 도시를 제안하는데, 그들은 그곳의 부족한 점을 열거한다. 그리스에 있는 도시들은 그들의 조건에 부합하는 것처럼 보이지만 새들이 사는 공간보다는 못하다는 것이다. 두 방문자가 보았을 때, 테레우스는 인간이었지만 새들 가운데 살아갈 수 있다는 것을 행동으로 보여 주고, 그 생활에 아주 만족하게 보인다. 이 장면에서 테레우스는 새들 속에 산다는 것이 대단한 이점임을 부인하지 못한다.

이러한 테레우스의 행복한 삶을 이루는 나라를 꿈꾸는 페이세타이로스는 더 이상 여기저기 바쁘게 날아다니지 말고, 한 도시를 찾아서 그곳에 정착하는 것으로 그들의 생활 방식을 바꾸자는 것이다. 이에 테레우스는 새들의 정착에 전적으로 찬성하고, 한 번도 날아 본 적이 없이 편안한 생활만을 추구하는 에우엘피데스도 찬성하고 있다. 페이세타이로스는 사람과 새를 바꾸어 동일 선상에 놓는다. 이에 테레우스는 그 제안으로 들뜨게 된다.

> 페이세타이로스: 새들의 공간이라고 해도 좋겠지요. 하늘을 찾는 이가 많고, 모든 것이 하늘을 통과하기에 영역이라 불리는 거요. 만약 거기다 집을 짓고 울타리를 칠 수 있다면, 그 영역이라는 게 도시가 되겠지요. 그때는 당신들이 메뚜기 떼를 지배하듯 인간들을 지배하게 될 것이며, 신들도 멜로스 섬의 주민들처럼 굶겨 죽일 수 있을 것이오.
>
> 후투티: 어떻게?
>
> 페이세타이로스: 하늘과 땅 사이에 공기가 있소. 델포이에 가려면 우리가 보이오티아인들에게 통행 허가를 받아야 하듯, 인간들이 신들에게 제물을 바칠 때도 신들이 당신들에게 공물을 바치지 않으면 신들을 위해 인간들이 넓적다리뼈를 태우는 구수한 냄새가 당신들 도시의 공간을 통과하지 못하게 하란 말이오.
>
> 후투티: 야호, 야호! 대지와 올가미와 그물에 걸고 맹세하노니, 나는 아직 그런 묘책을 들어 본 적이 없소이다. 나는 당신과 함께 그 도시를 세우겠소. 다른 새들이 찬성한다면.
>
> — 「새들」181-197행

페이세타이로스는 아테네와 보이오티아, 델포이까지 비교하면서 신들과 인간들, 새들과의 관계를 통해 새들이 지배하는 공간에 관해서 칭송한다. 이에 테레우스는 다른 새들도 동의한다면 기꺼이 페이세타이로스와 함께 새들의 도시를 세울 것이라고 구름에 걸고 맹세한다. 이제 지금까지 침묵했던 에우엘피데스와 페이세타이로스는 새들의 삶에 대한 우수함과 인간들의 관계에 대해 설파한다.

페이세타이로스: 옛날에 인간들을 지배한 것은 신들이 아니라 새들이었으며, 새들이 왕이었음을 입증해 줄 증거들이 수두룩하오. 예컨대 나는 먼저 수탉이 왕이었음을 보여 주겠소. 수탉은 다레이오스나 메가바조스보다 훨씬 먼저 페르시아인을 지배했고, 그래서 그때의 통치로 말미암아 여전히 페르시아 새라고 불리지요.

에우엘피데스: 그래서 수탉은 오늘날에도 머리에 두건을 똑바로 쓰고 대왕大王처럼 뽐내며 거닐지요. 새들 중에 오직 수탉만이 말이오.

페이세타이로스: 수탉은 그때 그만큼 힘 있고 위대하고 강력했기 때문에 지금도 수탉이 새벽 노래를 부르면 모두들 그때의 위대성을 생각하고는 벌떡 일어나 일하러 가잖소. 대장장이도, 도공도, 무두장이도, 구두 수선공도, 목욕 시중드는 자도, 보릿가루 장사도, 악기와 방패 제작공도. 그들은 동이 트기 전에 샌들을 메어 신고 밖으로 나가지요.

— 「새들」 481-492행

새의 삶의 자연스러움에 목가적이었던 모든 것이 지금 사라졌다. 그러나 또한 비독점 장소에 대한 원래의 소망이 있다. 편안함을 추구하는 두 개인주의자의 목표인 피난처는 자연의 영역에 계층적 구조를 부과하는 침입자다. 새들은 처음에 지배적인 위치로 약속되어 있다. 권력에 대한 소망에 사로잡힌 그들은 정말로 알아차리지도 않고, 사람에게 적어도 페이세타이로스에게 복종한다. 그들이 스스로를 지배한다는 환상, 그리고 지금 이상한 변화가 있다. 그들을 신으로 인식하지 못하는 인간에게 '조류에 의한 인간에 대한 위협'을 제기했다. 페이세타이로스, 그는 인간이기는 하지만 새들에게 무엇을 해야 하는지 조언한다.[33] 어떤 아테네 시민이 했

---

33 Hellmut Flashar, "Men and Birds", *Humanitas* 52, 2000, p. 315.

던 정치적 변론이나 비극시인의 위대한 서사시보다 그의 모국을 등지고 새들을 칭송하는 변론이나 행동은 매우 충격적이다. 감히 에우엘피데스와 페이세타이로스는 스스로 가장 높은 제우스를 새들의 위상과 같은 위치에 놓는다.

> 페이세타이로스: 그러나 가장 결정적인 것은 지금의 통치자 제우스가 왕으로서 머리에 독수리를, 그의 딸 아테나는 올빼미를, 그리고 아폴론은 시종처럼 매를 이고 있다는 것이오.
> 에우엘피데스: 옳은 말이오. 하지만 뭣 때문에 신들이 새를 갖고 다니지?
> 페이세타이로스: 그건 누가 제물을 바칠 때 관습에 따라 내장을 신들의 손에 놓으면 새들이 제우스보다 먼저 내장을 가져가기 위해서죠.
>
> — 「새들」 514-519행

아리스토파네스에게는 우스꽝스러운 행동이지만, 신들조차도 페이세타이로스의 허풍을 무시하지 않는다. 신들은 사람이 한없이 올려다보는 존재이고, 높은 곳에 산다. 마찬가지로, 새들도 높이 날아서 인간과 가까이하지 않는 것은 새들의 관점에서는 특기할 만한 공통점이다. 그리고 새들처럼 하늘의 공간에 도시를 세운다고 하는 것은 인간들의 단순한 지배자가 된다는 것을 넘어서 아테네의 영광에 평화와 행복의 날개를 달아 주고자 하는 것이다.

「새들」에서는 새들이 제우스와 올림포스 신들을 대체하는 새로운 신들로 등극하고 있다. 이러한 극의 설정은 이미 신들을 도외시하는 의지가 담겨 있다.

> 코로스장: (관객들을 향하여 위엄 있게) 오오, 본디 암흑 속에 사는, 나뭇잎과 같

은 인간들이여, 허약한 진흙의 형상들이여, 그림자 같은 무기력한 종족들이여, 날개 없는 하루살이들이여, 꿈과 같은 가련한 인간들이여, 우리가 하는 말을 귀담아 들으시오. 우리는 영생불멸하는 존재로 대기 속에 살고 나이를 모르고 불멸의 것을 계획한다오. … 태초에 카오스와 밤과 검은 에레보스와 넓은 타르타로스가 있었고, 대지도 하늘도 없었소. 에레보스의 끝없이 넓은 품속에서 검은 날개의 밤이 최초의 무정란을 낳자, 거기에서 세월이 흐르면서 그리움을 일깨우는 에로스가 나오니, 등은 황금 날개로 빛나고 빠르기가 회오리바람 같았지요. 에로스가 날개 달린 카오스와 밤에 동침해 넓은 타르타로스에서 우리들 새 종족을 부화하여 처음으로 햇빛 속으로 데리고 올라왔지요. 에로스가 모든 것을 섞기 전에는 불사신의 종족은 없었소. 상이한 것들이 서로 섞이자 하늘과 오케아노스와 대지와 축복받은 온갖 신들의 종족이 생겨났지요.

— 「새들」 684-702행

위 장면은 극을 중재하는 첫 번째 파라바시스로서 신들의 격하가 가장 잘 드러나는 곳이다. 페이세타이로스에게 설득된 새들은 코로스를 통하여 새로운 '신통기'를 노래한다. 아울러 새들은 우주기원론까지 거론하고 있다. 이는 헤시오도스의 『신통기』를 모형[34]으로 삼고 있음을 부인할 수

---

34 태초에 카오스가 있었고, 그다음에는 넓은 젖가슴을 지닌 가이아가 있었는데, 그 가이아는 눈 덮힌 올림포스산과 넓은 길이 많이 나 있는 대지의 가장 깊은 곳, 찰흙같이 어두운 타르타로스에 거하고 있는 영생불멸하는 모든 신들의 든든한 처소였다. 그다음에 에로스가 생겼는데, 이 에로스는 영생불멸하는 모든 신들 중 가장 아름다운 신이었으며, 모든 신들과 인간들의 머릿속의 이성과 냉철한 사고를 압도하며 다리의 힘을 마비시키는 신이었다. 헤시오도스, 『신통기: 그리스 신들의 계보(Theogonia)』, 김원익 역, 서울: 민음사, 2003, pp. 27-29. 684-702의 장면은 헤시오도스 4대 원초적 존재인 카오스, 가이아, 타르타로스, 에로스를 언급한다. 여기서 가이아는 올림포스 신들의 넓은 거처로 묘사되고 타르타로스와 에로

없는데, 앞부분에서 새들의 거만한 말투를 두고 일반적으로 신을 조롱하는 '조통기'로 부르기도 한다. 이는 신들에 대한 불만을 표면적으로 드러내는 것을 의미한다.

기원전 5세기 말은 역사적으로도 펠로폰네소스 전쟁이 일어난 격변의 시기이기도 했다. 투키디데스에 의하면 펠로폰네소스 전쟁이 발발한 기원전 431년 이듬해에 아테네의 창궐한 역병은 신들에 대한 아테네인들의 태도에 큰 영향력을 끼쳤다. 각 개인의 경건함과 무관하게 모두가 무차별적으로 역병에 쓰러져 가는 상황 속에서 신들에 대한 경외심은 사라졌다. 전쟁 발발 16년 후 기원전 414년에도 역병의 생존자들인 「새들」의 관중들은 당시의 상황을 생생히 기억하고 있었을 것이다.[35] 다음의 대사에서 신들에 대한 조롱은 그 수위를 넘고 있다.

> 에우엘피데스: 하하, 제우스보다는 새들이 왕이 되는 게 우리에게 훨씬 낫겠구먼!
>
> ―「새들」 610행

에우엘피데스는 제우스를 섬기는 것보다 새들을 왕으로 섬기는 것이 유

스의 계보가 나타나기 전, 오직 카오스와 가이아만이 후손을 통해 가계를 이어가고 있음을 밝힌다. 이는 올림포스 신들의 기원인 가이아의 중요성을 부각하는 장치로 볼 수 있다.

35 헤시오도스의 『신통기』는 제우스가 즉위하여 세상을 평정하는 과정을 칭송했다. 반면에 아리스토파네스의 「새들」에서는 『신통기』의 주인공이었던 제우스는 폐위되고, 한낱 인간인 페이세타이로스가 최고신으로 등극하여 신들의 계보를 계승한다. 이는 사실상 제우스와 올림포스 신들로 대변되는 기존질서가 막을 내리고, 새로운 세계 질서가 개시되었음을 보여 주는 대목이다. 대단히 불경스러워 보이는 「새들」의 전개와 결말은 올림포스 신들에 대한 강한 불신을 드러내며, 이들을 대체할 대안의 토대를 제시하는 것으로 보인다. 심정훈, 앞의 논문, 2020, pp. 19-21.

익하다고 말한다. 이 장면은 「새들」의 희극적인 요소로서 인간들에게 신들이 새들보다도 못하다는 사실을 보여 주는, 풍자를 넘어 조롱에 가까운 장면이다. 이 작품에서 등장하는 올림포스 신들에 대한 비판적인 태도의 원인에는 기원전 431년의 역병 사건을 비롯해 기존의 정치체제를 불신하는 지식층의 분위기가 사회 전반에 퍼졌을 것으로 보인다. 이러한 사회적 분위기 속에서 헤시오도스의 『신통기』는 아리스토파네스의 '신통기'에서 희극적으로 전복된다. 아리스토파네스는 카오스와 가이아 등의 계보를 거론하면서 신적 체계의 근본적 변화를 획책하고 있다. 그는 관객들에게 구태의연한 신적 의존 체계에서 벗어나 낡은 현실을 타파하고 새로운 미래를 모색하는 토대를 제안했던 것으로 이해할 수 있다.

이어서 인간의 무기력함에 대비되고, 영생불멸하는 존재로 대기 속에 살며 행복한 계획을 세우고 있는 새들을 칭송하는 파라바시스가 전개된다.

코로스장: 인간의 모든 중대사는 우리한테서 비롯되오. 첫째, 우리는 봄, 여름, 겨울의 계절을 알려 주지요. 두루미는 리비에로 날아가며 씨를 뿌리라고 외치고, 선주에게는 겨울이 오니 노를 걸어 두라고 알려 주며, 오레스테스에게는 추워서 남의 옷을 벗기는 일이 없도록 외투를 짜라고 일러 주며, 그 뒤 솔개가 나타나 계절이 바뀌었음을 알리면 그것은 양 떼의 봄 털을 깎을 때고, 이어서 제비가 나타나면 그것은 무거운 겨울 외투를 팔고 가벼운 여름옷을 살 때요. 여러분에게 우리는 암몬이고, 델포이고, 도도네고, 포이보스 아폴론이라오. 여러분은 장사든 재산 취득이든 결혼이든 매사에 이렇게 먼저 새들을 찾아가고 있소. 여러분이 결정적인 예언을 하는 것은 무엇이든 새라고 부르고 있소. 여러분에게는 뜻밖의 말도 새점鳥占이오.
— 「새들」 709-722행

계속해서 코로스는 새들의 좋은 점을 열거한다.

코로스장: 날개가 있다는 것보다 더 좋고 즐거운 것은 하나도 없소. 예컨대 관
객 여러분 중에 누가 날개가 있다면, 배가 고프거나 비극의 코로스에 싫증
이 날 때는 집으로 날아가 아침을 먹고 배를 채운 다음 여러분에게 도로
날아와 앉을 수 있을 것이오. 여러분 중에 파트로클레이데스 같은 사람이
똥이 마렵다면, 겉옷에 쌀 것 없이 날아가 방귀를 뀌고 숨을 돌린 다음 도
로 날아올 수 있을 것이오. 여러분 중에 혹시 누가 간통자라면, 그녀의 남
편이 여기 위원들을 위한 특별석에 앉아 있는 것을 보고는 날개를 써서 여
러분 사이에서 날아올라 그녀와 재미를 보고 나서 그곳에서 도로 날아와
앉을 수 있을 것이오. 그러니 날개가 있다는 것은 만금의 가치가 있는 것
이 아니겠소?

─「새들」785-796행

새들의 자유로운 생활과 벼락 출세한 아테네 명문가의 부정한 출세를
비교하면서 인간 사회의 불합리함을 조목조목 열거하며 조롱하고 있다.
페이세타이로스는 새들의 나라의 이름을 지어 주자고 테레우스에게 제안
한다. 새들은 자기들을 구워 먹던 인간에게 적대적이지만, 새가 신보다 먼
저 태어났고 원래 세상의 주인이었으며, 하늘에 나라를 세워 인간과 신의
교류를 차단하면 신에게서 세상의 통치권을 빼앗을 수 있고, 인간에 대해
서는 신과 같은 지위를 회복할 수 있다고 하는 감언이설[36]에 힘을 모아 공

---

[36] 아리스토파네스 희극에 일관되게 드러나듯 당대에는 선동정치가들이 감언이설로 시민들
을 현혹하고 조종하여 자신의 탐욕과 명예를 채웠다. 특히 과대망상증에 걸린 알키비아데
스는 아테네를 위태롭게 하였는데, 그는 아테네 시민을 현혹하여 시칠리아 원정에 거대 함

중에 성곽도시 '구름뻐꾹나라'라는 도시를 만든다. 새들은 인간들이 신들에게 바치는 제물의 연기를 가로채어 인간과 신을 동시에 지배하자는 제안을 한다. 인간들은 기존의 신 대신에 새로운 신인 새를 섬기기로 하고 마침내 새들의 축복 속에 시인은 제우스의 딸과 결혼하여 최고신이 된다. 유토피아로 선전된 새나라가 결국 디스토피아로 변한다는 내용이다.

에우엘피데스: 그렇다면 도시에 어떤 이름을 지어 주지?

후투티: 이곳의 구름과 허공에서 유래한, 공기와도 같이 가벼운 이름이라야 하오.

페이세타이로스: 구름뻐꾹나라는 어때요?

후투티: 만세! 정말 멋있고 거창한 이름을 찾아냈소 그려!

—「새들」817-820행

아리스토파네스는 에우엘피데스와 페이세타이로스가 안일만을 추구하고 책임감을 상실한 아테네인들이 새들의 왕을 찾아가 공중에 새들의 나라를 세워 온 천하를 호령하게 하려는 제국주의적 몽상에 대해 희극적 조롱을 던진다.[37] 이어서 코로장의 두 번째 파라바시스(1058-1117행)가 전개된다.

대들을 파견하였지만(기원전 415), 대참패를 초래했다. 이로 인해 아테네는 더욱 혼란스러웠고, 알키비아데스는 귀환 도중에 적국 스파르타로 도망을 쳤다. 여기의 알키비아데스는 플라톤의 『향연』에 등장하는 알키비아데스이다. 한때는 소크라테스를 따르는 무리 중의 한 청년이었는데, 이런 인물이 법정에서 소크라테스에 대한 부정적 판결에 영향을 미쳤다고 추측하고 있다. 윤병렬, 앞의 논문, 2012, p. 121.

37 윤병렬, 같은 논문, p. 121.

코로스: 행복하도다. 깃털로 덮인 새들의 종족은 겨울에도 외투를 두를 필요가 없고, 숨 막히는 삼복더위에도 멀리 내리쬐는 햇볕이 우리를 태우지 못한다네. 꽃 피는 초원들의 잎이 무성한 품속에서 나는 산다네. 신들린 매미가 한낮의 무더위 속에서 해에 취해 쩌렁쩌렁 노래할 때. 겨울이면 속이 빈 동굴에서 지내며 산의 요정들과 어우러져 논다네. 그러다 봄이 되면 우리는 처녀 같은 하얀 도금양 열매와 카리스 여신들의 정원에 나는 것들을 먹고 산다네.

— 「새들」 1088-1100행

위의 「새들」에서 파라바시스 역할은 하늘과 땅 사이의 공간에 유토피아를 세우려는 두 현실도피주의자들에 대한 칭송이다. 하지만 아리스토파네스가 전체 구도에서 신들에게 대항하며 공상을 추구하는 인간들을 성공이라고 인정하는 것인지, 아니면 실패라고 소개하며 인정하지 않는 것인지 궁금하다. 코로스는 공중에 도시를 세우는 페이세타이로스의 명백한 불가능성을 충격적으로 보지 않는다. 페이세타이로스의 행동은 올림포스 신들의 존재뿐만 아니라, 도시가 신들을 우러러볼 필요가 있다는 것까지도 예상한다. 아리스토파네스는 공중의 도시에 근본적인 불가능성을 부인하기보다는 적극적으로 지지해 달라는 주장을 코로스의 목소리를 빌어 전달한다.

코로스장: 이번에는 경연 대회에서 우승과 관련해 심사위원들에게 한마디 할까 하오. 우리에게 유리하게 투표해 준다면 우리는 여러분 모두에게 온갖 것을 다 줄 것인즉, 여러분은 알렉산드로스가 받은 것보다 훨씬 나은 것을 받게 될 거요. … 여러분이 추첨으로 작은 공직을 얻어 돈을 좀 긁어모으고 싶다면 우리가 매의 날카로운 발톱을 여러분 손에 쥐어 줄 것이오. 여

러분이 외식하게 되면 우리가 여러분에게 새의 모이주머니를 보낼 것이
오. 여러분이 우리에게 유리하게 투표하지 않는다면, 동상銅像들처럼 청동
모자를 쓰도록 하시오. 여러분 가운데 누구든 청동 모자를 쓰지 않는 자는
흰 외투를 입고 있을 때, 당연한 일이지만 온갖 새들의 똥을 덮어쓰게 될
테니까요.

ー「새들」1101-1117행

「새들」에서의 파라바시스 역할은 새들과 함께 새들처럼 사는 것이 신들
과 인간들을 지배하는 것보다 더 가치가 있는 삶이라는 작가의 의도가 보
인다. 여기에 등장하는 두 주인공 에우엘피데스와 페이세타이로스의 시
각 차이를 통하여 정치적 도시의 삶에 대한 성찰의 필요성을 바라보게 된
다. 이들은 새들의 눈으로 작가의 의도를 전한다. 코로스가 날개 있는 편
리함을 열거하면서 새들의 이점을 설명한다. 앞으로는 모든 인간들이 만
물을 굽어보는 전능한 새에게 제물을 바치게 될 것이란 예언도 잊지 않는
다. 이 작품은 인간사의 나쁜 정치제도와 그 체제를 이용하는 아테네 기득
권을 해충으로 표현한다. 온갖 열매가 싹트기 전에 무섭게 먹어 치우는 온
갖 해충을 박멸함으로써 수많은 열매를 지킨다는 것이다. 폴리스의 모든
평화로운 정원을 못살게 굴고 괴롭히는 인간 해충까지 새들의 날개가 미
치는 한 박멸하는 데 앞장서겠다는 이상적인 목표를 보여 준다.

「새들」은 줄거리가 아리스토파네스의 다른 극들과 비슷한 패턴을 보이
지만, 나름의 진행순서를 가지고 있다. 그것은 불평, 환상적인 아이디어,
이를 이행하기 위한 다툼, 결과에 도달하는 에피소드들, 그리고 영웅의 유
토피아적인 이상주의의 승리, 대단원 순으로 진행하면서도 긴장감을 계
속 유지하고 있다.[38] 아울러 코로스 리더가 파라바시스를 역할에 몰입하
여 전적으로 전달하게 하여 극에 가속도를 더함으로써 이전의 극들에 비

해 훨씬 구조적인 통일성을 보여 주고 있다.

「새들」은 기존의 다른 아리스토파네스의 5세기 극들과 다르게 현실을 반영한 시사·정치적인 주제 혹은 그와 비슷한 요소들을 주제로 사용하지 않았다. 「기사들」과 같이 직접적으로 표현하지도 「말벌」과 같이 비유적으로 표현하지 않았다. 확실히 시사적 풍자가 많지만, 그 모든 것들은 마법과 같은 왕국을 위한 세상의 특별함을 넘는 환상을 위한 부수적인 것들이다. 「새들」에서의 판타지는 현실사회에서 가장 익숙한 위계인 땅과 하늘, 자연과 문화, 폴리스와 야생, 인간과 동물과 그리고 신들이 재배열되고, 심지어 없어지기도 한다. 때로는 극 속에서 영웅의 힘은 신들의 힘을 능가하기도 한다.

4. 소결: 권력의 속성에 대한 경종

「기사들」은 아테네가 승승장구하던 과거에 대한 향수를 표출하며, 스파르타 원정을 주장하는 정치선동가 클레온을 직접적으로 신랄하게 공격한다. 기사들은 곧바로 무언가 연극적 사건들을 해결하고자 하는 중심에 의견 일치를 보며, 작가의 대변인 역할을 효과적으로 수행한다. 이 같은 사실로 보아 아리스토파네스의 작품 대부분이 정치적이다. 그의 작품을 이해하는 방향은 역사적·정치적 상황을 해석하는 정치적 독해법으로 접근하는 것이 가장 적합하다고 본다.[39] 「기사들」에서 아곤은 데모스테네스의

---

38 Jeffrey Henderson, *Aristophanes III: Birds, Lysistrate, Women at the Thesmophoria*, Cambridge: Harvard University Press, 2000, p. 2.

39 아리스토파네스 희극이 상연되던 당시의 정치적·역사적 상황은 펠로폰네소스 전쟁이 한창이었고, 그의 작품은 전쟁 중반쯤 발표된 것으로서 당시의 정치적 상황과 무관하지 않다. 강대진, 앞의 논문, 2014, p. 15 참조.

권력에 대한 암투의 장면이다.

클레온은 신탁에 의해 어떤 소시지 장수에게 권력을 빼앗기리라는 것을 알고부터 어느 때보다 더욱 데모스에게 의존을 느낀다. 그러나 데모스의 신임을 받는 반지는 결국 소시지 장수의 손에 들어간다. 클레온은 소시지 장수보다 우월한 존재라는 느낌을 완전히 잃는다. 소시지 장수가 데모스를 돌보며 첫 번째 파라바시스를 흥겹게 펼친다. 「기사들」에서의 행동과 파라바시스의 주제 사이에 강력한 연계는 없다. 데모스의 결정으로 이루어진 시합의 마지막 회전과 굶주려 있는 것으로 악명 높은 사람들을 풍자하는 두 단락 사이의 엷은 연계를 찾아낸다.

두 번째 파라바시스 동안 소시지 장수는 늙고 추한 데모스를 젊고 아름답게 바꾸어 놓았다. 그를 아테네의 민주정 이전의 귀족으로 복구해 놓았다. 데모스의 회춘은 그가 여전히 젊고 아름다운 것처럼 행동했다. 「기사들」은 아리스토파네스의 가장 정치적인 연극으로 볼 수 있다.[40] 아울러 이 작품은 신들, 시인들, 여자들이 없는 유일한 연극이다. 클레온을 공격하는 기사들의 행동을 촉발하는 계획은 덜 희극적으로, 합리적으로 진행된다. 「구름」에서의 스트렙시아데스의 계획보다, 암피테오스의 스파르타 왕복 여비를 부담하여 평화 속에 살려고 하는 「아카르나이의 사람들」의 디카이오폴리스의 계획보다 덜 우스꽝스럽다. 그러나 「기사들」의 해피앤딩은 특이한 소시지 장수가 치밀한 계획보다 더 나은 것을 통해 권력에 다가가는 것으로 막을 내린다.

---

[40] 아리스토파네스는 자신이 바라보는 복잡한 정치적, 사회적 연극적 동기를 판타지와 풍자의 조합을 유지하면서 대중의 공격적, 잠재력이라고 부르는 '공통성의 순간'을 찾아 행동하는 방법으로 정치적 한계를 공격한다. John Zumbrunnen, "Elite Domination and the Clever Citizen: Aristophanes' Acharnians and Knights", *Political Theory* 32(5), 2004, p. 659.

「말벌」은 다듬어지지 않은 희극으로 관객의 수준을 뛰어넘으면서도 현실의 부패를 익살스럽고 해학적으로 처리하는 상상과 공상의 적절한 조합이다. 아리스토파네스는 재판광인 필로클레온과 그 버릇을 고치려는 그의 아들 브델리클레온의 행동 속에 열망조차 하지 않는 행복한 중간 점을 코믹하게 그려 보인다. 즉 부자간의 아곤이 서로 설득하려는 논쟁으로 이어진다. 권력에 집착하여 집에서 재판정으로 가려는 아버지와 밖으로 나가지 못하게 감금하려는 아들 사이에 희극적 등치물이 발생한다. 필로클레온은 아들에게 붙잡혀 다시 단단한 자물쇠로 감금된다. 그는 완전한 무기력에 빠져서 그의 배심원들과 클레온에게 도움을 요청한다. 아리스토파네스가 그의 희극을 공상으로 점철할 수 있는 부분이 필로클레온의 탈출 장면이다. 필로클레온은 세 가지 방법으로 탈출을 시도했으나 모두 실패한다. 그것은 그 자신을 다른 것들로 변장하면서까지 탈출하려는 것이다. 즉 연기로, 오디세우스로, 참새로 변신하였다. 이후 말벌을 닮은 늙은 코로스들이 등장한다. 그들은 젊은 시절의 공훈들을 애잔하게 회상하면서 활발하게 행진하려고 노력한다.

「말벌」에서는 파라바시스가 비교적 극이 많이 진행된 후반부에야 등장하는데, 전체 분량의 3분의 2의 끝부분에서 시작한다. 코로스는 클레온의 편을 들고 있어 클레온을 반대하는 작가와 코로스 사이에 명백한 갈등이 있다. 브델리클레온의 필로클레온에 대한 반박은 디카이오폴리스의 라마코스에 대한 반박을 연상하게 한다. 지금까지의 장면들은 그의 아버지를 재교육해 보려는 브델리클레온의 시도가 「구름」에서 소크라테스의 스트렙시아데스에 대한 재교육의 실패를 떠올리게 한다. 그러나 아리스토파네스는 「말벌」이 결점이 있는 양쪽 극단 모두를 피하려는 현명한 희극이라고 볼 수 있다. 이것은 천박하지도 탁월하지도 않은데 그것은 정확히 형평을 유지하고 있다. 두 주인공의 이름에서 '선동정치가 클레온을 사랑하는 사람Philokleon'과 '선동정치가 클레온을 싫어하는 사람Bdelykleon'으로 지적하듯이, 올바른 자가 불의한 자를 가르치고 공격한다. 아리스토파네스는 그의 희극에서 한편으로 천박함을, 다른 한편으로 탁월한 지혜의 메시지를 전달할 수 있는 정확한 형평을 이루어낸다.

「새들」에서 테레우스는 코로스인 새들을 불러 모은다. 인류의 뿌리 깊은 적으로서 새들은 처음부터 적대적이었지만 페이세타이로스는 그들이 올림피아 신들이 차지하기 오래전, 온 우주의 원래 주인이었다고 말하며 그들을 설득하고 계획을 제안한다. 새들이 하늘을 완전히 정복하는 공중 도시를 건설하고, 올림푸스가 그들에게 다시 힘을 돌려주거나 장벽을 만들도록 한다, 인간이 이를 거절하면 인류를 해치고, 이것을 받아들이면 축복을 내릴 만한 힘을 가진 새들을 위해 희생하도록 지시한다. 새들은 이런 계획에 반색을 표하고 페이세타이루스를 그들의 지도자로 삼는다. 마법 뿌리를 먹고 그는 날개를 얻을 것이다. 파라바시스에는 코로스 리더가 새들이 우주의 진정한 상속자라고 주장하는 것을 정당화하는 우주 생성론을 제공한다.[41] 「새들」은 무해한 동화 또는 동물 코미디가 아니었다. 당시의 그리스인들에게 자연은 인간과 동물을 포함하여 통합된 전체를 형성했다.[42]

아리스토파네스는 전쟁에 진절머리가 난 아테네인들에게 '새'라는 동물을 통해서나마 희망과 위안을 주고 싶었던 것일까? 아니면 전쟁을 고집하여 민중들을 고통에 신음하게 만드는 권력자들을 향해 유쾌한 비판과 환상적인 반란을 꿈꾼 것일까? 여기서 권력의 속성이 드러난다. 새들을 설득해서 허공에 새로운 나라를 건설한 페이세타이로스는 신들의 왕 제우

---

41 Jeffrey Henderson, 앞의 책, 2000, pp. 4-5.
42 Hellmut Flashar, 앞의 책, 2000, p. 319.

스의 사위가 되더니 그의 홀까지 획득하고 신들의 지배자가 되었으며, 인간들은 물론 그가 섬긴다던 새들마저 지배하고 만다. 새들은 결국 새로운 권력자를 위한 도구가 된 셈이다.[43] 마지막 장면에서 오웰George Orwell의 『동물농장Animal Farms』(1945)과 흡사하다.

「새들」의 첫 번째 파라바시스는 작가에 대한 주장이나 언급이 전혀 없다. 파라바시스에서 새들은 그들이 공중으로 탈출하여 여러 인종들을 이기려고 한다. 새들은 아리스토파네스 희극의 코로스로서 전체 인종에게 대응하고 있다. 두 번째 파라바시스에서 새들은 그들을 제우스의 후계자들로 소개한다. 그들은 모든 것을 보고, 모든 것을 지배하며, 모든 인간들이 그들에게 제물과 기도를 드리도록 한다. 그러나 그들 두 주인공 페이세타이로스와 에우엘피데스는 암묵적으로 땅 위에 있는 모든 것만을 볼 뿐, 모든 것은 보지 못한다고 인정한다. 그들은 작가인 아리스토파네스의 쇠똥구리만큼 높이 오르지 못하는 것이다. 지금까지의 아리스토파네스 작품 중 「새들」이 가장 충격적이다. 「평화」에서의 행동은 「새들」에 비교하면 훨씬 덜 충격적이다. 이 작품의 메시지는 새들과 함께 새들처럼 사는 것이 새들을 거쳐 인간들을 지배하는 것보다 훨씬 더 좋다는 의미를 염두에 두고 있다.

「기사들」, 「말벌」, 「새들」은 권력의 속성에 대한 작가의 날카로운 풍자가 경종을 울린다. 사람들에게 자신의 의지에 반하는 행동을 하도록 강요하는 권력 남용에 관한 경고이다. 엄밀하게 말하자면 유머로 무장하여 정치제도를 풍자한 아리스토파네스 희극의 성격은 엄격한 도덕성과 부합한다. 당시의 희극이 해결해야 할 당면의 문제는 권력의 부당함을 고발함과 동시에 사회와 화합하는 일이다.[44] 세 작품은 벌이라는 곤충과 새라는 동

---

43 김헌, 앞의 책, 2016, pp. 325-326.

물을 통하여 아테네 사회에 만연한 모순적인 종교와 보편적인 공동체의 몰락, 지식인에 대한 인식변화, 정의와 이치보다 선동정치를 등에 업고 법을 농락하는 재판광裁判狂과 신들을 격렬하게 비꼬는 장면을 연출한다. 이는 작가 아리스토파네스가 아테네 시민들의 분노와 번민을 기상천외한 상상과 공상에 담아 부패한 정치제도와 폴리스에 경고한 것이다.

---

44 앙리 베르그송, 『웃음(*An Essay on the Meaning of the Comic*)』, 신혜연 역, 서울: 이소노미아, 2021, p. 185 참조.

제8장

불완전한 이상과 공상

아리스토파네스의 현존하는 작품 가운데 「여인들의 민회」와 「부富의 신」은 후기 작품에 속한다. 이 작품들은 펠로폰네소스 전쟁 종료 후 10년이 지난 시기로 초기와 중기 시대의 작품들과 확연한 차이점을 드러낸다.

「여인들의 민회」(기원전 392)와 「부의 신」(기원전 388)은 현실 정치와는 전혀 관련성을 갖지 않는다. 유토피아적인 이상국가 모델에 대한 갈망과 공동체의 관심사보다는 자신만의 개인적인 염려에만 관심을 기울인다. 그 결과 보편적이며 세월을 초월한 문제들이 무대에서 상연된다. 예를 들어 「부의 신」에서는 부유함과 가난함이, 그리고 「여인들의 민회」에서는 인간들의 공존과 공동체적 삶의 최고의 질서라는 주제가 무대에서 다뤄진다. 하지만 이 점은 순수한 정치적 동기라기보다는 현실 정치와 대내외적 상황과는 무관하게 인간적이며 사회적·관상적觀想的 문제이다.[1]

성차별에 대한 반격으로, 무능한 남자들을 대신해서 여성이 국정을 인수해서 유토피아를 경영한다는 「여인들의 민회」에는 아테네인의 평범한 아내 프락사고라Praxagora와 그의 남편 블레피로스Blepyros의 논쟁, 공산주의적 재산공유제를 따르는 청년 에피게네스Epigenes와 그를 차지하려는 노파들의 논쟁 등이 주를 이룬다. 「부의 신」에서는 아테네의 늙은 농부 크레

---

1 임성철, 앞의 논문, 2016, p. 60.

밀로스^{Chremylos}와 그의 노예 카리온^{Karion}의 논쟁, 부의 신, 가난, 밀고자, 헤르메스 등의 등장인물들이 당시의 사회상을 희극적 현상으로 시사하고 있다.

희극적 현상은 관찰자가 그것을 바라보는 관점에 따라 그 표현방식이 달라질 수 있다. 현실의 모순을 공격하여 조롱할 수도 있지만 반대로 그것을 애정 어린 눈빛으로 바라볼 수도 있다. 희극의 풍자와 해학적 웃음은 통상 저급한 웃음의 부정적이라고 여겼던 것을 긍정하는 데서 출발한다. 그래서 희극을 통한 웃음은 불완전한 인간의 모습을 얕잡아 보며 비웃는 것이 아니라 그것을 보고 미소 짓는 화해의 연극적 행동이다.[2] 기원전 4세기가 되면 구희극에서 보는 격렬한 정치 비판이나 개인 공격은 이미 모습을 감추고, 사회, 경제에 대한 풍자 등이 소재가 된다. 이 시기는 폴리스 정신의 쇠퇴기이며, 폴리스 시민 간 빈부의 차가 전쟁이 가져온 재앙을 통해 점점 벌어져 갔다. 따라서 아리스토파네스의 후기의 두 작품, 「여인들의 민회」와 「부의 신」은 현실 정치에서 벗어나 개인의 재산이나 사랑 문제를 취급하며, 이상주의적 사회를 동경하는 시민의 관심을 반영하고 있다.

1. 「여인들의 민회」^{Assemblywomen}(기원전 392)

「여인들의 민회」는 펠로폰네소스 전쟁이 끝난 지 12년이 지난 기원전 392년에 초연^{初演}된다. 민회[3]를 이해하기 위해서는 기원전 392년의 정치적

---

2 정현경, 앞의 논문, 2009, p. 107.

3 아테네 폴리스 체제에서 민회는 모든 시민들(남성, 자유민)이 참여하여, 전쟁과 같은 중요한 문제에 대한 결정을 내리는 정치 공간이었다. 남성 자유민이라는 시민(데모스)은 민회에서

상황을 파악할 필요성이 있다. 펠로폰네소스 전쟁에서의 비참한 패배와 30인의 단기 지배 이후 아테네의 민주정치는 10년 전의 모습으로 재건되었다. 민주주의가 최고의 정치형태라는 사실에 대한 확신은 중단되지 않을 만큼 분명했고, 페리클레스 시대만큼이나 강했다. 하지만 민주주의는 끔찍한 전쟁과 이로 인한 아테네의 패배를 막지는 못했다. 이 기간에 민주정치의 폴리스는 더 이상 애국심의 대상이 아니었다. 개인은 폴리스에서 자신의 개인적 이득을 추구했다.[4] 그리고 시민들 각자는 자신을 부유하게 되기 위한 행동을 서슴지 않게 하였다. 그들에게 민주주의는 단지 사람들에게 재판관 급료와 의회 참여 급료를 통해서 재정적 이득을 가져다주는 도구일 뿐이라는 생각이 팽배하였다.

「여인들의 민회」의 줄거리는 다음과 같다. 기원전 392년에 공연된 이 작품은 아테네 여성들이 남자들을 대신해 정치적 권력을 쟁취하여 운영한다는 사실을 프락사고라의 연설을 통해서 알게 된다. 그녀는 모든 사람들이 재산, 사랑 그리고 음식을 공동으로 소유해야만 한다는 이상주의적 입장을 소개한다. 프락사고라는 무능한 남자들에게 국정을 인수받아 재산공유제와 처자공유제에 기초한 일종의 공산주의 사회를 도입하자는 것이

세금 문제를 처리하고, 기금을 마련하고, 전시에는 지휘를 맡을 장군들을 임명하고, 폴리스 행정을 조직하고, 관리들을 임명하고 통제하였다. 아테네 폴리스 체제에서 민회는 대의민주주의 정부였다. 하지만 민주주의의 상징인 민회에서 여성들은 배제되었고, 이들의 목소리는 들리지 않았으며, 이들의 모습은 가려졌다. 아리스토파네스는 「여인들의 민회」에서 민회와 극장을 하나로 아우르는 기발한 아이디어를 제시한다. 디오니소스 극장은 정쟁으로 가득한 민회보다 시민들의 사랑을 받던 공간이다. 아리스토파네스는 극장을 통해 민회를 변화시켜 보려는 의도로 '여성의 민회 참여'라는 착상을 무대에 옮긴다. 그는 민회를 무대로 가져와 민회 정치를 재조명하고 새로운 가치와 새로운 공동체 비전을 제시하려고 한다. 홍은숙, 앞의 논문, 2020, p. 134.

4 임성철, 앞의 논문, 2016, p. 58.

다. 이 작품은 여자들이 민회를 점거하여 국정을 장악한다는 점에서 「리시스트라테」와 같은 정치극의 범주에 해당한다. 「여인들의 민회」는 「테스모포리아 축제의 여인들」의 여장 남자와 반대로 남장을 하고 민회에 참석하여 남자들의 국정을 여자들에게 이양한다는 동의를 다수결로 얻어내는 데 성공한다. 새 정부의 수장으로 임명된 프락사고라는 집으로 돌아와 남편에게 새롭게 바뀐 국가 제도를 설명하며 법으로 규정된 상황을 설명해 준다. 그러나 사유재산을 접수하고 식권 추첨 등을 추진하던 여성민회의 제도는 성교에 관한 법에서 문제점이 드러나기 시작한다. 「여인들의 민회」의 중심 주제는 빈부의 부적절한 격차를 다루는 「부富의 신」과 마찬가지로, 폴리스의 내의 현실 정치보다는 개개인의 사적인 삶의 고뇌를 다루고 있다. 이는 구희극 초기의 작품들이 폴리스 내외부의 전쟁 폐해와 평화의 염원을 다루고, 중기 작품들에서 폴리스 내에 대두된 정치적 문제의 개선안을 그 중심 주제로 삼는 것과 비교된다.

「여인들의 민회」는 여성의 역할을 남성의 역할과 전도시켜 여성들이 남자들을 대신해 국정을 운영한다는 스토리다. 이 점에서 「리시스트라테」와 같이 여성의 주도하는 정치극 범주에 해당한다. 이 극의 주인공인 아테네 여성 프락사고라는 다른 여성들에게 남성들의 정치, 사회적인 무능력을 이유로 새로운 질서를 완성하기 위한 분규에 참여해 달라고 설득한다.

> 프락사고라: 재원을 조달하는 데서 여자보다 더 창의적인 존재는 없으며, 여자는 일단 권력을 쥐게 되면 결코 속지 않을 거예요. 속이는 것은 여자들의 능사니까요. 다른 점들은 말하지 않고 생략하겠소. 내 조언을 받아들인다면, 여러분은 행복하게 살게 될 거예요.
>
> — 「여인들의 민회」 236-240행

프락사고라의 주장은 무능한 남자들에게 국정을 인수받아 재산공유제와 처자공유제에 기초한 일종의 유토피아 사회의 도입이다. 그것은 민주시민으로서의 적절한, 인간다운 처우를 인정받기 위하여, 최소한의 동등함으로 여성들의 정체성을 찾고자 하는 것이다.[5]

이 구절은 작가가 주장하는 정치적, 철학적 핵심이다. 즉 여성들이 남성들보다 자질적인 면에서 앞선다는 여성지배 사상의 논리적 단초를 제공한다. 가정에서 살림하는 것, 음식 만드는 것, 테스모포리아 축제를 여는 것, 전사들의 어머니로서 역할 등을 거론하며, 자신들의 능력을 조목조목 열거한다. 작가의 의도는 여성을 끌어들여 부패한 사회제도를 정당한 것으로 매도하는 남성들의 사회제도를 공격한다.[6] 민주주의 정치에 대한 잘못된 인식을 설득력 있고, 우스꽝스럽게 폭로하는 연설 장면에서 다른 여성들은 프락사고라의 제안에 동요된다.

---

[5] 5세기경 아테네는 남성들이 전쟁에 나간 사이에 여성들은 어느 때보다 독립적이어야 했고, 자의든 타의든 집 밖에서 활동할 기회를 이전보다 많이 갖게 되었다. 5세기 후반에서 4세기를 거치면서 아테네 여성들의 활동 영역이 집안으로만 한정되지 않았다는 증거들은 고전기 이전과는 달라진 여성의 역할과 활동 영역의 변화를 감지하게 한다. 그리고 그러한 변화는 가정이란, 전통적 가치관에 비추어 사회의 지속을 위해서 간과되어서는 안 될 폴리스의 근간이라는 인식으로부터 사회적 불안을 조장했을 것임을 짐작할 수 있다. 이처럼 개연성이 있는 사회와 가정의 위기 상황 속에서 여성들에게 혼인을 통해 '집사람'으로서의 역할에 충실해야 한다는 전통적인 지배관념이 고전기의 낭만적 결혼관과 이상적 여성상을 강조하여 표현하도록 작용한 것으로 풀이된다. 즉, 가정의 존속을 위한 여성의 사회적 요구는 여성의 주요활동을 집안으로 규정하는 동시에, 정적 형태의 여가와 생산 활동을 통해 자족하는 모습을 시각적으로 표현함으로써 여성들에게 결혼해서 집안에서 더 머물고 가정을 돌보는 일에 매진하라는 메시지를 전하고 있다. 김혜진, 「고전기 아테네의 여성에 관한 고찰: 서기전 5세기 도기화 속 이상적 여성상과 낭만적 결혼관을 중심으로」, 『서양고대사연구』 35, 한국서양고대역사문화학회, 2013, pp. 57-59.

[6] John Zumbrunnen, "Fantasy, Irony, and Economic Justice in Aristophanes' Assemblywomen and Wealth", *The American Political Science Review* 100, 2006, p. 325.

한편 아테네 시민 크레메스는 여성들이 주장하는 정치적, 철학적 핵심을 프락사고라의 남편에게 보고 들은 대로 소상하게 들려주면서 민회에서 일어나고 있는 심각한 상황을 전해 준다.

크레메스: 그가 말하기를, 여자는 영리하고 알뜰한 살림꾼이라 했소. 그리고 여자는 해마다 열리는 테스모포리아 제의 비밀을 절대로 누설하지 않는데, 당신과 나는 회의장에서 있었던 일을 노상 누설하고 다닌다고 했소.

블레피로스: 헤르메스에 맹세코 그건 거짓말이 아니오.

크레메스: 그러고 나서 그는 말했소, 여자들은 증인 없이도 스스럼없이 옷과 보석과 돈과 잔을 서로 빌려줄 뿐 아니라 빌린 것을 속이지 않고 다 돌려주는데, 우리는 대부분 서로 속인다고.

블레피로스: 포세이돈에 맹세코, 우리는 증인 앞에서도 속인다오.

크레메스: 그 밖에도 그는 여자들을 칭찬하는 말을 많이 했소. 여자들은 밀고하지 않고, 고소하지 않으며, 민주정체를 전복하려 하지 않는다는 등등.

블레피로스: 그래서 어떻게 하기로 결의했소?

크레메스: 도시를 여자들에게 넘기기로 결의했소. 그것만은 아테네에서 아직 시험해 본 적이 없었으니까 말이오.

— 「여인들의 민회」 441-456행

위 구절에서 여성은 창의적이지만 남성은 단순한 구조를 가진 1차적 동물로서 자질적인 면에서 앞서는 여성지배 사상의 논리적 단초를 설득력 있게 설명한다. 가정에서 살림하는 것, 서로 속이지 않고 칭찬하는 것 등을 거론하며, 자신들의 능력을 조목조목 열거한다.

「여인들의 민회」의 플롯은 구상, 동조, 점령, 논쟁의 유형으로 구성되어 있다. 프락사고라가 주도하고자 하는 구상은 새로운 개혁을 통하여 지금까지 불이익을 당한 사람들에게 유용함을 가져다주는 것이다. 여성들은 일종의 정부성명서를 발표하면서 폴리스의 정치 권력을 여성들이 맡아야 한다는 점령 이론을 피력한다. 남자들은 전세가 이미 여성들에게 기울어진 것을 알게 된다.[7]

> 블레피로스: 전에는 남자 시민들이 맡곤 하던 모든 업무를 이제는 여자들이 맡게 되었단 말이오?
>
> 크레메스: 그렇소.
>
> 블레피로스: 앞으로는 나 대신 내 아내가 법정에 나가게 된다는 말이오?
>
> 프락사고라: 집안 식구도 당신 대신 당신 아내가 부양하게 될 것이오.
>
> 블레피로스: 그러면 난 더는 새벽에 낑낑대며 잠자리에서 일어날 필요가 없겠구려?
>
> 크레메스: 물론이오. 그건 여자들이 할 일이니까. 낑낑댈 필요 없이 당신은 방귀나 뀌며 종일 집에 머물러 있어도 되오.
>
> 블레피로스: 하지만 우리 나이 또래의 남자들이 두려워하는 게 한 가지 있어요. 여자들이 권력을 쥐게 되면 우리에게 억지로 강요할 거라는 거요.
>
> —「여인들의 민회」 458-464행

위 논쟁은 사건의 대세가 여성에게 기울어진 장면이다. 남성들의 정치적인 무능력에 대한 비판과 올바른 경제활동이 유지되지 못한다는 것을 이유로 여성들이 지배하는 새로운 질서를 제안한다. 여성지배 사상은 아리스토파네스의 다른 작품인 「리시스트라테」와 「테스모포리아 축제의 여인들」에서도 드러나며, 이러한 사상과 연관해 이 작품들이 공통적 관심을

---

7   류재국, 앞의 논문, 2020, p. 58.

기울이는 주제는 남성의 정치적 무능력으로 인해 야기된 경제활동의 실패로 여성들이 정치적 삶을 개선하고자 하는 개혁안을 주도적으로 진행하고 이를 위해 권력을 장악해 새로운 세계를 구상하는 일이다.[8] 극 사건이 진행되면서 여성들이 남자들 몰래 민회로 당당하게 나아간다.

> 프락사고라: 앞으로 나아가요! 남자들 중 누가 우리를 따라오지 않나요? 돌아서서 살펴봐요! 항상 조심조심해요. 세상에는 못된 남자들이 많아서, 그중 한 명이 우리 뒤를 밟으며 우리의 행동거지를 살펴보고 있을지 몰라요.
> 코로스: 걸을 때 되도록 발을 세게 굴러요. 우리의 이 작전이 탄로 나면, 우리는 모든 남자에게 망신당하게 될 거예요. 그 점을 명심하고 옷으로 몸을 단단히 감싸고는 좌우를 살펴요. 우리의 이 작전이 파국을 맞지 않도록! 하지만 서둘러요. 우리는 어느새 민회로 갈 때 출발했던 곳에 다가왔으니까요. 방금 시민들이 찬성한 작전을 기획했던 장군님이 살고 있는 집이 여기 보여요.
>
> ― 「여인들의 민회」 478-492행

코로스는 여성들이 민회를 점령하는 작전의 성공을 위하여 용기의 노래를 부른다. 프락사고라는 여성들에게 시끄럽고 위험한 민회에서 남자다운 행동을 충분히 수행한 그녀들에게 훌륭한 임무 수행자로 칭찬한다. 그리고 남장했던 모습을 풀고 원래의 여자로 되돌아와서 아무 일이 없었던 것처럼 남자들을 맞이한다. 남자들은 여성들의 민회 점령에 대해서 전혀

---

8   임성철·권현숙, 「아리스토파네스의 『여인들의 민회』 571-710에 나타난 프락사고라의 정치 프로그램에 대한 의미 고찰」, 『철학·사상·문화』 23, 동국대학교 동서사상연구소, 2017, p. 160.

눈치를 못 채고 있다.

블레피로스: 여보, 프락사고라! 당신 어디 갔다 오는 길이오?

프락사고라: 그게 당신과 무슨 상관인가요?

블레피로스: 그게 나와 무슨 상관이냐고? 그런 질문이 어디 있어!

프락사고라: 내게 애인이 생겼다는 말을 하려는 건 아니겠죠.

블레피로스: 여러 명인지도 모르지.

프락사고라: 검사해 보면 될 것 아네요.

— 「여인들의 민회」 520-523행

프락사고라가 주장하는 정치프로그램은 여성의 정치권 장악, 사유재산
폐지를 위한 공동소유, 결혼제도 폐지가 주요 공약이다. 여성들이 요구하
는 공약을 정리하여 설명하면, 사유재산을 공유하는 제도, 처자를 공유하
는 자유 사랑제도, 공동으로 함께 식사하는 제도를 담고 있는 그리스의 유
토피아 정치이론 중 하나이다. 이 이론은 흡사 르네상스 시대 정치가 모어
Thomas More의 『유토피아*Utopia*』(「여인들의 민회」 1516행)[9]를 연상케 한다. 이 프로

---

9 원래 유토피아는 '아무 곳에도 존재하지 않는 곳'을 의미하지만, '이상향'을 가리키는 말로
널리 쓰인다. 모어는 유토피아의 행복이 「여인들의 민회」에서처럼 인위적으로 주도하는
데에서 나오는 것이 아니라. 선하고 정직한 쾌락 속에서만 발견된다고 주장한다. 그에 의
하면, 유토피아의 행복은 아무런 종류의 쾌락 속에서 발견되는 것이 아니라, 덕 자체가 우
리의 본성을 쾌락으로, 지극한 선으로 이끌어 간다는 것이다. 모어는 여기서 덕이란 자연
에 따라 사는 삶이라고 정의한다. 사람이 이성의 명령에 복종하여 어떤 것을 선택하고 다
른 것을 거부할 때 그는 자연에 따르는 것이다. 여기서 한 걸음 더 나아가 최상의 이상향은
다른 사람의 비참함을 덜어 주고, 고통을 경감해 주며, 그들의 삶에서 슬픔을 없애고 기쁨
으로 인도하는 것, 다시 말해서 쾌락으로 인도하는 것보다 더 인간적인 것은 없다고 말한
다. 즉 인도주의야말로 인간존재의 고유한 최고의 덕이라고 말한다. 토머스 모어, 『유토피
아(*utopia*)』, 주경철 역, 서울: 을유문화사, 2007, pp. 96-97. 이런 점에서 「여인들의 민회」에

그램은 폴리스에 거주하는 모든 사람의 행복과 전체적 삶의 이상적인 질서를 위한 계획이라는 점에서 유토피아적 사회공동체 구상이라고 할 수 있으며,[10] 중심되는 아곤은 571-710행에서 특징적으로 드러난다. 이 작품에서는 아곤의 주장을 상대하는 파라바시스는 존재하지 않는다. 아리스토파네스의 작품이 후기로 가면서 코로스의 역할이 줄어들거나 없어지는 것이다.

> 코로스: 이제야말로 마음을 집중하여 철학적으로 사고해야 할 때예요. 당신 여자 친구들의 안전이 당신에게 달려 있기 때문이지요. 당신의 달변이 무한한 혜택으로 시민들의 삶을 즐겁게 해 준다면, 그것은 곧 만인이 누리는 행복이 될 테니까요. 이제야말로 당신의 능력을 보여 줄 때예요. 우리 도시는 멋진 발상이 필요해요. 당신의 계획은 말과 행동에서 독창적이어야 해요. 케케묵은 것을 되풀이해서 듣는 것을 그들은 싫어하니까요.
>
> — 「여인들의 민회」 571-580행

코로스는 정신을 집중해 '철학적 사고'를 진행해야 한다고 말한다. 여기서 철학적 사고는 프락사고라의 기지에 넘치는 계획과 영리한 생각을 말한다. 그러나 아리스토파네스가 작품의 전개에 있어서 그녀의 계획이 실현되기에는 쉽지 않다는 것을 극 중 텍스트에 암시하고 있다.[11] 그럼에도 불구하고 코로스는 더불어 여성들의 안전이 프락사고라에게 달려 있기에

서 프락사고라의 정치프로그램은 실현될 수 없는 제도이지만, 모어의 '유토피아'를 2천 년 앞서 상상했다는 것이 더욱 값지게 받아들일 수 있다.

10 임성철, 앞의 논문, 2016, pp. 54-55.

11 임성철, 「아리스토파네스의 〈여인들의 민회〉와 플라톤의 『국가론』에 나타난 공산적 삶의 질서에 대한 고찰」, 『지중해지역연구』 22(2), 부산외국어대학교 지중해지역원, 2020, p. 137.

시민들의 삶을 즐겁고 행복하게 만들기 위해 그녀의 달변과 능력을 보여줄 때라고 노래한다.[12] 프락사고라가 주도하고자 하는 개혁은 새로운 질서를 통하여 지금까지 불이익을 당한 사람들에게 가장 큰 유용함을 가져다주는 것이다. 즉 일종의 정부 성명서를 발표하면서 폴리스의 정치 권력을 여성들이 맡아야 한다는 유토피아적 이론을 피력한다. 그 이론은 그녀의 남편 블레피로스Blepyros와의 논쟁에서 나타난다.

프락사고라: 그렇다면 내 계획을 다 듣고 이해할 때까지 여러분은 아무도 이의를 제기하거나 내 말을 가로막지 말아요. 내 제안인즉, 모든 재산을 만인이 공유하여, 모두가 공유재산으로 살아가고, 빈부격차를 해소하자는 거예요. 그리하여 한 사람은 넓은 땅을 경작하는데 다른 사람은 분명 묻힐 땅도 없다거나, 한 사람은 많은 노예를 거느리는데 다른 사람은 노예가 한 명도 없는 일이 없게 하자는 거죠. 그러니까 만인이 같은 수준의 생활을 하도록 하겠다는 거예요.

블레피로스: (끼어들며) 하지만 어떻게 재산을 공유한다는 거지?

프락사고라: (화가 나서) 당신은 똥도 나보다 먼저 먹으려 들겠네요.

블레피로스: 우리는 똥도 공유하게 되나?

프락사고라: 내 말을 가로막지는 말라는 뜻이에요. 나는 먼저 토지와 돈과 그밖에 개인이 소유하고 있는 모든 재산을 만인의 공유재산으로 만들 거예요. 그런 다음 이 공유재산을 우리 여인들이 알뜰살뜰 잘 관리하여 여러분을 먹여 살릴 거예요.

― 「여인들의 민회」 588-600행

---

[12] 임성철 · 권현숙, 앞의 논문, 2017, p. 158.

위의 대화에서 남성들의 정치적인 무능력에 대한 비판과 올바른 경제활동이 유지되지 못한다는 것을 이유로 여성들이 새로운 질서를 제안한다. 이들의 제안 포인트는 여성지배 사상, 사유재산 폐지, 가족제도 폐지가 주된 내용이다. 첫째, 여성들이 폴리스의 권력을 장악하여 남성들이 지배하는 통상적 관계로부터 전도된 세계를 추구한다. 둘째, 모든 사적 재산과 생산, 소비수단을 국유화하는 공동소유의 사상이다.[13] 완전한 재화 공동소유를 위해 개인재산을 폐지한다는 시각에서 이러한 유토피아를 공산주의적인 것으로 이해할 수 있다. 셋째, 성적인 영역에서 완전한 자유를 위한 결혼제도의 폐지이다. 사유재산과 결혼제도 폐지는 서로 밀접하게 연관된다. 고대 그리스의 여성들의 사적 재산은 결혼을 통해서 보존되고 증가된다. 사적 재산의 폐지는 결혼제도의 폐지를 통해서만 가장 효과적으로 이루어진다. 이러한 프락사고라의 유토피아적 프로그램의 주요 세 가지 모티브는 서로 조화를 이루고 있으며, 아리스토파네스는 그런 면을 철저하게 고안한 것이다.[14]

사유재산을 반대하는 토지 공동소유의 문제는 노예 증가로 인한 생산품 수요 증대와 연관되었는데 이는 기원전 5세기 말 그리스 사회의 공통된 사회 현실의 문제로 아테네 폴리스의 위기 상황에서 다양한 개혁적 사상가들에게 큰 영향을 주게 된다.[15]

---

13 사적 재산의 공동소유는 프락사고라의 정치 프로그램에 담긴 유토피아적 모티프에서 가져온다. 아리스토파네스는 프락사고라의 입을 통해서 이상적 세계에 대한 동경을 드러내고 있다. 그것은 균등한 소유가 도달할 수 없는 이상세계인 줄 알면서도 당시의 관객들에게 사회적 여성운동과 정의로운 재산 분배를 반어적으로 묘사하고 있다. 이러한 묘사는 아테네의 현실 정치 문제를 공론화하는 차원에서 아테네인들이 느끼는 좌절감을 웃음으로 전환하며 일상적 억압으로부터 해방감을 갖게 하려는 의도를 내포하고 있다고 볼 수 있다. 임성철, 앞의 논문, 2020, p. 141.

14 임성철, 앞의 논문, 2016, pp. 61-62.

프락사고라: 하지만 그는 돈을 내지 않고도 그녀와 잘 수 있게 될 거예요. 나는
여자들도 공유재산으로 만들 테니까요. 원하는 남자는 누구든 교접하여
아이를 낳을 수 있도록.

블레피로스: 그러면 모든 남자들이 가장 매력적인 여자에게 달려가 그녀와 교
접하려 하지 않을까?

프락사고라: 들창코를 가진 좀 못생긴 여자들이 잘생긴 여자들 옆에 앉게 될
거고, 잘생긴 여자와 좋은 남자는 먼저 못생긴 여자와 교접해야 할 거
예요.

블레피로스: 우리 늙은이들은 어떻게 되지? 못생긴 여자들과 교접하면 우리 남
근은 축 늘어질 텐데, 당신이 말한 곳에 도달하기도 전에.

프락사고라: 염려 마세요. 당신을 두고 그들이 싸우는 일은 없을 테니, 걱정마
세요.

블레피로스: 그럼 무얼 위해 싸우지?

프락사고라: 당신과 동침하지 않으려고요. 당신 것은 처음부터 축 늘어져 있으
니까요.

— 「여인들의 민회」 613-623행

위 구절은 사유재산에 반대하는, 공동소유에 관한 대화이다. 이는 성적
불균형과 부자유로움의 해소를 위해 임의적으로 자신의 파트너를 고를
수 있는 공동체의 질서를 구축하려는 의도인데, 프락사고라의 남편 블레
피로스 같은 속물들을 여성이 골탕 먹일 수 있는 절호의 기회를 만드는 것
이다. 아리스토파네스는 그의 작품에 등장하는 인물들의 희화화 풍자가

---

15 Arnott, Geoffrey. "Aristophanes, Birds, Lysistrata, Assembly-Women, Wealth, Stephen Halliwell",
Greece & Rome 45(2), 1998, p. 226.

초기, 중기의 작품들보다 후기의 작품으로 갈수록 더욱 치열해진다. 그가 말한 보통 이하의 인간으로 표현하는 희극적 인물에 더욱 가까워진다. 이러한 희극적 희화화는 남성들의 물리적 힘에 대항하는 해학적 도전으로 「여인들의 민회」에서 재회한 프락사고라와 블레피로스의 치열한 아곤에서도 나타난다.

> 블레피로스: 남자들 쪽에서 보면 그게 무슨 의미가 있지? 여자들이 못생긴 남자들은 피하고, 잘생긴 남자들에게 갈 텐데.
> 프락사고라: 못생긴 남자들은 저녁마다 잘생긴 남자들의 뒤를 밟아 / 공공장소에서 그들의 일거수일투족을 감시하게 될 거예요. 그리고 여자들은 못생기고 키가 작은 남자들을 기쁘게 해 주기 전에는 잘생기고 키 큰 남자들과 자는 것이 허용되지 않을 거예요.
>
> …
>
> 이웃: 암, 그렇고말고요. 얼마나 민주적인 발상인가! 손가락에 인장 반지를 잔뜩 낀 근엄한 자들에게 얼마나 모욕감을 안겨 주겠어요. 나막신을 신은 어떤 사내가 한발 앞서 그에게 "비켜서서 기다려요. 내가 볼일을 다 봐야만 당신 차례가 될 테니까"라고 말한다면 말이오.
> 블레피로스: 우리가 그런 식으로 살아간다면 각자는 누가 자기 자식인지 어떻게 구별할 수 있지?
> 프락사고라: 구별할 필요가 어디 있어요? 아이들은 일정한 연령에 도달한 남자들은 모두 자기 아버지로 여길 텐데.
>
> ― 「여인들의 민회」 624-637행

당시의 가족제도와 매춘이 폐지되어야 한다는 내용이다.[16] 프락사고라는 물질적 재화와 마찬가지로 여성들을 공동으로 소유해야 한다는 자신의 소신을 드러낸다. 고대 그리스 사회에서 여성들에게는 재산 소유가 허락되지 않았고, 오로지 결혼을 통해서만 사적 재산이 인정된다는 점을 감안할 때, 결혼제도의 폐지는 결국 사적 재산의 폐지를 말한다.[17] 이제 매춘의 행위는 사적재산이 폐지됨으로써 그 기능을 잃어버리게 되는 것이다. 이러한 주장은 플라톤의 『국가』제1권 소크라테스와의 토론에서 재산과 성^性의 공유문제를 강하게 회상시키는 줄거리를 다루고 있다. 처자 및 남편의 공유 그리고 통치자들의 사유재산 불인정 등은 현실적으로 아무도 바라지도 않겠지만, 도무지 실현을 볼 수도 없는 것들이다. 여기서 처자의 공유와 그것에 따른 혼인 및 출산의 문제에 대한 납득할 만한 설명을 요구한다.[18] 아내의 공유는 곧 남편의 공유를 의미하므로 모든 것과 관련해서 성향 또는 자질이 같은 남녀의 평등한 권리와 의무가 강조된다. 이 작품에서 '공유'의 문제는 '공동 관여'의 문제로 귀착되어 제도의 실현성 부분에서 진정한 의미의 유토피아는 피할 수 없는 문제이자 모순적 개념이라

---

16 「여인들의 민회」에 나타난 성관계의 문제는 약자에 대한 배려와 보살핌과 같은 사회의 공공성을 희화한 것이다. 프락사고라는 성(gender)과 성관계의 평등 문제를 교차하여, 사적 이익 너머 공적 이익을 추구하고, 위계적인 남성 중심적 정치를 종식시키려고 한다. 젊고 매력적인 이성과 관계를 맺어야 한다는 성관계의 평등은 새로운 가치에 대한 상징이라고 할 수 있다. 이를 실천하기 위해 늙고 못생긴 사람부터 성관계에서 우선권을 가져야 한다는 프락사고라의 제안은 섹슈얼리티(exuality)를 개인적인 차원에 가두지 않고 사회적인 것으로 바라보게 하는 연극적 재현이다. 또한 이 작품은 사회적 갈등과 참상을 근원적으로 해결할 수 있는 해결책을 성관계에서 도출한다. 프락사고라는 삶에 있어서 가장 사적이면서도 근본적인 문제인 성관계의 문제부터 시작해서 삶 전반을 새롭게 진단할 수 있는 새로운 관점을 제시한다. 「여인들의 민회」에서 나타난 성관계와 쾌락의 문제는 공통성의 가치를 설명하기 위한 희극적 플롯의 일부로 이해될 수 있다. 결과적으로 여성의 민회 참여라는 성 평등 기획에서 도출된 성관계의 평등은 모든 관계의 회복을 지향하는 연극적 표상이다. 홍은숙, 앞의 논문, 2020, pp. 138-139.

17 임성철·권현숙, 앞의 논문, 2017, p. 163.

18 플라톤, 앞의 책, 2005, pp. 57-58; p. 43.

는 것을 말해 주고 있다. 결국 「여인들의 민회」에서 보여 주는 유토피아는 지상의 어디에도 있을 수 없는 '본'의 성격을 갖는 나라를 말하고 있다. 플라톤은 『국가』 제9권 592a-b에서 "그런 나라는 지상의 어디에도 존재하지 않는다"고 언급한다.

이제 결혼제도의 모순에 이어 가정경제에 대한 문제로 넘어간다. 여인들이 민회를 점령하여 권력을 통해 언표되는 프락사고라의 논리에 남편 블레피로스는 질문할 때마다 프락사고라의 논리적인 대답에 오히려 동화된다. 덧붙여 프락사고라는 유토피아적 사회를 주체적으로 건설하기 위하여 구상한 노예제도를 언급한다.

크레메스: (끼어들며) 그런데 농사일은 누가 하는거요?
프락사고라: 노예들이요. 당신의 유일한 관심사는 저녁 그림자가 길어지면 말
   끔하게 꾸미고 저녁식사를 하러 가는 거예요.
블레피로스: 그다음, 옷은 누가 대 주지? 그것도 물어 봐야 하니까.
프락사고라: 당장은 당신이 입은 옷을 갖게 될 거예요. 나중엔 우리가 짜 줄
   게요.

— 「여인들의 민회」 651-654행

만인의 자유와 평등을 주장하면서 노예제도 존속을 언급하는 프락사고라의 논리에 문제가 있다. 프락사고라는 "모든 재산을 만인이 공유하여, 모두가 공유재산으로 살아가고, 한 사람은 많은 노예를 거느리는데 다른 사람은 노예가 한 명도 없는 일이 없도록 만인이 같은 수준의 생활을 하도록 하겠다"라는 공약을 펼친다. 이런 공약은 공산적 삶에 가까운 실현 불가능한 모순으로 비친다. 여기서 우리는 이런 모순을 지적하기보다 현안에 대한 인식이 부족한 정치인을 대신하여 국가의 정치재건과 사회개혁

을 위해 여성들이 직접 나섰다는 것에 주목해야 한다. 이러한 정치개혁에 대한 화두는 스파르타와의 전쟁에서 패배한 아테네인들이 패배의 원인을 자신들의 사치와 탐욕으로 생각했고, 그 대안으로 스파르타의 공동생활 양식을 받아들인 반성적 행동으로 보아야 할 것이다.

이제 민회에서 새 정부의 수장으로 선출된 프락사고라는 집으로 돌아와 새롭게 바뀐 국가 제도와 법으로 규정된 상황을 남편에게 설명한다.

블레피로스: 당신은 어떤 유형의 삶을 우리에게 제공할 참이야?

프락사고라: 만인이 참여하는 삶이죠. 벽을 허물고 도시를 만인을 위한 하나의 큰 주택으로 만들어 누구나 마음대로 드나들 수 있게 할 참이에요.

블레피로스: 식사는 어디서 제공되지?

프락사고라: 난 모든 법정과 주랑柱廊을 식당으로 바꿀 참이에요.

　　　　　　　　　…

이웃: 정말 멋진 발상이오.

블레피로스: 배심원들을 배당하는 기계장치는 어떡할 참이야?

프락사고라: 그것들은 아고라에 있는 하르모디오스의 동상 옆에 갖다 놓고 식권을 배부하게 할 거예요. 그러면 각자 어떤 글자를 제비뽑기했는지 알고는 기꺼이 배정된 식당으로 갈 거예요. 전령이 그들에게 제비뽑기한 문자에 해당하는 장소로, 이를테면 'ㅂ'을 뽑은 사람들은 바실레이오스 주랑으로, 'ㅌ'을 뽑은 사람들은 그 옆 주랑으로, 'ㄱ'을 뽑은 사람들은 곡물 시장으로 가라고 일러줄 테니까요.

블레피로스: 거기에서 배 터지게 먹으라고?

프락사고라: 거기에서 저녁 식사를 하라고요.

— 「여인들의 민회」 673-685행

위의 대사는 블레피로스가 공동생활 양식에 대한 문제를 제기하자 프락사고라가 만인 평등사상[19]으로 반박하며, 오히려 공동의 삶에 대한 장점을 주입시키고 있다. 프락사고라는 만인의 공동시설을 위하여 도시의 벽을 허물어 하나의 큰 주택으로 만들고 식사를 공동으로 함께하는 공용식당의 운영 등을 통하여 공산적 삶에 대한 의도를 주장하고 있다.[20] 그것은 개인 소유로 인한 사회적 차별을 해소한다는 명목하에 사유재산을 폐지함으로써 모든 구성원이 감각적 욕망의 만족에 대한 이기적인 추구를 실현하고자 하는 유토피아적 관점이다. 그러나 여기서 보이는 유토피아적 관점은 공산주의적 시각과 전혀 다를 게 없어 보인다. 다만 실현 가능성이 없는데도 불구하고 작가가 프락사고라를 통해 제안한 공동생활의 운영방식은 당시 남성 위주의 불의한 사회제도에 대한 모순을 관객들 스스로 인식하고 자각을 일으키게 하려는 의도로 볼 수 있다.

아리스토파네스는 「여인들의 민회」에서 폴리스의 최상의 행복을 위한 조건으로 정치질서와 사회개혁을 주장하지만, 완전한 행복은 공동체 내외부의 법과 제도를 바꾼다고 해서 실현할 수 없음도 함께 보여 준다. 다

---

19 아테네 공동체는 시민의 공동체로서 폴리스에 중심을 두었고 폴리스의 사회, 경제, 문화적인 면에 특별한 권리를 제공한다. 그러나 아테네 시민 태생인 여성은 시민으로 고려되지 않았기 때문에 도시 안에서 사실상 여성의 위치는 시민의 아내, 시민의 어머니 자격으로서의 재생산적 기능만을 제공한 것으로 보인다. 고대 아테네에서 정치적, 사회적 삶은 상호 밀접한 관계망을 형성하고 있기 때문에 여성의 사적 영역이 남성의 공적 영역으로 제공되는 동시에 공민적 영역으로 재편될 여지를 갖는다. 따라서 아테네 사회구조가 젠더체제 속에 있었음에도 불구하고, 여성의 타고난 생리적 열등과 육체적 약함을 강조한 가족 안의 성 억압체제에서 여성이 종속되어 있는 것만으로 볼 수 없으며, 더욱이 아테네 여성은 가정 안에서의 공민적 역할로 그리고 비공식적인 사회적 자산으로 기여함으로써 공적, 사적 공간의 경계를 이동하였으며 이러한 관계망을 형성하면서 여성도 아테네 도시 내부의 공간적 삶을 향유하였던 것으로 보인다. 문혜경, 앞의 논문, 2015, p. 85.

20 류재국, 앞의 논문, 2020, p. 62.

시 말해, 인간은 항구적으로 결핍된 존재로서의 자기 자신의 모습을 자각하고 그 궁핍함으로부터 벗어나려고 노력하지만 결국에는 지속적으로 좌절하기 때문에 아리스토파네스는 희극적 유머를 통해서 인간이 스스로의 좌절을 웃어넘길 수 있는 계기를 마련하고자 하였던 것으로 보인다.[21] 「여인들의 민회」에서 드러난 유토피아는 인간의 이기주의와 인간적 불완전함으로 인해 좌절되고 만다. 이런 점에 착안하여 아리스토파네스는 유토피아적 묘사를 통해 관객들에게 기존 상태를 개선하기 위한 방책으로 소개하고, 이를 통해 사회를 개혁 혹은 변화의 인식을 주지시키고자 하였다. 그리고 유토피아를 비판하는 시각에서 그러한 사고를 비현실적이며 실현 불가능한 '반유토피아antiutopia' 혹은 '디스토피아dystopia'로 치부하고 이를 웃음거리로 만들려 한다. 그것은 결핍된 유토피아의 모순에 대한 지적으로 보아야 할 것이다.

아리스토파네스는 유토피아적 프로그램 개혁을 실현 가능성을 결코 염두에 두지 않는다. 그는 단지 유희로 관객의 환상을 유혹하고자 한다. 즉 그는 이러한 환상을 희극 상연 시기의 현실로부터 걱정거리 없는 꿈의 세계로 유도하려 한다. 아리스토파네스는 유토피아적 묘사를 통해 기존 상태를 개선하기 위한 프로그램을 소개하고, 이를 통해 사회를 개혁 혹은 혁명하고자 한다. 그리고 더 나은 삶에 대한 기존의 사고를 희화화하고, 유토피아를 비판하는 시각에서 이를 웃음거리로 만들려 한다. 그는 그러한 사고를 비현실적이며 실현 불가능한 것으로 치부하고 이를 조롱하고자 한다. 자신의 저술을 통해 단순한 유희나 프로그램을 소개하는 것이 아니라, 오히려 위협하는 비전, 달리 표현하면 '반유토피아' 혹은 '디스토피아'

---

21 임성철, 앞의 논문, 2020, p. 136.

를 피력하고 있다.[22] 아리스토파네스 희극의 웃음거리와 관련된 공통점은 관객이 억압적이고 권위적인 사회의 불만들로부터 해방감을 얻게 하려는 데 있다. 더불어 불완전한 인간의 완벽함을 포장한 정치사회의 교만한 본색을 풍자와 해학으로 조롱하여 건강한 웃음을 선사하는 것이다.

「여인들의 민회」가 제안하는 정치 제도는 진정한 의미의 '철인치자哲人治者'에 의해서만 가능하다고 한다. 현실적인 통치권과 참된 지혜는 같은 사람들에 있어서 통합되어 있을 때만이 가능하다는 것이다. 이런 폭탄적인 선언은 현실의 정치인들을 비롯한 많은 사람으로부터 일제히 공격받을 수 있는 주장이다. 즉 이론적으로 이런 나라의 수립은 그 실현성 자체보다도 이른바 '아름다운 나라'의 '본'을 갖기 위한 작업이었음이 시인된다.[23] 아리스토파네스는 이러한 플라톤의 이론을 풍자적으로 모방하고 있는 것으로 보인다.

필자는 「여인들의 민회」에서 보다 나은 정치적 질서를 위한 유토피아적 구상을 소개한 프락사고라의 연설에서 긍정적이고 동시에 비판적 입장을 갖는 의미를 파악하였다. 프락사고라의 유토피아적 구상에서 빈부 간의 사회적 긴장의 해소와 경쟁적인 싸움을 피하기 위한 사유재산의 공동소유로, 사유재산이 불평등할 경우 자유와 평등은 실현될 수 없다는 것이다. 여기서 현실적인 문제로 인식하는 프락사고라의 이상주의적 사고내용은 자유와 평등이 사유재산의 차이에서 나타나는 것뿐만 아니라, 남자가 여자를 지배하는 가족제도에서 기인한다는 사실이다.[24]

---

22 임성철, 앞의 논문, 2016, pp. 62-63.

23 플라톤, 앞의 책, 2005, p. 315.

24 아리스토파네스가 의도하는 것은 인간의 피상적인 완전주의가 진실이 아님을 드러내 보이며, 그것을 비웃고자 하는 데 있다. 그것은 인간의 불완전성을 밝히며, 인간의 지나친 우월감, 권위의식, 그리고 완정성에 드러나는 인간의 모든 욕구들을 비웃으려 한 것이다. 인

여기서 작가 아리스토파네스의 주장은 긍정적인 면보다 비판적인 설명을 프락사고라를 통하여 전하려 한다. 따라서 극 속에서 전개되는 작가의 의도는 공산주의적 이론을 비판한다. 그는 인간의 행복이 그러한 제도를 통해 본질적으로 이루어질 수 없다는 사실을 알고 있다. 결국 아리스토파네스의 창작 의도는 유토피아적 요구와 구상들과 관련된 위험성을 「여인들의 민회」를 통해 아테네 시민들에게 인식시키려 했던 것으로 여겨진다.

2. 「부의 신^{Wealth}」(기원전 388)

고대 그리스의 비극과 희극시인들이 그들의 천재 미학의 시대를 벗어나고 있는 기원전 4세기에 이르러 아리스토파네스는 그의 마지막 작품 「부의 신」을 가지고 등장한다. 「부의 신」은 펠로폰네소스 전쟁 종료 후 16년이 지난 것으로 그의 초기 시대 작품들과는 주제 면에서 확연한 차이점을 드러내는데 아리스토파네스 개인적 시기로는 후기에 해당하고, 고대 그리스 희극 전체로 놓고 볼 때 '중희극^{a medium term comedy}'[25]에 해당된다. 중희

간은 완전한 존재가 아니며, 또한 유토피아를 이루기 위한 완전한 해결책이 인간에게는 결코 주어질 수 없다는 사실을 말해 준다. 인간은 자신의 불완전성을 인정하면서 삶을 영위해야 하고, 이러한 인정함을 바탕으로 서로 더불어 살아가는 관용적 자세가 갖는 의미와 중요성을 말해 주고 있다. Sung-chul Rhim, "Utopie und Utopiekritik: positive und negative Aspekte des Programms der Praxagora in den Ekklesiazusen des Aristophanes", *Philosophical argument* 32, 2003, pp. 503-504.

25 중희극은 기원전 4세기를 지나면서 소피스트적인 변론 기술과 수사학의 확대, 철학과 역사서의 출판을 통해 연극과 다른 새로운 매체들이 공중의 학습을 떠맡게 되었다. 구희극 이후의 소재의 평이함과 테마의 탈정치화 및 대중화 등은 사회적 기능 변화에 근거를 제공하고 있다. 중희극 시대에 이르러 희극은 사회의 정치적 삶에 대한 성찰의 주요 수단이 되지 못하였다. 이정린, 앞의 논문, 2003, p. 24; 브루노 스넬의 『정신의 발견』에서 인용한 구희극의 분류법을 소개하고자 한다. 고대 그리스 희극은 보통 3기로 나눈다. 기원전 5세기

극 시기에 이르러 희극은 사회의 정치적 문제에 대한 풍자의 주요 수단에서 벗어나게 된다. 중희극은 기원전 5세기와 4세기를 지나면서 소피스트적인 변론 기술과 수사학의 확대, 철학과 역사서의 출판을 통해 연극과 다른 새로운 매체들이 공중의 학습을 떠맡게 되었다.[26] 이러한 사실은 구희극 이후 극작술 소재의 테마가 탈정치화 및 대중화로 이동함으로써 정치 풍자와 심포지엄을 제공했던 고대 희극의 사회적 기능이 변화되고 있음을 보여 준다. 중희극은 구희극에서 보는 격렬한 정치 비판이나 개인의 공격은 이미 모습을 감추게 되고, 사회, 경제에 대한 풍자[27] 등이 소재가 된다. 이 시기는 폴리스 정신의 쇠퇴기이며, 폴리스 시민 간 빈부의 차가 전쟁이 가져온 재앙을 통해 점점 벌어져 갔다.[28]

「부의 신」의 줄거리를 살펴보자. 아테네의 농부 크레밀로스는 그의 노예 카리온을 데리고 델포이의 신탁소를 찾아간다. 자신의 외아들이 인생에서 성공하려면 착한 사람이 되도록 가르쳐야 하는지, 아니면 나쁜 사람이 되도록 가르쳐야 하는지 묻기 위해서다. 아폴론 신은 그에게 신전을 나서다가 제일 먼저 만나는 사람을 그의 집으로 모시라고 일러 주는데, 그 사람은 장님이다. 장님은 크레밀로스와 카리온의 성화에 그간의 사

의 구희극은 아리스토파네스로 대표되며, 주로 신화나 전설, 그리고 정치적, 사회적 생활을 소재로 한 풍부한 공상력과 풍자적인 특징을 가진다. 기원전 4세기 중엽까지의 중기희극은 안티파네스를 중심으로 한 시기를 말한다. 기원전 4세기 말에서 기원전 2세기 중엽까지의 신희극은 메난드로스를 대표로 보는 시기인데, 중기희극과 신희극의 두 시기는 에우리피데스의 비극에 여러 가지로 영향을 받았다고 보인다. 주제도 공동생활의 풍자를 피하고 사적 생활을 묘사하여 처세적이며, 상식적인 교훈 같은 것으로 대체되었다. 이두희, 앞의 논문, 1999, pp. 1-2.

26 이정린, 앞의 논문, 2003, p. 24.

27 S. Douglas Olson, "Economics and Ideology in Aristophanes' Wealth", *Harvard Studies in Classical Philology* 93, 1990, p. 225.

28 이정린, 앞의 논문, 2003, pp. 77-79.

정을 설명한다. 자기는 부의 신이지만 제우스가 인간에 대한 악의에서 착한 사람들과 나쁜 사람들을 구별하지 못하고 무차별적으로 부를 나눠 주도록 자기를 장님으로 만들었다고 알려준다. 크레밀로스는 부의 신이 앞으로 정직한 사람들과 함께하도록 그의 시력을 찾아 주기로 결심한다. 부의 신은 제우스의 보복이 두렵다고 하지만 크레밀로스의 설득에 눈을 치료받기 위해 의술의 신 아스클레피오스의 신전으로 간다. 이후 가난의 신이 나타나서 모두가 부자가 되어 노력하지 않는 세상에 대해 경고를 한다. 그러나 종국에는 사람들이, 신들에게 제물을 바치지 않아 일자리를 찾아나서는 헤르메스와 배고픈 제우스 사제들의 이야기로 전개되는 희극드라마다.

「부의 신」을 이해하기 위해서는 기원전 388년의 정치적 상황의 거론이 불가피하다. 펠로폰네소스 전쟁에서 패배한 아테네는 정치적으로 극도의 혼란에 휩싸여 있었다. 외국 군대의 주둔, 스파르타 장군이 감독해서 성립된 30인 정권의 폭정, 내란, 민주파의 승리와 스파르타 왕이 주도한 정치적 타협 그리고 대부분의 지식인들은 조국의 어지러운 상황에 대해 실망하고 좌절감에 빠져들었다.[29] 이 기간에 각 개인은 폴리스에서 자신의 개인적 이득을 추구하기 위해 혈안이 되어 있다. 그들 각자는 부유해지기 위해 어떤 부정한 행동도 서슴지 않았으며, 민주주의는 많은 사람들에게 재판관 급료와 의회 참여 급료를 통해서 재정적 이득을 가져다줄 뿐이었다.[30]

이런 시기에는 전체 공동체의 이익을 위한 생각이나 만인을 위한 정치적 프로그램은 뒷전으로 밀려난다. 아울러 개인적 이기주의와 개인적 소

---

29 김진경, 앞의 책, 2009, p. 271.
30 임성철, 앞의 논문, 2016, p. 58.

유의 문제가 새로운 질서를 만들어 내고, 물화된 시장의 경제 원리[31]가 도시를 지배하는 삶의 지표가 된다. 부의 신이라는 제목은 관객에게 통속적으로 전달되는 작가의 현실사회에 대한 풍자적·비판적인 창작 태도가 단적으로 드러나는 지점으로 판단된다. 제목만 놓고 볼 때, 이 연극은 신화와 관련된 헛된 공상으로 볼 수도 있다. 부의 신은 여러 가지 사회문제, 즉 부자와 가난, 소유와 무소유의 문제를 풍자적으로 다룰 뉘앙스를 제공한다. 부의 신은 모두가 부자가 되면 행복할 것 같지만, 노력하지 않아도 잘사는 세상이 되자 신들에게 제물을 바치지 않아 헤르메스를 비롯한 제우스 사제들조차 배가 고파 지상의 인간들에게 일자리를 찾아 내려온다는 내용을 담은 희극드라마다. 「부의 신」은 개인적인 소유의 문제를 풍자적으로 다룬 작품이고, 나쁜 사람만 부자가 되고 착한 사람은 가난하게 사는 현실을 개탄하며, 정직한 사람들은 기존에 제사를 지냈지만 자신들 대신에 사악한 사람들만 부자가 되었다는 생각을 드러내고 있다. 이제 정직한 사람들은 부자가 되어 더 이상 제사를 지낼 필요가 없어졌고, 사악한 사람들은 제사를 지낼 돈이 없어졌다. 그래서 신들도 굶주린다는 넌센스 드라마다.

아리스토파네스 작품의 대부분이 두 명의 대화로 시작되는 데 반해 이 작품은 한 노예의 독백으로 시작하는 유일한 연극이다. 노예 카리온은 주인인 크레밀로스의 어리석음을 불평하지만, 그 주인은 듣지도 주의를 기울이지도 않는다. 카리온의 독백에서 크레밀로스의 어리석음 혹은 광기는 아폴론의 식탁에 기인한 것이다. 신께 자신의 인생을 물어보고, 신의 답을 받았는데, 맹인의 뒤만 쫓아가는 크레밀로스를 뒤따르며 카리온이 말한다.

---

31 F. James McGlew, "After Irony: Aristophanes' Wealth and its Modern Interpreters", *American Journal of Philology* 118(1), 1997, p. 39.

카리온: 그래서 우리 주인은 장님을 뒤따라가고 있는데, 이는 우리 주인이 당
    연히 해야 할 일과 정반대되는 짓이지요. 볼 수 있는 우리가 장님을 인도
    해야 하는데, 우리 주인은 장님을 뒤따라가면서 나도 그렇게 하도록 강요
    하고 있어요.

— 「부의 신」 13-16행

여기서 카리온은 그의 주인이 제정신이 아닌 행동을 한다는 것을 대사
를 통해 주인에 대한 인내의 바닥을 드러낸다. 맹인임에도 불구하고 크레
밀로스가 신탁에 의하여 처음 만난 사람이라는 것에 의미를 두고 따라간
다. 궁금한 카리온이 그 맹인에게 누구냐고 무례하게 묻자, 그는 무례하게
대답한다. 그는 자신이 부의 신, 즉 플루토스Plutus라고 말한다. 행색이 몹
시 더러운 것으로 보아 부의 신처럼 보이지 않는다는 크레밀로스에게 플
루토스는 자신의 상태를 실토한다.

크레밀로스: 하지만 어쩌다가 이렇게까지 영락하셨소? 말해 주시오.
플루토스: 제우스께서 이렇게 만드셨다네. 인간에 대한 악의에서 소년시절 나
    는 정직하고 현명하고 점잖은 사람들의 집만 방문하기로 서약한 적이 있
    었지. 그러자 제우스께서 나를 장님으로 만드셨어. 내가 그런 사람들을
    아무도 알아보지 못하게 말이네. 그만큼 그분께서는 착한 사람들에게 악
    의를 품고 계신다네.

— 「부의 신」 87-92행

플루토스가 어렸을 때 그는 오직 정의롭고, 현명하며, 점잖은 길로 가야
했는데, 제우스는 그 가치에 대해 분별할 수 없도록 눈을 멀게 했다는 것
이다. 플루토스는 크레밀로스에게 그가 만일 다시 볼 수 있게 된다면 사악

한 사람들을 멀리하고, 정직한 사람들에게 갈 것이라고 말한다. 이에 크레밀로스는 부의 신에게 시력을 찾아 주어 정직한 사람들하고만 함께하도록 만들겠다고 결심한다. 플루토스는 제우스를 두려워한다. 만일 제우스가 플루토스의 눈을 회복시키고자 하는 크레밀로스의 의도를 안다면 제우스는 그를 파멸시킬 것이다. 그러나 크레밀로스의 설득에 플루토스는 눈을 치료하는 의술의 신 아스클레피오스의 신전으로 가기로 한다.

이제 부자의 신 플루토스와 가난의 여신 페니아Penia의 입장 차이를 통해 삶의 질서에 대한 새로운 프로그램이 제시되는 부분을 살펴보자. 플루토스는 아스클레피오스의 치료에 의해 눈을 뜨게 되고, 앞을 바로 볼 수 있어서 정직하고 착한 사람들 모두를 부자로 만들어 준다. 반대로 사악하고 나쁜 인간들에게는 가난을 물려주게 된다. 이제 크레밀로스가 그의 친구 블렙시데모스와 함께 착하고 정직한 모든 아테네 사람들을 불러 모아 부자로 만들어 주기 위해 부의 신 플루토스를 데리러 집 안으로 들어가려는 순간, 가난의 여신 페니아가 나타나 크레밀로스를 만류하며 호통을 치기 시작한다. 만일 크레밀로스의 말대로 모두가 부자가 되어 지금처럼 노력하지 않는다면 세상은 오히려 살기가 훨씬 더 나빠질 것이라는 경고성 발언을 이어간다.

페니아: 이 불쌍하고 미약한 인간들아, 너희 둘이서 감히 그토록 뻔뻔스럽
　　　고 불경하고 법도에 어긋난 짓을 저지르려 하다니! 어딜 도망가? 게 서지
　　　못해?
블렙시데모스: (겁에 질려 있다.)
페니아: 내가 너희 인생을 비참하게 끝내 주마! 너희는 일찍이 신도 인간도 저
　　　지른 적이 없는 도저히 참을 수도, 용납할 수도 없는 짓을 감히 저질렀으
　　　니까. 너희는 이제 죽은 목숨이야.

크레밀로스: 당신은 대체 뉘시오? 내가 보기에 노파 같은데.

　　　　　…

페니아: 너희는 내가 누구라고 생각하느냐?

크레밀로스: 여관 안주인이거나 죽 장수 아줌마겠지요. 그렇지 않으면 아무 해
　　코지도 하지 않는 우리에게 그렇게 큰소리로 고함을 치지 않았겠지요.

페니아: 해코지하지 않았다고? 너희 둘은 모든 나라에서 나를 내쫓으려 함으
　　로써 가장 큰 해코지를 하지 않았더냐? … 나로 말하자면 이곳에서 나를
　　내쫓으려 한 죄로 오늘 당장 너희 둘을 벌하게 될 분이시다.

블렙시데모스: 그녀는 설마 언제나 양을 줄여서 술잔을 채워 주는, 길모퉁이에
　　있는 선술집 여주인은 아니겠지?

페니아: 나는 그토록 여러 해 동안 너희 둘과 함께 산 가난이다.

블렙시데모스: (깜짝 놀라) 아폴론 왕과 다른 신들이시여! 여기서 어떻게 빠져나
　　가지?

─ 「부의 신」 415-437행

이 작품은 제목에서 말해 주듯이 '부의 신' 플루토스가 중심인물이다. 작품의 내러티브는 아테네의 정직한 농부 크레밀로스가 이끌어 간다. 이런 크레밀로스에게 페니아가 나타나 티격태격하면서 파생되는 문제점이 주된 모티프가 된다. 어떤 의미에서 415-437행의 장면은 가난의 일생에 대한 풍자이다. 작가의 관심은 온통 부자의 신 플루토스보다 가난의 여신 페니아에게 다 쏠려 있는 듯하다. 이는 페니아의 등장 스펙터클의 강도가 압도적으로 높고, 가난이 의인화된 형상화가 입체적이고 웃음을 주는 매력이 있기 때문이다. 따라서 스토리 전개 과정에서 플루토스는 상징적인 부분에만 그 역할이 부여됨을 알 수가 있다.

지금부터는 페니아가 내러티브를 이끌어 간다. 플루토스의 등장을 반

대하는 페니아는 첫 번째 내러티브로 부자의 입장을 대변하는 크레밀로스에게 정정당당한 토론을 제안한다. 이것이 아테네에 찾아온 새로운 사회의 개혁 프로그램으로서 부와 가난의 첫 번째 논쟁이다.

> 페니아: 너희는 부의 신의 시력을 회복시켜 주려 하면서도 정말로 내게 아무런 해코지를 하지 않았다고 생각한단 말이냐?
>
> 크레밀로스: 우리가 전 인류에게 이익을 준다면, 그게 어째서 당신을 해코지하는 것이란 말입니까?
>
> 페니아: 너희가 찾아내려는 이익이 뭔데?
>
> 크레밀로스: 뭐냐고요? 첫째, 당신을 헬라스에서 내쫓는 것이죠.
>
> …
>
> 페니아: 좋아. 그럼 먼저 그 점을 너희와 토론하도록 하지. 지금 당장. 나는 너희에게 나야말로 너희 모든 행복의 유일한 원인이며, 너희가 살아 있는 것도 다 내 덕택임을 보여 주겠다. 내가 성공하지 못하면, 그때는 나를 너희 마음대로 해도 좋아. … 너는 배울 준비나 해. 네가 정직한 사람들을 부자로 만들어 주겠다면, 그건 완전한 착각이라는 것을 내가 아주 쉽게 증명할 수 있으리라 생각되니까 말이야.
>
> 크레밀로스: 오오 곤장과 큰 칼아, 여긴 너희들이 필요해!
>
> ― 「부의 신」 458-477행

위 장면은 부의 대리인 크레밀로스와 가난의 여신 페니아의 격정적 아곤을 예고하는 지점이다. 이렇게까지 두 인물이 적대적 논쟁으로 오기까지는 내러티브의 과정 설명이 필요하다. 앞서 많은 논쟁 끝에 부의 신 플루토스는 크레밀로스의 집에 들어가도록 설득되었다. 크레밀로스는 플루토스의 시력이 회복될 수 있다면 부가 무작위가 아닌 선덕에 의해 분배되어 세상을 더 나은 곳으로 만들 수 있을 것이라는 희망에 대한 확신을 품는다. 그들은 집에 도착하자마자 수년간 함께 했던 가난의 여신 페니아를 쫓아낸다. 이에 화가 난 페니아가 크레밀로스에게 논쟁을 제안하며 한판 승부를 한다. 페니아는 자신에 넘쳐 크레밀로스를 혼내 주겠다고 큰소리치지만, 크레밀로스 역시 질세라 더 큰 소리로 곤장을 준비하면서 중반전을 언급한다

이때 가난의 여신이 나타나 만일 그의 말대로 모두가 부자가 되어 지금처럼 노력하지 않는다면 세상은 오히려 살기가 훨씬 더 나쁠 것이라고 만류한다. 여기서부터 「부의 신」의 아곤이 발생한다. 아리스토파네스 희극의 특징인 의인화된 가난이 크레밀로스와 그의 친구 블렙시데모스와 논쟁을 한다. 이때 코로스가 나타나 논쟁을 해서 이기려면 지혜롭게 하거나, 양보하거나 하면서 절대 약점을 보여서는 안 된다고 충고한다.

코로스장: (크레밀로스와 블렙시데모스에게) 논쟁에서 그녀를 이기려면 당신들은 지혜롭게 말해야 하오. 양보를 하거나 약점을 보여서는 안 되오.

크레밀로스: 나는 누구에게나 자명한 진리에서 출발하겠소. 그것은 착한 사람들은 당연히 행복해야 하고, 사악하고 불경한 자들은 그 반대여야 한다는 것이오. 그걸 바라던 차에 우리는 그걸 실현할 방법을 찾아내어, 훌륭하고 고상하고 어느 모로 보나 쓸 만한 계획을 세웠소. 부의 신이 시력을 회복하여 더는 장님으로 떠돌지 않는다면, 착한 사람들을 찾아가 다시는 그들을 버리지 않을 것이며, 사악하고 불경한 자들은 피할 것인데, 그렇게 되면 모두들 착한 사람이 되고, 부자가 되고, 신을 공경하게 되리라는 거요. 인간들에게 이보다 더 큰 이익을 누가 찾아낼 수 있겠소?

블렙시데모스: 아무도 없소. 내가 보증하겠소. 굳이 그녀에게 물을 필요가 없소.

크레밀로스: 우리 인간들의 현재 생활상을 보고, 그게 신들의 미친 지랄이나 악의가 아니라고 생각할 사람이 어디 있겠소? 많은 사람들이 그들의 사악함에도 부자가 되오. 부정축재를 한다는 말이요. 그런가 하면 아주 착한 많은 사람들이 고생을 하고 배를 곯며 대부분의 시간을 (가난을 가리키며) 당신과 함께 보냅니다. 그래서 부의 신이 시력을 회복하여 이런 상황을 끝낸다면, 인간들을 이롭게 하는 이보다 더 나은 방법은 없을 거란 말이지요.

— 「부의 신」 487-506행

부의 신이 시력을 회복해야 하는 당위성을 크레밀로스가 설득하는 부분이다. 크레밀로스의 주장은 플루토스가 눈을 뜬다면 결과적으로 모든 사람이 정직해지고, 신성한 것을 숭배하니 인류에게 좋다는 것이다. 많은 사악한 사람들이 부자가 되고, 많은 정직한 사람들이 가난하다는 것은 공평하지 않다는 논리를 펼친다. 상술했듯이, 이에 대한 페니아의 대답은 매우 부정적이며, 그녀는 반격을 시작한다.

페니아: 남들이 말도 안 되는 소리를 해도 무작정 믿어 버리는 두 영감아, 헛소리와 정신 나간 소리를 하도록 서로 잘도 부추기는구나! 너희 소원이 이루어지면, 내 장담하건대 너희에게 조금도 덕이 안 돼. 부의 신이 시력을 회복하여 자신을 똑같이 분배한다면, 세상에 예술과 기술에 종사할 사람은 아무도 없을 거야. 그리고 예술과 기술이 너희 사이에서 사라지면, 도대체 누가 대장장이나, 조선공이나, 재단사나, 바퀴 제작공이나, 제화공이나, 벽돌공이나, 세탁공이나, 무두장이가 되려 하겠느냐? 또 누가 쟁기로 땅을 갈아 데오의 열매를 거두려 하겠느냐? 너희가 그런 일을 하지 않고도 놀고먹을 수 있다면 말이다.

크레밀로스: 무슨 헛소리를 하는 겁니까? 당신이 방금 늘어놓는 그런 일들은 우리 노예들이 대신하게 될 겁니다.

페니아: 노예들은 어디서 구해 오지?

크레밀로스: 그야 돈을 주고 사 오면 될 것 아닙니까?

페니아: 하지만 누가 노예를 팔려 하겠어? 그에게 이미 돈이 있다면.

— 「부의 신」 507-519행

페니아는 인간의 부에 대한 욕구의 원인이 가난 때문이라는 크레밀로스의 주장에 동의하지 않는다.[32] 가난은 나쁜 것이 아니라 그것에서 벗어나기 위해 더욱 열심히 살려는 노력의 동기가 된다는 것이다. 페니아는 가난의 필요·충분 조건에 대하여 노동과 기술, 예술의 필요성을 거론하며 논리적 설득을 펼친다. 이에 반해 크레밀로스의 주장은 설득력이 떨어짐과 동시에 가난과 함께하는 노동의 신성함을 무시한다. 「부의 신」 507-519행에서의 희극적 분규는 크레밀로스의 주장과 페니아의 주장 사이의 갈등, 두 세력 사이의 지혜 겨루기와 힘겨루기에서 비롯된다. 페니아는 가난을 지지함으로써 사회의 분열을 일으키는 것이 아니라 계층의 정당화 측면에서 상대편을 누르고자 자신의 목표를 관철해 나간다. 페니아는 공동체 사회의 계층[33]을 부자(부당한 사람), 빈곤층(정당한 사람), 나쁜 사람(아마도 부

---

32 크레밀로스의 주장은 모두가 부자가 되어 노동할 필요가 없다고 하지만 결국 누군가에 의해 노동력을 요구하게 되는바, 불평등한 노예의 공급을 예견하는 것이다. 페니아는 신성한 노동에 의한 차별적 삶을 요구한다. 아울러 부의 신이 눈이 멀어 나쁜 사람이나 사악한 고리대금업자에게 돈이 모이는 구조로는 불평등한 사회가 개선될 수 없음을 토로한다.

33 여기서 페니아가 말하는 비전은 유토피아적 이상세계와 관련이 있다. 물론 토머스 모어가 유토피아를 쓴 것은 부의 신이 나오고 2000년이 지나서였지만, 그 맥락은 비슷하다. 유토피아인들은 행복이 아무런 종류의 쾌락 속에서 발견되는 것이 아니라 선하고 정직한 쾌락 속에서만 발견된다고 믿는다. 즉 지극한 선으로 이끌어 간다는 것이다. … 유토피아인

당한 사람)으로 구성할 것을 주장하고 있다.

> 페니아: 그리고 너는 더 이상 침대에서 담요를 덮고 자지 못할 거야. 돈이 있
> 는데 누가 침대를 만들며, 누가 담요를 짜려 하겠어? 그리고 신부를 집으
> 로 데려오면 향수를 뿌려 줄 수도 없고, 다채롭게 수놓은 값비싼 옷을 입
> 혀 줄 수도 없을 거야. 그리고 이런 것들도 없는데 부자면 무슨 소용 있어?
> 너희가 이런 필수품을 넉넉히 갖는 것은 다 내 덕분이야. 내가 감독자처럼
> 기술자 옆에서 자리 잡고 앉아서 가난한 만큼 그가 어쩔 수 없이 생업에
> 종사하도록 강요하니까 말이야.
>
> — 「부의 신」 527-534행

페니아가 다루는 부와 가난에 대한 주장은 크레밀로스의 것보다 훨씬
더 매력적이다. 그렇지만 아무리 그녀의 주장이 매력적이라 해도 그녀 자
신은 혐오스럽다. 그녀는 주장하는 바를 증명하기 위하여 그녀의 운명을

··

들은 개인 간의 계약을 준수해야 할 뿐 아니라, 쾌락의 질료가 되는 핵심적인 물품들의 분
배를 통제하는 공공법칙들도 준수해야 한다고 주장한다. 그런 법들은 훌륭한 원수에 의해
공정하게 선포되었거나 혹은 강제력과 속임수가 없는 상태에서 시민들이 동의한 이상 반
드시 준수해야 한다. 그리고 이 법률들이 준수되는 한도 내에서 누구나 분별력 있게 자기
이익을 추구한다. 만일 자신의 이익에 더해서 공공이익마저 추구한다면 그것은 경건한 행
위이다. 그러나 자신의 쾌락을 확보하기 위해 남의 쾌락을 빼앗는다면 그것은 부정이다.
한편 다른 사람의 쾌락을 증대시키기 위해 의도적으로 자신의 쾌락을 감소시키는 것은 인
도주의와 선의의 행위이다. 사실 그런 사람은 그가 베푼 것보다 더 큰 이익을 누린다. …
유토피아 사람들이 보기에 사이비 쾌락이 몇 가지 있다. 그것은 좋은 옷을 입었기 때문에
자신이 훌륭하다고 생각하는 사람, 의례적인 명예를 허망한 기쁨에서 찾는 사람, 보석에
열광하는 사람 등이다. … 돈에 대해서 말한다면, 돈을 잔뜩 모았다가 그것을 사용하기보
다는 단지 바라보기만 한 사람, 정반대로 돈을 숨겨두기만 하고 두 번 다시 보지도 않는 사
람을 경계한다. 부의 신의 페니아는 이런 부를 사이비 쾌락이라 주장한다. 토머스 모어, 앞
의 책, 2007, pp. 96-101.

기꺼이 위험 속에 넣는다.

크레밀로스: 방금 당신이 말한 그의 삶은 참으로 복 받은 삶이겠군요, 근검절
약해도 사후에 장례 치를 돈조차 남겨 줄 수 없다면.

페니아: 너는 농담이나 하고 비아냥거리며 진지한 토론에 관심이 없는데, 이는
부의 신보다 내가 정신적으로 육체적으로 더 훌륭한 사람을 만들어 낸다
는 것을 네가 모르기 때문이야. 부의 신과 함께하면 통풍에 걸리고, 배가
나오고, 다리가 굵고, 보기 싫게 살찌지만, 나와 함께하면 날씬하고, 벌처
럼 허리가 가늘고, 저녁에 사납지.

— 「부의 신」 555-561행

페니아는 그녀의 적수에게 부에 대한 강력한 부정으로 반격을 시작한
다. 만일 플루토스가 다시 볼 수 있어서 모든 사람이 부자라면, 아무도 어
떤 기술이나 여러 가지의 지혜를 추구하지 않을 것이다. 크레밀로스는 부
가 일을 해서 생기고, 일은 다시 인간의 필요한 궁핍으로부터 생긴다는 페
니아의 주장을 부정할 수가 없다. 가난과 불결한 거지의 생활은 다르다.
거지 짓으로 사는 것은 노력 없이 게으르게 생활을 억지로 끌고 간다는 의
미이고, 가난하게 사는 것은 부자가 되지 않더라도, 더 빈곤해지지도 않
고, 그저 성실하게 일하며 검소하게 살아간다는 의미이다.

크레밀로스: 당신은 말하는 게 역겹긴 하지만 그건 거짓말이 아니군요. 그렇다
고 우쭐대지 마십쇼. 그럼에도 불구하고 당신은 제게 가난이 부자보다 낫
다고 설득하려 한 죄로 혼쭐나게 될 테니까.

페니아: 하지만 넌 이 점에 관해 내 논리를 반박하지 못했어. 너는 헛소리만 하
고 헛수고만 했으니까.

크레밀로스: 그렇다면 왜 다들 당신을 피하려 하죠?

페니아: 내가 그들을 개선해 주니까. 아이들을 보면 분명히 알 수 있지. 아버지
는 아이에게 가장 이로운 것을 생각하지만, 아이는 아버지를 피하니까 말
이야. 그래서 유익한 것을 안다는 게 어렵다는 거야.

— 「부의 신」 571-578행

페니아는 부자들이 가난한 사람들보다 더 잘 산다는 것을 부정하지는
않는다. 다만 부와 함께 가난이 존재하는 것은 플루토스보다 사람들의 마
음과 외양을 더 풍족하게 만든다고 단언한다. 페니아는 그녀가 사람들을
말벌처럼 용감하며 도시를 위해 헌신하는 전사로 만들기도 하고, 온건하
고 얌전하게 만들기도 하는 것은 부와 반대되는 자신의 성질 때문이라고
주장한다. 그러나 크레밀로스는 여전히 조용히 있지 않고 부의 힘을 믿고
있다. 이제 부자의 신을 두둔하는 크레밀로스와 가난의 상징 페니아가 대
단원의 논쟁을 마무리한다.

크레밀로스: 부자가 되는 것이 더 나은지 가난뱅이가 되는 것이 더 나은지, 헤
카테 여신에게 물어보십시오. 그녀는 말할 겁니다. 부자들은 그녀의 사당
에 다달이 음식을 바치지만, 가난뱅이들은 그 음식을 차려 놓기도 전에 채
어 간다고 말입니다. 이제 당신은 더 이상 군말 말고 어서 꺼져 버려요. 무
슨 일이 있어도 당신을 우리를 설득하지 못할 테니까.

페니아: (화가 나서는) "오오, 아르고스의 도시여, 이자가 하는 말 좀 들어 보
아라."

크레밀로스: 당신의 식탁 친구인 파우손에게 큰 소리로 도움을 청하십시오!

페니아: 나는 어떻게 될 것인가? 가련한 내 팔자야!

크레밀로스: 이곳을 떠나 지옥으로 꺼져요, 어서!

페니아: 나는 이 세상 어디로 갈 것인가?

크레밀로스: 큰칼 속으로 들어가요! 지체 말고 움직여요.

페니아: (마지못해 돌아서며) 두고 봐! 언젠가 너희 둘이 나에게 이리로 와 달라고 부탁하는 날이 올테니.

크레밀로스: 그때는 와도 좋습니다. 하지만 지금은 꺼져요. 나는 부자가 되는 게 더 좋으니, 당신은 가서 머리로 벽을 들이받아도 좋아요. (페니아 퇴장)

— 「부의 신」 594-612행

이들의 논쟁에서 페니아가 행동에서는 졌지만, 변론에서는 크레밀로스를 이겼다고 할 수 있다. 크레밀로스는 가난하지만 정직한 사람으로서 신탁에 뜻에 따라 눈먼 노인을 쫓아가서 집으로 데려오는데, 이 노인이 바로 부의 신 플루토스임이 밝혀진다. 크레밀로스가 눈을 고쳐 주었기에 시력을 되찾게 된 플루토스는 옛날의 질이 나쁜 동료들을 버리고 진실한 사람들과 사귀기 시작한다. 회복된 시력으로 그가 사귀고 후원해 줄 가치가 있는 사람들의 구분이 가능해진 것이다. 남들이 하기 싫은 일을 해야만 원하는 것을 얻을 수 있다는 것에 누가 의문을 가지겠는가? 마지막에 더욱이 놀라운 것은 플루토스가 크레밀로스의 집을 부자로 만들어 주며, 크레밀로스의 불완전한 구도가 전적으로 승리를 거두는 것으로 판명된다는 모호한 스토리다. 이때 코로스가 간주곡을 부르지만, 가사가 남아 있지 않다.

고대사회에서도 부에 대한 견해는 21세기의 오늘날과 큰 차이가 없는 것으로 보인다. 로마의 시인 호라티우스는 돈에 대한 명언을 남겼다. "할 수 있다면 정당하게 돈을 벌어라. 그게 안 되면 어떻게 해서라도 돈을 벌어라 Make money, money by fair means if you can, if not, but any means money." 대체로, 사회·정치 체계가 급변하는 상황에서는 모든 것이 불안정한 법이다. 요컨대 사회가 혼란한 시기에 힘을 발휘하는 것은 윤리나 도덕이 아니다. 대개는 능력이 우선하지만, 실상 그 능력은 돈이라는 것이다. "돈은 못된 주인인가, 착한 종인가?" 호라티우스에게서 유래했다는 이 표현은 헤겔의 '주인과 노예의 변증법'[34]에서 돈은 우리를 함부로 휘두르지 못하게 잘 부려야 하는 고집 센 하인으로 본다. 헤겔은 노동이 비록 피동적인 강제성을 가지고 있지만, 그것이 인간 생존에 직결되는 생산의 행위라는 것과 이 세상에서 유일하게 인간존재에만 속해 있는 것으로 규명한다. 헤겔은 또한 노동을 통한 '인정투쟁struggle for recognition' 이론을 주장하였다. 그리고 그것을 통해 인간이 노동하고 돈을 버는 목표는 의식주나 권력의 획득이 아니라 인정의 획득이라는 것을 강조했다. 이 부분에서 부에 대한 개념이 호라티우스의 그것과는 확연히 다르게 나타난다. 헤겔의 주장은 부의 신에서 페니아가 지향하는 노동의 신성함과 그 맥락을 같이하고 있다.

부의 신은 플루토스가 눈을 뜨는 시기가 오면 세상의 부가 재편의 소용돌이를 일으킴을 예고한다. '정의로운 자에게는 부를, 부정의한 자에게는 가난'을 외치면서 우리는 플루토스가 눈을 뜰 그 언젠가를 고대하며 정의롭지만 가난한 삶을 인내하게 된다. 사실 크레밀로스의 주장에서 정직하

---

34 헤겔은 관념론의 '노동과 형성'에서 근대 과학 문명을 비판하면서 노동의 성격을 역사철학적으로 개념화한다. 인간의 노동은 일차적으로 개인의 도야 형성에, 그리고 인륜적 실체로서의 시민사회 형성에서 그 최종적인 의의를 발견한다. 정신현상학에서는 자연적 인륜적 공동체로서의 가족(개인)을 오직 노동을 통해서만 보편성(시민사회)으로 형성해 나가는 인륜 체계의 기본 단위로 정의하고, 노동은 개인의 인격적 도야와 시민사회의 발전적 형성을 연계하는 매체로 보았다. 노동이란 원래 인간이 그의 의지와 욕구에 따라 그의 능력(도구나 연장 포함)을 자연에 투여함으로써, 자연을 인위적으로 재편성, 재구성하는 형성의 과정이다. 인간은 이 주체적인 사고와 행위의 자기 표출을 통해서 자신을 가치 생산의 주체로, 그리고 자유로운 하나의 인격체로 확립해 나가는 것이다. 권기철, 『헤겔과 독일관념론』, 서울: 철학과 현실사, 2006, pp. 264-265.

고 올바른 삶과 부가 함께하여야 한다는 통상의 생각은 그저 우리들의 바람일 뿐 비논리적이다. 정의로운 자가 부자가 되어야 할 논리적 필연성은 없는 것이다.[35] 정의는 오로지 그것이 '정의롭다'는 이유로 행해져야만 한다. 단, 정의롭게 산다고 부자가 되는 것은 아니지만, 정의로운 사람은 그렇지 못한 사람보다 행복하다. 정의가 가져다주는 것은 부가 아니라 행복이다. 이것은 역으로 부가 곧 행복을 의미하는 것이 아님을 말해 준다.[36] 크레밀로스의 말대로 "부가 곧 행복"이라며 부를 떠받들고 있는 우리는 페니아의 논리에서 정의와 부가 일치되지 않는다는 것을 알게 된다. 비논리적 부의 승리를 지나치게 부각시키는 것은 오히려 그 존재의 진솔함이 훼손됨을 의미하는 것이다.

3. 소결: 불완전한 인간의 본색

「여인들의 민회」는 아리스토파네스가 가진 사회변혁에 대한 시각으로 해석하는 유토피아의 비판적 관점에 주목한다. 그는 이 작품에서 폴리스의 행복한, 최상의 자족적인 질서를 기술하지만, 동시에 완전한 행복과 자족은 공존할 수 없음을 보여 준다. 즉 그가 묘사한 유토피아는 인간의 불평등과 이기주의 그리고 그 밖의 오류와 약함, 다시 말하면 인간적 불완전함으로 인해 좌절되고 만다. 이러한 유토피아 비판은 희극에서 우연히 발견되지 않는다. 희극작가의 과제는 바로 피상적인 완전함과 인간적 완벽

---

35 류재국, 「중희극 〈부의 신〉 415-612의 논쟁에 나타난 부의 본질에 대한 의미 고찰」, 『브레히트와 현대연극』 43, 한국브레히트학회, 2020a, p. 90.

36 정지욱, 『부의 철학: 동양 전통사상의 눈으로 바라본 부와 행복』, 서울: 세창출판사, 2018, pp. 67-68.

주의의 환상과 허구성을 폭로하며 오히려 그것을 우스운 것으로 희화시키는 일이다. 이러한 현실을 감안할 때 이상적인 시민사회를 건설하기 위해서는 사회변혁에 대한 간접체험 대신 직접 체험을, 가상과 현실의 경계에 대한 분명한 인식을, 올바른 커뮤니케이션의 복구란 무엇인지를 진지하게 재고해야 한다. 문제들을 해결하기 위해서는 구성원들의 의식이 변화되어야 하겠지만, 이를 위해 사회적 억압의 근본적인 원인은 무엇이며, 그것을 제거하고 약화시킬 수 있는 현실적인 방법은 무엇인지 검토되어야 한다. 「여인들의 민회」는 이러한 사회의 문제를 알리고, 사회학적 관점에서 해결하고자 하는 공연예술적 시도[37]이자, 이러한 시도를 문학적 행동으로 대응하고 반성하고자 하는 연극적 행동으로 보인다.

아리스토파네스는 인간의 불완전성을 웃음거리로 만들려는 것이 아니다. 다만, 그가 추적하는 과도한 완벽함이 오히려 인간적 불완전성과 보잘것없음의 본질이라는 것을 드러내면서, 특별한 권리와 권위, 완벽함을 조롱하고자 한다.[38] 「여인들의 민회」에서는 사회문제에 대한 자유와 유토피아에 대한 주제들이 초기작품들과는 달리 약간은 불완전한 매듭을 짓는다. 후기 작품들은 아곤적 분규가 일어난 문제의 해결보다는 억지로 웃기려는 의도를 보이고 있으며, 겉보기에만 완벽한 희극의 약점과 불완전성을 가지고 있다. 이러한 현상은 이후 신희극 시대의 분위기로 변해 가고 있음을 암시하는 것이다. 주인공 프락사고라가 비록 특출한 인간이라 할지라도, 당시로서는 남성의 옹벽에 도전하기에는 그녀가 미약한 여성이라는 것을 인식해야만 한다. 그녀는 애욕에 거부감을 느끼는 늙은 남편에 비해 훨씬 젊다. 그녀의 새로운 법이 자유민 여자들의 성적인 만족을 위해

---

37 이상복, 앞의 책, 2013, p. 156.
38 임성철, 앞의 논문, 2016, pp. 72-73.

의도된 것이기에 그들 역시 그녀를 돌본다. 그녀의 새로운 질서에서 간통은 더 이상 금지될 수 없다. 「여인들의 민회」에서는 이상한 결말로 프락사고라의 구도가 패배한 것을 감춘다. 아리스토파네스는 패배를 감추며, 가장 특출한 여자에 의해 구상된 최고로 대담한 구도의 실패를 숨기는 것으로 작품의 막을 내린다. 기원전 392년 「여인들의 민회」는 제도의 모순을 지적하는 것보다 현실에 대한 인식이 부족한 정치인, 사유재산제도를 문제시하고 국가의 정치재건을 위해 여자들이 직접 나섰다는 것이 기발한 착상이다.

아울러 「여인들의 민회」에서 여성들이 성 역할의 전도를 실행하며 주장하는 사유재산의 국유화와 결혼제도 폐지는 서로 밀접하게 연관된다. 그리스의 여성들의 사유재산은 결혼을 통해서 보존되고 증가된다. 따라서 사유재산의 폐지는 결혼제도의 폐지를 통해서만 가장 효과적으로 이루어질 수 있는 것으로서 여성들이 주장하는 세 가지 조건은 작가가 성 인식에 대한 도전과 철저하게 남녀동권주의 사상에 기초하여 고안된 것으로 볼 수 있다. 그러나 이 작품은 현실 문제에 정면으로 도전하는 여성성 개념의 변화를 시도하였고, 그 가능성을 희극적인 방식으로 풀어 내고자 남녀의 성을 전도시키면서 여성들을 동시대의 주인공으로 탄생시켰다. 작품 안에서 남장한 여성들은 민회를 점거(289-306행)하며 이상국가의 법을 제정했지만 결핍된 유토피아의 모순에 걸려 실패한 구상을 숨기는 것으로 결말을 맺는다.

「부의 신」에서 아리스토파네스가 의도하는 바는 인간의 완전주의가 진실이 아님을 드러내 보이며, 그것을 비웃고자 하는 데 있다. 아리스토파네스는 초기작품들에서 평화와 자유라는 이상을 정치 권력을 소유한 자들의 지나친 정치 확산주의에 견주어 고찰하고 있다. 후기 작품들에서는 인간이 피상적皮相的으로 완벽해 보이는 유토피아의 약점과 불완전성을 「부의 신」을 통해 드러내고 있다.[39] 플루토스는 작품의 초입에서 그의 눈을 멀도록 한 제우스의 지혜에 대해 반 정도 확신하고, 부가 절대적으로 타락시킨다고 믿는다. 그는 제우스가 불의하다는 것도 믿었는데, 제우스가 눈을 멀게 한 것이 정의로운 사람들에 대한 시샘에서 나온 것이라 보았기 때문이다. 플루토스는 제우스의 폐위를 정의를 통해서가 아니라, 오히려 부에 대한 사랑을 옹호한다. 플루토스에 의해 정의는 보장되고, 불의는 그 즉시 가난으로 처벌받는 작가의 주장을 피력한다.

아리스토파네스 희극은 이런 정의와 부정의에 대한 시각으로 모든 중대한 것들 가운데서 올바른 것들에 대해 가르치려는 가장 진지한 욕구를 보여 준다. 「부의 신」은 전체 구도가 그것보다 더 합리적인 적수를 만나서, 변론으로는 그것을 극복하지 못하는데도 모호하게 승리를 거두는 유일한 희극이다. 이 작품은 설명적으로서 흥미롭지 않은 장면으로 끝난다. 아리스토파네스 작품 중 가장 단조로운 작품으로서 크게 작품성을 갖지도 못한다. 그러나 이 작품은 그가 살아 있을 때 상연된 마지막 작품이자 중희극의 시작이라는 것이 주목된다.

이 두 작품은 아리스토파네스 구희극의 후기 작품에 속한다. 이 작품들이 상연된 시기는 펠로폰네소스 전쟁 종료 후 10년이 지나 전기 9개 작품과는 확연하게 차이점을 드러낸다. 이 시기의 주제는 현실 정치와는 전혀 관련성을 갖지 않고 전체적인 면에서 정치보다는 시민들 자신만의 개인적인 염려에만 관심을 기울인다. 아울러 특정인에 대한 조롱과 사회제도에 대한 폭로성 비판이 확연히 줄어들었다. 이러한 현상은 이후 신희극 시대의 분위기로 이행하고 있음을 보여 주는 것이다. 아리스토파네스는 완전하지 않은 인간적 불완전성과 불완전한 우세함, 권위 그리고 완벽함에

---

39 Sung-chul Rhim, 앞의 책, 2003, p. 504.

대한 조롱을 소재로 삼아 작품에 투여한 것이다. 결과적으로 아리스토파네스가 이 두 작품의 주제와 전개 과정에서 던지는 메시지는 불완전한 인간의 본색을 유쾌한 희극으로 규명하고 있음을 알 수 있다.

제9장

삶의 본질과 마주한 희극

1. 고단한 삶에서의 휴식과 여가의 텍스트

고대 그리스 희극은 과거의 전통적 영웅 세계를 거부하고, 현실 세계를 공동체 안으로 끌어들이는 과정에서 시작되었다. 지붕이 없는 원형 극장에서 벌어지는 희극 공연은 전쟁 기간에도 불구하고 객석과 무대의 긴박한 소통을 위하여 조화 속에 던져지는 삶의 휴식이자 여가의 텍스트이다. 아리스토파네스는 당대의 어리석은 행동과 결점에 대한 생생한 묘사를 통하여 아테네 시민을 즐겁게 하였다. 그의 희극의 탁월함은 뛰어난 풍자에 있고, 익살과 해학을 부릴 수 있었다는 점에서 재미와 놀이를 포함한 오락적 의미를 한층 더 상승시킨다.

아리스토파네스 희극에서 오락적 의미는 고단한 삶에서의 휴식과 여가를 제공한다. 아리스토텔레스에게 있어서 시의 최우선적인 목표는 카타르시스라는 해방의 쾌, 즉 감정의 차원에 놓여 있으며, 따라서 시는 그것이 가진 고유한 목표로서의 예술적 쾌의 감정에 의해 이루어진다고 밝히고 있다.[1] 이처럼 아리스토파네스 희극의 오락적 유형은 재미와 놀이 그리

---

1   아리스토텔레스가 말하는 카타르시스의 목적은 감정의 정화로써, 나쁜 체액의 배출로부터 카타르시스를 끌어내는 것이다. 시(비극, 희극)를 포섭하는 목적은 즐거움이다. 그러나

고 쾌락이다. 재미와 놀이를 기초로 한 아리스토파네스 텍스트를 읽는 것은 아테네의 만평漫評을 읽는 것과 비슷할 정도로 생생하다. 그 속에는 당대의 정치와 정치가, 전쟁을 옹호론과 반전론, 남녀동권주의, 자유무역, 재정개혁, 불평하는 납세자, 교육이론과 지식 가치에 관련된 보통 시민이 관심을 가졌던 것들이 내재해 있다. 이 모든 것은 아리스토파네스의 조소를 위한 재료였다.[2]

아리스토파네스 희극은 디오니소스 축제에서 화려하게 전시되는 아테네 공동체의 자기 찬미에 대해 일종의 균형추 역할을 하고 있다. 그의 텍스트 곳곳에서 보여 준 현실 비판 담론의 영역은 삶의 실재이자 우주적 실재이다. 이 문제는 실재를 바탕으로 그가 일관되게 펼치는 작품의 주제와 관련하여 정치철학, 윤리학, 미학의 문제로 귀결되는 철학의 문제이다. 철학은 그 내용이 추상적으로만 발전된다기보다, 삶의 터전 즉 생활세계의 변화에 따른 경험과 실증이 구체적으로 드러나는 모습을 표출하고 실현하는 가운데 새로운 개방적 가능성을 제시한다. 아리스토파네스 희극의 현실 비판 논의는 연극을 단순한 몸짓으로 이해하기보다는 그 속에 있는 정신에 대한 이해가 필요하다. 이러한 정신은 공동체 전체의 삶의 고뇌와 갈등, 삶과 죽음 등에 관한 근본적 물음을 다룬다. 지금의 논의에서 밝히고자 하는 현실 비판의 의미는 고대 그리스의 부당한 사회적·정치적·교

카타르시스로부터 일어나는 즐거움은 단지 기분 전환과 오락에서 나오는 즐거움이 아니라, 동정과 두려움을 덜어 줌으로써 일어나는 즐거움을 산출하도록 하는 것이다. 아리스토텔레스는 두려움과 동정으로 향한 모든 경향으로부터 완전히 벗어나는 것이 사람에게 좋다고 생각하지 않았다. 그는 "우리가 완전히 두려워해야 할 것들이 있고, 동정해야 할 것들이 있다. 그것들이 지나친 한에서 그것들의 제거함"을 뜻한다고 하였다. W. D. 로스, 앞의 책, 2016, pp. 468-471.

2　이디스 해밀턴, 앞의 책, 2009, pp. 126-127.

육적 현실에서 시민과 국가, 평등과 자유, 법과 정의 등의 합법적 체제 안에서 인간다움을 일관성 있게 정당화하려는 논쟁의 방향이다. 아리스토파네스는 극 속에서 현실의 문제를 아곤을 통해 제시하고, 작가의 의도가 담긴 파라바시스 장면에서 행위에 대한 도덕적인 가치판단과 규범을 밝히는 윤리적 범형general form을 실천적 공간에서 대중들에게 전달하고자 하였다.

아리스토파네스 희극에서 재미와 놀이의 핵심적 역할을 차지하는 중요한 요소는 무대에서 벌어지는 자유로운 논쟁 놀이다. 아테네 공동체의 논쟁은 아리스토파네스 희극을 통하여 도시의 다양한 제도와 아테네의 정체성, 시민들의 갈등 등으로 폭넓게 펼쳐진다. 아곤, 즉 논쟁하는 놀이는 펠로폰네소스 전쟁 기간의 일상에서 나오는 자연스러운 여가이자 삶의 고단함을 이기는 휴식 같은 존재이다. 아리스토파네스의 작품에서 아곤에 주목하는 것은 아테네 공동체가 처한 현실사회의 위기 상황을 갈등을 가진 두 사람 이상의 논쟁을 통하여 사실적으로 보여 주기 때문이다.

그의 진정한 논쟁의 실험은 호전주의자들을 대상으로 전쟁을 비판한 세 작품 「아카르나이의 사람들」, 「평화」, 「리시스트라테」에서 평화에 대한 논쟁과 목표를 둘러싸고 전개된다. 이들 세 평화극은 관객들에게 기발한 행동과 상상력으로 공동체의 주요 문제인 '전쟁과 평화'를 희극적으로 고발한다. 극은 다소 억지스러운 주제, 즉 「아카르나이의 사람들」에서 적대적 힘과의 사적인 평화조약, 「리시스트라테」에서 전쟁을 끝내기 위해 여성들이 성교를 거부하는 파업 같은 '기발한 착상'에 구현된 주요 테마를 중심으로 구성된다. 이를 통해 관객들의 찬사와 동의를 구한다.

고대 그리스 희극에서 즐거움에 대한 또 하나의 중요한 개념은 '쾌락catharsis'[3]이다. 쾌락은 비극의 전유물로 인정되는 '카타르시스' 개념인데, 아리스토텔레스의 소실된 『시학』 제2권에서 논의되었을 것으로 보인다. 이는 비극이 동정과 두려움을 통해 정화를 산출하듯이, 희극은 아마도 웃음을 통해 정화를 산출하는 것으로 기술되었던 것 같다.[4] 정화는 만족을 기대하며 나타난다. 당시 아테네 시민들은 희극을 통해 재미와 놀이를 넘어 감정의 쾌락[5]까지 누린 듯하다. 희극 공연에 대한 만족이 그 증거다. '만족'은 모두 그 자체로 쾌의 감각이다. 따라서 '만족을 주는 대상'은 모두 그것이 만족을 준다는 점에서 '쾌'이다.[6] 그런 점에서 아리스토파네스 희극은 아테네 시민들에게 만족을 줌으로써 재미와 놀이, 쾌락을 기반으로 하는 오락적 기능을 수행하고 있다. 희극은 즐거움과 웃음을 통해 비슷한 감정들의 정화를 산출한다.[7] 아리스토파네스는 정화를 목표에 두고 현실에서

---

3 예술은 미(Beauty)와 관련된 것으로 미적 경험을 통한 즐거움을 제공한다는 것이다. 예술은 인간의 정신에 영향을 주어 치료적 기능을 한다는 것이다. 아리스토텔레스가 정식화한 비극의 카타르시스 기능이 대표적이다. 그러나 일반적으로 예술의 기능을 감정과 관련된 쾌의 생산이라고 보는 반면, 예술을 즐거움보다는 지식, 즉 실재를 드러내는 것이라 보는 견해도 있다. 하지만 쾌의 예술적 기능은 상호소통(communication)에 있으며, 예술가는 자신의 내적 감정을 표현하고, 감상자는 작품을 통해 그 메시지를 이해한다는 것이다. 미학대계 간행회, 앞의 책, 2007, p. 971.

4 W. D. 로스, 앞의 책, 2006, pp. 480-481.

5 일반적으로 드라마가 우리에게 주는 것은 쾌락이다. 드라마는 사회와 이성이 우리를 위해 만들어 준 평온하고 평범한 생활 아래서 다행히 폭발은 하지 않으나 그 내적 긴장을 느끼게 하는 무언가를 뒤흔들어 놓는다. … 궤변으로 보이는 교묘함으로 사회의 모순을 우리에게 보여 주는 것이다. 그것은 사회법칙 속에 있을지도 모를 인위적인 것을 과장하고, 우회적인 수단으로 이번에는 겉껍데기를 찢으면서 우리를 속마음에 접하게 하는 것이다. 사회나 자연을 뒤흔드는 그 어느 경우에도 비극 또는 드라마가 추구하는 목적은 한 가지다. 앙리 베르그송, 앞의 책, 2016, pp. 92-93.

6 쾌의 만족은 정도 차에 따라, 혹은 상대적 관계에 따라 우아한, 사랑스러운, 흥겨운, 기꺼운 등이 되겠지만, 쾌는 감각기관을 통한 만족을 뜻한다. 만족을 주는 즐거움과 놀이로서의 오락적 기능을 가진 희극은 비극의 정화와는 다른 형태로 나타나지만, 만족이라는 감정을 유발하여 카타르시스를 발생시킨다는 것이다. 박정훈, 『미와 판단: 칸트의 '판단력 비판' "미 분석" 강의』, 서울: 세창출판사, 2017, p. 60.

7 아리스토텔레스는 희극과 풍자시 간에 구별을 지어 놓았다. '풍자시(satire)'라는 말은 비꼼,

쌓여 있던 우울함, 불안감, 긴장감 따위를 예술적 쾌락으로 해소시키고자 노력했으며, 가장 먼저 관객의 호응을 얻어 내는 풍자와 오락적 기능을 염두에 두고 작품을 창작하였을 것이다. 그의 작품 대부분이 현실 비판의 희극적 카타르시스를 대리만족으로 드러낸다. 이는 비극의 주인공과 버금가는 만족이다.

「아카르나이의 사람들」에서의 쾌락적 행동은, 휴전에 대한 아테네 민회의 태도를 믿지 못한 농부 디카이오폴리스가 스파르타와 사적인 휴전을 체결하는 데서 시작된다. 기원전 421년 니키아스 평화조약이 한창 협상 중이던 시기에 만들어진 「평화」에서 포도재배 농부 트리가이오스는 그리스 전체의 평화를 위하여 오랫동안 땅 속에 묻혀 있던 평화의 여신을 부활시키게 되는데, 이 과정에서 제우스신을 거부하게 되는 긴장감을 통해 쾌의 감정을 느낄 수 있다. 「리시스트라테」에서는 스파르타와 아테네 양 진영의 여성들이 전쟁에 반대하는 성 파업을 계획한다. 여성들이 전쟁을 끝낼 황당한 계책을 성공리에 달성할 수 있는 판단을 연극 속에서 재현하지만, 실패했을 경우 돌아오는 대가는 다소 긴장감을 조성한다.

일반적으로 고대 연극은 어떤 행위를 모방하는 놀이성과 관객의 공감이 겹치면서 효과를 발휘하게 된다. 아테네 공동체의 삶 전체가 일과 여가, 전쟁과 평화, 권력과 복종 등으로 나누어지는데, 이 중에서 어떤 것은 필연적인 것이거나 유용한 것이고, 다른 것은 고귀한 것이다. 전쟁은 평화를 위해서 선택되어야만 하고, 일은 여가를 위해서, 또한 필연적인 것들과 유

빈정거림, 독설의 작품을 암시하기에 그리스어로 psogos로 번역한다. 이 단어의 유래는 라틴어이고, 그것의 의미는 온갖 것이 섞인 '접시' 또는 '잡탕'이었다. 하지만 아리스토텔레스의 견해에서 풍자시와 희극 간의 차이는 경멸적인 웃음과 관대한 웃음 간에 존재라는 차이였다. 이 구별은 종종 아주 중요하게 논의된다. 존 깁슨 워리, 앞의 책, 2012, p. 191.

용한 것들은 고귀한 것을 위해서 선택되어야만 한다.[8] 이런 점을 미루어 보아 아리스토파네스 희극에서 제공하는 휴식과 여가는, 놀이를 포함한 일상적 삶에서의 기분전환과 감정의 정화까지를 염두에 두고 창작하였음을 볼 수 있다.

아리스토파네스는 오락적 놀이와 쾌락을 위한 소재를 통해 관객들에게 즐거움을 끊임없이 제공한다. 구세대와 신세대 간의 대립과 적대감을 다룬 「구름」과 「말벌」에서 부자간의 분쟁이라는 형태로 웃음을 만들어 낸다. 2,500년 전에 이미 페미니즘에 입각하여 결혼을 전쟁터 삼아 벌어지는 양성兩性 간의 전쟁은 「테스모포리아 축제의 여인들」과 「여인들의 민회」, 그리고 성적이고 정치적인 「리시스트라테」의 창작 소재다. 이 작품들은 희극 본능의 측면을 자유롭게 발설함으로써 관객들로 하여금 사회적 구속으로부터의 일시적, 상징적 해방의 계기를 마련해 주고, 여성들의 정신적 자유를 허용한다. 이외에도 부자와 가난한 자, 권력자와 억압받는 자의 대립은 아리스토파네스 희극 전체에서 찾아볼 수 있는 오락적 주제다. 한편 극단적 경우 「새들」, 「부의 신」에서 패배자가 유토피아적 사회를 건설함으로써 발생하는 과격한 공상은 웃음을 제공한다.

아리스토파네스의 희극에서 가장 지속적으로 풍자와 비판의 대상이 된 인물은 페리클레스 사후 가장 강력한 지도자였던 정치가 클레온이다. 아리스토파네스는 「기사들」에서 클레온을 무두쟁이의 아들로 등장시킴으로써 정치가들의 화려한 언변과 속임수를 풍자한다. 철학자 소크라테스는 「구름」에서 현란한 언변가의 대표인 소피스트로 그려진다. 비극작가 에우리피데스 역시 비극의 지나친 진지함을 풍자하고 젊은 세대의 부족함을 희화화하기 위한 목적으로 종종 등장한다.

---

8 아리스토텔레스, 『정치학(*The Politics of Aristotle*)』, 김재홍 역, 서울: 도서출판 길, 2017, p. 546.

아리스토파네스 희극에서의 사건은 일상생활에서 일어날 수 없는 것들이지만 실제 사건들과 유사성이 충분했고, 기이한 과장은 실제 사건들의 부조리를 지적하는 역할까지 했다.[9] 「아카르나이의 사람들」, 「테스모포리아 축제의 여인들」, 「개구리」에서 신조차도 아리스토파네스 희극이 겨냥하는 풍자와 희화화의 제물이 된다. 「평화」와 「새들」에서 헤르메스와 포세이돈, 제우스와 같은 올림푸스의 신들은 탐욕스러운 인간과 똑같이 행동한다. 「새들」에서 아테네는 새들이 구름 속에 건설한 유토피아적 도시에 정반대되는 곳으로 나온다. 「개구리」에서 디오니소스 신 역시 몸종인 노예와 서로의 정체성을 바꾸는 익살꾼으로 등장한다. 「구름」은 지식계급을 대표하여 '공기 위를 걸어 다니고 태양을 사색하는' 소크라테스를 조롱한다. 그리고 여성들에 관한 세 편의 작품, 「테스모포리아 축제의 여인들」, 「리시스트라테」, 「여인들의 민회」에서의 여성들은 문학과 전쟁, 국가를 모두 아주 훌륭하게 개선[10]시키는 모습을 보인다. 이들을 통해 전쟁 중의 긴박함 속에서도 극적 즐거움을 잃지 않는, 극시의 휴식과 낭만, 철학적 여유로움을 읽을 수 있다.

2. 동시대가 수용한 연극적 교육공간

고대 그리스 사회에서 극시(연극)는 관객에게 인간에 대한 진실성을 보여 주고, 사회나 역사에 대한 의식과 지식의 폭을 넓혀 주며, 도덕적 감수성을 고양하는 데 크게 기여하였다. 한편의 위대한 연극은 관객 스스로 새로운 감각으로 느끼게 하고, 행위의 의미를 새로운 빛으로 조명하게[11] 함

---

9 오스카 G. 브로켓 & 프랭클린 힐디, 앞의 책, 2010, pp. 50-51.
10 이디스 해밀턴, 앞의 책, 2009, pp. 130-131.

으로써 소통과 학습의 의미를 동시에 담당하였다. 전술한 논의에서 희극 시인의 가장 기본적인 임무는 즐거움을 주는 것이라고 한다. 그러나 교훈을 주고자 하는 목적도 가지고 있으며, 즐거움을 주는 목적과 분리할 수 없을 정도로 교육적 목적을 중요하게 인식하고 있다.[12]

아리스토파네스 희극에서 수용한 교육적 문제 제기의 유형은 소피스트를 앞세운 신교육에 대한 비판이다. 그의 희극은 당시 소피스트 지식인들의 횡포가 얼마나 심각했는가를 가늠해 볼 수 있는 가늠자가 된다. 희극드라마의 교육적 역할은 우리 내부에 숨겨져 있는, 소위 악의적 요소로서의 모순, 그리고 비정상적인 것을 구별하는 학습능력이다. 희극 텍스트가 찾아내 조명하려는 것은 권력 뒤에 숨겨져 있는 깊은 하나의 현실이다. 이를 통해 제시되는 메시지는 아테네 소시민이 살아가는 윤리 규범과 현실 문제에 대한 바른 인식이며, 따라서 이 메시지는 그 자체로 하나의 '소통'이 된다. 이러한 소통은 메시지 전달을 통하여 시민교육으로 이어지고, 다시 규범의 성찰로 폴리스 공동체에 기여하게 된다. 아울러 아리스토파네스 희극 텍스트에서 나타나는 교육적 역할은, 평화의 성취, 지식의 가치 발견, 성평등 인식, 부패체제의 문제점 발견 등을 공동체 개인 스스로가 문제를 인식하고 해결 의지를 갖고자 하는 새로운 교육의 모색으로 보아야 할 것이다.

평화의 성취에 대한 염원은 「아카르나이의 사람들」에서 전쟁과 노동의 대립을 통하여 약탈과 착취에 의존하는 전쟁 국가의 피폐함을 경고한다. 「평화」에서는 공동체 개인의 위치가 도시보다 하위에 있고, 신들은 도시보다 상위에 위치해 있음을 알게 된다. 그러므로 중간의 위치에 있는 도시

---

11 박이문, 『예술철학: 한국미학의 정수』, 서울: 미다스북스, 2016, pp. 220-221 참조.
12 이두희, 앞의 논문, 1999, p. 12 참조.

공동체의 중요성과 공공의 평화에 대한 인식을 통하여 가상 평화의 목표에 도달한다. 「리시스트라테」는 국가와 도시 사이에 가장 중요한 것이 가족 또는 부부간의 행복이라는 넌센스를 통하여 국가와 국가, 도시와 도시 간의 분쟁과 전쟁 중단을 이끌어 내는 교육적 메시지를 관객들에게 전달하고 있다. 전쟁이 잦았던 당시, 반전反戰을 말하는 것이 시대착오적인 것이었고, 국가의 존립이나 군왕의 덕목 가운데 주된 하나가 전쟁에 관한 지식과 능력이었던 만큼 전쟁을 반대하는 것은 그 자체로 매운 힘겨운 일이었음에 틀림없다. 이러한 시기에 3대 평화극에 해당하는 반전 연극을 만들어 상연한 아리스토파네스의 용기와 지혜가 가상할 따름이다. 아울러 그러한 극을 상연할 수 있는 환경을 가진 아테네 공동체의 연극에 대한 열정은 자유로운 민주정신의 발로로 보아야 할 것이다.

지식의 가치에 대한 갈등은 「구름」에서 소피스트와의 전쟁으로 대변된다. 기원전 423년에 「구름」에서 소크라테스는 아리스토파네스를 비롯한 그의 동시대인들에 의해 학생들이 기숙하는 학교의 우두머리로, 또한 보수를 받고 가르치는 것으로 묘사되었다. 「구름」에서 소크라테스가 스트렙시아데스에게 "염려 말게, 이 애를 훌륭한 소피스트로 만들어 줄 테니까"라는 대사를 통하여 소크라테스를 소피스트들의 대표자로 만든다. 하지만 당시의 관객들도 소크라테스를 흉내 내는 전혀 다른 소크라테스류의 지식인들을 비판하고 있다는 입장을 어느 정도는 인식하고 있었을 것이다. 단지 아리스토파네스는 소크라테스에게 그 책임을 전가함으로써 엉터리 사적 교육에 대한 문제의식을 제고하고 있다.

부패체제의 문제점에 대한 고발은 「테스모포리아 축제의 여인들」과 「개구리」에서 나타나는데 도시국가 아테네의 공동체 문화의 일부인 시인들과 문학작품을 패러디하여 심지어 구체적인 사회악의 상징으로 표현하기도 하였다. 도덕적인 면에서 에우리피데스는 아리스토파네스의 「개구리」,

「테스모포리아 축제의 여인들」에서 처절하게 무너진다. 당시 기득권인 지식인의 대명사로 지칭되어 죽어서도 저승에서 조롱을 당하게 된다. 이는 정치적으로 아리스토파네스가 보수 진영의 입장에서 공동체의 존속에 위배되는 시인들을 단죄[13]하는 것이다. 신교육적인 관점에서 비극시인 에우리피데스는 도덕의식을 새로운 위기로 이끌고 있다. 그는 도덕적인 것을 개인적 감정 위에 정초하고 있기에 도덕을 불확실한 주체에 위임하는 것이다. 모든 가치는 의심받게 되고, 인간은 쉽사리 동요하게 된다.[14] 아리스토파네스는 소크라테스와 에우리피데스를 둘 다 철저하게 공격하고 풍자하는 해학적 행동을 그의 희극 무대 위에서 펼친다. 그의 텍스트는 아테네 시민들이 그리스 민주제의 바탕이 되는 아래로부터의 인식과 깨달음을 위한 소통과 학습의 모색을 목표로 했을 것이다.

　아리스토파네스 희극은 직접민주주의와 아테네 제국주의라는 시대적 배경이 관계가 깊다. 아리스토파네스는 기원전 425년부터 388년까지 발표한 작품 모두가 아테네 제국의 확립과 쇠퇴에 따른 시대적 배경이 작용한다. 그의 11개 작품 모두는 민주주의 제도의 정착과 부패, 문화적 자부심과 내전에 따른 피로감을 통해 아테네 공동체의 체제가 위협받고 시험대에 오르는 시대정신을 반영하고 있다.[15] 아리스토파네스는 소극, 개인적인 비방, 공상, 아름다운 서정시 문학과 음악에 대한 비평, 시사 문제에 대

13　아리스토파네스는 3대 비극시인 아이스킬로스, 소포클레스, 에우리피데스를 등장시켜 비인성적인 시인과 대립하는 시인의 모습을 작품을 통해 세상에 보여 준다. 아리스토파네스는 에우리피데스를 기존의 보수를 넘어서는 소크라테스주의의 시인으로 간주하였을 것이다. 소크라테스는 고대 비극을 이해하지 못했고, 플라톤도 비극 예술을 이해하기를 거부했던 것이다. 그렇다면 소크라테스와 플라톤은 아리스토텔레스와 반대로 고대 비극의 몰락 원인이 되는 살인 원칙이 되는 셈이다. 프리드리히 니체, 앞의 책, 2005, p. 93.

14　브루노 스넬, 앞의 책, 1994, p. 222.

15　이정린, 앞의 논문, 2016, p. 78 재인용

한 진지한 촌평을 혼합한 사회 모순의 고발작품과 더불어 자유에 대한 열망을 주제로 동물, 자연 등을 의인화한 작품을 썼다.[16] 이 중에서 전쟁과 관련한 주제가 작품의 근거가 되었지만, 혼탁한 아테네 정세의 부패한 권력을 배경으로 한 보편적 갈등이 중요한 모티프로 작용했음은 간과할 수 없다. 광장에서는 연극적 행위를 통하여 의사 표현과 토론의 장을 제공하였고, 자유로운 비판과 풍자는 시민의 민주정신을 일깨워 주었다. 고전적 문헌학에서 아리스토텔레스가 『시학』에서 비극을 통해 연민과 공포를 통해 카타르시스를 느끼고, 애련한 쾌감을 맛보는 것이라고 한다면, 아리스토파네스 희극은 풍자와 해학을 가지고 아테네 시민들의 정치적 안목과 교육적 식견, 평화의 가치를 재인식시켜 주었다. 그리고 인간은 무엇이며, 어떻게 살아야 하는가를 그의 작품을 통하여 삶의 의미와 도덕적 지표를 일깨워 준 혁명적 시도였다.[17]

풍자적인 것과 해학적인 것은 공통된 기능을 지니고 있다. 바로 치유의 기능이다. 아리스토파네스는 자칭 아테네 민중을 가르치는 교육자였으며, 희극을 통한 현실 세계의 인식은 그가 제공하는 사회치료법의 한 부분이다. 희극의 풍자와 해학이 넘치는 희극의 웃음은 스스로 진정한 본성을 돌아보게 한다. 아리스토파네스가 그의 희극에서 추구하는 웃음은 마치 영혼이 육체로부터 분리되어야 온전한 삶을 유지할 수 있기라도 한 듯, 육체와 영혼이 하나가 되면 당연히 서로의 숨결이 되기를 포기해야 한다는 듯하지만, 그렇게 쉽사리 영혼과 육체의 분리를 요구하지 않는다.[18]

아리스토파네스 희극에 나타난 새로운 교육의 모색[19]은 소통으로 귀결

---

16 P. Totaro, "Masks and power in old Greek comedy", *Classica et Christiana* 10, 2015, p. 373

17 류재국, 앞의 논문, 2017, pp. 86-87 재인용.

18 앙드레 보나르, 앞의 책, 2011, pp. 352-353.

된다. 그의 희극을 통해 제시된 문제들은 아테네 공동체 관객에게 사물 또는 사고에 대한 객관적이고 비판적인 시각을 허용했다. 희극적 교육공간은 단선적인 결론의 제시를 떠나 하나의 대화 소재를 제공했다. 비상식적인 주제의 선택, 다양한 견해의 도출, 풍자와 농담, 도발적이고 외설적인 풍자와 조롱 속에서 일종의 정신적 자유 공간을 창조하는 데 기여했다[20]는 것은 의심의 여지가 없다. 여기서 새로운 교육의 모색은 학습장으로서 보편적 합의의 가능성을 찾아가는 반성적이고 열려진 행동이며, 극장이라는 공간에서 아테네 시민들의 단절된 사고를 깨어나게 하는 소통의 현장이다. 아테네는 비극 못지않게 희극 공연을 통해 관객이자 주체인 시민들은 기본적인 민주주의적 소통을 학습할 수 있었다. 아리스토파네스는 관객과 배우의 교감을 통하여 관객들에게 직접적으로 이야기하는 것은 아리스토파네스의 희극에서, 또 아마도 희극이라는 연극 장르 전체에서 매우 필수적인 부분을 형성하고 있다.

동시대가 수용한 교육공간으로서의 아리스토파네스 희극은 무의미하고 부조리한 것들 속에서 의미를 찾는 것에서 그치는 것이 아니다. 오히려 그런 모순과 부조리에 대해 인간과 사회가 공유하는 책임의 정도를 묻는다. 그것은 일정한 사회적 감시 기능은 바로 고대 희극의 발생기에 아리스토파네스 희극이 구현했던 사회 비판적인 철학이며, 교육공간으로서 역

---

19 평범한 하층 농민의 평화주의적 태도를 보여 주는 「아카르나이의 사람들」과 아이스킬로스의 부활을 모색하는 「개구리」 등은 적극적인 토론과 사회 참여, 소통을 시도하는 21세기의 시민교육과는 차이가 있지만 작품에서 보여 준 고민과 의도는 향후 재해석의 여지가 있을 것이다. 「아카르나이의 사람들」이 민주시민교육의 핵심주체인 민중에 대한 관심을 반영하고 있다면, 「개구리」는 시민들이 거주하는 공간이자 시민들에게 부여된 권리의 밑바탕인 국가(polis)에 대한 고려를 포함하고 있다. 장지원, 앞의 논문, 2020, p. 167.

20 이정린, 앞의 논문, 2003, pp. 23-24 재인용.

할일 것이다. 한 편의 희극은 개체에 지나지 않지만, 희극 속에 담긴 아리스토파네스의 혁명적 세계관과 예술철학은 당대의 정치, 사회, 문예 등의 문제의 본질에까지 육박하였다. 그는 희극의 웃음으로써 현실을 비판하고 지탄할 수 있는 용기 있는 시인이자 철학자였다. 그의 희극은 작품 속의 특수한 인간이 가진 모순과 비정상적인 것을 그 이해에 가정된 조건에 비추어 논리적으로 폭로함으로써 이해 자체를 반성하게 한다. 철학적 사유의 원리는 작품 속에서 주어진 상황에 맞는 교육적 지혜를 찾아내어 좋은 것과 참인 것을 추구한다.

3. 사회제도의 본질적 변화를 위한 정치 참여

아리스토텔레스는 『정치학』 제7권 13장에서 행복에 대하여 말한다. 폴리스가 행복해지고 잘 통치되려 한다면 폴리스를 구성하는 사람들과 그들이 어떤 사람들인지를 논의해야만 한다. 폴리스 시민의 과제는 최선의 정치체제가 무엇인지 아는 것이고, 최선의 정치체제란 무엇보다도 폴리스를 가장 행복하게 해 줄 수 있는 정치체제에 대한 질문이 필요한 것이다.[21]

본 연구의 텍스트 분석에서 수용한 정치적 의미의 유형은 국내 정세에 대한 문제대응, 능력함양을 위한 역량 제공, 현실 정치에 대한 적극적 참여이다. 이들을 움직이는 형태는 저항, 고발, 비판을 모토로 당시 상황을 고발하는 정치극이다. 아리스토파네스 희극의 정치적 소재에서 가장 크게 제시되는 개혁적 비판은, 여성이 정치에 참여하는 양성평등 전쟁과 직접민주주의의 개혁이다.

---

21 아리스토텔레스, 앞의 책, 2017, pp. 536-539 참조.

아리스토파네스 희극은 직접민주주의와 아테네 제국주의라는 시대적 배경이 관계가 깊다. 기원전 425년부터 388년까지 발표한 작품 모두가 아테네 제국의 확립과 쇠퇴에 따른 시대적 배경이 작용한다. 그의 11개 작품 모두는 민주주의 제도의 정착과 부패, 내전에 따른 피로감을 통해 아테네 공동체의 체제가 위협받고 시험대에 오르는 시대정신을 반영하고 있다.[22]

아리스토파네스는 정치 참여를 통해 풍자하고자 하는 어떤 인간형을 선택함으로써 자기의 목적을 실현한다. 그러한 정치 참여는 어떤 시대, 어느 누구에게나 항상 이해될 수 있을 것이다.[23] 아리스토파네스 희극에는 옹호와 배척의 대상이 확연히 구분되어 있다. 이 대상은 인물이나 시대 풍조이며, 주로 아테네의 정치와 관련되어 있다. 「기사들」에서는 선동정치가 클레온이 배척의 대상이며, 「구름」에서 신지식인을 대변하는 소크라테스는 시골 농부의 아들을 궤변주의자로 개화시켜 아버지를 구타하고도 자신의 행위를 궤변으로 정당화하는 경지에까지 도달하게 한다. 「아카르나이의 사람들」과 「리시스트라테」에서는 평화가 옹호의 대상이다.[24] 아리스토파네스가 극작했던 전성기는 펠로폰네소스 전쟁 기간과 겹친다. 그리스 도시국가들이 양분되어 전쟁으로 몰락해 가는 아테네의 현실을 희극 작품으로 풍자한 것은 주전주의자들에게는 배척의 대상으로, 평화주의자들에게는 옹호의 대상으로 구분된다.

아리스토파네스의 정치 희극 중에서 주목받는 것은 주인공이 여자인 3대 여성극이다. 「테스모포리아 축제의 여인들」은 여성들의 정치 참여를

22 이정린, 앞의 논문, 2016, p. 78 재인용

23 장폴 사르트르, 『실존주의는 휴머니즘이다』, 방곤 역, 서울: 문예출판사, 1981, pp. 43-44 참조.

24 김해룡, 앞의 논문, 2004, pp. 214-215 참조.

통한 성평등 인식을 희극 상연을 통하여 연극 관람의 주 관객인 아테네 남성들에게 간접적으로 전달하는 중요한 사건이었다. 「여인들의 민회」에서는 주인공 여성 프락사고라는 사회변혁에 대한 시각으로 해석하는 유토피아의 비판적 관점에 주목한다. 아리스토파네스는 이 작품들에서 폴리스의 행복한, 최상의 자족적인 질서를 기술하지만 동시에 완전한 행복과 자족은 공존할 수 없음을 보여 준다.

여주인공 이름으로 강력한 여성들을 묘사한 「리시스트라테」는 그들의 기지와 단결력을 발휘하여 아테네의 남자들로 하여금 아테네의 기본정책을 철회하게 만든다. 리시스트라테의 선동으로 그리스 전역의 여자들이 일으킨 성적 스트라이크는 여성의 정치 참여에 대한 절대적 성격을 표출하는 것으로서 평화조약의 최대 사건으로 등장한다. 「리시스트라테」는 배를 움켜쥘 정도의 익살들을 동원해 전쟁을 종식시키는 놀라운 사건을 보여 주는데, 이는 지혜와 기지, 해학과 유머를 동원한 작가의 정치적 참여 능력이 최대로 발휘된 것이다.

아리스토파네스 희극 중 가장 정치적인 연극은 「기사들」이다. 「기사들」에서는 아테네의 정체성을 지지하는 민주제를 혹독하게 공격한다. 이 작품의 아곤은 데모스테네스의 권력에 대한 암투로 시작된다. 클레온의 권력에 대한 집착과 부패를 강하게 지적하는 정치적 행동이다. 「말벌」은 권력의 속성에 대한 작가의 날카로운 풍자가 경종을 울린다. '벌'이라는 곤충을 통하여 민주주의의 자부심인 아테네의 재판 체제가 속임수에 좌우되는 것으로 표현된다. 그것은 정의와 이치보다 선동정치를 등에 업고 법을 농락하는 재판광과 신들을 격렬하게 비꼬는 장면이 연출된다. 이는 작가가 공동체를 대신한 분노와 번민을 기상천외한 상상과 공상으로 폭로한다. 「새들」은 자유를 얻기 위한 행동으로 '새'라는 동물을 통하여 아테네 사회에 만연한 모순을 우회적으로 공격한다. 도시에서 도망친 두 시민은 열광적이고 제국주의적인 아테네와 동일한 도시를 상상과 공상을 동원하여 하늘에 건설함으로써 공동체 시민들의 의식에 변화를 이루어 내겠다는 강한 의지가 엿보인다.

기원전 5세기 고대 그리스 연극극장은 도시국가가 가진 가장 효과적인 정치토론장이자 학습의 장이었다.[25] 그리스 마지막 비극시인 에우리피데스가 관객을 무대 위로 끌어올려 그들이 연극을 판단할 수 있는 능력을 처음으로, 그리고 진정하게 키워 주었다고 주장한다면, 그것은 마치 이전의 비극은 관객과의 잘못된 관계에서 헤어 나오지 못했다는 인상을 줄 수도 있다. 예술작품과 관중들 사이의 적합한 관계를 세우고자 했던 에우리피데스의 과격한 경향이 소포클레스를 넘어서는 진보라고 칭찬하고 싶은 마음이 들게 된다. 그리스 예술가 가운데 진실로 에우리피데스만큼 일생 동안 그토록 대담하게 자부심을 가지고 청중을 대한 사람은 없다.[26]

아리스토파네스는 기원전 427년부터 자신의 주요 희극들을 공연하게 했다. 이 해가 바로 고고학자들이 익살스러운 형상이 담긴 항아리들이 시

---

[25] 비극시인들은 당대의 현실 정치를 다루었고 귀족국가 대 시민국가의 관계라고 하는 당시의 가장 절박한 문제와 항상 직접 또는 간접으로 관련된 문제만을 주제로 삼았다. 실생활이나 정치와 하등 관계가 없는 연극이라는 관념은 당시의 예술관으로 보면 전혀 생각할 수 없는 것들이다. 고대 그리스 비극을 가장 좁은 의미에서의 교육극 또는 정치극으로 볼 수 있다. 정치극이라는 예로 아이스킬로스의 「오레스테이아(Oresteia)」 3부작 중 「에우메니데스(Eumenides)」의 마지막이 아테네 국가의 번영에 대한 열렬한 기원으로 끝맺는 것은 그리스 비극의 목적이 애당초 어디에 있었는가를 단적으로 말해 주고 있다. 이제 또다시 시인은 더 높은 진리의 수호자로 떠받들어지고 민중을 더 높은 인간성으로 이끄는 교육자로 간주되었다는 사실도 연극의 정치화라는 이 현상과 직결된다. 비극의 공연이 국가적인 축제와 결부되었고, 신화에 대한 유권적인 해석이 곧 비극이었다는 사실로 인해 시인은 선사시대의 사제나 마술사와 흡사한 지위를 획득하게 되었다. 아놀드 하우저, 앞의 책, 2013, pp. 124-125.

[26] 프리드리히 니체, 앞의 책, 2005, p. 93.

작되는 때로 주목하는 시기이다. 연극은 고대 그리스 시대부터 새로운 정신을 개진하는 도구로 사용되었다. 연극은 유일하게 공권력으로부터 허가받은 집회였다. 연극이 공연 전에 엄격한 심사를 받아야 했던 것은 연극이 그만큼 공공적인 성격을 갖고 있었기 때문이다.[27] 고대 그리스 시대의 연극은 이러한 연극의 정치성을 활용하여 시민들의 계몽과 선동을 위한 목적으로 이용하였다. 아테네의 연극[28]은 텍스트보다 우위에 있었고, '글'보다는 '말'이 우세했으며, 단순한 오락이나 유희로서 그치는 것이 아니라 공동체의 건강성과 활력 그리고 넘치는 에너지를 보여 주는 당대 희극의 위대함이라고 평가받는다. 그리스 희극을 규정하고 결정짓는 윤리적 행위와 자유로운 사고는 아테네 전통과 사회, 문화적 규범, 지속적 전쟁상태에 있었던 도시국가 아테네의 현실적 주체를 근거 지울 수 있는 참여의 길을 모색하고 있다. 현대의 기준으로 보면 당시의 공동체가 제한적인 민주주의라고 하겠지만 이를 뒷받침하는 공동체를 규정짓는, 1-2만에 이르는 다수 관객들의 요구였다.

예술사의 관점에서 기원전 5세기 그리스 고전주의 시대는 자연주의가 가장 중요하고 풍성한 수확을 올린 시기의 하나라고 보는 것이 좋다. 올림피아의 입상이나 조각가 미론Myron[29]의 작품에 나타난 초기 고전주의뿐

---

27 이상복, 앞의 책, 2013, p. 60.
28 아테네 연극은 그 무엇과도 견줄 수 없이 솔직했다. 아테네 연극은 무엇보다 철저하게 인간존재를 극단까지 분석했고, 인간의 결점을 탐구했다. 하지만 이 모든 것을 활기차고 유쾌한 분위기로 포장했다. 아테네인들은 연극에서 세상을 배웠고 세계관을 키웠으며 폴리스를 사랑하는 법을 배웠다. 연극은 아테네의 오만한 야망과 파벌, 성공한 사람들을 자주 비판하긴 했지만, 연극 속에 그려진 아테네는 어쨌거나 고매하고 공정한 국가였다. 그리스의 악당으로 불리는 코린토스와 스파르타, 테베와는 극명한 대조를 이루었다. 베터니 휴즈, 앞의 책, 2012, p. 347.
29 기원전 5세기 그리스의 조각가로서 기원전 460-430년경 활약했다. 청동 조각과 신상(神

아니라 얼마간의 짧은 휴지 기간을 제외하면 이 1세기 기간 전부는 부단히 자연주의적인 발전을 이루고 있었다. 그리스 고전주의가 후대의 모방적인 신고전주의 양식과 다른 점은 그것이 절도와 질서를 추구하던 노력 못지않게 자연에 충실하고자 하는 강력한 경향도 띠고 있었다는 사실이다. 예술의 영역에 서로 대립하는 이러한 형식 원리가 병존한다는 사실은 당시의 사회형식·지배형식 속에 내포되어 있던 모순 관계에 대응하는 것이었다. 민주제는 온갖 세력의 경쟁을 자유롭게 방임하고 모든 인간을 개인으로서의 가치에 따라 평가하여 각자에게 최고의 능력을 발휘시키려고 한다는 점에서는 개인주의적이지만 동시에 신분의 차이를 평준화하고 출생에 따른 특권을 폐지한다는 점에서는 반개인주의적이기도 하다.[30] 그리스 고전주의를 상세하게 관찰해 보면, 그렇게 철저히 민주적인 것은 아니

像)을 많이 제작하였다고 고대 문헌에 나타나 있으나 남아 있는 작품은 없다. 특히 동물조각의 명수로 이름이 높았다. 그의 작품은 운동의 정점에 달한 긴장의 순간, 즉 동(動)과 정(靜)의 균형에서 생기는 생동미(生動美)의 표현과 모작으로 유명하다. 그러한 운동의 격렬한 동작에도 불구하고 감정표출은 볼 수 없고 자유스럽고 높은 정신성으로 지탱되고 있다. 올림푸스 장거리 경주의 죽음의 승리자 「라다스」와 아테네의 아크로폴리스의 「암소」, 등의 걸작이 있었다고 문헌상으로 전해지고 있다.

30 기원전 5세기의 아테네를 오리엔트의 전제정치 국가와 비교해 보면 민주제라 불러도 좋겠지만, 근대 민주국가에 비하면 오히려 귀족제의 아성이라는 인상을 준다. 정치는 시민의 이름으로, 그러나 귀족의 정신에 따라 행해졌다. 민주제의 갖가지 승리와 정치적 성과를 이룩한 사람들도 대부분은 귀족출신이었다. 예컨대 밀티아데스(Miltiades), 테미스토클레스(Themistokles), 페리클레스(Perikles) 등도 옛 귀족의 가문에서 나왔다. 중산계층 출신 사람들이 실제 정치의 지도층에 끼게 된 것은 기원전 5세기의 마지막 4반세기에 들어서야 가능했다. 하지만 그 즈음에도 역시 귀족은 지배적인 위치를 지키고 있었다. 게다가 아테네 민주제는 제국주의적 기반 위에 전쟁정책을 수행하고 있었고, 자유 시민과 자본가들은 여기서 나오는 이익을, 노예나 전쟁이익을 분배받지 못하는 사람들을 희생시켜 자기들 수중에 넣고 있었다. 민주정치의 진보라는 것은 기껏해야 금리생활자 계층의 범위가 넓어졌다는 사실 정도인 것이다. 아놀드 하우저, 앞의 책, 2013, pp. 117-119.

었고, 엄밀히 말해 고전주의적이지도 않았다. 엄격한 형식주의를 수반하는 고전 양식은 실로 곤란한 사회적인 문제를 많이 내포하고 있는 비합리적인 민주제의 전형이었던 것으로 보인다.

이 같은 상황에도 불구하고 아리스토파네스 희극에는 아테네의 막강한 권력자들을 날카롭고 자유분방하게 공격하는 정치적 참여engagement의 형태가 강하게 나타난다. 그의 희극의 정치 참여는 극 속에서 해학과 풍자를 통해 어떤 현실을 선택하고, 메시지를 전달한다. 희극작가가 보여 주고 싶어 하는 것은 정치 참여를 통한 절대성과 그러한 선택의 결과로 이루어지는 집단의 상대적인 저항이다. 근본적으로 해학은 희극성을 동반하고, 희극성은 풍자와 함께한다. 풍자는 시대 상황이나 현실의 모순적인 국면에 대한 작가의 현실 대응 방법의 하나로 일종의 우회적인 저항의 한 형태이다. 풍자는 본질적으로 직설적인 저항보다는 우회적인 현실 인식의 일환으로 상황을 극복하고 현실의 모순에 대한 작가 의식이 정치 참여의 형태로 형상화된 것이다.[31]

아리스토파네스 희극이 지향하는 정치적 참여는 저항과 고발의 예술적 표현이며, 체제변화에 대한 진지한 성찰이다. 그리고 평화에 대한 염원이

---

31 예술은 인간 삶에 대한 포괄적인 그림을 제공하기를 추구할 때, 그러한 결점들을 인간의 정상적인 소질에 속하는 것으로서 수용해야 한다. 정확히 어떤 점에서 불완전한 점들이 우연한 것, 비정상적인 것, 불규칙적인 것으로 간주되어야 할지, 그것들이 예술에서 꾸준한 구현을 받을 값어치가 없을 정도로 유형에서 눈에 띄게 벗어난 것으로서 간주되어야 할지의 문제에 대한 대답은 역사의 각 단계마다 다르고, 해당되는 특정 예술에 맞춰 다양한 적용을 허용할 것이다. 또 일정한 불완전한 점들은 항상 우리에게 공통된 인간성의 영속적인 특징들로 간주될 것이다. 희극은 이러한 결점들을 즐기면서, 삶과 성격의 근저에 놓인 불일치점들을 발견한다. 그리고 악을 그것의 본질적인 본선의 상태에서 제시하지 않고, 증오할 것이 아닌 웃어야 할 것으로 제시한다. 이렇게 시야를 제한함으로써 희극은 진지한 예술, 즉 비극에서는 자리를 찾아보기 힘든 일정 유형의 성격들에 예술적 표현을 제공한다. 사무엘 헨리 부처, 앞의 책, 2014, p. 299.

며, 남녀 간의 양성평등과 신, 구세대 간의 갈등에 대한 건강한 관계 형성이다. 이러한 태도는 당시 아테네의 최소한의 기초적인 삶에 대한 사회제도와 정치제도의 본질적 변화에 대한 혁명적인 도전이며, 공동체 사회의 불공정한 것과 비정상적인 것에 대한 자기반성 및 성찰의 표현이다. 삶의 진지함과 현실의 사변적 고민을 반영하지 않은 웃음은 실소이거나 조소일 뿐이다. 절대적 위험에서도 부패 권력에 대한 문학적 풍자, 주전주의자들에 대한 정치적 비판, 죽음의 절대적 위험에서도 굴하지 않는 유머는 삶의 진지한 반성에서 비롯되는 인간적인 웃음의 미학이다.

4. 어리석은 인간 행동의 결점에 대한 반성과 성찰

아리스토파네스의 작품 분석을 통해 살펴본 인간의 행동과 결점에 대한 논의는 반성과 성찰을 이끌어 낸다. 어떤 사안에 대한 반성과 성찰은 곧 철학이다. 철학은 현실의 사물들이 아니라 그 사물들의 원상들을 표현한다. 그러나 이것은 예술도 마찬가지다.[32] 예술과 철학의 관계는 예술작품과 관념의 관계로 논의될 수 있다. 여기서 '철학적'이란 경험적으로 미칠수 없는 인지적 방법 혹은 본질적인 것을 의미한다.[33] 아리스토파네스 희극에서 인간 행동의 결점에 대한 철학적 논의는 그가 아테네 사회에 던진

---

32 셸링은 『예술철학(*philophie der Kunst*)』에서 철학이 증명하는 예술을 거론한다. 원상들에서부터 볼 때 현실의 사물들은 단지 불완전한 모사들인바, 이들 원상들은 예술에서 스스로 원상으로서, 따라서 그 자신의 완전성이, 객관적으로 되는 것이다. 이렇게 되면 반성된 세계에서 지적 세계를 드러내는 것이 된다. 예를 들면, 음악(Musik)이란, 음악이라는 예술을 수단으로 해서 모사된 세계에 드러나게 되는 자연과 우주 자체의 원형적 리듬 이외에 다른 것이 아니다. 조소(Plastik)가 만들어 내는 완전한 형식들은 객관적으로 표현된 유기적 자연 자체의 원상들이다. 프리드리히 셸링, 앞의 책, 2011, p. 37.

33 박이문, 앞의 책, 2016, p. 285.

희극작품의 기능이 작가 개인의 주관적 감정을 노출함에 있지 않다는 것을 의미한다. 예술가는 철학자와 마찬가지로 진리를 추구하며 그러한 가치를 표상하고자 하는 것이다. 다만 희극작가와 철학자가 다른 것은 철학자는 아테네 공동체 현실 비판의 인식대상이 경험으로 미칠 수 없는 관념적 존재라는 데 있고, 희극시인은 관념적 진리를 포착하고 표현할 수 없는 본질적 현상의 실제적 가치인 일상의 행복에까지 주안점을 둔다는 것이다.

본서의 텍스트 분석에서 수용한 인간 행동의 결점에 대한 논의는 오락적 의미, 교육적 의미, 정치적 의미의 조화를 이루는 정점을 종합하는 것이라 하겠다. 여기서 논의하는 유형은 삶의 가치와 의미에 대한 반성과 성찰이다. 아리스토파네스가 당시의 권위 있는 한 예술가로서 작품을 통하여 현실을 폭로하는 목적은 그 속에 존재하는 삶의 가치와 우리 삶의 내부에 숨겨져 있는 실세계의 의미를 파악하는 것이다. 그의 희극예술은 단순한 비판이라기보다는 탁월한 소통의 방식으로 나아가고 있다. 그는 소통이라는 개념을 통하여 공동체 개개인의 반성과 성찰의 의미를 개진시키고자 하였다. 인간의 언어가 본질적으로 소통을 위한 것이라고 한다면, 아리스토파네스 희극의 언어는 우회적인 예술적 행위로서 탁월한 연극적 행동이다.

고대로부터 이어오는 연극적 행동은 연극 언어를 통해 현실의 행동을 구체화하고, 세상을 이해하는 인식을 요구한다. 마찬가지로 아리스토파네스 희극은 궤변으로 보이는 희극의 교묘함으로 사회의 모순을 우리에게 보여 주고, 고대 아테네 내부에 잠재하고 있는 부분, 비극적 요소라고 이름 붙일 수 있는 현실을 폭로한다. 아리스토파네스의 희극 텍스트에서 추구하는 주요 논점은 소피스트에 대한 혹평과 반론, 위선적인 것에 대한 담대한 풍자, 대외전쟁에 대한 비판적 사고, 기득권에 위협받는 시대정신의 표현, 아테네의 정체성과 공동체의 보편적 갈등 등에 대한 해결점을 찾는 것이다.

평화를 주제로 한 세 작품 「아카르나이의 사람들」, 「평화」, 「리시스트라테」에서 예술의 최상 표현은 자유를 굴복시키지 않으면서 필연성이 승리하고, 필연성을 없애 버리지 않으면서 자유가 성취되는 것을 표현하는 것이다. 보편적 개념으로서의 필연성과 자유는 예술에서는 반드시 상징적으로 표현되어야 한다. 그리고 오직 인간의 본성만이 한 측면에서는 필연성에 종속되지만 다른 측면에서는 자유로울 수 있는 능력을 보유하고 있다. 그러므로 자유와 필연성은 인간의 본성 안에서 그리고 인간의 본성을 통해서 상징적으로 되어야만 한다.[34] 희극적 표현이 불굴의 정신을 갖고 현실의 주관(전쟁과 평화)을 무너뜨릴 듯 맹렬하던 싸움이 종료되면, 평화는 이제 어떤 다툼도 남아 있지 않은 절대적인 자유로서 드러난다. 거기에는 더 이상 어떤 충돌도 존재하지 않는다.

「구름」, 「테스모포리아 축제의 여인들」, 「개구리」는 삶의 가치 기준에 위배되는 불평등한 사회의 모순에 대한 저항이다. 고대 그리스인들은 사유하는 것에 큰 가치를 부여했기 때문에, 사상은 아테네 고전 철학 시대와 그 이후에도 내내 중요한 문명적 유산으로 거의 영웅적인 비중을 차지했다.[35] 희극적인 것은 비합리적이고 규칙에서 벗어난다. 아리스토파네스 희극과 철학의 문제는 서양 인문주의와 더불어 고전 텍스트의 부활이 결합되어 있다. 기원전 5세기, 그리스 고대의 희극에서 인문주의 재현의 무기는 희극의 텍스트가 품고 있는 철학이다. 아리스토파네스의 작품을 규정하는 짙은 외설성은 단순한 음담패설이 아니라 인간의 본질에 대한 철

---

34 프리드리히 셸링, 앞의 책, 2011, p. 137.
35 머레이 북친, 앞의 책, 2002, p. 22.

학적 사색에 비견할 수 있는 허구의 외피를 두른 철학적 담론이다. 비극이 자아의 몰락을 통해 하나의 초월적인 의미 질서를 증명하거나 혹은 새로운 의미 질서를 설정한다면,[36] 희극은 그러한 기질을 뚫고 그 내적 긴장을 일으키는 무언가를 뒤흔들어 놓는다.

권력의 속성에 대해 경종을 울리는 「기사들」, 「말벌」, 「새들」의 희극적 소통방식의 본질은 일직선으로 목표에 도달하기 위한 의미의 해체작업이다. 이런 해체는 기존의 의미구역 내에 제3의 구역, 즉 관객은 무대의 의미 질서 안에 통합되는 것이 아니라 새롭게 열린 제3의 놀이 공간 속에서 자유를 얻게 된다. 희극은 동일성의 반복을 의미하는 위계질서의 언어가 아닌 교묘한 대화적 언어와 풍자를 통해 관객과 소통한다. 이때 희극성과 웃음은 언어에 의해 표현된 질서와 이성적인 것이 배제하는 그것, 즉 비이성적인 것, 혼돈스러운 것, 육체성을 발설하게 만든다. 희극이 비판적 인식을 가능하게 하는 데에는 구조와 위계적이거나 통합적이지 않은 자유로운 소통방식에 있으며, 웃음은 그 결과라고 할 수 있다. 희극에서 유발되는 웃음은 흥겨운 파안대소라기보다는 공감의 웃음, 자기모순의 인식에서 오는 웃음에 가깝다. 한마디로 희극은 모든 다른 장르보다 깨어 있는 장르다.

이상국가 모델과 사회 양극화 개혁에 대한 실험을 제시하는 「부의 신」과 「여인들의 민회」에서는 아리스토파네스가 의도하는 바는 인간이 피상적으로 완벽해 보이는 유토피아의 약점과 불완전성을 제시하기 위한 사

---

36 그리스 비극의 극화 방식은 역사극의 그것과 유사하다. 역사극의 대표적 극화 방식으로는 헤겔의 '변형(Umwandlung)' 개념을 들 수 있는데, 여기서 '변형'이란 어떤 사건, 이야기 줄거리, 민족성, 역사적 인물에서 가장 내적인 핵심과 의미를 찾아내서 그 내적인 실체가 분명하게 드러나게 하는 작업이다. 그리스 비극도 전해 내려오는 신화를 변형하여 그것의 내적인 실체를 극화한다고 볼 수 있다. 한국연극교육학회, 앞의 책, 2008, p. 24.

고의 실험을 구체적으로 표현하고 있다. 그의 희극은 이런 정의에 대한 시각으로 모든 중대한 것들 가운데서 올바른 것들에 대해 철학에서 가르치려는 윤리적 입장에 적합하다는 것을 보여 준다.

볼테르^{Voltaire}(1694-1778)는 "진정한 희극은 한 국가의 어리석은 행동과 결점에 관한 생생한 묘사이다"라고 말했다. 볼테르는 아리스토파네스를 염두에 두고 있었다. 아테네의 구희극에 대해 이보다 더 적극적인 묘사는 없을 것이다. 아리스토파네스는 진지한 부분을 희극적인 것과 혼합하여 총체적으로 통합하고 있다. 오히려 그는 희극적인 환상으로써 극적 흐름을 파괴하기는커녕 손상조차 시키지 않으면서 염원하는 메시지를 전달하고 있다.

한편 지혜로운 사람들이 창작에 대해 품은 옛날의 반감을 물려받은 플라톤은 자신의 이상국가에서 작가들을 추방했다.[37] 훗날 아리스토텔레스는 그런 싸움을 무마시키려고 했다. 그는 창작과 철학이 만나는 지점을 이것들이 보편적인 것과 맺는 관계에서 발견한다.[38] 이는 창작이 보편적

---

[37] 플라톤은 예술을 좋아했고 많은 예술가와 교분을 나누었다. 그 자신이 그림을 그리고 시도 지었으며, 그의 대화편들은 예술작품이다. 그럼에도 불구하고 플라톤은 예술을 부정적으로 평가했다. 플라톤의 철학에 의하면, 예술은 감정에 작용하며 인간이 이성에 의해서만 인도되어야 하는 순간에도 감정을 불지르기 때문에 사람들을 타락시킨다고 한다. 예술은 감정에 영향을 주어서 성격을 약하게 만들고 인간의 도덕적·사회적 경계를 무너뜨린다는 것이다. 예술에 대한 플라톤의 주장은 인식론과 형이상학 그리고 윤리학에서 나온 것이다. 플라톤은 미학에서는 아무것도 이끌어 내지 못했다. 시가 도덕적 관점에서 판단되어 비난받는 것은 처음이 아니었다. 이미 플라톤 이전에 아리스토파네스가 그렇게 했던 적이 있었다. 그러나 이 관점을 일반적인 예술의 철학 속으로 끌어들인 것은 플라톤이 처음이었다. 그는 예술의 철학과 예술 자체 사이에 분열을 야기했다. 우리는 이것을 유럽 역사에서 이 분야에서 이루어진 최초의 분열이라고 부른다. W. 타타르키비츠, 『타타르키비츠 미학사1: 고대미학(*History of Aesthetics*)』, 손효주 역, 고양: 미술문화, 2005, pp. 223-226.

[38] 사무엘 헨리 부처, 앞의 책, 2014, pp. 331-332 참조.

인 것을 표현하는 데 목표를 두는 한에서 철학과 그 맥락을 같이한다고 할 수 있다. 기원전 5세기 고대 그리스의 예술에 대한 철학적 관심은 플라톤과 아리스토텔레스를 통하여 그 개념이 완성된다.[39] 고대 현인들의 철학적 사고는 희극이라는 극예술에도 영향을 미친다. 희극의 해학과 풍자는 피와 살로 이루어진 피조물로서 온갖 아름다운 색상과 형태로 가득 찬 세상에서 살아가는, 현실을 제 것으로 삼는 쾌락을 서사적으로 표현한다. 이세계의 아름다움 속에서 한자리를 차지하고 있는 인간으로 사는 기쁨, 그리고 인간으로 태어난 기쁨을 유쾌하게 표현한다.

이러한 환경 속에 수세기 동안 그리스 철학과 문학이 관련된 논쟁은 변함없이 작가들과 철학자들 사이에 이어진다. 철학자들은 창작이 모두 허구이며, 또 비도덕적인 허구이기도 하다고 말한다. 철학은 좋은 것과 참인 것을 추구한다. 기원전 5세기의 철학의 세계에서 아리스토파네스의 창작 방식은 텍스트 자체를 현실 세계의 과정으로 환원하면서 아테네 시민들의 사고에 생명력을 불어넣는다. 이들의 사고는 아리스토파네스 희극에

---

39 아리스토텔레스의 예술에 대한 관심은 플라톤보다 훨씬 더 긍정적이었다. 플라톤에 있어서 예술이란 본질적으로 모방, 즉 자연에 대한 모방의 문제였고 아리스토텔레스도 동일하게 이러한 관심을 갖고 있었다. 플라톤이 몇 가지 형태의 예술에 대해 그토록 경멸적이었던 이유는 예술작품이란 진리로부터 적어도 세 단계 떨어져 있다는 그의 주장에서 연유하는 것이다. 즉 인간의 참된 실재는 인간의 영원한 이데아이며, 이러한 이데아의 궁색한 모사가 구체적인 인물, 예를 들면 소크라테스다. 그러므로 소크라테스의 초상화는 모사의 모사가 될 것이다. 플라톤의 예술관은 예술의 인식적 측면에 집중되어 있었고, 따라서 그는 실재로부터 몇 단계 떨어진 예술은 지식을 왜곡하는 결과를 낳을 뿐이라는 결론을 짓게 되었다. 반면에 아리스토텔레스는 보편적인 형상이 구체적인 사물들 속에만 존재한다고 믿었기 때문에 예술가는 보편적인 것들을 직접적으로 취급한다고 생각했다. 즉 예술가는 사물을 연구하면서 그것을 예술의 형식으로 바꾸는 사람들이다. 이러한 이유에서 아리스토텔레스는 예술의 인식적 가치를 인정했다. 그에 의하면, 예술은 자연의 모방이기 때문에 자연에 대한 정보를 전달해 줄 수 있다는 것을 단도직입적으로 밝히고 있다. 새뮤얼 이녹&제임스 피셔, 앞의 책, 2011, pp. 167-168.

고착되지 않고, 현실 비판 메시지를 제공하는 연극적 행동을 통해 거듭되고 새롭게 태어나는 것이다. 그의 희극은 오락적 의미, 교육적 의미, 정치적 의미를 종합하여 아테네 공동체가 원했던 삶의 가치와 의미를 모색한 철학적 희극으로 볼 수 있다.

사물을 전체적으로 보려 하는 본능은 그리스인의 건강한 삶의 본질적 근원이었다. 그리스인의 사고의 특징은 도덕적, 종교적, 사회적 문제들에 대한 고심이었다. 물리적 우주에 대한 사색 역시 우주가 어떻게 작동하는가에 대해서가 아니라 우주가 어떻게 존재하게 되었는가 하는 쓸데없는 문제를 중심으로 다루었다.[40] 현대의 고대 그리스 역사가들이 기원전 5세기와 4세기를 논의할 때면, 단연 아테네의 지배가 두각을 나타낸다. 특히 기원전 5세기에 아테네의 권위는 절정에 달했다. 기원전 5세기 중반에 아테네가 이룩한 번영과 문화적 성취가 너무나 두드러졌기 때문에 아테네 역사에서 이 시기를 황금시대라고 부른다. 다른 도시국가들보다는 아테네 쪽에서 나오는 잔존 증거가 더 많고, 현대 역사가들의 관심이 아테네 쪽에 집중되어 있기에 이 시기의 아테네 역사는 곧 그리스의 역사와 동일시되는 경향으로 해석할 수 있다.[41]

고전기 그리스의 예술은 완전히 새로운 창조가 아니라 오히려 르네상스였다. 다만 매우 다른 상황 속에서 일어난다. 그리고 매우 다른 성향을 가진 르네상스였다. 고전기 초기의 예술에 무언가가 더해졌는데, 그것은 바로 인간에 대한 관심이다. 인간의 연구는 진실로 그리스 사상의 지배적인 성격으로 나타나고 있다. 가장 포괄적인 의미로서 그리스 예술의 위대성은 상반되는 두 가지 원칙을 완벽하게 조화시킨다는 점이다. 그리스 예술

---

40 H. D. F. 키토, 앞의 책, 2008, pp. 266-268.
41 토머스 R. 마틴, 앞의 책, 2004, p. 201.

은 제어력과 명료성과 근본적인 진지함이 있으면서, 동시에 휘황찬란함과 상상력과 열정이 넘친다. 고전기의 그리스의 모든 예술은 놀라울 만큼 지적이다. 그것은 논리와 구조적 확실성에서 분명히 드러난다. 이렇게 지성주의적인 예술은 무미건조하리라고 예상하는 사람도 있겠다. 그러나 그리스 예술은 파르테논 신전이든, 아이스킬로스의 희곡이든, 플라톤의 대화든, 토기 조각이든, 그 위의 그림이든, 혹은 투키디데스의 난해한 분석적 문장이든, 모두가 지성주의적인 성격을 띠면서도 강력한 힘과 열정을 지녔다. 게다가 이 힘과 열정은 바로 지성에 의해 너무나 잘 통제되기 때문에 더욱더 압도적이다.[42] 이러한 지성적 바탕 위에 아리스토파네스 희극에서 보여 준 인간 행동에 대한 결점은 이러한 지성과 연결되어 설명된다.

아리스토파네스 희극은 우리가 이미 마주친 적이 있고, 앞으로도 마주치게 될 현실의 축소판이다. 그것은 생생함을 기록에 남기며, 우리에게 전형들을 보여 준다. 또 필요하다면 새로운 전형조차 창조할 것이다. 그런 점에서 아리스토파네스 희극은 다른 여러 예술과 확실한 대조를 이룬다. 더불어 그의 희극은 고단한 삶에서의 휴식과 여가를 제공하는 텍스트이다. 그는 이를 형상화하기 위한 새로운 교육으로 거듭나기를 모색하는 사고의 실험을 멈추지 않았다. 이를 바탕으로 부패한 현실 제도의 본질에까지 육박하며, 변화를 위한 정치적 참여를 시도한 것이다.

아리스토파네스가 그의 희극에서 만드는 중심영역은 어리석은 인간의 행동과 결점에 대한 반성과 성찰이다. 그가 희극을 통해 반성하고 성찰하는 방식은 현실사회의 관찰을 통해서이다. 아리스토파네스는 인간 본성의 우스운 점에 대한 관찰은 예술과 생활의 중간에서 풍자와 해학, 상상과

---

42 H. D. F. 키토, 앞의 책, 2008, pp. 37-38.

공상을 통해 사회 현실을 건강하고 정의로운 환경으로 만들고자 하였다. 그의 희극은 무의미하고 부조리한 것들 속에서 반성과 성찰의 의미만을 찾는 것으로 그치는 것이 아니다. 오히려 그런 모순과 현실 부조리에 대한 인간과 사회가 공유하는 책임의 정도를 묻고 있다. 그것은 일정한 사회적 감시 기능으로서 고대 희극의 발생기에 아리스토파네스가 구현했던 현실 비판적인 철학이며 공감으로 보아야 할 것이다.

아리스토파네스가 희극작가로서 아테네 시민의 눈앞에 보여 주는 폭로는 정신의 발현이고, 풍자는 현실적 사건의 개별화된 표현이다. 아리스토파네스 희극의 현실 비판 메시지는 잠시 나타났다 사라지는 덧없는 존재가 아닌 영원히 살아남을 수 있는 유전적 소통이다. 아리스토파네스는 인간다운 삶의 희망을 매개로 한 인간 본성의 염원을 무대극의 영역에서 관객을 향해 호소한다. 그의 희극은 아테네 시민들의 삶의 가치와 내면의 성찰을 강화시키는 자주정신의 표현이다. 아울러 그의 작품 속에서 밝혀진 희극론은 고전기 그리스 문명의 연극 연구의 새로운 출발점으로서 당시의 아테네 시민 정신과 유럽 인문정신의 맹아에 기여했다고 해도 과찬이 아니다. 한 사람의 작가로서 그렇게 다양한 정치사회 현실의 유형을 풍자와 웃음으로 작품을 쓸 수 있었던 것은 그의 날카로운 현실 인식과 그것을 즉시 작품으로 구현할 수 있는 뛰어난 통찰력 때문이라고 할 수 있을 것이다.

1. 단행본 및 번역서

고전·르네쌍스드라마 한국학회, 『그리스 로마극의 세계 2』, 서울: 동인, 2001.

곽복록 외 4인, 『그리스 희곡의 이해』, 서울: 현암사, 2007.

권기철, 『헤겔과 독일관념론』, 서울: 철학과 현실사, 2006.

김기영, 『그리스 비극의 영웅 세계: 비극 주인공의 전형과 모범 연구』, 서울: 길, 2015.

김문환, 『사회주의와 연극』, 서울: 느티나무, 1991.

김용석, 『서사철학』, 서울: 휴머니스트, 2009.

김용수, 『연극이론의 탐구: 대립적인 시각들의 대화』, 서울: 서강대학교출판부, 2002.

＿＿＿, 『연극연구: 드라마 속의 삶, 삶 속의 드라마』, 서울: 연극과 인간, 2008.

＿＿＿, 『퍼포먼스로서의 연극연구: 새로운 연구방법과 연구 분야의 모색』, 서울: 서강대
학교출판부, 2017.

김 헌, 『고대 그리스의 시인들』, 서울: 살림, 2004.

＿＿＿, 『그리스 문학의 신화적 상상력』, 서울: 서울대학교출판문화원, 2016.

김원익·윤일권, 『그리스 로마 신화와 서양문화』, 고양: 알렙, 2015.

김원익, 『신화, 인간을 말하다』, 서울: 메티스, 2018.

김인곤 외 7인, 『소크라테스 이전 철학자들의 단편 선집』, 서울: 아카넷, 2017.

김정옥 외 2인, 『희랍희극: 아리스토파네스·메난드로스 편』, 서울: 현암사, 1969.

김진경, 『고대 그리스의 영광과 몰락』, 서울: 안티쿠스, 2009.

류종영, 『웃음의 미학: 고대 그리스 로마 시대부터 20세기까지의 서양의 웃음이론』, 서
울: 유로서적, 2013.

미학대계간행회, 『미학의 역사』, 서울: 서울대학교출판문화원, 2007a.

박 석, 『인문학, 동서양을 꿰뚫다: 들여다보고 내다보는 인문학 읽기』, 파주: 들녘, 2013.

박이문, 『예술철학: 한국미학의 정수』, 서울: 미다스북스, 2016.

박정훈, 『미와 판단: 칸트의 '판단력 비판' "미분석" 강의』, 서울: 세창출판사, 2017.

박홍규, 『고대 그리스 연극』, 서울: 인물과 사상, 2015.

송민숙, 『연극과 수사학』, 서울: 연극과 인간, 2007.

송 옥 외, 『비극과 희극 그 의미와 형식』, 서울: 고려대학교출판부, 1995.

심재민, 『니체, 철학 예술 연극』, 파주: 푸른사상, 2018.

윤병렬, 『한국 해학의 예술과 철학』, 서울: 아카넷, 2013.

이남복, 『연극 사회학: 사회에서 본 무대, 무대에서 본 사회』, 서울: 현대미학사, 1996.

이덕수, 『희극적 갈등 양식과 셰익스피어 희극』, 경산: 영남대학교출판부, 2004.

이명곤, 『철학, 인간을 사유하다』, 서울: 세창출판사, 2014.

이상복, 『연극과 정치: 탈정치시대의 독일연극』, 서울: 연극과 인간, 2013.

이정린, 『아리스토파네스와 고대 그리스 희극 공연』, 파주: 한국학술정보, 2006.

임석재, 『극장의 역사: 건축과 연극의 사회문화사』, 서울: 이화여자대학교출판문화원, 2018.

정지욱, 『부의 철학: 동양 전통사상의 눈으로 바라본 부와 행복』, 서울: 세창미디어, 2018.

천병희, 『그리스 비극의 이해』, 서울: 문예출판사, 2002.

한국연극교육학회, 『세계연극 239선: 그리스·로마 편』, 김기영 해설, 파주: 연극과 인간, 2008.

구이에, 앙리, 『연극의 본질(L'Essence du theatre)』, 박미리 역, 서울: 집문당, 1996.

까간, M. S., 『미학강의1(Aesthetic lecture 1)』, 진중권 역, 서울: 새길, 1975.

니체, 프리드리히, 『비극의 탄생·반시대적 고찰(Wietzsche Werke, Kritische Geramtausgabe)』, 이진우 역, 서울: 책세상, 2005.

릭켄, 프리도, 『고대 그리스 철학(Philosophie der Antike)』, 김성진 역, 파주: 서광사, 2000.

로만, 한스 마르틴 & 요하임 파이퍼, 『프로이트 연구 I(*Freud-Handbuch. Leben-Werk-Wirkung*)』, 원당희 역, 서울: 세창출판사, 2016.

로스, W. D., 『아리스토텔레스: 그의 저술과 사상에 관한 총설(*Aristotle*)』, 김진성 역, 서울: 세창출판사, 2016.

마틴, 토머스 R., 『고대 그리스의 역사(*Ancient Greece*)』, 이종인 역, 서울: 가람기획, 2004.

머천트, 몰윈, 『희극(*Comedy*)』, 석경정 역, 서울: 서울대학교출판부, 1981.

모어, 토마스, 『유토피아(*Utopia*)』, 주경철 역, 서울: 을유문화사, 2007.

베르그송, 앙리, 『웃음(*Le Rire*)』, 이희영 역, 서울: 동서문화사, 2016.

_____, 『웃음(*An Essay on the Meaning of the Comic*)』, 신혜연 역, 서울: 이소노미아, 2021.

보나르, 앙드레, 『그리스인 이야기 2: 소포클레스에서 소크라테스까지(*Civilisation Grecque*)』, 양영란 역, 서울: 책과 함께, 2011.

볼츠, 피에르, 『희극: 프랑스 희극의 역사(*La Comédie*)』, 희극연구회 역, 서울: 연극과 인간, 2018.

부처, 사무엘 헨리, 『아리스토텔레스의 창작예술론(*Aristotle's theory of poetry and fine art*)』, 김진성 역, 서울: 세창출판사, 2014.

북친, 머레이, 『휴머니즘의 옹호: 반인간주의, 신비주의, 원시주의를 넘어서(*A Defense of the Human Spirit Against Antihumanism, Misanthropy, Mysticism, and Primitvism*)』, 구승희 역, 서울: 민음사, 2002.

브로켓, 오스카 G., 『연극개론(*The Theatre an Introduction*)』, 김윤철 역, 서울: HS MEDIA, 2009.

_____ & 브로켓·프랭클린 힐디, 『연극의 역사 I(*History of the Theatre I*)』, 전준택·홍창수 역, 서울: 연극과 인간, 2010.

쁘로쁘, 블라지미르, 『희극성과 웃음(*Problemy Komizma I smeha*)』, 정막래 역, 파주: 나남, 2010.

사르트르, 장폴, 『실존주의는 휴머니즘이다(*L'existentialisme est un humanisme*)』, 방곤 역, 서울: 문예출판사, 1981.

샹플뢰리,『풍자예술의 역사: 고대와 중세의 패러디 이미지(*Histoire de la Caricature Moderne*)』, 정진국 역, 서울: 까치, 2001.

셸링, 프리드리히,『예술철학(*philophie der Kunst*)』, 김혜숙 역, 서울: 지만지, 2011.

슐레겔, 프리드리히,『그리스 문학 연구(*Über das Studium griechische Poesie*)』, 이병창 역, 서울: 먼빛으로, 2015.

스넬, 브루노,『정신의 발견: 서구적 사유의 그리스적 기원(*Die Entdeckung des Geistes, Studien zur Entstehung des europaischen Denkens bie den Griechen*)』, 김재홍 역, 서울: 까치, 1994.

스텀프, 새뮤얼 이녹 & 제임스 피셔,『소크라테스에서 포스트모더니즘까지(*Socrates to Sartre and Beyond-A History of Philosophy*)』, 이광래 역, 파주: 열린책들, 2011.

아리스토파네스,『아리스토파네스 희극전집 1』, 천병희 역, 파주: 숲, 2010a.

_____,『아리스토파네스 희극전집 2』, 천병희 역, 파주: 숲, 2010b.

아리스토텔레스,『니코마코스 윤리학(*Ethica Nicomachea*)』, 최명관 역, 서울: 창, 2008.

_____,『시학(*Poetica*)』, 천병희 역, 서울: 문예출판사, 2014.

_____,『정치학(*The Politics of Aristotle*)』, 김재홍 역, 서울: 도서출판 길, 2017.

_____,『수사학과 시학(*Rhetoric & Poetics*)』, 이종오 역, 서울: 한국외국어대학교 지식출판콘텐츠원, 2020.

아이스킬로스,『아이스킬로스 비극전집』, 천병희 역, 파주: 숲, 2008.

에우리피데스,『에우리피데스 비극전집 1』, 천병희 역, 파주: 숲, 2009.

우티츠, 에밀,『미학사1(*Geschichte der Ästhetik*)』, 윤고종 역, 서울: 서문당, 1996.

워리, 존 깁슨,『그리스 미학: 플라톤과 아리스토텔레스(*Greek Aesthetic Theory*)』, 김진성 역, 서울: 그린비, 2012.

웰스, 허버트 조지,『웰스의 세계문화사(*A Short History of the World*)』, 지명관 역, 서울: 가람기획, 2003,

칼슨, 마빈,『연극의 이론: 역사적·비평적 조망, 그리스 시대에서 현재까지(*Theories of the Theatre: A Historical and Critical Survey, from the Greeks to the Present*)』, 김익두 외 3인 역, 서울: 한국문화사, 2004.

커퍼드, 조지,『소피스트 운동(*The sophistic movement*)』, 김남두 역, 서울: 아카넷, 2004.

키토, H. D. F., 『고대 그리스, 그리스인들(*The Greeks*)』, 박재욱 역, 서울: 갈라파고스, 2008.

타타르키비츠, W., 『타타르키비츠 미학사1: 고대미학(*History of Aesthetics*)』, 손효주 역, 고양: 미술문화, 2005.

텐, 이폴리트, 『예술철학(*Philosophie de L'Art*)』, 정재곤 역, 파주: 나남, 2013.

톨스토이, 레프, 『예술이란 무엇인가』, 이철 역, 파주: 범우, 2019.

펠너, 미라, 『공연예술 산책(*Think Theatre*)』, 최재오 외 3인 역, 서울: (주)시그마프레스, 2014.

플라톤, 『티마이오스(*Timaios, by Oxford Text*)』, 박종현·김영균 역, 파주: 서광사, 2000.

_____, 『필레보스(*Philebos*)』, 박종현 역, 파주: 서광사, 2004.

_____, 『국가·政體(*Platonis Respublica*)』, 박종현 역, 파주: 서광사, 2005.

_____, 『법률(*Laws*)』, 천병희 역, 파주: 숲, 2016.

_____, 『소크라테스의 변명(*Socrates' excuse*)』, 강윤철 역, 서울: 스타북스, 2020,

하우저, 아놀드, 『문학과 예술의 사회사 1(*Sozialgeschichte der Kunst und Literatur*)』, 백낙청 역, 파주: 창작과 비평사, 2013.

해밀턴, 이디스, 『고대 그리스인의 생각과 힘(*The Greek Way*)』, 이지은 역, 서울: 까치, 2009.

헤르더, 요한 고트프리트 폰, 『인류의 교육을 위한 새로운 역사철학(*Auch eine Philosphie der Geschichte zur Bildung der Menschheit*)』, 안성찬 역, 파주: 한길사, 2011.

헤시오도스, 『신통기: 그리스 신들의 계보(*Theogonia*)』, 김원익 역, 서울: 민음사, 2003.

_____, 『신들의 계보(*Theogonia*)』, 천병희 역, 파주: 숲, 2015.

헨더슨, 빅터 데이비스, 『고대 그리스 내전, 펠로폰네소스 전쟁(*Peloponnesian War*)』, 임웅 역, 서울: 가인비엘, 2009.

호이징하, 요한, 『호모 루덴스(*Homo Ludens: A Study of the Play Element in Culture*)』, 이종인 역, 고양: 연암서가, 2018.

휴즈, 베터니, 『아테네의 변명: 소크라테스를 죽인 아테네의 불편한 진실(*The Hemlock Cup: Socrates, Athens and the Search for the Good Life*)』, 강경이 역, 고양: 옥당, 2012.

Amos, Dan Ben, *Toward New Perspectives in Folklore*, Austin: University of Texas Press for the

American Folklore Society, 1972.

Conford, Francis MacDonald, *The Origin of Attic Comedy*, ed. Theodor H. Gaster, Garden City: Anchor Books, 1961.

Dover, K. J., *Aristophanes' Comedy*, Berkeley and Los Angeles: The University of California Press, 1972.

Heath, Malcolm, *Political Comedy in Aristophanes'*, Göttingen: Vandenhoeck & Ruprecht, 1987.

Henderson, Jeffrey, *Aristophanes I: Acharnians, Knights*, Cambridge: Harvard University Press, 1998a.

_____, *Aristophanes II: Clouds, Wasps, Peace*, Cambridge: Harvard University Press, 1998b.

_____, *Aristophanes III: Birds, Lysistrate, Women at the Thesmophoria*, Cambridge: Harvard University Press, 2000.

_____, *Aristophanes IV: Frogs, Assemblywomen, Wealth*, Cambridge: Harvard University Press, 2002.

Oates, Whitney J., & Eugene O'neill, Jr, *The Complete Greek Drama*, Volume Three, New York: Random House, 1938a.

_____, *The Complete Greek Drama*, Volume Four, New York: Random House, 1938b.

Papathanasopoulou, Nina, *Space in Aristophanes: Portraying the Civic and Domestic Worlds in Acharnians, Knights, and Wasps*, Doctor of Philosophy thesis, University of Columbia, 2013.

Zachary P. Biles, *Aristophanes and the Poetics of Competition*, Cambridge: Cambridge University Press, 2011.

2. 학술논문 및 연구논문

강대진, 「신화와 제의의 관점에서 본 아리스토파네스의 〈기사들〉」, 『외국문학연구』 55, 외국문학연구소, 2014, pp. 9-32.

강희석, 「그리스 비극의 아곤(agon)에 대하여」, 『수사학』 4, 한국수사학회, 2006, pp. 41-64.

권석우, 「전쟁과 여성: 수메르, 이집트, 헬라스의 고대 신화에서 전쟁의 신은 왜 여신이었는가?」, 『비평과 이론』 37, 한국비평이론학회, 2015a, pp. 5-43.

_____, 「서양철학과 문학에 나타난 전쟁관: 철학은 전적이고 문학은 반전적인가?」, 『인문언어』 21(2), 국제언어인문학회, 2019, pp. 33-62.

김 진, 「정의를 위한 아곤(agon): 소크라테스와 트라시마코스의 대결 양상에 관한 수사학적 분석」, 『한국수사학』, 한국수사학회 학술대회, 2015, pp. 87-92.

김 효, 「베르그송의 웃음 이론의 재조명: 신경생리학적 접근과의 비교를 통해」, 『외국문학연구』 61, 외국문학연구소, 2016, pp. 75-96.

김선욱, 「평화에 대한 정치윤리적 반성」, 『동서철학연구』 33, 한국동서철학회, 2007, pp. 137-161.

김세일, 「희극과 웃음에 대한 소론」, 『외국학연구』 3, 중앙대학교 외국어문학연구소, 1999, pp. 291-302.

김익진, 「라신의 희극 '소송광들'의 패러디적 웃음과 그 희극적 가치」, 『한국프랑스학논집』 56, 한국프랑스학회, 2006, pp. 175-194.

김주완, 「웃음과 희극」, 『철학연구』 56, 대한철학회, 1996, pp. 123-146.

김태경·정기섭, 「미메시스로서의 놀이와 연극의 교육적 의미 고찰」, 『교육혁신연구』 83, 부산대학교 교육발전연구소, 2017, pp. 267-279.

김해룡, 「아리스토파네스의 심각한 희극: 〈기사들〉과 〈개구리〉를 중심으로」, 『고전르네상스영문학』 13, 한국중세근세영문학회, 2004, pp. 211-236.

_____, 「〈구름〉에 드러난 아리스토파네스의 反지성·反소피즘」, 『고전르네상스영문학』 14, 한국중세근세영문학회, 2005, pp. 211-234.

김 헌, 「그리스어 필사본 Tractatus Coislinianus 120에 관한 연구」, 『지중해지역연구』 12(4), 부산외국어대학교 지중해연구소, 2010a, pp. 45-77.

_____, 「아리스토텔레스《시학》제2권의 실재 가능성에 관한 문헌학적 연구」, 『한국서양고전학회』 41, 서양고전학연구, 2010b, pp. 89-121.

_____, 「희극 주인공의 성격 연구: 아리스토텔레스의 《시학》과 Tractatus Coislinianus 120 을 중심으로」, 『서양고전학연구』 45, 한국서양고전학회, 2011, pp. 153-182.

_____, 「그리스 고전기에 '아테네가 보여 준 철학'」, 『서양고전학연구』 55, 한국서양고전 학회, 2016, pp. 145-182.

김형식, 「희극성의 이론적 근거」, 『인간과 문화연구』 9, 동의대학교 인문사회연구소, 2004, pp. 153-171.

김혜진, 「고전기 아테네의 여성에 관한 고찰: 서기전 5세기 도기화 속 이상적 여성상 과 낭만적 결혼관을 중심으로」, 『서양고대사연구』 35, 한국서양고대역사문화학회, 2013, pp. 31-75.

노춘기, 「폭로와 은폐의 변주」, 『어문논집』 58, 민족어문학회, 2008, pp. 317-342.

류재국, 「아리스토파네스 희극의 지향성에 관하여: 사회 비판의 기능을 중심으로」, 『연극 교육연구』 30, 한국연극교육학회, 2017, pp. 65-96.

_____, 「아리스토파네스의 3대 평화극에 나타난 평화관: 〈아카르나이의 사람들〉, 〈평 화〉, 〈리시스트라테〉를 중심으로」, 『브레히트와 현대연극』 39, 한국브레히트학회, 2018a, pp. 29-57.

_____ 「아리스토파네스 희극에 나타난 현실 비판의 철학적 의미에 관한 연구: 아곤 (Agon)과 파라바시스(Parabasis)를 중심으로」, 중앙대학교 박사학위논문, 2018b.

_____, 「고대 그리스 희극의 두 여주인공이 추구한 연극적 행동과 정치적 시가로서의 의미:〈리시스트라테〉와 〈여인들의 민회〉를 중심으로」, 『브레히트와 현대연극』 40, 한국브레히트학회, 2019a, pp. 125-146.

_____, 「신들의 희극적 변용으로 나타난 연극적 행동: 아리스토파네스의 〈개구리〉를 중 심으로」, 『드라마연구』 57, 한국드라마학회, 2019b, pp. 5-32.

_____, 「중희극 〈부(富)의 신〉 415-612의 논쟁에 나타난 부의 본질에 대한 의미 고찰」, 『브레히트와 현대연극』 43, 한국브레히트학회, 2020a, pp. 75-95.

_____, 「〈구름〉949-1112의 논쟁에 나타난 고대 아테네 교육의 양상 고찰」, 『교육연극 학』 12(2), 한국교육연극학회, 2020b, pp. 43-61.

_____, 「아리스토파네스의 희극 〈말벌〉에 나타난 풍자와 폭로의 연극적 행동」, 『인문언

어』 23(1), 국제언어인문학회, 2021, pp. 83-102.

류종열, 「웃음거리: 웃음의 미학-웃음거리(Le comique)의 발생과 의미」, 『시대와 철학』 17, 한국철학사상연구회, 2006, pp. 43-64.

류종영, 「고대 그리스와 로마 시대의 웃음이론」, 『독일어문학』 23, 한국독일어문학회, 2003, pp. 113-137.

문혜경, 「펠로폰네소스 전쟁 중 평화협정의 의미: 니키아스 평화협정과 리더십」, 『서양사론』 108, 한국서양사학회, 2011, pp. 12-44.

박선영, 「칼로카가티아」, 『홀리스틱교육연구』 20(2), 한국홀리스틱융합교육학회, 2016, pp. 1-14.

박흥식, 「서양 고중세시대의 평화 이념과 실제」, 『동국사학』 55, 동국역사문화연구소, 2013, pp. 493-528.

서영식, 「서양 고대철학의 전쟁 이해: 플라톤과 아리스토텔레스를 중심으로」, 『철학논총』 82(4), 새한철학회, 2015, pp. 237-259.

서정혁, 「희극적인 것과 사변적인 것: 아리스토파네스의 희극에 대한 헤겔의 해석」, 『헤겔연구』 26, 한국헤겔학회, 2009, pp. 95-121.

_____, 「아리스토텔레스와 헤겔의 비극론 비교」, 『헤겔연구』 30, 한국헤겔학회, 2011, pp. 223-247.

심정훈, 「헤시오도스의 《신통기》와 아리스토파네스의 '신통기' 비교연구」, 『서양고전학연구』 59(2), 한국서양고전학회, 2020, pp. 1-24.

유헌식, 「구름과 사유」, 『대동철학』 65, 대동철학회, 2013, pp. 301-320.

윤병렬, 「아리스토파네스의 소크라테스 풍자는 정당한가?: 그의 〈구름〉에서의 소크라테스 혹평에 대한 반론」, 『철학탐구』 32, 중앙철학연구소, 2012, pp. 115-145.

윤병태, 「아리스토파네스와 니체의 반소크라테스주의의 본질」, 『헤겔연구』 23, 한국헤겔학회, 2008, pp. 219-240.

윤영돈, 「플라톤과 아리스토텔레스의 예술론과 도덕교육에의 함의」, 『도덕윤리과교육』 21, 한국도덕윤리과교육학회, 2005, pp. 387-410.

이노경, 「셰익스피어의 장르의식 연구: 희극이 비극에 미치는 극적 효과」, 연세대학교 박사학위논문, 2003.

이두희, 「아이스킬로스와 에우리피데스의 agon: 아리스토파네스의 〈개구리〉」, 서울대학교 석사학위논문, 1999.

이상엽, 「니체와 아곤의 교육」, 『철학논총』 73, 새한철학회, 2013, pp. 213-237.

이영석, 「베르그송의 《웃음, 희극성의 의미작용에 대한 시론》에 나타난 웃음과 희극성 분석」, 『프랑스문화예술연구』 17, 프랑스문화예술학회, 2006, pp. 1-22.

이은정, 「문학과 정치: 아리스토텔레스의 《시학(De Poetica)》의 비판적 재구성」, 『세계문학비교연구』 48, 한국세계문학비교학회, 2014, pp. 93-119.

이정린, 「아리스토파네스 희극연구 1: 고대 아테네 공동체와 희극 공연」, 『독일문학』 96, 한국독어독문학회, 2003, pp. 5-27.

_____, 「아리스토파네스 희극의 서사극적 요소: 코로스의 기능을 중심으로」, 『뷔히너와 현대문학』 25, 한국뷔히너학회, 2005, pp. 107-129.

_____, 「아리스토파네스 〈구름〉의 희극 구조 연구」, 『브레히트와 현대연극』 35, 한국브레히트학회, 2016, pp. 77-96.

이효원, 「아리스토파네스 희극의 국내 재구성 공연 연구」, 동국대학교 석사학위논문, 2017.

이희원, 「아리스토파네스의 〈리시스트라테〉에 나타난 여성과 연극성」, 『고전르네상스영문학』 16, 한국중세근세영문학회, 2007, pp. 5-31.

임성철, 「아리스토파네스의 〈여인들의 민회〉와 플라톤의 《국가론》에 나타난 공산적 삶의 질서에 대한 고찰」, 『지중해지역연구』 22(2), 부산외국어대학교 지중해지역원, 2020, pp. 133-154.

_____, 「아리스토파네스의 희극과 사회 비판: '우스운 것'의 기능을 중심으로」, 『지중해지역연구』 18, 부산외국어대학교 지중해지역원, 2016, pp. 53-75.

임성철·권현숙, 「아리스토파네스의 〈여인들의 민회〉 571-710에 나타난 프락사고라의 정치프로그램에 대한 의미 고찰」, 『철학·사상·문화』 23, 동국대학교 동서사상연구소, 2017, pp. 153-176.

장시은, 「테스모포리아 축제와 아리스토파네스의 〈테스모포리아주사이〉」, 『인문논총』

75(3), 인문학연구원, 2018, pp. 53-78.

장지원, 「아리스토파네스의 〈구름〉에 나타난 희랍교육의 양상」, 『교육철학』 55, 한국교육철학회, 2015, pp. 165-190.

_____, 「고대 아테네 시민교육 연구: 아리스토파네스의 희극을 중심으로」, 『교육철학연구』 42(4), 한국교육철학학회, 2020, pp. 165-186.

정선옥, 「웃음의 미학: 20세기 초 스페인 소극(笑劇) 연구」, 『스페인어문학』 26, 한국서어서문학회, 2003, pp. 359-378.

정일권, 「한국 전통극의 희극성 연구」, 조선대학교 박사학위논문, 2003.

정현경, 「웃음에 관한 미학적 성찰」, 한국외국어대학교 박사학위논문, 2009a.

_____, 「웃음에 관한 몇 가지 성찰: 해체와 새로운 인식」, 『카프카연구』 21, 한국카프카학회, 2009b, pp. 221-242.

최인선, 「전쟁과 평화의 웃음의 시학」, 『슬라브연구』 36(2), 한국외국어대학교(글로벌캠퍼스) 러시아연구소, 2020, pp. 119-141.

최자영, 「고대 그리스 서사시와 유대인 성경의 정의·노동·전쟁 개념에 보이는 문화적 접변: 헤시오도스의 《노동과 나날》을 중심으로」, 『서양고대사연구』 31, 한국서양고대역사문화학회, 2012, pp. 37-74.

한민규, 「그리스 고희극과 신희극 비교연구: 아리스토파네스와 메난드로스를 중심으로」, 중앙대학교 석사학위논문, 2014.

홍기영, 「Shakespeare 낭만희극의 연구: 낭만희극을 중심으로」, 단국대학교 박사학위논문, 1991.

홍석우, 「정치적 풍자와 농담: 우크라이나 사회문화 현상의 메타포」, 『동유럽발칸연구』 20(1), 한국외국어대학교 외국학종합연구센터 동유럽·발칸연구소, 2008, pp. 169-191.

홍은숙, 「그리스 희극에 나타난 포스트휴머니즘 전망: 리시스트라테와 민회의 여인들에 나타난 집단지능」, 『인문연구』 93, 영남대학교 인문과학연구소, 2020, pp. 119-148.

듀란마트, 프리드리히, 「현대연극의 제 문제 II (Problems of the theatre)」, 『공연과 리뷰』 81, 김지명 역, 2013, pp. 209-217.

Anderson, Carl, "Aristophanes and Athena in the Parabasis of Clouds," *Electronic Antiquity* 11(2), 2015, pp. 1-6.

Arnott, Geoffrey, "Aristophanes, Birds, Lysistrata, Assembly-Women, Wealth, Stephen Halliwell," *Greece & Rome* 45(2), 1998, pp. 226-227.

Flashar, Hellmut, "Men and Birds," *Humanitas* 52, 2000, pp. 311-320.

Harsh, Philip Whaley, "The Position of the Parabasis in the Plays of Aristophanes," *Transactions and Proceedings of the American Philological Association* 65, 1934, pp. 178-197.

Heath, Malcolm, "Aristophanes and his rivals," *Greece and Rome* 37(2), 1990, pp. 143-158.

Humphreys, Milton W., "The Agon of the Old Comedy," *The American Journal of Philology* 8(2), 1887, pp. 179-206.

Hutchinson, G. O., "House Politics and City Politics in Aristophanes," *The Classical Quarterly New Series* 61(1), 2011, pp. 48-70.

Konstan, David, "The Politics of Aristophanes' Wasps," *Transactions of the American Philological Association* 115, 1985, pp. 27-46.

May, Gina, "Aristophanes and Euripides: a Palimpsestous Relationship," Doctor of Philosophy thesis, University of Kent, 2012.

McGlew, F. James, "After Irony: Aristophanes' Wealth and its Modern Interpreters," *American Journal of Philology*, 118(1), 1997, pp. 35-53.

Olson, S. Douglas, "Economics and Ideology in Aristophanes' Wealth," *Harvard Studies in Classical Philology* 93, 1990, pp. 223-242.

Rhim, Sung-chul, "Utopie und Utopiekritik: positive und negative Aspekte des Programms der Praxagora in den Ekklesiazusen des Aristophanes," *Philosophical argument* 32, 2003, pp. 503-518.

Segal, Charles Paul, "The Character and Cults of Dionysus and the Unity of the Frogs," *Harvard Studies in Classical Philology* 65, 1961, pp. 207-242.

Sifakis, G. M., "The Structure of Aristophanic Comedy," *The Journal of Hellenic Studies* 112, 1992, pp. 123-142.

Totaro, P., "Masks and power in old Greek comedy," *Classica et Christiana* 10, 2015, pp. 239–243.

Zumbrunnen, John, "Elite Domination and the Clever Citizen: Aristophanes' Acharnians and Knights," *Political Theory* 32(5), 2004, pp. 656–677.

_____, "Fantasy, Irony, and Economic Justice in Aristophanes' Assemblywomen and Wealth," *The American Political Science Review* 100, 2006, pp. 319–333.

찾아보기

ㅅ

ㅌ

ㅍ

ㅎ